Evelyn Keidel

Vom Judentum zum Christentum – und zurück

Die psychischen Folgen eines erzwungenen Religionswechsels
jüdischer Kinder-Überlebender während der Schoa

Von der Philosophischen Fakultät
der Gottfried Wilhelm Leibniz Universität Hannover
zur Erlangung des Grades einer
Doktorin der Philosophie
Dr. phil.
genehmigte Dissertation

Internationalismus Verlag

Internationalismus Verlag, Hannover 2014

Abbildung auf dem Umschlag mit freundlicher Genehmigung
des Jüdischen Museums Frankfurt am Main

ISBN 978-3-922218-41-8
www.internationalismus.de

Referent: Professor Dr. Dr. Peter Antes
Korreferent: Professor Dr. Rolf Pohl

Tag der Promotion: 12. Juni 2013

Zusammenfassung

Es war das erklärte Ziel nationalsozialistischer Politik, das Judentum durch Ausrottung seiner Kinder an der Wurzel zu treffen. Von den wenigen Kindern, die überlebten, fanden etliche Zuflucht in katholischen Klöstern, in christlichen Einrichtungen oder Pflegefamilien. Dafür mußten sie ihre jüdische Lebensform aufgeben und das Christentum annehmen. Dieser erzwungene Religionswechsel drängte die durch Krieg und Verfolgung extremtraumatisierten Kinder in einen heftigen Zwiespalt zwischen der Treue zu ihrem Gott, der Loyalität gegenüber ihren Eltern und ihrem menschlichen Grundrecht auf Leben. Die Begegnung mit der »Zauberwelt« des Katholizismus, die Schutz und Trost versprach, verlangte ihnen große psychische und kognitive Umorientierung ab und beeinträchtigte ihre Identitätsentwicklung erheblich. Infolge ihrer fortschreitenden Regression introjizierten die Kinder das auf sie projizierte Feindbild des »Gottesmörders«. Sie nahmen die Verantwortung für die »Verbrechen« der Juden auf sich und unterwarfen sich der (unbewußt idealisierten) Übermacht der Kirche.

Nach dem Krieg lösten sich die meisten der sich während jener Zeit gebildeten sozialen und emotionalen Netzwerke auf, die den Kindern Halt gegeben hatten, und lieferten diese ihrem Schicksal aus in einer Welt, die eine andere geworden war. Eine von jüdischen Überlebenden sofort begonnene Rückführung der Kinder zu ihrem Volk, die sich über viele Jahre hinziehen sollte, war beispielhaft und das letzte nationale Projekt des polnischen Judentums. Viele der im christlichen Umfeld geretteten jüdischen Kinder scheiterten später an der Unvereinbarkeit beider Religionen und gerieten in Lebenskrisen: Loyalitätskonflikte, Schuldgefühle, Scham, Verzweiflung und Selbsthaß brachen auf.

In den religionswissenschaftlichen und sozialpsychologischen Analysen von fünf Fallstudien kommen diese Kinder zu Worte, um ihre mit dem erzwungenen Religionswechsel verbundenen Ängste und Probleme zu beschreiben. Unüberhörbar sprechen sie auch für die eineinhalb Millionen ermordeter Kinder, deren Martyrium in der Historiographie der Nachkriegsjahre stillschweigend übergangen wurde.

Schlagwörter: Religionswechsel. Kinder-Überlebende. Identitätsbruch.

Abstract

The professed aim of National Socialist policy was to eradicate Judaism by exterminating their children. Of the few children who survived, a number found refuge in Catholic convents, in Christian organizations, or in foster families. It meant, however, that they had to give up their Jewish way of life and accept Christianity. This forced conversion pushed the children, who were extremely traumatized by war and persecution, into a severe conflict between faith to their God, loyalty to their parents, and their fundamental human right to life. The meeting with the »magic world« of Catholicism, which promised shelter and comfort, demanded a profound psychological and cognitive reorientation and had a severe effect on the development of their identity. In consequence of their increasing regression, the children introjected the stereotypical enemy image of »murderers of God« which had been projected onto them. They took upon themselves responsibility for the Jewish »crimes« and submitted to the (unconsciously idealized) superior power of church.

After the war most of the emotional and social networks, which had sprung up and given support to the children now dissolved and left them to their fortune in a world which had become another. A repatriation of the children, which was begun immediately by Jewish survivors and was expected to take many years, was exemplary and was the last national project of Polish Jewry.
Many of the Jewish children who had been saved by Christians subsequently foundered upon the incompatibility of the two religions and suffered a life crisis: conflicts of loyalty, guilt feelings, shame, despair, and self-hatred erupted.

In analyses of five case studies in terms of religious studies and social psychology these children put into words the anxieties and problems which resulted from their forced conversion. It is impossible to ignore that they also speak for the one-and-a-half million murdered children, whose fates are passed over in silence in the historiography of the post-war years .

Key Words: Religious Conversion. Child Survivors. Crisis of Identity.

Meinem Vater

Heinrich Keidel (1899-1959),

der gegen die Nationalsozialisten gekämpft
und mein Leben gerettet hat

כִּי הַנֹּגֵעַ בָּכֶם נגֵעַ בְּבָבַת עֵינוֹ

Sacharja 2, 12

»Denn wer euch anrührt, rührt meinen Augapfel an.«*

Inhaltsverzeichnis

Zweiter Teil

Anhang

Vorwort

Mit dem Ausbruch des Zweiten Weltkriegs am 1. September 1939 begann der »Kreuzzug«[1] des deutschen NS-Regimes gegen die Juden, der eine ganze Welt untergehen ließ.

Tausende jüdischer Kinder und Jugendlicher, vor allem aus Osteuropa, aber auch aus westeuropäischen Ländern, überlebten die Schoa[2] nur deshalb, weil sie unter Verleugnung ihrer bisherigen Lebensform, ihrer Identität und ihrer Religion Zuflucht in Klöstern, in katholischen Einrichtungen und bei christlichen Familien fanden.

Im Verlauf des nationalsozialistischen Vernichtungsgeschehens von ihren Eltern getrennt, auf Grund ihrer Zugehörigkeit zum Judentum gnadenlos mit dem Tod bedroht, gab es für sie wenig andere Möglichkeiten, ihr Leben zu retten.[3]

Indem der Religionswechsel jüdischer Kinder aus historischer, religionswissenschaftlicher und sozialpsychologischer Perspektive thematisiert wird, sollen erste Versuche unternommen werden, zur Verkleinerung einer Forschungslücke beizutragen.[4]

Ziel dieser Arbeit ist es, herauszufinden, welchen Einfluß der erzwungene Religionswechsel vom Judentum zum Christentum sowie der abermalige Wechsel zurück zum Judentum auf die Kinder ausgeübt hat, die bereits durch Kriegsgeschehnisse und Verfolgung schwer- beziehungsweise extremtraumatisiert waren. Wie haben sie die Identitätsumwandlung psychisch und kognitiv bewältigt, und inwieweit hat der Wechsel der Religionen selbst traumatisierend gewirkt und die Hilflosigkeit der Kinder noch verstärkt? Oder fanden sie in der Glaubensreligion des Christentums Schutz, Sicherheit und Trost?

Wie erlebten diese Kinder die Nachkriegszeit, ihre Rückkehr in eine Welt, die nicht mehr die gleiche war wie die, die sie verlassen hatten?

Im *ersten Teil* der Arbeit geht es um theoretische Fragen.

Auf eine *Einleitung*, die die erste historische Quelle nennt, die auf die psychischen Probleme der im christlichen Umfeld geretteten jüdischen Kinder verweist und auf die Gründe eingeht, warum so viel Zeit verstreichen mußte, ehe das Schicksal dieser Kinder in den Blick der Forschung geriet, folgt der *Stand der Forschung*.

Historische Spurensuche und die politische Situation am Vorabend der Schoa skizziert die im Dritten Reich entfesselte Judenverfolgung, welche nach Kriegsausbruch über die Systeme der Deportation, Selektion, Vernichtung und Sklavenarbeit in eine Politik des Massenmordes überging, die sich das Recht herausnahm, »zu entscheiden, wer die Erde bewohnen soll und wer nicht.«[5]

Außerdem geht das Kapitel auf die unterschiedliche deutsche Besatzungspolitik in den Ländern ein, aus denen die verfolgten Kinder und Jugendlichen kamen, sowie auf den dort über Jahrhunderte tradierten Judenhaß und den latenten Antisemitismus bis zur Schoa.

Da das Quellenmaterial aus Autobiographien von Autoren besteht, die die Schoa als Kinder überlebt und diese Zeit mitunter Jahrzehnte später geschildert haben, muß die für die vorliegende Arbeit gewählte *Forschungsmethode* auf diese von Jan Philipp Reemtsma so bezeichnete »neue Literaturgattung« eingehen, wobei literatur- und geschichtswissenschaftliche sowie sozialpsychologische Überlegungen notwendig sind.

Die den Autobiographien innewohnende Struktur der *Nachträglichkeit als »wichtigste psychoanalytische Einsicht in das Trauma«* wird in dem folgenden Kapitel behandelt. Es greift auf Freuds Denkmodell der Zeitlichkeit und der psychischen Kausalität zurück. Für die kausale Wirkung prägte Freud den Begriff der »Nachträglichkeit«. Das meint, daß zwischen einem ursächlichen Ereignis, das vom Ich im Augenblick des Erlebens nicht vollständig in einen Bedeutungszusammenhang eingefügt werden konnte, und seiner Auswirkung erst eine Phase der Latenz vergehen muß.
Hierzu werden auch und besonders traumatische Erlebnisse gerechnet, die in den Erinnerungen unverfälscht bewahrt bleiben, aber im Gedächtnis fehlen. Erst mit zeitlicher Verzögerung, nachträglich, können sie erzählt werden.

Im Kapitel *Trauma-Forschung bei Freud und ihre Neu-Konzeptualisierung nach der Schoa* werden psychoanalytische Konzepte des Traumas diskutiert; dabei wird besonders auf die neuen Ansätze zur Erforschung der Extremtraumatisierung bei Schoa-Überlebenden eingegangen: Martin Ehlert-Balzer, auch in Zusammenarbeit mit Beate Lorke, nimmt Sándor Ferenczis Vorstellung von der »Introjektion des Angreifers« wieder auf und führt sie weiter; dabei liegt das Schwergewicht auf der Psychodynamik der traumatischen Reaktion.
Ferner wird das wichtige Konzept der »sequentiellen Traumatisierung« von Hans Keilson erläutert: Angesichts der erschreckenden körperlichen Verfassung der überlebenden jüdischen Kinder sowie ihres seelischen Entwicklungsrückstandes sah er sich veranlaßt, den psychoanalytischen Traumabegriff, der von Trauma als einzelnem, plötzlich auftretendem und die Seele schädigendem Ereignis ausging, zum Begriff der »traumatischen Situation« mit lang währenden extremen psychischen Belastungsfaktoren auszuweiten. Er teilte das Traumatisierungsgeschehen der von der Verfolgung der Schoa betroffenen Kinder und Jugendlichen in drei historisierende Phasen: »traumatische Sequenzen«, ein. Die Aufeinanderfolge dieser Sequenzen zeichnet sich in den Schicksalen nahezu aller jüdischen Kinder ab.

Um die Problematik des Religionswechsels jüdischer Kinder ermessen zu können, müssen beide Religionen betrachtet werden, die allerdings auch in sich nicht monolithisch sind:

Das Kapitel *Christentum* ist darauf angelegt, die Welt der Glaubensreligion in Augenschein zu nehmen , die den jüdischen Kindern Lebensrettung ermöglichte. Grundbekenntnis der Christen ist das Mysterium des dreieinigen Gottes (Vater, Sohn, Heiliger Geist) und ihr Lebensfundament der Glaube an Jesus Christus. Die Katholische Kirche ist nach ihrem dogmatisch festgelegten Selbstverständnis die Verkörperung des mystischen Leibes Jesu, das heißt die sichtbare Vereinigung aller gläubigen Christen. Diese, ihr durch Taufe und Eucharistie zugehörig, verstehen sich als das neue, wahre und endgültige Volk Gottes.
Die Darstellung der Alltäglichkeit und die Schilderung der Feiertage beleuchten das religiöse Umfeld der Kinder, auf deren Erziehung viel Wert gelegt wurde, da gerade sie infolge der »Erbschuld« eher zum Bösen als zum Guten neigen sollen. Diesen pädagogischen Maßnahmen, die durch energische Führung, Regulation und klar ausgesprochene Erwartungen gekennzeichnet waren, wurden nun auch die jüdischen Kinder unterworfen.

Die Lebenswelt des Judentums, besonders des osteuropäischen, ist im Inferno der Schoa untergegangen. Das Kapitel *Judentum*[6] versucht eine Vorstellung von jüdischer Tradition und jüdischer Frömmigkeit zu vermitteln, die den Lebensrhythmus der Menschen bestimmten. Bei der Beschreibung des Alltags sowie der Veranschaulichung der Feier-, Gedenk- und Trauertage gilt die Aufmerksamkeit vor allem den Kindern, ihrem Hineinwachsen in die jüdische Gemeinschaft.

Ein weiteres Kapitel dieser Arbeit behandelt die *Unterschiede zwischen Christentum und Judentum*; denn obgleich das Christentum aus dem Judentum hervorgegangen ist, haben sich beide Religionen nach ihrer Trennung[7] sehr ungleich entwickelt.
Doch gerade die Abweichungen in Struktur und Kultus, im Symbol-, Normen- und Wertesystem sowie im Gottes-, Welt- und Menschenbild verlangten den jüdischen Kindern und Jugendlichen ununterbrochene Wachsamkeit und Selbstkontrolle ab, damit sie sich nicht durch ihre Unkenntnis als Juden verrieten.

Im *zweiten Teil* der Arbeit werden die Kinder-Überlebenden selbst zu Worte kommen, um darzutun, wie sie den Wechsel von ihrer jüdischen Lebenswelt zu der christlichen Glaubensreligion psychisch und kognitiv verarbeitet haben.

Daß es sich dabei mit einer Ausnahme um Kinder handelt, die in Klöstern überlebten, ist vordergründig eine Frage der Quellen. Gewiß ließen sich noch mehr

Zeugenaussagen finden im Jüdischen Historischen Institut in Warschau, von denen Feliks Tych im Jahre 2008 fünfundfünfzig von mehreren hundert veröffentlichte; ganz sicher in israelischen Archiven, auch in denen der Jugendorganisationen, und vor allem in Yad Vashem.[8] Allerdings wird dieses Unterfangen durch die Sprachbarrieren vereitelt.

In den wenigen Quellen in westeuropäischen Sprachen berichten jüdische »Kloster-Kinder«[9]. Selbst wenn dafür ein Zufall wenig glaubwürdig erscheint, so lassen sich auch bei der Suche nach den Gründen nur Vermutungen anstellen.

Zwischen christlicher Erziehung in Klöstern und in Pflegefamilien bestand wohl kein großer Unterschied. Vielleicht aber zeichneten sich im Kloster, wo fromme Rituale den Alltag bestimmten, die Konturen des Katholizismus deutlicher ab als in Familien, wo religiöse Werte in christlicher Atmosphäre meistens durch Identifikation mit den Rettern vermittelt wurden. Es mag einen Unterschied in der Art der Rezeption des christlichen Glaubens geben, die im Kloster eher mental, in den Familien emotional erfolgte. Doch auch das sind nur Spekulationen.

Einleitung

Auf der zweiten wissenschaftlichen Konferenz der Zentralen Jüdischen Historischen Kommission in Łódź (Polen) diskutierten am 19. und 20. September 1945 Überlebende der Schoa über den physischen und psychischen Zustand der geretteten Kinder.

Ein Teilnehmer mit Namen Drobner[1] lenkte das Interesse der Anwesenden auf die Kinder, die in christlichen Familien oder in Klöstern versteckt gewesen und nach Kriegsende der Obhut jüdischer Organisationen übergeben worden waren. Er betonte,

> »that the psychological problems ›of children who were brought up in a different religion and are now undergoing internal conflicts are not to be ignored‹.«[2]

Das ist die erste überlieferte historische Quelle, die auf das Problemfeld der vorliegenden Arbeit verweist.

Über vier Jahrzehnte vergingen, ehe dieses Thema, von marginalen Betrachtungen abgesehen, von der Forschung aufgegriffen wurde.
Dafür gibt es eine ganze Reihe von Gründen; die wesentlichen sollen an dieser Stelle angedeutet werden:

- Bis zum Mai 1948 stand Palästina unter britischem Mandat, und die erste Begegnung der Gesandten des Jischuw[3] mit den Überlebenden gleich nach Kriegsende war gekennzeichnet durch eine tragische Unverhältnismäßigkeit zwischen der erforderlichen Nothilfe und den zur Verfügung stehenden Mitteln. Nur langsam liefen die Rettungsaktionen an.
  Besondere Aufmerksamkeit wurde den jüdischen Kindern gewidmet. Sie »wurden als ein lebendes Denkmal der vernichteten jüdischen Welt und der weit über eine Million ermordeter Kinder angesehen«[4]. Es waren »heilige Kinder«[5]. Auch Boaz Cohen bestätigt, daß die Kinder-Überlebenden als junge Helden betrachtet wurden, die die Pläne der Deutschen, das jüdische Volk zu vernichten, durchkreuzt hätten. Sie verkörperten die Hoffnung auf eine jüdische Verjüngung nach der Schoa.[6] Ihr Überleben war allerdings eine nicht vorgesehene Ausnahme und hing selten von außergewöhnlichen Fähigkeiten der Kinder ab: besonderem Mut oder bemerkenswertem Widerstand, sondern war eher dem Zufall geschuldet. Die Kinder waren extremtraumatisiert, unterernährt, organisch geschädigt, psychisch gestört und »verwildert«, wie es der Historiker Filip Friedman[7] formulierte. In ihr Gedächtnis war das Bild des Todes unauslöschlich eingraviert[8]. Nach anfänglicher Bewunderung für das Überleben dieser Kinder wurde ihnen nur noch wenig Beachtung geschenkt, als offenkundig wurde, daß sie in der Regel nicht dem Idealbild des neuen Menschen entsprachen, das der vom Zionismus geprägte Jischuw entwarf.

- Damit verknüpft war die Verleugnung der Tatsache, daß eine große Zahl jüdischer Kinder in katholischen Klöstern und christlichen Einrichtungen wie Waisenhäusern oder Kinderheimen überlebte. Die jüdische Gemeinschaft muß ihre eigene verzweifelte Ohnmacht und Ausweglosigkeit um so stärker als narzißtische Kränkung empfunden haben, als sie zur Rettung ihrer Kinder auf die Hilfe einer religiösen Kongregation angewiesen war, die das Judentum seit beinahe zweitausend Jahren erbarmungslos verfolgt und bekämpft hat: die Katholische Kirche.
- Das bedeutete ferner eine Ignoranz des Umstandes, daß zahlreiche jüdische Kinder, die im christlichen Umfeld überlebt hatten, nicht in die jüdische Gemeinschaft zurückkehren wollten. Die Begegnung mit dem Christentum, besonders mit der »Zauberwelt« des Katholizismus, hatte oftmals einen unvergeßlichen Eindruck in ihnen hinterlassen, so, als habe sich für sie der Himmel geöffnet. Sie erfuhren Beruhigung und Trost. Auch hingen viele Kinder an ihren christlichen Rettern, fühlten sich nur bei ihnen sicher und wollten aus Dankbarkeit bleiben. (Es war nicht einfach, diese Kinder für das Judentum zurückzugewinnen.)[9]
- Vordergründig verstellten die unterschiedlichen Forderungen und Erwartungen beider Religionen, sowohl des Judentums als auch des Christentums, den Blick auf die Anstrengungen zur Rettung jüdischer Kinder.
  In Polen, wo dank gründlicher Forschung mehr über die Lebenssituation dieser Kinder während der Verfolgung bekannt ist als in anderen Ländern, spielten allerdings auch ungleiche historische und politische Wahrnehmungen eine Rolle: Infolge des nationalen Unglücks der fast einhundertundfünfzig Jahre währenden Teilungen Polens wurden Aufopferungswillen und Widerstand gegen Fremdherrschaft bis zum Warschauer Aufstand[10] hin glorifiziert. Wegen seiner übergroßen Leiden begriff sich das Land als Opfer, als »Christus unter den Völkern«[11]. Nach dem Krieg bedeutete das einerseits, daß keine moralische Schuld gegenüber den Juden eingestanden werden durfte, um das erhöhte Selbstbild nicht zu beschädigen; andererseits, daß die Schoa mit ihren sechs Millionen Opfern als »Leidens-Konkurrenz« empfunden wurde.
  Juden hingegen, obzwar an den polnischen Antijudaismus gewöhnt, erblickten während des Krieges in den Polen ihre Leidensgenossen und Verbündeten gegen den gemeinsamen Feind. Sie erwarteten Solidarität, erfuhren aber nur zu oft Gleichgültigkeit, Verrat und Habgier. Das enttäuschte und verbitterte sie, obgleich sie durchaus anerkannten, daß einige soziale und klerikale Gruppen sowie Persönlichkeiten aus allen Schichten der Bevölkerung ihr eigenes Leben riskierten, um ihnen zu helfen. Entscheidend aber war wohl die politische Entwicklung im Nachkriegspolen, wo eine antisemitische Hetzkampagne die kleinen, sich gerade wieder neu konstituierenden jüdischen Gemeinden

aufstörte. Mit Ritualmordlegenden wurde die einheimische Bevölkerung zu Pogromen aufgewiegelt. Nun begriffen die Juden, daß für sie in Polen kein Platz mehr war.

– Paul Valent[12] hebt hervor, daß sich die überlebenden Kinder selbst nur schwer als solche betrachten konnten. Für sie waren die Eltern, die Erwachsenen die eigentlichen Überlebenden, die in Ghettos, Konzentrations- und Vernichtungslagern oder auf der Flucht Unvorstellbares erlitten hatten, während es ihnen im Vergleich dazu »gut«gegangen war. Diese Einschätzung wurde durch eine entsprechende Haltung der Erwachsenen bestätigt. Die Kinder sollten sich nicht erinnern; und dem, was sie trotzdem nicht vergessen konnten, wurde keine Bedeutung beigemessen. Auch meinte man oft, daß das Verfolgungsgeschehen bei den Kindern keine tieferen Spuren hinterlassen haben könnte, weil sie noch zu jung gewesen seien, um Zusammenhänge zu verstehen: »But you were too young to be affected.«[13]

  Valent nennt diese Überlebendengruppe die »vergessene ›Eineinhalb‹-Generation«[14]. Obwohl die wenigen Kinder gleich nach dem Krieg in schlichter, ungekünstelter Sprache ihre Geschichten erzählten und beschrieben, was sie erduldet hatten, wurde ihrem Leidensweg in den folgenden Jahrzehnten wenig Interesse entgegengebracht, so daß sie allmählich verstummten. Sie spalteten ihre Erinnerungen ab, ignorierten ihre Vergangenheit und verbündeten sich mit den erwachsenen Überlebenden in der Verschwörung des Schweigens.

  Sarkastisch bemerkt die Literaturwissenschaftlerin Ruth Klüger, die drei Konzentrationslager überlebte und bei Kriegsende dreizehn Jahre alt war, daß die überlebenden Kinder ihre Erlebnisse bagatellisieren mußten, weil der »Verdrängungsbedarf der Erwachsenen«[15] »das Erlebnisvermögen der Kinder«[16] in Zweifel zog. Und sie fährt fort:

> »Ich denke dann, die wollen mir mein Leben nehmen, denn das Leben ist doch nur die verbrachte Zeit, das einzige, was wir haben, das machen sie mir streitig, wenn sie mir das Recht des Erinnerns in Frage stellen.«[17]

Die gleichgültige, verständnislose oder gar feindselige Haltung der Erwachsenen[18] trug nach dem Krieg zur weiteren Traumatisierung der jüdischen Kinder bei. Hans Keilson, der sich zu gleicher Zeit wie die Zentrale Jüdische Historische Kommission in Polen dieser Kinder annahm, hat innerhalb seines Konzeptes der Verfolgungsphasen zu Recht von der »dritten traumatischen Sequenz« gesprochen.

Bezeichnend für das wissenschaftliche Desinteresse am Schicksal dieser Kinder ist außerdem das Fehlen jeglicher statistischer Erhebungen über die infolge der Schoa erzwungenen (und oft lebensrettenden) Konversionen zum Christentum.

Nach einer Periode der Latenz – so scheint es – wurden in den späten siebziger Jahren und in den folgenden Jahrzehnten zahllose Memoiren Überlebender veröffentlicht. Sie wollten nachträglich bezeugen, was ihnen geschehen war; und laut Judith S. Kestenbergs Beobachtung schienen Kinder »ein noch stärkeres Bedürfnis als Erwachsene zu haben, ihre Traumata zu verarbeiten, indem sie ihre Erfahrungen zu Papier«[19] brachten.

Inzwischen aber gibt es immer weniger Zeitzeugen, die die Schoa überlebten, und auch diejenigen, die damals Kinder und Jugendliche waren, wird man bald nicht mehr fragen können.
Diese Kinder sind die »letzten Zeugen«; und im zweiten Teil der vorliegenden Untersuchung bieten die Überlebensmemoiren von Pavel Friedländer, Janina Dawidowicz, Jakob Kuperblum, Frida Scheps sowie Renée Roth geeignetes Quellenmaterial.

Das Gewicht aller Forschungsliteratur zu diesem Thema liegt auf der Nachkriegszeit mit Rückgriff auf die Erlebnisse der Kinder während der Verfolgung, wobei nur die »kinderforshung« der Zentralen Jüdischen Historischen Kommission in Polen (der Schoa) zeitnah ist. Doch hier spricht man religiöse Fragen lediglich im Zusammenhang mit der geplanten »Rückführung« der Kinder an, über die sich später zahlreiche Publikationen mehr oder weniger kritisch äußern. Vorherrschendes Phänomen sowohl bei den jüdischen Kindern in Frankreich, Belgien und den Niederlanden als auch bei jenen in Polen war die überraschende Faszination durch das Christentum, den Katholizismus. Selten wird nach den Gründen hierfür gefragt, und wenn, werden sie an politischen und gesellschaftlichen Gegebenheiten festgemacht, nur zuweilen an religiösen.

Wie bereits erwähnt, hat sich die Forschung in stärkerem Maß den polnisch-jüdischen Kindern zugewandt. Ursache dafür kann nicht die hohe Zahl überlebender Kinder gewesen sein; in Frankreich waren es mehr. Allerdings könnten Zahlenrelationen eine Rolle gespielt haben. Das osteuropäische Judentum war die bedeutendste jüdische Gemeinschaft der Welt, führend auf geistig-kulturellem Gebiet. Vor dem Krieg lebten in Polen die meisten Juden Europas: 3,3 Millionen, sie bildeten 10 Prozent der Gesamtbevölkerung, davon waren 1 Million Kinder. Von ihnen überlebten 5 000, das heißt ein halbes Prozent. Auch das prozentuale Verhältnis der überlebenden Erwachsenen war in Polen so niedrig wie in keinem anderen Land. In Holland und Belgien hatten zwar weniger Kinder überlebt, doch die Prozentzahlen liegen, gemessen an der Vorkriegspopulation, um acht Prozent. Ob derartige Überlegungen bei dem thematischen Schwerpunkt der Forschung eine Rolle gespielt haben mögen, muß offenbleiben.

Die Lebenssituation der von den Deutschen verfolgten jüdischen Kinder in den übrigen europäischen Ländern wird in erster Linie über Zeugenaussagen sowie über Autobiographien erschlossen werden.

Historische Hintergründe, die die Forschung bisher geliefert hat, bilden das Gerüst der vorliegenden Arbeit.

Der während der Schoa lebensnotwenige Wechsel jüdischer Kinder und Jugendlicher zum Christentum kann nicht isoliert betrachtet werden. Er war abhängig von der Biographie der Kinder, von ihren Herkunftsländern und dem aktuellen politischen (Kriegs-)Geschehen.

Als biographische Faktoren gelten Alter, Geschlecht, Zahl der Geschwister, Sozialstatus der Eltern, Grad der religiösen Einbindung oder Einfluß elterlicher politischer Zugehörigkeit, Verhältnis zur gleichaltrigen Gruppe, Trennung von Vater und Mutter, Verstecksituation.

Auch geographische und ethnische Faktoren sind wesentlich; denn es geht dabei um die Herkunftsländer der Kinder und Jugendlichen und um die sprachlich und kulturell einheitliche Volksgruppe, der ihre Familien entstammten.

Deshalb soll in dieser Arbeit versucht werden, die Geschichte der Juden in den einzelnen europäischen (Diaspora-)Ländern zu skizzieren, wobei der Schwerpunkt auf Osteuropa liegen wird, um auf diese Weise vielleicht letzte Spuren einer untergegangenen Welt zu sichern.[20]

Ebenso skizzenhaft sollen die Kapitel über Christen- und Judentum dargestellt werden; sie sind lediglich als Leitfaden zur Unterstützung bereits vorhandener Vorstellungen gemeint.

Doch über einen Religionswechsel zu sprechen, ohne um die Verschiedenartigkeit der beiden Religionen Christentum und Judentum zu wissen, würde die aus dem Übergang resultierenden Bedrängnisse der traumatisierten Kinder und Jugendlichen verharmlosen.
Bei den Unterschieden zwischen beiden Religionen muß überdies auch die Mannigfaltigkeit ihrer jeweiligen Erscheinungsformen bedacht werden.
Es gab kein einheitliches europäisches Judentum. Es bestanden starke regionale Unterschiede; politische, sprachliche, nationale, soziale und kulturelle Abweichungen sowie religiöse Besonderheiten. Das gleiche galt für das Christentum mit seinen verschiedenen organisatorisch gebundenen Gemeinschaftsformen, das die jüdischen Kinder vor allem in der römisch-katholischen Ausprägung erlebten. In den einzelnen Ländern: in den Kirchenprovinzen und Bistümern gab es eine Vielzahl von Klöstern zahlreicher Ordensgemeinschaften mit den jeweiligen divergierenden Regeln.

In der Begegnung der noch in ihren ursprünglichen Milieus verhafteten Kinder mit diesen Eigenheiten des Christentums modifizierten sich ihre Anpassungsprobleme.

Dabei scheint sich im Vorfeld abzuzeichnen, daß die religiösen Konflikte der jüdischen Kinder und Jugendlichen aus Osteuropa bedrückender und schmerzlicher gewesen sind als die derjenigen aus mittel- und westeuropäischen Ländern. Möglicherweise war der Übergang von einer »Konfession«[21] zur anderen fließender, besonders wenn es sich um die gleiche Ethnie handelte, als wenn es, wie bei den Kindern und Jugendlichen aus Osteuropa, um Aufgabe einer ganzen Lebensform ging, in der Religion, Ethik, soziale Strukturen und individuelle Verhaltensweisen unentwirrbar miteinander verbunden waren.
Die Verleugnung einer das Leben bis dahin bestimmenden religiösen Tradition, die erzwungene Annahme einer fremden Glaubensreligion war ein Treubruch gegenüber ihrem Gott. Die damit verbundenen Probleme erweisen sich als komplex. Ob der Religionswechsel allein oder in Verbindung mit anderen massiven Belastungsfaktoren zur schweren Traumatisierung der Kinder beigetragen hat, soll in der vorliegenden Arbeit anhand des erwähnten Quellenmaterials exemplarisch untersucht werden.

Mit ihrer religionswissenschaftlichen und sozialpsychologischen Ausrichtung kann sie nun den Bogen zu der ernsten Mahnung Drobners aus dem Jahre 1945 schlagen.

Erster Teil

Stand der Forschung

Bereits am 29. August 1944 wurde im ostpolnischen Lublin[1] von einigen Überlebenden der Schoa eine Arbeitsgruppe gebildet, die es als ihre Aufgabe betrachtete, Beweismaterial gegen die Täter in Form von Augenzeugenberichten und Dokumenten zu sammeln.[2] Ihre eigentliche Arbeit nahm die Gruppe jedoch erst Ende 1944 auf, nachdem sie mit Unterstützung des Zentralkomitees der Juden in Polen (Centralny Komitet Żydów w Polsce [CKŻwP]) und dem Verband der jüdischen Schriftsteller, Journalisten und Künstler als Zentrale Jüdische Historische Kommission (Centralna Żydowska Komisja Historyczna [CŻKH]) offiziell gegründet worden war.

Unter der Führung des Historikers Filip Friedman[3] zog sie im Februar 1945 nach Łódź um.

> »Die Kommission hatte [...] ein wissenschaftliches Selbstverständnis. Sie wollte eine eigene jüdische Geschichtsschreibung über den Holocaust begründen. Das inhaltlich vollkommen neue Forschungsfeld, das auch in seinen Methoden neu zu entwerfen war, bezeichnete sie als ›khurbn forshung‹ (Forschung über die Katastrophe).«[4]

In etwa fünfundzwanzig Niederlassungen, über die Woiwodschaften[5] ganz Polens verteilt, speicherte und archivierte sie eine Unmenge an Material – darunter ungefähr 7 300 Interviewprotokolle von Überlebenden sowie wenige selbstverfaßte Überlebensberichte.

Bereits im Herbst 1944 hatte die Kommission unter Anwendung qualitativer sozialwissenschaftlicher Methoden mit der Befragung der überlebenden Kinder begonnen, die die Bezeichnung »kinderforshung« erhielt.[6] Dafür gab sie 1945 eine Broschüre unter dem Titel »Instruktionen zur Erforschung der Erlebnisse von jüdischen Kindern während der deutschen Besatzungszeit« mit einer methodischen Anleitung und einem Fragebogen heraus, der 125 Fragen enthielt.

Noe Grüss als Lehrer war Verfasser des methodischen Teils. Nach Meinung von Kenkmann und Kohlhaas hätten die Befragungen durchaus den Normen der empirischen Sozialforschung entsprochen.[7] Die Gesprächsprotokolle könne man wohl zu früher Oral History[8] rechnen; obgleich sie noch eine Mischform zwischen mündlicher Überlieferung und schriftlicher Wiedergabe darstellten. Es seien keine reinen Autographen. Die Aussagen der Kinder seien nicht auf Tonband aufgenommen und anschließend transkribiert, sondern vom Interviewer schriftlich zusammengefaßt worden. Die Autoren der etwa drei bis acht Seiten umfassenden schriftlichen Protokolle seien also die Interviewer gewesen und nicht die Kinder. Bei den Gesprächsprotokollen handele es sich deshalb um schriftliche Quellen auf der Grundlage von Interviews.

Da diese Zeugnisse sogleich nach dem Ende der nationalsozialistischen Besatzung in Polen aufgezeichnet wurden, besitzen sie eine Unmittelbarkeit und eine Dichte, die späteren, im Erwachsenenalter abgegebenen Berichten nicht mehr eigen sind, weil Erinnerungen in der Folge neuer Erkenntnisse lebenslang transformiert werden.

Die aufgezeichneten Überlebensgeschichten der Kinder, für die als Altersbegrenzung das (früheste) Geburtsjahr 1929 bestimmt wurde, setzten mit dem Ausbruch des Zweiten Weltkriegs ein und endeten meistens mit dem Tag des Interviews. Zu diesem Zeitpunkt waren die Kinder etwa 14 bis 7 Jahre alt. Der Interviewer, der zuvor das Vertrauen des Kindes gewonnen haben mußte, sollte es zum freien Erzählen anregen.[9]

Dabei fällt auf, daß man sich zu diesem frühen Zeitpunkt noch gar nicht der irreversibelen Verfolgungsschäden bewußt war und unbefangen prüfen wollte, »ob die Vergangenheit noch Macht über die Kinder« habe »oder ob die heutige Realität« (bei Kriegsende, Verf.) »das Bild der Erlebnisse in diesem traurigen Zeitraum bereits verwischt« habe.[10]

Die absichtlich »offen«gehaltenen Fragen des Interviewers bezogen sich auch auf das Thema Religion.

Viele Kinder hatten ihre jüdische Herkunft während der Jahre der Verfolgung verleugnen und sich einem christlichen Umfeld anpassen müssen, indem sie den christlich-katholischen Glauben annahmen. In den Interviews wurde deshalb gefragt, ob sie tatsächlich geglaubt und sich vom Judentum abgewandt hätten. Es ging hier vor allem darum, sie in die jüdische Gemeinschaft zurückzuholen. Es ging nicht darum, wie sie den Wechsel von ihrer jüdischen Lebenswelt zur christlichen Glaubensreligion psychisch und kognitiv bewältigt hatten.

Die Interviewer griffen auch Themen auf, nach denen im Leitfaden nicht gefragt wurde, zum Beispiel erkundigten sie sich nach den Erlebnissen der Kinder nach der Befreiung. Manche hatten antijüdische Gewalt von Polen und Ukrainern erfahren oder waren infolge ihres Identitätswechsels in schwere Krisen geraten.

Die ersten Zeugnisse von Kindern erschienen bereits 1945 in Kraków in einem Kapitel der von Michał M. Borwicz, Nella Rost und Józef Wulf herausgegebenen »Dokumente des Verbrechens und Leidens«. Das Kapitel »Kindergeschichten« enthält Auszüge von zweiundzwanzig Zeugenberichten.

Ferner publizierten zwei Mitarbeiter der Zentralen Jüdischen Historischen Kommission im Jahre 1947 Sammlungen der Interviews: Maria Hochberg-Mariańskas Veröffentlichung mit dem Titel »Kinder klagen an« enthält fünfundfünfzig Berichte von Kindern und fünfzehn Beschreibungen von Erwachsenen über Kinder und deren Schicksale in den Jahren der Vernichtung.[11]

Noe Grüss gab in Buenos Aires, wohin er bereits 1947 aus Polen immigriert war, »Kinder-Leidensgeschichte« in jiddischer Sprache heraus. Neben Berichten von Kindern und Erwachsenen, die von der Kommission in Polen gesammelt worden waren, enthielt das Buch auch amtliche deutsche Dokumente.
Beide Veröffentlichungen stellten vorerst die einzigen Publikationen früher Zeugnisse von Kinder-Überlebenden dar, der nach Meinung von Feliks Tych »wohl glaubwürdigste[n] Zeugengruppe in dem Sinn, daß sie generell von keinen Vorurteilen gegenüber nichtjüdischen Menschen belastet waren […]«[12] Mit der Publikation von Zeugenaussagen wurde unter anderem auch die Absicht verfolgt, die Aufmerksamkeit der Weltöffentlichkeit auf die jüdische Tragödie zu lenken.[13]

Im Mai des Jahres 1947 entschied das Zentralkomitee der Juden in Polen, die Zentrale Jüdische Historische Kommission (CŻKH) nach Warschau zu verlegen und sie in einer neuen Einrichtung aufgehen zu lassen: dem Jüdischen Historischen Institut (Żydowski Instytut Historyczny [ŻIH]), das noch heute besteht.[14]

Mit dem Ende der Zentralen Jüdischen Historischen Kommission kam auch das Ende der »kinderforshung«. Die regionalen Vertretungen wurden geschlossen. Immer mehr Mitarbeiter verließen das judenfeindliche Nachkriegspolen. Die Zeitzeugenbefragungen kamen Mitte 1948 zum Erliegen.

Das Institut als jüdische Einrichtung behauptete sich in einem Land, wo kaum noch Juden lebten. Immerhin wurde es nicht aufgelöst. Doch seine Dokumente gerieten über Jahrzehnte in Vergessenheit. Es erfolgte keine Auswertung, es gab keine weiteren Publikationen.[15]

Feliks Tych

Erst seit dem politischen Systemwechsel zu Beginn der neunziger Jahre, mit dem neuen Direktor Feliks Tych konzentrierte es sich wieder auf seine eigenen und eigentlichen historischen Aufgaben. Nun konnten viele tausend Selbstzeugnisse, die Tych zuvor noch als »stummen Bestand«[16] bezeichnet hatte, der Forschung zugänglich gemacht werden.

Erstmals im Jahre 2008 veröffentlichte das Jüdische Historische Institut in Warschau, die Universität Leipzig und der eingetragene Verein »Gegen Vergessen – Für Demokratie« fünfundfünfzig ausgewählte und ungekürzte Überlebensberichte von Kindern auch in deutscher Sprache. Die Dokumentensammlung mit dem Titel »Kinder über den Holocaust«[17] wurde unter anderen von Feliks Tych herausgegeben und mit seiner Vorrede »Weshalb Kinder?« eingeleitet.

Zwei weitere Herausgeber, Alfons Kenkmann und Elisabeth Kohlhaas, interpretieren die Protokolle der Überlebensgeschichten, »wie« die Kinder »sie bei der Befragung erzählten«[18], und unterstreichen, daß die Interviews der Zentralen Jüdischen Historischen Kommission auf einem psychotherapeutischen Konzept basiert hätten. Die Interviewer seien sich bewußt gewesen, daß die Kinder während des Gesprächs ihre Leidensgeschichte noch einmal durchlebten, und von der möglicherweise heilenden Wirkung des Erzählens ausgegangen. Allerdings hätten etliche Interviews abgebrochen werden müssen, da die Kinder zu erregt oder zu erschüttert gewesen seien, um weitersprechen zu können.[19]

Gleichzeitig räumen Kenkmann und Kohlhaas ein, daß die Protokolle auch Irrtümer enthielten, »so bei Daten, Fakten und Zahlen«[20].

> »Kaum nachvollziehen« lasse »sich, inwieweit die realen Überlebensgeschichten während des Erzählens Veränderungen erfuhren, die auf der Traumatisierung der Kinder beruhten. Die Erinnerungen der Kinder an die Jahre der Verfolgung« könne »von Vergessen, Verdrängung und Umschreibung geprägt sein. Die erzählte Überlebensgeschichte, wie sie sich im Interviewprotokoll« finde, müsse »nicht gänzlich mit der realen Überlebensgeschichte übereinstimmen«. Einige Gesprächsprotolle ließen »Diskrepanzen dieser Art vermuten«.[21]

Im Zuge einer sorgfältigen Einführung in die Dokumentensammlung blicken Kenkmann und Kohlhaas auf »Überlebenswege und Identitätsbrüche jüdischer Kinder in Polen im Zweiten Weltkrieg«. Sie beschreiben das Überleben der Kinder, indem sie in einzelnen Kapiteln auf die »Stationen des Überlebens« eingehen, auf »Helfer und Retter«, auf »Feinde und Verfolger«, auf das Leben unter der Verfolgung und die Zeit nach der Befreiung.

Beide Herausgeber betonen die Rolle der Katholischen Kirche bei der Rettung jüdischer Kinder.

> »In Klöstern, beispielsweise der Franziskanerinnen oder der Albertinerinnen, und in kirchlichen Einrichtungen wie Waisenhäusern oder Kinderheimen überlebte eine große Zahl von Kindern«[22],

nach Schätzungen mindestens 1 200. Es wird berichtet, daß zu den Helfern »Mitglieder kirchlicher Institutionen« gehörten. Priester hätten häufig falsche Geburtsurkunden ausgestellt, Nonnen hätten jüdische Kinder in den Waisenhäusern ihres Ordens untergebracht. Wichtige weltliche Hilfsorganisationen seien der polnische Hilfsrat für Juden gewesen: Żegota, und die beteiligten polnischen und jüdischen Vereinigungen wie die jüdische sozialistische Partei »Bund«.[23] Die polnische Sozialarbeiterin Irena Sendler, die im Sozialamt der Stadt Warschau angestellt gewesen sei, habe im Hilfsrat die heimliche Rettung von jüdischen Kindern organisiert. Sie und ihre Mitarbeiter hätten etwa 2 500 Kinder aus dem Warschauer Ghetto in Sicherheit gebracht.

Kenkmann und Kohlhaas betonen, wie wichtig es für jüdische Kinder gewesen sei, Rituale und Bräuche des Christentums zu kennen, vor allem Gebete auswendig zu wissen, wenn sie sich in »arischer« Umgebung bewegten. Falls sie in Gefahr gerieten, verraten, entdeckt und aufgegriffen wurden, konnte es ihnen gelingen, den Verdacht durch Sprechen der Gebete zu zerstreuen.

Jahrelang mußten die Kinder ihre wahre Herkunft verschweigen, mußten sich völlig mit der polnisch-katholischen Umwelt identifizieren, so daß Anpassung und Lüge Normalität wurden. »Nicht selten gaben sie im Verlauf der Zeit ihre jüdische Identität auch im eigenen Inneren auf und wurden zu katholischen Polen.«[24]
Nach dem Krieg litten sie bisweilen unter schweren Identitätsbrüchen. Sie wußten nicht, ob sie auf der sicheren »arischen« Seite bleiben oder in jüdische Kreise zurückkehren sollten.

Die Herausgeber der Dokumentensammlung verschweigen nicht, daß diese Kinder von überlebenden Verwandten oder von jüdischen Organisationen erst nach Überredung, oft mit List und Täuschung, manchmal sogar gegen ihren Willen zum Judentum zurückgeholt werden konnten. Gelegentlich kauften jüdische Organisationen die Kinder regelrecht frei. Die Probleme, die sich daraus für die Kinder ergaben, werden in den Interviews nicht thematisiert.

Doch für die schwere Irritation, die der Wechsel der Lebenswelten in den Kindern auslöste, mag ein kurzer Interviewauszug stehen:

> »Frau Domanska sagte mir, daß ich Jüdin sei. Ich habe sehr geweint, weil ich das nicht sein wollte, um nicht in die Hölle zu kommen. Ich wußte, daß Judesein etwas Schlechtes, etwas Häßliches ist. Ich wußte, daß die Deutschen die Juden verfolgten und töteten. Einmal kam mein Onkel [...], er versprach mir, daß er mich konvertieren ließe [...] und nahm mich mit nach Chorzów. Er brachte mich zunächst bei der Tante unter und dann im Kinderheim, wo ich mich jetzt aufhalte. Dort haben sie mir langsam erklärt, daß es nicht stimmt, was man mir über die Juden gesagt hat, daß Jude zu sein nicht entsetzlich ist und man nicht in die Hölle kommt.«[25]

Ausführlich beschreiben Kenkmann und Kohlhaas die Zeit nach der Befreiung, da die Kinder dem Antisemitismus und den judenfeindlichen Übergriffen im Polen der frühen Nachkriegszeit ausgesetzt gewesen seien, und berühren damit die von Hans Keilson postulierte dritte Verfolgungsphase als »traumatische Sequenz«. Sie bestätigen aus den Protokollen nicht allein die physischen, sondern vor allem die psychischen Nachwirkungen der Verfolgung. Hinter den kurzen Aussagen lasse sich die starke seelische Erschütterung spüren, unter der viele Kinder vermutlich ihr Leben lang würden leiden müssen.[26] Einige Kinder bekannten, daß die Verfolgung sie für immer verändert habe.

Erst in den letzten beiden Jahrzehnten gelangte man zu der Erkenntnis, daß die überlebenden Juden in der frühen Einrichtung der polnischen Kommission die ersten waren, die die unmittelbaren Zeugnisse der Opfer in den Mittelpunkt ihrer historischen Forschungen stellten, darunter maßgeblich die Aussagen von Kindern.

Hans Keilson

Dieser kleinsten und schwächsten Gruppe unter den Verfolgten wandte sich in den Niederlanden zu gleicher Zeit der Schriftsteller, Arzt und Psychoanalytiker Hans Keilson zu. Er, der im Jahre 1936 aus Deutschland in die Niederlande geflohen war und während der deutschen Besatzungszeit für die Widerstandsbewegung »Vrije groepen Amsterdam« (= Freie Gruppe Amsterdam) gearbeitet hatte, gründete gleich nach dem Krieg zusammen mit anderen Überlebenden die jüdische Kriegswaisenorganisation »Le Ezrat haJeled«[27], deren Mitglieder, obgleich selbst geschwächt und traumatisiert wie die Überlebenden in Polen, mit großem Enthusiasmus beschlossen, den überlebenden jüdischen Kindern zu helfen.

2 041 Kinder aller Altersstufen waren durch die Schoa zu Waisen geworden: Kinder, die während der Zeit der Verfolgung untergetaucht und sehr wenige, die aus den Vernichtungs- und Konzentrationslagern zurückgekehrt waren.

Medizinische, psychologische, soziale und juristische Fragen standen an. Allgemein war der Befund der körperlichen Verfassung der Kinder unmittelbar nach Kriegsende niederschmetternd, wurde aber noch durch den seelischen Entwicklungsrückstand übertroffen.
Sehr bald schon stellte sich heraus,

> »daß viele der bisher in der Arbeit mit Kindern und Jugendlichen gewonnenen Einsichten und viele der bisher gültigen Maßstäbe nicht mehr ausreichten, um das breite Spektrum der sich hier manifestierenden Verhaltens- und Entwicklungsstörungen in seinem kumulativ-traumatischen Zusammenhang zu erfassen. In der kinderpsychiatrischen Praxis hatte man diese Bilder in diesem Ausmaß und in dieser Intensität bisher noch nicht erlebt.«[28]

In den ersten Nachkriegsmonaten wurde mehr und mehr über die nationalsozialistischen Lager bekannt; Hans Keilson hatte bereits während des Krieges darüber gehört. Gleichwohl traf er im Verlauf seiner Untersuchungen auf Wirklichkeiten, die (nicht nur) sein Vorstellungsvermögen überstiegen, und geriet in Situationen, wo die Sprache sich ihm versagte, zum Beispiel bei seiner Begegnung mit Esra. Dieser zwölfjährige Junge war als Waise aus dem Konzentrationslager Bergen-Belsen zurückgekehrt, wo er seine Eltern und fünf Geschwister verloren hatte. Keilson schreibt:

> »[…] alle Worte, die ich noch sprach, erschienen mir im gleichen Augenblick inhaltslos, leer, fremd, falsch. Ich erinnere mich auch deutlich noch eines Gefühls von Scham, Verlegenheit, so daß ich schließlich zu sprechen aufhörte. Mein Gegenüber, an den die Worte, die Rede gerichtet war, muß bereits früher als ich die Unmöglichkeit eingesehen haben, sich mit Worten zu verständigen. Er schwieg.«[29]

Jahre später versuchte Keilson,

»Geschehnisse, die sich in einer Welt abspielen, wohin die Sprache nicht reicht, wo sie ›versagt‹, in eine psychologisch-psychoanalytische Terminologie zu übertragen.«[30]

Im Jahre 1979 erschien sein wissenschaftliches Hauptwerk »Sequentielle Traumatisierung bei Kindern« mit dem Untertitel »Deskriptiv-klinische und quantifizierend-statistische follow-up Untersuchung zum Schicksal der jüdischen Kriegswaisen in den Niederlanden«, mit dem er zugleich promoviert wurde.

Für diese Langzeitstudie, die die massiven kumulativen Traumatisierungen von Kindern durch »man made disaster«[31] untersuchen wollte, wurden aus einer repräsentativen Gruppe von 204 Fällen vierzig ausführlich beschrieben. Vor dem Hintergrund des gemeinsamen Schicksals aller jüdischen Kriegswaisen in den Niederlanden betrachtet Keilson »die individuelle Biographie des jüdischen Kindes«[32]. Es geht um das Einzelschicksal, aber immer in Verbindung mit dem gesellschaftlichen und historischen Kontext der Schicksale aller jüdischen Kinder. Beide Gesichtspunkte bestimmen die Untersuchung.

Angesichts des Leids dieser Kinder sah sich Keilson veranlaßt, den psychoanalytischen Traumabegriff, der vom Trauma als einzelnem, plötzlich auftretendem und die Seele schädigendem Ereignis ausging, aber auch individuelle Bewältigungsmöglichkeiten mit einbezog, zum Begriff der »traumatischen Situation« mit lang währenden extremen psychischen Belastungsaspekten auszudehnen.

Anders als bei erwachsenen Überlebenden wurde hier die »extreme Belastungssituation« als Teil der Entwicklung des Kindes und Jugendlichen gesehen.
Außerdem erweiterte Keilson den in der Kinderpsychiatrie für die frühesten Entwicklungsstufen geltenden Begriff »basic needs« (= Grundbedürfnisse)[33] auf für die normale Entwicklung aller Altersstufen notwendigen Voraussetzungen, um aus ihrem Fehlen die traumatischen Modalitäten ableiten zu können.

Während bei den Interviews der Zentralen Jüdischen Historischen Kommission das Geburtsjahr 1929 als Altersbegrenzung gesetzt wurde, ist es bei Keilson zunächst das Geburtsjahr 1925. Unmittelbar nach dem Krieg waren »im Sinne der damals geltenden Rechtsnormen des holländischen Bürgerlichen Rechtes«[34] alle jüdischen Kriegswaisen Kinder. Im weiteren Fortgang der Untersuchung aber wurde der Jahrgang 1925 nicht mehr berücksichtigt, weil die meisten Waisen dieses Jahrgangs sowie der folgenden 1926 und 1927 nicht mehr unter Vormundschaft gestellt worden waren.

Um den Beginn des traumatischen Prozesses bei Kindern aller Altersstufen bestimmen zu können, teilte Keilson sie in Altersgruppen ein, die er anhand des Zeitpunktes der Trennung von der Mutter ermittelte.

Indem er sich auf Beobachtungen von Kinderanalytikern wie René Spitz, John Bowlby, Anna Freud, Erik H. Erikson und Donald Winnicott berief, entschied er sich für eine altersspezifische Diagnose, das heißt für die Annahme einer »altersspezifischen Traumatisierung«:

Altersspezifisch stellte bei der Gruppe der Sechs- bis Elfjährigen die Zerstörung der alten sozialen Kontakte bei der Trennung des Kindes von seinem bisherigen Milieu einen massiven traumatischen Belastungsfaktor dar. Hier fiel eine Zunahme der chronisch-reaktiven Depressionen auf. Charakterneurotische und restriktive Entwicklungen überwogen.
Bei den Elf- bis Vierzehnjährigen versagte die Abwehrfunktion der depressiven und restriktiven Bilder, vorherrschend waren Angstneurosen. Lagerhaft und menschenunwürdige Versteckkonstellationen mit häufigem Wechsel der schutzgewährenden Umgebung; die Zerstörung alter und sich neu bildender Sozialbezüge erhielten als Überwältigungssituationen ihre tiefgreifende charakterologische Bedeutung.
Bei der Adoleszentengruppe standen chronisch-reaktive Depressionen im Vordergrund, die nicht nur depressive Stimmungen als Ausdruck der Trauer um erlittene Verluste beinhalteten, sondern auch der Abwehr gegen die mit Angst beladenen Phantasien, Erinnerungen und möglichen Wiederholungen traumatischer Erlebnisse in der Wirklichkeit dienten.

Hans Keilson fragte nach dem Zusammenhang zwischen der Intensität altersspezifischer Traumatisierung und dem Schweregrad der späteren Persönlichkeitsstörung.

Allein das, was dem Kind zugestoßen war, und nicht die Art und Weise, wie es darauf reagiert hatte, wurde festgehalten. Da erlittenes Leid nicht meßbar ist, nicht in Zahlenwerten ausgedrückt werden kann, wählte Keilson die äußeren Faktoren der »extremen Belastungssituation« als Merkmal der Belastung. Seiner Meinung nach besteht die »extreme Belastungssituation«

> »aus einer […] Folge massiver, einander verstärkender […] traumatischer Situationen […], die auch nach dem Kriege, also nach Beendigung der Verfolgung selbst, weiterging«[35].

Zur Einteilung und Abgrenzung der verschiedenen Traumatisierungsphasen führte Keilson den Begriff der »traumatischen Sequenz« ein. Bezogen auf den historischen Kontext sind die Sequenzen in zeitlicher Reihenfolge geordnet:

1. Die Besetzung der Niederlande durch die deutsche Wehrmacht (1940) und der beginnende Terror gegen die jüdische Minderheit. »Angriffe auf die soziale und psychische Integrität der jüdischen Familien.«

2. »Die direkte Verfolgung: Deportation von Eltern und Kindern« beziehungsweise »Trennung von Mutter und Kind; Versteck in improvisierten Pflegemilieus; Aufenthalt in« Konzentrations- und Vernichtungslagern.
3. »Die Nachkriegsperiode, mit der Vormundschaftszuweisung«:
   a) Die Fortsetzung des Aufenthalts im (inadäquaten) Kriegspflegemilieu.
   b) Rückkehr der Kinder in das (seinerseits traumatisierte) jüdische Milieu, damit verbunden Trennung von Kind und Pflegefamilie.[36]

Jede traumatische Sequenz enthalte – als eine in sich geschlossene Einheit betrachtet – eine Anzahl traumatogener (= posttraumatischer) Momente. Sie schließe zudem verschiedene Möglichkeiten des äußeren Verlaufs ein.[37]

Besondere Bedeutung erhielt die dritte Sequenz bei der fünfundzwanzig Jahre nach Kriegsende von Keilson vorgenommenen Nachuntersuchung der inzwischen erwachsenen jüdischen Kriegswaisen: Kinder mit einer günstigen zweiten, aber einer ungünstigen dritten traumatischen Sequenz zeigten später ein unerfreulicheres Entwicklungsbild als Kinder mit einer ungünstigen zweiten, aber einer günstigen dritten traumatischen Sequenz.

Von Bedeutung für die vorliegende Arbeit ist Keilsons Konzept der »sequentiellen Traumatisierung«, das dem Schicksal aller verfolgten jüdischen Kinder entspricht.

Durch die Begrifflichkeit der sich verändernden »traumatischen Situation« wird Trauma nicht zeitlich eingegrenzt, sondern zu einem (lebenslangen) Prozeß.

Religiöse Fragen stehen bei Keilsons Langzeitstudie nicht im Vordergrund. Allerdings begegnet er ihnen bereits zu Beginn seiner Untersuchungen. Die Probleme eines erzwungenen Religionswechsels jüdischer Kinder unterschieden sich in den Niederlanden nicht viel von denen in Osteuropa. Doch während sich dort der wiederentstehende polnische Staat zunächst nicht in innere jüdische Angelegenheiten einmischte[38], verabschiedete die niederländische Regierung im August 1945 ein maßgebendes Gesetz. Entsprechend wurden die religiösen Probleme als »Streitfälle« relativiert und in der niederländischen Gesellschaft nach außen verlagert, nämlich auf die Vormundschaftsgerichte. Sie (die religiösen Probleme, Verf.) als »einen Aspekt der niederländisch-jüdischen Beziehungen nach dem Zweiten Weltkrieg« zu betrachten, »der seinerzeit auch in der breiteren Öffentlichkeit vielerlei Emotionen« geweckt habe, »und dessen Spuren noch in den Loyalitäts- und Identitätsproblemen der Nachuntersuchten anzutreffen«[39] seien, mutet, obgleich sachlich richtig, auf den ersten Blick verharmlosend an. Immerhin ist sich Keilson dessen durchaus bewußt gewesen: in seiner Darstellung der Arbeit der Kommission O.P.K.[40], die als ausführendes gesetzliches Organ eingesetzt worden war, bezweifelt er, ob die Spannungen, die aus der jüdischen Herkunft der Waisenkinder resultierten, innerhalb des Ausmaßes ihrer psychischen Problematik genügend berücksichtigt worden seien.

Die Ungleichheiten, die zwischen der Untersuchung Keilsons und der der Zentralen Jüdischen Historischen Kommission bezüglich der religiösen Probleme der jüdischen Kinder bestehen, sind in erster Linie auf unterschiedliche politische, gesellschaftliche und soziologische Hintergründe zurückzuführen.

Zur Zeit der Interviews in Polen lebten die meisten jüdischen Kinder in Waisenhäusern des Zentralkomitees der Juden in Polen, das unter der Schirmherrschaft der Regierung stand. Es brachte überlebende Kinder in eigenen Internaten unter, so in Otwock, Kraków und Bytom. Daneben versuchten Mitglieder zionistischer Jugendbewegungen unter der Dachorganisation der »Koordinazia«[41], jüdische Kinder in Kinderheimen und Kibbuzim zu sammeln, um sie von Europa nach Palästina zu bringen. Unabhängig davon bemühten sich religiöse Gruppen unter Leitung des Oberrabbiners David Kahane, Kinder von ihren nicht-jüdischen Rettern zum Judentum zurückzuholen.

Für die Befragungen der Kinder war von der Zentralen Jüdischen Historischen Kommission der bereits erwähnte Leitfaden erstellt worden, der sozialwissenschaftlichen Methoden entsprach. Diese Kinder sollten um jeden Preis für die jüdische Gemeinschaft zurückgewonnen werden.

Ganz anders war die Situation in den Niederlanden, weil die Sozialgesetzgebung eine besondere und weil das Land keiner so unerbittlichen deutschen Okkupationspolitik wie Polen ausgesetzt gewesen war.[42] Kurz nach der Befreiung hatte die damalige niederländische Regierung ein Gesetz erlassen, wonach alle Minderjährigen, die durch die Kriegsumstände die elterliche Macht oder Vormundschaft verloren hatten, zu ermitteln, zu erfassen und zu identifizieren seien, um rechtliche und pädagogische Maßnahmen einleiten zu können. Es wurde eine »Kommission für Kriegspflegekinder« (O.P.K.) eingesetzt, die gemeinsam mit der jüdischen Organisation »Le Ezrat haJeled« nicht nur Vormundschaften vergab, sondern auch solche übernahm. Zu allen jüdischen Kriegswaisen wurden Kontakte unterhalten, selbst zu denen, die in nicht-jüdischen Pflegefamilien blieben, sowie zu Kindern in den verschiedenen jüdischen Heimen, wobei pädagogische und psychologische Beratung sowie medizinische Fürsorge im Vordergrund standen.[43]

Erst in Keilsons späterer Nachuntersuchung, die

> »die Entwicklung dieser Kinder in den Jahren nach dem Kriege bis zu ihrer gesetzlichen Volljährigkeit [...] verfolgen und ihr späteres Los als Erwachsene unter dem Aspekt des Erlittenen aufs neue [...] betrachten«[44]

wollte, wurde die Problematik eines erzwungenen Religionswechsels offenkundig. Das äußerte sich wie bei den polnisch-jüdischen Kindern in Identitätsbrüchen, Loyalitätskonflikten, Zweifeln, Schuldgefühlen, Unsicherheit, Angst sowie in betont antijüdischer Einstellung.

Ewa Kurek-Lesik

Ebensowenig wie die Dokumentensammlung der Zentralen Jüdischen Historischen Kommission und die Untersuchung von Hans Keilson geht Ewa Kurek-Lesik mit ihrer Publikation »Your Life is Worth Mine. How Polish Nuns Saved Hundreds of Jewish Children in German-Occupied Poland 1939-1945«[45] auf die zahlreichen und vielschichtigen Probleme eines erzwungenen Religionswechsels ein. Und das, obgleich sie ihren historischen Standpunkt oft verläßt und aus sozialwissenschaftlicher, religionswissenschaftlicher und psychologischer Sicht urteilt. Im 5. Kapitel ihres Buches, überschrieben »Psychological and Religious Experiences«, nennt sie etliche Schwierigkeiten, ohne sie genauer zu analysieren.

Abgesehen von solchen Defiziten, die der Autorin nicht angelastet werden können, da sie mit ihrer Veröffentlichung eine andere Intention verfolgte, ist das Werk für die Behandlung des Themas der vorliegenden Arbeit sehr wertvoll.

Hier wird zum ersten Mal in aller Ausführlichkeit nicht nur die Rettung jüdischer Kinder durch die römisch-katholische Kirche thematisiert, sondern darüber hinaus auf Wunsch der Autorin ein Beitrag zur Entschärfung des erbitterten polnisch-jüdischen Streits um die Jahre der deutschen Okkupation und der Vernichtung der Juden geleistet.

Kurek begann ihre historischen Forschungen bereits in den frühen achtziger Jahren des vergangenen Jahrhunderts. Sie reiste von Kloster zu Kloster und fragte die Nonnen, ob sie während des Zweiten Weltkriegs jüdische Kinder versteckt hätten. Außerdem knüpfte sie Verbindungen zu Überlebenden, die als Kinder von den Nonnen gerettet worden waren und die nun in Israel, den USA, Polen und vielen anderen Ländern rund um die Erde leben. Die Berichte der Nonnen und die der als Kinder geretteten Juden wurden aufgezeichnet beziehungsweise auf Tonband gespeichert und in ihrem Buch repräsentiert.

Ausgehend von der Situation der römisch-katholischen Kirche mit ihren Klöstern und Wohlfahrtseinrichtungen zu Beginn des Zweiten Weltkriegs weist die Historikerin Ewa Kurek auf die territoriale Neuordnung hin, durch die das Gebiet der Zweiten Polnischen Republik zersplittert und der nationalsozialistischen Okkupationsverwaltung unterworfen wurde. Durch die neuen Grenzen sei die einheitliche lokale Organisation der Katholischen Kirche zerschnitten und die Diözesen zerrissen worden. Trotz der Auflösung ihrer Verwaltungsstrukturen habe die Kirche aber weiterhin versucht, ihre religiösen, nationalen und karitativen Funktionen zu erfüllen. Neben den pastoralen Aufgaben beteiligte sich der Klerus an den Untergrund-Aktivitäten, indem er die zu schützen suchte, die am gefährdetsten waren: Soldaten, Untergrundkämpfer, die sich vor den Deutschen verbergen mußten, sowie polnische Juden und deren Kinder.

Infolge des Krieges habe es jedoch auch immer mehr polnisch-christliche Waisen gegeben, die versorgt werden mußten.

Da Personen, die Juden versteckten oder beköstigten, mit dem Tode bestraft wurden, wog die Entscheidung für solche Hilfeleistungen schwer. Wenn sich Klöster zur Aufnahme jüdischer Kinder entschlossen, beruhte das nicht auf einem Aktionsplan, den klerikale Obrigkeiten entworfen hatten, sondern auf der Initiative der Autoritäten des jeweiligen Klosters, die vor und auch im Kriege völlig unabhängig arbeiteten. Häufig war es die Mutter Oberin, manchmal aber auch einzelne Nonnen, die jüdische Kinder unterbrachten, wobei sie nicht nur ihr eigenes Leben aufs Spiel setzten, sondern auch die Leben aller Bewohner des Klosters: der Nonnen und der Kinder.

Die ersten Maßnahmen organisierter Hilfe für jüdische Kinder wurden durch Angestellte der Abteilung Sozialfürsorge und Gesundheitswesen der Stadtverwaltung Warschau, des RGO[46], und durch einige Untergrundorganisationen wie der FOP[47] ergriffen.

Da aber alles unter größter Geheimhaltung geschehen mußte, so Ewa Kurek, könne die Geschichte der Zusammenarbeit zwischen den Nonnen und dem RGO selbst für Warschau und die nähere Umgebung nur fragmentarisch rekonstruiert werden. Eine kleine sozialpädagogische Organisation, die von Zofia Kossak, einer namhaften Schriftstellerin, verwaltet wurde, half Ghetto-Flüchtlingen. Auf Kossaks Initiative hin entstand im September 1942 das Provisorische Judenhilfekomitee, das am 4. Dezember in den Rat für Judenhilfe (Rada Pomocy Żydom) umgewandelt wurde und unter der Leitung eines fiktiven Konrad Żegota stand. Davor, im November 1942, hätten sich die Repräsentanten des Judenhilfekomitees mit Irena Sendler, einer Sozialarbeiterin im Sozial- und Gesundheitsamt, getroffen und mit Aleksandra Dargiełowa, die die Kinderabteilung des RGO leitete. Nach ihr übernahm Irena Sendler das Referat, das offiziell erst im August 1943 gegründet wurde.

Viele Kinder kamen aus den Schichten der Intelligenz, manche aus katholischen Familien jüdischer Abstammung, die meisten aus assimilierten Familien, die nicht religiös waren, und nur sehr wenige aus orthodoxen jüdischen Kreisen. Der bruchstückhafte Charakter des Quellenmaterials schränke das Wissen über den sozialen Hintergrund aller jüdischen Kinder ein, die in den Klöstern gerettet wurden. Es ließen sich nur indirekte Schlüsse ziehen.

Nach Meinung der Autorin sei es unmöglich, die ganze Komplexität des Themas »getaufte jüdische Kinder in polnischen Klöstern« zu erfassen.
Auf der einen Seite der jüdische Standpunkt, daß die Kinder nicht aus rein humanitären Gründen gerettet worden seien, sondern in Wahrheit, um sie zu missionieren. Dieser Verdacht sei bereits Teil der Überlegungen gewesen, die die

Vertreter der jüdischen Ghetto-Gemeinschaft angestellt hätten und von denen der Historiker Emanuel Ringelblum[48] in den Annalen seines Untergrundarchivs berichtet habe.
Auf der anderen, polnisch-katholischen Seite dagegen verwahre man sich vor einer solchen Unterstellung und verweise auf das hohe christliche Ideal der Nonnen sowie auf die jahrhundertealte Tradition, verlassene und verwaiste Kinder in Obhut zu nehmen.

Ewa Kurek hat ihre Nachforschungen vierzig Jahre nach dem Krieg angestellt, so war es ihr natürlich nicht mehr möglich, ein vollständiges Bild über die Arbeit der Nonnen während des Krieges zu zeichnen. Da aus Sicherheitsgründen keine Listen angelegt und geführt werden durften, es also keine Dokumente gibt, läßt sich die Zahl der durch die Katholische Kirche geretteten jüdischen Kinder nur aus den Erinnerungen der Nonnen einschätzen. Oft wußte allein die Mutter Oberin eines Klosters von diesen Kindern, und wenige waren zur Zeit der Interviews noch am Leben. Auch unter den Nonnen waren einige verstorben oder hatten das Kloster gewechselt, weil sich die territorialen Gegebenheiten verändert hatten. Die jüngeren Schwestern waren mitunter gar nicht eingeweiht worden, es sei denn, sie versorgten die jüdischen Kinder. Häufig brach nach dem Kriege auch der Kontakt zu den geretteten Kindern ab.

Im März 1979 bereiteten die vier größten polnischen Organisationen, die zur Rettung jüdischer Kinder im Zweiten Weltkrieg beigetragen hatten, einen Report vor, in welchem sie die Zahl der Kinder, die vom »Żegota« gerettet worden war, anhand der fragmentarischen Listen des Rats für Judenhilfe zu errechnen suchten: Durch die Vermittlung Warschauer Wohlfahrtsorganisationen wurden ungefähr 500 jüdische Kinder in Heimen aufgenommen, die mit den Klöstern zusammenarbeiteten, weitere 200 im Priester-Bodouen-Heim[49], das die Barmherzigen Schwestern leiteten. Außerdem wurden ungefähr 500 Kinder bei sozialen Wohlfahrtsorganisationen untergebracht und zu Nonnen verschiedener Orden weitergereicht. Da zahlreiche jüdische Kinder, die vom »Żegota« geschickt wurden, den Krieg nicht überlebten, sind die Zahlen des Reports die einzigen, die mehr oder weniger zuverlässig sind. Allerdings werden darin nicht alle in den Klöstern versteckten Kinder genannt; denn einige hundert hatten dort auf anderem Wege Aufnahme gefunden.
Im ganzen seien etwa 1 200 jüdische Kinder von ungefähr 200 Klöstern gerettet worden. Wieviel mehr Kinder auf welche andere Weise in Sicherheit gebracht wurden, werde vermutlich ein Geheimnis bleiben.

Überdies sei es zweifelhaft, ob Kinder, die in polnische Familien gegeben worden waren, zu ihren Familien und zu ihrer Nation zurückkehrten. Eine unbestimmte Zahl lebe noch jetzt unter den Polen, zumal wenn sie die einzigen Mitglieder ihrer Familien gewesen seien, die die Schoa überlebt hatten.

Nach dem Krieg hätten sich die Klöster an die etablierten jüdischen Einrichtungen gewandt, um die Kinder dorthin zurückzugeben. Viele Kinder aber wollten im Kloster auf ihre Angehörigen warten. Überlebende jüdische Eltern seien je nach der Entfernung ihres Aufenthaltsortes vom Kloster rasch oder sobald wie möglich gekommen. Falls Kinder getauft worden waren, wurden die Eltern darüber informiert. Doch ihre Reaktion sei, bis auf wenige Ausnahmen, gewesen, daß das Leben des Kindes wichtiger war als alles andere.
Einige jüdische Eltern kannten das Schicksal ihrer Kinder. Aber viele wußten nicht, ob ihre Kinder die Vernichtung überlebt hatten, geschweige denn, wo sie lebten. Verwirrung bereiteten die angenommenen Namen und die Wechsel der Klöster. Nur ältere Kinder konnten sich an ihre Eltern und an ihre richtigen Namen erinnern.
Auch die Bischöfe – so Ewa Kurek – wußten nicht genau, welche Orden in ihren Diözesen während der Zeit der Besatzung gearbeitet, und noch weniger, wie viele von ihnen jüdische Kinder gerettet hatten. Hier berücksichtigt die Erwartung der Autorin nicht das katholische Kirchenrecht, wonach Klöster als exemte[50] Gebiete keinem Bischof unterstellt sind. Die Bischöfe konnten weder von den Aktivitäten der Orden noch von den geretteten Kindern wissen.

Ein aufschlußreiches Kapitel in Ewa Kureks Veröffentlichung ist das über die Rückführung der Kinder nach dem Krieg, für die sich in Polen religiöse und zionistische Organisationen engagierten sowie herausragende jüdische Persönlichkeiten.

Mit gewisser Bitterkeit erwähnt sie die Irritation[51], die durch den synonymen Gebrauch der beiden Wörter »Rettung« und »Rückführung« von seiten amerikanisch-jüdischer Historiker[52] in bezug auf die in polnischen Klöstern geretteten Kinder ausgelöst worden sei. Der Begriff »Rettung« habe nur von der Kirche in Anspruch genommen werden können: Rettung während der Zeit des Krieges. Nach dem Krieg, als das Leben der Kinder nicht mehr unmittelbar bedroht gewesen sei, habe es sich um ihre »Rückführung« zur jüdischen Nation gehandelt.

Im Jahre 1946 gründete Herbert Tenzer mit Unterstützung amerikanischer Juden die Vereinigung »Kinderhilfe«, die viele jüdische Kinder, die im Nachkriegseuropa krank und hilflos umherirrten, sammelte und die, welche in christlichen Familien oder Klöstern überlebt hatten, in die jüdische Gemeinschaft zurückholte. Die Akten dieser Hilfsorganisation wurden der Jeschiwa-Universität in New York City übergeben. Allerdings wurde Ewa Kurek kein Einblick in die Schriftstücke gewährt, so daß sie nicht die Anzahl der jüdischen Kinder, die aus Polen zurückgeführt, und nicht die Zahl derer, die in polnischen Klöstern gerettet worden waren, herausfinden konnte, um sie mit ihren eigenen Berechnungen zu vergleichen.

Tatsache ist wohl, daß es in Polen nach dem Krieg niemanden gab, der von den territorialen und numerischen Rettungsmaßnahmen der Nonnen wußte. Es dauerte Jahre, bis sich die römisch-katholische Kirche in Polen reorganisiert hatte. Die Repräsentanten jüdischer Organisationen hatten gar keine andere Wahl, als durch das Land zu reisen und sich in den Klöstern sowie bei der örtlichen Bevölkerung nach überlebenden Kindern zu erkundigen.

Lena Kuchler-Silberman

Eine abweichende Position zu Ewa Kureks geradezu apologetisch gehaltener Beschreibung des klösterlichen Rettungswerks an jüdischen Kindern bezieht Lena Kuchler-Silberman[53] in ihrem Bericht[54] über die Flucht jüdischer Kinder aus Polen im März 1946 mit Unterstützung des Vaad Hatzala[55]. Die Kinder stammten aus Kraków und Umgebung – dort hatten etwa 170 Kinder überlebt.
Kuchlers Darstellung steht unter dem Eindruck des aufflammenden Antijudaismus nach Beendigung der Kampfhandlungen, der den überlebenden Juden unmißverständlich klarmachte, daß sie in Polen unerwünscht seien.
Sooft Kuchler auf die durch Klöster geretteten Kinder eingeht, beurteilt sie deren Situation aus dem Blickwinkel der Nachkriegszeit; und das bedeutet, daß nicht mehr ihre Rettung aus tödlicher Gefahr im Vordergrund steht, sondern die Problematik ihrer Rückkehr ins Leben und damit bereits der Beginn der von Keilson so genannten »dritten Sequenz« ihrer traumatisierenden Erlebnisse. Es gab viele und große Schwierigkeiten, die Kinder für das Judentum zurückzugewinnen.

Ella Mahler

Ein Jahr später berichtet Ella Mahler in einem kurzen Aufsatz »About Jewish Children who Survived World War II on the Aryan Side«[56].
Sie verweist auf einen sehr wichtigen Aspekt, der von anderen Autoren zu jener Zeit nur marginal behandelt wird: Die jüdischen Kinder identifizierten sich nicht nur mit ihren christlichen Rettern, sondern übernahmen auch deren Antisemitismus (»their rabid antisemitism«[57]). Sie, die auf der »arischen« Seite überlebten, hätten ihr eigenes Volk verachtet und gehaßt.
Bei Ende des Krieges und in den ersten Nachkriegsmonaten seien die jüdischen Kinder auf der »arischen« Seite umhergeirrt, ohne Kontakt zu den versprengten Gruppen der Überlebenden, die zurückkehrten und sich in größeren Städten niederließen. Diese Isolation habe die Kinder in der Annahme bestärkt, daß sie die einzigen am Leben gebliebenen Juden auf der ganzen Welt seien.

Mahler betont, wie wichtig die Rückführung dieser Kinder gewesen sei; doch sie fürchtet, daß sich die Trennung der Kinder von ihren Beschützern und ihrer christlichen Umgebung schädlich auf ihre seelische Gesundheit ausgewirkt habe.

In der Folge zählt Mahler vor allem zionistische Organisationen auf, die sich der Kinder annahmen, und nennt einige Persönlichkeiten, die sich dieser nicht ungefährlichen Aufgabe widmeten, darunter eine Mrs. D. Silber, die selbst auf der »arischen« Seite überlebt hatte und für die «Koordinazia« arbeitete. Ihr sei es dank großer Überredungskunst und gegen hohe Geldsummen gelungen, zwanzig jüdische Kinder zurückzugewinnen.

Nechama Tec

Das Buch von Nechama Tec »When Light Pierced the Darkness. Christian Rescue of Jews in Nazi-Occupied Poland«[58] erschien 1986. Die Autorin, Associate Professor of Sociology an der University of Connecticut in Stamford, verdankt ihr Leben ebenfalls Polen, die sie und ihre Familie retteten.

Das Werk basiert auf ihren eigenen Erfahrungen, auf unveröffentlichten Zeugenaussagen, veröffentlichten Berichten, wie dem von Janina David, und auf umfassenden Interviews mit Rettern und Geretteten.

Es ist eine methodisch fundierte Studie über die Rettung von Juden durch Christen in Polen während der nationalsozialistischen Herrschaft. Vor historischem und soziologischem Hintergrund sowie unter dem Modus der gewährten Hilfe teilt sie die polnischen Retter, die sie von den »uninvolved«[59] Polen abstrahiert, in einzelne Gruppen ein: Altruistische und bezahlte Helfer; solche, die aus Freundschaft handelten oder ganz spontan; auch antisemitische gläubige Katholiken. In einem Kapitel des Buches erwähnt sie im Zusammenhang mit der Katholischen Kirche gleichfalls Mönche und Nonnen als Retter jüdischer Kinder.

Seit Polen im Jahre 1795 seine Unabhängigkeit verloren habe, sei die Katholische Kirche die große einigende Kraft gewesen, immer aber entschieden antijudaistisch. Nach 1918, als Polen seine Freiheit zurückgewann, habe die mächtige nationalistische Kirche ihre Position behauptet. Einerseits habe sie ihren Judenhaß beinahe dogmatisiert, andererseits aber Brüderlichkeit, Nächstenliebe, Mitleid und Vergebung gepredigt.

Nachdem Polen von den Deutschen besetzt worden war, habe die Katholische Kirche traditionsgemäß auf höhere politische Instruktionen aus Rom gewartet, die ihr Richtlinien für ihr Verhalten gegenüber den verfolgten Juden geben sollten. Widerstand gegen die Judenvernichtung der Deutschen sei in jener Zeit keine Seltenheit gewesen. Die gläubigen Katholiken hofften, daß Papst Pius XII. die Grausamkeiten der Deutschen verdammen und dazu aufrufen würde, den Juden zu helfen. Das geschah jedoch nicht. Der Papst hüllte sich in offizielles Schweigen, das den Eindruck erweckte, als billige er die Politik der Deutschen. Immerhin aber wandte er auch nichts gegen die Hilfe für Juden ein.

Ohne eindeutige Stellungnahme des Oberhaupts der Katholischen Kirche vertrat der polnische Klerus eine unentschiedene Haltung gegenüber der nationalsozialistischen Judenvernichtung. Das Resultat war eine große Zahl persönlicher Entscheidungen. Im allgemeinen jedoch seien – abgesehen von einigen noblen Gesten – die Rettungsaktionen des polnischen Klerus weder konsequent noch erheblich gewesen. Auch der Historiker Emanuel Ringelblum betrachtete ihre Hilfe als Ausnahme, obgleich er nicht bestritten habe, daß etliche Nonnen und Priester für Juden ihr Leben aufs Spiel gesetzt hätten. Er spürte, daß der katholische Klerus in Polen den Leiden der Juden gleichgültig gegenüberstand und nur daran interessiert war, Seelen zu retten.
Doch Ringelblums Einschätzungen ebenso wie die Ansichten anderer Beobachter, die das Engagement des Klerus bei der Rettung nachdrücklich betonen, beruhten auf verstreuten historischen Fakten und Fällen.

Beweiskräftiger erscheint Nechama Tec der Rückgriff auf zwei Gruppen: die jüdischen Überlebenden und die polnischen Retter. Nur sechs Prozent der Überlebenden gaben als ihre Helfer Priester und Nonnen an. Nur acht Prozent der Retter gehörten zum Klerus. Daraus schließt sie, daß die Annahme, der Klerus habe sich besonders um die Rettung der Juden bemüht, bezweifelt werden müsse.

Die Hilfe des Klerus konzentrierte sich indes auf jüdische Kinder. Tatsächlich wurden die meisten der überlebenden Kinder in Nonnen- und Mönchsklöstern oder in katholischen Waisenhäusern gerettet. Dadurch, daß der Klerus diese Rettung versuchte, verweigerte er sich der nationalsozialistischen Politik, deren erklärtes Ziel es gewesen sei, die Kinder zu vernichten. Solche Rettungsversuche gestalteten sich besonders bei kleineren Kindern schwierig, weil sie das Geschehen noch nicht begreifen konnten. Nach Aussage gläubiger Katholiken, die an der Rettung der Kinder beteiligt waren, wurde eine Konversion allein mit Rücksicht auf die Sicherheit vollzogen. Durch den Empfang der Taufe empfanden sich die Kinder als vollwertige Katholiken. Das konnte sie davor bewahren, unbeabsichtigt ihren eigentlichen Ursprung zu verraten. Ältere Kinder mußten durch religiöse Unterweisung und anschließende Taufe von der Lehre des Christentums überzeugt werden.

Die Autorin betont, daß die meisten jüdischen Kinder, sogar solche, die nicht in kirchlichen Institutionen überlebt hätten, vom Katholizismus tief beeindruckt gewesen seien. Sie führte etliche Interviews, die das bestätigten. Natürlich kam es auch vor, daß jüdische Kinder, nachdem sie zum Christentum konvertiert waren, von ihren Beschützern schlecht behandelt wurden. Doch seltsamerweise hätten diese Kinder an ihrer neuen Religion gehangen. Manche seien unfähig gewesen, ihre dem neuen Gott gegebenen Versprechen zu brechen. Viele junge Konvertiten kehrten gar nicht zu ihrem Volk zurück; wie viele, wisse niemand.

Nechama Tec beurteilt die offizielle Haltung der Katholischen Kirche gegenüber der Judenvernichtung als widerspruchsvoll. Bis in die Gegenwart hinein habe der Vatikan in dieser wichtigen Frage geschwiegen und seine Haltung während des Krieges unerklärt gelassen.
Polnischer Klerus und katholische Laien hätten wohl unterschiedliche Motivationen gehabt, jüdisches Leben zu retten; aber alle riskierten ihr Leben für eine nicht greifbare Belohnung. Für Tec seien sie in einer besonderen Weise religiös gewesen. Sie deuteten christliche Werte unabhängig von den dogmatischen Vorgaben der Kirche.

Margrit Wreschner Rustow

Über vierzig Jahre nach dem Krieg, doch im Vergleich zu den übrigen Veröffentlichungen zu diesem Thema relativ früh, nämlich 1988, schrieb Margrit Wreschner Rustow eine Dissertation über in christlichem Umfeld gerettete jüdische Kinder: »Identity and Trauma. Jewish Children Saved by Christians During the Holocaust«[60].

Daß ihre Arbeit nie als Monographie erschienen ist, wirft ein Schlaglicht auf die ungenügende Wahrnehmung dieser Kinder-Überlebenden innerhalb der Gesellschaft.

Abgesehen vom Pilotprojekt der »kinderforshung« sowie neben Ewa Kurek-Lesik und Nechama Tec, die in ihren Untersuchungen über gerettete jüdische Kinder in Klöstern und über christliche Helfer in Polen während des Zweiten Weltkriegs berichten, ist Wreschner Rustow die erste Autorin, die einige dieser Kinder ausführlich zu Wort kommen läßt.

Die Studie beruht auf Interviews und gedruckten Quellen: Autobiographien, und untersucht die Wirkung schwerer Traumen auf die Identität von Kindern, die während der Schoa als Juden verfolgt, von ihren Familien getrennt und von Christen gerettet wurden.

Sieben Fallbeispiele stehen im Mittelpunkt von Wreschner Rustows Dissertation. Auf der Grundlage einer Synopse der Lebensdaten der Kinder vergleicht sie ihre Lebenssituationen unter verschiedenen Gesichtspunkten: Erfahrungen vor der Trennung von der Familie, im Versteck (in christlicher Umgebung), Nachkriegserfahrungen sowie Traumen und Identitätsbrüche.
Zur besseren historischen Einordnung der Fallstudien geht die Autorin auf den Verlauf der nationalsozialistischen Judenverfolgungen in den Ländern ein, aus denen die Kinder kamen.

Die psychoanalytischen Grundannahmen Wreschner Rustows beruhen auf dem Traumakonzept von Hans Keilson und den Identitätstheorien von Erik H. Erikson. Wie Keilson betont sie, daß das eigentliche Trauma jedes (jüdischen) Kindes die

Trennung von, der Verlust der Mutter beziehungsweise der Eltern gewesen sei. Um diesen Kern zerstörerischer Einwirkung hätten sich alle anderen traumatischen Ereignisse gelagert.

Wie Erikson setzt auch sie die Einbindung des Menschen in seine kulturelle Umgebung zur Bildung seiner Identität voraus, verknüpft folglich die innere seelische Entwicklung mit der äußeren sozialen. Allerdings muß sie seine Theorie in bezug auf die überlebenden Kinder modifizieren. Eriksons Identitätskonzept, das von einer innerlichen Einheitlichkeit und Kontinuität des Ich[61] sowie seiner Verankerung in der harmonischen sozialen Umwelt ausgeht, orientierte sich am Beispiel der bürgerlichen Normalbiographie. Es kann kaum auf Kinder Anwendung finden, deren innerpsychische Repräsentanzenwelt durch die Ereignisse der Schoa derart verwirrt worden und für die eine eindeutige Identität unerreichbar war.

Mit Eintritt in christlich-katholische Einrichtungen mußten die Kinder ihre ursprüngliche Identität abstreifen, ihre Lebensgeschichte vergessen und neue Namen annehmen. Ihnen wurde weisgemacht, daß sie nun andere Personen seien und an einem religiösen Kult teilnehmen müßten, den sie früher nicht gekannt hatten. Behutsamer Druck (physisch und psychisch) wurde auf sie ausgeübt, damit sie sich in die neue christliche Gemeinschaft einfügten.
Das abgeschiedene klösterliche Leben mit seiner strengen römisch-katholischen Struktur, ohne Verbindungen zur Außenwelt, gewährte äußere Sicherheit, Orientierung und Stabilität ebenso wie ein klares Wertesystem.
Das alles habe geholfen, die Hilflosigkeit der Kinder zu überwinden, Triebe zu unterdrücken und zu kontrollieren sowie ein relativ zusammenhängendes Selbst wiederherzustellen, mit dem Anpassung an die fremde Umgebung möglich war.

Die christliche Religion habe besonders für die Kinder große Bedeutung erhalten, die zuvor keine andere Religion kennengelernt hatten.

Der Verlust geliebter Objekte, die für sie Quelle libidinöser und narzißtischer Zufuhr gewesen waren, ließ die Kinder Halt in der neuen christlichen Gemeinschaft suchen. Die Rolle der Religion als Ersatz für elterliche Liebe und elterlichen Schutz sei allmählich immer wichtiger geworden, besonders als die Erinnerungen verblaßten und die Vorstellung von den Eltern undeutlicher wurde. Traumatisierende Realität und sich verstärkende Deprivation hätten der Wendung zum spirituellen Leben Vorschub geleistet.

Da die Kinder in einer ausgesprochen »hypnotischen«[62] und gefühlsmäßig sehr anregenden, aber vor-ambivalenten Atmosphäre gelebt hätten, wo nur Schönheit, Liebe und Güte erlaubt gewesen seien und Aggressionen sowie Sexualität unterdrückt werden mußten, hätten sie sich nicht gemäß ihrer normalen Entwicklungsphasen entfalten können.

Reifungskonflikte konnten während der Jahre im Versteck nicht gelöst werden; altersentsprechendes Benehmen, das nicht von der Umgebung toleriert wurde, mußte ausgesetzt und später nachgeholt werden, um eine weitere Entwicklung zu ermöglichen. Die Kinder griffen auf frühe Ich-Abwehrmechanismen zurück, unterdrückten ihre Emotionen und engten ihre Wahrnehmungen, besonders durch Verleugnung, ein. Mit der schrittweisen Aufgabe grundlegender Ich-Funktionen hätten sie häufig auch die Kontrolle über ihr Selbst verloren.
Ältere Kinder allerdings seien fähig gewesen, nach ihrer Identität und ihrem Selbstbild zu fragen. Erinnerungen waren in vielerlei Hinsicht wichtig, sie waren Selbstbestätigung in Verbindung mit der Vergangenheit und trugen zu innerer Beruhigung und zu psychischer Kontinuität bei.

Die wöchentlichen Beichten, so Wreschner Rustow, hätten das Gewissen erleichtert; denn alle Kinder seien von Schuldgefühlen geplagt gewesen. Dabei geht die Autorin nicht der Frage nach, wie offen jüdische Kinder innerhalb einer katholischen Gemeinschaft aussprechen durften, was sie bedrückte.
Auch Gottesdienste, die geheimnisvolle Magie der Gebete und Selbstaufopferung hätten geholfen, Schuldgefühle zu mildern.

Die schwindende Hoffnung auf die Rückkehr der Eltern und die Erniedrigung der Gruppe, zu der diese gehörten, einerseits sowie der gebieterische und beschützende Einfluß der ungewohnten Umgebung andererseits trugen dazu bei, das streng katholische Dogma zu internalisieren, sich mit religiösen Gestalten und Repräsentanten zu identifizieren und auf diese Weise ein neues und anderes Selbstgefühl zu entwickeln.
Der Wunsch, Nonne, Priester oder Heilige(r) zu werden, beherrschte alle jüdischen Kinder, die im römisch-katholischen Umfeld gerettet wurden. In ihrer Phantasie lösten sie sich von ihren Eltern, von denen sie verlassen worden zu sein meinten, und wurden Diener eines Gottes, der sie liebte und beschützte. Daraus ergaben sich allerdings schwere Identitäts- und Loyalitätskonflikte.

Entsprechend dem Traumakonzept von Hans Keilson widmet sich Wreschner Rustow auch den Nachkriegserfahrungen der Kinder.

Der Moment des Kriegsendes sei so sehr mit Hoffnungen, Erwartungen und Phantasien überfrachtet gewesen, daß er, einem flüchtigen Trugbild gleich, niemals in dieser Weise Wirklichkeit werden konnte. Er war eher das Vorspiel zu einer entscheidenden Wende im Leben der Kinder.

Das Verlassen der vollkommen strukturierten und geschlossenen Institutionen oder der christlichen Familien bedeutete eine abermalige Zerstörung des sich gerade neu entwickelnden emotionalen Netzwerkes, in welchem sie gelebt hatten. Nach Kriegsende mußten die Verstecke der Sicherheit und der Vertrautheit aufgegeben werden. Der Schock sei groß gewesen, als sie unvorbereitet wieder entwurzelt worden seien. Sie fühlten sich von der Kirche betrogen und im Stich gelassen. Sie hätten sich überlebenden Familienmitgliedern oder Fremden anschließen und ihren Platz in einer völlig anderen Welt, als der, die sie vorher gekannt hatten, finden müssen. Häufig auch wurden sie sich selbst überlassen.

Nach einer Zeit der Ungewißheit über ihre Zukunft seien die Kinder plötzlich mit ihrem Jüdischsein konfrontiert worden, einem Faktor, den sie alle die Jahre nicht anerkannt hatten. Noch für einige Zeit nach der Befreiung behielten die Kinder die katholischen Rituale bei. Sie hätten diese Gewohnheit erst aufgeben können, als für sie ein neues Wertesystem an die Stelle des Katholizismus trat. In der normalen Gesellschaft habe es mannigfaltige Vorlagen gegeben, ihre Identität zu formen und auszudrücken; Religion sei nur eine davon gewesen.

In einem letzten Kapitel ihrer Dissertation greift die Autorin zwei Fallbeispiele heraus, um an ihnen Verarbeitung und Anpassung zu analysieren, für die das Alter des Kindes und der Schweregrad des Traumas auschlaggebend waren, die Gefahrensituation, die Zahl der Pflegemilieus sowie die Art der Betreuung während und besonders nach der Verstecksituation.

Die Autorin kommt zu dem Ergebnis, daß die traumatische Schädigung bei einem Kind in erster Linie von drei Faktoren abhänge:

1. von der entwicklungsbedingten Ich-Struktur, dem Reifungsgrad der kindlichen Persönlichkeit,
2. von der Schwere des Traumas,
3. von der Qualität der Betreuung in der Nachkriegszeit.

Damit bestätigt sie die Erkenntnisse Hans Keilsons.

Religion – das heißt christliche Religion – wird von Wreschner Rustow aus der Sicht der betroffenen Kinder betrachtet, bevor sie ihre Wirkung auf die Kinder analysiert. Dabei erläutert sie nicht das Selbstverständnis des Christentums, nicht seine Gottesvorstellung, seine Hauptlehren, seine Grundwerte und Normen, die Formen seiner Frömmigkeit und seiner religiösen Praxis; auch nicht seinen Unterschied zum Judentum.

Als im Zusammenhang mit einem Fallbeispiel »Good Friday« (Karfreitag) erwähnt wird, da die Juden beschuldigt werden, Jesus umgebracht zu haben, bleibt diese Angabe[63] unkommentiert, obgleich sich die jüdischen Kinder dem von der Katholischen Kirche auf sie projizierten demütigenden und niederträchtigen Bild des »Gottesmörders« unterwerfen mußten.

Nur an einer Stelle wird Antisemitismus erwähnt, ausgerechnet in bezug auf ein jüdisches Kind, das sich mit seinem traumatischen Introjekt identifiziert hatte.

Nicht berührt wird die große Frage der Taufe, die bei manchen Kindern Trauer und Verzweiflung auslöste, weil sie die Trennung von ihren Eltern endgültig zu besiegeln schien. Außerdem spielte das Sakrament der Taufe eine Rolle bei der »Rückführung« der jüdischen Kinder zu ihrem Volk.

Vermutlich war es die Absicht der Autorin, die ausführlichen Fallbeispiele als solche wirken zu lassen. In ihnen kommt vieles zur Sprache, was nicht analysiert und leider danach auch nicht wiederaufgenommen wird.

Ein Jahr später, 1989, faßte Margrit Wreschner Rustow die Erkenntnisse ihrer Dissertation in einem Aufsatz »From Jew to Catholic – and Back. Psychodynamics of Child Survivors«[64] zusammen.

Dabei fügte sie noch klinische Richtlinien für eine spätere psychotherapeutische Behandlung der sogenannten »child survivors« an. Mit Hans Keilson spricht sie vom kumulativen Trauma, das diese Kinder erlitten hätten, und betont noch einmal die Bedeutung eines günstigen Nachkriegspflegemilieus für ihre weitere Entwicklung.

Bei einer endlichen psychoanalytischen Behandlung sei es oft schwer gewesen, das Vertrauen dieser Kinder und Jugendlichen zu gewinnen und ein therapeutisches Arbeitsbündnis zu schließen. Während der Verfolgungszeit hätten sie ihre Identität wie ein Kleidungsstück wechseln müssen; je mehr »Kleidungsstücke« jemand besaß, desto leichter konnte er überleben. Das allerdings wirkte sich nachteilig auf eine spätere Entwicklung von Vertrauen, Intimität und Identität aus, wie Saul Friedländer beschreibt:

> »So sollte ich zwischen mehreren Welten umherirren, die ich vielleicht besser als viele andere kannte und verstand, ohne jedoch in der Lage zu sein, mich rückhaltlos mit einer dieser Welten zu identifizieren, spontan zu fassen, zu begreifen und mich dazugehörig zu fühlen.«[65]

Verschiedene Analytiker, die traumatisierte Kinder behandelten, betonten, daß das Trauma wiederbelebt und die Aggressionen durchgearbeitet werden müßten, um Depressionen zu lindern und Trauerprozesse abzuschließen. Die Kinder-Überlebenden brauchten Hilfe bei der Unterscheidung zwischen der Welt ihrer traumatischen Vergangenheit und der der Gegenwart.

Flora Hogman

Die Psychoanalytikerin Flora Hogman bearbeitet, vermutlich angeregt von Wreschner Rustow und in Zusammenarbeit mit ihr, in dem Aufsatz »The Experience of Catholicism for Jewish Children During World War II«[66] das gleiche Thema.

Der Einfluß des durch gefährliche und erschreckende Ereignisse erzwungenen Wechsels der frühen Lebenswelten auf das Selbst und auf die Identität der überlebenden Kinder bildet den Schwerpunkt ihrer Arbeit.

In Interviews befragt Hogman vier jüdische Frauen, die die Schoa als Kinder, versteckt in Klöstern und katholischen Einrichtungen, überlebt hatten, und von denen eine auch von Wreschner Rustow befragt wurde. Außerdem analysiert sie zwei publizierte Autobiographien.

Ebenso wie Wreschner Rustow stellt sie keine religionswissenschaftlichen Überlegungen an. Wesen und Ungleichheit der beiden Religionen erhellen sich nur teilweise aus den Reaktionen der Kinder. Wie einige andere Autoren nimmt sie die Vorstellung vom »jüdischen« und »christlichen« Gott auf, ohne sie zu hinterfragen.

Wegen ihrer unheilvollen Kriegserfahrungen lehnten alle vier Kinder-Überlebenden ihre jüdische Herkunft ab.

Die Darstellung der Kirche, wonach die Juden an Jesu Tod schuld seien, die historische Verdammung der Juden und ihre kollektive Bestrafung lösten in ihnen Gefühle von Schuld und Scham aus. Sie haßten die Juden. Sie vergaßen ihre Vergangenheit und wollten nicht länger zu dem »verfluchten« Volk gehören. Ihre negative jüdische Identität schien eine Verfolgung zu rechtfertigen. Mit dieser verkehrten Logik versuchten die Kinder, den Ereignissen einen Sinn abzugewinnen und eine gewisse Kontrolle über ihr Schicksal zu erreichen.
Ihre neue Identität verlangte, besser sein zu müssen, um die Sünden der Juden wiedergutzumachen – nach Hogman vielleicht die einzig mögliche Art und Weise der Integration zweier Welten.

Schuld und Leiden seien in den Lehren der Kirche wichtig gewesen: für Schuld konnte durch Leiden gebüßt werden. Leiden brachte Erlösung. Leiden habe den Wunsch nach einer Identifikation mit den Leiden Jesu verstärkt als einen Weg, Heiligkeit zu erlangen.
Indem sie mit Jesus litten, konnten die Kinder ihrem eigenen Kummer Raum geben. Das Verrichten christlicher Gebete bestärkte sie in der Hoffnung, vom »christlichen« Gott als Liebesobjekt angenommen zu werden. Sie bemühten sich eifrig, diesem Gott zu gefallen. Geliebt werden zu wollen um den Preis der Anerkennung des eigenen geringen, abhängigen und unwürdigen Zustands enthielt eine masochistische Komponente.

Doch um gute Kinder in ihrer Abhängigkeit von der Kirche zu sein, konnten sie nicht gleichzeitig gute Kinder für ihre Eltern sein, besonders, wenn sie sich wegen ihres Jüdischseins schuldig fühlten. Sie wurden sich bewußt, ihre Eltern auf diese Weise preisgegeben zu haben, zur selben Zeit, als sie sich von ihnen im Stich gelassen meinten. Ein Konflikt der Loyalität zwischen der Katholischen Kirche und den Eltern brach auf, weil sich die Konturen über die Ursachen ihrer Flucht immer mehr verwischten.

Mit zunehmenden Loyalitätskonflikten jedoch wurden auch einige – möglicherweise früher vorhandene – kritische Fähigkeiten wiederhergestellt oder wachgerufen, die diesen Latenzkindern erlaubten, nicht völlig mit der neuen Umgebung zu verschmelzen. Ihre neue Identität erschien ihnen zuweilen zerbrechlich und fragwürdig. Obgleich sie sich erleichtert fühlten, keinen Judenstern[67] mehr tragen zu müssen, mutmaßten sie sich durch die Kirche verführt.

Selbst bei Übernahme christlicher Werte und Lebensformen reagierten sie bei der Konversion verstört; denn sie bedeutete ewige Trennung von ihren Eltern. Dieser Schrecken spiegelte sich auch in ihrer Angst vor dem Tod wider. Konnte das Paradies so gut sein, wenn es so selektiv war? Sie empfanden die Künstlichkeit ihrer neuen Identität und verglichen sie mit einer Theaterrolle.

In der Latenzphase, so Hogman, sei das Kind bemüht, sich innerlich von seinen Eltern zu distanzieren, unabhängiger, kritischer zu werden. Seine sozialen Beziehungen verlagerten sich entsprechend auch in die äußere Objektwelt. Diese altersgemäße Entwicklung einer Differenzierung zwischen Familie und Außenstehenden wurde bei den jüdischen Kindern in christlicher Umgebung durch die traumatischen Umstände, die den alten Lebensweg auslöschten, teilweise ineinandergeschoben. Der Wunsch, auszubrechen, Neues zu erproben, wurde durch eine erzwungene Verschmelzung mit einer neuen idealen, sicheren Welt ersetzt. Kritik erlangte tödliche Bedeutung und diente nicht zur Stabilisierung des Über-Ich oder zur Selbstbestätigung. Alte und neue Erfahrungen konnten nicht analog integriert werden.

Die realistische Selbsteinschätzung war bei den Kindern gestört. Im christlichen Umfeld hing ihr Selbstwertgefühl von ihrem allzeitigen Streben ab, besser sein zu müssen, um für ihr Jüdischsein zu büßen. Solch eine maßregelnde Vorgabe erschwerte die Festigung eines autonomen Über-Ich. Da die Kinder auch Täteranteile introjiziert und ihnen dadurch Anschluß an ihre unbewußten Phantasien und Triebrepräsentanzen verschafft hatten, neigten sie dazu, die Welt in gute und böse Kräfte einzuteilen, dergestalt, daß sie dem »christlichen« Gott alles Gute, dem »jüdischen« alles Schlechte zuschrieben. Sie entwickelten ein rigides Über-Ich, das sich in einem primitiven, strafenden Gewissen ausdrückte.

Flora Hogman geht darüber hinaus auf die Nachkriegserfahrungen der von ihr interviewten Frauen ein. Da in der hier vorliegenden Arbeit zwei gleiche Fallbeispiele untersucht werden und die diesbezüglichen Autobiographien mit Kriegsende abbrechen, ist es aufschlußreich, von dem weiteren Schicksal der Kinder zu erfahren.

Nach dem Krieg fühlten sich die vier Kinder-Überlebenden von der Kirche verraten und im Stich gelassen. Allein und desillusioniert, sehnten sie sich darnach, noch zur christlichen Welt zu gehören, die ihnen nun unerreichbar erschien.

Sie lebten in dem Gefühl, daß die jüdische Gemeinschaft bei ihrem Schutz versagt habe und teilten die allgemeinen Vorurteile gegenüber Juden. Die negativen Konnotationen, die von ihren jüdischen Wurzeln herrührten, hatten sich infolge ihrer Ausgrenzung früh entwickelt und waren schwer zu überwinden. Sie wähnten, mit einem »Defekt« geboren zu sein. Sie empfanden eine symbolische Häßlichkeit ihres eigenen Lebens und wollten wie Christen aussehen, nicht wie Juden.

Noch immer hatte die Kirche für sie eine magische Anziehungskraft. Die christliche Erfahrung wurde assoziiert mit Schutz und Selbstlosigkeit, Judentum mit Ächtung, Selbsthaß und Selbstsucht. Schönheit setzten sie mit Kirche und »arischem« Aussehen gleich, Häßlichkeit mit Judesein. Die spirituellen und moralischen Werte des Christentums, besonders den der Nächstenliebe, betrachteten sie als etwas, was dem Judentum fehle. Die himmlischen Gestalten, die ihnen Sicherheit und Zugehörigkeit versprochen hatten, die sie bewundern und denen sie hatten nacheifern können, blieben weiterhin für ihr Leben bestimmend. Die jüdische Religion hielt ihrer Meinung nach wenig davon bereit.

Ihre katholischen Erlebnisse beeinflußten nach dem Krieg ihre emotionale Entwicklung und verursachten Identitätsverwirrungen.

Alle vier überlebenden Frauen bemühten sich um eine Identität, die ihre unterschiedlichen Erfahrungen integrierte. Obgleich Illusionen und christliche Ideale zäh in ihnen fortlebten, versuchten sie, erneut an ihre jüdische Herkunft anzuknüpfen. Die Einsicht, daß das Judentum stärker an den Realitäten dieser Welt orientiert sei, half ihnen, zu der Tradition ihrer Vorfahren zurückzukehren.

Jane Marks

Im Jahre 1993 veröffentlichte Jane Marks ein Buch über »Die versteckten Kinder«[68]. Es entstand in der Folge der Ersten Internationalen Versammlung ehemals versteckter Kinder, die zwei Jahre zuvor in New York stattgefunden hatte.

Marks interviewte über sechzig während der Zeit der Verfolgung versteckte Kinder, doch nur ein Drittel von ihnen sollte stellvertretend für alle anderen in ihrem Buch zu Worte kommen; unter ihnen auch Kinder, die in einem Kloster überlebt hatten. Allerdings äußerten sich die Befragten dazu nur knapp, außer Renée Roth-Hano, auf deren Autobiographie »Touch Wood« in der vorliegenden Arbeit eingegangen wird.

Die vier Kapiteln zugeordneten Interviews beschließen zwei wissenschaftliche Abhandlungen von Nechama Tec und Eva Fogelman.

Die Soziologin Tec liefert mit einem kurzen Überblick den historischen Kontext zum Schicksal der europäischen Juden während der nationalsozialistischen

Herrschaft. Manche Fakten und vor allem statistische Angaben über Vernichtung und Rettung der Juden sind allerdings bis heute unsicher.

Tec spricht aus eigener Erfahrung, denn sie selbst war ein verstecktes Kind. Ausführlich geht sie auf die Versecksituation jüdischer Kinder in christlichem Umfeld ein und ebenso auf deren Retter, seien es Einzelpersonen oder Untergrundbewegungen. Häufig, so führt sie aus, handelte es sich um gemeinsame Hilfsorganisationen von Juden und Christen. Auch Nonnen- und Mönchsklöster hätten geholfen; manche standen in Verbindung mit dem Untergrund, andere handelten aus eigener Initiative.

Da Papst Pius XII. die Vernichtung der Juden nie direkt verurteilt habe, hüllte sich auch die Kirche in Schweigen, was nicht bedeutet habe, daß sich alle katholischen Geistlichen daran gehalten hätten. Manche retteten jüdische Kinder auch, indem sie falsche Geburtsurkunden ausstellten.

In Polen seien zahlreiche jüdische Kinder in Klöstern und christlichen Waisenhäusern versteckt worden. Tec schreibt:

> »Aus der Sicht jener Kinder waren die Taufe und der katholische Glaube [...] etwas Positives. Sie hatten sie vor den Gefahren beschützt und ihnen ein Gefühl der Sicherheit und des Trostes gegeben.«[69]

Die Kontroverse, die diese Maßnahme zwischen Judentum und Katholischer Kirche ausgelöst habe, bezog sich nicht auf die Rettung der Kinder, sondern auf ihre Bekehrung.

Verständlicherweise, so Tec, habe es die Katholische Kirche begrüßt, diese Kinder für das Christentum gewonnen zu haben; das hieße aber nicht, daß sie die Kinder nur gerettet habe, um sich ihrer Seelen zu bemächtigen. Die Autorin betont, daß Selbstlosigkeit und Aufopferung höher zu bewerten seien als die unterschiedlichen Rettungsmotive; denn die Retter riskierten damit ihr Leben.

Ein jüdisches Kind nach dem Krieg zurückzufordern, gestaltete sich in allen Ländern schwierig. Auch für die versteckten Kinder selbst sei die Rückkehr zu ihrer Religion nicht einfach gewesen. Tec macht auf die zwiespältigen Gefühle aufmerksam, die die versteckten Kinder noch heute in bezug auf ihr Jüdischsein quälen. Judentum habe Schande, Gefahr und Tod bedeutet, deshalb sehnten sie sich nicht darnach zurück. Sie schwebten zwischen zwei Welten: der christlichen und der jüdischen, ohne sie miteinander in Einklang bringen zu können. Die Entscheidung für die eine oder die andere Religion habe schwere seelische Konflikte verursacht.

Damit zeichnet Nechama Tec ein sehr realistisches Bild der Problemfelder, in denen sich die versteckten jüdischen Kinder, die das Christentum hatten annehmen müssen, bewegen.

Als Soziologin kann sie nicht auf die wirklich wesentlichen Unterschiede der beiden Religionen eingehen. Sie begnügt sich mit dem Hinweis auf die Perspektive der Kinder, die zwar unbedingt in diesen Zusammenhang gehört, doch einer Hintergrunderhellung bedurft hätte. Sie benennt die Konflikte und Schwierigkeiten dieser Kinder, ohne sie genauer deuten zu können.

Doch das versucht im zweiten Beitrag die Sozialpsychologin und Psychotherapeutin *Eva Fogelman* unter der Überschrift »Die Psychologie des ›versteckten Kindes‹«. Allerdings veranschaulicht sie mit Hinblick auf den Titel der Veröffentlichung (»Die versteckten Kinder«) vor allem die allgemeinen Probleme der versteckten Kinder. Ohne die besondere Situation der Kinder in christlichen Einrichtungen und Familien zu erörtern, verweist sie auf die (Spät-) Folgen einer ungünstigen »dritten traumatische Sequenz«.

Sie erinnert daran, daß es das erklärte Ziel der nationalsozialistischen Politik gewesen sei, das Judentum durch Ausrottung seiner Kinder an der Wurzel zu treffen.

In der Regel hätten sich die Familien getrennt, um die Sicherheit der einzelnen Familienmitglieder zu erhöhen. Kinder wurden in ein Versteck gegeben (»passives Verstecken«), oder sie suchten sich selbst ein Versteck beziehungsweise gaben sich als Christen aus (»aktives Verstecken«)[70]. Beinahe alle Kinder erlebten die Nähe des Todes, waren selbst unmittelbar von ihm bedroht.

Die Historikerin *Debórah Dwork* habe die versteckten Kinder in zwei Kategorien eingeteilt, je nachdem, ob sie während der Zeit ihres Aufenthalts im Versteck sichtbar oder unsichtbar gewesen seien. Die sichtbar versteckten Kinder mußten eine Art »Doppelleben« führen: obgleich jüdisch, mußten sie sich wie Christen benehmen. Sie mußten ständig auf der Hut sein, um nicht aus ihrer »Rolle« zu fallen.

Die versteckten Kinder hätten ihre Kindheit verloren, denn sie hätten über Nacht erwachsen werden, hätten Verantwortung nicht nur für sich, sondern häufig auch für Eltern und Geschwister übernehmen müssen. Sie erfuhren, daß die Außenwelt gefährlich war, daß sie keinem Fremden vertrauen durften. Das Ur-Vertrauen, das die meisten Menschen während ihrer Kindheit aufbauen, habe sich bei den versteckten Kindern nicht entwickeln können. Statt dessen hätten sie unzählige Überlebensstrategien lernen müssen, um Hunger, Kälte, Krankheit, Angst und Todesgefahr ertragen zu können. Sie hätten fähig sein müssen, sich wie ein Chamäleon jeder Situation anzupassen, sich möglichst unauffällig zu verhalten und zu schweigen. Vieler bemächtigte sich das Gefühl der Verlassenheit.

Auch auf die Zeit unmittelbar nach dem Krieg geht Fogelman in ihrem Beitrag ein. Gerade in Osteuropa hätten die überlebenden Juden erneut fürchten müssen, verfolgt und umgebracht zu werden. Selbst Christen, die jüdische Kinder versteckt hatten, mußten um ihr Leben bangen.

Die Trennung von den Pflegeeltern habe für die Kinder eine erneute Traumatisierung bedeutet. Versteckte Kleinkinder hätten oft nichts von ihrer jüdischen Abstammung gewußt. Wurden sie von ihren leiblichen Eltern, von Verwandten oder jüdischen Organisationen zurückgefordert, habe das für ihre psychosoziale Entwicklung einen schweren Rückschlag bedeutet.
Die Wiederannahme der jüdischen Identität sei durchaus nicht selbstverständlich gewesen, und auch die Zusammenführung der Familien habe sich nicht immer günstig ausgewirkt.
Vielfach fühlten sich die versteckten Kinder nicht zu den eigentlichen Schoa-Überlebenden gehörig, weil sie nicht der unmittelbaren Vernichtung in Ghettos und Konzentrationslagern ausgesetzt gewesen waren. Mitunter wurde ihnen gerade das vorgeworfen: während des Krieges »beschützt« gewesen zu sein.
Fogelman erwähnt in diesem Zusammenhang Erik H. Erikson, nach dem »ein Individuum von seiner Gesellschaft anerkannt werden muß, damit es sich seiner Identität bewußt wird«[71].
Das Leugnen der Bedeutung der Schoa für die versteckten Kinder habe Identitätsprobleme zur Folge gehabt und Zweifel, zu anderen Menschen Vertrauen fassen zu können.

Mitte der siebziger Jahre des vergangenen Jahrhunderts regte Eva Fogelman erstmalig eine Zusammenkunft für versteckte Kinder an.

Judith S. Kestenberg

Unter den amerikanischen Psychoanalytikern war Judith S. Kestenberg[72] eine der ersten, die bereits in den siebziger Jahren zusammen mit ihrem Mann Milton Kestenberg begann, Kinder-Überlebende zu interviewen »with an open ear and heart«[73]. Sie selbst hatte anfangs nur wenig über das Schicksal dieser jungen Kinder gewußt, lediglich von Anna Freuds »Theresienstadt-Kinder[n]«[74] gehört. Sie studierte die umfangreichen polnischen Publikationen, die bereits zu diesem Thema erschienen waren, stellte jedoch fest, daß in diesen Berichten kaum auf die psychischen Nachwirkungen der Verfolgung eingegangen wurde. Kestenberg war vor allem daran interessiert, wie die Schoa und die Zeit unmittelbar danach die menschliche Seele beeinflußt hatten, sie wollte »the psychological aspects of survival«[75] verstehen.

Im Jahre 1981 begann sie, Daten und Fakten aus Büchern und Archiven über das Schicksal jüdischer Kinder während der Schoa zu sammeln. Sie suchte Kontakte zu Kollegen: Psychiatern, Psychologen, Psychoanalytikern, in anderen Ländern.

1982 erschien »Generations of the Holocaust«[76]. Von da an veröffentlichte Kestenberg zahlreiche Zeitschriftenaufsätze und Forschungsbeiträge zu einzelnen Aspekten der psychischen Problematik überlebender Kinder. Häufig erwähnt sie den Wechsel der Kinder und Jugendlichen vom Judentum zum Christentum, betrachtet dieses Ereignis jedoch nicht isoliert, sondern als einen Teil innerhalb der Abfolge traumatischer Prozesse.

In ihrem Beitrag aus dem Jahre 1990 »Kinder unter dem Joch des Nationalsozialismus«[77] stellt sie die Frage, wie körperliche Gewalt auf Triebe und Phantasien der Kinder gewirkt hätte. In diesem Zusammenhang geht sie auf die Ich- und Über-Ich-Entwicklung der Kinder ein sowie auf ihre Identitätsprobleme. Eher nebenbei erwähnt sie hier Kinder, die in christlichen Familien oder Klöstern versteckt worden waren, und verweist auf die ausführlichen Untersuchungen von Flora Hogman und Ewa Kurek. Die Kinder hätten »Trost in der Sicherheit der Kirche«[78] gefunden, und die Kirche habe eine starke Anziehungskraft ausgeübt. Manche Kinder, betont die Autorin, seien antisemitisch indoktriniert worden; andere wiederum bildeten eine Doppelidentität aus, die nach dem Kriege manchmal in ein Doppel-Leben geführt habe.
Wiederholt tritt Kestenberg der allgemein vertretenen Ansicht entgegen, wonach die überlebenden Kinder nicht gelitten haben könnten, da sie zu jung gewesen seien, um zu verstehen.

Im Jahre 1996 erschien ihr letztes großes Werk »The Last Witness«, das sie zusammen mit Ira Brenner veröffentlichte und in dessen Einleitung sie feststellt: »The fate of this last witness is as yet unwritten«[79].

Für dieses Buch sind mehr als 1 500 Interviews mit Überlebenden von überall auf der Welt ausgewertet worden. In eindrücklichen Fallbeispielen und ausführlichen Lebensgeschichten zeichnet sich der historische Hintergrund der Schoa ab. Die Autorinnen beschreiben die Wirkung des durch die Verfolgung erlittenen Traumas auf die psychische Struktur der Kinder-Überlebenden und erörtern dessen Langzeitfolgen.
Dabei wird auf die Entwicklung des Über-Ich hingewiesen, auf seine Bedeutung bei der Verarbeitung des Traumas und der Akzeptanz des Objektverlusts.

Besondere Aufmerksamkeit schenkt Kestenberg dem »Alterungsprozeß« der physisch und psychisch traumatisierten Kinder, der sich nicht allein in der frühzeitigen Reife und dem vorschnellen Erwachsenwerden habe erkennen lassen, sondern auch Spuren in Geist und Körper hinterlassen habe.

Wichtig für das Thema der vorliegenden Arbeit sind ihre Bemerkungen über die in Klöstern oder christlichen Familien geretteten Kinder. Nach dem Krieg – so schreibt sie – hätten ihre neuen Beschützer in Israel eine schwierige Zeit mit den Kindern erlebt, die Kreuze trugen und zum Beten niederknieten. Bedenklich und auch heikel sei gewesen, daß die Kinder, die an ihrer jüdischen Herkunft festgehalten hatten, zornig und aufgebracht reagierten, wenn sie das Ritual der Selbstbekreuzigung beobachteten. Diese Gesten hätten für sie ihre eigene

Unterdrückung versinnbildlicht und schmerzhafte Erinnerungen geweckt.
Für das Tragen des Kreuzes versucht Kestenberg eine psychologische Erklärung: es nahm den Platz von Vater und Mutter ein, als ein Übergangsobjekt, ein Glied zwischen den verlorenen Eltern und dem Kind. Das sei besonders bedeutsam gewesen, weil die Heilige Familie oft an die Stelle der gedemütigten und ermordeten jüdischen Familie getreten sei.

Kinder, die das Christentum beschützt habe, die die Verfolgung als polnische oder französische Christen überstanden hätten, während sie in ihrem Herzen jüdisch geblieben seien, hätten nicht frühzeitig erwachsen werden müssen. Das Gefühl der Zugehörigkeit zur christlichen Welt habe zunächst ihre Sehnsucht nach ihrer verlorenen eigenen Familie beschwichtigt. Etliche Kinder, die die Klöster aufgenommen hätten, seien zu ihrer Kindheit zurückgekehrt, selbst wenn sie zuvor schon die Verantwortung eines Erwachsenen hatten übernehmen müssen. Der Konflikt zwischen Judentum und Christentum sei dann von dem Wunsch gefärbt gewesen, ein christliches Kind zu sein, dem Fürsorge zuteil wurde und das auf diese Weise der Rolle eines leidenden Erwachsenen entgehen konnte.

Wie kaum eine andere Psychoanalytikerin hat Judith S. Kestenberg das Schicksal überlebender jüdischer Kinder in den Mittelpunkt ihrer Forschungen gestellt, und zwar besonders der osteuropäischer Herkunft; vor allem, weil ihr Verhängnis nach Ewa Kurek kaum mit dem Unglück der jüdischen Kinder in anderen, von deutschen Truppen besetzten Ländern verglichen werden könne.[80]

Nahum Bogner

Nahum Bogner veröffentlichte 1999 einen Aufsatz mit der Überschrift »The Convent Children: The Rescue of Jewish Children in Polish Convents During the Holocaust«[81], der Teil eines geplanten Buches zu diesem Thema war, das im Jahre 2000 in hebräischer Sprache bei Yad Vashem in Jerusalem erschien, jedoch erst neun Jahre später in englischer Übersetzung unter dem Titel »At the Mercy of Strangers«[82] vorliegt.

Bogner ist der erste israelische Historiker, der sich dieses Themas – wie es scheint: nach einer Periode der Latenz auch in Israel – annimmt.

Im Vorwort zu seinem Buch bezeichnet er das Schicksal der jüdischen Kinder während der Schoa als eine der erschütterndsten Begebenheiten in der Geschichte des modernen Judentums.

Nach dem Kriege seien Juden überall auf der Welt gebannt gewesen von den verzweifelten Anstrengungen dieser Kinder, sich an das Leben zu klammern.[83] Einige ihrer Berichte wurden sofort publiziert.[84]

Zahlreiche Zeugenaussagen seien im Laufe der Jahre gesammelt worden, in Form von Tagebüchern und Memoiren der Kinder sowie ihrer Retter. Obgleich viele Dokumente verfügbar seien, habe sich die Forschung überraschenderweise wenig mit diesem Thema beschäftigt.
Tausende von Kinder-Überlebenden habe Israel aufgenommen, viele von ihnen Waisen, die unter falscher, christlich vorgetäuschter Identität gerettet worden waren; aber ihre Geschichten seien kaum an die Öffentlichkeit gelangt.

Von den ungefähr eineinhalb Millionen jüdischer Kinder, die während der Schoa umgebracht wurden, waren ungefähr sechzig Prozent polnisch. Nur sehr wenige polnisch-jüdische Kinder retteten sich über die nationalsozialistische Besatzungszeit in unterschiedlichen Verstecken, manchmal gemeinsam mit Erwachsenen, manchmal allein auf den Straßen des »arischen« Teils der Großstädte. Der überwiegende Teil jedoch überlebte mit falscher Identität bei christlichen Familien, in Mönchs- und Nonnenklöstern sowie auf Bauernhöfen in ländlichen Gegenden.
Von eben diesen Kindern handelt Bogners Buch; denn es habe sich bald herausgestellt, daß die Zeit des Verstecks diese Kinder tief geprägt hatte und daß diese Erlebnisse überdies während der Zeit der Rückkehr zu ihrer wahren Identität eine schwere psychische Last bedeuteten.

Methodisch gesehen – so Bogner – stelle diese Materie eine entmutigende Herausforderung[85] dar, weil sie größtenteils auf Zeugenaussagen und Erinnerungen derjenigen beruhe, die zu jener Zeit Kinder gewesen seien. Darüber hinaus liege der Hintergrund der Rettung jüdischer Kinder im besetzten Polen fast ausschließlich im vertraulichen, privaten, nichtöffentlichen Bereich, von wo aus unter den Bedingungen extremer Unterdrückung immer am Rande der Katastrophe gehandelt wurde. Unter den obwaltenden Umständen sei beinahe nichts schriftlich niedergelegt worden. So müsse auf orale Dokumente, die nach dem Kriege gesammelt worden seien, zurückgegriffen werden und auf die Literatur der Memoiren.
Jeder Historiker sei sich der Grenzen solcher Quellen bewußt; aber in diesem Falle gäbe es keine andere Möglichkeit.

Die Qualität von Bogners Material jedoch erlaubt, seine Vorbehalte weitgehend zu zerstreuen. Durch enge Zusammenarbeit mit dem Internationalen Institut für Holocaust-Forschung an Yad Vashem in Jerusalem, mit Professor Jisrael Gutman, dem ersten Direktor dieses Instituts, und seinen Mitarbeitern sowie den Archivaren verschiedener Kibbuzim gewann der Autor Zugang zu Dokumenten und Zeugnissen, die bislang in dieser Fülle nicht ausgewertet worden waren.
Dieser Umstand gestattete es ihm, im Verlauf seiner ausführlichen Darstellungen regelmäßig die betroffenen überlebenden Kinder zu Wort kommen zu lassen und sogar Photographien aus Kriegs- und Nachkriegszeit vorzulegen.

Nahum Bogner weist zunächst auf die überwältigenden Schwierigkeiten hin, die die Rettung jüdischer Kinder während des Krieges in Polen bereitet habe. Die Deutschen betrachteten ihre Besetzung Polens als »debellatio«[86]. Ideologisch klassifizierten sie die Polen wie die übrigen slawischen Völker als rassisch minderwertig. Daraus resultierte die unterschiedliche Besatzungspolitik in westeuropäischen Ländern, wie Frankreich, Belgien, Holland, und in den Ländern Osteuropas, wie Polen. Das betraf sogar die Behandlung der Juden, die in Polen sofort nach Einmarsch der deutschen Truppen von ihren christlichen Nachbarn getrennt und gekennzeichnet wurden.
Auf Hilfeleistungen gegenüber Juden stand nur in Osteuropa die Todesstrafe. Ohne Zweifel hätten diese drakonischen Maßnahmen viele Christen abgeschreckt, Juden zu helfen. Tatsächlich seien wenige Polen und noch weniger Ukrainer dazu bereit gewesen.
Die polnische Historikerin Teresa Prekerowa[87] schätze, daß zwischen 160 000 und 360 000 Polen, also nicht mehr als ungefähr zwei Prozent, aktiv an der Hilfe für Juden beteiligt gewesen seien.

Die Beziehungen zwischen Polen und Juden seien während des Krieges und unmittelbar danach von Mißverständnissen und Vorurteilen geprägt gewesen. Besonders die Tatsache, daß gut achtundachtzig Prozent der polnisch-jüdischen Gemeinschaft umgekommen seien, habe starke Emotionen geweckt.
Bogner betont, daß die Juden in Polen keine Fremden waren, sondern daß ihre Geschichte in Polen fast ebenso alt gewesen sei wie die Nation selbst. Zwischen den Kriegen habe es in Polen viel Antisemitismus gegeben. Von jeder Kanzel und jedem Podium hätten die Priester gegen die Juden gepredigt, sie der Korruption sowie der Verbreitung des Atheismus und des Kommunismus beschuldigt. Ringelblum habe sich bitter über die Haltung des Klerus gegenüber den verfolgten Juden beklagt.
Allerdings sei die Situation der Kirche in Polen weitaus schlimmer gewesen als in Frankreich, Belgien oder in den Niederlanden. In Polen zögerten die Deutschen nicht, die Kirche anzugreifen, hier bot der Priesterrock keine Immunität. Tausende von Priestern, Mönche und Nonnen wurden in Konzentrationslagern gefangengehalten und bezahlten mit ihrem Leben für Aktivitäten, die in den Augen der Deutschen ihren geistlichen Sendeauftrag überschritten hatten. Nicht selten setzten sich Geistliche tödlicher Gefahr aus, wenn sie verfolgten Juden halfen. Aus Zeugenberichten gehe hervor, daß Angehörige des Klerus Juden mit gefälschten Geburtsurkunden und Taufscheinen versorgten. Auch unterstützten sie Juden auf der »arischen« Seite, indem sie ihnen ein Obdach in Institutionen unter ihrer Aufsicht gewährten oder sie an Klöster verwiesen, wo sie einen Zufluchtsort fanden.
Doch obgleich die Juden vom Rest der polnischen Gesellschaft isoliert waren, seien sie noch immer als große Bedrohung für das katholische Polen und als

Zerstörer des sozialen Gefüges wahrgenommen worden, so daß die deutschen Eroberer in einem kirchlichen Report, der im Sommer 1941 an die polnische Exilregierung in London gesandt wurde, als die Instrumente von Gottes Zorn bezeichnet wurden, die an den Juden vollzogen, was die Polen selbst zu tun unfähig gewesen seien.

In einem Kapitel, das sich mit der Situation versteckter Kinder in christlichen Familien beschäftigt, erwähnt Bogner mit Blick auf die verbitterten Beziehungen zwischen Juden und Christen ausdrücklich die geringen Möglichkeiten, ein Versteck in einer Familie zu finden. Falls diese das Risiko eingegangen sei, einen Erwachsenen oder ein Kind zu retten, habe sie sich zusätzlich zu der Lebensgefahr eine erhebliche ökonomische Belastung aufgebürdet. In einer Zeit chronischen Mangels an Grundnahrungsmitteln war es äußerst schwierig, eine andere Person über längere Zeit zu versorgen. Der Lebensstandard sei bei der Mehrheit der polnischen Bevölkerung schon vor dem Krieg nicht hoch gewesen und während der Besatzungszeit drastisch verfallen. Viele Familien seien gezwungen gewesen, bei Wohlfahrtsorganisationen um Hilfe zu bitten. Folgerichtigerweise verlangten Christen, die Juden versteckten, für ihre Hilfe Bezahlung. Das sei auch einer der Gründe gewesen, warum es beinahe unmöglich war, eine Zufluchtsstelle für eine vollständige Familie auf der »arischen« Seite aufzutreiben. Deshalb versuchten Eltern, wenigstens ein Versteck für ihre Kinder zu finden, während sie selbst im Ghetto blieben, um die dafür nötigen materiellen Mittel aufzubringen. Häufig verzweifelten sie an der Aussichtslosigkeit, das Geld für eine solche Rettung zu beschaffen. Die Kosten dafür betrugen im Sommer 1942 einhundert Złoty[88] pro Tag. Die meisten Pflegefamilien verlangten die Kosten im voraus, im Falle der »Deportation« der Eltern. Zehntausend Złoty waren nötig, um für das Versteck eines Kindes auf der »arischen« Seite zu bezahlen. Eine so hohe Summe überstieg die Einkünfte der meisten jüdischen Familien.

Abgesehen davon, meinten viele, daß ihre Kinder nicht ohne sie in der nicht-jüdischen Welt überleben könnten. Auch wollten einige Kinder ihre Eltern nicht verlassen und weigerten sich, auf die »arische« Seite zu wechseln; sie zogen es vor, mit ihnen zu sterben. So mußten Eltern mit ansehen, wie ihre Kinder – oft die ersten, die genommen wurden – bei den häufigen »Aktionen«[89] im Ghetto in den Tod gingen.

Zahlreiche und entsprechend ausgewählte Zeugenberichte ermöglichen Bogner eine Darstellung der ganz unterschiedlichen Situationen jüdischer Kinder während der Verfolgung. Viele fanden Verstecke bei christlichen Familien in Städten, in Dörfern. Etliche schlugen sich auf den Straßen des »arischen« Teils der Großstädte durch. Bogner läßt sie zu Wort kommen und sprengt so die Grenzen einer nur historischen Abhandlung.

Großen Raum in Nahum Bogners Buch nehmen die sogenannten »Kloster-Kinder« ein: Jüdische Kinder, die in polnischen Klöstern gerettet wurden.
Kurz streift er die unsichere Situation der Klöster im Vorkriegs- und Kriegspolen. Sie hatten keine Beziehungen zu Juden, und deren Notlage in den Ghettos berührte sie nicht. Außerdem bedeutete Rettung von Juden für alle christlichen Bewohner der Klöster Todesgefahr.
Hervorzuheben sei, daß keine der verfügbaren jüdischen Quellen bezeugt, daß eine große Zahl jüdischer Eltern an die Klosterpforten gepocht habe, um ihre Kinder um jeden Preis zu retten. Darin widersprächen polnische Juden und katholische Klöster einander.
Juden hätten erst in späteren Stadien, als die genozidale Vernichtung der Ghettos bereits im Gang war und alle Alternativen versagt hätten, auf die Möglichkeit einer Rettung der Kinder in Klöstern zurückgegriffen. Doch sogar zu diesem Zeitpunkt seien nur wenige Juden bereit gewesen, ihre Kinder den »Bastionen des Christentums«[90] anzuvertrauen.
Ringelblum berichtet, daß die diesbezügliche Streitfrage im Warschauer Ghetto öffentlich im frühen Dezember 1942 nach der großen »Deportation« erörtert worden sei.

Gemäß der religiösen Weisung des Judentums seien alle Verbote innerhalb der 613 verbindlichen Ge- und Verbote null und nichtig, wenn das Leben auf dem Spiel stehe. Nur in bezug auf drei Verbote müsse der Tod der Übertretung vorgezogen werden: Götzendienst oder Konversion, Inzest und Mord. Mittelalterliche Juden priesen die Märtyrer, die Selbstmord begangen hatten, um sich der Annahme des Christentums zu entziehen. Auf diese Weise seien die historischen Wurzeln des Märtyrertums tief im Bewußtsein der europäischen Juden verankert.

Rabbi David Kahane fand Schutz im erzbischöflichen Szeptycki-Palast in Lemberg und überlebte. Er bezeugt die Erörterungen dieser Zeit, ob man die Kinder Klöstern anvertrauen dürfe, wenn vorher ein Rabbiner gefragt worden sei. Die meisten Rabbiner befürworteten die Maßnahme, weil sie meinten, daß, falls die Kinder überlebten, es jemanden geben würde, der sie von den Klöstern zu ihrem Volk zurückführen werde.
Mehrere Rabbis jedoch wollten die Kinder vor der »schmad«[91] bewahren und meinten, daß es für die Kinder besser sei, mit dem Rest ihrer Familie und ihres Volkes zu sterben. Rabbi Kahane dagegen betrachtete es als die höchste Pflicht, das Leben der Kinder zu retten.

Im westlichen Europa belasteten die Verbrechen der Deutschen das Gewissen der führenden Kleriker, so daß sie die unter ihrer Kontrolle stehenden Institutionen, Mönchs- und Nonnenklöster anwiesen, ihre Tore zu öffnen und verfolgten Juden, besonders Kindern, Zuflucht zu gewähren.

In Polen dagegen zog es der hochrangige Klerus vor, die Angelegenheit der Verschwiegenheit jedes Gemeindepriesters und jeder Mutter Oberin anzuvertrauen.[92] Auf diese Weise wurde die Entscheidung, ein jüdisches Kind in das Kloster aufzunehmen, der Mutter Oberin überlassen, die nach ihrem Gewissen handelte und wie es die Aufnahmekapazität des Klosters erlaubte.

In seiner Beschreibung der Lebensumstände jüdischer Kinder in Klöstern lehnt sich Nahum Bogner eng an die Ausführungen Ewa Kureks an. Wie sie geht auch er nicht auf die Besonderheiten der beiden Religionen ein und berührt keine Probleme, die sich aus den Unterschieden zwischen Christentum und Judentum ergaben.
Neben zahlreichen anderen Zeugenberichten nennt er den von Janina David, auf deren Erfahrungen in den Fallstudien der vorliegenden Arbeit eingegangen werden wird.

Ausführlicher dagegen erörtert Bogner die Konversion jüdischer »Kloster-Kinder«, die eine Möglichkeit gewesen sei, sich der Bürde der jüdischen Identität zu entledigen. Einige Kinder wählten diesen Weg selbständig, mit der Ermutigung und der Hilfe der Nonnen. Viele andere jedoch, besonders die jüngeren, wurden getauft und konvertiert, ohne gefragt zu werden und ohne Verständnis für die Bedeutsamkeit dieser Handlung und ihrer Folgen bezüglich der Zukunft.
Die Bezauberung der jüdischen Kinder, vor allem der Mädchen, durch das katholische Ritual sei ein wohlbekanntes Phänomen in der Forschung über »Kloster-Kinder«. Das sorgfältige Studium ihrer Aussagen zeige, daß sie in ihrer physischen und psychischen Situation sowie in der freudlosen Düsternis des Klostermilieus Trost in der katholischen Religion fanden. Die Nonnen betonten die besondere Zuwendung von Jesus und Maria gegenüber allen Schwachen und Unterdrückten. Wer die verzweifelte Notlage dieser Kinder bedenke, werde feststellen, daß es kein Wunder gewesen sei, daß solche Botschaft zu ihren Herzen sprach.

Über die Zahl der Kinder, die in den Klöstern gerettet wurde, gebe es keine verläßlichen Angaben, obgleich die jüdische Gemeinschaft sofort nach dem Krieg und in den darauf folgenden Jahren nach ihnen gesucht habe. Nicht alle Kinder kehrten zu ihrem Ursprung zurück. Die Leitungen der Klöster hätten niemals enthüllt, wie viele Kinder sie in ihren Einrichtungen beschützt hätten; und die jüdischen Organisationen verfügten über keine Statistiken, die die Angelegenheit hätten klären können. Die Frage bleibe unbeantwortet.

Mit den siebziger Jahren des vergangenen Jahrhunderts begannen in Polen umfassende Forschungen hinsichtlich der Aktivitäten der Kirche und der Klöster während des Zweiten Weltkriegs. Mehrere derartige Studien enthalten Angaben der verschiedenen Klöster über die geretteten Kinder. Nach Aussagen Ewa Kureks hätten sich innerhalb der Grenzen von 1939 einhundertneunundachtzig Klöster an der Rettung von Kindern beteiligt; einhundertdreiundsiebzig von ihnen befanden sich im Generalgouvernement, einschließlich vierundsechzig in Warschau und Umgebung. In ihrer Dissertation veranschlagt Ewa Kurek eine Zahl von nicht weniger als 1 200 geretteten Kindern.

Für Bogner weisen die verfügbaren Quellen auf Hunderte, nicht auf Tausende hin, die in Klöstern gerettet wurden.

Ähnlich nebulös sei die Zahl der »Kloster-Kinder«, die nicht zum Judentum zurückkehrte. Einige von ihnen waren Kleinkinder, die nichts von ihrem wahren Ursprung wußten. Weil die meisten Klöster nicht für die Aufnahme und Versorgung solch kleiner Kinder ausgerüstet waren, versuchten sie sich von ihnen bei der ersten Gelegenheit zu trennen. Nachdem sie sie getauft hatten, gaben sie sie an christliche Adoptiveltern weiter, wobei die Spuren des Kindes bewußt verwischt wurden, wenn die Adoption vollzogen war. Die Nonnen hielten die Namen der Adoptiveltern geheim.

Die Geschichte der »Kloster-Kinder«, die nicht zu ihrem jüdischen Ursprung zurückfanden, sei verworren und schmerzlich – so Bogner – und jenseits seiner Nachforschungen. Die Schwierigkeiten in Polen unterschieden sich darin nicht von denen in anderen europäischen Ländern.

Ausführlicher und differenzierter als Ewa Kurek wendet sich Bogner in einem eigenen Kapitel der Arbeit des »Żegota« zu: Am Beginn des Monats August 1942, als die Massen»deportationen« der Juden aus dem Warschauer Ghetto begannen, erschien ein erstes Flugblatt gegen die »polnische Apathie«. Es wurde von der »Front der Wiedergeburt Polens« gedruckt und verbreitet, einer Organisation der jungen katholischen Intelligenz, die ein Teil der allgemeinen Untergrundbewegung war. Die Verfasserin des Flugblatts und Leiterin der »FOP« war die prominente katholische Schriftstellerin Zofia Kossak-Szczucka, die weder Sympathie für das Judentum noch für die Juden hatte; doch ihr christliches Gewissen regte sich bei diesen Ereignissen. Das Flugblatt mit dem Protest der polnischen konservativen Kreise, an dem auch Kirche und Armee beteiligt waren, schreckte die Delegatura, die politische Führerschaft des polnischen Untergrunds, auf. Am 17. September 1942 verfaßte die Delegatura selbst ein Protestschreiben mit Hilfe der Direktion des Zivilen Widerstands. Diese Erklärung bahnte den Weg für die Gründung einer Organisation, die Juden unterstützen sollte. Am 27. September 1942 entstand das Provisorische (ehrenamtliche) Judenhilfekomitee, das am 4. Dezember 1942 in »Judenhilferat« umbenannt wurde und unter der Führung eines fiktiven Konrad Żegota stand.

Geleitet wurde der »Żegota« von Vertretern verschiedener, in der Illegalität agierender Parteien (Bund, Front der Wiedergeburt Polens, Polnische Sozialistische

Partei, Demokratische Partei und Polnischer Syndikalistenbund). Die Mitglieder dieser Untergrundorganisation waren überparteilich und standen mit der in London niedergelassenen Exilregierung in Verbindung, von der über die Delegatura der Hauptteil ihres Budgetbetrags kam.

Nach der großen »Aktion« (Juli bis September 1942) wurden zur Rettung der Kinder die ersten Beziehungen zwischen dem Ghetto und dem Sozialamt der Stadtverwaltung Warschau geknüpft. Offenbar war es die Krankenschwester Ala Gotąb-Grynberg von der Jüdischen Gesellschaft für Gesundheitsfürsorge[93], eine frühere Sachbearbeiterin im Sozialamt, die den Kontakt mit christlichen Organisationen herstellte und sie bat, bei der Rettung jüdischer Kinder aus dem Ghetto zu helfen und bei ihrer Unterbringung in katholischen Waisenhäusern oder Klöstern. Gotąb unterhielt enge Kontakte zu Jan Dobraczyński, dem Leiter des sogenannten Referats für besondere Aufgaben im Sozialamt der Stadtverwaltung Warschau, und mit den polnischen Sozialarbeiterinnen Irena Sendlerowa, bekannt unter dem Decknamen »Jolanta«, sowie Wanda Wierbowa.

Nach dem Aufstand und der völligen Zerstörung des Ghettos, als die Flucht der Juden auf die »arische« Seite ihren Höhepunkt erreichte, brachte der Sekretär des »Żegota« im Juli 1943 die ernste Notlage der versteckten Kinder auf der »arischen« Seite zur Sprache.[94] In Zusammenarbeit mit dem Hauptfürsorgerat ernannte der »Żegota« am 16. August 1943 ein spezielles Komitee für die Belange der Kinder, dessen Mitarbeiter Irena Sendlerowa, Izabela Kuczkowska, Leon Feiner und Adolf Berman waren, wobei Irena Sendlerowa den Vorsitz der Kinder-Abteilung beim »Żegota« übernahm.

Gegen Ende 1943 waren etwa 600 jüdische Kinder in den verschiedenen Institutionen in und um Warschau untergebracht worden: 53 in städtischen, 22 in RGO-Institutionen und mehr als 500 in öffentlichen und kirchlichen Einrichtungen, die besonders die Kinder aufnahmen, die kein »arisches« Aussehen hatten. Darüber hinaus wurden viele jüdische Kinder auf Institutionen über ganz Polen verteilt. Obgleich der »Żegota« keine direkte Verbindung zum Bodouen-Kinderheim hatte, wurden dank der Unterstützung des Städtischen Sozialamtes auch dort etwa 100 bis 200 Kinder versteckt.

Es existieren keine gesicherten Angaben über die Zahl der Kinder, die innerhalb Polens mit Hilfe des »Żegota« gerettet wurden. Im Jahre 1979 bezeugten vier der leitenden Mitarbeiter des Kinder-Referats des »Żegota« in Warschau ihre Aktivitäten für jüdische Kinder. Sie schätzten, daß der »Żegota« annähernd 2 500 Kinder gerettet habe.

Wie viele dieser Kinder haben überlebt? fragt Nahum Bogner. Der Historiker Szymon Datner[95] vermutet ungefähr 600. Irena Sendlerowa meinte, es seien mehr. Um ihre Aussage zu bekräftigen, verwies sie auf Listen, die sie nach dem Krieg dem Zentralen Jüdischen Komitee in Polen vorgelegt habe, gemäß denen das Komitee ungefähr 2 000 Kinder-Überlebende in Warschau fand. Auch Jonas Turkov, der zu jener Zeit für das Zentralkomitee der Juden in Polen arbeitete, meinte, daß mehr als 2 000 Kinder auf der »arischen« Seite überlebt hätten. Nach Bogners Annahme hat der »Żegota« wohl 600 Kinder gerettet, die restlichen überlebten ohne die Hilfe dieser Organisation.

In der zweiten Hälfte seines Buches beschäftigt sich Bogner in fünf Kapiteln mit der Rückführung der überlebenden Kinder zur jüdischen Gemeinschaft nach dem Krieg.

Die ersten konkreten Augenzeugenberichte vom Ausmaß der Schoa und ihrer Folgen lieferten jüdische Soldaten in den Alliierten Streitkräften, die an der Befreiung Europas teilhatten. Die Jewish Agency for Palestine[96] in Jerusalem und der World Jewish Congress[97] in den USA waren die Hauptempfänger der Informationen aus Europa. Die jüdischen Soldaten empfanden die Konversion mancher Überlebender zum Christentum, besonders in Italien, als beklagenswert. Sie waren äußerst betroffen darüber, daß Hunderte von jüdischen Kindern, die in Klöstern und christlichen Familien überlebt hatten, für das jüdische Volk verloren sein sollten. Für sie sei es nicht hinnehmbar gewesen, daß einige überlebende Kinder bei ihren christlichen Rettern bleiben wollten. Deshalb betrachteten sie es als eine ihrer wichtigsten Aufgaben, diese Kinder in Belgien, Holland und anderen westeuropäischen Ländern, später auch in Polen aus der Obhut ihrer nichtjüdischen Retter zurückzuholen.

Die Befreiung Polens dauerte ungefähr ein Jahr: von Januar 1944 bis zum Januar / Februar 1945. Während die jüdischen Überlebenden in Westeuropa von der UNRRA[98] und dem Joint[99] sofort nach ihrer Befreiung unterstützt worden seien, habe die Hilfe das abgelegene Polen nur langsam erreicht.

Eines der ersten akuten Probleme, das in Polen sofort nach der Befreiung aufgetaucht sei, war das der Kinder-Überlebenden; viele von ihnen waren verwaist und hatten niemanden, der sich um sie kümmerte. Besonders kritisch war die Situation in den von den Sowjets annektierten östlichen Provinzen, wo kein offizielles jüdisches Komitee oder andere jüdische Organisationen versuchten, die Kinder, die in der Fürsorge christlicher Familien lebten, zurückzurufen.

An dieser Stelle erwähnt Bogner einen alten jüdischen Grundsatz, wonach jüdische Gefangene niemals in den Händen von Nicht-Juden gelassen werden dürfen. Es war offenkundig zu dieser Zeit, daß der Begriff des »Kinderauslösens« (hebr. pidjon jeladim) geprägt wurde, basierend auf dem Konzept des Loskaufens von Gefangenen (hebr. pidjon schewujim[100]).

Auch jüdische Soldaten erinnerten in diesem Zusammenhang an diese Vorschrift. Die physische Rettung der Kinder in christlicher Obhut müsse vervollständigt werden durch ihren Rückkauf und ihre Rückkehr zum jüdischen Volk. Die Ausdrücke »Rettung« und »Rückkauf« beziehungsweise »Auslösung« wurden ständig von den Leuten gebraucht, die sich um die Rückkehr der Kinder bemühten. Dabei wurden die Kinder als nationales Vermögen betrachtet, so daß keine Anstrengungen gescheut wurden, sie gänzlich zum jüdischen Volk zurückzubringen; legale Mittel wurden bevorzugt, doch wenn es notwendig war, griff man ohne Zögern zur List.

Das Lubliner Kinderheim, das Ende 1944 eröffnete, war das erste seiner Art, um die heimatlosen, verlassenen Kinder, die in Lumpen gekleidet in den Städten umherirrten, aufzufangen.
Im Jahre 1945 richtete das Zentralkomitee der Juden in Polen elf ähnliche Heime ein in Otwock, Helenówek, nahe Łódź, Chorzów, Bielsko, Zatrzebie, Częstochowa, Kraków, Przemyśl, Szczyrk, Rabka und Zakopane. Die beiden letzten, die Erholungszentren für kranke Kinder sein sollten, bestanden nur kurze Zeit. Unmittelbar, nachdem das Heim in Rabka im Sommer 1945 eröffnet worden war, wurde es dreimal hintereinander von polnischen Nationalisten angegriffen. Nach seiner Schließung wurden die Kinder auf andere Heime verteilt. Die meisten von ihnen kamen nach Zakopane, das um die gleiche Zeit von Lena Kuchler (-Silberman) gegründet worden war; allerdings auch befristet. Kuchler sah in der antisemitischen Atmosphäre und in der instabilen Sicherheitslage für die Kinder keine Zukunft in Polen. Im März 1946 brachte sie es mit Hilfe des Vaad Hatzala[101] fertig, die meisten Waisenkinder unter ihrer Fürsorge nach Frankreich zu schmuggeln.
Im Sommer 1945 waren von den 5 000 Kindern, die vom Zentralkomitee der Juden überall in Polen registriert worden waren, etwa 1 000 in den zwölf Kinderheimen untergebracht.

Die ersten christlichen Retter, gewissenhaft und von nobler Gesinnung, dachten allein an das Wohl des Kindes. Wenn sie erfuhren, daß seine Eltern umgekommen waren, meinten sie es besser in einer jüdischen Institution aufgehoben und brachten es bereitwillig von selbst zurück, ohne auf eine Belohnung zu reflektieren.
Später freilich baten einige Familien um Entschädigung für ihre Unkosten und für das Risiko des Versteckens. Gerüchte verbreiteten sich, daß die Juden Hilfsgüter aller Art von Amerika empfingen. Es dauerte nicht mehr lange, bis einige Retter ihre Schützlinge als ein Mittel betrachteten, ihre ökonomische Lage zu verbessern, und Bezahlung vom Jüdischen Komitee oder von den Verwandten des Kindes verlangten.
Nach Beschreibung jüdischer Sachbearbeiter, die diesem Phänomen begegneten, habe sich in Polen ein Handel mit geretteten Kindern ausgebreitet.

Von Beginn an war das Zurückholen der Kinder von christlichen Familien und Institutionen, die sich nicht beeilten, sie den jüdischen Repräsentanten zu übergeben, ein leidvolles und kompliziertes Unterfangen.

Das Zentralkomitee der Juden sah sich mit einem unangenehmen nationalen, moralischen und sogar juristischen Dilemma konfrontiert. Niemand des Komitees glaubte, daß sie das Recht hatten, Kinder mit Gewalt zu befreien, wenn die Retter sich weigerten, mit ihnen zusammenzuarbeiten. Das Komitee meinte, nicht die Autorität zu besitzen, die Vormundschaft für die Kinder im Namen des jüdischen Volkes beanspruchen zu dürfen.

Unabhängig davon gab es hinsichtlich dieses Problems bereits diplomatische Versuche. Noch während des Krieges hatten Gerüchte den Westen erreicht, wonach der katholische Klerus in den besetzten Ländern das Unglück der Juden, die in Klöstern Zuflucht gefunden hatten, ausnutzen würde, um sie zur Annahme des Christentums zu bewegen: im Falle von Kindern sei diese Praxis üblich und wahllos. Schon in jener Zeit wurden Anstrengungen unternommen, die Konversionen durch diplomatische Mittel zu bekämpfen.

Die Jewish Agency, das Oberrabbinat von Palästina und der World Jewish Congress suchten die Fürsprache von Papst Pius XII. Sie erbaten von ihm eine klare und unzweideutige Erklärung gegen den Zwang der Konversion von Überlebenden – doch der Vatikan habe nicht geantwortet. Gegen Ende des Krieges ersuchte der Oberrabbiner von Palästina Isaak Halevi Herzog um eine Audienz beim Papst, um mit ihm das Problem, das durch die Rettung der Juden durch Christen entstanden war, zu besprechen; doch umsonst. Erst nach Beendigung des Krieges willigte der Papst ein, weltliche jüdische Persönlichkeiten zu empfangen.

Der erste dieser Repräsentanten war Moshe Shertok (Sharett), der Leiter des Jewish Agency's Political Department; danach, im September 1945, der Generalsekretär des Jüdischen Weltkongresses Léon Kubowitzki (Aryeh L. Kubovy). Zentrales Anliegen beider war das Problem der jüdischen Kinder. Zu Beginn des Jahres 1946 unternahm Oberrabbiner Herzog wegen der gleichen Angelegenheit eine diplomatische Reise nach und durch Europa, die damals »rescue mission« genannt wurde.

Nach einigen Weigerungen und Ausflüchten habe Papst Pius XII. schließlich einer Privataudienz zugestimmt. Der Rabbiner bat den Papst, einen Hirtenbrief an den Klerus zu senden, worin dieser angewiesen werde sollte, die ihm bekannten Aufenthaltsorte jüdischer Kinder offenzulegen und sie (die Kinder, Verf.) in jüdische Hände zurückzugeben. Der Papst sei darauf eingegangen und habe ein detailliertes Memorandum verlangt. Als Rabbiner Herzog dieses zwei Tage später dem Sekretariat des Vatikans übergeben habe, sei ihm nur eine mündliche Antwort zuteil geworden. Die Möglichkeit eines Hirtenbriefes werde erwogen. Außerdem sei ihm versichert worden, daß er im Falle von Schwierigkeiten bei der

Rückführung von in katholischen Institutionen entdeckten Kindern unmittelbar um die Fürsprache des Heiligen Stuhls einkommen könne.

Nach Meinung Nahum Bogners sei dieses Versprechen des Vatikans zynisch gewesen, weil es die unmögliche Situation vorausgesetzt habe, daß Rabbiner Herzog jeden Fall persönlich hätte untersuchen müssen, bevor er sich auf das Wort des Papstes hätte berufen können. Der Hirtenbrief, um den der Oberrabbiner gebeten hatte, wurde nie abgesandt.

Nach seinem Besuch in Italien reiste Rabbiner Herzog in die Länder weiter, wo jüdische Kinder in der Betreuung von Nicht-Juden vermutet wurden, und besprach die Angelegenheit mit Regierungsbeamten und örtlichen Kirchenführern.

In Frankreich traf der Oberrabbiner zunächst mit Repräsentanten der jüdischen Organisationen zusammen, die sich mit dem Problem der Kinder befaßten. In Sachen Rückkehr jüdischer Waisen führte er eine Begegnung mit Pater Pierre Chaillet herbei, der sich während des Krieges sehr um die Rettung jüdischer Kinder bemüht hatte und nun der französischen staatlichen Kommission COSOR[102] vorstand, die die Verantwortung für die Kriegswaisen aller Länder trug. Obwohl Chaillet Jesuit war, sprach er sich strikt gegen eine Konversion jüdischer Kinder aus. In seiner neuen Stellung half er bereitwillig, jüdische Waisen aus christlicher Obhut in Institutionen des französischen Jüdischen Komitees einzuweisen, um die Regierung von der Bürde des Unterhalts für diese Kinder zu entlasten.
Rabbiner Herzog nahm überdies Verbindung zu einem alten Weggefährten Monsignore Angelo Roncalli auf. Dieser war derzeit Apostolischer Nuntius in Frankreich und folgte später Papst Pius XII. als Papst Johannes XXIII. Während des Krieges Apostolischer Nuntius in der Türkei, hatte Roncalli alles ihm mögliche getan, um Juden zu retten. Auch dieses Mal versprach er Herzog seine Hilfe, um die Aufenthaltsorte der Kinder zu finden. Gleichzeitig erklärte er, daß ein öffentlicher Aufruf an den katholischen Klerus Frankreichs zum Auffinden der Kinder nicht wirkungsvoll sein würde. Roncalli zog die stille Diplomatie vor, agierte hinter den Kulissen und versicherte, das Thema bei dem nächsten Treffen der französischen Bischöfe zur Sprache zu bringen.

In Belgien, wo eine ganze Anzahl jüdischer Kinder durch kirchliche Institutionen und christliche Familien gerettet worden war, traf Herzog mit dem Justizminister zusammen, der zwar zu helfen versprach – doch nichts geschah. Außerdem suchte der Rabbiner das Oberhaupt der Katholischen Kirche in Belgien Kardinal Joseph-Ernest van Roey auf, der sich bereit erklärte, im Sinne der vatikanischen Zusicherung zu helfen. Er würde seinen Einfluß geltend machen, um die Kinder aus ihrer christlichen Obhut zu lösen. Allerdings schränkte er ein, daß er die Aufenthaltsorte der Kinder nicht kenne und daß er keine Möglichkeit habe, eine Suche nach ihnen zu beginnen. Es sei nötig, daß ihm Rabbiner Herzog die Namen nenne.

In den Niederlanden wies die Regierung Herzogs Frage nach den jüdischen Waisenkindern energisch zurück. Diese Angelegenheit oblag ihrer Kriegswaisen-Organisation[103], die von Anfang an nicht gewillt war, jüdische Waisen ohne Bestätigung, daß ihre Eltern orthodoxe Juden waren, zurückzugeben. Rabbiner Herzog griff den holländischen Premierminister in einer Diskussion »Wer ist Jude?« scharf an; aber die Meinungsverschiedenheit zwischen ihnen schien unüberwindbar. Auch in Treffen mit dem Kardinal der Niederlande und dem protestantischen Bischof wurden Herzogs Bitten um praktische Hilfe nicht stattgegeben. Die holländische Regierung hieß Oberrabbiner Herzog höflich willkommen und drückte ihre Sympathie für das jüdische Volk aus; aber er verließ das Land mit leeren Händen.

Im kommunistischen Osten Europas war die Situation in bezug auf die jüdischen Kinder beinahe noch komplizierter als im Westen. Der Oberrabbiner erreichte Polen Anfang August 1946, kurz nach dem Pogrom von Kielce, das die jüdische Gemeinschaft schwer erschüttert und in tiefer Sorge um ihre physische Sicherheit zurückgelassen hatte. Zusammen mit Rabbi David Kahane, dem obersten Rabbiner in der polnischen Armee sowie der jüdischen Gemeinschaft, sprach er mit dem polnischen Premierminister und seinen Mitarbeitern für jüdische Fragen. Herzogs Anliegen waren vor allem politischer Natur, ganz besonders, was die Ausreise von Juden aus dem Land betraf und die Garantie ihrer Sicherheit. Nur ganz nebenbei habe er den Entwurf einer Richtlinie zur Registrierung von Waisenkindern erwähnt, die noch in christlicher Obhut waren. Er erhielt die Antwort, daß solche Angelegenheiten nicht in den Zuständigkeitsbereich einer sozialistischen Regierung gehörten. Zwar habe die Regierung Kenntnis davon, daß jüdische Kinder in Polen durch das Komitee der religiösen Gemeinden und durch die Zionistische Föderation zurückgerufen würden, aber in ihren Augen sei das eine interne jüdische Frage. Rabbiner Herzog hatte bereits im voraus entschieden, nicht mit dem Oberhaupt der Katholischen Kirche in Polen Kardinal August Hłond zusammenzutreffen, da dessen antisemitische Weltanschauung schon vor dem Krieg allgemein bekannt war und sich nach dem Pogrom von Kielce bestätigte.

Herzogs Hauptaktivität in Polen bestand darin, einen Zug für 500 Kinder und Jeschiwa-Studenten zu organisieren und nach Frankreich zu schicken. Für sie hatte er eine Einreiseerlaubnis vom französischen Premierminister erhalten.

In einem der letzten Kapitel seines Buches spricht Bogner über die zionistische Bewegung der »Koordinazia« und ihre Anstrengungen, jüdische Kinder »auszulösen«.

Nach der Schoa und vom Beginn der Aktivitäten der Überlebenden in Polen an lebten auch die zionistischen Jugendbewegungen wieder auf, und eine große Zahl von »Kibbuzim« wurde auf polnischem Boden errichtet. Gründungsmitglieder waren Gruppen verwaister Jugendlicher, die in den Ghettos aufgewachsen waren, in Konzentrationslagern und Wäldern. Die Atmosphäre familiärer Wärme in den Kibbuzim bewirkte, daß die Jugendlichen trotz des Unvorstellbaren, was sie durchlitten hatten, wieder an die Zukunft zu glauben begannen und keinen Grund mehr sahen, sich minderwertig zu fühlen, weil sie Juden waren; im Gegenteil: ihre Zugehörigkeit zum jüdischen Volk erfüllte sie mit Stolz.

Ende 1945 waren außerdem acht Kinder-Kibbuzim errichtet worden, zwei von Dror[104] und Haschomer Hazair[105] und vier von Hanoir Hazioni[106]. Wenn dort zu Anfang auch nur einige Dutzend Kinder wohnten, wurden es rasch mehr durch Rückführung der Juden aus der Sowjetunion. Im Sommer 1946 waren 3 300 Kinder bereit, nach Palästina auszuwandern.
Das Zentralkomitee der Juden errichtete fünfundvierzig Tagesschulen, die von 3 800 Kindern besucht wurden. Kommunistische Juden und Mitglieder des Bundes vertraten das pädagogische Konzept der Assimilation an polnische Kultur und Gesellschaft. Die herrschende Sprache in diesen Institutionen war Polnisch.

Unterdessen beschlossen die Jugendbewegungen Dror, Haschomer Hazair, Noar Borochov[107], Gordonia[108], Halhud[109], Hanoir Hazioni, Bnei Akiva[110] und WIZO[111] mit beträchtlicher finanzieller Unterstützung von Arye Sarid[112], eine neue, alle verbindende Organisation zu gründen, die sie »Koordinationskomitee für Kinder und Jugendliche in Polen« nannten. »Koordinazia« war im Grunde genommen ein Kunstwort, das von den zionistischen Gruppen für diese Dachorganisation gebraucht wurde. Ihre Aufgabe war es, die überlebenden Kinder zum jüdischen Volk zurückzuholen.

Nahum Bogner gibt zu bedenken, daß die Abgesandten von Eretz Jisrael, die sich in weiter Entfernung von den Schauplätzen der jüdischen Katastrophe aufgehalten hatten, häufig nicht die ganze Komplexität der Situation verstanden, auch nicht das, was die überlebenden Kinder und ihre Beschützer erduldet hatten.

Die Gründer der »Koordinazia« allerdings waren sich dessen bewußt und behutsam in ihrer Wortwahl. Die Begriffe »Auslösung« und »Loskaufen« hätten sie nur für interne Zwecke gebraucht. Nach außen hin bevorzugten sie eine neutrale Terminologie. Der Ausdruck »Rettung« sei besonders anstößig gewesen: er verletzte die Gefühle der Retter und beleidigte sie, die ihr Leben für die jüdischen Kinder aufs Spiel gesetzt, die sie geliebt und sich rührend um sie gekümmert hätten.

Da die Koordinazia wußte, daß viele Retter in der Nachkriegszeit in finanziellen Schwierigkeiten waren, übergab sie ihnen kleine Summen von ein paar tausend Złoty zum Zeichen der Würdigung; denn ihre Güte konnte nicht in Form von Geldzahlungen aufgewogen werden.

Koordinazia-Berichte zeigten, daß die Retter zu Beginn des Jahres 1946 nur bescheidene Zahlungen erhalten hatten. Danach wurden höhere Lösegelder verlangt, die Verhandlungen wurden länger und unnachgiebiger, und die gezahlten Summen stiegen.

Schon vor der Gründung der Koordinazia hatten religiöse Gruppen begonnen, Kinder loszukaufen. Der Initiator dieser Aktivität war David Kahane, der in der polnischen Armee als oberster Rabbiner diente. Er wurde von der Regierung des Landes am Ende des Krieges zum Oberhaupt des Komitees der religiösen Gemeinden berufen. In seinen Anstrengungen, das religiöse Leben unter den Juden in Polen zu erneuern, bemühte sich das Komitee auch, Kinder zu suchen, die sich noch unter nicht-jüdischem Schutz befanden.

Rabbi Kahane übergab diese Aufgabe Jeshajahu Drucker, den er nach dem Krieg zum Feldgeistlichen im Rang eines Hauptmanns ernannte, obgleich er kein ordinierter Rabbiner war.
Zunächst half Drucker nur Verwandten, die Probleme bei ihren Versuchen hatten, Kinder von nicht-jüdischen Rettern zurückzuholen. Aber als Berichte von Kindern auftauchten, die verstreut in Provinzstädten bei christlichen Familien lebten und um die sich offenbar niemand kümmerte, betrachtete er es gleichsam als die Erfüllung eines Auftrags, sie ausfindig zu machen.

Jeshajahu Drucker wurde zum »Rückführer« der Kinder in das religiöse Judentum. Das Komitee der religiösen Gemeinden – Zionisten und Nicht-Zionisten gleichermaßen – wollte diese Kinder, die in einer christlichen Atmosphäre aufgewachsen waren, nicht in den Kinderheimen des Zentralkomitees der Juden in Polen unterbringen, wo sie eine säkulare Erziehung erhalten hätten. Entsprechend errichtete das Komitee im Sommer 1945 zwei Heime, in denen den Kindern eine traditionelle religiöse Erziehung zuteil wurde: eines in Zabrze nahe Kattowitz in Oberschlesien, das andere in Gęszcze Puste in Unterschlesien. Letzteres war allein für die Kinder, die aus der Sowjetunion zurückgekehrt waren, bestimmt und für nur eineinhalb Jahre in Betrieb. Die Einrichtung in Zabrze wurde das Heim jener Kinder, die Drucker auslöste, und bestand drei Jahre, bis 1949. Es wurde zum Symbol des »Kinder-Auslösung«-Projekts des religiösen Judentums in Polen.

Im Gegensatz zur Koordinazia, die als zionistische Organisation über einen amtlichen Verwaltungsapparat verfügte, arbeitete Drucker allein, unterstützt nur von Juden in der Armee, dem Komitee der religiösen Gemeinden und Misrachi[113].

Die Schwierigkeiten, jüdische Kinder aus Klöstern zurückzuholen, bestanden in allen Ländern, die von den Deutschen besetzt gewesen waren, und das kommunistische Polen bildete keine Ausnahme.

Die Trennung von den Nonnen erschütterte die Kinder nicht so stark wie die von den Familien. Zwischenmenschliche Beziehungen waren in Klöstern weniger eng.

Auch erwarteten die Klöster keine materielle Belohnung. Trotz ihrer Armut und Mühsal trachteten sie niemals nach finanzieller Entschädigung für ihre Unkosten, die ihnen durch die Rettung der Kinder entstanden waren. Einige Klöster willigten ein, ein persönliches Geschenk als Zeichen der Dankbarkeit von Eltern anzunehmen, die gekommen waren, um ihr Kind zurückzuholen. Die Klöster akzeptierten auch ein Geschenk in Form von Geld oder Gütern von einer jüdischen Organisation als eine Geste des Dankes für die Rettung von Kindern und Erwachsenen. Allerdings stand, im Gegensatz zu den Familien, das Aushandeln eines Lösegeldes außer Frage, weil das auf ein Handeln mit Kindern hinausgelaufen wäre: eine Verletzung der moralischen Vorschriften der Kloster-Schwestern.

Tatsächlich waren es keine pekuniären Motive, die die Klöster veranlaßt hatten, jüdische Kinder zu retten, sondern Barmherzigkeit, die von ihrem Missionsauftrag ausging; deshalb wünschten sie sich, daß die Kinder praktizierende Christen blieben.

Eltern, die versuchten, ihre Kinder aus Klöstern zurückzuholen, begegneten selten Hindernissen. Wenn die Nonnen das Kind seiner Familie zurückgaben, informierten sie sie darüber, ob es getauft worden war. Falls das Kind alt genug war, erwarteten sie von ihm, daß es seinen christlichen Glauben bewahren werde; und falls es noch nicht verstand, erlegten sie den Eltern auf, ihm eine christliche Erziehung angedeihen zu lassen.
Auch Janina David versprach, im Katholizismus zu bleiben, als sie von einem christlichen Bekannten zurückgeholt wurde.

Allerdings verhielten sich die Klöster ganz anders bei Waisen, deren Familien umgekommen waren, und gegenüber älteren Kindern, die das Christentum in eigener Gewissensentscheidung angenommen hatten. In den Klöstern, wo diese Kinder getauft worden waren, betrachteten Nonnen und Priester sie in jeder Beziehung als Christen; deshalb ermutigten sie sie nicht, fortzugehen und sich mit ihren Familien zu vereinen.

Die Kirche im Nachkriegspolen verfolgte nach Ansicht Bogners keine kluge Politik gegenüber den Juden, die ihre Kinder aus den Klöstern zurückrufen wollten. Der ältere Klerus, der nicht an ihrer Rettung beteiligt gewesen war, wurde ebensowenig in ihre Rückführung eingeweiht. Das Verhalten und die Meinung der Mutter Oberin hätten sich von ihrem missionsgetriebenen religiösen Glauben hergeleitet. Deshalb erboten sich die Klöster nicht, jüdische Kinder in jüdische Hände zurückzugeben; sie begannen weder einen Dialog mit jüdischen Organisationen, noch informierten sie die Jüdischen Komitees, welche Kinder überlebt hatten und wo, so daß Verwandte sie zurückholen konnten.

Die Nachkriegszeit reduzierte das Ausmaß der erzieherischen und fürsorgerischen Aktivitäten in den Klöstern Polens. Kloster-Waisenhäuser gaben viele ihrer Schützlinge in säkulare staatliche Institutionen.

Bogner erwähnt zwei polnische Zeitzeugen: Jan Dobraczyński, der den Żegota-Mitarbeitern in Warschau geholfen hatte, die Kinder in Klöster einzuweisen, und Jadwiga Piotrowska, die Dutzende von jüdischen Kindern in christliche Familien und Klöster vermittelt hatte. Beide behaupteten viele Jahre nach dem Krieg, daß die Kinder, die in Klöstern versteckt, im Falle des Todes ihrer Eltern Christen geworden waren, von den Juden nicht zurückgenommen wurden, weil sie die Taufe empfangen hatten.

Demgegenüber betont Bogner, daß gemäß der Halacha, dem jüdischen Religionsgesetz, ein Jude ein Jude bleibe, selbst wenn er getauft worden sei. Das treffe zweifellos auf Kinder zu, die in einer Notfall-Situation konvertiert worden seien, ganz ohne Verständnis für die zukünftigen Verwicklungen. Daß diese Kinder für das Judentum wichtig waren, werde durch die vielen Anstrengungen sofort nach dem Krieg und Jahre später durch die jüdischen Organisationen bewiesen, die sie sowohl religiös als auch säkular, in Polen und anderswo, zu ihren Wurzeln zurückbringen wollten.

Kinder in Klöstern ausfindig zu machen, stellte eine Schwierigkeit dar, bei der die Koordinazia und Drucker im Vergleich zu privaten Persönlichkeiten nicht im Vorteil waren – im Gegenteil. Die Klöster gaben sich tolerant gegenüber Eltern und anderen Verwandten, die nach den Kindern suchten, nicht aber gegenüber Fremden, die eine Institution zu repräsentieren beanspruchten, von der sie nie gehört hatten und deren Autorität ihnen unklar war. Solche Fälle erweckten sofort Mißtrauen.

Wegen der Abgeschiedenheit der Klöster hatte die Koordinazia nur spärliche Informationen über die jüdischen Kinder, die sich dort aufhielten. Kleine Kinder wußten nichts von ihrer wahren Identität, bestenfalls besaßen sie eine verschwommene Erinnerung, und auf keinen Fall wollten sie ohne die Einwilligung der Schwestern gehen.

Ältere Kinder waren sich ihrer jüdischen Identität bewußt, wiesen sie aber zurück, weil sie Quelle aller ihrer Leiden war. Die bloße Erwähnung rief Angst und Entsetzen hervor. Dazu waren einige von ihnen nun gläubige Katholiken und weigerten sich als solche, das Kloster zu verlassen. Sie wußten, daß sie jüdisch waren, versicherten jedoch ausdrücklich, nicht zum Judentum zurückkehren zu wollen. Ihre Entscheidung war das Ergebnis ihrer christlichen Erziehung, die sie empfangen hatten, und ihrer Furcht vor dem Schicksal der Juden, wie sie es aus ihrer eigenen schmerzvollen Vergangenheit kannten.

Die Geschichte der »Kloster-Kinder« – wiederholt Bogner – sei traurig und bedrückend. Die edlen Taten der Klöster würden getrübt durch ihre Bemühungen, die Kinder durch das Mittel der Taufe zum Christentum zu bekehren, und durch die Hindernisse, die sie nach dem Krieg geschaffen hätten, um deren Rückkehr zur jüdischen Gemeinschaft zu vereiteln.

Das Wissen darum, daß sich einige der jüdischen Kinder im Kielwasser ihrer katholischen Erziehung an die christliche Gesellschaft assimiliert hatten, lasse in jenen, die versucht hätten, die Kinder für das Judentum zurückzugewinnen, bittere Verlustgefühle aufkommen. Einige Koordinazia-Mitarbeiter behaupteten, daß Dutzende, vielleicht sogar Hunderte jüdischer Kinder in polnischen Klöstern blieben und nicht in die jüdische Gemeinschaft zurückgeholt werden konnten.

Ab September 1947 wurde die Koordinazia unter die Leitung des Direktors des Jewish Agency Rettungskomitees Jitzschak Gruenbaum gestellt. Im Oktober 1947 überwies das Rescue Committee in Jerusalem noch einmal Gelder an die Koordinazia. Ihr Direktor wurde verpflichtet, mit den Repräsentanten der ultraorthodoxen Bewegung der Agudat Israel[114] und mit Misrachi zusammenzuarbeiten. Gegen Ende des Jahres 1947 oblag die Rückführung der jüdischen Kinder in Europa im allgemeinen und in Polen im besonderen dem Rescue Committee. Etwa 75 Prozent der Gelder des Rettungskomitees waren für ihren Rückkauf bestimmt, obgleich sich mit dem Unabhängigkeitskrieg Israels die Prioritäten verschoben und es schwierig wurde, Gelder nach Polen zu transferieren.

Die Koordinazia blieb bis zum Sommer 1949; aber ihre Aktivitäten verfielen zusehends. Die Bemühungen, noch weitere Kinder auszulösen, stockten nicht aus Mangel an Geld, sondern infolge des Umstands, daß die meisten der Mitarbeiter nach Israel ausgewandert waren. Mit der Übernahme des Zentralkomitees der Juden durch die Kommunistische Partei wurde der Koordinazia der letzte Stoß versetzt. Im Juni 1949 brach die Polizei in die Koordinazia-Hauptniederlassung ein, beschlagnahmte Dokumente und besetzte die Büroräume.

Das markierte das vorzeitige Ende des Koordinazia-Projekts, jüdische Kinder in Polen »auszulösen«.

Wie viele Kinder sich noch in der Obhut von Nicht-Juden befanden, ist nach Ansicht Nahum Bogners schwer zu schätzen. Von März 1946 bis April 1948 rief die Koordinazia etwa 355 Kinder zurück: aus Familien, aus Klöstern und polnischen Waisenhäusern. Es gebe keine Dokumente nach diesem Datum. Teile des Koordinazia-Archivs wurden zerstört, Teile wurden von polnischen Autoritäten beschlagnahmt, als sie die Büros der Organisation schlossen, und Teile gingen auf dem Weg nach Israel verloren.

Es waren turbulente Zeiten. Gerade als die Überlebenden begannen, sich etwas zu erholen und ein gewisses Maß an Stabilität zurückzugewinnen, waren sie erneut gezwungen, alles zu verlassen und ihre Wanderung fortzusetzen. Das sei der

Hauptgrund gewesen, warum das Vorhaben, die Kinder zu ihrem Volk zurückzuholen, nicht abgeschlossen werden konnte.

Die »Kinder-Auslösung«, die von der Koordinazia und Jeshajahu Drucker in Polen unternommen wurde, war überall in Europa ohne Beispiel. Trotz der begrenzten Mittel stellte sie gemeinsam mit den wiederauflebenden zionistischen Jugendbewegungen und der Bricha[115]- Organisation ein herausragendes nationales Projekt dar: die letzte Botschaft des polnischen Judentums.

Die Jugendbewegungen brachten die meisten der zurückgeholten Kinder in Zusammenarbeit mit der Bricha-Organisation illegal in die DP-Camps[116] der amerikanisch besetzten Zone Deutschlands oder in provisorische französische Kinderheime. Die Mehrzahl der Koordinazia-Kinder kam nach Deutschland, die meisten Zabrze-Kinder gelangten nach Frankreich.

Alle Kinder und Jugendlichen, die in Jugendbewegungen organisiert waren, wurden der Jugend-Alija[117] unterstellt und in die Landbesiedlungsbewegung Palästinas aufgenommen.

Das Zurückholen der Kinder von ihren nicht-jüdischen Rettern war allerdings nur der erste Schritt auf dem langen Weg zu ihrer Wiedereingliederung in die jüdische Gemeinschaft. Die Schwierigkeiten, die entstanden, als sie aus ihrer christlichen Umgebung gerissen wurden, hätten die Probleme überschattet, denen sie bei ihren Versuchen, ihre jüdische Identität wiederzuerlangen, begegnet seien. Das jedoch sei ein Aspekt gewesen, den niemand von denen, die an der »Auslösung« beteiligt gewesen waren, in Erwägung gezogen habe. Die Kurzsichtigkeit ihrer Annahme, daß die Aufgabe beendet sein würde, wenn das Kind mit seiner Familie vereint oder in einem Jüdischen Kinderheim untergebracht worden war, erwies sich rasch.

Bei der angestrebten Reintegration stellte sich heraus, daß die Mehrheit der Kinder nicht zu einer jüdischen Lebensweise zurückkehren oder ihre jüdische Identität wiedererlangen wollte. Erst jetzt, nach Abschluß der Rückführung der Kinder wurde deutlich, daß die lange und schicksalhafte Zeit, während der sie von ihrer jüdischen Umgebung getrennt gewesen waren, in ihrem jungen Leben einen machtvollen, möglicherweise unauslöschlichen Eindruck hinterlassen hatte.

Plötzlich fanden sie sich zurück in der gleichen jüdischen Welt, aus der zu entfliehen ihnen knapp gelungen war und in der sie so furchtbar gelitten hatten.

Die Rückkehr zur jüdischen Gemeinschaft erschreckte und verwirrte die Kinder; sie untergrub ihre gerade erworbene Selbstsicherheit und Stabilität. Die von ihnen geforderte Reintegration wirkte sich gleichsam traumatisch aus; und die neuen Betreuer verfügten über keine magischen Formeln, um ihnen diesen Prozeß zu erleichtern.

Um zu verstehen, was diese Kinder auf ihrem Weg zurück in die jüdische Welt durchgemacht hätten, müsse man mit dem beginnen, was sie zur Zeit der Befreiung wußten und fühlten. Ihre Leben waren nicht länger in Gefahr; aber sie selbst befanden sich an einem Wendepunkt, von wo aus der Weg ins Ungewisse führte. Ihre persönlichen Erfahrungen zusammen mit dem Antisemitismus, den sie häufig von ihren Rettern und der christlichen Umgebung introjiziert hatten, lehrten sie, daß die Katastrophen, die über sie hereingebrochen waren, mit ihrem Ursprung zusammenhingen. Selbsterhaltung gebot ihnen deshalb das Wahren eines Abstands zu den Juden, das Ableugnen ihrer eigentlichen Identität.
Zusätzlich litten einige Kinder an dem Trauma, im Stich gelassen worden zu sein. Ein Kind, das von den Eltern oder Verwandten in die Obhut einer christlichen Familie gegeben werde, fühle sich preisgegeben; sogar wenn es bis zu einem gewissen Grad verstehe, daß es zu seinem persönlichen Schutz geschah.
Das Festhalten der konvertierten Kinder am Christentum, ihr Abscheu gegenüber Juden sowie ihre Situation als Waisen waren die Haupthindernisse bei ihrer Wiedereingliederung in die jüdische Gesellschaft.

In den Kinderheimen der Koordinazia und in Zabrze wurden Kinder aufgenommen, die vorwiegend in christlichen Familien überlebt hatten. Das Ausmaß ihrer überschwenglichen Anhänglichkeit an den christlichen Glauben und seine Rituale spiegelte ihre Weigerung wider, sich von einer Welt zu trennen, in der sie sich sicher fühlten.
Die Zusammensetzung der Gruppen in den übrigen Heimen war nicht homogen. Dort besaßen zahlreiche Kinder ein klares jüdisches Bewußtsein und hatten keinerlei Verbindung zum Christentum; im Gegenteil: sie setzten diese Religion mit der feindlichen heidnischen Welt gleich, die sie ausgeschlossen, verfolgt und ihnen unsägliche Leiden zugefügt hatte. Beobachteten diese Kinder dann jene, die christliche Gewohnheiten fortsetzten, wie das Tragen eines Kruzifixes, Beten und Kirchenbesuch, so reagierten sie mit Unverständnis und Empörung.

Die Kinder, die aus Klöstern kamen, waren im allgemeinen diszipliniert, zeigten aber in unterwürfiger Art ein passives Benehmen und eine Neigung, mit anderen »Kloster-Kindern« Gruppen zu bilden. Sie fanden es sehr schwierig, sich mit Kindern abzugeben, die einen anderen Hintergrund hatten; und einige von ihnen verstanden nicht, was sie unter Juden verloren haben sollten.

Bei christlich beeinflußten Kindern sei ein maßgebendes Kriterium für ihre Geneigtheit, die jüdische Identität anzunehmen und sich in die neue Umgebung zu integrieren, ihre erkennbare Haltung gegenüber christlichen Symbolen gewesen.

Äußerlich unterschieden sich diese Kinder nicht von den anderen; allerdings gab es Besonderheiten: zum Beispiel die Art, wie sie verzweifelt an ihren polnisch-christlichen Namen hingen. Daß sie einen hebräischen Namen zurückwiesen, der in manchen Fällen sogar ihr ursprünglicher war, unterstrich die Macht der emotionalen Bindung an ihre christliche Vergangenheit und ihr beharrliches Abgestoßensein vom Judentum. Trotz ihrer Sehnsucht nach dem Land Israel und ihrer Bereitschaft, die Anstrengungen einer illegalen Immigration auf sich zu nehmen, waren sie innerlich in ihrer Vergangenheit gefangen.

Um Wege zu finden, sie von diesem Trauma zu befreien, wurde auf Zypern[118] ein gemeinsames Unternehmen organisiert, das die Aufzeichnungen der Kinder über ihre Erlebnisse im Krieg und danach sammeln sollte. Die Resonanz darauf war überwältigend. Beinahe alle, sogar die verschwiegenen und introvertierten, schrieben ihre Geschichte auf in der Bemühung, sich selbst von den schreckensvollen Erinnerungen und bedrückenden Schuldgefühlen zu befreien.

Der größte Teil der Kinder, der durch Kinderheime ging, wurde der Oberaufsicht der Jugend-Alija unterstellt. Sie war zu jener Zeit die erfahrenste und am besten gegliederte Organisation für die Integration und Erziehung der Diaspora-Jugend.

Allerdings stelle sich die Frage, wieviel sie von den besonderen Problemen der Kinder mit einem christlichen Hintergrund verstand und ob sie sich gut auf ihren Empfang vorbereitet hatte. Ihre Stellungnahmen immerhin machten klar, daß die Sachbearbeiter, die beauftragt waren, die Kinder nach Palästina zu bringen und für ihre Integration zu sorgen, um die Belastungen wußten, die die Trennung von ihren nicht-jüdischen Rettern mit sich gebracht hatte.
Doch begriffen weder die älteren Pädagogen der Jugend-Alija, die die Kinder auf ihrem Weg nach Palästina kennenlernten, noch die Beauftragten, die mit ihnen arbeiteten, vollkommen die psychischen Barrieren, denen sich diese Kinder gegenübersahen. Ihr Kontakt mit den Kindern war nur oberflächlich. Nur selten, schreibt Bogner, blickten sie in ihre traurigen Augen. Sie sahen Gruppen auf Gruppen von Kindern; aber sie sahen nicht das einzelne Kind und sein Problem der Waisenschaft.

Berichte der Jugend-Alija schwiegen über die Anhänglichkeit der Kinder an die christliche Welt, aus der sie zurückgerufen worden waren, und über die Konflikte ihrer Anpassung an die neue jüdische Umgebung. Sie wurden allen anderen Kindern, die durch die Judenverfolgung schwer traumatisiert worden waren, gleichgestellt, ähnlich den Kindern aus Teheran[119] und Transnistrien[120].

Nach den Prinzipien der Jugend-Alija sollten die Kinder, nachdem sie aus ihrer Diaspora-Vergangenheit gelöst worden waren, in der Kultur des Landes Israel neu geformt werden. Aufgaben in landwirtschaftlichen Siedlungen und handwerkliche Tätigkeiten sollten zu Selbstverwirklichung und persönlicher Wandlung beitragen.

Weder den besonderen pädagogischen Problemen der Kinder aus der Schoa wurde genügend Aufmerksamkeit geschenkt, noch denen, die mit einem christlichen Hintergrund ankamen und eine klare Identität brauchten. Persönliche Erneuerung war mit nationaler verflochten. Das Kind wurde aufgefordert, sich einer radikalen

kulturellen Transformation zu unterziehen und eine neue Identität anzunehmen, die symbolisch dadurch gefestigt wurde, daß es der ausdrücklichen Forderung, seinen fremden Namen mit einem hebräischen zu vertauschen, zustimmte und damit seine Vergangenheit abwertete.
Psychische Rehabilitation sollte nicht durch »Ausgraben« der Vergangenheit erreicht werden, sondern durch ihr »Begraben«. Lehrer wurden angewiesen, mit den Kindern nicht über ihre Vergangenheit oder über ihre Kriegserfahrungen zu sprechen, sondern sich auf ihre Zukunft in Israel zu konzentrieren.
Untereinander sprachen die Kinder Polnisch, und manche hegten antisemitische Vorurteile. Die tiefe innere Verbindung zu Polen und allem, was damit zu tun hatte, hörte nicht endgültig auf; denn diese Verbindung hing mit Erinnerungen an den Krieg zusammen und mit ihrer Verwaisung; sie werde ihr ganzes Leben lang fortbestehen.

Nahum Bogner betont, daß eine Diskussion über die Integration der Kinder, die unter einer angenommenen christlichen Identität gerettet wurden, und die Langzeitwirkung ihrer christlichen Beeinflussung jenseits des Rahmens seines Buches liege, aber unbedingt eine separate Studie verdiene: vom historischen, doch noch dringender vom psychologischen Standpunkt aus.

Und er ergänzt, daß nur wenige wahrgenommen hätten, was die Kinder ertrugen, als sie wieder zu der Religion ihrer Eltern zurückkehren sollten. Zahlreiche Zeugenberichte beschrieben ihre Schwierigkeiten, sich in die jüdische Gemeinschaft einzufügen; aber bis jetzt sei keine umfassende Untersuchung über dieses Thema veröffentlicht worden.

Emunah Nachmany Gafny

Neun Jahre nach Nahum Bogners Werk erschien Emunah Nachmany Gafnys Buch »Dividing Hearts. The Removal of Jewish Children from Gentile Families in Poland in the Immediate Post-Holocaust Years«[121]. Auf der Grundlage ähnlicher, aber noch umfangreicherer Quellen und Zeugenaussagen als Bogner (mit zusätzlichem Rückgriff auf die Dokumentationen des Żydowski Instytut Historyczny in Warschau) liegt der Schwerpunkt ihrer Untersuchung auf den Modalitäten der Rückführung jüdischer Kinder aus christlichen Retterfamilien während der unmittelbaren Nachkriegszeit.

Während Bogner die Rückführung im Untertitel seines Buches mit »rescue« bezeichnet, verwendet Nachmany Gafny den neutraleren Ausdruck »removal«. Da Bogner sich der Fragwürdigkeit des von ihm gebrauchten Begriffs durchaus bewußt war – beleuchtet er doch seine Ursprünge und seine fatale Wirkung –, darf daher auf eine inzwischen differenziertere Beurteilung dieser Vorgänge auch in der israelischen Gesellschaft geschlossen werden.

Bogners Thema ist das Schicksal der jüdischen Kinder während der deutschen Besatzungszeit in Polen bis zu ihrer Rückführung nach Eretz Jisrael. Seine Darstellung hat ein breites historisches Spektrum. Während die Vorgeschichte: der Terror der deutschen Besatzung, die Schwierigkeiten, für jüdische Kinder Verstecke zu finden, die Hilfe des Żegota, von beiden Autoren ähnlich abgehandelt wird, fokussiert Nachmany Gafny ihre Betrachtungen auf die politischen und ökonomischen Probleme des polnischen Staates sowie auf die überlebenden Juden nach dem Krieg, um vor diesem Hintergrund die Rückführung der Kinder zu erörtern.

Wie Bogner geht auch sie nicht auf die Besonderheiten der beiden Religionen ein. In einem Unterkapitel, überschrieben: »The Catholic Church and its Attitude to the Return of Jewish Children to Judaism«, setzt sie sich jedoch ausführlich mit den Taufpraktiken der Katholischen Kirche auseinander, wobei sie auf einen Beitrag von Luc Dequeker[122] zurückgreift:

Die Doktrin der »Erlösung der Welt durch Christus« offenbare, warum die Taufe eine unerläßliche Voraussetzung für die Erlösung gemäß der katholischen Lehre sei. Sie erkläre auch die Taufe der Kinder in Todesgefahr, selbst wenn sich die Eltern dagegen aussprechen sollten. Das »Freie-Wahl-Prinzip« unterscheide im kanonischen Recht zwischen Kindern, die jünger seien als sieben Jahre, und Adoleszenten im Alter von sieben und darüber. Mit dem Alter Sieben verknüpfe die Katholische Kirche das der vernünftigen, unabhängigen Entscheidung.

Die Taufe eines Kindes unter dem »Alter der Vernunft« sei gültig, wenn zwei Bedingungen erfüllt seien:

a) die Eltern ihre Einwilligung gegeben hätten (auf diese Weise schütze die Kirche das unwiderrufliche Recht der Eltern, die Art der religiösen Erziehung ihrer Kinder zu bestimmen) und
b) eine katholische Erziehung des Kindes sichergestellt sei.

In Ausnahmesituationen – falls das Kind in tödlicher Gefahr sei, oder die Eltern nicht ausfindig gemacht werden könnten – werde auf die Forderung der elterlichen Erlaubnis verzichtet. Jedoch schließe die kirchliche Definition der Bezeichnung »Eltern« auch Tanten und Onkel mit ein. Wenn irgend jemand von ihnen lebe und nicht auf die Rechte an dem Kind verzichtet habe, werde das Kind als illegal getauft betrachtet.

Wenn keine dieser Bedingungen erfüllt sei, werde die Taufe eines Kindes, das jünger als sieben Jahre sei, als am Anfang illegal, aber nicht als ungültig angesehen, weil die Taufe ein Sakrament ist.

Wenn jüdische Eltern der Taufe ihres Kindes infolge der herrschenden Umstände zugestimmt hätten, um seine jüdische Identität zu verbergen, aber nicht beabsichtigt hätten, daß dieser heilige Akt der Konversion zum Christentum diente, und wenn sie eine kirchliche Erziehung für ihr Kind gebilligt hätten, so sei die Konversion ungesetzlich, aber nicht ungültig gewesen.

Gemäß einer katholischen Weisung, erlassen von Papst Benedikt XIV. im 18. Jahrhundert, die niemals aufgehoben wurde, besteht die Kirche auf ihrer Verantwortung für die christliche Erziehung der gültig getauften Kinder, sogar wenn sie ungesetzlich, ohne die Erlaubnis ihrer Eltern getauft worden sind.

Die Situation sei anders im Hinblick auf die Kinder, die in oder nach dem Alter von sieben Jahren getauft worden seien. Die Kirche betrachte sie als Erwachsene, das bedeute, daß sie nicht gegen ihren Willen getauft werden konnten. Ferner setze die Taufe eines Erwachsenen angemessene religiöse Instruktionen voraus. Solch eine Taufe könne nur mit ausdrücklicher Erlaubnis eines Erzbischofs vollzogen werden. Wenn das Kind als getauft angesehen werde, könnten, dem traditionellen kirchlichen Dogma zufolge, die Rechte der Kirche nicht aufgehoben werden. Der unauslöschliche Charakter des Taufsakraments unterwerfe die Getauften für immer den kirchlichen Gesetzen.

Wie Nahum Bogner erwähnt auch Nachmany Gafny die Reisen Oberrabbiner Herzogs von Palästina in das Europa der Nachkriegszeit. Seine erste Reise begann im Februar 1946 und ging nur nach Italien, wo er von Papst Pius XII. empfangen wurde. Danach kehrte er nach Palästina zurück. Im Mai reiste er wiederum nach Europa und besuchte Frankreich, England (London), die Tschechoslowakei und Polen, wo er im August 1946 eintraf.
Diese Angaben sowie das Datum der Audienz beim Papst weichen von denen Nahum Bogners ab. Nachmany Gafny erwähnt zudem nicht die Reisen Herzogs nach Belgien und in die Niederlande.
Obgleich ihre Untersuchung neun Jahre nach Bogners Buch erschienen ist, stimmt sie bezüglich der Reaktion des Papstes auf die Bitten Herzogs mit ihm überein. Beide Autoren haben darin recht, daß der vom Rabbiner erbetene Hirtenbrief des Papstes an den Klerus bezüglich der möglicherweise bekannten Aufenthaltsorte der jüdischen Waisenkinder nicht abgesandt wurde.

Inzwischen aber hat die historische Forschung[123] neue Erkenntnisse gewonnen: Das Memorandum, um das der Papst den Oberrabbiner ersucht hatte und das die Bitte um Unterstützung bei der Rückgabe der jüdischen Waisenkinder aus christlicher Obhut beinhaltete, ging am 12. März 1946 im Sekretariat des Vatikans ein. Der Papst habe das Memorandum Herzogs, wie beim Heiligen Stuhl üblich, »in den Geschäftsgang« über das Staatssekretariat ins Heilige Offizium gegeben. Nach der Beratung dieses Gremiums sei der Apostolische Delegat in Palästina, Monsignore Arthur Hughes, beauftragt worden,

> »dem Oberrabbiner als Ergebnis mitzuteilen, daß der Hl. Stuhl das Anliegen grundsätzlich unterstütze, daß jedoch

> a) der Heilige Stuhl der Meinung sei, auch Waisenkinder sollten eher ihren Familien (so ermittelbar) übergeben werden, als ›jüdischen Organisationen‹ anvertraut werden,
>
> b) die Abstammung der Kinder in jedem einzelnen Fall eindeutig geklärt werden müsse, und
>
> c) daß eine Entscheidung von Fall zu Fall zu erfolgen habe.«

Das Heilige Offizium habe darüber hinaus die Auffassung vertreten,

> »es solle, diplomatischen Gepflogenheiten folgend, in dieser Sache an Herzog keine schriftliche, sondern lediglich eine mündliche Antwort gegeben werden.«

Am 26. September 1946 ging eine Anweisung beinahe identischen Inhalts vom Staatssekretariat an den Nuntius in Paris, Angelo Giuseppe Roncalli:

> »a) die ungetauften Kinder sollten möglichst zurückgegeben werden, in erster Linie an ihre Eltern und Familien,
>
> b) sofern Kinder getauft worden seien, sollten sie allerdings nicht ohne weiteres an Institutionen abgegeben werden, die ihre weitere christliche Erziehung nicht gewährleisten könnten. Dies gelte v. a. auch für ältere Kinder, die selbst entschieden hätten, katholisch zu werden und sich hatten taufen lassen.«

Auf diese Weise würde sich dann auch die undurchsichtige Quellenlage um die päpstliche Direktive vom Oktober 1946 geklärt haben. Es handelte sich um das Schreiben Tardinis[124] an Roncalli, das in der Pariser Nuntiatur nicht wortgetreu an die französischen Bischöfe weitergeleitet, sondern »in entstellender Weise zusammengefaßt und verkürzt« wurde. Vermutlich ist nur dieses Dokument – und nicht das vatikanische Original – an die Öffentlichkeit gelangt und hat für Mißverständnisse und Verwirrung gesorgt.

Feinfühlig und verständnisvoll schildert Nachmany Gafny die besonderen Probleme, die sich bei der Rückführung jüdischer Kinder aus ihren christlichen Retterfamilien ergaben.

Leider betrachtet sie dieses Thema manchmal zu einseitig aus der politischen und gesellschaftlichen Perspektive des damals in der Gründung begriffenen Staates Israel und klammert die schwerwiegenden Bedenken und Zweifel aus, die Nahum Bogner im Zusammenhang mit der Reintegration der jüdischen Kinder sehr offen äußert.

Sie berichtet, daß einige Kinder sich vorgenommen hätten, ihre Retter zu verlassen, sobald sie wußten, daß der Krieg vorbei war. In eigener Initiative hätten sie die Gelegenheit ergriffen, sich von dem Druck eines Lebens in Heimlichkeit und unter falscher Identität zu befreien. Die Kinder, jung an Jahren, aber erwachsen auf Grund ihrer Lebenserfahrung, hatten die Erinnerungen an ihr Zuhause und an ihre Eltern bewahrt und wußten, daß sie jüdisch waren.

Die jüngeren Kinder, die im Kleinkindalter von ihren Eltern getrennt worden waren, wußten nichts von ihrer jüdischen Herkunft. Sie wurden nicht konvertiert im eigentlichen Sinne des Wortes, sondern wuchsen in den christlichen Glauben durch Identifikation mit ihren Rettern hinein. Sie blieben Christen, sogar, nachdem sie aus ihrer christlichen Umgebung zurückgeholt worden waren. Sie fuhren fort, christliche Gebete zu sprechen, weigerten sich, das Kreuz abzulegen, das sie um ihren Nacken trugen, und pflegten christliche Rituale, auch noch im (jüdischen) Kinderheim. Sie verbargen ihre Ursprünge und erkannten ihre jüdischen Namen nicht an. Sie wollten weiterhin zur Kirche gehen. Im christlichen Glauben sei jemand, der sich zu Jesus bekannt habe und sich danach von ihm abwende, ein Sünder, der jede Möglichkeit zur Sühne verwirkt habe. Kinder, die in christlichem Umfeld gelebt hatten, fürchteten harte Bestrafung für ihre Abtrünnigkeit[125].
Trotzdem seien diejenigen, die in den Kinderheimen lebten, langsam zu ihrer jüdischen Identität zurückgekehrt.[126] Jedes unter ihnen habe einen Prozeß durchlaufen, da die religiösen christlichen Werte durch jüdische und zionistische ersetzt worden seien. Auf der anderen Seite jedoch assimilierten sich diejenigen, die bei ihren christlichen Rettern blieben, an die christliche Gesellschaft und kehrten nicht zum Judentum zurück.

Wie Bogner widmet sich Nachmany Gafny den komplizierten Umständen der Rückführung jüdischer Kinder, allerdings mit der bereits obenerwähnten Tendenz. Sie bezeichnet sie (die Rückführung, Verf.) als eine nationale Notwendigkeit in Anbetracht des tiefen Schocks über den Verlust: von über drei Millionen polnischer Juden blieb nach dem Krieg noch etwa ein Prozent übrig.

Die meisten Vertreter der jüdischen Komitees und Organisationen, die sich um die Rückführung der Kinder bemühten, waren selbst Überlebende und hatten während des Krieges schmerzlich am Verhalten der Polen gelitten, obgleich sie die Menschlichkeit der Retter dankbar anerkannten, die ihr Leben für jüdische Kinder aufs Spiel gesetzt hatten. Doch sie betrachteten diese Personen als Ausnahmen innerhalb einer Gesellschaft, deren Kultur von derartig starkem antijüdischen Gedankengut geprägt war. Voraussichtlich würden die Kinder in diesem Land keine sichere Zukunft haben; abgesehen davon, daß die Gefahr bestehe, daß sie in nicht-jüdischen Familien selbst zu Antisemiten würden.
Die Kinder wurden als die Zukunft des jüdischen Volkes betrachtet, als »Nachfolge-Generation«, besonders, weil sie so jung waren. Ihr Überleben gegen alle Wahrscheinlichkeit bedeutete einen »Sieg über Hitler«. Für die jüdischen Bevollmächtigten war ein überlebendes Kind ein Lichtstrahl, der die Dunkelheit durchbrach. Sie ergriff das Gefühl, eine heilige Mission zu erfüllen, sowohl in bezug auf das jüdische Volk als auch auf die ermordeten Eltern der Kinder, deren letzten Willen sie auf diese Weise ehren wollten.

Aus diesen Gründen – so Nachmany Gafny – erblickten die Beauftragten keinen

Widerspruch zwischen dem Wohl des Kindes und dem Recht des jüdischen Volkes, diese Kinder zu ihren Ursprüngen zurückzuholen.

Allerdings wurde die Übergabe der Kinder an die jüdischen Organisationen zu einer traumatischen Erfahrung für Kinder und christliche Retter gleichermaßen, und oft nicht weniger für die Beauftragten. Die existentielle und ideologische Bedeutsamkeit der Rückkehr der Kinder zum jüdischen Volk blieb auf individueller Ebene unwichtig und trug nicht zur Beruhigung der Emotionen bei. Die Zweifel, die manche jüdischen Vertreter überfielen, arteten jedoch nie zu einer Krise aus, die den Grundkonsens in Frage gestellt hätte. Zionisten wie Nicht-Zionisten wiesen die Vorstellung zurück, daß es für die Kinder besser sei, sie bei ihren Rettern zu lassen.

Einige der Beauftragten bezeichneten die Rückführung der Kinder als »Rettung«; denn erst die Integration in die jüdische Gemeinschaft bedeutete für die Kinder, die das Inferno überlebt hatten, die endgültige Rettung. Andere nannten die Rückführung »Pidjon« (Auslösung) oder »Geula« (Erlösung). Es sei nicht zufällig gewesen, daß sie diese Begriffe wählten, denn diese Terminologie habe eine klare Weltanschauung ausgedrückt.

Der Rückruf dieser Kinder sei einzigartig in der Geschichte der Menschheit, er beweise das besondere Gemeinschaftsgefühl des jüdischen Volkes. Diese Initiative habe auch auf andere Länder übergegriffen. Damit wurde ein rabbinisches Wort bestätigt, daß keine Generation von Juden, selbst diese nicht, verwaist sei.

Für die Kinder sei es das beste gewesen, zu der Identität, Religion und Kultur der Gemeinschaft ihrer Eltern zurückzukehren. Alles dieses aber habe »divided hearts«[127] hinterlassen. Und die Autorin gibt zu: »More than half a century after the end of the war and the Holocaust, the aftermath of these dilemmas still occupy us.«[128]

Die Probleme, die hier für Polen angesprochen worden seien, gelten nach Meinung von Emunah Nachmany Gafny ebenso für Belgien, die Niederlande und Frankreich. In jenen Ländern gab es die gleichen Schwierigkeiten, die Kinder zurückzuholen.

Das wird in einem Sammelband »Belgium and the Holocaust. Jews. Belgians. Germans«[129] bestätigt. Im Zusammenhang mit der vorliegenden Arbeit sind die Beiträge von Luc Dequeker[130], Mordecai Paldiel[131], Sylvain Brachfeld[132] und Arye Riesel[133] erwähnenswert.

Luc Dequeker

Luc Dequeker beschäftigt sich in seinem Aufsatz »Baptism and Conversion of Jews in Belgium, 1939-1945« mit der Taufe der Kinder und Jugendlichen unter sechzehn Jahren, die die Schoa in Belgien überlebten, weil sie von christlichen (meistens katholischen) Institutionen und Familien versteckt worden waren.

In Hinsicht auf die Taufe unterscheidet er sowohl zwischen Familien, die sich unter dem Druck der nationalsozialistischen Verfolgung bemüht hätten, von der Kirche aufgenommen zu werden, als auch der Situation der jüdischen Kinder, die zusammen mit ihren Eltern getauft worden seien. Daneben erwähnt er die jüdischen Waisenkinder, die nach dem Mai 1945 getauft wurden. Ganz anders aber habe der Fall der Kinder gelegen, die während des Krieges und in Unsicherheit über das Schicksal ihrer Eltern unter dem Einfluß der religiösen Atmosphäre der christlichen Umgebung, in der sie lebten, darum gebeten hätten, getauft zu werden.

Die Taufe von Juden während der Schoa habe nicht immer geheißen, daß eine Konversion stattgefunden hatte, das sei eher die Ausnahme gewesen. Taufe war in erster Linie ein Hilfsmittel, jemandes jüdische Identität zu verbergen und so der »Deportation« zu entgehen; das galt für Erwachsene wie für Kinder.

Aber weder Kardinal van Roey noch irgendein anderer belgischer Bischof protestierten während des Krieges offiziell und öffentlich gegen die »Deportation« der Juden. Die Bischöfe zogen es vor, im geheimen zu agieren und die Untergrundaktivitäten des Klerus und der religiösen Institutionen zu unterstützen. Die Verdammung des Rassismus, der mit Beginn der »Deportationen« nicht mehr von der Kirche geduldet wurde, sei eher einer Haltung der Selbstverteidigung entsprungen, denn die traditionelle Lehre der Kirche sei weitgehend antijüdisch gewesen. Das jährliche Gebet um die Bekehrung der Juden, verbunden mit der Bitte um die Wiedervereinigung der Kirche überall auf der Welt, sei in Belgien in der Woche vom 18. bis 25. Januar auch während des Krieges allgemeiner Brauch geblieben.

Es werde behauptet, daß Kardinal van Roey die Taufe jüdischer Kinder während des Krieges ohne die Erlaubnis ihrer Eltern verboten habe, auch irgendwelche Versuche, die Kinder in Klöstern oder anderen katholischen Einrichtungen zur Konversion zu zwingen. Es werde ebenfalls berichtet, daß der Kardinal in einem Hirtenbrief, adressiert an den belgischen Klerus, diese Zurückhaltung festschrieb. Abgesehen davon erinnerte er seinen Klerus aber an die Tatsache, daß Kinder, die das Alter von sieben Jahren erreicht hatten, als Erwachsene zu betrachten seien, daß jedoch gemäß der eigenen Satzungen der Erzdiözesen die Ermächtigung des Bischofs benötigt würde, um sie zu taufen. Die Erlaubnis dazu werde verweigert, wenn der Gemeindepfarrer des elterlichen Wohnorts des Kindes nicht bestätigen könne, daß die Eltern Maßnahmen vorgesehen oder zumindest die Erlaubnis für eine christliche Erziehung des Kindes gegeben hätten.

Im Dezember 1943 äußerten sich Mitglieder des Comité de Défense des Juifs (CDJ) in Brüssel besorgt darüber, daß die Erziehung jüdischer Kinder in einem katholischen Milieu diese von der Religion ihrer Vorfahren lösen könnte. Ein zionistischer Bericht vom März 1944 warnte gleichfalls vor der Gefahr der Assimilation und Konversion. Aufgabe des Zionismus solle es sein, nicht nur die Leben der Kinder zu retten, sondern überdies ihre jüdische Identität.

Dequeker setzt sich ausführlich mit dem Sakrament der Taufe auseinander[134], wie es bereits bei Nachmany Gafny erwähnt wurde.

Da die jüdischen Kinder verzweifelt auf die Wiedervereinigung mit ihren Eltern hofften, wurden die religiösen Schwüre und Versprechen unter den obwaltenden Umständen geleistet; abgesehen von jenen, die freiwillig und mit Überzeugung zum Christentum übertraten.
Einige der Überlebenden, die nach dem Krieg zum Judentum zurückkehren wollten, hätten mit »Teschuwa«[135] einen Ausweg aus ihren tiefen Gewissenskonflikten gefunden.

Vom Standpunkt der christlichen Institutionen und Pflegefamilien durften die Kinder, die von ihren Eltern direkt der Kirche anvertraut worden waren und sich vollkommen in die christlichen Familien und Einrichtungen integriert hatten, nicht zurückgerufen und -gegeben werden. Ihr Rückruf konnte um so schwerer akzeptiert werden, als die Beauftragten nicht den Familien der Kinder angehörten, sondern dem jüdischen Volk, das heißt jüdischen Organisationen, die das Recht beanspruchten, diese Kinder in eine jüdische Umgebung zurückzubringen.
Dieses Ansinnen sei besonders in den Fällen bedenklich gewesen, wo Kinder mit Billigung eines oder beider Elternteile getauft worden waren. Noch heikler waren die Beispiele der Jugendlichen, die in der christlichen Umgebung bleiben wollten, denen aber die Gültigkeit ihrer freiwilligen Konversion vor dem Alter von achtzehn Jahren von der jüdischen Gemeinschaft abgesprochen wurde.

Die verschiedenen Aspekte der unklaren Situation beinhalteten die emotionalen Probleme der jüdischen Waisen und ihrer christlichen Pflegeeltern; die rechtlichen Probleme von Vormundschaft und jüdischer Nationalität sowie die theologischen Probleme mit Blick auf jüdische Gemeinschaft und christliche Universalität.

Die Streitfrage der jüdischen Kinder sei der belgischen Regierung bereits im September 1944 unterbreitet worden. Der Generalsekretär des Jüdischen Weltkongresses Léon Kubowitzki habe entgegen dem kanonischen Gesetz, wonach die Kinder mit sieben Jahren das Alter der Vernunft erreichen, das Konzept einer individuellen religiösen Freiheit ab achtzehn Jahren vertreten. Außerdem sei er der Meinung gewesen, daß die jüdische Gemeinschaft am besten die Wünsche jener vermißten und abwesenden Eltern vertreten könne, wenn es um die Erziehung ihrer Kinder gehe.

Mordecai Paldiel

Mordecai Paldiel führt in seinem Beitrag »The Rescue of Jewish Children in Belgium During World War II« an, daß in Belgien während des Zweiten Weltkriegs fünfzig Prozent der dort lebenden Juden durch die einheimische Bevölkerung gerettet werden konnten, während es zum Beispiel im benachbarten Holland nur zwölf Prozent gewesen seien.

Zum großen Teil sei diese Tatsache der relativ nachsichtigen Herrschaft der Deutschen in Belgien, verglichen mit anderen besetzten Ländern, zu verdanken gewesen. Trotz der Besatzung wurden alle bürgerlichen Angelegenheiten in den Händen der belgischen Vorkriegsverwaltung belassen, die weiterhin ungestört funktionierte.
Ein Vergleich mit Frankreich zeige, daß dort unter ähnlichen Bedingungen Zweidrittel der jüdischen Gemeinschaft überlebte.

Zudem habe es eine aus eigener Initiative gegründete geheime jüdische Organisation gegeben, das Comité de Défense des Juifs (CDJ), das in Verbindung mit anderen nicht-jüdischen legalen sowie illegalen Organisationen ausgezeichnet gearbeitet habe und fähig gewesen sei, zwei Jahre lang wirksame Rettungsmaßnahmen zu ergreifen.

In diesem Aufsatz werden Fälle von Kindern untersucht, die plötzlich von ihren Eltern getrennt wurden und gezwungen waren, eine neue vorgegebene Identität anzunehmen, oft von einem Augenblick auf den anderen. Die Kinder mußten dann mit ihrer falschen Identität für Monate und manchmal für Jahre leben bis zum Ende der Besatzung im September 1944 oder bis sie wieder mit ihren Eltern (sofern diese überlebt hatten) vereint waren beziehungsweise bis sie von Verwandten oder jüdischen Organisationen aufgenommen wurden. Auf der Grundlage von Zeugenberichten aus Yad Vashem teilt der Autor die Rettungen in drei Kategorien ein:

1. Geplant und ausgeführt von großen Organisationen wie des CDJ und des Oeuvre Nationale de l'Enfance (ONE) oder von belgischen Untergrund-Gruppen.
2. Rettungsversuche, organisiert von Geistlichen, Kirchen und anderen religiösen Institutionen.
3. Selbständige private Unternehmungen, angebahnt von bedrohten Eltern und abhängig von Kontakten mit nicht-jüdischen Freunden und Bekannten.

Im Zusammenhang mit der vorliegenden Arbeit wäre Punkt Zwei interessant gewesen, allerdings läßt es der Autor mit der Bemerkung, daß viele jüdische Kinder hinter Klostermauern von Mönchs- und Nonnenklöstern sowie anderen religiösen Institutionen Schutz fanden, bewenden. Einige Kinder allerdings blieben nur so lange in christlichen Einrichtungen, bis sie in Gefahr waren, dort entdeckt zu werden; danach wurden sie in christliche Pflegefamilien gegeben.

Trotz aller Schmerzen, die ihre zweite Trennung nach dem Krieg mit sich brachte, seien die meisten jüdischen Kinder, die wieder mit ihren natürlichen Eltern vereint wurden, fähig gewesen, sich in eine jüdische Umgebung einzufügen, und das Leben, das sie vorher geführt hatten, wiederaufzunehmen. Einige bewahrten dankbare Verbindungen zu ihren ehemaligen Pflegeeltern.

Manche Kinder indessen hätten alles getan, um die Rückkehr zu ihrer Ursprungsfamilie zu verhindern. Einige konnten das Leid über eine wiederholte Trennung nicht verwinden, und schwere Schuldgefühle belasteten sie viele Jahre. Etliche litten unter ernsten psychischen Problemen. In einem Fall löste ein Überlebender alle Verbindungen zu seinen Rettern in der Kriegszeit. Er fühlte sich schuldig, weil er aufgehört hatte, den christlichen Glauben zu praktizieren, nachdem er aus der Pflegefamilie zurückgeholt worden war. Er betonte, daß er von der Familie, die ihn beschützte, nicht zum Christentum gezwungen worden sei, sondern daß er ganz natürlich hineingezogen wurde. Dieser Überlebende mochte gemeint haben, daß er, falls er nicht die Religion seiner Wohltäter praktizierte, ihren Glauben verriet. Als solcher Gedanke für ihn unerträglich wurde, zog er es vor, alle Beziehungen zu diesen Menschen abzubrechen, in dem Versuch, sie aus seinem Gedächtnis zu verbannen.

Oft folgte der Trennung der jüdischen Kinder von ihren nicht-jüdischen Pflegefamilien eine Zeit der Distanz. Diese Entfremdung dauerte bisweilen viele Jahre, gewöhnlich bis die ehemals beschützten Kinder selbst das Erwachsenenalter erreicht hatten. Manchmal gelang es dann, den Kontakt zu ihren Beschützern wiederaufzunehmen und brüchige Verbindungen in enge und vertraute Beziehungen umzuwandeln.

Sylvain Brachfeld

Sylvain Brachfeld macht zu Beginn seines Aufsatzes »Jewish Orphanages in Belgium Under the German Occupation« zunächst einige statistische Angaben: 5 093 jüdische Kinder wurden aus Belgien »deportiert«; 55 kehrten nach dem Krieg zurück. Andererseits wurden zwischen 3 000 und 4 000 Kinder in Belgien versteckt und überlebten. Der Autor berichtet von jüdischen Waisenhäusern, geführt von der Association des Juifs en Belgique (AJB), dem belgischen Judenrat[136], wo mehr als 500 jüdische Kinder vor der »Deportation« bewahrt wurden, trotz der Tatsache, daß sie bei der Gestapo registriert waren.

Die AJB war von der deutschen Besatzung im November 1941 eingesetzt worden, und es werde angenommen, daß sich manchmal nicht weniger als 700 Kinder in den AJB-Heimen aufhielten.

Die Schaffung von öffentlichen Heimen für Kinder und Alte, verwaltet von der AJB, tatsächlich aber kontrolliert von der Gestapo, war ein Element deutscher psychologischer Kriegsführung. Es gebe keinerlei Dokumente, die die deutsche Genehmigung zur Errichtung dieser Heime begründeten. Jedoch scheine es die Absicht der deutschen Besatzungstruppen gewesen zu sein, alles ihnen mögliche zu tun, um die belgische Bevölkerung, jüdische wie nicht-jüdische, in Unkenntnis über die wahre Absicht der »Deportationen« zu lassen. Das habe den Sinn gehabt, feindliche Reaktionen der nicht-jüdischen Bevölkerung und der belgischen Autoritäten zu vermeiden und die Juden nicht zu aktivem Widerstand oder verzweifelter Flucht zu treiben.

Die Einrichtungen der AJB-Heime für Waisenkinder und Alte waren eine List der Deutschen, die Wahrheit zu verschleiern: der Bevölkerung vorzugaukeln, daß die »deportierten« Familien tatsächlich in geeignete Arbeitslager »umgesiedelt« würden. Hätten sie aber Kinder unter sechzehn Jahren in »Arbeitslager« gesandt, hätte sie das ihre Glaubwürdigkeit gekostet.
Allerdings blieben die Bewohner dieser Heime für »Deportationen« immer verfügbar, wenn die Zeit der »Liquidierung« gekommen war. Die Deutschen hofften zudem, daß gewisse Juden, die sich bis dahin versteckt gehalten hatten, in diesen Heimen eine Beschäftigung suchen würden, da sie einen begrenzten Schutz vor »Deportationen« boten. Das hätte die Zahl der Juden unter der Verfügungsgewalt der Nazis weiterhin erhöht.

Zum Ende der deutschen Besatzung in Belgien sahen sich die Kinder, die in den AJB-Heimen überlebt hatten, im Gegensatz zu denjenigen, die in christlichen Institutionen oder in nicht-jüdischen Familien versteckt worden waren, nicht mit Identitätsproblemen konfrontiert. Das machte es für sie viel leichter, sich wieder in die normale jüdische Gesellschaft zu integrieren.

Der Umstand, daß die AJB-Heime von den Deutschen zu Propaganda-Zwecken eingerichtet worden waren und als Falle für jüdische Kinder, die sie auf diese Weise unter ihre Kontrolle brachten, verkehrte sich zu der einzigen Möglichkeit, die »Deportationen« aufzuschieben und am Ende zur Rettung aller jener, die dort lebten. Diese Kinder entkamen dem Tod wie durch ein Wunder.

Arye Riesel

Arye Riesel geht in seinem Aufsatz »Re-education of War-Orphaned Jewish Children and Adolescents in Children's and Youth Homes in Belgium, 1945-1949« auf die etwa 2000 verwaisten jüdischen Kinder ein sowie auf ihre Rückführung aus christlichen Einrichtungen und Familien, die diese Kinder behalten wollten: nachdem sie ihren Körper in Sicherheit gebracht hatten, wollten sie nun auch ihre Seele retten.

Auch viele Kinder wollten in dieser Umgebung bleiben – ihre Probleme waren die gleichen wie die der Kinder in Polen.

Am Ende des Krieges habe es die jüdische Gemeinschaft unternommen, diese Kinder »umzuerziehen«, eigentlich »zurückzuerziehen«[137], weil sie meinte, daß das der Reintegration der Kinder in eine normale jüdische Gesellschaft dienen würde. Das Ziel sei gewesen, daß die schrecklichen Ereignisse der Vergangenheit durch eine solche Umerziehung vergessen würden.

Folgende Probleme hätten sich dabei ergeben:

1. Verlorene Jahre schulischer und beruflicher Ausbildung.
2. Psychische Schwierigkeiten: die gewöhnliche Einteilung der Zeit – Vergangenheit, Gegenwart, Zukunft – war für diese Kinder zerrissen. Die erzwungenen Wechsel von Ort zu Ort; die Notwendigkeit, sich neuen Situationen anzupassen und Entscheidungen zu treffen, die normalerweise Erwachsenen zukommen; die Unmöglichkeit, sich selbst bei den üblichen Spielen der Kindheit und normalen adoleszenten Aktivitäten zu vergessen, riefen bei allen Gefühle von Instabilität und Unsicherheit hervor und verursachten Depressionen, Persönlichkeitsstörungen und verschiedene andere psychische Anomalien.
3. Moralisches Verhalten: Die moralischen Normen, die vor dem Kriege gegolten hatten, erwiesen sich unter den herrschenden Bedingungen der deutschen militärischen Besatzung als uneffektiv. Handlungen, die vor dem Krieg als unmoralisch angesehen worden waren, wurden zu Mitteln des Überlebens, beispielsweise Stehlen, Betrug, Lügen, Schmuggeln und sogar einige Formen der Gewalt. Mit dem Ende der deutschen Besatzungszeit allerdings wurde ein solches Verhalten bedenklich, besonders im Fall von Kindern, die nicht wie die meisten Erwachsenen zwischen gewöhnlichen und ungewöhnlichen Situationen unterscheiden konnten.
4. Familienleben: Während des Krieges wurden die Kinder in einer Zeit von ihren Familien getrennt, da sie sie am nötigsten gebraucht hätten. Infolge wachsender Bedrohung waren die Eltern nicht mehr in der Lage, ihre normalen Führungs- und Beschützer-Rollen im Leben der Kinder zu spielen. Familienwerte wurden vernachlässigt und die Eltern-Kind-Beziehung zerstört. Das Problem komplizierte sich noch, wenn die Eltern »deportiert« wurden. In solchen Fällen waren die Kinder völlig sich selbst überlassen. Am Ende des Krieges war es für Erwachsene, die an die Stelle der Eltern traten, sehr schwer und manchmal fast unmöglich, mit diesen Kindern zu sprechen.

5. Feindseligkeit gegenüber Erwachsenen: Während des Krieges verletzten auch Erwachsene die Vorkriegsnormen, und in vielen Fällen beobachteten die Kinder, daß sie tadelnswerte Handlungen begingen. Das führte zu einer Zerrüttung des Respekts vor elterlicher Autorität. Für die Kinder hatte sich die Erwachsenenwelt, die sie während des Krieges erlebten, weitgehend in Polizei, Denunzianten und in deutschen Besatzungstruppen verkörpert. Nach dem Krieg betrachteten sie die Erwachsenen weiterhin mit Argwohn oder Feindseligkeit und verweigerten sich ihrer Hilfe und Führung. Die Folge waren Disziplinschwierigkeiten in Kinderheimen und Adoleszenten-Einrichtungen, die Ratgeber und Erzieher belasteten.

6. Die Beziehung zum Christentum: Viele der jüdischen Kinder, die während der Besatzungszeit in Belgien von christlichen Familien oder Institutionen versteckt und beschützt worden waren, schienen merklich durch die christliche Religion beeinflußt worden zu sein. Für einige von ihnen war das ein Grund, nicht zu ihren natürlichen Familien zurückkehren zu wollen. Andere, die gemeinsam mit ihren Eltern in der jüdischen Gemeinschaft leben sollten, oder im Falle von Waisenschaft von ihren institutionellen Führern zurückgeleitet wurden, waren gleichwohl zu stark vom Christentum fasziniert, als daß sie sich in einer jüdischen Umgebung wohlgefühlt hätten. Diese Kinder besuchten weiterhin die Kirche, beteten ebenso wie Christen und trugen in aller Öffentlichkeit Kreuze und christliche Medaillons. Es kam sogar vor, daß einige von ihnen ihren Haß gegen Juden und Judentum zum Ausdruck brachten. Die meisten dieser Kinder (einschließlich derer, die zum jüdischen Leben zurückkehrten) blieben für eine lange Zeit nach Ende des Krieges in verklärender Weise auf ihre »christliche Vergangenheit« bezogen.

Jüdische Erziehung – religiös oder national – habe den Kindern das Gefühl geben können, daß sie zu einem Volk gehörten und Teil einer wirklichen Nation waren. Man habe ihnen etwas von der Beständigkeit und Sicherheit geben können, die ihnen der Krieg genommen hatte. Unglücklicherweise hätten nur wenige jüdische Organisationen in Belgien unter diesem Gesichtspunkt gearbeitet. Dabei seien eine positive jüdische Atmosphäre sowie eine jüdisch-religiöse Erziehung für das Wohlergehen besonders der Kinder wichtig gewesen, die während des Krieges dem Christentum ausgesetzt gewesen waren, und der beste Weg, sie von ihrer christlichen Vergangenheit zu lösen.

Bei den Bemühungen, die Kinder für die Enttäuschung zu entschädigen, die sie gefühlt haben mochten, als ihnen die christliche Welt der Kriegsjahre genommen wurde, hätten die Soldaten der jüdischen Brigade[138], einer speziellen Einheit palästinensischer Soldaten in der britischen Armee, eine große Rolle gespielt. Oft besuchten sie die regionalen jüdischen Kinderheime, und die Kinder seien bei ihrem Anblick mit Stolz erfüllt gewesen.

Indes bemerkt auch Riesel – wie Nahum Bogner –, daß nur wenige Leiter der jüdischen Institutionen tieferes Verständnis für die Kinder mit einer »christlichen Vergangenheit« gehabt hätten.

Mona Körte

In der Reihe »Solidarität und Hilfe«, die seit 1996 im Auftrag des Zentrums für Antisemitismusforschung von Wolfgang Benz herausgegeben wird, erschien im Jahre 2001 der 4. Band mit dem Untertitel »Rettung im Holocaust. Bedingungen und Erfahrungen des Überlebens«[139].

Darin schreibt Mona Körte unter der Überschrift »Die Erinnerung bergen« über Versteck und Rettung jüdischer Kinder in einem belgischen Nonnenkloster.[140]

Ihr Beitrag beruht auf dem Interview mit einer Klosterschwester, auf Erinnerungen und Briefen der acht überlebenden jüdischen Kinder sowie auf einer Akte des Klosters.
Die Eltern der Kinder waren 1942 »deportiert« worden, die Kinder seien getauft worden und hätten »gewöhnliche und unverdächtige Namen«[141] erhalten.

Das Besondere dieses Beitrags besteht darin, daß Mona Körte über den historischen Aspekt hinaus sozialpsychologische und manchmal sogar religionswissenschaftliche Überlegungen anstellt. Unumwunden schneidet sie Probleme an, die den meisten Forschern bekannt sind, die sie aber selten offen zur Sprache bringen.

Sie drückt ihre Skepsis gegenüber der »Selbstverständlichkeit« aus, mit der die Rückkehr der Kinder in die jüdische Gemeinschaft beschrieben werde.[142] Die Nonnen des Klosters hätten sich nicht dazu geäußert, wie ungeklärt die Zugehörigkeit der Kinder nach Kriegsende gewesen sei. Ob ihnen wirklich mehr am Leben der Kinder als an ihren Seelen gelegen habe, lasse sich im nachhinein nicht mehr herausfinden.

Körte weist darauf hin, daß sich die Rückführung der jüdischen Kinder in einem »rechtsfreien Raum« bewegt habe, da es eine solche Situation zuvor nie gab.

Die Notwendigkeit jüdischer Organisationen, mit Klöstern um die Herausgabe der Kinder Prozesse führen zu müssen, habe die Tatsache ihrer wunderbaren Rettung überschattet.
Ähnlich wie in Polen hätten sich die Nonnen geweigert, die Kinder zurückzugeben, nach denen kein oder kein naher Verwandter fragte. Darüber hinaus wollten Kinder, die »nach langen und mühseligen inneren Kämpfen katholisch fühlen gelernt hatten«[143], keinem unbekannten jüdischen Angehörigen in fremde Länder folgen.

Die widersprüchlichen Gefühle der geretteten Kinder hätten sich auch in ihrer nachträglichen Verachtung für das Kloster ausgedrückt; erwähnt wurden die Unaufrichtigkeit der Beichte und der Vorwurf gegen die Juden, sie seien »Christusmörder«.
Über diesen Argumenten allerdings, meint Körte, würden die Kinder vergessen, daß ihnen nicht die Nonnen die Freiheit genommen hätten, sondern die Judenpolitik der deutschen Besatzung.
Weder die eine noch die andere Seite treffe in ihren Einschätzungen den Kern der Sache.[144]

Die Autorin zitiert ein überlebendes ehemaliges Kind, das das Wort »Rettung« im Zusammenhang mit der tatsächlich erfolgten Bewahrung zurückweist, da dieses nicht frei von dem Vorwurf sei, Rettung habe sich nur auf die Seelen bezogen und nicht auf das Verstecktsein.
Damit wird diesem Wort eine wichtige zusätzliche Bedeutung beigegeben, die in dieser Weise noch bei keinem Autor angeklungen ist.

Obgleich die Nonnen die Kinder unter Lebensgefahr versteckt hätten, sei Versteck doch gleichbedeutend gewesen »mit der Aufnahme in eine katholische Gemeinschaft, mit Taufe, Umbenennung, Kommunion, kurz dem Zwang, [...] fremdes Leben mitzuleben.«[145] Und weiter: »Schutz und Zwang, die Chance auf Leben und katholische Erziehung«, hätten sich derart miteinander verflochten, daß es ein »aporetisches« Unterfangen sei, sich mit diesen schwierigen Fragen auseinanderzusetzen.[146]
Körte formuliert, was bei den Ausführungen anderer Autoren mitschwingt: Hinter einer »Unentscheidbarkeit, die eine klare Einschätzung der Motive« erschwere, verberge »sich die Einsicht, daß Retter nicht zwingend und in jedem Moment gut und uneigennützig« gewesen seien.[147]

»Die katholische Erziehung mit all den notwendigen Riten wie Taufe und Kommunion« sei »Schutzmantel und Beeinflussung zugleich« gewesen, was in der Nachkriegszeit bei der Rückführung der Kinder in die jüdische Gemeinschaft »zu einer ausweglosen Situation« geführt habe.[148] Neben regelmäßigen Kirchenbesuchen hätten die Kinder die Heiligen sehr stark affektiv besetzt, wenngleich ihre Erinnerungen an die Zeit im Kloster, wie erwähnt, oft zwiespältig gewesen seien.

Die Überlebenden seien auch heute noch von den Erfahrungen und Ereignissen im Versteck geprägt, obgleich sich im Laufe der Jahre vieles verwischt habe und manchmal »standardisierte Erzählungen« an die Stelle der Erinnerungen getreten seien. Doch die »ungewisse Identität«[149] habe viele Lücken und Löcher hinterlassen.

Die Kinder waren in strenge Selbstbeobachtung und maßlose Selbstkontrolle eingezwängt, sie durften der Vergangenheit keinen Raum geben und mußten in der Gegenwart leben: »Das ungefährliche Gedächtnis reichte nur zurück bis zum Eintritt ins Kloster.«[150]

Die Ungewißheit über ihre wahre Herkunft beherrschte viele im Kloster versteckte Kinder und leistete einer Mythenbildung Vorschub. Niemand konnte ihnen von ihren ersten Lebensjahren erzählen. Sie konnten sich nur auf ihr eigenes Erinnerungsvermögen verlassen. Der hohe Grad an Verunsicherung über die eigene Herkunft sei nur durch die Behauptung, keine festgelegte Identität zu haben, auszuhalten gewesen.

Zum Ende ihres Beitrags stellt Mona Körte klar, daß es sich bei Erinnerungen nie um eine objektive Wiedergabe vergangener Ereignisse handele, weil Erinnerungen in der Folge neuer Erkenntnisse lebenslang umgewandelt würden. Dieses Wissen könne auch Überlebende aus der Verantwortung für die historische Wahrheit ihrer Vergangenheit entlassen.

Die Autorin verweist auf die Doppeldeutigkeit des Wortes Geschichte: »Geschichte als Erzählung oder Geschichte als Wissenschaft«[151].

Den überlebenden Kindern fehle oft Geschichte.»Das Nicht-Wissen, die Amnesie ist ebenso ein Teil des Holocaust wie Vertreibung und Räumung, Transport und Vernichtung.«[152]

Bei den Berichten Überlebender könne es nicht um richtig oder falsch gehen, sondern um die Übermittlung eines »mit Erinnerung und Imagination« durchsetzten exemplarischen Wissens.[153] Die von Lücken und Brüchen durchzogenen Erzählungen der überlebenden Kinder trügen »die Spuren eines verbotenen Lebens«, das nicht, wie von der deutschen Besatzung geplant, »im Jahre 1942 mit der Geschichte ihrer Eltern zu Ende« gegangen sei.[154]

In der Forschung bleibt das Schicksal der jüdischen Kinder in Frankreich während des Zweiten Weltkriegs auf Durchführung und Ablauf ihrer Rettung beschränkt. Doch sind diese äußeren Umstände im einzelnen um so bemerkenswerter, als dort 80 Prozent der Kinder die Schoa überlebten. Da besonders ihre Rettung vor den »Deportationen« in allen von den Deutschen besetzten Ländern alleiniger Beweggrund der Hilfsmaßnahmen war, ganz gleich, welche gesellschaftlichen Kräfte sich daran beteiligten, soll auch in der vorliegenden Untersuchung angemessen darauf eingegangen werden.

Vor dem Hintergrund der Kollaboration zwischen der deutschen und der französischen Regierung als Ergebnis des Waffenstillstands vom 22. Juli 1940 und der dabei erklärten Bereitschaft des Vichy-Regimes, die antijüdische Politik der Nationalsozialisten zu unterstützen, sollen an dieser Stelle die Gruppen genannt werden, die sich um die Rettung jüdischer Kinder bemühten.

In den beiden Publikationen von *Serge* und *Beate Klarsfeld* »Vichy – Auschwitz«[155] und »Die Kinder von Izieu«[156] wird von diesen Kindern berichtet sowie von ihren Helfern, allerdings immer wieder unterbrochen von politischen Reflexionen. An der zahlenmäßigen Erfassung der Juden, dem sogenannten »Judenstatut«, ihrer Verdrängung aus dem öffentlichen Dienst wie aus bestimmten Berufen, ihrem Ausschluß aus dem Kulturleben, ihrer Entrechtung sowie schließlich ihrer Verhaftung und »Deportation« waren französische Verwaltung und Polizei beteiligt.

Bei *Renée Poznanski*: »Jews in France during World War II«[157] sowie bei *Michael R. Marrus* und *Robert O. Paxton*: »Vichy France and the Jews«[158] stehen die historisch-politischen Ereignisse im Vordergrund.

Immerhin vermitteln diese vier Veröffentlichungen in der Zusammenschau einen Eindruck von der Organisation des »Rettungsapparats« für jüdische Kinder.

Am 29. November 1941 wurde wie in allen von den Deutschen besetzten Ländern Europas auch in Frankreich ein Judenrat eingesetzt: Union Générale des Israélites de France (UGIF) – nur wenige Tage später als in Belgien. Diese Zwangsvereinigung der französischen Juden bestand aus den beiden Sektionen UGIF-Nord und UGIF-Süd.

Die UGIF-Nord übernahm zunächst Aufgaben im Wohlfahrts- und Fürsorgebereich, wurde aber bald von den Deutschen gezwungen, bei den antijüdischen Maßnahmen mitzuarbeiten.

Im Pariser Raum bestanden im Februar 1943 sieben Kinderheime der UGIF-Nord mit mehr als vierhundert Kindern von »Deportierten«, die von der Organisation vorläufig in Obhut genommen worden waren; denn auch in Frankreich wollten die Deutschen an der Täuschung festhalten, daß die Juden zum Arbeiten in den Osten geschickt würden. Und wie in den AJB-Heimen in Belgien blieben die Kinder beständig dem Zugriff der Gestapo unterworfen.

Im Juli 1944 wurden annähernd zweihundertundfünfzig Kinder in den Heimen verhaftet und nach Auschwitz »deportiert« – die UGIF-Nord verpaßte die Gelegenheit, sie in Sicherheit zu bringen.

Der UGIF-Süd wurde im März 1942 auf Betreiben des Commissariat Général aux Questions Juives (CGQJ), eines unter deutscher Führung stehenden Judenamtes, das OSE[159] als »dritte« Sektion (Gesundheit) eingegliedert. Wie die UGIF-Nord widmete sie sich zunächst der Unterstützung bedürftiger Juden. Die unter ihrer Leitung vereinten jüdischen Verbände EIF[160], OSE und FSJF[161] organisierten Verstecke in ländlichen Gegenden und Fluchtrouten in die Schweiz oder nach Spanien. Nach der Besetzung Südfrankreichs durch die deutschen Truppen im November 1942 gingen Teile der UGIF-Süd in den Untergrund, andere paßten sich der judenfeindlichen Gesetzgebung des Vichy-Regimes an und lieferten jüdische Kinder aus.

Das Kinderhilfswerk OSE kümmerte sich seit Mitte der dreißiger Jahre (des vergangenen Jahrhunderts) um die Kinder osteuropäischer jüdischer Einwanderer.
Im Juni 1940, kurz vor dem Einmarsch der Deutschen in Paris – so Serge und Beate Klarsfeld[162] –, sei es dem OSE gelungen, alle Kinder zu evakuieren, die aus den Ländern Mitteleuropas kamen und in Heimen der Pariser Vororte untergebracht worden waren.
Als medizinisch-soziale Fürsorge-Organisation betreute das OSE mehr als fünftausend bedürftige jüdische Familien. Nach der verfügten Internierung der jüdischen Einwanderer aus Deutschland, der Tschechoslowakei und Österreich richtete das Hilfswerk Durchgangsheime für die aus den Lagern befreiten Kinder ein und wirkte in Kindergärten, Volksküchen und Wohltätigkeitvereinen mit. Bei Beginn der »Deportationen« arbeitete das OSE sowohl legal als auch illegal. Es verlegte seine Hauptniederlassung nach Montpellier mit Zentren in Marseille, Toulouse, Lyon, Grenoble und Limoges.
In Zusammenarbeit mit anderen Hilfsorganisationen gelang es ihm noch im Sommer 1941, zweihundertundzwei jüdische Kinder aus Deutschland und Polen in den USA in Sicherheit zu bringen.

Renée Poznanski[163] betont, daß die OSE-Heime Sicherheit gewährten, ohne daß sie andere Eltern an die Stelle der eigentlichen Eltern des Kindes setzten, die nur vorübergehend nicht in der Lage waren, für ihre Kinder sorgen zu können. Das bewahrte die Kinder vor emotionalen Problemen, die schwer zu ertragen gewesen wären. Außerdem seien die Kinder in einem jüdischen Umfeld untergebracht worden, deshalb blieben ihnen nach dem Kriege wie denen in den belgischen AJB-Heimen Identitätsprobleme erspart.

Das OSE-Süd arbeitete mit Gruppen der Résistance[164] zusammen. Mit Unterstützung des Erzbischofs von Toulouse Jules-Gerard Saliège gelang es, für die Kinder Verstecke in verschiedenen Klöstern, Waisenhäusern und Religionsschulen einiger Diözesen zu finden.

Nachdem die Kinderheime in Saint-Étienne-de-Crossey im März und in Izieu-Ain im April 1944 von der Gestapo ausgehoben worden waren, entschlossen sich die Leiter des OSE-Süd, ihre offizielle Tätigkeit einzustellen, die Kinderheime aufzulösen und die Kinder einzeln in nicht-jüdischen Milieus, über viele Départements verteilt, unterzubringen. Dabei wurden sie häufig von Unterpräfekten und Bürgermeistern unterstützt, ebenso von der Katholischen und der Reformierten Kirche sowie von Teilen der Bevölkerung.

Maßgeblich beteiligt an Betreuung und Rettung der Kinder war die jüdische Pfadfinderorganisation Éclaireurs Israélites de France (EIF), die 1923 von Robert Gamzon gegründet worden war. Sie umfaßte Zionisten und Nicht-Zionisten, Atheisten und Fromme, Jugendliche aus Deutschland, Polen, Rumänien, Ungarn,

Österreich, Rußland und Frankreich, aus allen gesellschaftlichen Schichten, die voneinander und miteinander lernen wollten. Es ging darum, die Tradition des Judentums zu bewahren: seine Geschichte, seine Literatur von Bibel und Talmud bis zur Gegenwart, seine Kultur, seine Lebenswelt.
Infolge der politischen Umstände an den Rand der französischen Gesellschaft gedrängt, besaß die Organisation die Kraft zur Weiterentwicklung und reihte sich bald in die organisierte Opposition gegen das Vichy-Regime ein. Die Israelitischen Pfadfinder waren eine der aktivsten Gruppen bei der Rettung von Juden. Im Südwesten Frankreichs begannen sie mit dem Aufbau von Kinderheimen und sorgten für deren Unterhalt.
Ende 1941 mußten sie wie alle jüdischen Organisationen der UGIF beitreten und bildeten dort die »vierte« Sektion (Jugend). Im Januar 1943 löste das Commissariat Général aux Questions Juives diese Sektion auf. Die Pfadfinder setzten ihre Arbeit jedoch illegal fort. Hunderten Kindern aus den Heimen des OSE gelang es mit Hilfe dieser Organisation, in die Schweiz zu entkommen.

Es würde den Rahmen dieser Arbeit sprengen, auf alle an der Rettung der Kinder beteiligten jüdischen und nicht-jüdischen Organisationen einzugehen, wie auch auf die ausländischen: das American Joint Distribution Committee und den World Jewish Congress.

Während in der Dritten Französischen Republik (1870-1940) die Trennung von Staat und Kirche entschieden worden war, widerrief das Vichy-Regime diese Trennung, kehrte zu vor-revolutionären Idealen zurück und erhob den Katholizismus zur offiziellen Religion des Staates. Unter der Losung »La France aux Français« (= »Frankreich den Franzosen«) wurden Freimaurer, Ausländer und Juden bekämpft.

Der Episkopat begrüßte im Herbst 1940 den Ausschluß der Juden aus dem öffentlichen Leben; und die katholische Bevölkerung, besonders die der Provinz, paßte sich dem Wechsel der Ereignisse an.

Die kleine Reformierte Kirche[165] kümmerte sich zunächst nur um französische Juden und betrachtete den Zustrom ausländischer Juden als Problem.

Erst in der Folge der Massenverhaftungen und »Deportationen« ausländischer Juden am 16. und 17. Juli 1942[166] in Paris und seinen Vororten, bei denen auch Frauen und Kinder festgenommen worden waren, begann ein Umdenken.
Knapp eine Woche nach den Pariser Razzien traten französische Kardinäle und Erzbischöfe zusammen und formulierten ein vorsichtiges Protestschreiben an Marschall Pétain. Ihre diskrete Haltung war vermutlich darauf zurückzuführen, daß sich einige kirchliche Würdenträger mit dem Marschall in Verehrung verbunden fühlten.

Auch die Reformierte Kirche unter Pastor Marc Boegner richtete einen Appell an Marschall Pétain, worin die unbeschreibliche Trauer angesichts der Ereignisse zum Ausdruck gebracht wurde.

Kardinal Jules-Marie Gerlier erlaubte darauf, daß in seiner Diözese eine Vereinigung für Judenhilfe gegründet wurde: Amitiés Judéo-Chrétiennes, die neben anderen unter der Leitung des Jesuitenpaters Pierre Chaillet[167] stand. Dieser wurde, da er vierundachtzig jüdische Kinder versteckt hatte, unter dreimonatigen Hausarrest gestellt. Die Kinder aber blieben unter dem Schutz der Amitiés Judéo-Chrétiennes.

Im Spätsommer 1942 formulierten Kardinal Gerlier, Lyon, und Erzbischof Saliège, Toulouse, Hirtenbriefe, die von den Kanzeln verlesen und überall in Frankreich verbreitet wurden. Die beiden geistlichen Würdenträger wurden auf diese Weise zu unüberhörbaren Stimmen des infolge der Ereignisse sprachlosen Episkopats.

Am 23. August 1942 trat das Consistoire Central des Israélites de France[168] zusammen und verfaßte eine Protesterklärung, deren »Wortgewalt [...] den Ereignissen« entsprach, »die die Juden in Frankreich« durchlebten[169].
Sie schließt mit einer ernsten Warnung:

> »Das Zentralkonsistorium beschwört die Regierung, die unberechenbaren moralischen Folgen der von ihr angeordneten Maßnahmen zu überdenken; es erinnert sie daran, daß die höchsten Traditionen Frankreichs, welche stets noch gewahrt wurden, die Auslieferung unglücklicher Menschen an eine fremde Regierung verbieten – von Menschen, die einzig deswegen dem Tod überantwortet werden sollen, weil sie schuldig sind, einer bestimmten Religion anzugehören.«[170]

Im vorletzten Kapitel ihres Buches geht Renée Poznanski kurz auf die Rückführung jüdischer Kinder nach der Befreiung Frankreichs von deutscher Besatzung ein. Sie gebraucht dafür den Ausdruck »retrieving«, der keine Nähe mehr zu der die Retter beleidigenden Bezeichnung »rescue« hat und ebenso neutral ist wie Nachmany Gafnys Wortwahl »removal«.

In den ersten beiden Monaten nach der Befreiung begann das OSE ungefähr eintausend jüdische Kinder, die es während des Krieges versteckt hatte, ihren Eltern zurückzugeben. Doch die Situation war durchaus nicht klar. Manche Familien waren so stark dezimiert, daß nur noch ein Elternteil am Leben war. Andere konnten es sich nicht leisten, ihre Kinder sofort zurückzunehmen. Einige Pflegefamilien hingen an den Kindern, für die sie Verantwortung übernommen hatten, und verzögerten ihre Rückgabe.

Das größte Problem jedoch bildeten die Kinder, deren Eltern »deportiert« worden waren. Mitte Dezember 1944 schätzte das OSE ihre Zahl auf zweitausendfünfhundert. Von diesen lebten fünfhundertvierzig in Kinderheimen,

dreihundertfünfzig in verschiedenen Institutionen und der Rest in Pflegefamilien. Neben den Heimen des OSE waren die Kinder auch in Häusern anderer jüdischer Organisationen untergebracht. Diese Einrichtungen hätten darin übereingestimmt, daß nur sie für die Kinder, deren Eltern nicht zurückgekehrt waren, sorgen konnten.
Diese Einigkeit sei allerdings rasch geschwunden, als es um die Zukunft der Kinder gegangen sei. Zionistische Organisationen, die die Emigration nach Palästina wünschten, hätten dem OSE gegenübergestanden, das in seinen Heimen sowohl eine liberale als auch eine religiöse Erziehung der Kinder befürwortete.

Diese verschiedenen Sichtweisen hätten die politischen Richtungen der jüdischen Gemeinschaft widergespiegelt, die sich gerade im Wiederaufbau befunden habe.

Zusammenfassung

Tatsächlich haben einige polnische Überlebende der Schoa bereits im Herbst 1944 damit begonnen, das Schicksal der jüdischen Kinder zu dokumentieren. Sicher mag dabei die Vorkriegstradition des YIVO-Instituts eine Rolle gespielt haben, wie Boaz Cohen[171] vermutet. Obwohl einige Mitarbeiter der Zentralen Jüdischen Historischen Kommission Historiker[172] waren, stand nicht allein historisches Interesse im Vordergrund; denn man war sich wohl bewußt, daß Aussagen von Erwachsenen sehr viel genauer waren.

Die Befragung der Kinder hatte eher psychoanalytischen Charakter: ihre »psychische Verfassung [...] nach den Jahren des Überlebenskampfs und ihre psychischen Veränderungen durch die Verfolgung«[173] herauszuarbeiten. Die Mitarbeiter der Kommission konnten kein Tonband benutzen und faßten die Aussagen der Kinder zusammen, wobei »möglichst viele wörtliche Zitate der Kinder in der Ich-Form wiederzugeben«[174] waren. »Die Interviewer bemühten sich darum, nah an der mündlichen Schilderung der Kinder, an ihrer Sprache, ihren Formulierungen und ihren Gefühlen zu bleiben.«[175]

Dieses außergewöhnliche Quellenkorpus – vermutlich das wichtigste, weil zeitnaheste – konnte bislang allerdings infolge der Sprachbarriere kaum wissenschaftlich genutzt werden. Über 92 Prozent der Zeugenaussagen sind in Polnisch verfaßt. Um so wertvoller ist die von Feliks Tych und anderen herausgegebene Dokumentensammlung. Sie gibt den Blick frei auf eine Vergangenheit am Schnittpunkt vollständiger Vernichtung des osteuropäischen Judentums und zaghaft wieder aufkeimenden jungen Lebens.

Daß man zu jener frühen Zeit nicht das ganze Ausmaß der realen Traumatisierung ermessen konnte, muß nicht hervorgehoben werden. Ebensowenig vermochte man in unmittelbarer Nähe zu den Ereignissen die unglückliche Tragweite eines erzwungenen Religionswechsels der Kinder zu erahnen. Die vorliegende Arbeit wird sich damit auseinandersetzen.

Über zwei Jahrzehnte vergingen, ehe die Situation jüdischer Kinder in und nach dem Krieg wieder die Aufmerksamkeit wissenschaftlicher Forschung auf sich zog.

Inzwischen hatte die Psychoanalyse begonnen, die traumatischen Ereignisse und ihre Folgen zu erörtern. Namentlich Psychoanalytiker aus den USA bemühten sich, das Spektrum der Psycho-Traumatologie zu erweitern. William G. Niederland prägte (1954) den Begriff des »Überlebenden-Syndroms«, M. Masud R. Khan (1963) den der »kumulativen Traumatisierung«.

Hans Keilson, der in den Niederlanden schon während der deutschen Besatzungszeit untergetauchte jüdische Kinder betreut hatte und nach dem Krieg diejenigen begleitete, die aus Verstecken und Konzentrationslagern zurückgekehrt waren, konnte in seiner großangelegten Untersuchung nicht nur auf die Forschungsergebnisse von Henry Krystal und Mardi Horowitz zurückgreifen, sondern auch auf neue Erkenntnisse der Kinderpsychoanalyse. Ihm gelang, was David Becker eine »Revolutionierung der Traumatheorie«[176] nennt.

Keilson begreift das Trauma als anhaltenden Prozeß, dessen Beginn häufig bestimmbar ist, dessen Ende jedoch nicht. Es gibt kein »›Nach-dem-Trauma‹«[177], wodurch Freuds Konzept der Nachträglichkeit bestätigt wird. Für die traumatische Situation sind die historischen Phasen des gesellschaftlichen Umfelds charakteristisch.

Keilson definiert Trauma nicht anhand von Symptomen; vielmehr weist er darauf hin, daß Qualität und Quantität traumatischer Sequenzen von verschiedenen kontextuellen Bedingungen abhängen. Besondere Bedeutung mißt er der »dritten traumatischen Sequenz« bei: dem Wechsel zwischen unmittelbarer Verfolgung und der Zeit nach dem Krieg, da die Vergangenheit fortzudauern schien. In welchem Ausmaß diese Phase traumatisierend war, hing wiederum von vielen Faktoren des sozialen Umfelds ab.
Keilson untersuchte holländische Kinder und Jugendliche, wobei er die extreme Belastungssituation als Teil ihrer Entwicklung ansah.

Seine Konzeption ist offen genug, um auch auf andere politisch und gesellschaftlich verursachte Traumatisierungen angewandt werden zu können.

Ob Keilson von den Anstrengungen des palästinensischen Jischuw und zahlreicher jüdischer Organisationen vor allem in Osteuropa bezüglich der Rückführung jüdischer Kinder wußte sowie von dem vergeblichen Besuch Oberrabbiner Herzogs in den Niederlanden, ist nicht zu ermitteln – jedenfalls hat er es nie erwähnt. Ob seine Bemerkungen über die jüdischen Kinderheime in Holland, in denen die aus Konzentrationslagern und Verstecken zurückgekehrten »Kriegswaisen« in einer

»Schicksalsgemeinschaft«[178] lebten, vor diesem Hintergrund zu sehen sind, bleibt fraglich. Allerdings weist er auf die »Gruppenemigrationen«[179] von Kindern aus diesen Heimen nach Israel hin (leider ohne Jahresangabe).

Da Keilson das traumatische Gesamtgeschehen im Blick hat, dehnt er seine Untersuchungen über die Nachkriegszeit bis hin zu dem Zeitpunkt aus, da die ehemaligen Kinder das Erwachsenenalter erreicht hatten. Fünfundzwanzig Jahre nach dem Krieg sollte das ehedem abgebrochene Gespräch wiederaufgenommen werden. Die drei- bis fünfstündigen Interviews wurden vom Untersucher schriftlich mit Diagnosen zusammengefaßt. Nur selten werden Originalaussagen zitiert.

Hans Keilson ist Arzt, Psychiater und Psychoanalytiker, seine Methoden sind »deskriptiv-klinisch« und »quantifizierend-statistisch«. Zunächst noch sehr nahe am Verfahren der Zentralen Jüdischen Historischen Kommission in Polen, da allein das, was dem Kind zugestoßen ist, das Ausmaß der Traumatisierung bestimmt, mußten die Kinder in seiner späteren Untersuchung notwendigerweise zu Patienten werden, ihre Überlebensgeschichten zu »Kasuistik«. Die durch den Wechsel der Lebenswelten ausgelösten Identitäts- und Loyalitätskonflikte, die die erwachsenen Kinder mit sich austrugen und bei der Nachuntersuchung zur Sprache brachten, wurden nicht näher analysiert.

Als erste beruft sich die Psychoanalytikerin Margrit Wreschner Rustow in ihrer Dissertation über in christlichem Umfeld gerettete jüdische Kinder auf Hans Keilsons Traumatheorie. Allerdings läßt der Titel der Arbeit erahnen, daß die Autorin Identitätskonflikte nicht mit Hilfe von Keilsons Konzept zu analysieren versucht, sondern auf Erik H. Eriksons Identitätstheorie zurückgreift. Das jedoch erscheint fragwürdig, da der Begriff der Identität von Erikson selbst nicht genau definiert wird und viele Unklarheiten und Bedeutungsüberschneidungen aufweist. Abgesehen davon läßt sich Eriksons (ideales) Konzept, wie bereits erwähnt, nicht ohne weiteres auf schwer traumatisierte jüdische Kinder anwenden.

Von großer Bedeutung für die vorliegende Arbeit sind die historischen Beiträge von Ewa Kurek-Lesik und Nahum Bogner.

Ewa Kurek war nach dem politischen Systemwechsel im Jahre 1992 die erste polnische Historikerin, die das Schicksal jüdischer Kinder während der Schoa zum Thema ihrer Veröffentlichung machte. Jan Karski (1914-2000), Mitglied der polnischen Untergrundbewegung und Kurier für die polnische Exilregierung in London, der er im November 1942 über die Vernichtung der osteuropäischen Juden berichtet hatte, schrieb ein Vorwort zu diesem Buch.
Bis dahin war die Situation der in Klöstern geretteten jüdischen Kinder im von der deutschen Wehrmacht besetzten Polen während des Zweiten Weltkriegs weder von polnischen noch von jüdischen Historikern untersucht worden. Dafür nennt Kurek

zwei Gründe: Erstens sei die Weltgeschichte eine Geschichte der Erwachsenen. Historiker hätten kaum bemerkt, daß die politischen, sozialen und kulturellen Ereignisse auch die Kinder betroffen hätten. Zweitens wurde die Forschung zu diesem Thema durch den Mangel an Dokumenten behindert.
Polnische Nonnen wurden mit der Todesstrafe bedroht, wenn sie jüdische Kinder versteckten. Auch über den Köpfen der Kinder hing das Todesurteil. Das sei der Grund gewesen, warum die Rettungsversuche streng geheimgehalten werden mußten und warum man nun auf Erinnerungen derjenigen zurückgreifen müsse, die unmittelbar beteiligt gewesen seien.

Kureks Ausführungen liefern der vorliegenden Arbeit wichtige Bausteine. Es darf vermutet werden, daß sie um die Forschungen der Zentralen Jüdischen Historischen Kommission wußte. Zudem mag sie sich – wie es Barbara Engelking[180] formuliert hat – als Polin zu der Rolle verpflichtet gefühlt haben, als Zeugin »der Vernichtung im Namen der Opfer von der Vernichtung zu erzählen.«

Nahum Bogner beruft sich in seiner umfangreichen Arbeit immer wieder auf Ewa Kurek, besonders in seinem Kapitel über die »Kloster-Kinder«. Er ist der erste israelische Historiker, der die Gesamtheit seiner Darstellung vor dem Hintergrund detaillierter Fakten und Daten ausschließlich auf das Schicksal der überlebenden polnisch-jüdischen Kinder fokussiert. Da er wie Ewa Kurek sozialpsychologische und manchmal auch religionswissenschaftliche Aspekte berücksichtigt, kann er über den Rahmen einer nur historischen Interpretation hinausweisen und unter Betonung der »dritten traumatischen Sequenz« fordern:

> »[...] but it assuredly merits a separate study, from both the historical and more cogently, the psychological viewpoint.«[181]

Diesem Wunsch hat Emunah Nachmany Gafny mit ihrer Veröffentlichung »Dividing Hearts« in gewisser Weise entsprochen. Allerdings handelt es sich bei ihr vornehmlich um in christlichen Familien gerettete Kinder und nicht um »Kloster-Kinder«, die in der vorliegenden Arbeit im Mittelpunkt stehen werden.

Historische Spurensuche und die politische Situation am Vorabend der Schoa

Der Antisemitismus der Nationalsozialisten war nicht die einfache Fortsetzung des traditionellen Judenhasses, der, allzeit von der Kirche geschürt, seit den vierziger Jahren des 19. Jahrhunderts in Deutschland mit der »Lösung der Judenfrage« umschrieben worden war und der am Ende des Jahrhunderts in dem rassischen Antisemitismus mit seinem Urteilsspruch biologischer Bestimmtheit aufging.

Nach der Niederlage von 1918 entwickelte sich in der Weimarer Republik ein phantasmatischer Antisemitismus, der die Juden infolge seiner Wahnvorstellungen – von der jüdischen »Vergiftung« des reinen »arischen« Blutes bis zu einer geheimen jüdischen Weltverschwörung – obsessiv als diabolische Bedrohung wahrnahm.

Zunächst nur eine Randerscheinung, wurde er zur Kernidee einer sektenhaften Bewegung, die bis zum Sommer 1932 zur größten Partei Deutschlands aufstieg.

Der Antisemitismus der Nationalsozialisten resultierte nach Saul Friedländer »aus der von Hitler vertretenen Variante« des Judenhasses, den er (Friedländer, Verf.) »als ›Erlösungsantisemitismus‹ bezeichnet«. Hitler »faßte [...] seine Mission als eine Art Kreuzzug zur Erlösung der Welt durch die Beseitigung der Juden auf.«[1]

Sein antijüdischer Haß war ein zentrales Element seiner politischen Anschauungen. Für ihn enthielt die »Judenfrage« »die Ursache sämtlicher Probleme wie auch den Schlüssel zu ihrer Lösung«.[2]

Die »Judenfrage« war für die Nationalsozialisten zunächst ein Rassenproblem, dessen sie sich durch Vertreibung der Juden zu entledigen suchten. Ihre Maßnahmen, die darauf abzielten, die Grundlagen jüdischer Existenz in Deutschland zu zerstören, und die im April 1933 mit dem Boykott jüdischer Geschäfte und dem »Arierparagraphen«[3] begannen, waren uneinheitlich und widersprüchlich. Antijüdische Verordnungen und Verfügungen ergingen zu Dutzenden oder waren in Vorbereitung.

Durch das »Reichsbürgergesetz«, das im September 1935 verkündet wurde, und das »Gesetz zum Schutze des deutschen Blutes und der deutschen Ehre« wurden die Juden zu Parias der deutschen Gesellschaft erklärt. Freilich waren diese sich selbst oft nicht im klaren darüber, daß sie damit »außerhalb des Feldes natürlicher und vertraglicher Bindungen und Verpflichtungen«[4] standen.

Beschleunigte Arisierung, Schikanen und Demütigungen sollten die Juden von der übrigen Bevölkerung isolieren und zum Verlassen des Reiches drängen. Diese Entwicklung nahm mit dem Novemberpogrom 1938 eine schicksalhafte Wende.

Als Hitler im Januar 1939 wütend prophezeite, daß es im Falle eines Weltkriegs zur »Vernichtung der jüdischen Rasse in Europa«[5] kommen werde, zeichnete sich

»die Vision eines erlösenden Endkampfes zur Errettung der arischen Menschheit«[6] ab, der nicht nur für die Juden in Deutschland, sondern für die in ganz Europa apokalyptische Dimensionen erreichen sollte.

> »Das Selbstbild unserer modernen Zivilisation«, schreibt Jan Philipp Reemtsma, »hat davon gelebt, einen Strich zwischen sich und die Greuel einer Vergangenheit zu ziehen, die sie (historisch nicht korrekt, aber intentional bezeichnend) das finstere Mittelalter nannte. Von dieser Grenzziehung lebten unsere Ideale. Diese Grenzziehung hat sich als illusionär herausgestellt. Die Grenze existiert nicht mehr, das Selbstbild der modernen Zivilisation, ihre Ideale nicht nur angestrebt, sondern zu großen Teilen auch erreicht und in stabile Institutionen geformt zu haben, ist in Auschwitz zerstört worden.«[7]

Da die rücksichtslose Judenverfolgung, die von Deutschland ausging, weder auf nennenswerten Widerstand der einheimischen Bevölkerung gestoßen war, noch auf Proteste im Ausland[8], konnte sie später bei Ausbruch des Krieges mit teuflischer Konsequenz auch auf die Judenheit anderer europäischer Staaten, die unter nationalsozialistische Herrschaft gerieten, ausgeweitet werden.[9] Obgleich sich ihre Durchführung in Zeit und Ort unterschied, war die Vorgehensweise der Deutschen in allen besetzten Ländern ähnlich. Das Schicksal der Juden in ganz Europa hing in erster Linie von dem Rang ab, den die Nationalsozialisten dem eroberten Gebiet zugestanden. Ausschlaggebend dafür war der Grad der »Rassenverwandtschaft« zwischen dem deutschen Volk und den übrigen europäischen Völkern.

Ziel des deutschen Überfalls auf Polen im Jahre 1939 war die völlige Vernichtung des Gegners, dementsprechend war die Besatzungspolitik infam und brutal. Der völkerrechtliche Status des zum »Generalgouvernement für die besetzten polnischen Gebiete« erklärten Zentralpolens »blieb bewußt offen«, so daß die Verbrechen ohne Rücksicht auf internationale Konventionen »in einem faktisch rechtsfreien und von der restlichen Welt abgeschlossenen Raum ungestört«[10] begangen werden konnten.
Von der Vernichtungswut der Deutschen waren vor allem die Juden, aber auch die Polen betroffen, obgleich letztere in der nationalsozialistischen Rassenideologie als slawische »Untermenschen« immerhin noch über den Juden standen, denen das Menschsein überhaupt abgesprochen wurde.

Anders war die Situation in Belgien, das im Mai 1940 angegriffen wurde. Es unterstand deutscher Militärverwaltung, während die administrativen Aufgaben des Landes in den Händen belgischer Behörden blieben, die deutschen Anordnungen Folge leisten mußten. Neben der Militärverwaltung agierten Vertreter der SS, der Sicherheitspolizei und des Sicherheitsdienstes. Allerdings hielt sich die Militärverwaltung bei antijüdischen Maßnahmen zurück und war sehr auf Zusammenarbeit mit den örtlichen Behörden bedacht.

Die Belgier sollten wie die Niederländer für eine freiwillige Mitarbeit an der »Neuordnung« Europas gewonnen werden.[11]

In den besetzten Niederlanden wurde im Mai 1940 die Verwaltungsform des »Reichskommissariats«, das heißt eine Zivilverwaltung, eingeführt, deren Befugnisse allerdings unbegrenzt waren. Nur auf lokaler Ebene wurde die einheimische Verwaltung aufrechterhalten. Die Niederlande sollten nicht mit Gewalt annektiert werden, sondern sich selbständig und freiwillig für einen Anschluß an das Dritte Reich entscheiden.

Im Sommer 1940 gab es nur wenige Maßnahmen, die sich speziell gegen die Juden richteten. Erst Anfang 1941 bestanden die Deutschen auf einer Registrierung aller Juden in den Niederlanden. Trotzdem fühlte sich die jüdische Gemeinschaft nicht bedroht, weil die »Rassengesetze« erst im März und der Judenstern erst Ende April 1942 für Personen und Häuser eingeführt wurden. Doch die Restriktionen nahmen von der zweiten Hälfte des Jahres 1941 bis in das Jahr 1942 an Heftigkeit zu. Da es keine nicht-religiöse Führung der jüdischen Gemeinden gab, wurde diese alle Juden repräsentierende Instanz erst im Februar 1941 als »Jüdischer Rat« von den Deutschen geschaffen.
Von Westerbork aus, dem »Polizeilichen Durchgangslager« für Juden, erfolgten ab Sommer 1942 die »Deportationen« in den Osten.[12]

Nach dem militärischen Zusammenbruch Frankreichs wurde der französische Marschall Henri Philippe Pétain (1856-1951) zum Regierungschef ernannt. Er signalisierte den Deutschen die Bereitschaft seines Landes zur Kollaboration und bot ihnen einen Waffenstillstand an, der am 22. Juni 1940 unterzeichnet wurde und zur Teilung Frankreichs in eine von deutschen Truppen besetzte Zone unter Militärverwaltung und eine unbesetzte freie Zone führte, wo die französische Regierung ihren Amtssitz nahm.

Mit der Wahl des Marschalls zum Staatschef am 10. Juli 1940 durch die französische Nationalversammlung in Vichy (südfrz. Kurort) und der damit verbundenen Außerkraftsetzung der Verfassung der Dritten Republik (1870-1940) orientierte sich die Regierung an autoritär-nationalistischen Werten, die zunächst von der Katholischen Kirche und einem Großteil der Franzosen, besonders der katholisch-konservativen Kreise, mitgetragen wurden.

Das Vichy-Regime in der freien Zone unterstand nicht direkt der deutschen Kontrolle, betrieb aber gleichwohl eine antijüdische Politik. Unter Mithilfe der französischen Polizei begannen 1942 die »Deportationen« besonders der »staatenlosen« Juden aus ganz Frankreich.

Raul Hilberg weist darauf hin, daß kein anderes Land in Europa in der territorialen Durchführung antijüdischer Maßnahmen ähnliche Verwicklungen gezeigt habe wie

Frankreich. Die Gesetzgebung des Vichy-Frankreichs habe sowohl für die unbesetzte wie für die besetzte Zone gegolten; der deutsche Einfluß sei auf das besetzte Gebiet beschränkt geblieben. Die Juden in den besetzten Gebieten hätten unter doppelter – französischer und deutscher – Unterdrückung gelitten, während die Juden der unbesetzten Zone nur den Maßregeln des Vichy-Regimes ausgesetzt gewesen seien.[13]

In ihrer Reaktion auf den deutschen Terror, so Raul Hilberg, habe die Vichy-Regierung versucht, die antijüdischen Bestimmungen in gewissen Grenzen zu halten. Die französischen Behörden seien bemüht gewesen, drastische Schritte zu vermeiden. Sie seien vor dem Gedanken zurückgeschreckt, in der Geschichte noch nie dagewesene Vorgehensweisen zu ergreifen. Als der deutsche Druck 1942 zugenommen habe, habe die Vichy-Regierung die ausländischen und neueingewanderten Juden preisgegeben und sich darauf beschränkt, die einheimischen zu schützen. Dieser Vichy-Strategie, räumt Hilberg ein, sei ein gewisser Erfolg beschieden gewesen: durch Verzicht auf einen Teil sei das Ganze weitgehend gerettet worden.[14]

Das Schicksal der Juden hing ebenfalls davon ab, in welchem Maße die Feindschaft ihnen gegenüber in den jeweiligen Ländern historisch und kulturell ausgeprägt war.[15]

Seit sich die Juden vor drei Jahrtausenden für den Einen Gott entschieden hatten und Ihm die Treue hielten, zogen sie sich die Abneigung anderer Völker zu. Fremde waren sie schon in der antiken Welt, um dann mit dem aufkommenden Christentum zu einer Art »Heilsbedrohung« zu werden. Die rassischen und politischen Diskriminierungen der Juden in der Neuzeit beruhen auf den Verwerfungen des Judentums durch die Kirche. Dabei verkennen historische und sozialwissenschaftliche Sichtweisen häufig den Einfluß theologischen Denkens auch auf säkulare gesellschaftliche Systeme.

Die Juden Mittel- und Westeuropas hatten sich seit dem Ende des 18. Jahrhunderts weitgehend an die Lebensform ihrer Umwelt angeglichen. Sie waren in einer über hundertjährigen Entwicklung gleichberechtigte Bürger ihrer Nationen geworden und unterschieden sich von der übrigen Bevölkerung nur durch ihre »Konfession«[16].

Damit wichen sie ganz wesentlich von den Juden Osteuropas ab. Polen galt über viele Jahrhunderte als Mittelpunkt jüdischer Kultur, jüdischer Gelehrsamkeit und jüdischer Frömmigkeit. Ein liberales religiöses Judentum war hier weitgehend unbekannt und unverständlich geblieben.

Die Geschichte der Juden in Osteuropa begann – sieht man einmal von den frühen Niederlassungen in Chazarien[17] ab – mit den Kreuzzügen in Deutschland und

Mitteleuropa im 11. und 12. Jahrhundert sowie der Pest im 14. Jahrhundert. Das im Jahre 1264 von Bolesław dem Frommen erlassene Statut von Kalisz, das die Grundlage aller weiteren Schutzverordnungen zugunsten der Juden bildete, wurde 1334 von Kasimir dem Großen auf ganz Polen ausgedehnt. Diese »Generalprivilegien«, die von den polnischen Königen immer wieder bestätigt wurden, regelten in einer Großzügigkeit, wie sie den Juden vier oder fünf Jahrhunderte vorher im Karolinger-Reich zuteil geworden war, ihre Rechtsverhältnisse auf polnischem Territorium.

Mit dem Einfall der Kosaken unter der Führung von Bogdan Chmielnicki und dem Aufstand der Hajdamaken, kosakischen »Freischärlern«, im 17. und 18. Jahrhundert wurde Polen für länger als ein Jahrhundert zum Kriegsschauplatz.

Doch schon lange Zeit davor war die Lage der Juden unsicherer geworden, der Schutz durch König und Hochadel bröckelte. Die Kirche, die durch die erfolgreiche Gegenreformation an Einfluß gewonnen hatte, schürte die religiösen Gegensätze und löste damit häufig genug Übergriffe auf Juden aus.

Die geistig-religiöse Toleranz ihnen gegenüber näherte sich während dieser Jahre dem Ende. Das Kriegsgeschehen trieb die Menschen, ihre Zuflucht in der Religion zu suchen. Als der polnische König Johann II. Kasimir 1656 die Mutter Gottes zur Königin von Polen erklärte, konnten Andersgläubige nur noch schwer geduldet werden. Bereits damals tauchten abwertende Stereotype auf, die das Bild vom Juden über das 20. Jahrhundert bis in die Gegenwart prägen sollten. In den Jahren 1772, 1793 und 1795 wurde das Großreich Polen-Litauen unter den Mächten Preußen, Österreich-Ungarn und Rußland aufgeteilt. (Bis zum Ende des Ersten Weltkriegs gab es keinen selbständigen polnischen Staat mehr.)

Ein bedeutender Teil der seit Generationen in Polen lebenden Juden wie auch derer, die sich unter dem politischen Druck des zaristischen Rußlands in der zweiten Hälfte des 19. Jahrhunderts im Land angesiedelt hatten, bewahrte seine besondere Eigenart in Sitten und Gebräuchen. Sie beriefen sich auf eine unabhängige Volkskultur, eine »ostjüdische Nationalität« mit eigener Sprache, dem Jiddischen, trugen eine andersartige Kleidung, sonderten sich von der sie umgebenden Bevölkerung ab (wozu auch die von Mißtrauen geprägte Haltung der in Polen dominierenden Katholischen Kirche beitrug) und lebten im Kreis ihrer eigenen Gemeinschaft, die von religiösen Traditionen geprägt war.
Sie waren empfänglich für fortschrittliche Ideen wie Sozialismus und Zionismus, verharrten aber vielerorts auch in Orthodoxie und Chassidismus.

Bereits während der Zeit der Polnischen Teilungen und hernach mit der Industrialisierung in der ersten Hälfte des 19. Jahrhunderts waren die polnischen Juden von einer nachhaltigen sozialökonomischen Umschichtung betroffen.

Bedrückende Armut und Perspektivlosigkeit – neben Pogromen und Verfolgungen – veranlaßten viele Juden zur Auswanderung.

Nach dem Ersten Weltkrieg sowie während der Wirren und Krisen um den Aufbau der Nachfolgestaaten der Habsburger Monarchie, des Deutschen und des Russischen Reiches verschlechterte sich ihre Lebenssituation in den Ländern Osteuropas zusehends.

Als Polen im Sommer 1919 im Rahmen des Versailler Friedensabkommens zu einem Schutzvertrag gedrängt wurde, der die Rechte der jüdischen Minderheit berücksichtigte, führte das im Land zu einer Welle antisemitischer Ausfälle. Doch nachdem Józef Piłsudski die parlamentarische Demokratie Polens 1926 durch einen Staatsstreich in eine Diktatur umgewandelt hatte, beruhigten sich die nationalistischen Auseinandersetzungen – der offene Antisemitismus ging zurück. Es kam zu einigen Zugeständnissen an die Juden: der Cheder[18] wurde staatlich anerkannt und der Einfluß der Orthodoxen in den jüdischen Gemeinden gefördert.

Die Weltwirtschaftskrise seit dem Ende der zwanziger Jahre des vergangenen Jahrhunderts und das Anschwellen judenfeindlicher Strömungen beinahe überall in Europa führten auch in Polen zu einem erneuten Aufflackern des Judenhasses. Nach Piłsudskis Tod im Mai 1935 machte die politische Rechte die Juden für die strukturellen ökonomischen Krisen verantwortlich und ordnete 1936 einen antijüdischen Wirtschaftsboykott an. Dabei wurde sie von der Katholischen Kirche unterstützt, die die judenfeindliche Stimmung anfachte und »von Juden als ›fremden‹, ökonomisch lästigen und moralisch minderwertigen Elementen«[19] sprach.

Zum Konflikt mit dem deutschen NS-Regime kam es 1938 durch die Weigerung der polnischen Regierung, polnische Juden, die im Ausland lebten, nach Polen rückreisen zu lassen. Die Regierung des Dritten Reiches beabsichtigte jedoch, Juden polnischer Staatsangehörigkeit im Zuge ihrer Vertreibungspolitik aus Deutschland auszuweisen. Die daraus entstandene Eskalation und die furchtbaren Folgen sind bekannt.[20]

In Belgien sind Juden seit dem 4. Jahrhundert nachweisbar. Zwei Jahrhunderte später begann man sie wegen ihrer Religion zu verfolgen und drohte, sie des Landes zu verweisen, falls sie nicht zum Christentum übertreten würden. Das änderte sich unter den milden Herrschern Pipin, Karl dem Großen, Ludwig dem Frommen sowie Karl dem Kahlen, die ihnen wie allen anderen Bürgern verschiedene Rechte und Privilegien gewährten.

Nach der Teilung Belgiens im Jahre 870 (Vertrag von Mersen) setzten die Verfolgungen allerdings von neuem ein. Die Juden fühlten sich nicht mehr sicher und wanderten in großer Zahl aus. Erst im 13. Jahrhundert begann sich die Lage langsam zu bessern, auch wenn ihnen die gegen sie erlassenen »Ausnahmegesetze« das Leben ungemein erschwerten. Die folgenden Jahrhunderte brachten, bedingt durch die schwankenden politischen Ereignisse, einen Wechsel von Duldung und Vertreibung.

Mit der Unabhängigkeitserklärung Belgiens im Oktober 1830 wurde die Verfassung auf der Basis der Religionsfreiheit sowie der städtischen Selbständigkeit ausgebaut. Zur Regelung und Wahrung ihrer wirtschaftlichen und religiösen Interessen setzten die Juden ein eigenes Konsistorium nach französischem Muster ein, das völlig selbständig war und als offizielle Vertretung der Juden nach außen galt.

Am Ende des 19. Jahrhunderts wanderten viele Juden aus Rußland ein, die vor den 1881 ausbrechenden Pogromen flohen. Im Laufe der zwanziger Jahre des folgenden Jahrhunderts erhöhte sich die Zahl der Juden aus Osteuropa, besonders aus Polen; ab 1933 flüchteten die politisch und rassisch verfolgten aus Deutschland in das Land.

Judenfeindschaft und Antisemitismus hatte es in Belgien seit etwa einhundert Jahren kaum mehr gegeben.

Die eigentliche Geschichte der Juden in den Niederlanden begann erst in der zweiten Hälfte des 16. Jahrhunderts mit der Einwanderung der sogenannten Marranen[21], die aus Spanien und Portugal geflüchtet waren. Obgleich von ihnen starke Impulse für die wirtschaftliche Entwicklung des Landes ausgingen, wurden ihnen zahlreiche Beschränkungen auferlegt.

Seit etwa 1615 ließen sich in Holland auch aschkenasische[22] Juden aus Deutschland und den slawischen Ländern nieder. Während die sephardischen[23] Juden und die höheren Schichten der Aschkenasim seit dem 18. Jahrhundert maßgeblich unter den Einfluß aufklärerischer Ideen gerieten, blieb der größte Teil der aschkenasischen Bevölkerung von den neuen geistigen Strömungen der Zeit unberührt.

Immerhin fanden die Juden in den Niederlanden eine ruhige Zuflucht – nirgendwo wurden sie als Menschen zweiter Klasse betrachtet.

Als Holland 1795 von den Franzosen erobert wurde, erhielten die Juden die bürgerliche Gleichberechtigung. 1806 wurde der Judeneid[24] abgeschafft. Die enge Verknüpfung der holländischen Judenheit mit der französischen wirkte sich dahin gehend aus, daß auch in den Niederlanden das Konsistorialsystem eingeführt wurde.

Nach dem Ende der französischen Herrschaft erlangten die Niederlande 1815 ihre Selbständigkeit zurück. Die neuen Könige aus dem Hause Oranien setzten die den

Juden wohlgesinnte Politik fort. Im Jahre 1848 wurde die Trennung von Staat und Kirche beschlossen und auch die jüdischen Gemeindeverhältnisse neu geregelt. 1870 entstand das oberste Verwaltungsorgan der jüdischen Gemeinden: die »Zentral-Kommission für die allgemeinen Angelegenheiten der Niederländisch-Israelitischen Kirchengenossenschaft«.

Vor dem Zweiten Weltkrieg gab es eine kleine, sehr wohlhabende jüdische Elite und ein verarmtes jüdisches Proletariat. Allerdings war die jüdische Gemeinschaft als ganze nie groß genug, um eine eigene funktionierende »Säule« zu bilden, die neben den vier »Hauptsäulen«[25] der niederländischen Gesellschaft hätte bestehen können. Zwar waren wohl einzelne Juden in dieses »versäulte« System integriert, doch eine wirkliche Assimilation wäre nur unter Aufgabe ihres Judentums möglich gewesen. Und so blieb die jüdische Gemeinschaft – zumal sie nur zwei Prozent der Gesamtbevölkerung ausmachte – relativ isoliert. Offiziell war von Judenhaß oder antisemitischer Denkart wenig zu spüren, und wenn es sie gab, wurden sie nicht geäußert.

In Frankreich ließen sich Juden schon zur Zeit des Römischen Reiches nieder, besonders in der Provinz Gallien. Zunächst lebten sie mit der übrigen Bevölkerung friedlich zusammen, bis mit dem sich ausbreitenden Christentum die Gesetze des römisch-byzantinischen Reiches Geltung bekamen. Die Kirche strebte eine Trennung zwischen Christen und Juden an. Parallel dazu bemühte man sich, die Juden durch Zwangstaufen für das Christentum zu gewinnen. Es gab Vertreibungen zu verschiedenen Zeiten und in den verschiedenen so zahlreichen Départements.

In der Karolingerzeit entwickelte sich die Situation der Juden günstig, da Karl der Große die wirtschaftliche Bedeutung der Juden erfaßte, selbst wenn seine Gesetzgebung durch die Kirche beeinflußt wurde. Im 10. Jahrhundert unter der Herrschaft der Capetinger waren die Juden erneut Verfolgungen ausgesetzt, die während der Zeit der Kreuzzüge eskalierten.
Im Jahre 1171 wurde in Blois eine Blutbeschuldigung gegen die Juden erhoben. Obgleich sie dann und wann von den Baronen der einzelnen Provinzen geschützt wurden, waren sie doch vor der Verfolgung der königlichen Behörden nicht sicher.

Ihre rechtliche und gesellschaftliche Stellung wurde durch die Bestimmungen des vierten Laterankonzils von 1215 (Verpflichtung zum Tragen des Judenabzeichens) und der päpstlichen Inquisition ausgehöhlt. 1242 wurde in Paris der Talmud verbrannt. Zwischen den Jahren 1306 und 1360 wurden die Juden von den Königen abwechselnd vertrieben und wieder zurückgeholt, bis unter Karl V. (1364-80) für sie eine friedlichere Epoche begann. Er gewährte ihnen Vergünstigungen, befreite sie vom Tragen des Judenabzeichens und vom Zwang des Anhörens christlicher Predigten.

Unter seinem Nachfolger wurden die Juden erneut bedrängt: jüdische Kinder wurden zwangsgetauft. Im Jahre 1394 erfolgte die gewaltsame Austreibung aller Juden aus Frankreich.
1492 kamen nach der großen Judenvertreibung aus Spanien und Portugal Marranen als »Neuchristen« in das Land. Sie erhielten Wohnrecht und sogar Schutzbriefe. Aber schon in der ersten Hälfte des 18. Jahrhunderts bekannten sie sich wieder öffentlich zu ihrem Judentum und verweigerten die Taufe ihrer Kinder.

Im ganzen verbesserte sich die Lebenssituation der französischen Juden während dieses Jahrhunderts. Im September 1791 verkündete die Französische Nationalversammlung die Emanzipation der Juden. 1807 versammelte Napoleon das Sanhedrin[26], im März 1808 begründete er die jüdische Staatskirche, das Konsistorialsystem. Doch ein grundlegender Wandel trat erst nach der Französischen Revolution und mit dem Sturz Napoleons im Jahre 1815 ein. Von da an integrierten sich die Juden rasch in das nationale Leben Frankreichs.

Unter den Bourbonen wurde der Katholizismus Staatsreligion, dennoch herrschte Toleranz gegenüber allen übrigen religiösen Gemeinschaften. Die französische Regierung betrieb eine judenfreundliche Politik trotz der Überlegenheit der traditionellen Eliten, wie Militär, Adel, Verwaltung, Justiz und Katholische Kirche. Das Wiedererstarken dieser konservativen Kräfte und die gleichzeitige Schwäche der Dritten Republik zeigten sich erst gegen Ende des 19. Jahrhunderts in dem großen (antisemitischen) Justizskandal, der Dreyfus-Affäre.

Im Jahre 1905 wurde die Trennung von Staat und Kirche durchgeführt und das napoleonische Konsistorialsystem der französischen Judenheit ebenso wie das der Katholischen Kirche durch die Institutionen der freien Religionsgemeinschaften ersetzt.
Doch schon vor der Jahrhundertwende und bis in die dreißiger Jahre des vergangenen Jahrhunderts erstarkten auch nationalistische und antisemitische Parteien.
Zu Beginn des 20. Jahrhunderts und nach dem Ersten Weltkrieg wanderten Juden aus dem Osten ein, die vor den russischen Pogromen und den politischen Umwälzungen geflohen waren. In den dreißiger Jahren nahm die Zahl der Flüchtlinge, die sich vor den Nationalsozialisten oder den Kommunisten in Sicherheit bringen wollten, stark zu. Wie in vielen anderen Staaten herrschte auch in Frankreich infolge der Weltwirtschaftskrise große Arbeitslosigkeit. Die Angst vor Verschwörungen von Juden, Kommunisten und Freimaurern griff um sich.

Der mit dem Thema vorgegebene Rahmen, in dem anhand von Lebensgeschichten einiger jüdischer Kinder, die die Schoa in Klöstern beziehungsweise in christlichem Umfeld überlebten, die besondere Problematik eines erzwungenen

Religionswechsels im Kindes- und Jugendalter beleuchtet werden soll, ist eng gesteckt. Die sehr umfangreiche historische Forschungsliteratur über die Zeit des Nationalsozialismus, die das Gerüst dieser Arbeit bildet, muß im Hintergrund bleiben. Auf sie wird nur Bezug genommen, wenn es zum Verständnis des Schicksals der betreffenden Kinder notwendig oder für die übergreifenden Zusammenhänge unerläßlich ist.
So sind auch die obigen Betrachtungen eher historische »Vignetten«, die Status und gesellschaftliche Verhältnisse der Juden in den Ländern skizzieren, wo Kinder unter Mitwirkung besonders der Katholischen Kirche in Klöstern, christlichen Einrichtungen oder Familien versteckt wurden.

Auf das jähe Hereinbrechen der Gewalt, die von Deutschland ausging, reagierten viele Juden zunächst mit Verleugnung[27]; sie waren unfähig, eine so dramatische Veränderung der Realität zu akzeptieren. Diese Fehlwahrnehmung war in Mittel- und Westeuropa, wo man der Gültigkeit eines stabilen rechtlichen Rahmens vertraute, noch ausgeprägter als in Osteuropa.

Von den deutschen Juden emigrierte kaum mehr als ein Drittel. Erst als die antijüdische Gewalt in der Nacht vom 9. auf den 10. November 1938 einen ersten Höhepunkt erreichte, versuchten sie zu fliehen, und wo ihnen das nicht mehr möglich war, wenigstens ihre Kinder in Sicherheit zu bringen.
Dieses Pogrom hatte selbst im Ausland Entsetzen ausgelöst und England und die USA veranlaßt, ihre strikten Einreisebedingungen zu lockern und Tausende von bedrohten jüdischen Kindern aufzunehmen.
Zwischen Dezember 1938 und Mai 1940 konnten ungefähr zehntausend jüdische Kinder – ohne ihre Eltern – aus Deutschland, Österreich, Holland, der Tschechoslowakei und Polen nach England[28] emigrieren.
Die USA nahmen im gleichen Zeitraum zweitausend unbegleitete Kinder auf. Zwischen 1933 und 1939 wanderten etwa zwölftausend jüdische Jugendliche aus Deutschland und aus den von den Nationalsozialisten bedrohten oder besetzten Nachbarländern im Rahmen der Jugend-Alija nach Palästina aus.

Wenn die Schoa der größte Zivilisationsbruch in der Geschichte der Menschheit ist, so sei der »Mord an eineinhalb Millionen Kindern der Kern dieser Katastrophe«[29].

Ähnlich wie Debórah Dwork äußert sich der polnische Historiker Feliks Tych:

> »Kindermord« lege »in aller Schärfe den Ausnahmecharakter dieses Verbrechens bloß, weil er gewissermaßen die Quintessenz dessen« sei, »was« mit »Holocaust« bezeichnet werde. »Niemals zuvor« habe im abendländischen »Kulturkreis jemand sämtliche Kinder eines Volkes ermorden lassen wollen.«[30]

Von der jüdischen Vorkriegsbevölkerung überlebten ungefähr ein Drittel der Erwachsenen, aber nur sechs bis sieben Prozent der Kinder.

Forschungsmethode: Autobiographie / Tagebuch als Quelle

Vor dem Hintergrund einer von Nahum Bogner imperativ geforderten Untersuchung, die sowohl die historische als auch die psychologische Perspektive berücksichtigen solle, ergeben sich Fragen zur Forschungsmethode.

Dabei tut sich bereits zu Anfang das gleiche Problem auf wie bei Bogner selbst:

> »Methodologically, this subject presented a daunting challenge, as it must be based largely on the testimonies and memories of those who were children at the time. Moreover, the background of the rescue of Jewish children in wartime Poland lies almost exclusively within the intimate, private, nonestablishment realm, under conditions of extreme pressure, verging on the brink of catastrophe. – In the prevailing circumstances almost nothing was committed to writing. Consequently, we must resort to oral documentation collected after the war and to the literature of memoirs. Every historian is aware of the limitations of such sources, but in this case there is no other recourse.«[1]

Allerdings konnten Nahum Bogner und auch Emunah Nachmany Gafny von einer relativ günstigen Quellenlage ausgehen; denn das Internationale Institut für Holocaust-Forschung an Yad Vashem in Jerusalem bietet fraglos optimale Voraussetzungen für derartige Recherchen.

Das Quellenmaterial der vorliegenden Arbeit besteht aus Autobiographien von Autoren, die die Schoa als Kinder beziehungsweise Jugendliche überlebt und ihre Erfahrungen mitunter Jahrzehnte später aufgezeichnet haben in den Sprachen Englisch und Französisch, manchmal mit späterer deutscher Übersetzung.

Es handelt sich bei diesen Veröffentlichungen um eine Literaturgattung, »die ihrerseits neu ist, und zwar weltweit«.[2] Jan Philipp Reemtsma nennt sie »›Überlebensmemoiren‹ […]:

> es sind autobiographische Aufzeichnungen, und in ihrem Zentrum steht die Tatsache, daß ihre Verfasserinnen oder Verfasser Opfer von extremer Gewalt geworden sind. Sie sind, auch dort, wo dies nicht thematisiert wird, dennoch insgesamt Ausdruck einer Leides-, Schmerz- und Überwältigungserfahrung, und – das ist nun das Besondere – sie werden darum gelesen, mehr noch: es wird ihnen aus diesem Grunde eine Deutungsautorität zugesprochen«.[3] »Sie« haben »etwas Verbindliches und Wichtiges zu sagen […]«, können »uns etwas über die Welt mitteilen […], und zwar über die ganze Welt«.[4]

Um Reemtsmas Diktum zu unterstreichen, soll im Folgenden umfassend auf diese »neue Literaturgattung« eingegangen werden, denn bei Autobiographien von Überlebenden der Schoa sind allgemeine Vorüberlegungen nötig, die sich sowohl auf Literatur- und Geschichtswissenschaft als auch auf Psychologie beziehen.

Die Geschichtswissenschaft bezweifelt die Bedeutung dieser Autobiographien, weil sie sich der literarischen Form bedienen. Für die Literaturwissenschaft hingegen gelten sie als nicht-fiktiv.

Für viele Erinnerungstexte stellt sich das Problem, von etwas berichten zu wollen, was sich der Darstellung zu entziehen scheint, und das trifft nicht nur für literarische, sondern auch für historische Texte zu.

Susanne Düwell gibt zu bedenken, daß ein Zugang zur Realität nur sprachlich und textuell vermittelt werden könne und daß »ein Zurückgehen hinter die sprachliche Konstruktion nicht möglich« sei. – »Weder persönliche Augenzeugenberichte noch historiographische Entwürfe« könnten »einen Beweis für ein Ereignis liefern«.[5] Da sowohl Historiographie als auch Autobiographie sprachlich bestimmt seien, gebe »es keine dem Ereignis entsprechende Darstellung von Wirklichkeit, sondern die Texte« folgten »dem konstruktivistischen Ansatz, daß nur eine Abfolge verschiedener Wirklichkeitsversionen repräsentiert werden« könne.[6]

Ohne auf die Überforderung der Historiographie durch die Ereignisse der Schoa einzugehen, erläutert der amerikanische Historiker und Literaturwissenschaftler Hayden White zwei grundsätzliche Fragen dieser Disziplin: die eine nach der Überprüfbarkeit der Fakten, die andere nach der sprachlichen Darstellung dieser Fakten durch den Historiker.

Anhand der Epochen seit der Französischen Revolution, da die Geschichtswissenschaft noch »als ein Teil der Rhetorik verstanden und ihr ›fiktiver‹ Charakter [...] allgemein anerkannt«[7] worden sei, legt er ihre Theorie dar. Im frühen 19. Jahrhundert sei es unter Historikern üblich geworden,

> »Wahrheit mit Tatsache gleichzusetzen und Fiktion als das Gegenteil von Wahrheit und von daher als ein Hindernis für das Verständnis von Realität statt als eine Weise ihres Erfassens zu betrachten. Geschichte« sei »so der Fiktion als Gegensatz«[8] gegenübergestellt worden.

Die Historiker seien bestrebt gewesen, »einen bestimmten Standpunkt gesellschaftlicher Wahrnehmung auszumachen, der wirklich ›objektiv‹, wirklich ›realistisch‹« gewesen sei. – Geschichte »als realistische Wissenschaft par excellence«[9], deren Erkenntnisse »ebenso gesichert seien wie alles, was die Naturwissenschaften zu bieten hätten, und ebenso objektiv wie eine mathematische Rechnung«.[10]

In Abgrenzung zu dieser Theorie betont Hayden White die Funktion der Sprache. Die Frage sei nicht so sehr die nach den Fakten, sondern die nach der Art und Weise der Beschreibung. Fakten sprächen nicht für sich selbst, es sei der Historiker, der sie zusammenfügen müsse, und dieser Vorgang sei ein »dichterischer Prozeß«[11]. Hier müsse der Historiker

> »die gleichen tropologischen Strategien anwenden, die gleichen Modalitäten der Darstellung von Beziehungen in Worten, die der Dichter oder Romanautor«[12] verwende.

Sprache fungiere »als Instrument der Vermittlung zwischen dem Bewußtsein und der Welt, in der dieses Bewußtsein« lebe.[13]

Da Geschichtswerke und Romane als sprachliche Kunstwerke nicht voneinander zu unterscheiden seien, stelle »die Geschichtsschreibung nicht weniger eine Form von Fiktion« dar, »als der Roman eine Form historischer Darstellung«.[14]

Diese Interpretation Whites gilt gleichermaßen für die autobiographischen Texte der Schoa-Überlebenden, die der Historiker Saul Friedländer in seiner narrativen Historiographie aufnimmt:

> »Die einzige konkrete Geschichte, die sich bewahren läßt, bleibt diejenige, die auf persönlichen Erzählungen beruht. Vom Stadium des kollektiven Zerfalls bis zu dem des Abtransports und des Todes muß diese Geschichte, damit sie überhaupt geschrieben werden kann, als die zusammenhängende Erzählung individueller Schicksale dargestellt werden.«[15]

Wie White mit Rückgriff auf die Entwicklung der historiographischen Theorien die »Fiktion des Faktischen« beleuchtet, so soll auch in der Literaturwissenschaft, die die Gattung Autobiographie naturgemäß im Blick hat, zu früheren Begriffsbestimmungen zurückgegangen werden, um auf diese Weise den fundamentalen Unterschied zwischen dem Verständnis der in der bürgerlichen Gesellschaft etablierten Autobiographie und der Zeugnisse der Schoa-Überlebenden zu veranschaulichen.

Noch zu Beginn der zweiten Hälfte des vergangenen Jahrhunderts orientierte sich die Definition dieser literarischen Gattung an der klassischen Autobiographie, wie sie im 18. Jahrhundert mit der Aufklärung entstand, da sich das Interesse auf Persönlichkeitsbildung durch Entwicklung geistig-seelischer Kräfte in der Auseinandersetzung mit der Außenwelt richtete.[16]

Der Literaturwissenschaftler Roy Pascal, der sich im Jahre 1960 der Gestalt der Autobiographie anzunähern versucht, ignoriert entsprechende Publikationen von Schoa-Überlebenden in der Nachkriegszeit. Nur so vermochte er, die kohärente Struktur dieser Gattung in zahlreichen Teil-Definitionen zu belegen:
»Eine Grundbedingung für die Autobiographie« sei »das Heraustreten aus dem Dunkel ins Licht. – Hier« liege »die Erklärung dafür, daß Autobiographien jüngerer Menschen selten«[17] befriedigten. Die »besten Autobiographien«, meint er, seien die »von Männern und Frauen […], die Außergewöhnliches in ihrem Leben erreicht«[18] hätten. »Die Erzählungen« letzterer seien durch »eine feste Beziehung, etwas wie Harmonie zwischen äußerer Erfahrung und innerem Wachstum oder

Entfaltung, zwischen Ereignissen und ihrer geistigen Verarbeitung«[19] ausgezeichnet. Aber »jeder Historiker« wisse, »wie vorsichtig er Autobiographien heranziehen«[20] müsse.
Den Unterschied zwischen Autobiographie und Tagebuch formuliert Pascal dergestalt, daß die Autobiographie »von einem bestimmten Zeitpunkt aus auf ein Leben zurück«blicke, während das Tagebuch, möge »es auch noch so reflektierten Charakter haben, sich mit der Zeit vorwärts in einer Serie von Zeitpunkten«[21] bewege. Zwar könne Tagebuchmaterial Autobiographien große Authentizität verleihen, doch dürfe das, was bei Tagebüchern an »Unsicherheiten, falschen Ansätzen, [...] Gebundenheit an den Augenblick« toleriert werde, nicht bei der von »einheitlicher Formung der Vergangenheit« geprägten Autobiographie ohne den »interpretierenden Kommentar des Autors«[22] gebilligt werden.

Die neueren Definitionen von Autobiographie, die in literaturwissenschaftlichen Nachschlagewerken versucht werden, unterscheiden sich nicht wesentlich voneinander:

In »Metzler Lexikon Literatur« heißt es:

> » [...] Erzählung des eigenen Lebens oder eines größeren Teils daraus und der Geschichte der eigenen Persönlichkeit [...] – Zumeist bedeutet ›A‹ heute eine Form der nicht-fiktionalen, rückblickenden Ich-Erzählung, die auf die Rekonstruktion der persönlichen Entwicklung unter bestimmten historischen, sozialen und kulturellen Bedingungen zielt.«[23]

Das »Handbuch Literaturwissenschaft« faßt die Definition weit:

> »Der Begriff ›Autobiografie‹ bedeutet ›Beschreibung des eigenen Lebens‹ (von gr. autos: selbst, bios: Leben, graphein: schreiben) und stellt eine von verschiedenen Selbstaussageformen dar, zu denen auch Apologien, Chroniken, philosophische Selbstreflexionen, Tagebücher, Briefe, Memoiren, Reisebeschreibungen oder Lebensläufe gehören.«[24]

Immerhin gehen beide Enzyklopädien über die traditionelle Definition von »Autobiographie« hinaus. Die Erkenntnis, daß diese literarische Gattung in einem Spannungsfeld zwischen Fakt und Fiktion steht, verlangt neue Erklärungsmuster.

Die Literaturwissenschaftler Philippe Lejeune und Paul de Man bemühten sich darum, vertraten aber unterschiedliche Positionen.

Lejeune greift zunächst auf die Definition der älteren Autobiographieforschung zurück, die »historisch gesehen [...] nicht mehr als einen Zeitraum von zwei Jahrhunderten abdecken« wolle und »sich nur auf die europäische Literatur«[25] beziehe:

> »Rückblickende Prosaerzählung einer tatsächlichen Person über ihre eigene Existenz, wenn sie den Nachdruck auf ihr persönliches Leben und insbesondere auf die Geschichte ihrer Persönlichkeit legt.«[26]

Danach setzt er dieser Erklärung seine eigene entgegen: Jede Autobiographie sei durch das textuelle Merkmal der Namensidentität von Autor, Erzähler und Protagonist der Erzählung legitimiert. Der »autobiographische Pakt« sei »die Behauptung dieser Identität im Text«.[27] Durch die Tatsache, daß der Name des Protagonisten mit dem des Autors übereinstimme, würde die Möglichkeit einer Fiktion ausgeschlossen.[28] Die Autobiographie sei überdies ein referentieller Text, der den Anspruch erhebe, »eine Information über eine außerhalb des Textes liegende ›Realität‹ zu bringen«[29] und deshalb einen «Referenzpakt« aufweise, der gewöhnlich mit dem »autobiographischen Pakt« »deckungsgleich«[30] sei. Im Falle der Autobiographie könne man die Probleme der Nachprüfbarkeit der Wahrheit beiseite lassen, denn der Autor erzähle doch das, »was er als einziger zu schildern«[31] vermöchte.

Die Bezeichnungen »Pakte« verweisen auf die Idee, »daß die autobiographische Gattung eine vertragliche Gattung«[32] ist, ein (Lektüren-)Vertrag, den der Autor dem Leser anbietet.

Das Tagebuch, so Lejeune, sei eine Nachbargattung der Autobiographie, da es auch durch das Merkmal der Namensidentität gekennzeichnet sei. Auch schlösse die hauptsächlich rückblickende Erzählperspektive der Autobiographie »begleitende tagebuchartige, die Gegenwart der Niederschrift einbeziehende Eintragungen«[33] nicht aus.

Eine ganz andere Position nimmt Paul de Man in seinem 1984 erschienenen Aufsatz »Autobiography as Defacement«[34] ein: Indem er die Unterscheidbarkeit faktualer und fiktionaler Texte allgemein in Frage stellt, spricht er der Autobiographie einen eigenen Gattungsstatus ab. Er versteht unter Autobiographie eher »›eine Lese- und Verstehensfigur, die in gewissem Maße in allen Texten‹«[35] auftrete, die durch eine auktoriale[36] Erzählperspektive gekennzeichnet seien. Autobiographie und Fiktion ließen sich nicht unterscheiden.
Eine formale Definition des Begriffes Autobiographie, wie sie Lejeune im »autobiographischen Pakt« formuliert, ist für de Man unannehmbar.

Die Begriffserläuterungen des »Tagebuchs« in den literaturwissenschaftlichen Nachschlagewerken weisen immerhin gewisse Übereinstimmungen auf. Es sei eine Form der »Aufzeichnung eigener Erlebnisse, Erfahrungen und Gedanken, deren grundlegende Struktureinheit der ›Tag‹ ist«. Im Unterschied zur Autobiographie fehle die Retrospektive des schreibenden Ich.[37]

Das »Handbuch Literaturwissenschaft« ergänzt, daß nach Maßgabe der Literaturwissenschaften Tagebücher nicht »als getreues Abbild der Realität« gelten könnten. Sie seien

> »wie alle schriftlichen Selbstzeugnisse summarische Konstruktionen der Wirklichkeit und als solche zu respektieren und zu interpretieren«.[38] Eine »grundlegende texttypische Eigenschaft des Tagebuchs« sei die Wahrung der Fiktion, »der zufolge die Distanz zwischen erlebendem und erzählendem Ich gering sei«.[39]

Die vorangegangenen Ausführungen lassen erkennen, daß alle traditionellen literaturwissenschaftlichen Begriffsbestimmungen von Autobiographie und Tagebuch nur eingeschränkt auf die Berichte Überlebender angewandt werden können.

Der Sozialwissenschaftler Phil C. Langer betont die allenthalben geltend gemachte Authentizität der Schoa-Autobiographien: die »Augenzeugenschaft«[40]. Damit werde ein auf die Wahrheit zentrierter autobiographischer Pakt entworfen, in dem das Berichtete als wirklich geschehen betrachtet werden solle. »Die Authentizität einer Autobiographie« bürge »für die Faktizität der Aussage«, werde zum Merkmal »der historischen Wahrheit«.[41]

Diese Schlußfolgerung wird von dem Literaturwissenschaftler James E. Young verworfen. Ausgehend von Tagebüchern und Autobiographien, die in der Zeit der Schoa entstanden, verweist er auf die jüdische Tradition des Zeugnisses[42]. Doch die Annahme, daß eine während der Schoa verfaßte Literatur mehr Faktenwahrheit besitze oder authentischer sei als eine von Überlebenden nach den Ereignissen geschriebene, treffe nicht zu.[43]
Es gehe in den literarischen Zeugnissen eher um die Tatsächlichkeit und nicht um die Tatsachentreue; denn das, was an »Fiktionen« auftauche, seien »keine Abweichungen von der ›Wahrheit‹, sondern Bestandteil der Wahrheit«[44]. Die fiktionalen Elemente bewiesen »die unvermeidliche Diskrepanz zwischen der Wahrnehmung und der Darstellung dieser Fakten bei jedem einzelnen Zeugen«[45].

Die überlebenden Memoirenschreiber dokumentierten nichts so überzeugend wie ihre eigene Existenz nach der Schoa.[46] »Denn erst wenn der Überlebende seine eigene Existenz bestätigt hat, kann er sich selbst als Zeuge oder Spur der Ereignisse begreifen, von denen er Zeugnis ablegt.«[47]

Young hebt hervor, daß Geschichtstheoretiker den Wert historischer Quellen heute nicht mehr ausschließlich an ihrer Tatsachentreue festmachten, sondern anerkennen würden, daß das Gewesene durch die Worte des Schreibers Gestalt gewönne und den »tatsächlichen Kern ›ihrer Geschichte‹«[48] bilde.

Für den französischen Philosophen und Literaturtheoretiker Jean-François Lyotard ist die Schoa mit einem Erdbeben zu vergleichen, das »›auch die Instrumente, mit denen man direkt und indirekt die Erdbeben messen kann‹ zerstört habe«[49]. Deshalb könnten nur die Nachbeben ermittelt werden, die Echos.[50]

Die Schoa müsse »als kulturelles Trauma verstanden werden, das auf eine Abwesenheit, eine »spezifische Leere«[51] verweise. Das bedeute, daß Versuche, die Vernichtung der Juden in historiographischer Objektivität darzustellen, vergeblich seien. »Das Trauma« sei »nicht repräsentierbar«, das Paradoxon, »der Leere«, die die Schoa hinterlassen habe, »geschichtswissenschaftlichen Raum zu geben, nicht lösbar«.[52]

Der Name Auschwitz, so Lyotard, markiere »die äußerste Grenze, an der sich die Kompetenz der Geschichtswissenschaft zurückgewiesen sieht«[53].

In seinem zweibändigen Werk »Das Dritte Reich und die Juden« greift Saul Friedländer auf Lyotards Überlegungen zurück. Die »Auseinandersetzung mit den Echos einer traumatischen Vergangenheit«[54] verlange dem Historiker eine besondere Haltung ab. Wie in der Psychoanalyse müsse er den Blick auf Mechanismen der Verdrängung und Abwehr richten sowie Übertragungssituationen reflektieren. In die narrative Struktur der historiographischen Darstellung solle ein Kommentar eingeflochten werden, der dem Verlangen nach einer »abschließenden Deutung entgegenwirken«[55] könne. Auf diese Weise – so Friedländer – würden die Erinnerungen der Opfer in den allgemeinen Darstellungsrahmen eingegliedert, ohne daß daraus »ein Hemmnis für eine ›rationale Historiographie‹«[56] entstünde.[57]

In der Einleitung zum zweiten Band seines Werkes »Das Dritte Reich und die Juden« betont Saul Friedländer:

> »Die Geschichte der Vernichtung der europäischen Juden läßt sich aus der Perspektive der Opfer nicht nur durch spätere Zeugnisse (Aussagen vor Gericht, Interviews und Memoiren) rekonstruieren, sondern auch mit Hilfe der ungewöhnlich großen Zahl von Tagebüchern (und Briefen), die während der Ereignisse geschrieben und im Laufe der darauffolgenden Jahrzehnte aufgefunden wurden. – Als Quelle für die Geschichte des jüdischen Lebens während der Jahre der Verfolgung und Vernichtung bleiben sie […] entscheidend und unersetzlich.«[58]

Friedländer verwendet in seiner Historiographie beinahe ausschließlich Tagebücher, weil sie »durch den geringen zeitlichen Abstand zum Geschehen eine größtmögliche Authentizität aufweisen« und weil dadurch »dem Vorwurf der ›Subjektivität‹ der Quellen im Sinne einer ›mythischen Erinnerung‹« vorgebeugt werden könne.[59] Ihre besondere Funktion erläutert er wie folgt:

> »Bis heute hat man die individuelle Stimme vorwiegend als eine Spur wahrgenommen, als die Spur, welche die Juden hinterlassen haben, welche Zeugnis ablegt, ihr Schicksal bestätigt und veranschaulicht. – Gerade durch ihr Wesen, kraft ihrer Menschlichkeit und Freiheit, kann eine individuelle Stimme, die sich plötzlich im Verlauf der gewöhnlichen historischen Erzählung von Ereignissen […] erhebt, eine glatte Interpretation und die (meist unwillkürliche) Selbstgefälligkeit wissenschaftlicher Distanz und ›Objektivität‹ durchbrechen.«[60]

Allerdings, so räumt Saul Friedländer ein, sei es selbst in der neuen Form historiographischer Darstellung »nicht möglich, sich den unbewußten ›Tiefenerinnerungen‹ (›deep memory‹) der Opfer anzunähern«[61].

Die Autobiographie, die den allgemeingültigen literarischen Definitionen zufolge eine rückblickende Ich-Erzählung ist und folglich Themen der Vergangenheit berührt, sieht sich angesichts der Schoa dem Dilemma gegenüber, nur noch an das Vergessen erinnern zu können, »während das Vergessene dem Gedächtnis unzugänglich bleibt«[62].

Der Soziologe Zygmunt Bauman gelangt bei seinen Betrachtungen über den Antisemitismus, dessen besonderes Merkmal er in dem Umstand erblickt, daß eine kleine schwache Minderheit, die ihre Identität wahrt, von der einheimischen Mehrheit »als stigmatisierter Gegensatz begriffen wird«, zu einem beachtenswerten Aspekt bezüglich der Autobiographien Überlebender. Diese vom Stigma Gezeichneten, die die »Fremden im Innern«[63] verkörpert hätten, trügen selbst noch als Überlebende dieses Zeichen, deshalb habe der Inhalt der Autobiographien »keine identitätsstiftende Funktion mehr, der ›grundlegende Fehler‹ [...] der eigenen Existenz« sei »nicht zu korrigieren«[64].

Auch Lejeunes »autobiographischer Pakt« werde bei der Schoa-Autobiographie weitgehend außer Kraft gesetzt; denn, »der Rekonstruktion der erlebten Ereignisse« stehe nach Meinung des Literaturwissenschaftlers Erich Kleinschmidt »die immanente Destruktion des sie erzählenden Ich gegenüber, das sich um der ›wahren‹ Zeugenschaft willen immer wieder« zurücknehme.[65] Die Schoa-Autobiographik bilde ein »real zerstörtes Subjekt« ab, »das sich darstellerisch nicht als solches inszeniert, sondern bewahrendes Zeugnis von seiner traumatischen Destruktion abzulegen versucht«[66].

Kleinschmidt führt aus, daß die Beschreibungen der Schoa-Erlebnisse »stets auch ein Kampf um Glaubwürdigkeit«[67] seien. Insofern thematisierten die Tagebücher, Autobiographien und Memoiren der Überlebenden »ein Handlungsparadigma der ›Entmenschung‹«[68]. Ihre narrativen Mitteilungen brächen sich »an jenem Trauma äußersten ›Schreckens‹, der alle gewohnte psychische Wahrnehmung"[69] überschreite. Die Zerstörung des Ich während der Schoa könne mit keinem Text ausgeglichen werden, auch vermöchte dieser nicht die »existentielle ›Wirklichkeit‹ des Vernichtungsgeschehens aufzufangen«[70]. Die Schoa falle »aus der ›normalen‹ Welt menschlicher Wahrnehmungen und Gefühle heraus«[71].

»Der Raum, den die Überlebenden zwischen den Lebenden und den Toten« einnähmen, bemerkt Manuela Günter, gleiche »einem Niemandsland«, in welchem »ein anderes Gesetz des Erzählens/Schreibens« gelte.[72]

Bei Autobiographien von Kinder-Überlebenden stehen Kindheit und frühe Jugend der Autoren im Vordergrund. Sie sind weniger aus dem Bedürfnis heraus entstanden, Zeugnis abzulegen, als vielmehr, das gegenwärtige Selbst mit der Vergangenheit zu versöhnen.

Ihre »kindliche Perspektive« erlaube »einen radikal neuen Blick auf die Geschehnisse, sie« erweise »sich den festgefügten Interpretationsmustern der Erwachsenen insofern als überlegen, als für sie tatsächlich nichts unmöglich« scheine.[73] Im Staunen wird das »Ungeheuerliche, Unverstandene und völlig Unglaubwürdige anerkannt«[74], ohne durch logische Erklärungen in seiner Gültigkeit eingeschränkt zu werden. Die Augen der Kinder entdeckten in der völlig neuen, furchtbaren Realität das, wovor die Erwachsenen sie schützen wollten.

Der zeitliche Abstand zu den Ereignissen und die wechselseitige Wirkung zwischen Vergangenheit und Gegenwart würden bei Reflexionen aus dem späteren Erwachsenenleben bedacht. Dabei gehe es nicht nur um die »normale« Beschreibung des eigenen Lebens; die Stimme, die spricht, ergreife das Wort auch für die verstummten Toten.[75] »Fakt und Fiktion« befänden »sich nicht länger in einem ausschließenden, sondern in einem reziproken Verhältnis, die Texte« konkurrierten »nicht mit, sondern« seien »Bestandteile der Wahrheit.«[76]

Die »überwiegende literarische Schlichtheit« der Schoa-Autobiographien begründet Kleinschmidt mit der »fehlenden literarischen Kompetenz der Autorinnen und Autoren«[77]; oft werde ihnen deshalb eine »ästhetische Unzulänglichkeit«[78] vorgeworfen.

Allerdings – so Manuela Günter – vereitele gerade die »für alle unhintergehbare Faktizität«[79] eine fiktionale Gestaltung des Vernichtungsgeschehens durch künstlerisches Spiel mit Worten und Wendungen.

Wenn an dieser Stelle die Autobiographien Überlebender aus literatur- und geschichtswissenschaftlicher sowie aus sozialpsychologischer Perspektive betrachtet worden sind, so blieb doch ein Gesichtspunkt unberücksichtigt; vielleicht auch, weil er in der zu diesem Thema rezipierten Literatur keine besondere Erwähnung findet: der Aspekt der Nachträglichkeit.

Bei den Verfassern dieser Autobiographien handelt es sich meistens um schwertraumatisierte Opfer, die viele Jahre geschwiegen hatten, weil sie das, was ihnen während der Schoa widerfahren war, noch gar nicht in ihr Bewußtsein heben konnten; weil das, was sie bezeugen wollten, für sie noch nicht zur Wirklichkeit geworden war. Erst nachträglich konnte »eine Erzählung geschaffen und die Geschichte rekonstruiert«[80] werden.

Um diese seltsame Zeitstruktur in psychischen Prozessen wird es im nächsten Kapitel gehen.

Nachträglichkeit als »wichtigste psychoanalytische Einsicht in das Trauma«

Der Begriff der Nachträglichkeit gehört nach Laplanche und Pontalis[1] in Freuds wissenschaftliches System, obwohl er ihn nicht genauer festgelegt habe. Beide Autoren versuchen in ihrem »Vokabular der Psychoanalyse« eine solche Definition:

> »Erfahrungen, Eindrücke, Erinnerungsspuren« würden »später aufgrund neuer Erfahrungen und mit dem Erreichen einer anderen Entwicklungsstufe umgearbeitet. Sie« erhielten »somit gleichzeitig einen neuen Sinn und eine neue psychische Wirksamkeit«[2],

die sie im Verlauf ihrer weiteren Erörterungen über Nachträglichkeit als ein erstes Kriterium noch eindeutiger fassen:

> »Nicht das Erlebte allgemein wird nachträglich umgearbeitet, sondern selektiv das, was in dem Augenblick, in dem es erlebt worden ist, nicht vollständig in einen Bedeutungszusammenhang integriert werden konnte.«[3]

»Das Vorbild für ein solches Erleben« sei »das traumatisierende Ereignis«.[4]

Mit dieser Interpretation gehen Laplanche und Pontalis über Freuds ursprüngliches Denkmodell der Nachträglichkeit hinaus. Obgleich dieses bis in die Anfänge der Psychoanalyse zurückreicht, hat Freud ihm wohl nie so viel Bedeutung beigemessen, um es in seinen komplizierten Strukturen auszuarbeiten.

Freuds Konzept, das ihm »die schwierigen zeitlichen Verhältnisse psychischer Entwicklung zu ordnen«[5] half, entstand im Zusammenhang mit seiner Trauma-/Verführungstheorie:

> Zwei Szenen waren »durcheinander [sic!] bestimmt, wenn die chronologisch zweite ihre Dramatik durch die erste erhält, die sich in ihrer sexuellen Form erst in der Zeit der zweiten konstituiert; die erste Szene liegt als Ereignis« abgeschlossen unbedingt »vor der zweiten«.[6]

Damit ist die Nachträglichkeit an der ersten (Verführungs-)Szene festgemacht.

Das Trauma ist also ein sexuelles. Es liegt in der Kindheit.

Und laut dieser Traumatheorie, so führt Hanna Gekle aus, sei das psychische Trauma eine Kopie des physischen. »Das äußere Trauma« wirke »als Ursache auf das hilflose Ich; das Resultat dieser Wirkung« zeige »sich später als Psychoneurose«. Die Ursache sei ein frühkindliches sexuelles Erlebnis, das den Reizschutz durchbrochen habe. Deshalb habe Freud »dieses komplexe soziale und psychische Geschehen« Trauma, das heißt »Verwundung« genannt.[7]
Traumen, die sich vor dem Alter von zwei beziehungsweise zweieinhalb Jahren ereigneten, hätten keine Verbindung zur Sprache und könnten deshalb nicht als Erinnerung im Gedächtnis gespeichert werden. Sie blieben dem Kinde

unverständlich, könnten »psychisch nicht bearbeitet und in das bewußte Ich übernommen werden«, sondern lagerten sich in der Seele wie ein »Fremdkörper«[8] ab.

Mit Erreichen der Pubertät wirke nicht die Erfahrung selbst traumatisch, sondern die Erinnerung, die einen vergleichsweise banalen Vorfall mit dem früheren sexuellen Erlebnis, das nicht als sexuelles wahrgenommen wurde, verknüpfe und dadurch zu einer »Attacke von innen«[9] mache. Die verdrängte Erinnerung werde nachträglich zum Trauma und rufe Abwehrmechanismen hervor.[10]

Freud diskutierte das Konzept der Nachträglichkeit nie wieder so ausführlich wie in den Jahren 1895 bis 1899. Der Psychoanalytiker Friedrich-Wilhelm Eickhoff[11] betont, daß die Vokabel »Nachträglichkeit« explizit häufig auftauche, zuerst im »Entwurf einer Psychologie« (1895) beim Beispiel Emma Eckstein: Der sexuelle Übergriff eines Erwachsenen auf ein Kind bleibe zunächst wirkungslos, weil das frühe Ich noch zu schwach für seine bewußte Verarbeitung sei. Erst mit dem Beginn der Pubertät und der damit verbundenen sexuellen Reife erhalte dieser Gewaltakt nachträglich seine Bedeutung, das heißt seine traumatische Kraft:

> »Überall findet sich, daß eine Erinnerung verdrängt wird, die nur *nachträglich* zum Trauma geworden ist. Ursache dieses Sachverhaltes ist die Verspätung der Pubertät gegen die sonstige Entwicklung des Individuums.«[12]

Der Begriff der Nachträglichkeit werde zudem in der »Traumdeutung«, in »Zur Psychopathologie des Alltagslebens«, in der »Analyse der Phobie eines fünfjährigen Knaben« sowie in der »Geschichte einer infantilen Neurose« [»Der Wolfsmann«][13] erwähnt. In der späten Studie »Der Mann Moses« konstruiere Freud den Ursprung der jüdischen Religion »als Ausdruck der Wiederkehr eines verdrängten prähistorischen Traumas, nämlich des Mordes an Moses, nach einer für die Nachträglichkeit charakteristischen Latenz«[14]. Allerdings – darauf weist Eickhoff nachdrücklich hin – sei die traumatische Erfahrung dieses Mordes ein Tätertrauma.[15]

Christine Kirchhoff meint, daß Freud die Nachträglichkeit zwar immer wieder erwähne, sie aber nicht erläutert oder systematisch zu seiner ätiologischen Trieb-Theorie in Beziehung gesetzt habe.[16]

Als Freud 1897 von seiner Verführungstheorie abrückte, geriet auch die Konzeption der Nachträglichkeit ins Wanken; denn sie war auf die Realität der sogenannten »Urszene« angewiesen, die vom Kind erst nachträglich verstanden und gedeutet wird.

Kirchhoff lenkt die Aufmerksamkeit auf Freuds Arbeit »Über Deckerinnerungen«, da er feststellt, daß diese, die »tendenziöse Erinnerungsfälschungen im Dienste der Abwehr«[17] seien, auf Erinnerungsspuren zurückgriffen.

Erinnerungsspuren der Kindheit, von denen Freud in diesem Zusammenhang spricht, könnten zu späterer Zeit ins Plastische und Visuelle einer Erinnerung rückübersetzt werden; allerdings erfolge keine Reproduktion des ursprünglichen Eindrucks. Eine Erinnerungsspur sei also etwas anderes als eine Erinnerung.[18] »Die Erinnerung« gäbe es »nur in der erinnerten, gefälschten Form, da das Material an Erinnerungsspuren in seiner ursprünglichen Form unbekannt bleiben muß.«[19] Das Trauma entstehe nicht mit einem frühen Ereignis, sondern in der späteren Erinnerung daran in der Zeit sexueller Reife. Verfügbar sei allein die später gebildete Erinnerung; das eigentlich Ursprüngliche lasse sich nicht finden, und dennoch sei es da und wirke, nicht als Erinnerung, sondern als Erinnertes: »entstellt, verschoben und versetzt«[20]. Der Ursprung könne nur nachträglich in den Moment des Erinnerns verlegt werden.
»Wenn die Erinnerung eine rückübersetzte Erinnerungsspur« sei, argumentiert Kirchhoff, bedeute das, »daß sie die *Form* einer Erinnerung – bestimmt durch Plastizität und Sinnlichkeit, wie Freud sagt – erst nachträglich« erhalte.[21]

An dieser Stelle, meint die Autorin, hätte Freud weitergehen müssen, um das Konzept der Nachträglichkeit aus der von ihm gesuchten Verankerung in der ersten realen Szene zu lösen.
Die von ihm gesuchte Urszene, von der das Konzept der Nachträglichkeit ausging, wirkte als solche in der »Aktualität der gegenwärtigen Erinnerung«[22]. Später ersetzte Freud die fragwürdige intellektuelle Konstruktion der ersten Szene durch die Urphantasien, die ein »phylogenetisch übermitteltes Erbteil darstellen«[23].

Bis zu seinem Alterswerk hat sich Freud mit dieser Fragestellung beschäftigt.

> »Die klare Vorahnung des heraufziehenden Zweiten Weltkriegs und nie gekannter Exzesse des Antisemitismus und der Judenverfolgung, einer kollektiven Extremtraumatisierung unerhörten Ausmaßes, nötigte Freud offenbar erneut zum Nachdenken über Trauma und Traumawirkung.«[24]

Ilka Quindeau[25] erblickt in der Wahrscheinlichkeit, daß »Zeitstruktur erst in der Erinnerung entsteht, […] eine der wesentlichen Thesen der Freudschen Gedächtnistheorie, deren Reichweite jedoch«, wie sie anmerkt, »weder von ihm selbst noch in der weiteren psychoanalytischen Theoriebildung ausgelotet«[26] worden sei.

Das kann leider nicht grundsätzlich bezweifelt werden, obgleich sich das Phänomen der Nachträglichkeit nach der größten Katastrophe in der Geschichte der Menschheit geradezu aufdrängt.
Erst in den letzten zwanzig Jahren gibt es Ansätze, die Freuds Konzept unter den von der Schoa bestimmten völlig neuen psychoanalytischen Voraussetzungen wiederaufnehmen und modifizieren.

Für Martin Ehlert-Balzer steht das nicht assimilierbare traumatische Introjekt im Mittelpunkt seiner Überlegungen; es könne die innere Objektwelt des Opfers grundlegend verändern und wesentliche psychische Strukturen nachträglich schädigen oder zerstören.
Da das Trauma das »Noch-nie-Dagewesene«[27] sei, könne es nicht in den Zusammenhang überkommener Bedeutungen gestellt werden. Es werde zwar erlebt, aber nicht erfahren und entbehre der sprachlichen Darstellbarkeit.[28]

Erst nachträglich, nach einer Phase der Latenz, wie Freud die Zeitspanne zwischen dem traumatischen Ereignis und seinen späteren Auswirkungen bezeichnet hat, kehre das Erlebnis als sogenanntes »Flashback«[29] zurück und nehme die Gewalt eines Traumas an.

Für Cathy Caruth ist der von Freud beschriebene Faktor der Nachträglichkeit »die wichtigste psychoanalytische Einsicht in das Trauma«[30]. Aus diesem Grunde wird ihren erhellenden Erörterungen (basierend auf dem englischen Originaltext) im Folgenden viel Raum zugestanden.

In dem von ihr herausgegebenen Sammelband »Trauma. Explorations in Memory«[31] betont Caruth, daß das Phänomen des Traumas deshalb so allumfassend geworden zu sein scheine, weil es an die Grenzen jeglichen Verstehens stoße.
Das eigentlich Pathologische am Trauma bestehe alleinig in der Struktur seiner Erfahrung oder Wahrnehmung: das Ereignis werde zum Zeitpunkt seines Geschehens nicht völlig ins Bewußtsein aufgenommen oder erlebt, sondern erst verspätet (»belatedly«), und zwar dadurch, daß der Traumatisierte wiederholt von ihm in Besitz genommen werde. Traumatisiert zu sein bedeute, von einer Vorstellung oder einem Ereignis besessen zu sein.
Es sei diese unbedingte Genauigkeit und eindringliche Wiederkehr, die das Trauma als solches ausmachten und auf seinen rätselhaften Kern hinwiesen: die Verzögerung und Unvollständigkeit in Wissen und Begreifen; ein überwältigendes Geschehnis, das in seiner beharrlichen Wiederkehr absolut wahrheitsgetreu zurückbleibe.

In diesem Zusammenhang gibt Dori Laub[32] einen entscheidenden Hinweis: Während bei Freud die Wiederkehr des Verdrängten als Erinnertes weitgehend »entstellt, verschoben und versetzt« sei, bleibe bei schwerer Traumatisierung gerade das Ursprüngliche bewahrt.

Tatsächlich bilde diese Wahrheit der traumatischen Erfahrung das Zentrum der Pathologie des Traumas und seiner Symptome. Allerdings sei es keine Pathologie, die durch Unwahrheit oder Verschiebung der Bedeutung gekennzeichnet sei, sondern es sei die Pathologie der Geschichte selbst. Die Traumatisierten trügen eine unmögliche Geschichte in sich, oder sie würden selbst das Symptom einer Geschichte, die sich ihrer Inbesitznahme entziehe.

Doch was bedeutet es, fragt Cathy Caruth, daß Geschichte als ein Symptom wiederkehrt? Es sei tatsächlich dieses seltsame Phänomen, das das Trauma ausmache. Und seine Auswirkung auf das Leben derjenigen, die es (das Trauma, Verf.) lebten, sei eng mit der Frage nach der Wahrheit verknüpft. Das Problem erhebe sich nicht nur in bezug auf jene, die den Traumatisierten zuhörten und nicht wüßten, wie sie die Realität ihrer Halluzinationen und Träume einordnen sollten; es (das Problem, Verf.) entstehe verstörenderweise eher im Wissen und im Begreifen der Traumatisierten selbst.
Auf der einen Seite seien die Träume, Halluzinationen und Gedanken absolut genau, ließen sich aber nicht in assoziative Bedeutungsketten einreihen. Es sei diese Genauigkeit, die den Zuhörer einnehme, die sich jedoch einer psychoanalytischen Interpretation und Therapie verweigere.

Die Unsicherheit der Überlebenden in bezug auf die Vergangenheit sei weder eine einfache Amnesie; denn das Geschehen kehre, wie schon Freud erkannt habe, beharrlich und gegen ihren Willen zurück; noch sei es durch einen indirekten Zugang zu dem Erlebnis verursacht, da es sich bei den Halluzinationen im allgemeinen um Geschehnisse handele, die in ihrer schrecklichen Wahrheit zugänglich seien. Es sei auch nicht so, daß ein zu kleiner oder indirekter Zugang zu einem Erlebnis seine Wahrheit in Frage stelle; in diesem Fall, aber paradox genug, rufe ihre ungeheuer überwältigende Unmittelbarkeit ihre verspätete Unsicherheit hervor. In dem Versuch, das Trauma zu verstehen, werde man wiederholt zu dem eigentümlichen Widerspruch gebracht:

> »that in trauma the greatest confrontation with reality may also occur as an absolute numbing to it, that immediacy, paradoxically enough, may take the form of belatedness.«[33]

Ökonomische[34] und psychologische Erklärungen schienen niemals vollständig das ganze Ausmaß der Verflechtungen dieser befremdlichen Tatsache zu treffen.

Henry Krystal, der sich auf Cohen und Kinston[35] beruft, spricht in seinem Essay von der Wirkung eines Ereignisses, von dem keine Spur einer Eintragung irgendwelcher Art in der Seele zurückgelassen werde, statt dessen finde man eine Leere, ein Loch.

Auch Dori Laub deutet an, daß ein schweres psychisches Trauma seine Bewußtwerdung ausschließe; es sei ein Bericht, der noch zu geben sei. Die Eigentümlichkeit eines Ereignisses, dessen Gewalt durch seine fehlende Eintragung gekennzeichnet sei, beschreibt Laub als einen Zusammenbruch der Zeugenschaft. Geschichte habe ohne einen Zeugen stattgefunden.[36]

Damit hebt Dori Laub das hervor, was seltsamerweise allen traumatischen Erfahrungen innewohnt: die Unfähigkeit, Zeuge des Geschehens zu werden, während es geschieht, und die Fähigkeit, es um den Preis des eigenen Selbst zu bezeugen[37]. Zentral für die direkte Unmittelbarkeit dieser Erfahrung sei die Kluft, die die Gewalt des Geschehens berge, und zwar genau auf Kosten der einfachen Erkenntnis und Erinnerung. Die Gewalt dieser Erfahrung scheine aus dem Zusammenbruch ihres Verständnisses zu entstehen.

Die Verknüpfung dieser unerklärlichen traumatischen Lücke mit dem Wesen historischer Erfahrung steht im Mittelpunkt von Freuds großer Studie über jüdische Geschichte: Moses und der Monotheismus, in der er die Geschichte der Juden mit der Struktur eines Traumas vergleicht. Im Begriff der Latenz, der Zeit, während der die Folgen der Erfahrung nicht klar ersichtlich sind, beschreibt Freud das Trauma als Progression eines Ereignisses von seiner Verdrängung bis zu seiner Wiederkehr.

Nach einem Unfall ist weniger das Vergessen dessen, was geschah, bemerkenswert, sondern eher die Tatsache, daß das Opfer während des Unfalls nicht voll bei Bewußtsein war: es (das Opfer, Verf.) geht, wie Freud bemerkt, offenbar unversehrt fort.[38]

Die historische Macht des Traumas offenbare sich nicht darin, daß das Geschehen nach seinem Vergessen wiederholt werde, sondern darin, daß es allein in und durch sein innewohnendes Vergessen erstmalig erfahren werde. Die Tatsache der Latenz, bestehe also nicht im Vergessen einer Realität, die niemals mehr völlig gewußt werden kann, sondern in einer der Erfahrung selbst innewohnenden Verborgenheit. Und es ist diese dem Erlebnis innewohnende Verzögerung, die paradoxerweise die seltsame zeitliche Struktur der Nachträglichkeit historischer Erfahrung erklärt: da der traumatische Vorfall nicht während der Zeit, da er geschieht, bewußt erlebt werde, könne er nur in Verbindung mit einem anderen Ort und einer anderen Zeit völlig offenkundig werden.

Wenn Verdrängung im Trauma durch Latenz ersetzt werde, sei das insofern bedeutsam, als seine Leere – auf der Ebene des Unbewußten – paradoxerweise das Geschehen genau bewahre. »Die von Nachträglichkeit gekennzeichnete Geschichte des Traumas« könne »sich also nur dadurch ereignen, daß ein anderer dieser Geschichte zuhört«.[39]

Mit dieser Bemerkung weist die Literaturwissenschaftlerin Caruth auf den Psychoanalytiker Dori Laub, für den das nachträgliche Bezeugen des Traumas damit beginnt, daß jemand über etwas Abwesendes aussagt. Bezeugt werde ein Ereignis, das trotz seiner überwältigenden und zwingenden Realität für den Überlebenden noch nicht zur Wirklichkeit geworden sei. Die Erzählung entstehe erst im Zuhören und Gehörtwerden: in diesem Prozeß werde die Geschichte rekonstruiert, damit das auslösende Erlebnis »reexternalisiert«, das heißt, wieder in ein Erlebnis zurückverwandelt werden könne, das sich außerhalb der Person befinde. Dafür müsse die traumatische Erfahrung sprachlich formuliert werden.[40]

Gegenüber letzterem allerdings äußert Cathy Caruth ernste Bedenken, denn

> »solch eine Umwandlung des Traumas in narrative Erinnerung, welche die Verbalisierung, Wiedergabe und Integration der Geschichte in das individuelle und kollektive Wissen um die Vergangenheit ermöglichen würde«, könne »dazu führen, daß die der traumatischen Erinnerung wesentliche Genauigkeit und starke Wirkung« verlorengingen. »Zusätzlich zum Verlust der Präzision« finde »noch ein weiteres, tiefer gehendes Verschwinden statt: der Verlust der für das Ereignis so wesentlichen Unfaßbarkeit und somit des massiven *Anschlags auf das Verstehen*«.[41]

Sie ist mit ihren Zweifeln nicht allein: Das Inferno der Schoa lasse sich nicht in eine natürliche Chronologie einordnen[42], und das Bezeugen des Traumas könne – wie Ulrich Baer hervorhebt – »ein Sakrileg an seiner Integrität bedeuten«[43].

Noch pointierter erklärt Winfried G. Sebald, daß der Prozeß des Erinnerns für viele Überlebende der Schoa untrennbar geknüpft sei an ein »Abweichen von der Wahrheit«. Indem das schreibende Subjekt

> »das Gedächtnis aufgibt zugunsten der Erinnerung, die Verstörung zugunsten der Mitteilung, weiß es sich beteiligt an einem Verrat, der den Toten die Treue bricht«[44].

Es sei problematisch, die Spuren von Verlust und Trauma auszulöschen oder zu verwischen durch das Bestehen auf Narrativen, die eine Geschichte tradierter Sinnhorizonte liefere und eine Kontinuität suggeriere, die nicht mehr bestehe.[45]

Derjenige, der Zeugnis ablege, beschreibe »sein erneutes Eintreten in den Fluß chronologischer Zeit, obwohl sein Seelenleben weiterhin von fortdauernder Zeit überflutet«[46] werde.

Damit wird das Dilemma deutlich, welches die Zurückhaltung vieler Überlebender bestimmt, das ihnen Widerfahrene in Erinnerungs- und Erzählstrukturen umzuwandeln und auf diese Weise seine ihm wesentliche Unfaßbarkeit zum Verschwinden zu bringen.

Selbst Dori Laub unterstreicht, daß die Angst, die Furcht vor der Wiederkehr der Schoa die Überlebenden davon abhalte, darüber zu sprechen. Ein damit verbundenes erneutes Durchleben der Ereignisse könne retraumatisierend wirken.[47]

Die Kontroverse der Wissenschaftler über die Versprachlichung des Traumas als einem nachträglich »vom Bewußtsein erkannte[n] Ereignis«[48] bezieht sich vornehmlich auf Zeugenaussagen, deren eigene literarische Strukturen bereits im vorausgegangenen Kapitel erörtert wurden.

In der vorliegenden Untersuchung jedoch stehen Autobiographien überlebender Kinder im Mittelpunkt, die ihre jüdische Identität verleugnen mußten. Nur als »Christen« konnten sie überleben. Schwer- bis extremtraumatisiert vermochten sie erst Jahrzehnte nach dem Krieg, erst nach einer langen Periode der Latenz ihre

Erlebnisse bewußt wahrzunehmen. Was sich im Augenblick des traumatischen Geschehens in keinen Bedeutungszusammenhang hatte einfügen lassen, begann nun für sie in der dem Geschehen innewohnenden Verzögerung Wirklichkeit zu werden. Ihre Erzählungen erfolgten in der zeitlichen Struktur der Nachträglichkeit.

Freud entwickelte sein Denkmodell der Zeitlichkeit und der psychischen Kausalität im Zusammenhang mit seinem psychoökonomischen Trauma-Modell. Obgleich er selbst und andere Psychoanalytiker seiner Zeit den Begriff des Traumas als solchen auf Grund gesellschaftlicher Veränderungen ständig zu erweitern suchte, erwiesen sich diese Theorien mit ihren metapsychologischen Annahmen und phylogenetischen Phantasien nach der Menschheitskatastrophe der Schoa zwar als einseitig und unzulänglich – doch, wie das Konzept der Nachträglichkeit beweist, nie als grundsätzlich überholt.

Die komplexe psychische Symptomatik der Schoa- Überlebenden erforderte ein radikales Umdenken: Entwicklung neuer Trauma-Theorien, Intensivierung psychoanalytischer Forschungsarbeit sowie veränderte Therapieformen und -modalitäten.

In den sechziger Jahren des vergangenen Jahrhunderts setzte – bezeichnenderweise nach einer Periode der Latenz – die psychoanalytische Auseinandersetzung mit den traumatischen Folgen bei überlebenden Opfern ein.

Das nächste Kapitel wird sich damit beschäftigen und mit Freuds Trauma-Konzeptionen, die zu seiner Zeit ebenfalls Antworten auf ein bedrängendes medizinisches Problem geben wollten.

Trauma-Forschung bei Freud und ihre Neu-Konzeptualisierung nach der Schoa

Wie bereits im vorangegangenen Kapitel angedeutet, entstanden Freuds Trauma-Konzeptionen gewissermaßen als Antwort auf ein bedrängendes Problem, das den Ärzten im 19. Jahrhundert Rätsel aufgab. Eigentlich eine Krankheit, die, seit dem Altertum bekannt, aber fehlgedeutet worden war, erwies sich die Hysterie, ein neurologisches Syndrom, weil ohne erkennbare organische Ursachen, als behandlungsresistent.

Der französische Neurologe Jean Martin Charcot erforschte eingehend die Symptome der Hysterie und überzeugte die Wissenschaft, daß es sich bei ihr um eine ernstzunehmende Krankheit handele. Und Freud diagnostizierte sie zusammen mit Josef Breuer als eine psychische Erkrankung.

Im Jahre 1893 erschien beider Aufsatz »Über den psychischen Mechanismus hysterischer Phänomene«, der zwei Jahre später gleichsam als Einleitung in die »Studien über Hysterie« aufgenommen wurde. Die Veröffentlichung enthielt bereits die Hypothese, daß die hysterischen Patienten überwiegend an »Reminiszenzen«[1] litten. Diese Erinnerungsreste »waren so schmerzhaft, daß sie nicht im Bewußtsein bleiben konnten, sondern verdrängt werden mußten«[2]. In jedem Krankheitsbild der Hysterie könne eine Art Traumatisierung nachgewiesen werden; wenn auch keine physische, so doch eine psychische, die häufig lange Zeit zurücklag und längst vergessen oder »verdrängt« worden war.

Bei der Hysterie, das stand für Freud fest, handele es sich um sexuelle Konflikte, und zwar besonders um genital-ödipale. Auf dieser Hypothese gründet sein Trauma-Modell, es entspricht der sogenannten »Verführungstheorie«.

Doch schon nach wenigen Jahren begann Freud an den Berichten seiner Patienten über frühkindliche sexuelle Verführungen zu zweifeln. Er erkannte, »daß es im Unbewußten ein Realitätszeichen nicht gibt, so daß man die Wahrheit und die mit Affekt besetzte Fiktion nicht unterscheiden«[3] könne. Diese Einsicht bestimmte ihn, eine »psychische Realität« anzunehmen.

Nach seinem Abrücken von der »Verführungstheorie« verschob Freud das Schwergewicht von der materiellen auf die psychische Realität, die unbewußte Triebwünsche und die damit zusammenhängenden Phantasien umfaßte. Phantasien, als Realität wahrgenommen, vermögen den Menschen in gleicher Weise zu beeinflussen wie reale Gegebenheiten.

Martin S. Bergmann unterstreicht, daß der Begriff der psychischen Realität »die Grundlage für ein besseres Verständnis der Traumen gelegt« habe. Ohne diesen Begriff bleibe »die Welt des traumatisierten Patienten ein Buch mit sieben Siegeln«.[4]

Der Erste Weltkrieg und seine Folgen veranlaßten Freud und andere Psychoanalytiker, sich wiederum der traumatischen Neurose zuzuwenden, und zwar unter besonderer Berücksichtigung äußerer traumatisierender Faktoren. Dabei war eine psycho-ökonomische Betrachtungsweise ausschlaggebend:

> »Es ist so, als ob diese Kranken mit der traumatischen Situation nicht fertig geworden wären, als ob diese noch als unbezwungene aktuelle Aufgabe vor ihnen stände, und wir nehmen diese Auffassung in allem Ernst an; sie zeigt uns den Weg zu einer, heißen wir es ökonomischen Betrachtung der seelischen Vorgänge. Ja, der Ausdruck traumatisch hat keinen anderen als einen solchen ökonomischen Sinn. Wir nennen so ein Erlebnis, welches dem Seelenleben innerhalb kurzer Zeit einen so starken Reizzuwachs bringt, daß die Erledigung oder Aufarbeitung desselben in normalgewohnter Weise mißglückt, woraus dauernde Störungen im Energiebetrieb resultieren müssen.«[5]

Im Jahre 1918 fand in Budapest der 5. Psychoanalytische Kongreß statt mit einem Symposion über Kriegsneurosen. Man war sich darüber einig, daß sich die Ereignisse des Krieges nur in Verbindung mit vorausgegangenen belastenden Vorkommnissen in der Kindheit traumatisierend ausgewirkt haben konnten. Freud sei »geneigt« gewesen, »die Ursache für Neurosen in einem Konflikt zwischen Ich und narzißtischer Libido zu suchen«.[6]

In seinem im Jahre 1920 erschienenen Werk »Jenseits des Lustprinzips« formulierte Freud eine neue dualistische Triebtheorie, der zufolge sich der Trieb der Libido, von dem Bergmann sagt, daß er »Liebe und Lebenswunsch«[7] vereine, in einem immerwährenden Kampf mit dem Todestrieb befinde, der jenseits des Lustprinzips agiere. In diesem Zusammenhang spricht Freud vom Wiederholungszwang, der nicht etwa lustbetont sei, sondern zwingend und unerbittlich darauf gerichtet, ein traumatisches Ereignis ständig zu wiederholen, um es so rückwirkend durch die Entwicklung antizipierender Angst zu bewältigen, die nicht vorhanden gewesen sei, als sich das ursprüngliche Trauma ereignet habe.[8]

In dem genannten Werk entwickelte Freud den psycho-ökonomischen Aspekt des Traumas durch Einführung des Reizschutzes weiter. Er sei, so führt Freud aus, »mit einem eigenen Energievorrat ausgestattet«[9] und angelegt, Erregung sowohl von innen als auch von außen aufzufangen. Sei letztere (die Erregung, Verf.) stark genug, den Reizschutz zu durchbrechen, so nenne man sie traumatische.[10]

Schließlich hat Freud in »Der Mann Moses und die monotheistische Religion« noch einmal auf den eigentümlichen Charakter des Traumas hingewiesen, der in seiner verspäteten Wirkung liege.[11]

Während Freud das Trauma psycho-ökonomisch, also in seiner Bedeutung für die Triebschicksale interpretierte, berücksichtigte Sándor Ferenczi in seinem bahnbrechenden Aufsatz »Sprachverwirrung zwischen den Erwachsenen und dem Kind«[12] neben der Reizüberflutung des Ich vor allem die traumatisierende Wirkung der Objektbeziehungen, das, was Hans Keilson später mit »man made disaster«[13] umschreiben sollte.

Ferenczis tiefe Einsichten nehmen viele spätere Erkenntnisse der Traumaforschung vorweg: die Spaltung des Ich in eine beobachtende Instanz und einen wehrlosen Körper, die Lähmung der Affekte, die Identifizierung mit dem Angreifer[14]. Ferenczi erkannte die traumatisierende Wirkung von Lüge und Betrug; er vermied ihre Wiederholung in der Therapie, indem er die die analytische Haltung bestimmende »Abstinenz« lockerte.[15]

Falls Freud eine, von Grubrich-Simitis erwähnte, »klare Vorahnung des heraufziehenden Zweiten Weltkriegs« sowie die »nie gekannter Exzesse [...] der Judenverfolgung« und einer dadurch verursachten »kollektiven Extremtraumatisierung«[16] gehabt haben sollte, die ihn bis in sein letztes Lebensjahr hinein nötigte, über Trauma und Traumawirkung nachzudenken, so ist es als tragisch zu bezeichnen, daß – wie Martin S. Bergmann[17] anmerkt – »sieben internationale« (psychoanalytische) »Kongresse in vierzehn Jahren« nötig waren, um die Schoa zum Thema zu erheben.[18] Auf dem 25. Internationalen Psychoanalytischen Kongreß 1967 in Kopenhagen fand erstmals ein Symposion zu den psychischen Problemen Überlebender statt.

Insbesondere beschäftigten sich Psychoanalytiker aus den USA, die entweder selbst überlebt hatten oder noch rechtzeitig aus Europa hatten fliehen können, mit diesem Thema und versuchten, vor dem Hintergrund ihrer Therapien das Spektrum der Psycho-Traumatologie zu erweitern.

Dabei hat William G. Niederland als einer der ersten Psychiater die destruktiven Faktoren aufgezählt, die auf die Opfer bereits vor der »Deportation« zukamen:

> »1. Leben in einer Atmosphäre der ständigen Bedrohung und eines anfänglich unverstandenen, namenlosen, dann immer näher rückenden Verhängnisses;
> 2. hiermit einhergehende leiblich-seelische Zermürbung des Personganzen;
> 3. häufige akute Todesgefahr und Todesangst;
> 4. Verunsicherung aller mitmenschlichen Bezüge und Kontakte;
> 5. schutzloses Dasein in einem Dauerzustand völliger oder nahezu völliger Rechtlosigkeit;
> 6. Überflutung des geistigen Ich-Gefüges durch den unaufhörlichen Ansturm von öffentlichen und persönlichen Beschimpfungen, Verdächtigungen, Verleumdungen und Anschuldigungen, wiederum ohne Möglichkeit einer Zufluchtnahme zum behördlichen Rechtsschutz.«[19]

Niederland war es auch, der schon 1954 den Begriff des »Überlebenden-Syndroms« (»survivor-syndrome«) in die medizinische und psychiatrische

Nomenklatur einführte und die wichtigsten Symptome des an den Schoa-Überlebenden begangenen »Seelenmordes«[20] auflistete: Angstzustände, Gefühle des Andersseins, Überlebensschuld, Zustände des seelischen Überwältigtseins, Merkmale eines chronifizierten Todesengramms.[21]

Zunehmend verstärkte sich die Einsicht, daß die noch bis etwa zwei Jahrzehnte nach dem Krieg angewandte psychoanalytische Trauma-Theorie nicht mehr ausreichte, um eine Annäherung an die schweren Traumatisierungen Überlebender zu wagen. Vor ihren speziellen Problemen und Symptomen versagten die bis dahin angewandten diagnostischen Kategorien. Ihr Leid erzwang eine völlige Um- und Neuorientierung in der Trauma-Forschung.[22]

Wie bereits angedeutet, zweifelte Freud im Falle der Kriegsneurosen des Ersten Weltkriegs an der traumatischen Wirkungskraft realer äußerer Gefahren, die das Selbst bedrohen. Die eigentliche Ursache des Traumas lag für ihn in einem frühkindlichen sexuellen Erlebnis. Es sei

> »sehr unwahrscheinlich, daß eine Neurose nur durch die objektive Tatsache der Gefährdung ohne Beteiligung der tieferen unbewußten Schichten des seelischen Apparats zustande kommen sollte«[23].

Die Traumatisierungen der Schoa-Überlebenden beruhten auf »materieller Realität« – sie waren keine »Reminiszenzen«, die ihre pathogene Wirkung aus Phantasien (»psychischer Realität«) bezogen.

Außerdem handelte es sich bei diesen Traumatisierungen nicht um ein einmaliges Schreck-Erlebnis, das den Reizschutz durchbricht, sondern um eine Aufeinanderfolge traumatisierender Erlebnisse, die bei allen Überlebenden irreversible psychische Schäden hinterließ.

Im Jahr 1995 bemerkt Martin S. Bergmann, daß das Wissen um die Schoa die Psychoanalyse gezwungen habe, »das Wesen des Traumas mit neuen Augen zu sehen«. Er schreibt:

> »Eine der Fragen, die noch auf Antwort warten, ist, ob der Holocaust eine völlige Revision der psychoanalytischen Trauma-Konzeption erforderlich macht oder ob er einen qualitativ anderen Typus der traumatischen Neurose hervorgebracht hat.«[24]

Mit Beginn der sechziger Jahre des vergangenen Jahrhunderts haben Psychoanalytiker wie Kurt R. Eissler, der bereits genannte William G. Niederland sowie Henry Krystal, Klaus D. Hoppe, M. Masud R. Khan, Martin Wangh und andere richtungsweisende trauma-theoretische Arbeiten veröffentlicht, ohne daß jedoch Einigung über Behandlungsformen und -modalitäten erzielt worden wäre.

Klaus D. Hoppe diagnostizierte bei den Überlebenden der Schoa neben zahlreichen »psychosomatischen Reaktionen und Erkrankungen eine chronisch reaktive Aggression«. Diese, von vielen Forschern als für das Überlebenden-Syndrom zentral erachtet, werde »gegen das eigene Selbst gewendet und« führe »zu Somatisierungen und zu [...] chronisch reaktive[r] Depression«. »Ein weitgehender Verlust des Selbstwertgefühls« gehe mit »Apathie« und einem »Rückzug von der Außenwelt« einher. »Die Tiefe der Depression« werde »von dem Ausmaß der narzißtischen Regression« bestimmt, »die zu einer Einziehung der Objektbeziehungen und zu einer Entmischung der libidinösen und aggressiven Triebimpulse führen« könne.[25] Das Trauma zerstöre das »Urvertrauen«.[26]

Bereits 1963 prägte M. Masud R. Khan den Begriff des »kumulativen Traumas«. Er (der Begriff, Verf.) bezeichnet

> »eine Abfolge von traumatischen Ereignissen oder Umständen, die jedes für sich [...] unterschwellig bleiben können, in ihrer zeitlichen Abfolge und Häufung jedoch die restitutiven Kräfte des Ich so sehr schwächen, daß insgesamt eine oft sogar schwere traumatische Verlaufsgestalt entsteht. Immer von neuem wird die ›Erholungsphase‹ unterbrochen. Die ständige Wiederholung durchbricht die Abwehrbarriere und hinterläßt tiefe Spuren im Persönlichkeitssystem.«[27]

Um den eigentlichen Prozeß, der spezifische pathologische Folgen hat, vom allgemeinen Trauma, das sich nicht zu einem traumatischen Zustand ausweitet, zu unterscheiden, spricht Henry Krystal (1968) vom »massive psychic trauma« beziehungsweise vom »katastrophischen Trauma«. Die dabei erlebte Hilflosigkeit werde nicht durch die traumatische Situation ausgelöst, sondern durch deren »subjektive Bewertung«[28]. Werde die Situation als ein »Ausgeliefertsein an eine unausweichliche Gefahr«[29] empfunden, führe das zur Aufgabe aller Selbsterhaltungsfunktionen, zu einem »katatonoiden Zustand«. Die Überwältigung der Abwehr- und der Ausdrucksfunktion der Angst sowie deren Hemmung machten das eigentliche traumatische Erlebnis aus und könnten zum »psychogenen Tod« führen.[30]

Nach Mardi Horowitz (1976) durchlaufe die posttraumatische Reaktion mehrere Phasen, die nach einem normalen Ablauf und nach einem pathologischen unterschieden würden. Die normale Reaktion nennt Horowitz »stress response«; die pathologische sei die eigentliche traumatische Reaktion. Im traumatischen Erlebnis werde die betroffene Person von »überwältigenden Eindrücken« überflutet und befinde sich noch lange danach »in einem Zustand von Panik beziehungsweise Erschöpfung«. Es folge eine Phase der Verleugnung, bevor sich ständig »Gedanken oder Erinnerungsbilder« aufdrängten. Schließlich komme es zu einer Auseinandersetzung der betroffenen Person mit dem traumatischen Erlebnis. Ein »relativer Abschluß« dieses Überwältigt-worden-Seins werde erreicht, wenn die traumatische Situation nicht mehr zwanghaft erinnert werden müsse. Während der Verarbeitungsphasen könnten aber jederzeit »erstarrte Zustände« (»frozen states«) mit »psychosomatischen Symptomen« auftreten.[31]

Jonathan Cohen nennt es »Urverdrängung«, wenn die traumatisierenden Erlebnisse zwar durchlebt und registriert, nicht aber als ein Teil des Selbst erfahren, also repräsentiert werden.[32] Diese »Urverdrängung wirke wie ein ›Loch‹ im seelischen Gewebe. Die Symbolisierungsfähigkeit des Selbst« breche »in diesem Bereich zusammen. Um dieses ›Loch‹ mit den traumatischen« Reizen entstünden »eine Reihe von schützenden, primitiven Vermeidungsmechanismen wie Abspaltung, Projektion und Verleugnung«. Sie schüfen eine Art »Kokon oder Mauer, die das ›Loch‹« einkapseln beziehungsweise verbergen sollten.[33] Im Trauma verstumme »das innere gute Objekt als empathischer Vermittler zwischen Selbst und Umwelt«[34].

Dori Laub hat in verschiedenen Arbeiten »die objektbeziehungstheoretische Konzeption« hinsichtlich ihrer »kommunikative[n] Funktion im Traumatisierungsprozeß weiterentwickelt«. Im Zentrum des Traumas stehe das Auseinanderbrechen der »kommunikative[n] Dyade« zwischen dem Selbst und seinem »guten Objekt«. Das löse grenzenlose »innere Einsamkeit« und abgrundtiefe »Trostlosigkeit« aus. »Die traumatische Realität« zerstöre »den empathischen Schutzschild, den das verinnerlichte Primärobjekt bildet«, sowie das »Vertrauen auf die kontinuierliche Präsenz guter Objekte und die Erwartbarkeit mitmenschlicher Empathie«. Um den katastrophalen Selbst- und Objektverlust abzuwehren, werde der Verfolger als maligne Selbstrepräsentanz introjiziert, die dem Opfer ein verabscheuungs- und todeswürdiges Selbstbild aufzwinge. Außerdem zerstöre »der Verlust des empathischen inneren Anderen die Fähigkeit, das Trauma zu erzählen«. Es könne in kein »Narrativ eingebunden werden«[35].

Darüber hinaus sucht Laub Freuds Todestrieb in die psychoanalytische Trauma-Theorie einzubringen: er lasse sich in den »Abwehrmechanismen wie Verleugnung, Dissoziation [...], Depersonalisierung«[36] nachweisen und schließe diese möglicherweise mit ein. Beim Konzept des »leeren Kreises« handele es sich um eine durch das Trauma verursachte, »vom Todestrieb vermittelte Ich-Regression in einen Zustand innerer Objektlosigkeit«[37]. Extremtraumatisierte Patienten wehrten »den Abgrund des ›leeren Kreises‹« ab.[38] Dem Todestrieb entspreche auch die selbstzerstörerische Wiederholungskraft der Retraumatisierung.[39]

Wie im vorigen Kapitel erläutert, ist für Cathy Caruth die von Freud beschriebene Latenzphase nach dem traumatischen Ereignis die wichtigste psychoanalytische Einsicht in das Trauma. Das bedeute, sich mit einem Paradoxon auseinanderzusetzen: das Trauma stelle eine plötzliche überwältigende

Konfrontation mit der Realität dar; doch es ereigne sich als ein absolutes Betäubtsein gegenüber dieser Wirklichkeit. Die Unmittelbarkeit des Einbruchs werde erst in Form der Nachträglichkeit voll erlebbar.[40]

Martin Ehlert-Balzer beschreibt, auch in Zusammenarbeit mit Beate Lorke, die Psychodynamik der traumatischen Situation, wobei hervorgehoben werden muß, daß es sich dabei um unmittelbare Opfer-Täter-Beziehungen bei Folter und Vergewaltigung handelt und nur marginal um kollektive Verfolgungserfahrungen. Bedeutsam sind allerdings seine Überlegungen zur »traumatischen Introjektion« und ihrer Folgen. Deshalb soll sein Konzept[41] an dieser Stelle ausführlich dargestellt werden:

In der traumatischen Situation besitze der Aggressor Macht über Leben und Tod, während das Opfer hilflos und ohnmächtig sei. Auf der Ebene der Objektbeziehungsphantasien bedeute das Trauma eine drohende endgültige Abkehr des Primärobjekts[42], was einer Vernichtung der psychischen Existenz gleichkomme. Deshalb richteten sich zunächst alle Aktivitäten des Ich darauf, die psychische Weiterexistenz des Liebesobjekts zu sichern.
Da der Täter mit dem Primärobjekt »verwechselt« werde, habe er das Opfer vor der Tat geliebt und sich mit der Tat von ihm abgewandt. Diese Entzweiung müsse rückgängig gemacht werden. Das Trauma versetze das Opfer in eine Situation, in der seine Selbstwahrnehmung der eines Kleinkindes ähnele. In der kindlichen Entwicklung aber zwinge der erste »Liebesverlust« das Kind in seiner Hilflosigkeit, die Einheit mit dem real abwesenden Primärobjekt durch den Mechanismus der Introjektion auf phantasmatische Weise wiederherzustellen.

Ehlert und Lorke betonen, daß jeder frühe »Liebesverlust« als »Strafe« für ein nicht beachtetes Verbot empfunden werde. Da die Unterwerfung unter das elterliche Verbot: seine Introjektion, für das von seinen Eltern existentiell abhängige Kind die einzige Hoffnung auf Versöhnung enthalte, sehe sich das Kind unter Umständen gezwungen, auch völlig sinnlose Verlusterfahrungen als »Bestrafung« für die Übertretung eines bis dahin ganz unbekannten Verbots zu interpretieren, um das Liebesobjekt nicht zu verlieren. Dem Kind bleibe in einer solchen Situation gar nichts anderes übrig, als ein phantasmatisches Verbot zu »erfinden«, dessen versehentliche Überschreitung den Verlust des Primärobjekts scheinbar begründe und dessen Introjektion die Wiederkehr des Objekts verbürge.

Die traumatische Situation erzwinge die Introjektion eines solchen phantasmatischen Verbots, das von verbietenden und entwertenden Aspekten ausgehe. Dieses traumatische Introjekt setze sich als psychischer Fremdkörper im Über-Ich und im Ich-Ideal fest.

Bei der introjektiven Identifizierung wird das Introjekt vom Täter gewaltsam in das Opfer hineingezwungen. Aus der Sicht des Täters ist es eine projektive

Identifizierung[43], die Melanie Klein als einen pathologischen Abwehrmechanismus begreift, der aus Gier, Neid und Haß gewaltsam in ein Objekt eindringt, Teile von ihm in Besitz nimmt und es von innen her kontrolliert. Diese »aggressive Objektbeziehung«[44] führe beim Subjekt allerdings nicht zu einem Gefühl der Bereicherung, sondern zu einem der Entleerung. Es entstünden paranoide Ängste vor der Rache des Objekts, das deshalb als verfolgend erlebt werde.[45]

Dadurch, daß der Täter das Opfer zu einem wertlosen Objekt degradiere, mit dem er beliebig verfahren zu können meint, sei es nach Ansicht von Ehlert-Balzer von allen narzißtischen Quellen abgeschnitten. Das bewirke eine unerträgliche Spannung, die sich nur durch die regressive Verschmelzung mit dem Täter auflösen lasse. Diese allerdings bedeute »den eigentlichen Beginn einer nicht mehr reversiblen psychischen Traumatisierung«[46].

Die Regression nämlich beanspruche im Gegensatz zu allen anderen Abwehrmechanismen keine zusätzliche Besetzungsenergie. Sie sei die Suche nach einem Hilfs-Ich, an das die aufgegebenen Ich-Funktionen delegiert werden könnten. Ihr Ziel sei die Entwicklungsstufe des primären Narzißmus, der vollkommene – wenngleich auf Sinnestäuschung beruhende – Unabhängigkeit verspreche. In Wirklichkeit aber führe die Regression zu einer Verschärfung der Abhängigkeit, in der das Opfer die realen Objekte der aktuellen Situation wahrnehme, als seien sie die herbeigesehnten Elternfiguren der frühesten Kindheit.

Die verschiedenen Untaten – von den Opfern unbewußt als »Verbote« verkannt – begründeten spezifische »Feindbilder«. Unbewußt müsse das Opfer darauf bestehen, sich dem Bild anzugleichen, das es sich von den Wünschen des Täters gemacht habe: tatsächlich das zu werden, was er mit der Untat aus ihm habe machen wollen. Es müsse daran festhalten, ein phantasmatisches Verbot übertreten und damit die Strafe des Traumas verdient zu haben, weil nur das seine Unterwerfung sinnvoll erscheinen lasse. Dabei mache sich das Opfer in einem diabolischen Sinne zum Komplizen des Täters: es teile mit ihm das »›schuldige Geheimnis‹«[47], die eigene Unterwerfung selbst gewollt zu haben.

Der äußere Verfolger erhalte erst durch die Introjektion, die eine Ich-Aktivität ist, direkten Anschluß an die unbewußten Phantasien, an die Triebrepräsentanzen des Opfers, was ihm (dem Opfer, Verf.) die Unterscheidung zwischen außen und innen unmöglich mache. Das traumatische Introjekt werde zur Triebquelle, die von innen heraus ständig zur Selbstzerstörung treibe.[48]

Auf diese Weise wandele sich das Trauma von einem äußeren Angriff zu einem inneren Fremdkörper. Obwohl das traumatische Introjekt die Identität des Opfers bedrohe, könne es nicht aufgegeben werden, weil es das Versprechen der Versöhnung enthalte, auf die das Opfer nicht verzichten könne. Die unbewußt idealisierte Allmacht des Täters[49] sei ein überaus beherrschendes Konstrukt:

Nur derjenige, der die Macht besessen habe, die Zerstörung anzurichten, könne in der Lage sein, diese wiedergutzumachen.
Dazu aber könne es niemals kommen, weil das introjizierte Feindbild mit allen anderen Vorstellungen des Ich von sich selbst unvereinbar sei und vom Über-Ich als Verbotsübertretung verfolgt werde. Das Über-Ich verkenne das Introjekt als Abkömmling eines verdrängten Triebwunsches, als verbotenen Triebdurchbruch, den es bekämpfe und ins Unbewußte zurückzuschlagen versuche. Sein Bemühen werde aber vereitelt, weil das Introjekt, wiewohl dauerhaft »ich-dyston«, zu einem Bestandteil des Ich-Ideals geworden sei; das Über-Ich arbeite damit dem entgegen, was das Ich-Ideal verlange.[50]

Die in den Jahrzehnten nach der Schoa entwickelten neuen oder modifizierten Konzepte psychoanalytischer Traumaforschung bezogen sich vor allem auf die Probleme der allgemein anerkannten erwachsenen Überlebenden der Ghettos und Lager.

Die sogenannten »child survivors«, die jüdischen Kinder, die die Schoa überlebt hatten, bildeten die »vergessene ›Eineinhalb‹-Generation«[51]. Da sich indessen traumatische Erfahrungen im Kindesalter als Bestandteil der Persönlichkeitsentwicklung schicksalhaft auswirken, bedeutete das, daß die »anfälligste und am stärksten traumatisierte Gruppe der Holocaustüberlebenden zugleich auch die am wenigsten anerkannte war«[52].

Gemäß der Zahlen der Nürnberger Prozesse in den Jahren 1945/46 sind etwa 6 Millionen europäischer Juden von den knapp 9 Millionen der Vorkriegszeit umgekommen. In den von den Nationalsozialisten besetzten Ländern gab es vor dem Krieg 1,6 Millionen jüdische Kinder: 1,5 Millionen wurden ermordet – sechs bis sieben Prozent haben überlebt. Die Überlebensrate der Kinder mit sieben Prozent liegt also deutlich unter der der Erwachsenen von 33 Prozent. Das überrascht nicht; denn das erklärte Ziel der nationalsozialistischen Vernichtungspolitik war es, »das Fundament« des jüdischen Volkes »durch die Ausrottung« seiner Kinder zu »zerstören«.[53]

Die größere Zahl der jüdischen Kinder, die nach dem Krieg wiederauftauchte, hatte in Verstecken überlebt.

Unmittelbar nach dem Zweiten Weltkrieg war Hans Keilson neben Anna Freud[54] einer der wenigen Psychoanalytiker, der sich um die überlebenden jüdischen Kinder kümmerte.
Beide Forscher (und ihre Mitarbeiter) stellten sich der schweren Aufgabe, diese extrem- beziehungsweise kumulativ-traumatisierten Kinder nicht nur »aufzufangen«, das heißt, in die Gesellschaft wiedereinzugliedern[55], sondern sie vor allem mit medizinischer, psychotherapeutischer und pädagogischer Betreuung zu begleiten.

Hans Keilson und Anna Freud erblickten in dieser von den Folgen des Krieges aufgezwungenen Extremsituation auch eine einzigartige Chance: Indem sie ihre Beobachtungen sehr sorgfältig auswerteten, bereicherten sie Kinderpsychiatrie, Kinderpsychologie sowie Sozialpsychologie um zum Teil grundlegend neue Erkenntnisse.[56]

An dieser Stelle soll nicht wiederholt werden, was in den ersten Kapiteln dieser Arbeit oft bedauert wurde: das verspätete Interesse von Politik und Forschung am Schicksal der überlebenden Kinder.

Abgesehen von der Pilotstudie »kinderforshung« der Zentralen Jüdischen Historischen Kommission in Polen, deren Schwerpunkt natürlich die historische Forschung bildete, und einigen in diesem Zusammenhang entstandenen Arbeiten, war es Paul Friedman, der im Internierungslager für illegale jüdische Flüchtlinge auf Zypern »den psychischen Gesundheitszustand der Displaced Persons« untersuchen und »die Grundlagen eines psychischen Versorgungsprogramms für Displaced Persons sowohl in den DP-Lagern als auch in Palästina«[57] schaffen sollte. Sein Auftrag, bei dem er von einem Psychologen und einem psychiatrischen Sozialarbeiter aus den USA sowie von einer vergleichbaren Forschungsgruppe aus Palästina begleitet wurde, stand unter der Schirmherrschaft des American Joint Distribution Committee.[58]
In dieser besonderen Situation untersuchte Paul Friedman 84 Kinder und Jugendliche. Obgleich der damalige Kenntnisstand der Psychoanalytiker bezüglich der Traumatheorie noch stark an Freud orientiert war und gewiß nicht der Realität der Schoa gerecht werden konnte, ist es bemerkenswert, daß Friedman viele Symptome und Merkmale diagnostizierte, die später auch in die zu Beginn der sechziger Jahre langsam sich entfaltende Traumaforschung Eingang fanden. Er kritisierte, daß sich die Rehabilitationsmaßnahmen für Überlebende unter Außerachtlassung der psychischen Schädigungen nur auf materielle Hilfen beschränkten; denn physisches Überleben garantiere noch kein psychisches.[59]
Im Mai 1948 stellte er seine Beobachtungen auf dem 104. Jahrestreffen der Amerikanischen Psychiatrischen Vereinigung in Washington vor. Im gleichen Jahr veröffentlichte er ein Buch mit dem Titel »The Road back for the D.P.s. Healing the Psychological Scars of Nazism«[60], worin er sein Befremden darüber zum Ausdruck brachte, daß den Überlebenden keinerlei psychologische Hilfe zuteil wurde. Er schlug vor, ein »Programm für die psychische Gesundheit« zu erarbeiten. Friedman erkannte, daß die Überlebenden Menschen brauchten, denen sie vertrauen konnten.

In diese Epoche muß sich auch die vorliegende Untersuchung einfügen, um die zeitnahen sozialpsychologischen Probleme der im christlichen Umfeld geretteten jüdischen Kinder zu erfassen. Dabei wird Hans Keilsons Konzept der sequentiellen Traumatisierung den Rahmen bilden, weil er auf etwas Entscheidendes aufmerksam macht: »auf die unterschiedliche Erfassung der Traumatisierungsvorgänge bei Erwachsenen und Kindern«[61]. Sein Konzept bietet ferner die Möglichkeit,

> » der extremen Verschiedenheit [...] traumatischer Situationen Rechnung zu tragen und gleichzeitig Voraussetzungen dafür zu schaffen, daß international« intensive »wissenschaftliche Kommunikation über traumatische Prozesse«[62]

begründet werden kann.

Wie bereits im Kapitel »Stand der Forschung« ausführlich dargelegt, aber hier noch einmal hervorgehoben, erweiterte Keilson den psychoanalytischen Traumabegriff zum Begriff der »traumatischen Situation« mit lang währenden extremen psychischen Belastungsfaktoren.

Im Unterschied zu erwachsenen Überlebenden, für die das »man made disaster« einen Einbruch in ihre festgefügte Persönlichkeit bedeutete, verstand Keilson die »extreme Belastungssituation« bei jungen Menschen – vor allem bei Kindern – »als integrale[n] Bestandteil«[63] ihrer Persönlichkeitsentwicklung: »die Verfolgung« gehöre »als psycho-soziales Phänomen zu den psycho- und sozio-genetischen Faktoren der Entwicklung selbst«[64]. Kinder seien deshalb stärker gefährdet als Erwachsene. Zudem verarbeiteten sie die erlittene Verfolgung anders.
Die »extreme Belastungssituation« wird an äußeren Faktoren festgemacht, denn es sei unmöglich, »erlittenes Leid in Zahlenwerten auszudrücken«[65]. Keilson entschied sich für die Annahme einer »altersspezifischen Traumatisierung«, wobei die Trennung von der Mutter beziehungsweise den Eltern traumatischer Ansatzpunkt war, und wandte den Begriff der »basic needs« gleichermaßen auf für die normale Entwicklung aller Altersstufen notwendigen Voraussetzungen an. Den Traumatisierungsprozeß teilte er in drei historisierende Phasen: »traumatische Sequenzen«, ein: 1. Besetzung der Niederlande durch die deutsche Wehrmacht; 2. direkte Verfolgung; 3. Nachkriegsperiode.[66]

Trauma wird zeitlich nicht eingegrenzt, sondern als ein (lebenslanger) Prozeß betrachtet, der auch Freuds Konzept der Nachträglichkeit mit einschließt.

Christentum (Katholizismus)

In diesem Kapitel soll keine lexikalische Darstellung des monumentalen theologischen Gedankengebäudes des Christentums versucht werden. Im von dieser Religion geprägten Europa genügt es, den religionsgeschichtlichen Rahmen zu skizzieren, um dann unverzüglich auf den Katholizismus einzugehen, wie er vor und in dem Zweiten Weltkrieg in zahlreichen Ländern gelebt, das heißt auch, wie er, bezogen auf die Thematik der vorliegenden Arbeit, an die junge Generation weitergegeben wurde. Deshalb geht es in den folgenden Ausführungen immer wieder um Prinzipien und Methoden religiöser Erziehung.

Religionsgeschichtlich will das Christentum die Erfüllung der Verheißungen der hebräischen Bibel sein.
Im Mittelpunkt seiner Glaubenslehre steht Jesus, dessen historische Existenz für die Gläubigen sicher, für die Forschung jedoch umstritten ist.

Unter den eschatologischen Gemeinschaften im vom Römischen Reich beherrschten Palästina während der letzten Jahrzehnte vor und der ersten Jahrzehnte nach der Zeitenwende soll es auch eine Bewegung um Jesus gegeben haben. Nach dessen Tod stellte ihn Paulus, stark beeinflußt von den Mysterienreligionen, die in Erwartung des Weltendes an einen sterbenden und auferstehenden Retter-Gott glaubten, in diesen Zusammenhang und wurde so zum eigentlichen Begründer des Christentums und der christlichen Kirche.
Um mit der Gottgleichsetzung Jesu die Verbindung mit dem reinen Monotheismus des Judentums nicht zu zerreißen, bekannte sich das nachpaulinische Christentum[1] zu einem dreieinigen Gott (Vater, Sohn und Heiliger Geist).
Das zentrale Element des christlichen Glaubens ist die Auferstehung Jesu und damit eng verbunden die Hoffnung auf ein Weiterleben nach dem Tode, auf eine irgendwie geartete himmlische Existenz. Der Katholizismus spricht deshalb nicht nur von der irdischen, sondern auch von der himmlischen Kirche[2].
Das weltliche Dasein wird aus dieser Sicht lediglich als Wander- oder Pilgerschaft zum wahren Leben im Jenseits betrachtet.

Obwohl der Mensch als Individuum und soziales Wesen eine in der Gotteskindschaft begründete geistige Veranlagung in sich trägt, haftet ihm Sündhaftigkeit an; denn die Sünde wurde durch die natürliche Abstammung aller Menschen von Adam und Eva auf jeden einzelnen übertragen. Diese Erbschuld schließt alle Ungetauften von der göttlichen Gnade und der ewigen Seligkeit aus.

Die Katholische Kirche beansprucht, Verwalterin des Heils zu sein, das ihr von Jesus übergeben und anvertraut ist, damit sie es den Gläubigen durch die Sakramente vermittele. Diese sind nach Augustin (354-430 n. Z.) sichtbare Zeichen, die auf etwas Unsichtbares verweisen. Gottes Gnade prägt die Seele des

Menschen, so daß er im Augenblick des Empfangs der Sakramente geheiligt und sündlos ist und sich der Heilsgemeinde zugehörig fühlen darf. Andererseits bleibt dem, der die Glaubenslehren der Kirche (Dogmen) nicht anerkennt, der Weg zum ewigen Heil verschlossen.

Die Taufe ist das erste der sieben Sakramente[3] und steht meistens am Anfang des Lebens.[4]
Wichtig für das Kind ist ein christlicher Name, dafür haben die Eltern und der Priester zu sorgen. Gefeiert wird der Namenstag, seltener der Geburtstag. Häufig bedeutet der Name eine Verpflichtung: Verehrung und Nachahmung des Namenspatrons, der sowohl Vorbild als auch Fürsprecher ist.
Schon in den Zeiten der frühen Kirche gab es das Amt des Taufpaten (pater, lat. = Vater), der bei der Vorbereitung auf die Taufe half und die Eltern hernach bei der Erziehung ihres Kindes zum Glauben und zum christlichen Lebenswandel unterstützte.[5]
Die Taufformel wird vom Priester gesprochen: »Ich taufe dich im Namen des Vaters und des Sohnes und des Heiligen Geistes«. Mit Chrisam[6] salbt er ein Kreuzzeichen auf die Stirn des Kindes. Das Taufwasser reinigt es von der Erbschuld. Doch die böse Veranlagung zur Sünde ist damit keineswegs hinweggespült, sondern bedroht den Menschen im Hinblick auf die ewige Verdammnis lebenslang.[7]
Durch die Taufe wird das Kind in die christliche Kirche aufgenommen und tritt »zugleich ein in den göttlichen Lebensstrom, der sich im Erlösungstod Christi über die Erde ergossen hat«[8].

Durch das Sakrament der Taufe ist das Kind ein Kind Gottes geworden; es ist den Eltern, die auch Stellvertreter der Kirche sind, als »geliehenes« Gut anvertraut. Sie sind verpflichtet, das Kind nach den Normen und Gesetzen der katholischen Glaubenslehre zu erziehen, um Papst, Bischöfe und Priester bei der Ausübung des ihnen von Jesus übertragenen »Hirtenamtes« zu entlasten.[9]

Die religiöse Erziehung des Kindes muß früh beginnen – ihr wird vor der körperlichen und intellektuellen höchste Bedeutung eingeräumt –, weil das Kind infolge der Erbschuld mehr zum Bösen als zum Guten neigt.
Sinnlichkeit und Sexualität werden in den Bereich des Unnatürlichen und Sündigen gerückt. Sexuelle Lust wird, nach katholischer Vorstellung, von Gott bestraft. Die kindliche Sexualität wird durch überirdische Sanktionsinstanz sowie durch die Androhung von Krankheit und Tod unterdrückt. Das Kind soll lernen, seine diesbezüglichen Bedürfnisse als etwas nicht zu ihm Gehöriges zu begreifen.[10]

Gehorsam gilt als oberste Tugend. Das Kind wird dazu angehalten, Gott und Seinen Heiligen sowie seinen Eltern als Stellvertreter Gottes ohne Widerrede zu gehorchen. Es muß an Genügsamkeit, Entsagung und Selbstverleugnung gewöhnt

werden, damit es Jesus nachfolgen kann. Dabei wird auch mit den Mitteln der Angst vor der ewigen Verdammnis gearbeitet: der Mensch solle sich bewußtmachen, jeden Augenblick sterben zu können und vor dem ewigen Richter Rechenschaft über sein Leben ablegen zu müssen.
Hintergrund solcher Erziehung bilden die Vorstellungen von einem Weiterleben nach dem Tod: einem außerirdischen Leben.

Die Religion ist die Beherrscherin der Gewissen und der Gewissenhaftigkeit; sie ist es um so mehr, als die Autorität der Kirche dahintersteht. Gefordert wird »Reinheit« der Gesinnung – Lügen bedeutet, den Satan nachzuahmen und ihm ähnlich zu werden.
Der Radius der religiösen Erziehung greift weit. Er bestimmt nicht nur das Lernen wichtiger Gebete, das Einüben von überlieferten Sitten und Bräuchen, das Erzählen biblischer Geschichten und Heiligenlegenden, die Unterweisung in katechetischer Literatur, sondern auch die frühe Gewöhnung an Kirchenbesuche, damit die Kinder die erhabenen Feierlichkeiten des katholischen Gottesdienstes erleben, damit auf diese Weise der Glaube, die Frömmigkeit und der Geist des Christentums in ihre Seelen gelange und ihnen die heiligen Feste und Rituale auch noch in späteren Jahren ein frommes Bedürfnis sein werden.
Schon das junge Kind nimmt an den zahlreichen Feiern der Kirche teil. Es verfolgt den Ablauf des Gottesdienstes, während es (vor seiner Erstkommunion) noch von der Feier der Eucharistie ausgeschlossen bleibt.

Die Erstkommunion der Kinder wird in der Katholischen Kirche durch einen sorgfältigen Unterricht vorbereitet. Ihr geht die Erstbeichte (etwa im Alter von 9 Jahren) voran. Das Kind muß seine Sünden bekennen, mit denen es sich nicht nur gegen Gott, sondern auch gegen die Kirche vergangen hat. In einem Beichtgespräch verpflichtet es sich, die angemessene Buße[11] für seine Verfehlungen zu übernehmen. Nach einem Reuegebet erteilt der Priester die Lossprechung (Absolution).
Die Kommunion wird mit großer Feierlichkeit, meist am Weißen Sonntag[12], begangen.
Durch die Eucharistie, die die unblutige Wiederholung des Opfers Jesu auf Golgatha ist und die höchste Feier der Kirche, wird das Taufgelöbnis erneuert; es wird nun nicht mehr vom Taufpaten, sondern vom Kind selbst gesprochen.
Mit dieser Zeremonie werden die jungen Christen in den Leib Christi aufgenommen, wie Jesus gefordert haben soll: »Wer mein Fleisch ißt und mein Blut trinkt, der bleibt in mir und ich in ihm« (Joh 6, 56).[13]

Nach der Erstkommunion treten die Kinder in das Gemeindeleben der Kirche ein; Jungen können zum Ministranten[14] berufen werden.

Die Firmung durch einen Bischof oder einen bevollmächtigten Priester findet nach der Erstkommunion statt. Die Firmung ist die Vollendung der Taufe. Durch sie werden die Getauften endgültig mit der Kirche verbunden; sie werden durch die besondere Kraft des Heiligen Geistes gestärkt; und sie werden verpflichtet, den Glauben als wahre Zeugen Christi in Wort und Tat zu verbreiten und zu verteidigen. Auch bei dieser Zeremonie wird für das Kind ein Pate eingesetzt, er kann derselbe sein wie bei der Taufe.

In der Kirche – so die christliche Vorstellung – sei Jesus, der die Gläubigen mit Gott versöhnt hat, gegenwärtig. Die Apostel (Jünger) haben von Gott die Vollmacht erhalten, in der Kraft Seines Geistes Sünden zu vergeben (Joh 20, 22 f.). Die Bischöfe und Priester gelten als Nachfolger der Apostel, als die sie in der Liturgie[15] des Gottesdienstes die Heilstat Christi vergegenwärtigen, um die Menschen zu heiligen und Gott zu verherrlichen.

Der katholische Hauptgottesdienst: die heilige Messe[16], auch »Hochamt« genannt, kann an allen Tagen: Sonn- und Werktagen, am Morgen und am Abend (außer am Kar-Freitag und Kar-Sonnabend) gefeiert werden.
Er hat zwei Hauptteile: den Wortgottesdienst und die Eucharistie, die durch Eröffnung und Entlassung eingerahmt werden. Im Eröffnungsteil wird gleich nach der Begrüßung der Gemeinde und der Einführung in die Feier ein allgemeines Schuldbekenntnis gesprochen, wobei sich alle Gläubigen mit den Worten: »Mea culpa – mea culpa – mea maxima culpa«[17] an die Brust schlagen.
Der Wortgottesdienst umfaßt Schriftlesungen[18] mit Auslegung, ferner Antwortgesänge und Gebete, das Credo (Glaubensbekenntnis) sowie Fürbitten.
Der eucharistische[19] Teil beinhaltet die Gabenbereitung, das große eucharistische Lobgebet der Messe, bestehend aus Präfation[20] und Meßkanon[21] (die Gemeinde beteiligt sich durch zustimmende Rufe: »Sanctus…«[22]), sowie die Kommunion[23].

Anlaß für eine Werktagsmesse können besondere liturgische Inhalte sein, zum Beispiel Hochzeiten, Gedächtnisfeiern, Heiligengedenken. Neben den Messen gibt es Andachten (meist in der jeweiligen Landessprache gehalten), während der das Volk mitbeten[24] und mitsingen kann. Abgesehen von sakramentalen Andachten, bei denen der Priester die anwesende Gemeinde durch das Kreuzzeichen mit der Monstranz[25] segnet, sind Mai-, Marien-, Rosenkranz- und Kreuzweg-Andachten verbreitet.

Für Kinder sind Prozessionen etwas Besonderes: Umzüge von Gläubigen, die das Bekenntnis des Glaubens in aller Öffentlichkeit zur Schau tragen. Am bekanntesten sind die farbenprächtigen und prunkvollen Festzüge zu Fronleichnam[26]. In vielen Gemeinden finden auch Prozessionen am Fest des Kirchenpatrons, am Jahrestag der Kirchenweihe oder als Bitte um das Gedeihen der Erdfrüchte statt. Bei diesen Umzügen wird das »Allerheiligste«, das heißt die geweihte Hostie in der

Monstranz, mit Gebeten und Liedern auf Straßen und Plätze hinausgetragen und in mehreren Ortsteilen der Segen gespendet.

Festtage sind für alle Kinder freudige Ereignisse: Das Kirchenjahr beginnt mit Advent, der die »Ankunft« Jesu bedeutet, aber auch Wiederkehr Christi zum Endgericht. Advent ist eine Bußzeit.

Weihnachten[27] feiert die Geburt Jesu. Das Fest hat keinen historischen Hintergrund; es hat sich erst im 4. Jahrhundert eingebürgert und geht vom Sonnenjahr[28] aus. Es stand nicht nur in Verbindung mit der Wintersonnenwende und der Überwindung der arianischen Lehre[29], sondern auch mit dem Mithras-Kult[30], der unter Kaiser Aurelian (270-275 n. Z.) römische Staatsreligion geworden war. Vermutlich verdrängte und beerbte das Geburtsfest Jesu diesen Kult. Weihnachten ist das erste Hochfest des Jahres. Das zweite ist das Fest Epiphanie, der Erscheinung des Herrn (Jesu), am 6. Januar, das historisch erste »Weihnachtsfest« der Christenheit.

Der Osterfestkreis beginnt mit dem Aschermittwoch, auf den eine vierzigtägige Bußzeit folgt. Dem Osterfest, dem Hochfest der Auferstehung Jesu, geht die sogenannte Heilige Woche voraus. Sie beginnt mit dem Palmsonntag, der dem Gedenken des Einzugs Jesu in Jerusalem gilt, wo ihm die Volksmenge mit Palmenzweigen zujubelte. Die Woche mündet in den Gründonnerstag[31], da Abtrünnige nach einer Zeit der Buße wieder in die kirchliche Gemeinschaft aufgenommen werden können.
Jeder Bischof weiht an diesem Tag die Öle, die beim Spenden der Sakramente verwendet werden. Abends finden in den Kirchengemeinden Abendmahlsmessen statt zur Erinnerung an die Einsetzung der Eucharistie beim letzten Abendmahl Jesu. Am Kar-Freitag wird keine Messe gefeiert; allerdings wird am Nachmittag gegen 15 Uhr, der vermeintlichen Todesstunde Jesu, ein Gottesdienst mit Lesung der Passionsgeschichte, mit Kreuzverehrung und Kommunionfeier (Kommunionausteilung) abgehalten, bei der die Gläubigen das eucharistische Brot als den Leib Jesu empfangen. Der Kar-Sonnabend gilt als Tag der Grabesruhe Jesu.

Das Osterfest beginnt in der Osternacht mit einem Gottesdienst: alle Gläubigen halten brennende Kerzen in den Händen, bis Jesus kommt – so die religiöse Vorstellung – und sie an seinen Tisch bittet, um mit ihnen das österliche Mahl zu feiern. Die Osterkerze wird geweiht. Es folgen Lesungen aus der hebräischen Bibel, die in Texte des Neuen Testaments und schließlich in die Verkündigung des Osterevangeliums übergehen. Das Taufwasser wird gesegnet und eventuell die Taufe gespendet. Die Gemeinde erneuert ihr in der Taufe gegebenes Treueversprechen: das Taufgelübde. Die Feier der Eucharistie schließt sich an. Die Gläubigen nehmen das Osterlicht mit nach Hause. Die Osterzeit dauert sieben Wochen.

Am vierzigsten Tag danach ist das Fest Christi Himmelfahrt, entsprechend dem Bericht aus der Apostelgeschichte (Apg 2, 1-36).

Am fünfzigsten Tag nach Ostern ist Pfingsten, das Fest der Ausgießung des Heiligen Geistes; und der folgende Sonntag ist dem Geheimnis der »Dreifaltigkeit«: Trinitatis, gewidmet.

Der christliche Sonntag ist nicht der siebte Wochentag wie der jüdische Schabbat, da Gott von Seinem Schöpfungswerk ausruhte, sondern der erste Tag, da Jesus auferstanden ist.[32] Alle Sonntage werden deshalb auch von Ostern her gedeutet, das heißt, sie sind im Sinne ihrer Liturgie Erinnerung an die Auferstehung Jesu.[33]

Parallel zum Kirchenjahr gibt es noch andere Feste und Gedenktage wie Mariä Verkündigung am 25. März (neun Monate vor Weihnachten); die Geburt Johannes des Täufers, nach Darstellung des Evangelisten Lukas am 24. Juni; Mariä Lichtmeß am 2. Februar, vierzig Tage nach Weihnachten, da im Gedenken an Jesus als »ein[em] Licht, zu erleuchten die Heiden« (Lk 2, 32) Kerzen geweiht werden.

Die Mutmaßung der Einheit von irdischer und himmlischer Kirche macht es möglich, verstorbene Christen um Hilfe anzurufen. Diese Hoffnung ist Grundlage der Heiligenverehrung.
Unter Heiligen versteht man in der Katholischen Kirche bereits verstorbene Menschen, die sich durch ihren besonderen Glaubenseifer und durch Werke der Nächstenliebe ausgezeichnet haben. Sie gelten als Leitbilder christlicher Lebensweise und dürfen verehrt und um Fürsprache angerufen, allerdings nicht angebetet werden. Als Glieder der himmlischen Kirche bitten die Heiligen für die in der jeweiligen Gegenwart lebenden Menschen als Glieder der irdischen Kirche.[34]
Das Heraufbeschwören der »himmlischen Helfer« (Heilige, Schutzengel[35], aber auch die Jungfrau Maria) bildet einen wesentlichen Bestandteil katholischer Frömmigkeit.
Gleichermaßen können Glieder der irdischen Kirche für verstorbene Angehörige beten: für die »Armen Seelen« im Fegefeuer[36]. Es werden Seelenmessen und Andachten gelesen, in der Hoffnung, ihre Qualen zu lindern.

Eine besondere Form der Heiligenverehrung gilt der Jungfrau Maria. Ihre Gottesmutterschaft, die schon im Jahre 431 (Konzil von Ephesus) zum Dogma erhoben worden war, wurde gut hundert Jahre später auf dem Konzil zu Konstantinopel (553) genauer mit »jungfräulicher Empfängnis« und »Jungfrauenschaft« umschrieben. Seit dem Konzil von Trient (1545-63) wurde die Marienverehrung als theologische Lehre der »Mariologie« gefaßt. Im Jahre 1854 erklärte Papst Pius IX. die unbefleckte Empfängnis Marias zum Dogma und damit ihre Befreiung von der Erbsünde (der auch die Heiligen unterworfen sind).

In katholisch geprägten Ländern wie in Polen oder Frankreich spielt die Marienfrömmigkeit eine herausragende Rolle. In Polen, wo der Kult der Gottesmutter eine lange Tradition hat (seit dem 15. Jahrhundert), suchte man Maria für die nationalen Bestrebungen in Dienst zu nehmen. Sie wurde und wird bis heute als Schutzpatronin Polens verehrt, als Fürsprecherin für dieses Land bei Gott.[37]

Die Heiligenverehrung hat selbstverständlich auch und gerade in der religiösen Erziehung und Wirklichkeit der Kinder in Predigten, Literatur und den Glaubensvollzügen in Gottesdienst, Gebet, Prozessionen, Wallfahrten große Bedeutung.

Die liturgisch wichtigsten Heiligenfeste sind die der zwölf Apostel, zahlreiche Marientage, die Feste der Erzengel, regionale und lokale Feste von Orts- und Kirchenpatronen. Daneben gibt es eine Fülle von täglichen Heiligengedenktagen. In den letzten Monat des Kirchenjahres fallen zwei Gedächtnistage, die himmlische und irdische Kirche zu verbinden scheinen:

Allerheiligen nahm seinen Anfang vermutlich im Jahre 609 oder 610, als Papst Bonifatius IV. das ihm vom byzantinischen Kaiser Phokas (602-610) geschenkte römische Pantheon der Jungfrau Maria und allen Märtyrern weihte; Papst Gregor IV. (827-844) verlegte das Fest, das wohl schon seit 835 im ganzen Frankenreich gefeiert wurde, auf den 1. November. Allerseelen am 2. November ist seit dem 14. Jahrhundert der Gedächtnistag für alle verstorbenen Gläubigen.

Judentum

Vermutlich haben die Israeliten[1] bereits um 200 v. Z. damit begonnen, alle religionsgesetzlichen Bestimmungen der Gebote und Verbote, die Moses in Form besonders der sogenannten mündlichen Tora[2] auf dem Sinai empfangen hatte, als halachische Regeln zu sammeln.

Diese Halacha[3], die ungefähr um 200 n. Z. abgeschlossen war, suchte mit ihrer Fülle von Vorschriften, Bestimmungen, Regeln und Satzungen sowie von Anordnungen symbolischer Art alle Lebensbereiche bis in jede Stunde und in jede Obliegenheit hinein religiös zu erfassen, damit das Sakrale in die Daseinszeit eintrete.

Über zweitausend Jahre bestimmte die Halacha das jüdische Geistes-, Religions- und Volksleben, sie schützte die Judenheit vor dem Zerbrechen.
Seit dem 18. Jahrhundert erzwangen gesellschaftliche Veränderungen eine Anpassung der verbindlichen Normen jüdischer Lebensweise an moderne Lebensformen.
Die Halacha verlor in Mittel- und Westeuropa immer mehr an Einfluß; in Osteuropa dagegen konnte sich aufklärerisches Gedankengut nur langsam durchsetzen, so daß wohl davon ausgegangen werden kann, daß viele osteuropäische Juden in zwei Kulturen lebten: in der ihres Landes und in der jüdischen, auf deren Tradition sie stolz waren, deren Werte, deren Sprache, Bräuche und Sitten sie bewahrten.

Nach dem Zweiten Weltkrieg fällt es schwer, sich ein Bild von jüdischer Kultur und jüdischer Religiosität zu machen. Die Lebenswelt des Judentums ist im Inferno der Schoa untergegangen. Nur Splitter, Reste und Spuren sind geblieben, Asche und Abdrücke, die eine Annäherung wenigstens in der Imagination ermöglichen. Auch gibt es Zeugnisse (schriftliche und mündliche) aus dieser Zeit; und es entspricht jüdischer Wesensart, Vergangenes im Gedächtnis zu behalten, um die Kontinuität der Erinnerung zu gewährleisten.

Vor diesem Verständnishintergrund soll versucht werden, religiöses jüdisches Leben nachzuzeichnen und dabei – wie im Kapitel »Christentum« – das Hauptaugenmerk auf die Weitergabe der Überlieferung an die nachfolgende Generation zu richten.

Jude ist, wer von einer jüdischen Mutter geboren wurde. Bei Jungen findet die »Beschneidung«[4] am achten Tag nach der Geburt statt. Sie ist das bleibende, sichtbare Zeichen des heiligen Bundes zwischen Gott und Israel[5].

Das Judentum kennt auch das Amt eines Paten, »Sandak« oder »Gevatter« genannt, auf dessen Knien das Kind während der Beschneidung liegt.[6] Mit diesem Akt ist ferner die Namengebung verbunden. Es ist üblich, daß das Kind den Namen eines Verstorbenen erhält. Namensgleichheit drückt die Verbindung zu der weiterlebenden jüdischen Gemeinschaft aus. Für den erstgeborenen männlichen Nachkommen findet nach Vollendung des 30. Lebenstages eine weitere Zeremonie statt: die »Auslösung«[7]. Sie erfolgt durch Zahlung von fünf Schekel[8] an den Kohen[9].

Für Mädchen gibt es keine Zeremonien, doch wird ihre Namengebung am 30. Tag nach der Geburt gefeiert.

Der Name eines neugeborenen Kindes wird in der Synagoge verkündet, dem Gottesdienst werden besondere Gebete angefügt; und der Vater wird zum Lesen der Tora aufgerufen. Danach bittet dieser die ganze Gemeinde zum »Kiddusch«[10].

In den ersten Lebensjahren, die das Kind in unmittelbarer Nähe der Mutter verbringt, lernt es die religiösen Gebote, die sich ihm in den häufig damit verbundenen Tätigkeiten einprägen, und etliche der so zahlreichen Segenssprüche. Jungen üben früh die ersten Verszeilen des »Sch'ma Jisrael«[11] ein.
Im Kreis seiner Familie verinnerlicht das Kind die Gewohnheiten, die die Handlungen des Alltags im Bemühen um die Heiligung aller Lebensbereiche bestimmen.
Dabei kommt der Einhaltung der Speisegesetze (Kaschrut[12] - Gesetze) besondere Bedeutung zu. Sie wurden nicht aus hygienischen Überlegungen eingeführt, sondern aus Gründen, die im 3. Buch Moses 11, 44, 46-47[13] erläutert werden. Nur ganz wenige Vorschriften seien hier angedeutet: Fleisch- und Milchgerichte müssen getrennt werden; es darf kein Schweinefleisch verzehrt und kein Blut genossen werden.

Nach der Kleinkindzeit (3. bis 4. Lebensjahr) besuchen die Jungen den »Cheder«[14], dessen intellektuelle Anforderungen, gemessen an dem Alter dieser Jungen, recht hoch sind. Sie absolvieren diese (ganztägige) hebräische Elementarschule bis zum Eintritt in die Talmud-Tora-Schule. Jeder Erwerb von Wissen hat für Juden, die als das »Volk des Buches«[15] gelten, eine religiöse und traditionelle Bedeutung.

Im osteuropäischen Judentum erhielt sich die traditionelle Bildung mit ihrem einseitig verstandesmäßigen Lernen und Üben bis in das 20. Jahrhundert. Die Kenntnis der hebräischen Sprache ist Voraussetzung für die Teilnahme am Gottesdienst. Hebräisch ist die »heilige Sprache«, die Sprache des Gebets, und zwar nicht nur des priesterlichen Gebets wie die lateinische Sprache im katholischen Gottesdienst, sondern des Gemeindegebets.

Der Lehrstoff des Cheder umfaßt das Hebräisch-Lesen, zunächst zum Sprechen der Gebete, später die Übersetzung des Textes der Tora, schließlich das Studium der

Megillot[16] und anderer liturgischer Texte bis hin zur Mischna[17] sowie zum Talmud[18] mit dem Raschi-Kommentar[19].

In den Unterrichtspausen werden Geschichten erzählt: Wundertaten der Zaddikim[20], alte Sagen und Märchen aus vor-chassidischer[21] Zeit. Der 9. Aw[22] und Chanukka[23] sind von vielen Legenden umwoben. Jede freie Stunde wird mit Spielen ausgefüllt, in denen das Tun und Treiben der Erwachsenen nachgeahmt wird.

Auch für die Erziehung und intellektuelle Unterweisung der Mädchen gibt es Vorschriften. Sie lernen Jiddisch lesen und schreiben, auch ein wenig Hebräisch, da die Schriftzeichen die gleichen sind wie im Jiddischen. Die meisten Gebete für Mädchen liegen in jiddischer Textfassung vor.
Doch während das Lernen für Jungen Hauptbeschäftigung ist, spielt es für Mädchen keine so große Rolle.

Der an der Halacha sich ausrichtende Jude fühlt sich in die heilige Tradition eingebunden, die von den Patriarchen bis in die Gegenwart reicht. Er betrachtet es als seine persönliche Aufgabe, die Gottesoffenbarung der Tora lehrend weiterzugeben – durch Vorbild und Unterweisung – an Kinder und Kindeskinder, um damit die Ewigkeit des Gottesvolkes Israel zu bezeugen und die jüdische Gemeinschaft zu erhalten.

Der Sohn begleitet den Vater bereits zum Schabbat-Gottesdienst in die Synagoge, wenn er noch nicht laufen kann, sondern getragen werden muß[24]. Manchmal wickelt der Vater ihn in seinen Gebetsschal[25], der weiß ist mit Fransen[26] an den Ecken und blauen Streifen.
Der Gottesdienst muß aber nicht unbedingt in einer Synagoge stattfinden; als Gebetsort kann jeder Raum dienen, in dem die Schriftrollen der Tora aufbewahrt werden und an dessen Türpfosten eine Mesusa befestigt ist.

Im Gottesdienst wird wöchentlich je einer der vierundfünfzig[27] Abschnitte der Tora gelesen. Jeder Lesung folgt ein Stück aus der Haftara[28]. Überdies werden viele Schabbat-Gebete gesprochen, das wichtigste ist die »Schemone esre«[29], Lobpreisungen Gottes, Segnungen, Dankgebete und Bitten.[30] Die Gemeinde betet als Einheit, und doch spricht jeder einzelne aus der Einheit heraus direkt mit Gott. Die Lesung zieht sich gewöhnlich sehr in die Länge, die Gottesdienstbesucher kommen und gehen; aber das wird nicht als Respektlosigkeit gegenüber Gottes Tora gewertet. Solange zehn jüdische Männer[31] am Anfang und sechs am Ende der Lesung anwesend sind, erfüllt das die Voraussetzungen für einen Gottesdienst. Die Frauen gehen häufig früher nach Hause, um den Schabbat-Tisch zu decken; die Kinder vergnügen sich mit Spielen oder hören der Lesung zu.

Am Ende der Cheder-Zeit steht ein Ereignis, auf das sich die freudige Erwartung der Jungen richtet: die Zeremonie der »Bar-mizwa«[32]. Der Junge ist, rituell gesehen, im Alter von dreizehn Jahren erwachsen. Er erlangt die religiöse Mündigkeit, ohne dafür ein besonderes Bekenntnis oder ein feierliches Gelöbnis ablegen zu müssen. Die Tradition, die ihn in den Bund Gottes mit dem Volk Israel aufnimmt, verpflichtet ihn zu religiöser Gebotserfüllung. Er ist vor Gott nun selbst für sein Tun verantwortlich.

Mädchen, für die dieses Fest, »Bat-mizwa«[33] genannt, erst zu Beginn des 19. Jahrhunderts eingeführt wurde, feiern es schon an ihrem zwölften Geburtstag.[34] Da sie in der Synagoge nicht den religiösen Pflichten unterliegen, dient diese Feierlichkeit mehr der Bestätigung ihres Erwachsenwerdens.

Die Feier der Bar-mizwa folgt einem frommen Ritual: erstmals wird der Junge als nun vollberechtigtes Mitglied des Minjan in der Synagoge vom Rabbiner aufgerufen, die Segenssprüche über die Tora zu sprechen und einen Tora-Abschnitt selbst zu lesen. Zum ersten Mal legt er die Tefillin und den Tallit an.

Nach der Zeremonie in der Synagoge wird die Feier zu Hause fortgesetzt. Die Gemeindemitglieder werden zu einem festlichen Mahl eingeladen, und der Junge trägt eine selbständig erarbeitete »erbauliche« Bibeldeutung[35] vor, um seine religiöse Reife zu beweisen.

Die Bedeutung der Bar-mizwa liegt in der neuen Beziehung des Jungen zu einer Gemeinschaft, die, hervorgegangen aus jahrtausendelanger Tradition, eine generationenübergreifende historische Größe ist, der der einzelne mit der Ganzheit seines Lebens und Wesens angehört. Zu der Erfahrung von Familie und Schule tritt nun die Wahrnehmung von Geschichte, in der sich Gott dem Volke Israel offenbart; einer Geschichte der Hoffnung auf allumfassende irdische Gottesherrschaft.

Besondere Höhepunkte des Jahres sind wie in jeder Religion – gerade auch für Kinder – die Feiertage, um nur die wichtigsten zu nennen: Rosch haSchana, Jom Kippur, Sukkot, Simchat Tora, Chanukka, Purim, Pessach, Schawuot, allen voran jedoch der Schabbat[36], dem in Anbetracht seiner Bedeutung innerhalb des Judentums auch in diesem Kapitel viel Raum zugestanden wird.

Der Schabbat wird im Gedenken an das Schöpfungswerk Gottes gefeiert:

> »Denn ein Tagsechst machte Er den Himmel und die Erde, das Meer und alles, was in ihnen ist, am siebenten Tag aber ruhte Er, darum segnete Er den Tag der Feier, Er hat ihn geheiligt.«[37]

Der Nachvollzug des göttlichen Schöpfungsprozesses im menschlichen Tun gilt als der Beweis der Nähe zu Gott, der man sich stets aufs neue vergewissern will und die dem Schabbat seine Heiligkeit verleiht.

Der siebte Tag erinnert auch an den Auszug aus Ägypten; denn der wöchentliche Wechsel von Alltäglichem zu Heiligem, von der Arbeit zur Ruhe ähnelt dem Wechsel von der Knechtschaft zur Freiheit. Am Schabbat wird der Wunder Gottes gedacht, die mit dem Auszug aus Ägypten begannen und sich fortsetzten im Geschenk der Tora auf dem Berge Sinai, in der Landnahme und den ersten Anfängen des Volkes Israel. Der Schabbat ist ein Tag der Freude, der Hingabe an Gott und ein Vorgeschmack auf die künftige Welt.
Die Geschäftigkeit des Alltags wird abgelöst vom Studium der Tora, vom Denken und von der geistigen Erbauung. Das Arbeitsverbot gilt nicht nur für die Familie, sondern auch für das Dienstpersonal, für den Fremden und für die Tiere.

Erew[38] Schabbat, wie der Freitag als der Vorabend des Schabbats genannt wird, ist der Tag, an dem man sich vorbereitet, den Schabbat zu begrüßen. Mit dem Anzünden der Kerzen beginnt in der Abenddämmerung der siebte Tag, der die Kosenamen »Königin Schabbat« oder »die Braut« (der »Bräutigam« ist das Volk Israel) erhielt. Die Begrüßung des Schabbats (= Kabbalat Schabbat[39]) findet in der Synagoge statt. Nach dem Gottesdienst werden die Kinder gesegnet. Mit dem Kiddusch-Gebet über Wein und Schabbat-Brote[40] beginnt das eigentliche Schabbat-Mahl der Familie und eines Gastes[41] (denn ohne Gast ist ein Schabbat nicht vollständig).

Die zahllosen Schabbat-Bräuche sind, wie viele Rituale im Judentum, von tiefer und reicher Symbolik durchzogen, die im Rahmen dieser Arbeit nicht ausgemalt werden kann.

Wie der Eingang, so wird auch der Ausgang des Schabbats gefeiert, und zwar mit der »Hawdala«[42]: einem Weihegebet beziehungsweise einer Weihezeremonie.

Chassidische[43] Juden versuchten, die »Königin-Braut« Schabbat durch das »Geleit der Königin«[44] bis in die späte Nacht zurückzuhalten. Solange das Licht nicht angezündet worden war[45], so behaupteten sie, solange sei der Schabbat nicht vorbei.

Pessach, Schawuot und Sukkot waren ursprünglich Erntefeste, an denen man zu den heiligen Stätten wallfahrte und mit Opfergaben für den Erntesegen dankte. Alle drei Feste wurden später mit großen historischen Erinnerungen verknüpft, die mit der liturgischen Zeit verschmolzen. Die historischen Vorgänge der biblischen Zeit bleiben zwar einmalig, »erlebt« aber werden sie als zyklisch wiederkehrend und in diesem Sinne als außerzeitlich. Dabei hat die Erinnerung in Liturgie und Ritual wenig mit Geschichte an sich zu tun, sondern ist darauf gerichtet, Vorstellungen wachzurufen und Identifikationen zu ermöglichen.

Am deutlichsten wird das bei Pessach-Seder: Pessach[46] steht für die wundersame Erlösung Israels aus der Knechtschaft und gilt mit dem Auszug aus Ägypten als das Geburtsdatum des jüdischen Volkes. Die Seder[47]-Feier am Vorabend des Festes ist die symbolische Darstellung[48] einer historischen Szenenfolge, deren drei große Akte: Knechtschaft, Errettung sowie endgültige Erlösung auch die »Haggada«[49] bestimmen, die an diesem Abend vorgelesen wird.

Ein eigenes Ritual zu Beginn des Seder-Abends ist das Beiseitelegen eines in eine Serviette gehüllten Stücks der mittleren Mazza (2 Mos 12, 34). Dieses Stück wird nach der Mahlzeit an alle Gäste als Nachtisch: Afikoman[50], verteilt. Um den Kindern ein Vergnügen zu bereiten, dürfen sie den Afikoman »stehlen« und verstecken. Da der Seder nicht fortgesetzt werden kann, ohne daß alle Anwesenden ihren Afikoman gegessen haben, muß nach ihm gesucht werden. Zur Freude der Kinder wird er meistens nicht gefunden, so daß sie ihn erst herausgeben, wenn er durch ein kleines Geschenk »ausgelöst« wird.

Und abermals sind es die Kinder, die an diesem Abend der Tischgesellschaft »vier Fragen« stellen dürfen, die mit den Worten: »Warum unterscheidet sich [dieser Abend]?«[51] eingeleitet werden. Zur Beantwortung dieser Fragen werden verschiedene Texte aus dem Tenach[52] und dem Midrasch-Schrifttum[53], die die Erzählung vom Auszug aus Ägypten enthalten, vorgelesen und erörtert.

Das Seder-Ritual soll eine Verknüpfung von Vergangenheit und Gegenwart herstellen, also eine erneute Aktualisierung. Im Talmud[54] heißt es, daß Juden jeder Generation verpflichtet sind, sich so zu fühlen, als seien sie selbst aus Ägypten gezogen. Während der Feier, die bis tief in die Nacht dauert, wird dem Propheten Elija[55] für einen Augenblick die Tür weit geöffnet.

Schawuot, dessen vollständiger Name »Chag haSchawuot«[56] lautet, hat als einziger von der Tora vorgeschriebener Feiertag kein eigenes Datum, sondern wird sieben Wochen nach Pessach begangen, weshalb er auch »Wochenfest« heißt. Diese Zeit zwischen dem Auszug aus Ägypten und der Ankunft der Israeliten am Berge Sinai ist eine Zeit der Erwartung hinsichtlich der Tora-Übergabe an Moses. Der Bund, der damit zwischen Gott und Israel geschlossen wird, verpflichtet das Volk zur Annahme der Ge- und Verbote.

»Sukkot«[57] soll daran erinnern, daß Israel einmal ein Nomadenvolk in der Wüste war, das keinen eigenen Boden besaß und deshalb nichts ernten konnte. Zur Feier dieses Festes wird eine Sukka gebaut: eine luftige Behausung, deren Dach aus Laub besteht, das so spärlich angeordnet ist, daß es den Blick in den Himmel und am Abend zu den Sternen freigibt. Während der ganzen Festwoche soll die Sukka, soweit es das Klima erlaubt, »bewohnt« bleiben.

Seinen Ursprung hat Rosch haSchana[58] wohl im babylonischen Neujahrsfest, um so wahrscheinlicher, als an diesem Tag (1. Tischri)[59] der Schriftgelehrte Esra[60] die Tora vor der Volksversammlung der gerade aus dem babylonischen Exil heimgekehrten Juden vorgetragen haben soll.

Die Juden huldigen an Rosch haSchana Gott als dem Schöpfer und König der Welt. Dazu gehört der Brauch, die Würde und Größe des Herrschers mit Posaunen zu verkünden und zu preisen. Vom Altertum bis heute dient dazu der »Schofar«[61]. Später wurde der 1. Tischri auch als Tag des Gerichts verstanden, da Gott alles Geschaffenen gedenkt und die Lose der Menschen bestimmt.
Bereits einen Monat davor, also ab dem 1. Elul[62], werden Juden durch die aufrüttelnden Töne des Schofars aufgerufen, ihre Handlungen und ihr Verhalten zu überprüfen, ihre Sündhaftigkeit zu erkennen, ihre Fehler zu bereuen und sich zur »Umkehr«[63] zu entschließen.

In der Hoffnung auf Gottes Barmherzigkeit und Vergebung tauschen Juden nach dem Abendgottesdienst zum ersten Neujahrstag[64] ihre Wünsche aus, daß Gott sie in das »Buch des Lebens«[65] eintragen möge.
Nach der Gefangenschaft in Babylonien hatte sich unter dem Einfluß der Sagen und Mythen dieses Landes die Vorstellung von zwei Büchern gebildet, in denen die Taten der Frommen und die der Sünder verzeichnet werden. An Rosch haSchana werden beide Bücher geöffnet: den Frommen wird Leben, den Sündern Tod eingeschrieben.[66]
Am Nachmittag des ersten Neujahrstages gehen Juden an einen Fluß oder an ein Gewässer, um Gott zu bitten, ihre Sünden in die Tiefe des Wassers zu werfen, und beten »Taschlich«[67].

Jom Kippur[68] ist seit biblischer Zeit (3 Mos 16, 29-34) ein »hochheiliger« Feiertag. Als Versöhnungstag zwischen Gott und Israel, auch »Schabbat der Schabbate«[69] genannt, ist er ebenso heilig wie der wichtigste Feiertag, der Schabbat.

Mit dem »Kol Nidre«[70] wird der Tag am Vorabend feierlich eingeleitet. Dieses Gebet hat mit den Gedanken und der Liturgie des Versöhnungstages nichts zu tun, nur sehr gezwungen läßt sich eine Verbindung herstellen. Doch hat es dadurch, daß es das erste an diesem heiligsten Tag ist und daß seinem eher nüchternen Wortlaut schwermütige altjüdische Klänge beigegeben wurden, eine ergreifende Wirkung.
Jom Kippur selbst wird bei strengem Fasten[71] mit ganztägigem Gottesdienst begangen.

Die Bitten um Sündenvergebung beziehen sich nur auf Vergehen gegenüber Gott (Nichterfüllung religiös-zeremonieller Pflichten). Verfehlungen gegenüber Mitmenschen vergibt Gott nur, wenn sie *vor* Jom Kippur beigelegt und befriedet worden sind. Durch »Umkehr« sollen nicht nur die Beziehungen zwischen Mensch und Gott, sondern auch die zwischen Mensch und Mensch bereinigt und neu geregelt werden. Auch die Verstorbenen werden mit einbezogen.

Die erweiterte Liturgie der beiden Hohen Feiertage (Rosch haSchana und Jom Kippur) schließt in der Mussaf-Tefilla[72] auch die Awoda[73] ein; sie ist lediglich eine andere (Feiertags-)Bezeichnung für den vollständigen Text des Alenu[74], das Bestandteil des täglichen Gottesdienstes ist. Bei diesem Hymnus ist es üblich, daß die Gemeinde bei den Worten: »Wir beugen das Knie und werfen uns nieder und bekennen vor dem König der Könige…« auf die Knie fällt.[75]

Simchat Tora[76] wird seit dem 9. Jahrhundert am Ende des jährlichen Zyklus der wöchentlichen Tora-Lesungen gefeiert. In der Synagoge werden Umzüge mit allen Torarollen veranstaltet, begleitet von Gesang und Tanz. Auch die Kinder nehmen daran teil und schwenken Fähnchen und dergleichen.

Chanukka ist ein Erinnerungsfest an den Aufstand und den Befreiungskampf der Makkabäer während der Jahre 166-165 v. Z., die sich gegen hellenistische Einflüsse zur Wehr setzten. An sämtlichen Tagen des Festes wird das ganze Hallel[77] gebetet, weil die Makkabäer-Siege dank Gottes Hilfe Errettung aus großer Gefahr bedeutet und die politische Befreiung Israels vorbereitet hatten.
Im Jahr 165 v. Z. wurde der Jerusalemer Tempel gereinigt und neu eingeweiht. Es wurde eine Menora[78] aufgestellt.
Nur ein Fläschchen reines (koscheres) Öl sei vorhanden gewesen. Das Einweihungsfest dauerte acht Tage, täglich wurden die Lichter der Menora für nur wenige Stunden angezündet. Im Volk allerdings verbreitete sich die Legende von einem Wunder, wonach das wenige Öl volle acht Tage gebrannt haben sollte.

Der Anzahl der Tage entsprechend, benutzte man später eine achtarmige Menora als Chanukka-Leuchter, an dem eine bis acht Kerzen angezündet werden. Chanukka hat sich allmählich zu einem Fest besonders für Kinder und Jugendliche entwickelt, an dem kleine Geschenke ausgetauscht werden.

Purim[79] basiert auf dem Inhalt der Megillat-Ester[80] aus dem 3./2. Jahrhundert v. Z. Ester rettete das jüdische Volk aus schwerer drohender Gefahr. Haman, der Günstling des Perserkönigs Ahasverus[81], wollte aus Zorn darüber, daß der Jude Mordechaj einen Kniefall vor ihm und dem König verweigert hatte, alle Juden des Reiches umbringen lassen. Schon war das Datum ihres Untergangs ausgelost worden, da gelang es Ester, der jüdischen Frau des Königs, diesen Plan zu vereiteln.
Purim wird mit Fröhlichkeit, Mummenschanz, Spielen und Belustigungen gefeiert. Am Vorabend des Festes werden die Kinder zum Gottesdienst mitgenommen: sie dürfen bei jeder Erwähnung des Namens »Haman« mit einer eigens dafür hergestellten hölzernen Haman-Rassel Lärm machen. Sie sind mit Feuereifer dabei, weil so der Name[82] unhörbar gemacht und sein Andenken auf diese Weise »gelöscht« wird.

Neben den genannten Festen gibt es noch viele andere bedeutsame Feier-, Halbfeier-, Gedenk-, Fast-, Buß- und Trauertage, wobei Tischa be Aw[83] in Erinnerung an die Zerstörung des 1. und 2. Tempels sowie Chodesch Elul[84] als Monat der Buße und »Umkehr« zur Vorbereitung der zehn Bußtage zwischen Rosch haSchana und Jom Kippur besondere Erwähnung verdienen.

Im Rahmen dieser Arbeit können nur wenige Eigenarten jüdischen Lebens, das im ganzen rituell und liturgisch ausgerichtet ist, angedeutet werden. Es ist unmöglich, an dieser Stelle die zahllosen Überlieferungen; Weisungen: Gebote und Verbote; Bräuche und Sitten; Gottesdienstabläufe und Gebetsordnungen; die unterschiedlichen Liturgien und Zeremonien sowie die reichen kultischen und rituellen Symbole ausführlich zu beschreiben.
Allerdings ist es auch nicht nötig, denn alles Wesentliche aus dem religiösen Umfeld jüdischer Kinder ist in diesem Kapitel genannt worden.

Unterschiede zwischen Christentum und Judentum

Um das ganze Ausmaß der psychischen und kognitiven Umorientierung ermessen zu können, die der erzwungene Religionswechsel für jüdische Kinder und Jugendliche bedeutete, ist es notwendig und hilfreich, die Unterschiede[1] beider Religionen: Christentum und Judentum[2], herauszustellen, wobei stets gegenwärtig bleiben muß, daß die eine Religion ihren Ursprung in der anderen hatte:

Beide Religionen werden als monotheistisch bezeichnet, unterscheiden sich aber gerade in dieser Beziehung voneinander.

Der Monotheismus des Judentums, angebahnt durch das Wirken der Propheten, betonte die Einzigkeit Gottes inmitten der Vielgötterei heidnischer Religionen und Gottes Heiligkeit. Im späteren Judentum war diese Gottesvorstellung fest verankert, und die Worte der Tora, die das aussprechen, sind das »Sch'ma Jisrael«. Die Einzigkeit Gottes, die anfangs gegen den Polytheismus gerichtet war, mußte im Laufe der folgenden Jahrhunderte noch genauer gefaßt werden, um die Reinheit der jüdischen Gottesidee zu bewahren. Der Monotheismus wurde zugespitzt zur »Einig-einzigkeit«[3] Gottes.

Das Christentum, eschatologisch ausgerichtet, war beeinflußt von Riten mystischer Gemeinschaften, vom Polytheismus der Antike sowie vom Wunder- und Zauberwesen. Es sah sich nicht nur in der Nachfolge des Judentums, sondern meinte auch, dieses sittlich-religiös überwunden zu haben; denn in Jesus, dem Messias, hatten sich alle Prophezeiungen der hebräischen Bibel erfüllt. Das Christentum beanspruchte, das »wahre Israel«[4] zu sein, während die Juden nun lediglich als Zeugen für die Wahrheit dieser neuen Religion fungierten.

Die Gottsetzung Jesu allerdings war mit dem jüdischen Monotheismus unvereinbar, und erst die seltsame Kombination von jüdischen und griechischen Vorstellungen rettete im 4. Jahrhundert n. Z. die Idee des Monotheismus: die göttliche Triade von Vater, Sohn und Heiligem Geist drückte sich in der Dreieinigkeitsformel aus.[5]

Eine Folge der Vergottung Jesu ist der Marienkult. Maria als »Gottesgebärerin«, als »Gottesmutter« wird wie die ägyptischen, babylonischen und kleinasiatischen Göttinnen Isis, Istar und Kybele verehrt.

Neben dem von seiten des Christentums etwas überdehnten Begriff des Monotheismus[6] gibt es weitere Unterschiede zwischen beiden Religionen:

- Das Christentum ist eine Priesterreligion.
  Jesu Aussendungsrede[7], mit der er Jünger als Boten in die umliegenden kleineren Ortschaften und Städte sandte, um am bevorstehenden Ende der Zeiten die herannahende Königsherrschaft Gottes zu verkünden, kennzeichnet

diese eschatologische Bewegung als von Laien bestimmt und auf Mission angewiesen.
Das Selbstverständnis der ersten christlichen Gemeinden bewegte sich in diesen Vorstellungen und in der Erwartung der Parusie[8]. Erst als die Weltzeit weiterlief, entwickelten sich am Übergang vom 1. zum 2. Jahrhundert hierarchische Gliederungen und feste Ämterstrukturen.[9]
Geweihte Priester wurden zu Mittlern des Heils. Die Kirche, das »Haus des Herrn«[10], ist die vom Heiligen Geist geeinte Gemeinschaft der Gläubigen. Die Idee von der Kirche entwickelte sich unter dem Einfluß des Kirchenvaters Augustin (354-430 n. Z.), der ihre Gründung und streng hierarchische Ordnung auf Jesus zurückführte. Sie sei in einem mystischen Sinne der Leib Jesu.[11]
Die Kirche verwaltet die als von Jesus eingesetzt gedachten und nach der heiligen Siebenzahl geordneten Sakramente[12]: Taufe, Firmung, Kommunion (Eucharistie), Beichte/Buße, Priesterweihe, Ehe, Krankensalbung.[13]
Ferner behütet sie die Glaubensgeheimnisse, zelebriert heilige Handlungen und spendet die mit diesen verbundenen Gnaden. Sie ist Besitzerin des endzeitlichen Heils und der schon eingetretenen Zukunft, in der alles erfüllt ist. Zudem prägt sie das Dogma, das das Glaubenswissen erfaßt und bewahrt und ein Bekenntnis zum Mysterienwunder ist.
Sie beansprucht für sich das Recht des Ausschlusses aus ihrer Gemeinschaft und der Verweigerung des Heils: sie öffnet beziehungsweise versperrt die Tore zum Himmelreich.[14] In ihr und unter den von ihr Beauftragten waltet der Heilige Geist.

– Das Judentum ist eine (rabbinische) Laienreligion.
  Zu dieser Form entwickelte es sich erst, als sein Zentralheiligtum, der Tempel in Jerusalem, im Jahre 70 n. Z. durch Titus[15] zerstört wurde und die Priesterschaft ihre Funktion verlor.
  Ursprünglich, also in der frühen israelitischen Königszeit, war das Priestertum nicht auf einen besonderen Personenkreis beschränkt. Erst ganz allmählich bildete sich aus gotterwählten Orakelverkündern, Weissagern und Propheten ein Priesterstand heraus, obwohl bereits Moses auf Gottes Geheiß Aaron zum Hohenpriester bestimmt haben soll. In alter Zeit verkündeten die Priester wohl vor allem die Weisungen Gottes an Israel; erst ab ungefähr dem 7. Jahrhundert v. Z. oblag ihnen auch das Darbringen der Opfer. Mit der Zerstörung des Tempels konnte wieder Realität werden, was vermutlich mit 2 Mos 19, 6 gemeint war: »Ihr sollt mir werden ein Königreich von Priestern, ein heiliger Stamm«[16]. Das Judentum orientiert sich allein an der Weisung, das heißt an der Tora, die als Offenbarung Gottes höchste Autorität besitzt.
  Eine Entsprechung zur Institution »Kirche« gibt es nicht. Die Synagoge ist keine den Menschen übergeordnete, mit Sanktionsgewalt ausgestattete, gnadenausteilende und heilsverwaltende Einrichtung. Sie ist Versammlungsort

der Juden, Haus des Gebets sowie Haus des Studiums der heiligen Schriften. Im Mittelalter wurde sie »Schul« genannt, in osteuropäischen Ländern »Tempel«. Für den Gottesdienst braucht man kein spezielles Gebäude, oft genügt ein Raum (»Klaus«) in Privathäusern. Zur inneren Einrichtung gehören ein Schrein für die Tora-Rollen und die Mesusa am rechten Türpfosten.

– Das Christentum ist eine Erlösungsreligion, und zwar vor dem Hintergrund der sogenannten »Erbsünde«.
Die Lehre, daß der Mensch infolge von Adams Schuld von Geburt an dem radikalen Bösen verfallen sei, formulierte Paulus im Römerbrief (Röm 5, 12 ff., auch 7, 18 ff.).
Damit wurde die prophetische Sichtweise von der individuellen Sünde aufgegeben und der alte griechische Mythos von der blind wirkenden Schuld (gr. μοιρα [moira] = Schicksal) neu belebt. In seiner Sündhaftigkeit, die ihm von Natur aus anhaftet, hat der Mensch keinerlei Möglichkeit, sich vor Gott zu rechtfertigen. Da er nicht selbst für die Sünde verantwortlich ist, kann er auch nicht aus eigener Kraft und eigener Entscheidung dagegen ankämpfen. Innerhalb menschlichen pflicht- und verantwortungsorientierten Handelns gibt es keine Sühne und keine Versöhnung.
Nur durch die Aufhebung der Wirkkraft der Natur, das heißt durch ein Wunder: durch die sühnende Kraft des gottgewollten Opfertodes Jesu kann der Mensch erlöst werden. Eine höhere Macht nimmt ihn aus der Schuld heraus, ohne daß er sich darum bemühen oder etwas dafür leisten muß. Jesus als Mittler hat es für ihn getan. Die christliche Erlösungslehre ist auf das Individuum bezogen: der einzelne Mensch erfährt nach Paulus Rechtfertigung vor Gott durch den Glauben.[17]
Den Vorgang der seelischen Veränderung des Menschen durch den Glauben an Jesu Opfertod bezeichnet die christliche Frömmigkeit mit dem Begriff »Erlösung«.[18] Erlösung wird als Zeichen von Gottes Liebe betrachtet, deshalb wird »Liebe« als höchster sittlicher Wert angesetzt und mit ihr die Geltung des Christentums in der Welt begründet.

– Das Judentum ist eine Versöhnungsreligion.[19]
Es lehnt den Mythos der Erbsünde ab und geht von der Reinheit jeder neu ins Leben gerufenen Seele aus. Sünde ist nicht vererbbar, sondern individuell.
Ein für allemal wird im 5. Buch Mose betont, daß der Mensch zwischen Leben und Tod, zwischen Segen und Fluch wählen könne.[20]
Diese Aufforderung hat – theologisch betrachtet – viele Facetten: Sie wurde erst möglich durch eine in der Galut[21] erzwungene Individualisierung und Spiritualisierung jüdischer Frömmigkeit; durch die religiöse Deutung des politischen Unglücks (babylonisches Exil); durch die nach Maßgabe der Alleinverehrung Gottes im 5. Buch Mose erteilte Weisung, die über

Generationen hinweg im »Deuteronomistischen Geschichtswerk«[22] »weitergeschrieben« wurde; und durch die unermüdlichen Mahnungen der Propheten zur »Umkehr«.
Gottes Handeln in der Katastrophe wurde allerdings nicht als Vergeltung verstanden, sondern als Heimsuchung, die den Nachkommen die Schuld[23] der Väter bewußtmachen und sie auf ihre eigene Verantwortung und auf ihre Rechenschaftspflicht gegenüber Gott hinweisen sollte.
Israel darf bei ernsthafter Umkehr, die zugleich auch ein Umdenken ist, auf Gottes Erbarmen und auf Versöhnung hoffen. Versöhnung ist hier kein bloßes Werk der Gnade, keine Art Erlösungswunder, sondern eine Forderung, unter die das Leben gestellt wird: an Gottes Werk mitzuarbeiten. Die Propheten sprachen weniger von der Zukunft als von den kommenden Generationen: neue Menschen mit dem Willen, die behebbaren Übel aus der Welt zu schaffen und in ihr das Gute zu verwirklichen.

Ein maßgebliches Unterscheidungskriterium zwischen Christentum und Judentum ist die jüdische Dogmenlosigkeit. Das Christentum mahnt den Menschen zum Glauben, das Judentum fordert ihn zur Erkenntnis auf:

– Christentum ist Glaube.
  Nach der Paulinischen Lehre wird die alleinseligmachende Kraft des Glaubens hervorgehoben, während jedwedes Denken als Torheit gilt (1 Kor 1, 20-28). Das Wissen muß sich dem Glauben unterordnen.
  Das Heil, das im Glauben liegt, kann und darf nicht durch menschliches Tun erworben werden, denn »Christus ist des Gesetzes Ende« (Röm 10, 4) – es wird allein aus der Gnade empfangen. Der Glaube, der bei sich selbst stehenbleibt, ist eine verliehene Heilstatsache. Der Mensch ist das bloße Objekt göttlichen Wirkens: der Gnade oder der Verdammung.

– Judentum ist Erkenntnis Gottes und Seines Willens.
  Gotteserkenntnis richtet sich auf den göttlichen Willen in seiner Beziehung zu den Menschen (5 Mos 4, 39).
  Sie ist Gottesbewußtsein und die Bereitschaft zur Erfüllung der göttlichen Gebote, bezogen auf diese Welt.
  Gott ist selbstverständliche Gewißheit für Fromme wie für Nicht-Fromme (Jer 31, 34). Gott beweisen zu wollen, wäre Zeichen von Gottverlorenheit und -verlassenheit. Doch nur der Fromme besitzt infolge seiner religiösen Gesinnung die Erkenntnis Gottes (Jes 11, 9), die zugleich Ursprung der Gottesfurcht ist. Das Geheimnis des Göttlichen erfüllt den Menschen mit ehrfurchtsvoller Scheu und bestimmt ihn zum Gehorsam gegenüber der göttlichen Weisung.

– Das Christentum nahm die Vorstellung von der Heilsidee des Opfers wieder auf, mehr noch: es griff auf die Vorgeschichte Israels zurück, da Gott das Menschenopfer – wie später bei Isaaks »Bindung«[24] – noch nicht ausdrücklich verworfen hatte.
Der gekreuzigte Heiland weist auf die griechischen Mysterienkulte. Dort fand das göttliche Opfer im Reich des Mythos statt, während die Opfergestalt Jesu vermutlich eine historische Person war, die zu einer bestimmten Zeit an bestimmten Orten gelebt und zu Juden und Römern Kontakt gehabt hatte. Das verlieh dem Menschenopfer Realität und Glaubwürdigkeit, die weit über die Vorstellungen innerhalb der Mysterienreligionen hinausgingen. Gleichwohl übernahm das entstehende Christentum von ihnen die Idee von der erlösenden Kraft des Gottestodes und die Gewißheit, daß die Erlösung nicht durch Erkenntnis (gr. γνωσις [gnosis]) zustande komme, sondern durch mystische Teilhabe an diesem Tod.
Dem Gnostizismus lag die Verknüpfung zwischen Tod und Opfer fern; denn der Tod, der von der materiellen Welt erlöste, galt als erstrebenswert. Das gnostische Konzept eines Kampfes zwischen den kosmischen Mächten des Lichtes und der Finsternis freilich sowie das Bild eines Erlösers oder Gottessohnes, der von der Welt des Lichts herabsteigt[25], beeinflußte das Christentum.
Allerdings war es weder mit den Mysterienreligionen noch mit dem Gnostizismus identisch, sondern formte beide zu einer neuen Erscheinung um und richtete sich, da es sich zunächst »noch als integraler Bestandteil bzw. als Erfüllung« der »israelitischen Religion verstand«[26], auch an deren Reinigungs- und Entsühnungsritualen[27] aus.
Nach der Zerstörung des Tempels[28] habe die Jesus-Bewegung vermutlich die Opferidee des Jom Kippur-Rituals transformiert und sie im Sinne ihres Glaubens in die Eucharistie[29] übernommen. Dadurch sei »mit dem werdenden Christentum eine Religion« entstanden, »die mit derselben auch in der Tempelsymbolik und besonders in bezug auf den Jom Kippur verwendeten Begrifflichkeit ihr Heilsereignis zum Ausdruck«[30] gebracht habe.
Da im Christentum »der hellenistische Teil der israelitischen Religion«[31] fortgelebt habe, sei das Gedankengut des jüdisch-griechischen Philosophen Philon aus Alexandria[32] für die Transformation von Bedeutung gewesen: Aus dem israelitischen mehrmaligen Ereignis des Opfers durch den Hohenpriester, der Gottes Nähe und Vergebung zelebrierte, sei ein einziges Moment geworden, weil sich Jesus als Gottes Sohn selbst dargebracht habe, so daß Opfer, Hohepriester und Gott (Jesus wurde als wahrer Gott verstanden) in Jesus zusammengefallen seien.[33]
Auch in der Eucharistie stehe die Vergebung der Sünden im Mittelpunkt, durch die die Menschheit zu dem von Jesus symbolisierten idealen Gottesverhältnis

geführt und durch Essen und Trinken der eucharistischen Gaben[34] in es hineingenommen werde. Mit diesem Partizipationsmahl[35] werde Gottesnähe rituell verwirklicht.

- Das Judentum kannte Sühneopfer, die das gestörte Verhältnis zwischen Gott und Mensch wiederherstellen sollten. Sie gliederten sich in »Sündopfer« für irrtümliche Vergehen gegenüber Gott und »Schuldopfer« bei Verletzung menschlicher Rechte, wobei vor allem der angerichtete Schaden wiedergutgemacht werden mußte.

  Ob das Opfern in Israels frühester Geschichte bekannt war, ist fraglich; allerdings findet sich im 3. Buch Mose, im sogenannten Priesterkodex[36], eine ausführliche Opfer-Theorie. Es gab animalische und vegetarische Opfer zu ständigen oder zu bestimmten Anlässen. Ort der Opferung war später der Tempel in Jerusalem. Gleichwohl neigte der jüdische Monotheismus, vor allem unter dem Einfluß der Propheten[37], zur Überwindung der Opferidee und des »Blutrituals«[38], schon bevor die Zerstörung des Zweiten Tempels dem Opferkult ein unwiderrufliches Ende bereitete.[39]

- Einen Teil des christlichen (dualistischen) Erlösungsgedankens bildet die Lehre von Satan als dem bösen Prinzip und von der Hölle. Die Vorstellungen von bösen Geistern wie Satan und Teufel gehören zum Weltbild des Neuen Testaments.

  Wenn die Sünde die Tat einer übernatürlichen Macht darstellt, wenn ein Widersacher Gottes sie bewirkt, dann wird es nötig, daß ein göttlicher Heiland erscheint, um Satan, die Sünde und den Tod zu besiegen.

  Nach seinem Begräbnis ist Jesus »hinabgestiegen in das Reich des Todes«, um alle dort weilenden Gerechten des Volkes Israel: Patriarchen, Propheten, aber auch fromme Heiden zu erlösen, die in einem »Rand«, »Saum« oder »Streifen« vor der Hölle, dem »limbus patrum«, weilten.[40] Doch entwickelte sich diese Vorstellung erst in der Frühscholastik (9. bis 12. Jahrhundert), also etwa parallel zum »purgatorium« (Fegefeuer). Gleichzeitig entstand die Vorstellung eines »limbus puerorum« für alle ungetauft, in der Erbsünde verstorbenen Kinder.[41]

  In der Jenseitsvorstellung des frühen Christentums gab es für die Toten zunächst zwei getrennte Aufenthaltsorte: den Himmel für die Gerechten und die Hölle in der Tiefe der Erde für die Frevler, die das von Gott angebotene Heil (in Jesus) ausgeschlagen hatten.

  Entsprechend kreisten die Gedanken der Christen ab dem 2. Jahrhundert um die Zeit zwischen dem individuellen Tod und dem Jüngsten Gericht sowie um die Frage, ob einzelne Seelen nicht doch noch gerettet werden könnten. Große

Kirchenväter des 4. Jahrhunderts (Ambrosius, Hieronymus und Augustinus) suchten nach Wegen, die endgültige Verdammung abzuwenden oder wenigstens durch eine vorstellbare läuternde Prüfung zu mildern. Allerdings verfestigten sich diese Gedanken noch nicht zu einem klaren Bild. Doch zwischen dem 4. und 14. Jahrhundert wurde das christliche Jenseits wohl als »ideologisches und imaginäres System«[42] ausgeformt.

Es wird vermutet, daß es bis zum Ende des 12. Jahrhunderts noch kein Substantiv zu dem Adjektiv »purgatorius« = reinigend gegeben habe.[43] Erst zwischen den Jahren 1170 und 1200 (vielleicht bereits 1180) entstand der Begriff »purgatorium« = Läuterungsort oder (katholisch) Fegefeuer.[44] »Das Fegefeuer« sei ein »intermediäres Jenseits, in dem bestimmte Tote eine Prüfung zu bestehen haben, die durch die Fürbitte – die geistliche Hilfe – der Lebenden verkürzt werden«[45] könne. Das Fegefeuer als solches kommt in der Bibel nicht vor, allerdings berief man sich auf 1 Kor 3, 13 und 15.[46]
Die endgültige Aufnahme des Fegefeuers in die Lehrmeinung der Katholischen Kirche erfolgte zwischen der Mitte des 15. und dem Beginn des 17. Jahrhunderts. Auf dem Konzil von Trient (1562) wurde das Fegefeuer ins Dogma einbezogen, allerdings ohne es inhaltlich auszumalen, das wurde der Phantasie der Gläubigen überlassen. Zwischen dem 15. und 19. Jahrhundert prägte sich seine Vorstellung tief in den katholischen Glauben ein.
Augustin«[47], der – wie bereits erwähnt – eine Rettung nach dem Tode für möglich hielt, legte sich bezüglich des Zeitraums des Fegefeuers nicht fest, sondern hielt ihn »in der Schwebe zwischen der irdischen und der eschatologischen Zeit«[48]. Obwohl er die Paulus-Apokalypse[49] ablehnte, griff er deren Unterscheidung zwischen einer oberen und einer unteren Hölle auf. Sie wurde später auch von Papst Gregor dem Großen (um 540–604) übernommen und bildete »zwischen dem 6. und 12. Jahrhundert die Grundlage dafür [...], daß man jene verschwommenen Bilder, aus denen sich am Ende des 12. Jahrhunderts das Fegefeuer entwickelte, oberhalb der Hölle ansiedelte.«[50] Die obere Hölle wurde dabei zum Limbus der Patriarchen.
Zwischen Himmel und Hölle gab es in den christlichen Vorstellungen nun »ein oder zwei mittlere Kategorien.«[51]

– Übernommen wurden diese Gedanken (außer dem vom »Limbus«) aus der hebräischen Bibel, in der die Vorstellung vom Scheol[52] von der des Gehinnom[53] überlagert und verdrängt wurde. Der Scheol bezeichnet im Judentum das Reich der Toten. Die dort weilen, bleiben tot und können den Ewigen nicht mehr preisen.[54] Allmählich verschob sich – vermutlich unter dem Einfluß des persischen Parsismus[55] – diese Auffassung, und es verknüpften sich mit dem Begriff der Unterwelt Gedanken an einen Strafort, an dem die Bösen ihre Sünden büßen mußten: das Gehinnom. Es bezeichnet ein Tal bei Jerusalem, wo in nachexilischer Zeit Tote bestattet wurden, die keine Aufnahme in den regulären Begräbnisstätten fanden. Daraus bildete sich der Volksglaube, daß hier beim Jüngsten Gericht die Frevler bestraft würden. In späterer Zeit machte das Judentum einen nur geringen Gebrauch von derartigen Phantasien.

– Mit der Einheit Gottes verträgt sich im Judentum keine andere (böse) Macht, die Ihm entgegenstünde.

  In den älteren Büchern des biblischen Kanons, besonders in der Tora, ist die Gestalt Satans unbekannt. In den historischen Schriften bezeichnet er einen persönlichen oder politischen Feind, Widersacher oder ein Hindernis. In den Psalmen kommt er ein einziges Mal als »Ankläger« oder »Widersacher« vor (Ps 109, 6)[56]. Satan in »Sacharja« und »Hiob« ist der Vorläufer der in der nachbiblischen Zeit entwickelten Gestalt des Satan-Samael, der aber nie zur Bedeutung eines Gegengottes gelangte.[57]

  Rom erschien in der jüdischen Literatur als die Verkörperung der finsteren Macht Satans oder, wie Satan auch genannt wurde: Samaels. Er wurde häufig als der »Herr Roms« (hebr. שָׂר שֶׁל רוֹמִי [sar schel Romi]) bezeichnet.

Unterschiede gibt es auch bei der Messias-Vorstellung beider Religionen. Der aus dem Hebräischen und Aramäischen stammende Begriff »Messias« (hebr. מָשִׁיחַ [Maschiach]) bedeutet der »Gesalbte« (gr. χριστος [christos]; lat. christus).

– Im Christentum scheint die im Tenach prophezeite messianische Zeit (Joel 3, 1-5) angebrochen[58], die Segensverheißungen der Tora und die Heilsworte des Propheten Jesaja nunmehr erfüllt zu sein: Jesus ist der erwartete Messias und die »Verkörperung des Gottesreiches«[59]. Gott hat »durch den Sohn gesprochen« (Hebr 1, 2) und sich in ihm in endgültiger und unüberbietbarer Weise mitgeteilt, indem Er selbst in Jesus »Fleisch«, das heißt, »Mensch« geworden ist (Joh 1, 14). Jesus ist also nicht nur Verkünder von Gottes Wort – wie die Propheten der hebräischen Bibel –, sondern er ist das »fleischgewordene« Wort Gottes und dadurch Mittler zwischen Gott und Mensch.

– Im Judentum verbanden sich mit der Vorstellung vom Messias zwei Bedeutungsinhalte: Messias, der »Gesalbte«, war zunächst ein Gattungsname, der für weltliche oder für priesterlich von Gott eingesetzte Herrscher des Volkes galt. Sie standen unter Gottes besonderem Schutz. Daneben gab es, getragen von religiös-nationalen Hoffnungen, eine einmalige, ganz bestimmte Gestalt des Messias, eines (Ideal-)Königs des Friedens und der Gerechtigkeit, der aus dem Stamm Davids hervorgehen sollte.

  Durch die Verbindung mit eschatologischem Gedankengut steigerte sich die messianische Erwartung beim Propheten Jesaja zu Enthusiasmus: der Messias

werde eine vergeistigte Umwandlung der ganzen Weltordnung bewirken (Jes 11, 9); in Trito-Jesaja ist der Messias der ersehnte erlösende Weltheiland (Jes 56, 7). Daß er bei allen überschwenglichen Hoffnungen, die sich mit ihm verbinden, Gott untergeordnet bleibt, ist innerhalb der jüdischen Religion selbstverständlich.
Die Frage nach dem personenhaften Messias ist zweitrangig. Entscheidend für die messianische Erwartung ist, daß es um eine innerweltliche Verwirklichung des Heils geht, ohne Bezug oder Verbindung zum Jenseits. Da die Sehnsucht nach nationaler Erlösung, welche Selbständigkeit, Zurückeroberung Palästinas sowie den Wiederaufbau des Tempels beinhaltete, durch alle Zeiten (ebenfalls in der Galut) lebendig blieb, erlosch auch nicht die Sehnsucht nach einem Messias. Die Bitte um sein baldiges Erscheinen wurde in das tägliche Gebet[60] aufgenommen. Im Kommen des Messias werden die Möglichkeit und zugleich die Gewähr dereinstiger allumfassender irdischer Gottesherrschaft gesehen.

– Das Christentum glaubt an ein Fortleben der Einzelpersönlichkeit nach dem Tod in einer jenseitigen Welt des Heils und der göttlichen Ordnung. Die diesseitige Weltordnung wird damit als eine vorläufige, provisorische abgewertet. Da in dieser Welt eine Umkehr des schuldig gewordenen Menschen aus eigener Anstrengung unmöglich ist, hofft er auf Vergebung der Schuld und auf vollkommene Liebe im Jenseits. Diese Hoffnung gründet sich auf den Heilswillen Gottes, der Seinen Sohn in die Welt gesandt hat, damit sie durch ihn gerettet werde. Jesus hat mit seinem Opfertod am Kreuz die Sünden der Menschen gesühnt und sie wieder mit Gott versöhnt. Dadurch, daß Gott Jesus auferweckt[61] und zu sich erhöht hat, dürfen auch die, die an ihn glauben, die eigene Auferweckung und Teilhabe am ewigen Leben erwarten.

– Das Judentum hofft nicht in der Reichweite auf ein Jenseits wie das Christentum, denn das Gebot »Du sollst leben« tritt vor alle diesbezüglichen Erwägungen.
Trotzdem kennt es für das Jenseits einen Begriff: Olam haba (hebr. עוֹלָם הַבָּא = die kommende Welt), und auch Gedanken um die Auferstehung (allerdings erst in den späteren Schriften des Tenach). Transzendente Vorstellungen von der kommenden Welt haben für das religiöse Bewußtsein keine große Bedeutung erlangt.
Viel häufiger ist deshalb von Olam haze (hebr. עוֹלָם הַזֶּה = diese Welt) die Rede, für die der Einbruch der messianischen Zeit erhofft wird. An die Stelle der jetzigen Weltordnung wird Gott zukünftig eine Welt des Heils treten lassen. Das Reich des Himmels wird auf die Erde kommen, damit auf ihr der Wille Gottes geschehe (Jes 2, 2-4).

Neben den wesentlichen theologischen Unterschieden zwischen beiden Religionen und den zahlreichen Ungleichheiten ihrer Bräuche sollen noch folgende Besonderheiten eher äußerlicher Art erwähnt werden:

Das Christentum ignorierte das sinaitische Bildnisverbot. Obgleich es sich zunächst scheute, »Gottvater« künstlerisch darzustellen, verführten dazu die irdischen Erscheinungen Jesu und der »Gottesmutter« Maria.

Überdies weicht die Gliederung der hebräischen Bibel in der christlichen Version von der der jüdischen ab[62], das gleiche gilt für die Zählung der Gebote im Dekalog[63].

Zweiter Teil

Vorbemerkung zu den folgenden Fallstudien

Die fünf überlebenden Kinder, deren Überlebensmemoiren als Fallstudien für diese Arbeit ausgewählt wurden, befanden sich während der Schoa in der Entwicklungsphase der Latenz: Janina Dawidowicz wurde 1930 geboren, Renée Roth 1931, Jakob Kuperblum und Pavel Friedländer 1932 und Frida Scheps 1934.

Den Ausdruck »sexuelle Latenzperiode« entlehnte Freud von Wilhelm Fließ. Er bezeichnete damit jenen Zeitraum zwischen dem 6. bis 7. und dem 10. bis 11. Lebensjahr, da die sexuellen Bestrebungen des Kindes der Verdrängung unterliegen und Reaktionsbildungen wie Ekel- und Schamgefühle, auch im Sinne moralischer und ästhetischer Idealanforderungen, vorherrschen. In dieser Phase wirkten biologisch verursachte Prozesse, kulturell-sozialisatorische Einflüsse sowie eine zum Teil durch die Über-Ich-Entwicklung bedingte Neustrukturierung der Ich-Abwehrformationen zusammen.
Das Kind mache während dieser Zeit zahlreiche entwicklungspsychologisch bedingte Veränderungen durch. Infolge der fortschreitenden Ich- und Über-Ich-Entwicklung würden ödipale Wünsche zumindest teilweise aufgegeben, aufgelöst oder gar verdrängt. Das Kind erfahre nun die elterlichen Ge- und Verbote als eigene Anforderungen, und Scham- sowie Schuldgefühle kontrollierten und reduzierten libidinöse Strebungen und unterdrückten ödipal-inzestuöse Wünsche. Das Ich des Kindes erstarke, es helfe ihm, seine Triebimpulse zu kontrollieren sowie mit der Entdeckung neuer Befriedigungs- und Anpassungsmöglichkeiten zu sublimieren.
In der kognitiven Entwicklung dieses Alters hat »das sachbezogene, kritische Denken die magische Phase abgelöst und ist auf die Entdeckung von logisch-kausalen Zusammenhängen gerichtet«[1]. Das Kind setzt sich nun mit der »Wirklichkeit und seiner Umgebung«[2] auseinander. Auch seine sozialen und emotionalen Fähigkeiten entwickeln sich, es schließt sich Peer Groups an und knüpft außerfamiliäre Kontakte. Die Entwicklung seiner Intelligenz befähigt es zur Bewältigung schulischer Lernvorgaben.

Soweit das Bild der Latenzphase, wie sie die Entwicklungspsychologie für eine »normale« kindliche Entwicklung zeichnet.

Allerdings greifen diese klassischen Zuordnungen nicht im Hinblick auf die Persönlichkeitsentwicklung der verfolgten jüdischen Kinder.

Entsprechend der in den ost- und westeuropäischen Ländern zeitversetzt anhebenden Judenverfolgung durch die Deutschen unterscheidet Hans Keilson drei historisierende Phasen, die er vor dem Hintergrund der politischen Ereignisse als Verfolgungsphasen oder »traumatische Sequenzen« bezeichnet. Jede dieser Sequenzen enthält wiederum eine Anzahl »traumatogener Momente«[3] und bezogen

auf die jeweiligen Altersgruppen unterschiedliche traumatische Ansatzpunkte. Keilson verstand die »extreme Belastungssituation« bei Kindern »als integrale[n] Bestandteil«[4] ihrer Persönlichkeitsentwicklung. Sie seien stärker als Erwachsene gefährdet gewesen.
Die jüdischen Kinder wurden in einer besonders verwundbaren Altersphase traumatisiert, da die Entwicklung ihrer affektiven und kognitiven Fähigkeiten noch nicht abgeschlossen war.
Sie wurden Zeugen der Zerstörung ihrer Familien und ihrer Gemeinschaft. Nahestehende Menschen verschwanden oder starben vor ihren Augen. Mit dem bröckelnden Schutz durch ihre Eltern spürten sie deren gesteigerte Angst, erlebten ihr Ausgeliefertsein, ihre Hilflosigkeit, nahmen ihre verzweifelten Anstrengungen im Überlebenskampf wahr und ertrugen mit ihnen Demütigungen und Gewalt.
Die gemeinsame Bedrohung ließ phasenspezifische Ablösungsversuche von und Distanzierungsbemühungen gegenüber den Eltern kaum zu.[5] Intrapsychische, für die Kindheit typische Konflikte mußten unterdrückt werden.
Viele wollten lieber mit den Eltern sterben als allein überleben. Demgegenüber beschworen Eltern ihre Kinder, am Leben zu bleiben, um vom Schicksal der Juden berichten zu können. Viele verstanden die letzten Worte ihrer Eltern als eine Art Testament.

Darüber hinaus muß ein weiterer Aspekt im Verhältnis der verfolgten jüdischen Kinder zu ihren Eltern bedacht werden:
Noch waren sie altersgemäß weit davon entfernt, auf ihre wichtigsten Liebesobjekte verzichten zu können. Wenn es allerdings in diesem Entwicklungszeitraum zu einer abrupten und gewaltsamen Trennung von den Eltern kommt (also der natürlichen Ablösung vorgegriffen wird), so gerät die Über-Ich-Struktur des Kindes mit den primitiven aggressiven Strebungen gegen die Elternrepräsentanzen in Konflikt.

Der Verlust der frühen Bezugsperson, bevor eine phasengerechte Trennung erreicht ist, wird wie eine Zerstörung des Selbst erlebt. Die frühkindlichen unbewußten Todeswünsche gegenüber den eigenen Liebesobjekten scheinen dann gleichsam wie durch die magische Allmacht der kindlichen Gedanken in Erfüllung zu gehen.
Die brutale Verfolgung, der Eltern, Geschwister und die ganze Familie während der Schoa ausgesetzt waren, verwischte »die hauchdünne Grenze zwischen Phantasie und Realität«[6].
Die Folge waren unerträgliche Schuldgefühle und Verzweiflung, die Eltern im Stich gelassen und nicht gerettet zu haben, sowie eine (regressive) Idealisierung der verlorenen Angehörigen (durch Introjektion der Objekte ins Ich).

Hans Keilson bemerkt dazu, daß in allen Erinnerungen der überlebenden Kinder »den umgekommenen Eltern der Glanz verliehen« werde, »den die Wirklichkeit ihnen grausam genommen«[7] habe.

Die zunehmende Konzentrierung der Juden und ihre Absonderung von der übrigen Bevölkerung verwehrte den Kindern eine Orientierung an der äußeren Objektwelt. Beziehungen zu Peer Groups wurden durch das Verfolgungsgeschehen immer wieder zerstört oder waren zu gefährlich. In feindlicher Umgebung waren sie unablässig von Terror und Tod bedroht. In Identifikation mit den verlorenen Eltern versuchten diese Kinder im Latenzalter für sich selbst zu sorgen. Sie mußten wie Erwachsene handeln und überdeckten damit das Bedürfnis des Kindes zu spielen.[8]

Auch gerieten »die moralischen Wertvorstellungen, mit denen diese Kinder aufgezogen worden waren« in Konflikt »mit dem Wunsch zu überleben. Waren sie zuvor von ihren Eltern gelehrt worden, anderen zu helfen, sollten sie jetzt diese Wertvorstellungen beiseite schieben um des Überlebens willen.«[9]
Änderungen in der Wertewelt führen bei Kindern in der Phase der Ich-Findung und Persönlichkeitsentwicklung zu Identitätsverwirrung und –destruktion.

Die Jahre nach dem Krieg, für die Keilson die »dritte traumatische Sequenz« ansetzt, umfaßt für die in dieser Arbeit erwähnten Kinder eine Zeitspanne, die sie »als die eingreifendste und schmerzlichste ihres Lebens«[10] bezeichneten, nämlich das Aufbrechen schwerer Loyalitäts- und Identitätskonflikte.

Hans Keilson weist überdies auf »eine nicht rechtzeitig begonnene, blockierte oder unterbrochene Schulentwicklung«[11] hin. »Der tatsächliche Rückstand an erworbenem Lerngut und die emotionale Problematik der dritten traumatischen Sequenz bildeten zusammen eine zusätzliche psychologische Belastung«, die er als »Rückstandsposition« bezeichnet und in der er »den zentralen Komplex der altersspezifischen Traumatisierung der schulbesuchenden Altersgruppen«[12] sieht.

Pavel Friedländer

Photographie von Pavel Friedländer im Alter von vier bis fünf Jahren (Umschlagbild der Taschenbuchausgabe [Beck`sche Reihe. 1253.] von Saul Friedländers Überlebensmemoiren.)

Man darf voraussetzen, daß sich Saul Friedländer als Historiker der Komponente der »Nachträglichkeit« bewußt ist, ohne daß er sie jedoch, gerade was sein persönliches Schicksal betrifft, in psychoanalytische Kategorien würde einordnen wollen.

Wie die meisten Überlebenden wurde auch er immer wieder von Bildern aus der Vergangenheit überschwemmt, die, obgleich »dem freiwilligen und bewußten Gedächtnis unzugänglich«, dem Aktuellen viel näher waren als alles danach Erlebte.[1]

Auch bei Friedländer mußte erst eine Periode der Latenz vergehen, ehe er imstande war, seine traumatischen Erlebnisse in narrative Erinnerung umzuwandeln.

> »Es hat sehr lange gedauert«, bemerkt er, »bis ich den Weg zu meiner eigenen Vergangenheit wiederfand. Die Erinnerung an die Ereignisse selbst konnte ich nicht vertreiben, doch wenn ich davon sprechen wollte oder wenn ich zur Feder griff, um sie zu beschreiben, war ich jedesmal wie gelähmt.«[2]

Schon der Titel seiner Überlebensmemoiren »Wenn die Erinnerung kommt«[3] verrät das unregelmäßige, fragmentarische, verfolgende und unabweisbare Auftauchen der Vergangenheit, deren Konturen er nun nachzuzeichnen versucht, weil ihm Schreiben weniger vergänglich erscheint als alles übrige. Schreiben bedeutet für Friedländer »das Dasein eines Menschen festzuhalten, bedeutet, von einem Kind erzählen zu können, das eine Welt untergehen und eine andere entstehen sah.«[4]

Friedländer bedient sich in dem Text einer Montagetechnik, in der zwei Zeitebenen einander abwechseln und die einzelnen Erinnerungsfragmente zusätzlich durch das Phänomen der Nachträglichkeit gebrochen sind. Das zerklüftete Textgefüge sprengt eine Erzählchronologie.

Das vorangestellte Motto von Gustav Meyrink: »Allmählich, wenn das Wissen kommt, kommt auch die Erinnerung. Wissen und Erinnerung sind dasselbe...« meint, daß eine Annäherung an persönliche Erinnerung nur über (historisches) Wissen möglich ist und eine Deutung dieses Wissens von der Erinnerung (des Historikers) abhängt, wie die Inversion des Zitats am Ende des Buches zeigt: »Allmählich, wenn die Erinnerung kommt, kommt auch das Wissen.«[5]

Im ersten Teil der Autobiographie schildert Friedländer seine Zeit mit den Eltern, im zweiten seine Jahre im Kloster, während er im dritten Teil seine Rückkehr zum Judentum beschreibt.

Pavel alias Paul (ab 1948: Shaul alias Saul)[6] Friedländer kam am 11. Oktober 1932 in Prag[7] als einziges Kind einer großbürgerlichen, assimilierten jüdischen Familie zur Welt.

Sein Vater, Jan alias Hans Friedländer, 1897 in Prag geboren, verbrachte mehrere Jahre bei einem Onkel in Lemberg (Galizien), wo er »ein noch völlig intaktes orthodoxes jüdisches Milieu kennengelernt« habe; »aber offenbar« habe »es bei ihm keine Spuren hinterlassen«[8].
Er (sein Vater, Verf.) hatte zwei Leidenschaften: Musik und Bücher; entschied sich aber für die Rechtswissenschaft und arbeitete als Vizepräsident einer deutschen Versicherungsgesellschaft.
Friedländer betont, daß seinem Vater die jüdische Herkunft nicht gleichgültig gewesen sei, beispielsweise hätten die Exlibris seiner Bücher einen Davidsstern als Hintergrund gezeigt, auf dem »ein Klavier, eine Partitur von Chopin und ein Winkelmaß eingraviert«[9] waren.

Und doch, stellt Friedländer fest, sei bei ihnen zu Hause »vom Judentum als Religion nichts mehr zu spüren«[10] gewesen. Seine Eltern hätten keine der orthodoxen jüdischen Lebensregeln befolgt, keines der religiösen Feste gefeiert und keine der alten Sitten und Gebräuche gepflegt.[11]
Überhaupt sei das Leben der Juden in Prag zur Zeit seiner Kindheit »vielleicht ein wenig oberflächlich, ›entwurzelt‹ im geschichtlichen Sinn«[12] gewesen. Doch so hätten sie nun mal gelebt und diese Lebensweise geliebt.[13] Sie seien »typische Vertreter des assimilierten jüdischen Bürgertums Mitteleuropas«[14] gewesen.
Alles, was er über das jüdische Prag wisse, habe er sehr viel später gelesen; dabei lag die berühmte Synagoge, die »Altneuschul« ganz in der Nähe ihrer luxuriösen Wohnung am Ufer der Moldau gegenüber dem Schloß.[15]

Obgleich das Judentum als religiöse Tradition für Saul Friedländers Familie kaum Bedeutung hatte, entwickelten seine Mutter (Elli Glaser, geb. 1905) und ihre Brüder ein lebhaftes Interesse für den Zionismus.

In Pavels erste glückliche Kinderjahre gehörte auch seine tschechische Gouvernante Vlasta. Kindermädchen, so behauptet Friedländer, hätten ganz einfach das wichtigste Bindeglied zwischen dem jüdischen Kind und seiner christlichen Umwelt gebildet. Mit Vlasta habe er viele Kirchen in Prag besucht; sie lehrte ihn auch das tschechische Gebet an den Schutzengel.[16]

Friedländer nahm alle »Zeichen« seiner vom Christentum geprägten Heimatstadt in sich auf:

> »Bilder von hell erleuchteten Straßen und Schaufenstern in der Zeit der weihnachtlichen Feste: Nikolaus, Weihnachten natürlich und Silvester. Jeder kennt die Kristallkugeln und silbernen Girlanden, die so stark glänzen, wenn bei Einbruch der Nacht die Lichter in den Schaufenstern angehen; im Prag jener Zeit, von der ich spreche, leuchteten die Kugeln, Girlanden und Sterne heller als irgendwo sonst, der Weihnachtsbaum, der jedes Jahr vor der Nikolaus-Kirche aufgestellt wurde, war stattlicher als alle anderen Weihnachtsbäume, die irgendwo Europas Plätze schmückten,

> und die Wollstrümpfe (denn bei uns waren es Wollstrümpfe und keine Schuhe oder Pantoffeln) waren am Nikolaustag (und nicht zu Weihnachten) mit Geschenken vollgestopft bis oben hin wie nirgendwo sonst!«[17]

Die Art, wie Friedländer den weihnachtlichen Zauber in seiner Stadt Prag beschreibt, ist mehr als nur die verzückte Reaktion eines Kindes; sie ist Ausdruck seiner Identitätssuche, Anknüpfung an die Vergangenheit, nachdem alle anderen Kontinuitäten zerstört worden sind.

Das jüdische Prag begegnete Pavel schließlich in der Gestalt des Golem[18], des künstlichen Menschen, um den seit etwa 1600 in Polen kabbalistische Gedanken und Forschungen kreisten. Von dort wurde diese Legende vermutlich nach Prag auf den berühmten Hohen Rabbi Löw (etwa 1520-1609) übertragen. Unzählige Geschichten rankten sich um den Rabbi und sein Kunstgeschöpf.
Pavels Vaters besaß ein bibliophiles Exemplar des Romans »Der Golem« von Gustav Meyrink[19] mit Illustrationen des Graveurs Hugo Steiner. Oft las und blätterte Pavel mit ihm darin.

Christliche und jüdische Elemente prägten Pavels frühe Kindheit, ohne daß für ihn daraus ein Konflikt entstanden wäre.

Seine erste Bekanntschaft mit dem Nationalsozialismus machte Saul Friedländer im Alter von noch nicht sechs Jahren in der kleinen Textilstadt Rochlitz bei Gablon (Sudeten)[20]. Er erlebte Demonstrationen der Anhänger Konrad Henleins, des pro-nazistischen Führers der Sudetendeutschen.[21] Während jener Tage hörte er im Radio eine Rede Hitlers, die er wegen einer heiser hervorgestoßenen Wortwiederholung nicht vergaß. Als er sich viele Jahre später als Historiker mit diesem Zeitabschnitt beschäftigte, entdeckte er die Hitler-Rede vom 26. September 1938, in der sich das Wort »tausend« dauernd wiederholte, »vergleichbar dem Keuchen einer gräßlichen Lokomotive«[22].

Kurz vor dem Münchner Abkommen[23] wurde Pavel in einer englischen Privatschule aufgenommen, in der er nur wenige Monate blieb; Zeit genug, schreibt Saul Friedländer, um zu lernen, daß er Jude war.[24] Hier schon erfuhr er antisemitische Diskriminierung.
Der wöchentliche Religionsunterricht sei für die vier oder fünf jüdischen Kinder in seiner Klasse eine stete Demütigung gewesen. Während ihnen die übrigen Schüler mit den Blicken folgten, seien sie zu einem winzigen Raum am Ende des Flurs marschiert, wo der Rabbiner sie erwartete. Er habe ihnen die biblischen Geschichten, angefangen mit der Schöpfung der Welt, erzählt.
Pavel hörte wohl einfach nur zu, bis sie zur Geschichte Abrahams und der Bindung[25] Isaaks kamen. Sie bewegte ihn tief:

> »›Nimm deinen einzigen Sohn, den du lieb hast, den Isaak: begib dich ins Land Moria und bringe ihn dort auf einem der Berge, den ich dir noch zeigen werde, zum Brandopfer dar.‹«[26]

Der Rabbiner habe nur erzählt, nichts erklärt. Pavels Gouvernante kannte sich in der hebräischen Bibel nicht aus, und seine Eltern waren während jener Zeit schon zu sehr mit Fluchtplänen beschäftigt, als daß biblische Stoffe für sie wichtig gewesen wären. Doch Friedländer ließ diese Textstelle nicht los. Später als Erwachsener las er viele Exegesen dieses Textes und gelangte zu der Überzeugung, daß die Juden ein Volk des Gehorsams seien. Er fragte sich nach dem Grund für diese Treue, blieb die Antwort allerdings schuldig.

Im Zusammenhang mit der vorliegenden Arbeit interessiert jedoch mehr, was den kleinen Pavel an dieser Bibelstelle bewegte. Er nennt sie einen »schrecklichen Text«[27]:

> »Ich stellte mir Abraham vor, wie er in der Wüste dahinschritt, unter der Last seiner Jahre gebeugt, neben ihm sein Sohn Isaak und hinter ihnen der mit Bündeln und dem Opferschwert beladene Esel. Am dritten Tag sahen sie am Horizont die Umrisse des Berges Moria…«[28]

Es scheint, als habe sich Pavel mit Isaak[29] identifiziert und seinen Vater mit Abraham. Der ferne Berg Moria im Lande Moria[30] stand für ihr unbekanntes Fluchtziel. Auch Pavel war der einzige und geliebte Sohn seines Vaters; und er hatte Angst, von ihm verlassen zu werden. Manchmal, so erzählt Friedländer, habe er spät abends durch das Schlüsselloch der Salontür gespäht, um sich zu vergewissern, daß sein Vater noch dagewesen sei, an seinem gewohnten Platz im Lichtkegel der Stehlampe gesessen und gelesen habe.[31]

Die Tschechoslowakei war die erste von den Nationalsozialisten unterdrückte Nation Europas.

Nachdem die Deutschen Prag besetzt hatten, ging Pavel nicht mehr zur Schule; sogar die Spaziergänge mit seiner Gouvernante hörten auf.

Den wahren Grund ihrer Abreise aus der Stadt hielten Pavels Eltern vor ihm geheim: sie verließen Prag, weil sie Tschechen waren. Obgleich sie sich bemühten, Pavel zu trösten und zu beschwichtigen, war er über den plötzlichen Wechsel der Welten erregt und beunruhigt. Das Gefühl der Verlassenheit habe die Mauern seines Schlafes durchdrungen, sei durch die Türen des Traumes eingesickert und habe ihm gesagt, daß die Gefahr da sei. Panik habe ihn ergriffen.[32]

Bald nach ihrer Ankunft in Paris wurde Pavel in einem Heim für jüdische Kinder in Montmorency nördlich der Stadt untergebracht, weil sich seine Eltern um ihren Lebensunterhalt und um ihre Visa in eventuell andere Einwanderungsländer kümmern mußten.

Die Kinder des Heims merkten rasch, daß Pavel nicht ihre Gebete kannte und kein Jiddisch verstand. Sie hielten ihn deshalb für einen Nichtjuden, einen »goj«, und rächten an ihm, »was die gojim ihnen, ihren Familien und dem ganzen jüdischen Volk angetan hatten«[33]. Für alle diese Leiden sollte er Sündenbock sein. »Ich war unter Juden zum Juden geworden«, bemerkt Saul Friedländer, »doppelter Jude«[34].

Die Kinder banden ihn an einen Baum und schlugen ihn. Friedländer schreibt:

> »Jüdische Kinder schlugen mich, da sie mich für anders hielten. So gehörte ich zu niemandem mehr. In diesem Augenblick wußte ich nur eins: Meine Eltern waren weit weg, und diese Kinder flößten mir Entsetzen ein.«[35]

Dieses Erlebnis versetzte Pavel in einen Schockzustand, um so mehr, als seine Eltern ihn nicht schützen konnten. Seine frühe Angst, verlassen zu werden, erfuhr durch die grausame Realität ihre Bestätigung.

Friedländer bezeichnet die sechs Monate in Montmorency als »eine Zeit ständigen Leidens, nicht wegen der Quälereien – die hörten auf –, sondern wegen der Trennung«[36] von seinen Eltern.

In seiner Biographie schildert er »all die Traurigkeit, derer ein Kind fähig ist«, in einer ganz alltäglichen Szene:

> »An einem Sommernachmittag in Montmorency sitzt ein kleiner siebenjähriger Junge in der Gartenlaube eines Cafés seiner Mutter gegenüber. Zwei Gläser mit Limonade stehen auf dem Tisch, doch trotz der Hitze sind sie noch nicht leer. In ungefähr einer Stunde wird die Mutter fahren. Das ist alles.«[37]

Wie Anna Freud und Dorothy Burlingham in ihrer Veröffentlichung »Kriegskinder«[38] bestätigen, litten die Kinder weniger unter extremer Gefahr als unter der Trennung von ihren Eltern.

Die Angstgefühle, die bei Pavel durch eine fremde Umwelt ausgelöst wurden, bewirkten eine starke libidinöse Besetzung der Repräsentanzen seiner Eltern. Sein bis dahin normal verlaufender Entwicklungsprozeß wurde gestört, er regredierte auf eine bereits überwundene Entwicklungsstufe.

Im Frühjahr 1940 verließen Pavel und seine Eltern Paris, um sich im Süden Frankreichs in Sicherheit zu bringen.[39] Zwei Jahre verbrachten die in Néris-les-Bains, einem kleinen Kurort in der Nähe von Montluçon.

In den Hotels, Familienpensionen und Mietwohnungen drängten sich unzählige jüdische Flüchtlinge, französische und ausländische. Pavels Mutter sorgte für den Lebensunterhalt der Familie, dabei nahm sie »jede Arbeit, jede Demütigung auf sich«[40]. Sein Vater litt an einem Zwölffingerdarmgeschwür; es ging ihm täglich schlechter.

> »Was immer mein Vater tat«, bemerkt Friedländer nachträglich, »er wurde für das verfolgt, was er nicht hatte bleiben wollen: ein Jude. Was er werden wollte, nämlich ein Mensch wie jeder andere, war ihm ein für allemal versagt. Das Recht auf Leben sprach man ihm ab, und dabei wußte er nicht einmal, warum er eigentlich sterben sollte. Nicht so sehr die Möglichkeit zu handeln, sondern vielmehr die Möglichkeit zu sein, war ihm genommen.«[41]

Dennoch hat Saul Friedländer die beiden Jahre in Néris

> »als eine glückliche Zeit in Erinnerung. [...] Wir waren alle drei wieder vereint und noch dazu in einer winzigen Wohnung, in der wir eng beieinander lebten.«[42]

Möglicherweise spürte Pavel, daß eine furchtbare Katastrophe heraufzog, ohne daß er eine konkrete Gefahr hätte erkennen können. Die allgemeine Verunsicherung ihrer Lebensumstände verband ihn noch inniger mit seinen Eltern und blockierte eine phasengerechte Distanzierung von diesen wichtigsten kindlichen Liebesobjekten.

Zwar besuchte er in Néris die dortige Volksschule, doch scheinen seine Kontakte zu Gleichaltrigen eher dürftig gewesen zu sein. Auf seine kognitive Entwicklung hatte das allerdings keinen Einfluß; in dieser Zeit begann er, eifrig zu lesen, und verschlang alle Bücher, deren er habhaft werden konnte. Seine intellektuellen Fähigkeiten stärkten sein kindliches Selbstwertgefühl, was um so nötiger war, als sein narzißtisches Gleichgewicht beinahe allein durch die Beziehung zu seinen Eltern aufrechterhalten wurde.

Friedländer berichtet von einem Dezemberabend im Jahre 1941: Chanukka. Seine Eltern und er waren bei einer befreundeten Familie eingeladen. Der Tisch war festlich gedeckt. Ein achtarmiger Leuchter stand auf der Kommode; der Gastgeber reichte seinem Vater den Schammach[43], damit er die erste Kerze anzünden konnte. Danach nahm ihn sein Vater auf die Knie und erzählte die Chanukka-Geschichte. Es sei einmal gesagt worden, betont Friedländer, daß Jude zu sein bedeute, von Generation zu Generation eine Geschichte weiterzuerzählen, deren Umrisse im ungewissen zerfließen würden, und er fügt hinzu:

> »Im übrigen mag das Wesentliche einer Tradition, ihre letzte Rechtfertigung durchaus darin bestehen, in dem Moment, wo kein Ausweg, keine Zuflucht mehr erkennbar sind, Trost zu spenden, ein Stückchen Traum, einen kurzen Augenblick der Illusion herbeizuzaubern.«[44]

Wie den biblischen Geschichten des Prager Rabbiners hörte Pavel auch der Chanukka-Erzählung schweigend zu und stellte, möglicherweise befangen durch die feierliche Atmosphäre jenes Abends, keine Fragen. Diese Geschichten mochten ihn, der ohne religiöse Tradition aufgewachsen war, wie Märchen anmuten, die nicht nur »ein Stückchen Traum« waren, sondern auch »schrecklich« sein konnten wie das von der Bindung Isaaks. Er schwieg aus Verlegenheit und einer gewissen Scheu; aber auch aus Rücksicht auf die Erwachsenen, an deren »Geheimnisse« er nicht zu rühren wagte.

»Im Juli 1942 begann in beiden Teilen (in dem von der deutschen Wehrmacht besetzten und in dem unbesetzten Teil, Verf.) Frankreichs die Festnahme der ausländischen Juden«[45], notiert Saul Friedländer. Seine diesbezüglichen historischen Angaben decken sich mit denen Raul Hilbergs[46].
Die Vichy-Behörden lieferten 5 000 ausländische Juden an die Deutschen aus und verhafteten in der unbesetzten Zone weitere 7 000.

Saul Friedländers Eltern wurden von dieser plötzlichen Entwicklung geradezu überrollt. In ihrer großen Bestürzung und Verwirrung beschlossen sie, Pavel zu verstecken, und wählten ausgerechnet ein jüdisches Kinderheim in der Nähe von La Souterraine (Département Creuse). Nach Montmorency und einem weiteren Heim war Pavel wieder unter jüdischen Kindern, doch diese waren anders. Im Haus herrschte eine sorglose Ferienstimmung, es fanden sportliche Wettkämpfe statt; und als sich am Nachmittag alle Kinder im großen Speisesaal versammelten, sangen sie bei Akkordeonbegleitung. Friedländer schreibt, daß sogar er, obgleich ihm alles fremd war,

> »spürte, wieviel Sehnsucht, Schönheit und Melancholie von diesen jiddischen Liedern ausging, von jener Welt, deren Ausdruck sie waren und die in diesem Augenblick für immer unterging.«[47]

Am Abend dieses Tages, so Friedländer, sei er mühelos eingeschlafen, denn er habe nicht an eine wirkliche Trennung von seinen Eltern geglaubt. Nachts um zwei oder drei Uhr sei das Heim durch Motorengeräusch und heftigen Lärm geweckt worden. Behelmte französische Gendarmen hätten alle Kinder über zehn Jahre mitgenommen und angekündigt, die übrigen am nächsten Tag zu holen. Die folgende Nacht verbrachten die noch verbliebenen Kinder im Wald.

Friedländer versichert, daß er sich damals der Gefahr überhaupt nicht bewußt gewesen sei. Vermutlich hatte er die schützenden elterlichen Introjekte sehr stark internalisiert. Tags darauf wurde er nach Néris zurückgeholt.
Seine Eltern hatten eine befreundete Dame, Leiterin der Bibliothek in Néris, um Hilfe für ihren Sohn gebeten. Diese, selbst jüdischer Herkunft[48], enttäuschte sie nicht. Sie fand für Pavel ein Versteck im Internat der Sodalität[49] Saint-Béranger in Montluçon.
In ihrer entsetzlichen Not und Verzweiflung habe es für seine Eltern, so erkennt Saul Friedländer, »nur noch ein Ziel, nur noch einen Imperativ« gegeben: »die Rettung ihres Kindes«.[50]

»Wenn wir zugrundegehen müssen«, schrieb seine Mutter an eine Bekannte, »so haben wir das große Glück, unser geliebtes Kind gerettet zu wissen«[51].

Friedländers Vater gab nicht nur seine Einwilligung und formelle Zustimmung zur Taufe seines Sohnes, sondern erklärte sich darüber hinaus bereit, dessen katholische Erziehung auch nach dem Kriege fortzuführen; hatte er doch selbst nur »Mensch« innerhalb einer friedlichen Völkerfamilie sein wollen.

Saul Friedländer überlegt in seiner Autobiographie, ob er angesichts einer solchen Tragödie nicht die gleichen Versprechungen gemacht hätte, um sein Kind zu retten. Doch betrachtet er es als ein Glück, nicht nur für sich, sondern auch für seine Eltern, »daß keine religiöse Fessel sie hinderte, daß sie diesen Schritt taten, ohne von Zweifeln oder Schuldgefühlen geplagt«[52] worden zu sein. Trotzdem fragt er (rhetorisch): »[...] was hätte ein religiöser Jude in einer so furchtbaren Zwangslage getan?«[53]

War der »Wechsel der Welten« und das nachfolgende Chaos – an sich ein psychischer Belastungsfaktor, der Keilsons »erster traumatischer Sequenz« zugeordnet werden kann – für Pavel dank der Liebe und Fürsorge seiner Eltern relativ günstig verlaufen, so verband sich nun auch diese Phase, die in den Abschied von seinen Eltern mündete, mit dem durch den Eintritt in das Internat ausgelösten »katastrophischen Trauma«[54].

Für Pavel, dessen normaler psychischer Entwicklungsprozeß durch das Verfolgungsgeschehen beeinträchtigt worden war, kam die gewaltsame Trennung von seinen Eltern zu früh. Überhaupt sind Kinder in der Latenz weit davon entfernt, auf ihre wichtigsten Liebesobjekte verzichten zu können.[55] Auch Pavel war noch nicht fähig, sein Ich durch Abwehrmechanismen und Bewältigungsstrategien zu schützen.[56] Er wurde von seinen Affekten überwältigt und erlebte einen Zustand tödlichen Schreckens und schwerer Regression.

Anfang September 1942, als er das Tor von Saint-Béranger in der Rue de la Garde Nr. 15 durchschritten habe, so Friedländer, mußten die Erinnerungen an seine Kindheit verschwinden. Er habe ein anderer werden müssen und den Namen »Paul-Henri Ferland« erhalten. Bei seiner Taufe wurde noch der Vorname »Marie« hinzugefügt, da – wie der Autor sarkastisch anmerkt – der Schutz jener unverletzbaren himmlischen Mutter wohl verläßlicher erschienen sei als der der irdischen Mutter, die vom Strudel der Ereignisse mitgerissen worden war.[57] Friedländer unterstreicht, wie schwer er sich an den Namen »Paul-Henri« habe gewöhnen können; er veranschaulichte einen jähen Bruch, der sich im Alltäglichen nicht habe einordnen lassen.[58]

Kurz nach seiner Ankunft in der Sodalität wurde Pavel von der Direktorin empfangen, die ihm einschärfte, den Katechismus und die Gebete zu lernen, »damit der kleine Jesus dich bald zu den Seinen zählen kann«[59].

Die ersten Tage in Saint-Béranger prägten sich ihm tief ein, er verzweifelte in diesem fremdartigen, neuen Milieu, das er nachträglich beschreibt:

> »Dort [...] lernte ich eine völlig neue, streng katholische Welt kennen, ein fast royalistisches, leidenschaftlich petainistisches[60], traditionsgemäß antisemitisches Frankreich, die Welt der Sodalitäts-Damen, die eine Seele retten wollten, sich aber auch ernsten Gefahren aussetzten, da es die Seele eines jüdischen Kindes war.«[61]

Außerdem machte Pavel ähnliche Erfahrungen wie in Montmorency, »doch dieses Mal ganz im normalen Sinn der Geschichte«[62]. Da er ein »kleiner Heide«[63] gewesen sei, wurden seine Kontakte zu den übrigen Kindern auf ein Minimum beschränkt. Er wurde zwar im Katechismus unterwiesen, verbrachte aber den größten Teil des Tages allein im Besuchszimmer der Kongregation und dachte an seine Eltern.

Saul Friedländer klagt, daß ihn alles erstickt habe:

> »die strenge Disziplin, die ewigen Gebete, von denen« er »kein Wort verstand[64], der trostlose Anblick des düsteren Gebäudes und schließlich das Essen, vor dem« er sich »ekelte«[65].

Als ihm und den anderen Kindern am Tage nach seiner Ankunft zu Mittag gummiartiges Fleisch vorgesetzt wurde, bildete er sich ein, es sei Katzenfleisch gewesen.

Das »Katzenfleisch« und der Schock über die Trennung von seinen Eltern lösten bei Pavel eine psychosomatische Reaktion: Diarrhö, aus.[66] Diese körperliche Funktionsstörung war Ausdruck einer ins Somatische verschobenen Angst und anderer Affekte wie Trauer und Aggressionen.

Die plötzliche, überwältigende Konfrontation mit der fremden Realität ereignete sich für Pavel in einem absoluten Betäubtsein ihr gegenüber. Friedländer bestätigt, daß alles, was mit ihm geschah, zu ihm nur wie durch einen Filter gedrungen sei.[67]

»Ein einziger Gedanke, eine einzige Sehnsucht, ein einziger heftiger Wunsch« habe seine »zehnjährige Existenz« beherrscht: es mußte ihm gelingen, zu seinen Eltern zu flüchten, bevor sie das Krankenhaus in Montluçon verließen.[68]

Am ersten Sonntag in der Sodalität beschloß Pavel zu fliehen. Er zwängte sich durch einen Spalt des Eingangstores und fragte sich auf den Straßen der unbekannten Stadt zum Krankenhaus durch. Dort angekommen, stieg er in den vierten Stock hinauf, öffnete die Zimmertür und warf sich schluchzend in die Arme seiner Mutter.

Pavels Eltern ahnten wohl, daß es ein Abschied für immer sein könnte; und doch versicherten sie ihm, daß ihre Trennung nur kurz und der Krieg bald zu Ende sein würde. In der Zwischenzeit allerdings sei es notwendig, daß er nach Saint-Béranger zurückkehre. Pavel weinte und flehte verzweifelt; sein Vater und seine Mutter liebkosten ihn, versuchten, ihn zu beruhigen. Es gäbe überhaupt keinen Grund, traurig zu sein, da sie doch bald wieder zusammensein würden. Doch der tiefunglückliche Pavel glaubte ihnen nicht. Er spürte die Angst, die in der starken Überzeugungskraft abgewehrt wurde, mit der seine Eltern auf ihn einredeten.

Pavels Vater hatte im Internat angerufen: zwei Damen der Sodalität kamen, um ihn zurückzuholen. Doch Pavel gab noch nicht alles verloren. Zwar hatten ihn seine Eltern in Sicherheit gebracht; aber er war zu ihnen zurückgekehrt, weil er die Trennung nicht ertrug. Nun wollte er sich ihnen nicht ein zweites Mal entreißen lassen und klammerte sich mit aller Kraft an die Gitterstäbe eines Krankenbettes. Saul Friedländer fragt: »Wie brachten es meine Eltern fertig, meine Hände zu lösen, ohne vor mir in Tränen auszubrechen?«[69]

Er erinnert sich nicht mehr daran, weil dieses Trennungstrauma der »Urverdrängung«[70] unterlag. Das Trauma, das sich jeglichen Sinnzusammenhangs entzog, wurde von Pavel zwar durchlebt, aber nicht vollkommen in sein Bewußtsein aufgenommen, nicht als ein Teil seines Selbst erfahren, also nicht repräsentiert. Geblieben ist nur eine Deckerinnerung:

> »Im sanften Herbstlicht geht ein Kind zwischen zwei schwarzgekleideten Nonnen die Rue de la Garde hinunter, die es kurz zuvor in entgegengesetzter Richtung entlanggeeilt ist.«[71]

Für Kinder, die von ihren Eltern für immer Abschied nehmen müssen – so Eveline Goodman-Thau – sei der letzte Moment weder Anfang noch Ende, er sei eingefroren, zu Stein gewordene Erinnerung.[72]

Wieder in Saint-Béranger, machte Pavel gute Fortschritte im Katechismus-Unterricht; Anfang Oktober 1942 wurde er in der Kirche Notre-Dame in Montluçon getauft, und kurz danach erhielt er die Erste Kommunion.
Völlig emotionslos, in dürren Worten berichtet Saul Friedländer über seine erzwungene Konversion zum Katholizismus, um im nächsten Satz schon auf seine Übersiedlung nach Montneuf im Département Indre einzugehen. (In Montluçon war er vor Verfolgung nicht mehr sicher genug gewesen.)

Das läßt sich nur verstehen, wenn man bedenkt, daß Pavel zwar ein jüdisches Kind war, aber vom Judentum »nur eine sehr vage Vorstellung«[73] hatte.
Wreschner Rustow betätigt, daß die christliche Religion besonders für die Kinder große Bedeutung erhalten habe, die zuvor keine andere Religion kennengelernt hatten. Judentum war für Pavel die Erinnerung an seine Herkunft; denn die Atmosphäre in seinem jüdischen Elternhaus war eine andere und besondere, selbst wenn seine Eltern das Judentum nicht als Religion lebten, sich vielleicht aus Angst vor Diskriminierung bewußt davon distanzierten.

Die Zugehörigkeit zum Judentum beruht nicht auf einem Akt freiwilliger Entscheidung, sondern auf dem natürlichen Vorgang des Hineingeborenwerdens in eine bestehende Gemeinschaft. Pavel war und blieb Jude. Daß die Flucht seiner Eltern aus Prag mehr damit zusammenhing, daß sie Juden als daß sie Tschechen waren, hatten sie ihm verschwiegen. Vermutlich betrachtete er vor allem ihre Nationalität als Ursache aller weiteren Verfolgungen, zumal sie in Frankreich wiederum vor den Deutschen fliehen mußten.

Von der raschen Abfolge ungeheuerlicher Ereignisse überwältigt, standen seine Eltern selbst unter Schock und waren nun vor allem bemüht, ihrem Kind Schmerzen zu ersparen, es zu schützen und sein Leben so störungsfrei wie möglich zu halten.

Die jüdische Religion, die Hinwendung zu Gott, scheinen dabei offensichtlich keine Hilfe und kein Trost gewesen zu sein.

Mit Pavels Eintritt in das Internat war deshalb keine »Konversion« im eigentlichen Sinn verbunden, nur ein Abbruch seiner Vergangenheit, ein Verschwinden seiner jüdischen Herkunft. Welche große und wesentliche Rolle die Katholische Kirche bei seiner Lebensrettung spielte, erfaßte der kleine Pavel noch nicht.

Zu seinem zehnten Geburtstag, am 11. Oktober 1942, erhielt Pavel durch die befreundete Dame seiner Eltern, die Bibliotheksleiterin in Néris, die auch seine Patin geworden war, einen Geburtstagsbrief seiner Eltern. Sie mußten ihn ihr vor ihrer Flucht aus Montluçon übergeben haben.

Dieser Brief löste in Pavel bittere Enttäuschung aus. Die starke libidinöse Besetzung seiner Eltern bedeutete ein Festhalten am Idealbild infantiler Objektrepräsentanzen. Er hatte ihre liebenden, schützenden und tröstenden Introjekte internalisiert. Noch war er nicht fähig, die libidinöse Besetzung in eine Identifikation mit ihnen umzuwandeln, die ihm die Trennung erträglicher gemacht hätte. In seiner Abhängigkeit und seinen Verschmelzungswünschen empfand er das Nachlassen des elterlichen Schutzes als ein Im-Stich-gelassen-Werden, die (gewaltsame, nicht phasengerechte) Trennung wie eine Zerstörung seines Selbst.

Der Geburtstagsbrief enthielt nichts, was auf den Absende- oder Aufenthaltsort seiner Eltern hingewiesen hätte. Pavel spürte, »daß irgend etwas in diesem Brief nicht stimmte: Wo waren denn eigentlich meine Eltern? Fürchteten sie, ich würde wieder zu fliehen versuchen?«[74] Und darauf folgen die beiden Sätze, die das ganze Elend, die tiefe Verlassenheit dieses Kindes ausdrücken, seine Unterwerfung unter die traumatische Gewalt: »Ich hätte doch gar nicht die Kraft dazu gehabt, von neuem zu fliehen. Offen gestanden, ich konnte nicht mehr.«[75]

Beim Lesen dieses Briefes kam es bei Pavel zum Auseinanderbrechen der kommunikativen Triade zwischen seinem Selbst und seinen guten inneren Objekten. Das löste in ihm absolute innere Einsamkeit und unermeßliche

Trostlosigkeit aus. Die traumatische Realität zerstörte auch den empathischen Schutzschild, den das verinnerlichte Primärobjekt bildet. »Da die traumatische Situation« nach Martin Ehlert-Balzer »als eine endgültige ›orale‹ Frustration erlebt wird, mobilisiert sie so intensive, so archaische Wut- und Haßimpulse, daß der inneren Objektwelt [...] die Zerstörung droht.«[76]
Gemäß Friedländers eigenen Worten versank er nach und nach in melancholische Apathie[77] – »irgendwie ließ ich mich langsam sterben«[78].

Es scheint, als habe das Trauma die Selbstgrenzen dieses Kindes aufgehoben und seinen Körper dem Täter überlassen. Es muß zu einem dissoziativen Prozeß gekommen sein, um das Trennungstrauma abzuwehren. Sein Ich wanderte sozusagen aus seinem Körper aus, sicherte durch diese Abspaltung seine Funktionen und konnte registrieren, was mit ihm geschah, ohne es voll zu erleben.
Dieser Eindruck verstärkt sich durch den Wechsel der Erzählperspektive: Saul Friedländer, der von sich bis dahin immer in der ersten Person Singular gesprochen hatte, wechselt plötzlich zur dritten Person Singular. Er beschreibt das, was mit ihm geschah, als äußerer Beobachter, und er gebraucht dabei seinen »Leihnamen«[79], um klarzumachen: das war nicht sein wahres Ich, seine wahre Identität; das war ein anderer, Fremder, aus dessen Körperhülle er sich zurückzog.

Symptomatisch dafür waren sein Somnambulismus, verursacht durch die Hospitalisierung, seine Trennung von den Eltern und durch Dissoziation, sowie sein Suizid-Versuch im Vorfrühling 1943, als er während eines Spaziergangs der Klosterzöglinge in das eisige Wasser eines Baches watete.
Ein wochenlanges Krankenlager schloß sich an. Eine sehr schwere Kehlkopfdiphtherie (Krupp) brachte ihn an den Rand des Todes. Das war genau das, was Pavel ersehnte. Seine Eltern hatten ihn im Stich gelassen – so empfand er es –, er aber brauchte sie und wollte ohne sie nicht weiterleben.

Will man die Krankheit als eine Antwort des Körpers auf eine seine Anpassungsfähigkeit übersteigende Belastung betrachten, so fand sie bei Pavel einen geradezu symbolischen Ausdruck: Atemnot und Erstickungsanfälle.
Wie alle versteckten jüdischen Kinder mußte auch er seine Vergangenheit verschweigen; seine Erinnerung durfte nicht weiter zurückreichen als bis zum Tag seiner Aufnahme in die Sodalität. Doch nun erstickte er beinahe an den für die Geheimhaltung erforderlichen Lügen ebenso wie an der Enge seiner neuen Umgebung.[80]

Dank der aufopfernden Pflege und Fürsorge der Nonnen, die er in seinem regressiven Zustand erfuhr, wurde seine fortschreitende narzißtische Entleerung aufgehalten, so daß er nicht nur körperlich genas.
Als er nach dieser schweren Krankheit wieder ins Freie durfte, war es Frühling geworden. »Ich fühlte mich wohl, ich hatte mich verändert«[81], stellt Friedländer

fest. Während er seinen aufgegebenen Körper als Nicht-Ich erlebt hatte, identifizierte er sich nun mit der »idealisierten«[82] Macht der Katholischen Kirche. Das stützte seine infolge des traumatischen Prozesses gestörte Selbstwertregulation. Überdies war die Erinnerung an seine Eltern etwas weiter weggerückt.[83]

Zwischen ihm und seinen Eltern hatte es keine Verabredung gegeben, sich nach dem Kriege wiederzutreffen. An eine solche Hoffnung klammerten sich viele jüdische Kinder; sie legten es als feste Zusage aus, und es stärkte ihren Überlebenswillen, selbst wenn die Eltern inzwischen längst ermordet worden waren wie bei Pavel.

Im September 1943, genau ein Jahr, nachdem Pavel das Tor von Saint-Béranger zum ersten Mal durchschritten hatte, kehrte er dorthin zurück. Seine ersten Eindrücke von der Sodalität drängen sich auf: erstickend, antisemitisch, abweisend, trostlos. Und nun?

> »Nur für einen Außenstehenden« (und damals war er ein »Außenstehender« gewesen, Verf.), betont Saul Friedländer, »war diese Welt eng und erstickend, für den neuen elfjährigen Internatsschüler bedeutete sie Ruhe, Sicherheit, Verwurzelung.«[84]

Das Kind Pavel Friedländer war während eines Jahres vom Katholizismus beeinflußt worden. Strenge Disziplin, von frommen Ritualen geprägte Umgangsformen, Gehorsamspflicht, Unterdrückung der Spontaneität, Erweckung von Schuldgefühlen, regelmäßiges Beichten und andere Maßnahmen, denen er unentrinnbar ausgeliefert war, hatten seinen Widerstand gebrochen und ihn gefügig gemacht.

Nur durch seine introjektive Identifizierung mit dem allmächtigen Aggressor konnte Pavel seine narzißtische Bedürftigkeit auffüllen; nur dadurch, daß er den Katholizismus überhöhte und idealisierte, hatte er

> »das zwar unausgesprochene, doch deutliche Gefühl, zur unbesiegbaren, geschlossenen Mehrheit übergetreten zu sein, nicht mehr zum Lager der Verfolgten, sondern dem der Verfolger zu gehören«[85].

In jeder Hinsicht, unterstreicht Saul Friedländer, sei er ein Schüler von Saint-Béranger geworden: »Wie viele meiner Klassenkameraden fühlte auch ich mich bald schon berufen: Ich wollte Priester werden.«[86]

Die durch das Trauma ausgelöste Regression des Ich und die Delegation seiner Funktionen auf den Verfolger brachten dessen Feindschaft zum Verschwinden und stellten auf trügerische Weise die Anwesenheit der guten Objekte her.

> »Obwohl ich mir meiner Herkunft bewußt war«, so Saul Friedländer, »fühlte ich mich dennoch in der Gemeinschaft jener wohl, die für die Juden nur Verachtung hatten, und gelegentlich schürte ich selbst noch diese Verachtung.«[87]

Ein unbestimmtes Schamgefühl signalisierte ihm, daß er zum »Abtrünnigen«[88], zum »Komplizen« der Täter geworden war. Obgleich für sein Über-Ich unannehmbar, hatte sich das auf ihn projizierte entwertende Feindbild in seinem Ich-Ideal festgesetzt: »Wenn in der Karwoche von den Missetaten der Juden gesprochen wurde, so berührte mich das in keiner Weise.«[89]

Manchmal marschierten die Klosterschüler auf ihren Spaziergängen am Krankenhaus von Montluçon vorbei. Dann, so gesteht Friedländer, habe er im Herzen einen Stich verspürt, ein vorübergehendes Angstgefühl.

> »Wenn wir um die Ecke bogen, sah ich zu den Fenstern im vierten Stock hinauf und fragte mich, ob eine der Glastüren nicht plötzlich aufgehen und mein Vater oder meine Mutter sich über das Geländer der Terrasse beugen würden, um mir heimlich zuzuwinken.«[90]

Mit diesen als magisch zu bezeichnenden Gedanken[91] wehrte Pavel die durch die retraumatisierende Situation hervorgerufene Angst ab.

In seiner damaligen Situation blieb ihm nach seinen eigenen Worten allerdings »nur eine Zuflucht: die Religion«. Und er fährt fort: »Ich gab mich ihr mit leidenschaftlicher Begeisterung hin.«[92] Es war eine »Notreaktion« seines Ich; nur durch die Identifizierung mit dem »idealisierten« Aggressor konnte er dessen (des Ich, Verf.) Funktionen halbwegs aufrechterhalten.[93]

Der Katholizismus übte einen wundersamen Zauber auf die traumatisierten, verstörten, bedrohten, verlassenen jüdischen Kinder aus. Die Heilige Familie bot die Möglichkeit, die libidinöse Besetzung, die vorher der eigenen Familie gegolten hatte, auf sie zu verschieben. Pavel Friedländer empfing

> »den größten Trost [...] in der Verehrung der Heiligen Jungfrau. – Bei der Gipsfigur mit ihrem sanften Gesicht, dem langen weißen Gewand und dem himmelblauen Gürtel, auf dem Haupt die Sternenkrone aus Weißblech, fand ich so etwas wie mütterliche Nähe.«[94]

Friedländer beschreibt, wie sehr er »die strenge Einfachheit, die tiefandächtige Stimmung der Frühmesse«[95] gemocht habe, in der er zuweilen als Ministrant fungieren durfte. Und er »liebte auch die prunkvollen Feste«[96]. Dabei sei, so räumt er ein, die große Kapelle »mit ihrer blauen, mit goldenen Lilien übersäten Decke der Inbegriff sulpizianischer[97] Häßlichkeit«[98] gewesen. »Und doch«, gesteht Friedländer, »wie prächtig kam sie mir damals vor!«[99] Er sei wie berauscht gewesen »vom Glanz der Meßgewänder und der Ziborien[100], dem aufdringlichen Geruch des Weihrauchs, der sanften oder majestätischen Musik«[101]. Nie wieder, gibt er zu, habe er später jenes Gefühl verspürt, das ihn damals überwältigte, wenn er beim Hochamt[102] in der großen Kapelle niederkniete und eine Nonne auf dem Harmonium die ersten Akkorde einer Fuge oder eines Chorals anschlug.[103]

»Mit ganzer Seele« habe er sich »dem Katholizismus verschrieben«[104]: »Paul Friedländer war verschwunden; Paul-Henri Ferland war ein anderer.«[105]

Wie die meisten seiner Klassenkameraden empfand Pavel die »fortwährende Religiosität« nicht »als einen unerträglichen Zwang«[106], sondern ging ganz darin auf. Religion bestimmte sein Leben; die magischen Rituale halfen ihm, seine Situation zu bewältigen:

> »Die Messe, die Anbetung der Heiligen Sakramente[107] und die Meditationen waren die wesentlichen Einschnitte im Tagesablauf, dazu kamen noch die Gebete vor und nach den Mahlzeiten und dem Unterricht, die kurzen Aves[108], die wir vor uns hinmurmelten, wenn wir von einem Ort zum anderen wandelten, sowie die erbaulichen Geschichten über das Leben der Heiligen [...].«[109]

Der fromme Eifer der Klosterzöglinge konnte sich zu Masochismus steigern – sie seien begierig darnach gewesen, sich zu kasteien[110]. Besonders zu Ostern bot sich in ihrer Phantasie die Gelegenheit für den drastisch-realistischen Vollzug dessen, was in der Taufe[111] zeichenhaft geschieht: Mit Jesus sterben, um mit ihm aufzuerstehen. Sie hätten sich von der Karfreitagsmesse erschüttern lassen, seien buchstäblich den Spuren des Heilands gefolgt, hätten sich seine Leiden vorgestellt und seinen Tod beweint. Die Verkündigung seiner Auferstehung habe jubelnde Freude ausgelöst.[112]

Diese Inszenierung des Osterfestes (Frühjahr 1944) hat etwas Gespenstisches und zugleich Zynisches. Zugegebenermaßen wurden die christlichen Feste auch während des Krieges gefeiert: bei den Deutschen als trotzige Betonung der »Normalität« des Lebens; bei den unterworfenen Völkern als Zeichen ihres ungebrochenen Widerstands gegen die Unterdrücker. Doch blieb das Zeitgeschehen unabweisbar überall präsent.

Im Internat der französischen Sodalität Saint-Béranger muß es Klosterschwestern und Seminaristen[113] gelungen sein, den Schülern eine heile (Schein)welt zu erhalten, die erst im August 1944[114] ihr jähes Ende fand, als die Truppen der Résistance die Deutschen vertrieben. Ob diese Haltung der Erzieher den katholischen Schülern gerecht wurde, muß dahingestellt bleiben; vielleicht war es weise, ihnen Nachrichten über grausame Tagesereignisse vorzuenthalten.

Auch Pavel, der, unmittelbar von der Judenverfolgung betroffen, von seinen Eltern darüber im unklaren gelassen worden war, erfuhr seit seinem Eintritt in das Internat nichts über die weiteren politischen Ereignisse, so daß es ihm gar nicht möglich war, alltagsweltliche Zusammenhänge wahrzunehmen oder zu interpretieren. Außerdem ist es fraglich, ob sein regrediertes Ich zu einer Realitätsprüfung fähig gewesen wäre.

Wußte er, daß Jesus Jude war? Vermutlich nicht.[115] Als Jude beweinte Pavel den Tod eines Juden, der vor zweitausend Jahren hingerichtet worden war und dem in der christlichen Kirche göttliche Verehrung zuteil wird, ohne zu ahnen, daß seine Eltern, weil sie Juden waren, vor nur wenigen Monaten einen ebenso qualvollen Tod hatten erleiden müssen. Als Jude wurde er Zeuge seiner eigenen Passion und der Passion seines Volkes.

Indessen aber wird am Ostersonntag Verzweiflung und Trauer um den Tod des Heilands aufgehoben durch das irrationale Moment der Auferstehung. Gewiß, die Auferstehung Jesu ist die zentrale Aussage des christlichen Glaubens und sein Fundament, an das zu rühren sich verbietet. Doch drängen sich in diesem Zusammenhang auch Gedanken an die Wiederbelebungs- und Wiedergeburtsphantasien vieler Schoa-Überlebender auf. Sie wurden von dem Bedürfnis beherrscht, die Vernichtung ihrer Familien zu verleugnen, das, was Hillel Klein »eine Regression zum magischen Denken«[116] nennt.

»Der Krieg war zu Ende«, stellt Saul Friedländer in seinen Überlebensmemoiren fest, und im selben Atemzug fügt er die bittere Erkenntnis an: »meine Eltern waren nicht zurückgekommen«[117]. Das Rote Kreuz meinte sie in Theresienstadt ausfindig gemacht zu haben. Pavel wartete.

Es wurde wieder Sommer (1945), die Gemeinschaft der Klosterzöglinge löste sich während der Zeit der langen Ferien auf; nur drei oder vier blieben in dem verlassenen Internat zurück. Möglicherweise hatte Pavels Ich ein wenig in seiner Abwehr nachgelassen, so daß es von intrusiven Kräften überwältigt wurde; Merkmal dessen, was Hans Keilson als »dritte traumatische Sequenz« bezeichnet.

Während der Zeit des vergeblichen Wartens auf seine Eltern überfiel ihn »eine gegenstandslose Angst, eine leere Angst – Angst an sich«[118]. Bei ihrer Beschreibung wehrt Friedländer sein Leiden ab, indem er das unpersönliche »man« verwendet:

> »Man fühlt, wie sie einen langsam überfällt, man kennt die Vorzeichen, ist vor Schrecken überwältigt bei dem Gedanken, was sich da zusammenbraut, überwältigt, aber auch wie gelähmt.«[119]

Als sie sich seiner bemächtigte, während er bei der Frühmesse ministrieren sollte, hatte Pavel laut Friedländers nachträglicher Diagnose die Empfindung einer multiplen Persönlichkeit:

> »Wir waren in jenem Augenblick zu dritt: einer, der Angst hatte, einer, der ihn betrachtete, und einer, der wie ein Automat ministrierte. Wurde ich etwa verrückt?«[120]

Wochenlang peinigte ihn die Angst – dann plötzlich klang sie ab.

Eine Bekannte seiner Eltern besuchte ihn in Saint-Béranger. Er fragte sie nach seinen Eltern. Ganz langsam und sehr deutlich antwortete sie: »›Mein armer Paul, verstehst du denn nicht, daß deine Eltern tot sind?‹«[121]
Pavels Lebensweg schien vorgezeichnet: mit aller Begeisterung wollte er Jesuit werden. In seiner Phantasie löste er sich von seinen Eltern, von denen er sich verlassen fühlte, und wollte allein Gott dienen. Noch bevor er das Alter dafür erreicht hatte, erhielt er die Firmung; vielleicht auch, weil die Damen der Sodalität, die seine Seele unter eigener Lebensgefahr gerettet hatten, seinen Glauben festigen wollten, bevor er in die Welt zurückkehrte.
Diesen Bemühungen sollte auch ein Gespräch Pavels mit einem italienischen Jesuitenpater dienen, der an der Jesuitenschule von Saint Étienne unterrichtete.

Die Reise in diese Stadt im Januar oder Februar 1946 war für Pavel ein großes Abenteuer. Die Erinnerung an seine Familie holte ihn noch vor seiner Begegnung mit dem Pater ein. Ohne sich dessen bewußt zu sein, gehorchte er wie von selbst den Befehlen der Vergangenheit[122], der internalisierten Werteordnung seiner Eltern. Er betrat eine kleine Buchhandlung, in der zwar nicht die kostbaren Exemplare der väterlichen Bibliothek zu finden waren, doch immerhin richtige Bücher (keine Lehrbücher, Meßbücher, Heiligenlegenden), und kaufte von den wenigen Francs Taschengeld, die er für diese Reise erhalten hatte, zwei schmale Bändchen.

Mit großer Spannung sah er der Unterredung mit Pater L. entgegen. Dieser schlug einen Spaziergang vor. Sie unterhielten sich über den Krieg, über Pavels Eltern. In einer Kirche vor dem Bild des gekreuzigten Jesu fragte ihn der Pater: »›Sind deine Eltern nicht in Auschwitz gestorben?‹«[123] Pavel reagierte bestürzt: »Was bedeutete dieser Name? Wo war Auschwitz?«[124]

Rasch wurde dem Pater klar, daß Pavel nichts über die Judenvernichtung wußte. Der Tod seiner Eltern, bekennt Saul Friedländer, sei für ihn mit undeutlichen Vorstellungen verbunden gewesen, die mit dem tatsächlichen Geschehen in keinem Zusammenhang standen. Und so vernahm er vor diesem Jesus-Bild zum ersten Mal etwas über die Ermordung der Juden, über die Transporte, die Gaskammern, die Verbrennungsöfen, über Millionen von Toten.

Die grauenvollen Enthüllungen des Paters müssen Pavel in einen Schockzustand versetzt haben, der möglicherweise durch die Zuwendung des gütigen Geistlichen in eine starke Erregung übergegangen sein wird. Die traumatische Überwältigung durch die Realität bildete eine Gedächtnislücke: »Ich habe nicht mehr die geringste Erinnerung an meine Rückkehr nach Montluçon, und doch, wie erregt muß ich gewesen sein!«[125] hält Friedländer nachträglich fest.

Das Verhalten des Jesuitenpaters habe ihn zutiefst beeinflußt. Dieser sprach mit großer Achtung über das jüdische Volk, dessen Schicksal ihn erschütterte, und

verwies in diesem Zusammenhang auf das Phänomen des immer noch latenten Antisemitismus. Obgleich er es vermutlich lieber gesehen hätte, wenn Pavel Katholik geblieben wäre, drängte er ihn nicht dazu, sondern überließ diesem die Entscheidung.
Des Paters Sinn für Gerechtigkeit und seine außergewöhnliche Barmherzigkeit halfen Pavel, an seine Vergangenheit anzuknüpfen.[126]

»Zum ersten Mal«, betont Saul Friedländer, »fühlte ich mich als Jude – nicht mehr heimlich oder gegen meinen Willen, sondern in völligem Einverständnis mit mir selbst.«[127] Die psycho-historische Kontinuität, die Pavel mit seiner Familie, mit seinen Eltern verband, setzte sich fort über »Auschwitz und die lange Kette der Verfolgungen und die Toten; das Bild unseres Todes...«[128] Pavel identifizierte sich mit seinen Eltern und mit ihrem Tod.[129] Er verspürte ein großes »Verlangen nach Rückkehr, Rückkehr zu einer dezimierten, erniedrigten, elenden Gruppe«[130].

Allerdings waren es durchaus ambivalente Gefühle, die in ihm stritten und eine Identitätskonfusion verursachten. »War es nicht verrückt, Jude zu sein«, fragte er sich, »wo doch Paul-Henri Ferland mit dem Judentum nichts mehr zu tun hatte?«[131]. Noch sei er Katholik gewesen und habe unbeirrt von seiner Zukunft als Priester geträumt. Zu stark hatte er sich mit dem »idealisierten« Aggressor, dem Christentum, identifiziert. Überdies war er nicht »in einer ›echt‹ jüdischen Familie geboren worden«[132], wußte nichts von Tradition und hatte keine zusammenhängenden Erinnerungen, die ihn gemahnt hätten.

Aber die Wandlung, die mit dieser Reise nach Saint Étienne in Pavel vorgegangen war, hatte eine Verbindung wiederhergestellt, »eine zwar noch unklare, vielleicht widersprüchliche Identität tauchte auf, die jedoch nunmehr wieder einen sicheren Bezugspunkt hatte«[133]: er war Jude.
Im Internat bat er darum, wieder bei seinem richtigen Namen genannt zu werden.

Einige Zeit später verließ Pavel Friedländer das Internat Saint-Béranger und Montluçon. Ein jüdischer Vormund in einer kleinen französischen Provinzstadt[134] nahm ihn in seiner Familie auf. Doch Pavel fühlte sich »völlig entfremdet«[135].
Die wiederholten Abbrüche der Kontinuität von Umwelterfahrung und persönlicher Beziehung sowie Änderungen der Wertewelt müssen bei einem Kind in seiner Ich-Findung und Persönlichkeitsentwicklung zu einer starken Verunsicherung führen.
Nirgendwo gab es Berührungspunkte zwischen den Welten: weder der von Saint-Béranger und dem Gymnasium, das er nun besuchte, noch zwischen der Familie des Vormunds und seiner eigenen verlorenen Familie. Feingefühl, Kultur, gedämpfte Emotionen und wenig gelebtes Judentum in Pavels Ursprungsfamilie – in der neuen Familie, die in den zwanziger Jahren aus Rußland nach Frankreich eingewandert war, eine gefühlsbetonte, warmherzige, manchmal überschwengliche Atmosphäre der ostjüdischen Mentalität.

Sein Vormund war fromm. Pavel, der während des Schuljahres im Gymnasium wohnte, sonntags oder in den Ferien aber bei dieser Familie, beobachtete mit großer Verwunderung,

> »wie er« (der Vormund, Verf.) »sich frühmorgens in den Talith, den Gebetsmantel, hüllte, die Gebetsriemen um Kopf und Arme schlang und sich mit atemberaubendem Eifer in seine Gebete stürzte«[136].

Diese Art Frömmigkeit kam ihm, wenn er sie mit der Prachtentfaltung in der großen Kapelle des Mutterhauses von Saint-Béranger verglich, lächerlich vor. Erst sehr viel später begann Friedländer, »diese ungezwungen formlose Art des jüdischen Gebets«[137] zu achten.

Sein Vormund und dessen Familie waren sehr bemüht, seine jüdische Identität, deren er sich kaum bewußt gewesen war, als man ihn zum Katholiken machte, neu zu beleben.
Noch war sie für ihn nicht mehr als eine Rolle, die er bereitwillig übernahm, um die in ihn gesetzten Erwartungen nicht zu enttäuschen. Er gab ihrem frommen Eifer nach, solange er es mit seinem »›Gewissen‹«[138] vereinbaren konnte.

Das, was Saul Friedländer nachträglich »Gewissen« nennt, bezeichnet ein posttraumatisches Symptom, das ihn bestimmte, sich auch in Abwesenheit des Täters (gemeint ist der Katholizismus) so zu verhalten, als sei dieser anwesend. Das traumatische Introjekt, das sich als psychischer Fremdkörper vor allem in seinem Ich-Ideal festgesetzt hatte, zwang ihn, sich dem Bild anzugleichen, das er sich von den Wünschen des Täters gemacht hatte, beziehungsweise so zu werden, wie er meinte, daß der Täter ihn haben wollte.
Er hatte die klösterlichen Verhaltensnormen internalisiert, so daß sein Über-Ich zu strenger Moralität und Rigidität neigte.
Das wurde an jenem Seder-Abend (1946?) offenkundig, dessen festlicher Rahmen einen unvergeßlichen Eindruck in ihm hinterließ. Da ihm damals, wie es Saul Friedländer darstellt, noch gar nicht zum Bewußtsein gekommen sei, daß auch er aus der Sklaverei befreit worden, daß das finstere Zeitalter beendet und eine neue Zeit angebrochen war, konnte es geschehen, daß er sich beim Hauptgericht des Pessachmahls weigerte, Fleisch zu essen, weil gerade »Karfreitag« war.[139]

Noch vermochte er sich nicht von der Idealisierung der magisch überhöhten Macht, die der Katholizismus über ihn erlangt hatte, zu lösen:

> »Der Einfluß von Saint-Béranger war nicht spurlos an mir vorübergegangen, und wenigstens ein Jahr lang zwang mich dies, in manchem schon erwähnten ›Gewissenskonflikt‹ auf der Hut zu sein.«[140]

In seinen Überlebensmemoiren sucht Saul Friedländer die Frage zubeantworten, was ihm von der christlichen Erziehung geblieben sei:

> »Nichts Wesentliches […], wohl aber eine gewisse Schwierigkeit im Umgang mit den Menschen, eine Zugeknöpftheit, die mir die Rue de la Garde« (Straße, in der das Internat lag, Verf.) »mit ihren Tabus wohl für immer eingeprägt hat. Außerdem der Beginn einer Neigung – die auch noch andere Ursachen hat –, sich eher passiv als aktiv zu verhalten, moralische Bedenken zu haben, statt nüchtern die Wirklichkeit zu akzeptieren. Kurz, eine gewisse Schwierigkeit zu leben, die die Spontaneität hemmt, aber dazu ermutigt, sich immer wieder auf sich selbst zurückzuziehen, und eine ständige Unzufriedenheit; im übrigen ähnelt dies einer bestimmten jüdischen Haltung, nämlich der jener Juden, die – auf dem Wege der Assimilierung – zwischen zwei Welten gefangen sind: In diesem Milieu hatten wir gelebt. So läuft letzten Endes alles in einem Punkt zusammen.«[141]

Pavel Friedländer bemühte sich, wieder an seine jüdische Vergangenheit anzuknüpfen; doch er war allein. Die Familie seines Vormunds, die selbst noch unter den Folgen der Schoa litt, vermochte nicht, mit der nötigen Sensibilität auf seine Gefühle der Trauer und Entfremdung sowie auf seine Phantasien um und Erinnerungen an die ermordeten Eltern einzugehen.

Wie viele überlebende jüdische Kinder versuchte Pavel zunächst, mit seinen Eltern über deren Tod hinaus in Verbindung zu bleiben. Im Hause seines Vormunds hörte er Berichte über die Lager Bełżec und Majdanek, die ihn verstörten. Doch trotz seiner Anstrengungen gelang es ihm nicht, sich ganz mit den Verfolgten zu identifizieren, die Distanz zu überwinden, die ihn von jenen trennte, »die (wie seine Eltern) unmittelbar vom Strudel der Ereignisse mitgerissen worden waren«[142].

Friedländers spätere Bemerkungen, er habe »am Rande der Katastrophe gelebt«, er habe sich »nicht so sehr als Opfer denn vielmehr als Zuschauer«[143] gefühlt, enthalten den massiven Selbstvorwurf, seine Eltern auf ihrer »Deportation« nicht haben begleiten zu können, und kennzeichnen zugleich die emotionale Anästhesie, die ihn damals noch lähmte, sowie die Entfremdung, mit der er Teile seines Selbst abspaltete und sie wie von außen wahrnahm.
Sein Judesein jedoch gewann Pavel zunächst nicht über die Schoa zurück, auch nicht über die Religion, sondern über den Zionismus, der ab Herbst 1947 sein »wichtigstes Anliegen«[144] wurde:

> »Nach ›Erez‹[145]zu gehen, hieß, mein persönliches Schicksal an das Los einer Gemeinschaft zu binden, hieß von Gemeinsamkeit und Gemeinschaft zu träumen, hieß, in der Begeisterung einer Gruppe persönliche Ängste zu verlieren.«[146]

Wie eine Art Selbstheilungsversuch betrieb er seine psychische Wiederbelebung, indem er an die Stelle seiner verlorenen Welt neue psycho-soziale Beziehungen setzte.

Während jener Zeit erblickten viele jüdische Kinder und Jugendliche die Zukunft im Licht ihrer regressiven Sicherheitsphantasien: Aufbau einer neuen Welt in

Frieden und Gerechtigkeit. Diese Hoffnungen wurden von den zionistischen Jugendgruppen aufgegriffen und geschürt. Damit sich die Tragödie der jüngsten Vergangenheit niemals wiederholen könne, brauchten die Juden einen eigenen Staat, wo sie ihr Schicksal selbst in die Hand nehmen könnten.

Pavel Friedländer floh im Juni 1948 aus Frankreich nach Israel, wenige Wochen nach der Gründung des jüdischen Staates. Er hatte sich einer Gruppe der zionistischen Jugendorganisation Betar[147] angeschlossen.

In einem Brief an seine Patin und Lebensretterin Madame M. de L. schrieb er in beinahe patriotischer Begeisterung, daß die politischen Ereignisse in Palästina in seiner

> »Seele etwas geweckt« hätten, »das dort seit langem schlief, das Gefühl, Jude zu sein«. »Und das«, fuhr er fort, »will ich im Kampf Seite an Seite mit all jenen Juden beweisen, die in Palästina sterben…«[148]

Gewissermaßen an der Schwelle zu einem neuen Leben dachte Pavel an Sterben, an den Tod.

Auch er hatte die Todesdrohung internalisiert, so daß ihm seine Rettung als etwas »Unrechtmäßiges« vorkam. Sein vom Verfolger entwertetes Selbstbild spiegelte ihn als jemanden, der kein Recht auf Leben hatte. Seine Rettung war eine von den Deutschen nicht vorgesehene Ausnahme.
Seine Eltern hatten sich nicht retten können, er hätte mit ihnen sterben sollen; mit ihnen und mit allen anderen Juden. Nun in Palästina würden sich dafür genug Gelegenheiten ergeben und damit die Möglichkeit, »den eigenen Tod« in der »Phantasie der Wunscherfüllung« in ein Mittel zu verkehren, die verlorenen geliebten Objekte, die Eltern, wiederzubekommen.[149]

Pavel war fünfzehn Jahre alt, als er Israel erreichte. Sein Onkel[150] nahm ihn eine Zeitlang bei sich auf. In seiner Nähe tauchte er noch einmal in das jüdische Milieu der Stadt Prag vor dem Krieg ein.
Er lernte Hebräisch, besuchte die Schule, entdeckte die Bibel und später die Welt des Chassidismus, fühlte sich als Israelit und als Jude und irrte doch

> »zwischen mehreren Welten« umher, »die« er »vielleicht besser als viele andere kannte und verstand, ohne jedoch in der Lage zu sein«, sich »rückhaltlos mit einer dieser Welten zu identifizieren, spontan zu fassen, zu begreifen und« sich »dazugehörig zu fühlen.«[151]

Zu keiner Zeit kam er von seiner Vergangenheit los: sie blieb das besondere Prisma, das sich niemals beiseite schieben ließ und durch das er alle wesentlichen Dinge des Lebens sah.[152]

Achtundfünfzig Jahre später äußert sich Saul Friedländer in einem Gespräch mit Martin Doerry am 12. November 2005 in Los Angeles über sein Judentum: er sei »areligiös, total«. Das sei schon bei seinen Eltern in Prag so gewesen. Und er fährt fort: »Vom Jüdischen – im strikten Sinne – finden Sie bei mir keine Spur. Aber wenn man mich fragt: ›Was bist du eigentlich?‹, dann bin ich Jude.«[153]

Seine Identität – so Friedländer – finde sich »in der Auseinandersetzung mit der NS-Zeit und dem Holocaust«[154] – und das in ununterbrochener Zwiesprache mit seinen in Auschwitz ermordeten Eltern.

Janina Dawidowicz

Photographie von Janina Dawidowicz aus dem Jahr 1944.
(Ein Stück Himmel [1986]: Das Filmbuch nach den Erinnerungen von Janina David. Hrsg.: Hartwig Schmidt. Mit e. Vorw. v. Ursula von Kardoff. München, Wien [Hanser]. S. 153.)

Janina David alias Janina Dawidowicz wurde am 19. März 1930 in Kalisz[1] (Polen) als einziges Kind einer gutsituierten großbürgerlichen jüdischen Familie geboren. Ihr Vater Marek (geb. 1898), ein Mühlenbesitzer, ihre Mutter Celia (geb. 1908) und das polnische Kindermädchen Stefa umsorgten und behüteten sie.

Janina David, wie sie sich später als Schriftstellerin nennt, begann im Jahre 1958 ihre Erlebnisse während und nach der Schoa niederzuschreiben. Ihre Autobiographie umfaßt drei Bände.[2]

Dabei mußte sie sich beim ersten Band der Trilogie ganz auf ihr Gedächtnis verlassen, während sie beim zweiten und dritten Band auf Tagebücher zurückgreifen konnte, die sie als Kind im Kloster begonnen und später fortgeführt hatte.

> »Als ich über meine Vergangenheit schrieb«, bekennt sie, »ging ich langsam, behutsam vor und machte viele Schreibpausen, um mich zu beruhigen, den Schmerz abklingen zu lassen, bevor ich mich an das nächste Kapitel wagte.«
> »Und in meinem Fall«, erklärt sie, »mußten die Ereignisse außerdem von einer Sprache in eine andere übersetzt, meine polnische Kindheit in eine englische Erzählung verwandelt werden. Ich fand heraus, daß Dinge, die ich in der einen Sprache nicht sagen, oft in der anderen schreiben konnte, weil sie durch den Vorgang des Übersetzens nicht mehr so bedrückend waren und das Unerträgliche sich auf diese Weise aussprechen ließ.«[3]

Janina David mobilisierte ihre ganze Energie, um über ihre Erlebnisse schreiben zu können; sie riskierte damit Retraumatisierung und einen Zustand permanenter Trauer.

Ihre Überlebensmemoiren sind – nach Jan Philipp Reemtsma – »Ausdruck einer Leides -, Schmerz- und Überwältigungserfahrung«[4].

Mit fünf Jahren im Kindergarten konnte Janina bereits fließend lesen. In den Jahren 1936 oder 1937, da antisemitische Strömungen den Judenhaß in Polen erneut anfachten, wurde sie auf eine renommierte jüdische Schule geschickt.[5] Nach einer Prüfung in die zweite Klasse aufgenommen, mußte sie ein ganzes Jahr Hebräisch nachlernen. Ihre Mutter engagierte eine Lehrerin und nahm ebenfalls am Unterricht teil.

Als Janina in der Schule den Tenach kennenlernte und ein paar Gebete auf aramäisch auswendig wußte, scherzte ihre Mutter, sie werde wohl bei so viel Frömmigkeit »eines Tages einen bärtigen Juden im Kaftan heiraten«[6].

Janina David erwähnt, daß weder ihre Mutter noch ihr Vater »im geringsten religiös«[7] gewesen seien.

In zahlreichen (assimilierten) Familien herrschte religiöse Gleichgültigkeit oder Unentschlossenheit. Durch Vermeidung der religiösen Thematik meinten manche, vielleicht auch dem Problem ihres Jüdischseins aus dem Wege gehen zu können.

> »Mutter zündete zwar jeden Freitag abend die Kerzen an«, erzählt Janina David, »aber das kam mir nur als leere Geste vor; sie tat es, weil ihre Mutter es auch tat, das war eben eine Familientradition, ohne irgendeine religiöse Bedeutung.«[8]

Nachträglich unterschätzt Janina David diese »Familientradition« und die bedeutende Rolle, die Überlieferung im Judentum spielt. Der Schabbat steht in der Geschichte des jüdischen Volkes im Zentrum des Lebens. Er wurde als Tag der Ruhe und geistlichen Erholung eingehalten, besonders in der Galut[9], wo die Juden häufig bedrängt und verfolgt wurden. Er brachte Licht und Freude in ihren glanzlosen Alltag.

Janinas altersspezifische kritische Distanz dem elterlichen Verhalten gegenüber ließ sie vermutlich Emotionalität und Eifer bei der Praktizierung solcher Rituale vermissen.

Als durchaus anders empfand sie den Seder-Abend bei den Großeltern (mütterlicherseits): diese »märchenhaft geheimnisvolle Feier« (H. Heine), da die Geschichte vom Auszug aus Ägypten erzählt wird und jeder Jude verpflichtet ist, sich vorzustellen, er selbst sei aus Ägypten gezogen. Janinas Großvater las aus der Haggada, und ihre Onkel sprachen Segenssprüche und Gebete. Die ganze Familie war versammelt, und sie durfte die traditionellen vier Fragen stellen, die mit den Worten »Ma nischtanna...?« (»Warum unterscheidet sich« [dieser Abend]...?) beginnen.[10] Janina war stolz und glücklich, sich einer Gemeinschaft zugehörig zu fühlen, die Schutz und Geborgenheit zu bieten schien gegen eine bereits als feindlich erfahrene Umwelt.

Um so größer war einige Monate später ihre Enttäuschung über den alljährlichen Synagogen-Besuch am Jom Kippur. Ihr Vater nahm nicht daran teil, und in Begleitung ihrer Mutter konnte sie den Gottesdienst nur von der Empore[11] aus beobachten. Sie verstand wenig von dem, was sie sah und hörte; und ihre Mutter, vertieft in Gespräche mit Verwandten und Bekannten, bemühte sich nicht, ihr alles zu erklären.
Janina fühlte sich von der Gemeinde ausgegrenzt, in die aufgenommen zu werden sie mit dem Erwerb hebräischer Sprachkenntnisse eine wichtige Voraussetzung erfüllt hatte.[12]

Gerade in der Latenzphase ist ein Kind bestrebt, sich die Fertigkeiten und Wissensbestände, die Regeln und Umgangsformen der Gemeinschaft, in der es lebt, anzueignen. Es paßt sich bereitwillig der Ordnung an, achtet streng darauf, daß sie eingehalten wird, und ist stolz auf seine eigenen Leistungen.

Von den Erwachsenen nicht ernstgenommen zu werden, nicht die Hilfe und Unterstützung zu erhalten, die sie zur Festigung ihrer jüdischen Identität gebraucht hätte, kränkte und verunsicherte Janina.
Überdies identifizierte sie sich unbewußt mit der kühlen oder gar ablehnenden Haltung ihrer unmittelbaren Bezugspersonen gegenüber dem Judentum, so daß sie diese Prägung mit ihren eigenen religiösen Annäherungsversuchen verband. Beides zusammen ging in ihre Selbstrepräsentanz ein und erzeugte eine Doppelwertigkeit der Gefühle.

Plötzlich »stolperte« sie über die semitische Sprache, die in ihrer Syntax und Flexion keinerlei Ähnlichkeit mit den in West- und Osteuropa bekannten Sprachen hat und der sie sich nicht über die »Brücke« des Jiddischen nähern konnte.
»Meine Gebete sagte ich zwar morgens und abends noch immer auf, aber schon nach ein paar Wochen hatte ich ihre Bedeutung völlig vergessen«[13], stellte Janina resigniert fest. Hier bereits zeigte sich ihre Ambivalenz gegenüber der Jüdischkeit: weil sie von ihr auch negativ besetzt war, vergaß sie die Bedeutung der hebräischen Wörter.
»Ich sagte die Formeln mit geschlossenen Augen auf«, fuhr sie fort, »und hätte gern gewußt, wie ich mit meinem Gott sprechen konnte, daß er mich auch hörte.«[14]
Hier werden die Gebete bereits zu »Formeln« abgewertet: leere Formeln, genau so sinnlos wie die »leere Geste« ihrer Mutter an Erew Schabbat. Sie leierte sie – wie sie im Text zugibt – in Gegenwart ihres polnischen Kindermädchens herunter, »zornig und verlegen zugleich«[15].
Martin Ehlert und Beate Lorke erklären Selbstverachtung und irrationale Scham, die sich gegen das eigene Ich richteten, damit, daß das introjizierte, bereits ins Ich-Ideal eingedrungene Feindbild trotz des Widerspruchs des Über-Ich um der Versöhnung mit dem Verfolger willen nicht aufgegeben werden könne.[16]

Noch zu Hause, in ihrer Heimatstadt Kalisz, unter der Obhut ihres Kindermädchens Stefa, machte sich Janina ein Bild von ihrem Gott. Ein Kind ihres Alters verfügt noch nicht über abstraktes religiöses Denken, und deshalb stellte sie sich Gott anthropomorph vor. Diesem »kohlrabenschwarzen« Bild war anzumerken, wie sehr sie bereits das von den Christen verzerrte Gottesbild aus dem sogenannten[17] Alten Testament internalisiert hatte: den »Gott der Rache«[18]. Janina stellte sich Gott

> »als einen streng blickenden, sehr alten Mann vor, mit schwarzen Haaren und schwarzem Bart, der auf einer Wolke saß und gereizt […] herunter auf die Erde schaute. Falls« sie »es wagen sollte, Ihn auf Polnisch anzureden, würde Er« sie »nicht verstehen und sich vielleicht schrecklich über« sie »ärgern. Seine Sprache«, so vermutete sie, »war offenbar aramäisch«.[19]

Zudem stand Janina sehr unter dem Einfluß ihres geliebten Kindermädchens Stefa, das ihr unmißverständlich klarmachte, daß sie während der vergangenen Jahre nur deshalb bei ihr geblieben sei, weil sie ihrem Beichtvater, um Absolution zu erhalten, habe versprechen müssen, Janina zu bekehren. Und sie fügte hinzu: »Es ist ja eine Sünde, für euch zu arbeiten […].«[20] Für dieses junge polnische Mädchen, das aus einfachen, strenggläubigen Kreisen stammte, waren Janina und ihre Eltern »Christusmörder«.

Die diffamierenden Worte ihres Kindermädchens entsetzten die neunjährige Janina. Ihr war, als habe sich der Boden unter ihren Füßen geöffnet. Hatte sie doch stets gemeint, Stefa sei aus Zuneigung bei ihr geblieben. Nun erlebte sie deren inneren Rückzug von ihr. Verzweiflung und Schuldgefühle überschwemmten sie. »Nur nicht Stefa verlieren«[21], war das einzige, was sie denken konnte.
Ohne eigene religiöse Orientierung, phantasierte sich Janina in eine christliche Welt hinein, die Stefa verkörperte und durch die sie emotional mit ihr verbunden bleiben wollte. Sie introjizierte das ihr von Stefa aufgezwungene herabwürdigende Bild und identifizierte sich mit ihr. Um sich die Zuneigung ihres Kindermädchens zu erhalten und die angedrohte Trennung abzuwehren, akzeptierte sie ihre eigene Entwertung sowie die ihrer Eltern.

Manchmal hatte sie Stefa auf den katholischen Friedhof begleitet. Dann kniete diese vor dem Grab ihrer Mutter und betete, derweil Janina auf Zehenspitzen umherging und sich »die rundlichen Babies mit ausgebreiteten Flügeln«[22] anschaute. Vor einer steinernen Frauenskulptur erklärte ihr Stefa, daß das die »Madonna« sei, »die Mutter unseres Herrn«[23]. Janina fühlte sich befangen und voller Scheu über die »plötzliche Nähe zu einem Gott, von dem« sie »nur eine ganz nebelhafte Vorstellung hatte«[24].
Oft zeigte ihr Stefa die Bilder in ihrem Gebetbuch: die Engel, die Madonna und das kleine Jesuskind.

Janina David berichtet davon, daß es in Kalisz mehrere Kirchen und auch eine Kathedrale[25] gegeben habe. Aber trotz Stefas Aufforderung, sie dorthin zu begleiten, habe sie das stets abgelehnt, weil ihre Angst zu groß gewesen sei. Einige ihrer jüdischen Freunde besuchten ohne Wissen ihrer Familien, meistens mit ihren polnischen Kindermädchen, die christlichen Gotteshäuser; manche kannten sogar Gebete und vermochten dem Ablauf der Messe zu folgen.
Die Autorin erklärt ihre Angst damit, daß sie sich vor Entdeckung gefürchtet habe, verbunden mit dem »vagen Gefühl«, daß sie »damit ihre Familie verraten würde«[26].

Der israelische Psychoanalytiker Hillel Klein betrachtet diese Angstgefühle als von einer fremdartigen Umwelt ausgelöst, und diese wiederum bewirkten einen Rückzug auf die jüdische Gemeinschaft.[27] Das bestätigt Janina David:

> »Ich sah schon vor meinem inneren Auge, wie ein Priester in seiner schwarzen Soutane mich erkannte und mit schrecklichen Flüchen und vielleicht sogar mit Hieben aus der Kirche scheuchte.«[28]

In den Jahren vor dem Krieg spielte die Katholische Kirche als Zufluchtsstätte für jüdische Kinder noch keine Rolle, im Gegenteil: sie unterstützte die antisemitischen Hetzkampagnen der polnischen Regierung.

Janina durchschaute nicht, warum sie von ihrer Umgebung gedemütigt, angegriffen und ausgegrenzt wurde. Sie ahnte nichts von den antisemitischen Ressentiments und brachte die Anfeindungen eher mit ihrem Körperbild als mit ihrer Religion in Verbindung. Das entwertende Feindbild begann sich in ihrem Über-Ich[29] und ihrem Ich-Ideal festzusetzen. Mit den Augen der Gegner suchte sie an sich äußere Mängel, wurde auf diese Weise zu deren »Komplizen«. Sie entwickelte Selbsthaß und Schuldgefühle. Mit kindlicher Phantasie legte sie sich alle erdenklichen Gründe für ihre vermeintliche Andersartigkeit zurecht.
Ihre Sehnsucht war groß, zu denen zu gehören, die sie jetzt ablehnten: sie identifizierte sich mit ihren »arischen«[30] Gegnern und nahm sich vor, katholisch zu werden, sobald sie erwachsen war.

Wenn Janina beobachtete, wie sich Kinder, ihre Freundinnen, und ältere Frauen vor einer Wege-Madonna[31] bekreuzigten oder niederknieten, kam sie sich »furchtbar auffallend und verlassen«[32] vor. »Auffallend«, weil sie nicht dasselbe tat und weil ihr Selbstbild bereits so beschädigt war, daß sie meinte, ihr Äußeres entspräche nicht dem allgemeinen Erscheinungsbild. »Verlassen« und hilflos angesichts einer »Solidarität der Menschen mit Gott«, die die Juden »von allen Seiten so triumphierend umgab«[33], und ihres eigenen Gottes, der sich Seinem Volk zu entziehen schien.

Die Worte der Autorin – wenn auch aus der Nachträglichkeit gesprochen – assoziieren in grausiger Vorwegnahme der späteren Ereignisse die apokalyptische Vorstellung eines Feldheeres, dem Gott zum Sieg verholfen hat und das seine Feinde, die Juden, nun triumphierend umzingelt. Sie assoziieren auch das Ende des Alten Bundes – die Christen waren das neue Volk Gottes.

Die für Janinas Altersphase charakteristische Entwicklung des Empathievermögens, die die Entfaltung sozialer Beziehungen außerhalb der Familie hätte begünstigen, ihre beginnende Identifizierung und Interaktion mit Gleichaltrigen, die ihr Selbstwertgefühl positiv beeinflussen und ihre Ich-Funktionen hätten stärken können, wurden im letzten Jahr vor dem Überfall der Deutschen auf Polen mehr und mehr gestört, denn »der Krieg zwischen uns und den anderen war überall gegenwärtig«[34].

So empfand sie brennenden Schmerz bei der Zurückweisung einer Spielgefährtin, die sie nach deren Erster Kommunion nicht berühren durfte, weil sie »rein« war und nicht von einem jüdischen Kind »beschmutzt« werden wollte.[35]
Von Gleichaltrigen abgelehnt zu werden, übt gerade in der Latenzphase einen negativen Einfluß auf die Selbstwertentwicklung eines Kindes aus. Janina litt

infolge des ihr von der polnischen Umwelt aufgezwungenen malignen Introjekts unter Minderwertigkeitsgefühlen: »Was hätte ich nicht gegeben für blondes Haar, blaue Augen und weiße Haut!«[36]

Mit dem Überfall der Deutschen auf Polen am 1. September 1939 begann der Zweite Weltkrieg. Kalisz lag in der Nähe der deutschen Grenze; deshalb floh Janina mit Mutter und Großeltern (mütterlicherseits) nach Osten: nach Warschau. Ihr Vater blieb zurück, um sich bei der polnischen Armee zu melden.
In der zweiten Hälfte[37] des September gerieten sie in das achtundvierzigstündige Bombardement der Stadt durch die Deutschen und entrannen nur knapp dem Tode. In dieser verzweifelten Situation wurde Janina durch ein Gebet ihrer Mutter aus ihrem panischen Schrecken gerissen:

> »Mit leiser Stimme fing sie an zu beten, ich hörte verlegen den bekannten hebräischen Worten zu, als sie plötzlich auf polnisch weiterbetete: ›Gott ist groß, und Er ist gut und gerecht. Er wird mich am Leben lassen, daß ich für mein kleines Mädchen sorgen kann‹.«[38]

Die Erfahrung von Verfolgung und Vernichtung und deren Aufnahme in die eigene Gottesvorstellung bilden einen Bestandteil jüdisch-religiöser Tradition.

Nach der Niederlage Warschaus entschloß sich Janinas Familie, nach Kalisz zurückzukehren. Auf dieser Reise mit Pferd und Wagen erkrankte Janina schwer. Sie mußten in einem Dorf haltmachen. Ein mitleidiger jüdischer Gastwirt in einer schmalen Seitenstraße nahm sie und ihre Familie auf. Hier begegnete die kleine Janina zum ersten Mal chassidischen Juden. In einem riesigen Bett liegend, verfolgte sie die Rituale eines Kabbalat Schabbat[39]. Die Autorin schreibt:

> »Dieser frommen orthodoxen Familie kam es einfach unglaublich vor, daß ein jüdisches Kind keine Ahnung vom Sabbat-Ritual haben sollte. Den ganzen Abend hindurch saß ich neben Mutter, drückte mich eng an sie und beobachtete den Kreis von Menschen rund um den Tisch, wie sie hin und her schwankten, weinten, sangen, beteten, und lauschte voller Angst und Ergebenheit den Worten, die auch in der fremden Sprache so klar zu verstehen waren.«[40]

Besonders seit Beginn des Krieges war Janina traumatisierenden Situationen ausgesetzt gewesen. Ihr Ich konnte die Reizüberflutung nicht mehr bewältigen; sie reagierte mit körperlichem Zusammenbruch und unkontrollierbarer Angst, die allerdings durch die Nähe von Bezugspersonen aufgefangen und gemildert wurden. Obgleich sie etwa zwei Jahre davor das Hebräische als eine Art störende Sprachbarriere in ihrer Beziehung zu Gott empfunden hatte, lauschte sie nun seinem vertrauten Klang. Sie kannte einige Gebete und besaß einen gewissen Wortschatz – offenbar schien das auszureichen; denn ihre leidenschaftliche

Hinwendung zu Gott wurde nicht mehr bespöttelt und entwertet, sondern in der feierlich frommen Zeremonie dieser chassidischen Juden bestätigt und erwidert.

Die jüdischen Frauen pflegten Janina gesund. Eine Woche verbrachte ihre Familie bei den frommen Juden, »überwältigt von ihrer Gastfreundschaft und Güte«[41]. Beim Abschied segneten sie Janina und ihre Familie und weigerten sich beharrlich, für ihre Hilfe Geld anzunehmen.

Endlich wieder in Kalisz, erlebten sie, wie ihr Eigentum und ihre Wohnungen von den Deutschen beschlagnahmt wurden.[42] Sie flüchteten erneut zurück nach Warschau, das am 28. September 1939 von der deutschen Wehrmacht besetzt worden war.[43]
In den ersten Wochen des Krieges war die zerstörte Stadt Ziel von Zehntausenden jüdischer Flüchtlinge. Sie kamen in der unbestimmten Hoffnung, daß sie hier untertauchen und unbehelligt bleiben könnten.
Ab dem 1. Dezember 1939 mußten sämtliche Juden vom zehnten Lebensjahr an eine weiße Armbinde mit blauem Davidsstern tragen. Die jüdische Bevölkerung wurde von der nicht-jüdischen getrennt.

Im April 1940 begann der Bau der Mauer um das zukünftige Ghetto[44], den die Juden bezahlen mußten und der am 16. November desselben Jahres fertiggestellt wurde.
Juden waren Wohnung und Aufenthalt außerhalb der Ghettomauern streng verboten.
Die Außenseiten der Mauern und Tore wurden von deutscher und polnischer Polizei bewacht, die Innenseiten von einem von den Deutschen aufgestellten »jüdischen Ordnungsdienst«.

Die Deutschen ordneten das Ghetto als produktive Einheit in ihre ungeheure Kriegsindustrie ein – der größte Teil der Fertigwaren ging an die Ostfront.

Drei- bis viertausend Juden arbeiteten auch in Betrieben außerhalb des Ghettos, sie hatten spezielle Arbeitsausweise. Diese Arbeitskolonnen trieben unter größter Lebensgefahr etwas Schmuggel.
Es herrschte ein unerträglicher Mangel an Wohngelegenheiten; im Juli 1941 waren die Zimmer durchschnittlich mit dreizehn Personen belegt, viele Juden waren obdachlos. Die furchtbare Überfüllung des Ghettos erhöhte die Seuchengefahr.

Die Ernährungslage war katastrophal, so daß von Oktober 1939 bis Juli 1942 etwa 10 000 Juden an Hunger und Hungerkrankheiten starben.

Kinder, verwaiste, verwahrloste und halbverhungerte Kinder, barfuß und in zerrissenen Kleidern, zogen in Rudeln durch Höfe und Straßen und schrien nach Brot.

Immer mehr Tote säumten die Straßen, die noch überfüllt waren mit lebenden Menschen. Wie Lawrence Langer festhält, war »das Leben-als-Tod [...] die ›natürliche‹ Daseinsweise«[45] in Ghettos und Vernichtungslagern.

Ab April 1942 begannen Tage und Nächte voller Schrecken und Leiden. Beinahe ununterbrochen ereigneten sich Massenverhaftungen und -exekutionen. Die Deutschen umzingelten ganze Häuserblocks, holten tausende und aber tausende Menschen auf brutale Weise heraus und erschossen sie auf der Stelle. Unzählige wurden auf der Straße aufgegriffen und in Arbeitslager »deportiert«. Überall und fortwährend gab es Überfälle, Blockaden und Schießereien.
Am 22. Juli 1942 setzten die sogenannten »Umsiedlungsaktionen«[46] aus dem Ghetto ein. Täglich wurden 7 000 bis 10 000 Menschen in Güterwagen abtransportiert. Ziel waren die Gaskammern von Treblinka.[47]
Am 6. August mußten sich auch die Kinder des Waisenhauses sowie alle seine Mitarbeiter auf dem »Umschlagplatz«[48] einfinden; Janusz Korczak ging mit ihnen in den Tod.
Insgesamt »deportierte« oder erschoß die Sicherheitspolizei[49] im Sommer 1942 etwa 300 000 Ghettobewohner. Die sogenannten »Selektionen« und »Umsiedlungsaktionen« wurden am 21. September 1942[50] fortgesetzt.
Doch wurden im Ghetto auch Vorbereitungen zur Selbstverteidigung getroffen. Im Dezember 1942 konstituierte sich der Stab der Jüdischen Kampforganisation (Ż.O.B. = Żydowska Organizacja Bojowa) unter anderen mit Marek Edelman[51].

Zwischen dem 18. und 22. Januar 1943 versuchte die Sicherheitspolizei im Ghetto, eine weitere »Umsiedlungsaktion« durchzusetzen. Auch für Janina und ihre Eltern schien das Ende nahe zu sein; doch sie entkamen noch einmal, weil die »Aktion« auf Grund des Widerstands der Ż.O.B.- Gruppen abgebrochen wurde.

Einen Tag später wurde Janina Dawidowicz aus dem Ghetto geschmuggelt.

Drei Jahre lang hatte Janina in dieser Hölle gelebt. Tag für Tag war sie mit Brutalität und Terror konfrontiert worden – sie gewöhnte sich an den Tod:

> »Jeden Morgen lagen ihre« (der Bettler, Verf.) »Leichen am Straßenrand, entblößt von den letzten Fetzen, die sie im Tod noch gehabt hatten, mit Papier und ein paar Ziegelsteinen bedeckt. – Ich schaute sie alle mit weit aufgerissenen Augen und verschlossenem Bewußtsein an. Ich weigerte mich, zu erkennen, was ich da sah, und verbot mir noch energischer, irgend etwas dabei zu empfinden. Ich stieg über die nackten Skelette und schaute mit sorgfältiger Gleichgültigkeit auf sie nieder.«[52]

Janina David veranschaulicht nachträglich, daß sie auf den schockierenden Anblick mit einem psychischen Sich-Verschließen, mit emotionaler Anästhesie reagiert habe. Wenn der Tod zehntausendfach geschieht, dann prägt er sich als vertraut, banal, anonym und sinnlos ein. Daß sie das große, furchtbare Wort »Tod« in

Gegenwart ihrer Eltern nicht in den Mund nehmen mochte[53], zeugt für ihre traumatische Abwehr: für Verleugnung und Vermeidung.[54]

Ihre Eltern, Großeltern und andere Bezugspersonen gaben Janina im Ghetto Schutz und eine gewisse Sicherheit. Gleichzeitig nahm sie wahr, wie ihre Eltern durch die deutschen Peiniger gequält und gedemütigt wurden, erlebte ihre gesteigerte Angst und ihren Kampf ums Überleben. Das führte bei Janina zu einer starken libidinösen Besetzung ihrer Elternrepräsentanzen und zu einer Mäßigung intrapsychischer, für die Kindheit typischer Konflikte. Sie regredierte auf eine schon überwundene Entwicklungsstufe, um innere Konflikte bewältigen zu können; ödipale Leidenschaften lebten wieder auf: sie vergötterte ihren Vater und konnte ihre Mutter (manchmal) nicht ausstehen.

Im allgemeinen bietet der Umgang mit Gleichaltrigen und Lehrern Möglichkeiten, ödipale Wünsche und Phantasien zu verschieben. Doch Janinas Beziehungen zu Peer Groups wurden durch das Verfolgungsgeschehen immer wieder zerstört. Unregelmäßige schulische Betreuung[55] und brüchige sozialkommunikative Niveaus beeinträchtigten ihren Entwicklungsprozeß. Es mangelte ihr an subjektiver und sozialer Anerkennung, was ihr Selbstwertgefühl schwächte, ihre Unsicherheit vergrößerte und keine Distanzierung von ihren Eltern ermöglichte, zumal diese identitätsstiftend wirkten und die Brücke zu ihrem früheren Leben bildeten. Janina mußte sich das Idealbild infantiler Objektrepräsentanzen erhalten, denn jede Auseinandersetzung mit den Eltern hätte auch ihre Internalisierung schützender, tröstender und lenkender Introjekte erschwert.

Sie wurde in einer besonders verwundbaren Altersphase traumatisiert, da die Entwicklung ihrer affektiven und kognitiven Fähigkeiten noch nicht abgeschlossen war. Ihr Selbst- und Weltverständnis waren erschüttert, immer wieder erwähnt sie ihre qualvolle Angst.[56]

Manchmal, wenn Janina die grausame Wirklichkeit nicht wahrhaben wollte, ersann sie »Interventionsphantasien«[57]:

> »Die ganze Stadt war unwirklich. Ich lebte in einer Geschichte, die mich gar nichts anging. Ich war ein Besucher aus einer anderen Welt, der zufällig, mitten im Kapitel, in diese abweisende Finsternis gefallen war. Falls eine dieser dunklen Gestalten mich sehen sollte, dann würde ich sagen, daß ich eigentlich gar nicht hierhergehörte. Meine Welt war hell, warm und sicher, und sobald die Geschichte aus war, würde ich wieder dorthin zurückkehren.«[58]

Oder sie versetzte sich mit Hilfe einer geliebten Lektüre in das Jahr 1936, als sie noch zu Hause in Kalisz gewesen war. Doch der Zauber zerbrach rasch:

> »Ich hob meine Augen […]. Ich war in Warschau, drinnen im Ghetto, hinter Mauern, umgeben von einem Kordon aus bewaffneten Männern, die keine Hemmungen hatten,

> Kinder umzubringen. Vielleicht war dieses Buch das letzte Zeichen aus dieser anderen Welt meiner Kindheit, ein Geschenk des unbekannten Schicksals, das mir auf diese Weise die letzten paar Wochen versüßen wollte.«[59]

Der erste Band von Janina Davids Autobiographie endet mit dem Tag, als sie das Ghetto verließ. Etwa vier Wochen davor setzte sie sich mit dem Rettungsplan ihrer Eltern auseinander:

> »Aber die Vorstellung, ohne die beiden allein zu überleben, war mir unvorstellbar schrecklich. Nein, was auch geschah, entweder wir lebten zusammen oder wir starben zusammen. Keiner von uns durfte die anderen im Stich lassen. Wenn es wahr war, daß sie – wie sie mir so oft gesagt hatten – nur für mich lebten, dann würden sie doch alles daran setzen, um zu überleben, selbst wenn ich auf der ›anderen Seite‹ war, damit wir uns nach dem Krieg wieder trafen. Und ich mußte alles versuchen, um für sie am Leben zu bleiben. Es wäre unerträglich furchtbar für sie, mich nach dem Krieg womöglich nicht mehr zu finden.«[60]

Janina wurde aus ihrem sozio-kulturellen Milieu gerissen und von ihrer Familie getrennt; angefeindet und bedroht, war sie von nun an ganz auf sich selbst gestellt.

Von ihrem Versteck auf der »arischen« Seite aus beobachtete sie eines Tages eine Flammensäule, die über dem Ghetto aufstieg. Schwarze Rauchwolken zogen während des Tages über die Stadt, und in der Nacht erleuchtete Feuerschein den Himmel.[61]

Voller Sorge wartete Janina täglich auf die Ankunft ihrer Eltern, die versprochen hatten, ihr zu folgen. Sie wartete vergebens.

Die Zeit verrann, und jede Woche, die verging, machte sie um ein Stückchen Hoffnung ärmer. Das Trauma der Trennung von ihren Eltern, von denen sie sich innerlich noch nicht gelöst hatte, schwächte ihr Ich und überschwemmte sie mit Angst. Bedeutete schon das Sich-verstecken-Müssen einen Akt der Erniedrigung, so wurde sie noch darüber hinaus von Verzweiflung, Schuldgefühlen, Sehnsucht und Trauer überwältigt:

> »Mein Herz verkrampfte sich vor Elend. Ich hatte kein Recht gehabt, sie zu verlassen. Mein Platz war dort. – Ich war ein Feigling gewesen, ein Deserteur. Ich war davongelaufen und hatte es ihnen überlassen, meine Freiheit mit ihrem Leben zu bezahlen. Ich mußte zurück.«[62]

Doch es gab kein Ghetto mehr. Wenn ihre Eltern sie nach dem Krieg wiederfinden sollten, mußte sie versuchen zu überleben, und das hieß, sich von Verwirrung und Orientierungslosigkeit zu befreien und sich wie eine kleine Erwachsene zu verhalten: »Alle waren fort, und was immer mich erwartete, ich mußte allein damit fertig werden.«[63]

Janina hatte über Jahre Gewalt und Tod introjiziert und sich mit diesen traumatischen Introjekten identifiziert, so daß sich ihr geschwächtes und verändertes Ich, abgeschnitten von protektiven Faktoren, nun dem Verfolger unterwarf:
Sie faßte den Entschluß, »katholisch zu werden«, sie »wollte« sich »unbedingt, bevor« sie »starb, auf diesen Schritt vorbereiten.«[64] Von ihrem eigenen Gott fühlte sie sich im Stich gelassen. Er habe, so erklärt Janina David,

> »Sein Gesicht von« ihr »gewendet«[65] und »kümmere sich offenbar nicht um« sie alle, »wenn Er es zuließ, daß Sein Auserwähltes Volk auf diese furchtbare Weise umkam, also brauchte man sich auch nicht um Ihn zu kümmern«. Entschlossen fährt sie fort: »Als ich das Ghetto verließ, verließ ich auch Ihn, von da an wollte ich mein Heil bei den Christen suchen.«[66]

Zunächst bemühte sich Janina nun, »das Rätsel der himmlischen Familienbeziehungen«[67] zu lösen. Der Katholizismus erlaubte die Versenkung in eine ideale Familie, wenn es die eigene nicht mehr gab. Mit diesen Ersatzobjekten konnte sie Polnisch sprechen wie mit ihren Eltern. Auch hatten die Christen Bilder, »so daß man wußte, wer wer war«[68]. Ein transzendenter Gott war für ein Kind in Janinas Alter noch nicht vorstellbar.

Ende August 1943 zeichnete sich ab, daß Janina nicht länger in ihrem Versteck bleiben konnte, weil sie in Gefahr war, der Gestapo ausgeliefert zu werden.

Ein Bekannter ihrer Eltern besorgte ihr falsche Papiere: eine »neue Identität«; von da an hieß sie »Danuta (auch Danka) Teresa Markowska«. Als sie diesem Bekannten gegenüber den Wunsch äußerte, getauft werden zu wollen, eröffnete er ihr, daß er dafür die Erlaubnis ihres Vaters habe. In einem letzten Gespräch habe ihn dieser gebeten, seine Tochter so bald wie möglich taufen zu lassen; nicht aus religiöser Überzeugung, sondern um Janinas Leben zu retten. Diese weise Verfügung ihres Vaters ersparte Janina spätere Loyalitätskonflikte.

Janina wurde in ein Kloster in der Nähe von Warschau gebracht. Die Nonnen wußten nichts über ihre wahre Herkunft. Doch sie fiel durch ihre braunen Augen und ihre dunklen Locken auf, außerdem hatte sie noch nicht die Erstkommunion empfangen.
Der Aufenthalt im Kloster bedeutete für Janina einen Schock, weil sie gehofft hatte, ein Zuhause zu finden. Nun sah sie sich in einer Anstalt, wo sie niemandem vertrauen durfte, ohne ihre Abstammung zu verraten.
Nur sehr langsam gewöhnte sie sich an ihre neue Umgebung: die strenge Disziplin, die asketische Lebensweise, die (dem Judentum fremde) Leibfeindlichkeit, die von frommen Ritualen geprägten Umgangsformen, die ihr strikte Unterwerfung abverlangten und erhebliche narzißtische Kränkungen zufügten.
Sie mußte ihre Spontaneität unterdrücken, ihre Gefühle verleugnen, jedes ihrer

Worte, jede ihrer Handlungen kontrollieren, um nur keinen Fehler zu begehen, um nur keinen Verdacht zu erregen.

Ihr in ihrer fürsorglichen Familie gestärkter kindlicher Narzißmus ermöglichte es Janina, Anpassungs- und Bewältigungsmechanismen zu entwickeln.
Abends im Bett war für sie der Augenblick gekommen, um alles, was sie tagsüber gesagt und getan hatte, gründlich zu überprüfen:

> »Hatte jemand etwas erraten? Verdacht geschöpft? Hätte ich dieses oder jenes nicht sagen sollen? Hätte sich ein katholisches Kind genau so benommen?«[69]

Judith S. Kestenberg hat in ihrem Aufsatz »Versteckte Kinder«[70] besonders auf den Sachverhalt der Selbstkontrolle hingewiesen.

Janina mußte lernen, mit zwei Identitäten zu leben. Kindern ihres Alters, die aus einem traditionsbewußten jüdischen Milieu kamen, fiel es oftmals leichter, die eigene Identität zu verbergen und für ihre Rettung zu sorgen; denn ihr Gottvertrauen half ihnen, diese schlimme Zeit durchzustehen. Janina allerdings identifizierte sich nicht vollkommen mit ihrer neuen Rolle. Sie blieb Janina Dawidowicz, das jüdische Kind, auch im Alltag des Klosterlebens. Immer von neuem wurde sie von ihren Erinnerungen überwältigt:

> »Wie weit weg das alles war von dem ungezieferverseuchten, überfüllten Straßengewirr des Ghettos. Und wie sehr ich mich dennoch danach sehnte, dort zu sein, unter der Menge, den Gefahren, der Häßlichkeit, der Armut. Unter meinem Volk.«[71]

(Unausgesprochen bleibt und ist zu ergänzen: »bei meinen Eltern«.)

Doch der Gott, zu dem dieses ihr Volk gehörte, hatte es verlassen – so empfand sie es. Nun setzte sie ihre Hoffnung auf den »christlichen« Gott.

Bedrohung, Hilflosigkeit und fortschreitende traumatische Regression zwangen Janinas Ich zur Introjektion des Verfolgers (vertreten durch Kirche und christliche Gesellschaft), die dessen existentielle Feindschaft zum Verschwinden brachte und die Anwesenheit der guten Objekte auf phantasmatische Weise wiederherstellte.

Die Anrufungen von Jesus und Maria sowie zahlreicher Heiliger überwanden die Gottesferne; und ihre farbigen Abbildungen und Figuren weckten in Janina Gefühle von Liebe und Zugehörigkeit.[72] Gegenüber dem von ihr verachteten Aramäischen kam ihr die lateinische Sprache der Gottesdienste »majestätisch«[73] vor. Wie viele jüdische Kinder wurde auch Janina von der Glitzerwelt der Kirche betört. Das Lichtermeer der Kerzen, der narkotische Duft des Weihrauchs, die Blumen und die hymnischen Gesänge[74] mochten ihr das Trugbild eines offenen Himmelreiches vorspiegeln.

Da ihre Kenntnisse in der katholischen Religion äußerst mangelhaft waren, lernte sie die Gebete, so rasch sie konnte, während sie im Kloster so tat, als würde sie sie schon beherrschen. Bei der Messe ahmte sie alle rituellen Gesten der Gläubigen nach.[75]

Janina war weder getauft, noch hatte sie die Erste Kommunion empfangen. Das bedrückte sie sehr, auch weil es im Kloster ruchbar wurde. Gerade die Nonne, in deren Nähe sie ein wenig Geborgenheit suchte, schöpfte Verdacht. Sie fragte Janina, ob sie überhaupt getauft sei. Und sie fügte hinzu, daß sich derzeit so viele Leute umhertrieben, die *anders* seien, anders als die Christen. Nicht, daß Janina selbst irgendwie anders sei, suchte sie zu beschwichtigen, sie sei eben nur so ungewöhnlich dunkel.[76]
Dieser Argwohn traf Janina zu einem Zeitpunkt, da sie sich verzweifelt um ihre Eltern sorgte. Durch deren Bekannten hatte sie von Briefen ihres Vaters erfahren, worin dieser mitteilte, daß er sich in einer großen Stadt im Südosten von Warschau (Lublin? Verf.) krank in einem Keller versteckt halte. In jedem Brief fragte er, ob seine Frau bei Janina sei. Nun wußte sie, daß ihre Eltern nicht mehr zusammen waren. Sie fühlte sich ihnen gegenüber schuldig und durch ihre starke Identifizierung mit ihnen für sie verantwortlich. Bereits in ihrem ersten Versteck hatte sie sich angeklagt: sie habe es ihnen überlassen, ihre (Janinas, Verf.) Freiheit mit ihrem Leben zu bezahlen. Hier geriet, wie Mathias Hirsch[77] es formuliert, ihr menschliches Grundrecht auf Leben in Konflikt mit dem Wunsch, sich das Liebesobjekt zu erhalten.
Im Kloster übernahm sie – so berichtet Janina David – alle unangenehmen und beschwerlichen Arbeiten: »Ich wischte, putzte und rieb, erschöpft vor Hunger und Müdigkeit, bot meine Anstrengungen dem Schicksal dar, um es damit zu besänftigen.«[78]

Freud betrachtet das »Schicksal« als Ersatz der Elterninstanz. Er führt dazu folgendes aus:

> »Solange es dem Menschen gut geht, ist auch sein Gewissen milde und läßt dem Ich allerlei angehen; wenn ihn ein Unglück getroffen hat, hält er Einkehr in sich, erkennt seine Sündhaftigkeit, steigert seine Gewissensansprüche, legt sich Enthaltungen auf und bestraft sich durch Bußen. – Aber dies erklärt sich bequem aus der ursprünglichen infantilen Stufe des Gewissens, die also nach der Introjektion ins Über-Ich nicht verlassen wird, sondern neben und hinter ihr fortbesteht. Das Schicksal wird als Ersatz der Elterninstanz angesehen; wenn man Unglück hat, bedeutet es, daß man von dieser höchsten Macht nicht mehr geliebt wird, und von diesem Liebesverlust bedroht, beugt man sich von neuem vor der Elternvertretung im Über-Ich, die man im Glück vernachlässigen wollte. Dies wird besonders deutlich, wenn man in streng religiösem Sinne im Schicksal nur den Ausdruck des göttlichen Willens erkennt.«[79]

Nach etwa vier Monaten mußte Janina das Kloster wieder verlassen; die Gestapo war ihr auf die Spur gekommen. Eine Kloster-Schwester brachte sie in einen Warschauer Nonnen-Konvent, der in einer Straße lag, die ursprünglich zum

Ghetto gehört hatte, deren jüdische Einwohner jedoch in den älteren Teil des Ghettos umgesiedelt worden waren. (Das eigentliche Ghetto wurde während der Zeit seines Bestehens immerfort verkleinert.)

Bei ihrer Ankunft im Konvent schaute Janina von einem Fenster aus auf das Trümmerfeld des Ghettos. Sie erfaßte lähmendes Entsetzen.

An das neue Haus allerdings gewöhnte sie sich rasch, vor allem, weil dort die Disziplin im Vergleich zum Kloster recht locker war. Alles ging ungezwungen und fröhlich zu, und Janina fand sofort Anschluß. Manchmal beneidete sie die anderen Kinder, die über ihre Heimat sprechen und ihre Erinnerungen austauschen konnten. Sie jedoch mußte die guten Introjekte ihrer ersten zehn Lebensjahre einkapseln:

> »Ich trug eine ganze Welt in meinem Inneren verschlossen, aber niemand durfte von ihrem Dasein etwas ahnen. Wenn mich jemand über meine Familie, meine Vergangenheit fragte, konnte ich nur lügen.«[80]

Im Warschauer Konvent kam Janina endlich der Erfüllung ihres großen Wunsches, getauft zu werden und die Erste Kommunion zu empfangen, näher. Eine Nonne, Schwester Zofia, nahm sich ihrer an. Sie unterrichtete sie nicht nur in der christlichen Glaubenslehre, sondern entfachte auch ihre große Wißbegierde und freute sich über ihren Lerneifer.

Janina David schreibt:

> »Wenn ich wieder« (von Schwester Zofia, Verf.) »fortging, schwirrte mir der Kopf von der Entdeckung neuer Welten. Es gab so vieles, was ich lernen konnte! Das Universum war randvoll mit Wundern. – Dem menschlichen Wissen schienen keine Grenzen gesetzt, das Gehirn konnte ohne Schranken alles aufnehmen. Schwester Zofia glaubte daran, daß wir nach dem Tod alles wissen würden, was es zu wissen gab, ohne Anstrengung, ohne vorausgehendes Lernen. Wir würden einfach das Universum schauen und es im selben Augenblick begreifen.[81] Die Aussicht war atemberaubend, aber ich wollte alles *jetzt* wissen. Ohne das Wort der Schwester im geringsten anzuzweifeln, hatte ich doch die Absicht, über diese Welt herauszufinden, soviel ich konnte und solange ich noch darin war.«[82]

Diese Sätze offenbaren zwei voneinander grundverschiedene Denkweisen: Schwester Zofia, die Christin, meinte, universales Wissen erst im Jenseits erlangen zu können, während Janina, die Jüdin, spontan betonte[83], daß sie ihr Wissen im Diesseits erringen wollte, solange sie noch am Leben war (denn der Tod war allgegenwärtig).

Janina war sich der Tragweite ihrer Aussage nicht bewußt, die sie bereits vor ihrer bevorstehenden Konversion zum Christentum von diesem trennte.

Schwester Zofia war von keinem angenehmen Äußeren, dabei so leibfeindlich, daß niemand in ihrer Nähe zu essen wagte.[84]

Daß Janina Vertrauen zu ihr faßte, hing mit ihrer traumatischen Regression zusammen, durch die Schwester Zofia in die Position des Primärobjekts gelangt war, von dem sie Hilfe erhoffte.
Eine Identifizierung mit dem Verfolger stellt nach Ehlert-Balzer nicht nur eine Notreaktion des Ich dar, sondern scheint auch »ein zentraler Mechanismus für die Bewältigung des Traumas«[85] zu sein. Diese Identifizierung – so führt er aus – könne für das Ich die einzige Möglichkeit darstellen, zu seinem »prätraumatischen Funktionsniveau«[86] zurückzukehren.

Letzteres schien sich in der Aussprache zwischen Schwester Zofia und Janina zu bestätigen, da Janina die ganze Wahrheit über ihr früheres Leben bekannte. Bezeichnend für ihre »aufgeschobene« Ablösung von ihren Eltern war ihr Zögern vor dem Geständnis:

> »Wie konnte man über seine Eltern sprechen mit jemandem, der sie nicht kannte? Wie beschrieb man die vertrautesten und natürlich auch die am meisten bewunderten und geliebten Menschen auf eine Art, daß der Zuhörende einem glaubte?«[87]

Schwester Zofia, die Janinas Seele retten[88] wollte, ermutigte sie zu sprechen, nahm sich für sie Zeit, hörte zu und ermöglichte es Janina dadurch, an ihre guten inneren Objektrepräsentanzen anzuknüpfen, von ihren traumatischen Erlebnissen zu erzählen, ihr Selbst wiederherzustellen, ihre Trauer sowie ihre Gefühle der Schuld und der Hilflosigkeit zuzulassen. Während des Gesprächs wurde Janinas Ich von qualvollen Erinnerungen überflutet; es löste in ihr eine Lawine schmerzhafter Affekte aus; doch es hatte eine überaus befreiende Wirkung:

> »Die Worte flossen aus mir heraus wie Blut, stoßweise, heiß und verworren. Über den Rücken lief mir der Schweiß, meine Hände waren kalt und klamm, aber mein Kopf brannte. Als ich aufhörte, ganz benommen von Müdigkeit, spürte ich nichts mehr als eine ungeheure Erleichterung. Der Abszeß war aufgebrochen, die riesige Last von Lügen und Ängsten, die ich die ganze Zeit getragen hatte, hinweggewaschen. Ich lehnte mich zurück an die Wand, die Augen zu, und fühlte mich vor Glück ganz leicht.«[89]

Dadurch, daß Janina über ihre Eltern hatte sprechen können, belebte sie ihre reale Objektbeziehung zu ihnen und schöpfte neue Hoffnung, sie nach dem Krieg wiederzufinden.

Eine Woche vor Ostern des Jahres 1944 wurde Janina getauft. Schwester Zofia als ihre Taufpatin hängte ihr ein silbernes Medaillon um den Hals. Diese Geste muß Janina tief verstört haben, denn sie erinnerte sie an eine ähnliche im Warschauer Ghetto: Im Augenblick der Trennung von ihrer Mutter war ihr das goldene Medaillon eingefallen, mit einem Lorbeerkranz und dem Gottesnamen »Schaddaj«[90], das sie um den Hals trug. Lange Zeit vor dem Krieg hatte ihr Großvater ihr an einem Seder-Abend diese Kette geschenkt, und sie hatte sie seither immer getragen. Nun legte sie sie ihrer Mutter um.

Durch die Taufe, so hatte man Janina gelehrt, seien alle Sünden von ihr abgewaschen:

> »Jetzt konnte mir niemand weh tun. Ich war getauft und hatte die Absolution empfangen. Wenn ich jetzt starb, dann würde ich zum Himmel auffahren wie eine Rakete.«[91]

Selbst in dem derzeitigen »Zustand von Gnade und Reinheit«[92] blieb die internalisierte Todesdrohung gegenwärtig.

Janina betrachtete es als etwas Besonderes, in einem Alter getauft worden zu sein, da sie das Sakrament in seiner vollen Bedeutung erfassen und damit versuchen konnte, in seinem Sinne zu leben.[93]

> »Mein Kopf schwamm«, schildert es Janina David. »Ich fühlte mich trunken von der Frühlingsluft, von der plötzlichen Freiheit der Bewegung, der Freiheit von Angst und der überwältigenden Freude darüber, daß ich endlich zur Christlichen Kirche gehörte.«[94]

Wie eine zum Tode Verurteilte war sie in letzter Minute begnadigt worden. »Endlich« wähnte sie sich auf der »sicheren« Seite; doch sie wußte nicht, ob es auch die »richtige« war. In ihrer ersten Euphorie, zu denen zu gehören, die unbehelligt leben durften, für die der Tod nicht ständige Realität war, identifizierte sie sich infolge der traumatischen Introjektion mit der übermächtigen christlichen Kirche.

In einem Gespräch mit Schwester Zofia, unmittelbar nach ihrer Taufe, tat sich abermals die Kluft zwischen christlicher und jüdischer Denkweise auf. Während die Schwester das Heilungsangebot für eine ihr Talent zerstörende körperliche Beschädigung ausgeschlagen hatte, weil sie diese als eine von Gott über sie verhängte Strafe betrachtete, lehnte sich Janina innerlich dagegen auf. Für sie war es vorrangig, Leben und Gesundheit zu erhalten und Begabungen zu fördern, um sie zur Ehre Gottes einzusetzen. Sie berief sich mit dieser Meinung auf ihre Eltern.[95]

Am Ostersonntag 1944 erhielt Janina Dawidowicz die Erste Kommunion.[96] Sie wurde mit einem Gebetbuch in einem glänzend weißen Einband, mit einem weißen Rosenkranz und Heiligenbildern beschenkt, »und jedes Geschenk machte« sie »noch ein bißchen glücklicher«[97]. Hinter dieser Überbetonung steht der Abwehrmechanismus der Verleugnung. Sie wollte und durfte sich selbst nicht eingestehen, daß diese Geschenke ihren Schmerz über die fehlenden Liebesobjekte nicht beschwichtigen konnten.

Die kleine Kapelle des Nonnen-Konvents war mit weißen[98] Blumen und hohen Kerzen geschmückt. Die Liturgie des Gottesdienstes schwebte auf einer Wolke irrationaler Mystik und verhieß Versöhnung und überschwengliches Heil (für alle

Welt). Janina, die nichts mehr ersehnte als Rettung, Schutz und Sicherheit, wollte in diese märchenhafte Atmosphäre eintauchen. Allein es gelang ihr nicht, ihre Aufmerksamkeit auf Gottesdienst und Gebete zu richten.

> »Ich wußte, daß ich viel aufgeregter und glücklicher hätte sein sollen, da ich jetzt endlich zur Kommunion ging«, bekennt die Autorin, »aber plötzlich war ich mir meiner Gefühle nicht mehr so sicher. Wenn nur jemand aus meinem anderen – meinem wirklichen Leben hier sein könnte, dachte ich. [...] am liebsten natürlich, obwohl dazu ein Wunder hätte geschehen müssen, meine Eltern. Aber es gab keine Wunder.«[99]

Seit ihrer Flucht aus dem Ghetto hatten sich ihre Gedanken mit einem Übertritt zum Christentum beschäftigt, und sie hatte sich ihren zeitweilig unerfüllbar erscheinenden Wunschtraum in den glühendsten Farben ausgemalt, den Tag der Kommunion so stark emotional besetzt, daß er ohne ein Wunder undenkbar erschien: vielleicht eine Nachricht von ihren Eltern...

So stark der regressive Sog auch gewesen sein mag, der in Janinas traumatisch geschwächtem Ich Verschmelzungswünsche mit ihrer christlichen Umwelt mobilisierte, um der narzißtischen Entleerung zu entgehen[100], so hatte er doch ihre Sehnsucht nach ihrem »wirklichen Leben« nicht aufheben können.

Wenn es schon keine Wunder gab, so hoffte sie doch auf ein Zeichen Gottes, und zwar, wie aus den folgenden Ausführungen deutlich wird, des »jüdischen« Gottes. Während sie den »Leib des Herrn«[101] im Mund behielt, »unfähig hinunterzuschlucken«[102], betete sie inbrünstig, daß Gott sie Seine Gegenwart auf irgendeine Weise spüren lassen möchte, um ihr zu zeigen, daß sie nicht ganz allein war.[103]

Nach der Messe blieb sie noch eine Zeitlang in der Kapelle, betete für ihre Eltern, legte zahlreiche Gelübde ab, bot ihr Leben und alle ihre zukünftige Arbeit als Gegenleistung, wenn sie nur überlebten. Sie war zu jedem Opfer bereit:

> »Wenn ich sterben müßte, dann war ich auch damit einverstanden, wenn ich sie nur einmal vor meinem Tod noch sehen durfte. Ich flehte, handelte, überredete, schmeichelte [...].«[104]

Vermutlich war ihr kaum bewußt, daß es eben die Art war, wie ihre Vorfahren seit Jahrtausenden Zwiesprache mit ihrem Gott hielten.

Mittlerweile rückte die Ostfront immer weiter nach Warschau vor. Die Deutschen waren auf dem Rückzug. Am 1. August 1944 brach der Warschauer Aufstand[105] los.

Janina David berichtet, daß in die Mauern benachbarter Häuser Löcher geschlagen wurden, damit die Aufständischen von einem Haus zum anderen gelangen konnten, ohne die Straße benutzen zu müssen. Das alles erinnerte sie an die Verteidigung des Ghettos:

»Genauso war es dort gewesen. Ich erinnerte mich noch an jeden einzelnen Moment der letzten vierundzwanzig Stunden, die ich mit Mutter in jenem Keller verbracht hatte.[106] – Wieder fühlte ich, daß ich das Ghetto nie hätte verlassen sollen. Es war nicht richtig, sie dort zu lassen, nur um dann irgendwo allein zu sterben. Wenn nur Vater hier wäre, dachte ich.«[107]

Noch während des Aufstands mußten Nonnen und Kinder den Konvent auf Befehl der Deutschen verlassen. Auf dem Weg durch die von Bomben und Granaten zerstörte Stadt zum Bahnhof verspürte Janina einen unwiderstehlichen Drang, in das Feuer der brennenden Häuser zu springen. Die Autorin gesteht nachträglich, daß diese Häuser für sie eine schreckliche Faszination gehabt hätten, sie habe sehnsüchtig dorthin gestarrt, entsetzt und gleichzeitig angezogen.[108]

Ihr Über-Ich, das sie anklagte, ihre Eltern im Stich gelassen zu haben, wütete auch gegen das vom traumatischen Introjekt besetzte Ich-Ideal, selbst auf die Gefahr hin, damit das ganze Ich zu zerstören. Überdies mochte auch hier »die Phantasie der Wunscherfüllung den eigenen Tod in ein Mittel« verkehren, die verlorenen geliebten Objekte »wiederzubekommen«[109], eine Rolle gespielt haben.

Eine Tagesreise von Warschau entfernt, fanden Nonnen und Kinder in einem verlassenen Dorfschulhaus nahe einem großen und reichen Kloster bis zum Ende des Krieges eine Bleibe.

Kurze Zeit, nachdem sie dort angekommen waren, hatte Janina das deutliche Gefühl, daß ihr Vater in der Nähe sein müßte. In ihren Überlebensmemoiren beschreibt Janina David diese Empfindung als so stark, daß sie manchmal den Atem angehalten habe in der Erwartung, seine Stimme zu hören oder seine Hand auf ihrer Schulter zu spüren. An den Sonntagen habe sie in der kleinen Kirche die Gesichter der Gottesdienstbesucher gemustert, fest überzeugt, das ihres Vaters zu entdecken. Wenn sie allein im Wald gegangen sei, habe sie seine Nähe so deutlich verspürt, als habe er hinter dem nächsten Baum gestanden und gerufen.[110]

Schwester Zofia, der ihr merkwürdiges Benehmen auffiel, bestätigte ihre Wahrnehmung durch eine eigene ähnliche mit einem verstorbenen Freund und Beichtvater. Doch Janina wehrte sich vehement gegen die Befürchtung, daß ihr Vater tot sein könnte: »Vater lebte noch. Er mußte einfach noch leben, sonst hatte ja auch die Tatsache meines Überlebens keinen Sinn.«[111]

Obgleich sie von den schlimmsten Ahnungen bezüglich des Schicksals ihrer Eltern erfüllt war, sträubte sie sich gegen solche Gedanken und versuchte sie durch Phantasien und idealisierte Erinnerungen abzuwehren. Aber mit jedem Tag, der ohne ein Lebenszeichen ihrer Eltern zu Ende ging, wurde sie verzweifelter.
Schwester Zofia riet ihr, nicht allein zu Jesus und Maria zu beten, sondern auch Heilige um ihre Fürbitte anzurufen. Dabei enthüllte sie ein »wahres Arsenal«[112]

von blechernen und in Leinen gebundenen Medaillons auf ihrer Brust und versicherte, daß sie keinen Schritt ohne sie (die Medaillons, Verf.) tue und sich nur mit ihnen sicher fühle.[113] Janina reagierte darauf mit berechtigter Skepsis, sie konnte nicht glauben, »daß so ein Stückchen Blech mit einem ungeschickt darauf gepreßten Bild irgendeine Macht haben sollte«[114]. Ihre Assoziation mit heidnischen Amuletten und Hexenzauber erfüllte sie mit Unbehagen, und sie begann, Schwester Zofia in einem anderen Licht zu sehen. Sie verehrte sie zwar »als Ideal aller Tugenden«[115], doch

> »ihre Unbeugsamkeit, ihr Bestehen auf dem höchsten Standard in allem und jedem, ihr völliges Außerachtlassen aller menschlichen Schwächen und Bedürfnisse stellte sie völlig außerhalb« von Janinas »Reichweite«[116].

In das Schulgebäude, wo der Nonnen-Konvent eine Unterkunft gefunden hatte, quartierte sich eines Tages eine Gruppe deutscher Offiziere ein. Nach dem ersten furchtbaren Schrecken der Nonnen und Kinder stellte sich heraus, daß die Deutschen friedlich waren, es handelte sich um Ingenieure. Oft verteilten sie großzügig Lebensmittel an die Kinder. Den Koch der Deutschen nannten sie den »fetten Joachim«, er war der größte und dickste Mensch, den die Kinder bis dahin gesehen hatten. Eines Tages fuhr er auf Urlaub nach Deutschland, und als er zurückkehrte, trug er einen Arm in Gips. Die polnischen Bewohner des Schulhauses reagierten darauf mit unverhohlener Schadenfreude: endlich wurde den Deutschen heimgezahlt, was sie anderen Völkern angetan hatten. Aber dann flüsterte man, daß der »fette Joachim« seinen Arm bei einem Luftangriff gebrochen und daß er seine Familie verloren habe.

Als Janina einmal wieder ziellos im Wald umherstreifte, kam sie zu einer kleinen Lichtung und sah den »fetten Joachim« auf einem umgestürzten Baumstamm sitzen. Er weinte bitterlich. Janina verstand sofort:

> »›Es ist seine Familie, ihretwegen weint er‹, dachte ich. – Meine Eingeweide schienen sich schmerzhaft zu verknoten, genauso wie wenn ich an meine eigenen Eltern dachte. Ich wehrte mich gegen dieses Gefühl, war entsetzt darüber, schämte mich, aber es wollte nicht verschwinden. Angesichts dieses furchtbaren Schmerzes sah ich die grüne Uniform gar nicht mehr, die für alles stand, was ich haßte und fürchtete. Ich hatte nur den einen unwiderstehlichen Wunsch, zu ihm hinzulaufen, an seiner Seite zu knien und mit ihm zusammen über alle unsere Toten zu weinen.«[117]

Zunächst ganz verwirrt und beschämt über ihre spontane Regung, meinte sie, Verrat zu begehen, und wies die bloße Vorstellung, daß ein Jude und ein Deutscher je vereint sein könnten – auch nicht im Schmerz – weit von sich. Dennoch gelang es ihr nicht, ihr Mitgefühl, das zu ihrer (jüdischen) Wesensart gehörte, zu unterdrücken.

Unterernährung und Vitaminmangel hatten Janina völlig entkräftet und erschöpft. Sie erkrankte schwer, an ihren Händen und Fußsohlen bildeten sich eitrige

Abszesse. Schwester Zofia wandte sich voller Verachtung und Ekel von ihr ab, wies ihr die Tür des Unterrichtsraums. Blanker Antisemitismus schlug ihr entgegen, als eine Nonne behauptete, sie habe die Krätze, weil sie sich nicht regelmäßig wasche:

> »›Wir tun, was wir können, um dir Reinlichkeit beizubringen, aber wie können wir hoffen, gegen rassische Eigenheiten anzukommen? Was von einer Generation zur anderen weitervererbt wird... Dein Volk war immer dreckig und wird es immer sein...‹.«[118]

Mitte Januar 1945 befreiten die Russen den Nonnen-Konvent, und Mitte Februar konnte Janina ihn verlassen. Der Bekannte ihrer Eltern holte sie ab. Sie mußte feierlich versprechen, daß sie das Kloster nie vergessen und nie ihren Glauben verleugnen würde.[119]

»Das versprach ich gern«, versichert Janina David. »Ich zweifelte keinen Augenblick daran, daß ich in der Katholischen Kirche bleiben würde.«[120]

Schwester Zofia begleitete sie den halben Weg bis zum Bahnhof. Zum Abschied schenkte sie ihr ein Exemplar einer alten Photographie aus ihrer Jugend. Sie küßte Janina auf die Stirn und machte das Zeichen des Kreuzes über ihr: »›Geh in Gottes Namen. Und vergiß nicht.‹«[121]

An keiner Stelle ihrer Überlebensmemoiren macht Janina David einen Hehl daraus, daß die katholische Religion sie bereits seit ihrer frühen Kindheit fasziniert habe. Die Gründe dafür lagen nicht so sehr in ihrem wenig religiösen Elternhaus, wie sie nachträglich behauptet, sondern vielmehr in der machtvollen Präsenz der Katholischen Kirche, die sie »von allen Seiten so triumphierend umgab«[122].
In den Schrecken des allgegenwärtigen Todes hatte sie nichts mehr ersehnt als Sicherheit; und Christsein bedeutete (relative) Sicherheit.

Nach der Trennung von ihren Eltern, entwurzelt und hilflos, ohne Bezugspersonen, konnte sie die nachhaltige Schwächung ihrer zentralen Ich-Funktionen nur aufhalten, indem sie sich mit ihrer christlichen beziehungsweise »arischen« Umwelt identifizierte.[123]

Zweieinhalb Jahre später, Ende Oktober 1946, vertraute Janina ihrem Tagebuch an, daß ihr Wunsch, getauft zu werden, die erste unabhängige Entscheidung ihres Lebens gewesen sei.[124] Sie sei bereit gewesen, die ganze Verantwortung für diesen unwiderruflichen Entschluß selbst zu tragen. In einer Situation, da es für sie um Leben und Tod gegangen sei, habe sie um ihr Überleben gekämpft[125], weil sie ihre Eltern habe wiedersehen wollen. Hätte sie geahnt, daß sie umkommen würden, wäre sie, so schreibt Janina David, bestimmt gestorben.

> »Vor allem nach persönlicher Lebensbedrohung und der Wahrnehmung des Todes signifikanter Bezugspersonen«, bemerken die Psychoanalytiker G. Fischer und P. Riedesser, »drängt sich die Vorstellung vom eigenen Sterben und Tod zwanghaft auf mit einem Realitätsgehalt, dem die gewöhnliche Illusion des ›einmal‹ und ›irgendwann‹ fehlt.«[126]

Der Tod wird zu einer Realität, die nicht mehr verleugnet werden kann.

Das Kriegsende brachte für Janina eine jähe Ernüchterung. Nach eineinhalb Jahren im Kloster, wo der christliche Glaube gelebt worden war, kehrte sie in die »Welt« zurück, die eine andere geworden war; und das nicht nur, weil der Krieg über sie (die Welt, Verf.) hinweggefegt war, sondern auch, weil ihre (Janinas, Verf.) Erinnerungen und Träume ein ideales Bild geschaffen hatten, das der Wirklichkeit nicht mehr entsprach.

Wieder in ihrer Heimatstadt Kalisz[127] erlebte sie jenen Schock, den Hans Keilson als »dritte traumatische Sequenz«[128] bezeichnet, während der sich psychische Belastungen ständig wiederholten.

Ganz auf sich selbst gestellt, lebte sie nach ihrer eigenen Aussage »provisorisch«[129], »ungeduldig, auf den Tag wartend, an dem die Familie zurückkehren, an dem das wirkliche Leben beginnen würde«[130]. In ihrem Herzen trug sie die Botschaft ihrer Eltern, daß sie überleben müsse, damit sie sie nach dem Krieg wiederfinden könnten. Sie hatte die Empfindung, es sei noch immer Krieg; und sie versuchte, an dieser Illusion festzuhalten, um die sich verzögernde Rückkehr ihrer Eltern vor sich selbst zu rechtfertigen.[131]

Noch nach vielen Monaten wartete Janina auf ihre Eltern und betete für ihr Leben. In ihrer Phantasie zwang sie ihre Rückkehr herbei. Dabei griff sie eine Vorstellung auf, mit der sie manchmal während des Krieges das sie umgebende Grauen abgewehrt hatte: ihre Sehnsucht nach dem Park von Kalisz, verbunden mit der Überzeugung, daß sie nur wieder dorthin zu gehen brauchte, »damit auch alles andere automatisch normal würde«[132] – das Leben würde zurückschnappen zu dem Augenblick des Jahres 1939, als sie die Stadt mit ihren Eltern verlassen hatte.[133]

Ihre frühere Lebenswelt war zuerst entwertet, dann vernichtet worden; und Janina versuchte das, was geschehen war, durch eine als magisch zu bezeichnende Verfahrensweise ungeschehen zu machen. Freud nennt diesen Vorgang »negative Magie«[134]. Sie wehrte damit die durch die neue traumatische Situation hervorgerufene Angst ab, die während dieser Vermeidungs- und Verleugnungsphase einen vollständigen Kontrollverlust bedeutet hätte.
Verzweifelt suchte sie nach etwas Unzerstörbarem, woran sie sich halten konnte. Ihr schien, als ob alles, was sie berührte, unter ihren Händen zerfiel.[135]

> »[...] wie konnte man über göttliche Liebe und Gerechtigkeit reden, über Gott, den liebenden Vater, wenn es ein Auschwitz gab?«[136]

Noch immer sehnte sich Janina nach der christlichen Welt, mit deren unbewußt »magisch überhöhten Macht«[137] sie sich infolge ihrer traumatischen Regression identifizierte und auf die sie die »fundamentalen elterlichen Trost- und Schutzfunktionen«[138] übertrug. Sie fühlte sich von ihr im Stich gelassen, allein und desillusioniert. Sie betete und flehte in den düsteren alten Kirchen um eine Antwort, aber es kam keine.

Manchmal, viel zu selten, erhielt sie einen Brief von Schwester Zofia, die sie zu Gottesdienstbesuchen und Gebeten mahnte. In ihren Briefen wich Janina einer direkten Antwort darauf aus.

Sie erfuhr den wiederauflebenden polnischen Antisemitismus und Antijudaismus. Auf den Straßen von Kalisz wurde sie von vielen Blicken verfolgt und angestarrt, manchmal auch angepöbelt. Bereits vor dem Krieg hatte sie die äußere Stigmatisierung introjiziert, die sich an ihrem Aussehen festmachte und auf die sie später mit dem Abwehrverhalten einer Zwangsvorstellung reagierte, indem sie ihr Gesicht vor Fremden verbarg, aus Angst, angesehen oder angesprochen zu werden.[139]

Während der Gottesdienste versteckte sie sich hinter der dicksten Säule in der dunkelsten Ecke der Kirche, aber auch »dort brannten die Blicke«[140]. Ihr Gesicht bedeutete »Gefahr, eine Einladung zu Beleidigungen oder zu Schlimmerem«[141].

In der Schule, die sie wieder besuchen konnte, kämpfte sie mit Lernschwierigkeiten, war unfähig, sich zu konzentrieren, und nahm kaum wahr, was im Unterricht vorging. Die durch die kumulative Traumatisierung blockierten affektiven Reaktionen zogen nicht nur innere Betäubung, sondern auch kognitive Einschränkungen nach sich. Diese »Rückstandsposition«, wie Hans Keilson sie nennt, das heißt, »der tatsächliche Rückstand an erworbenem Lerngut und die emotionale Problematik der dritten traumatischen Sequenz«[142] hätten eine zusätzliche psychische Belastung bedeutet und zur »psychosozialen Verletzbarkeit«[143] der Kinder in dieser Altersgruppe beigetragen. Die Lehrer begegneten Janina mit völligem Unverständnis.

Immer stärker bemächtigte sich ihrer das Gefühl, »mit dem Leben und der Wirklichkeit aus dem Tritt geraten«[144] zu sein. Janina David spricht von einer »Lähmung«, die ihre »Seele ergriffen hatte«[145].

Bewußt versuchte sie, sich diese Betäubung zu erhalten, um sich nicht der unerträglichen Wirklichkeit stellen zu müssen. Sie vergrub sich in Bücher, deren Inhalt nicht romantisch und unwahrscheinlich genug sein konnte. Das schmale Taschengeld, das sie von ihrem Onkel erhielt, um die täglichen kleinen Bedürfnisse bestreiten zu können, gab sie für Kinokarten aus. Der dunkle Kinosaal assoziiert nicht nur die Vorstellung einer Höhle, in die sich Janina flüchten, sich verkriechen konnte – verborgen vor den Blicken der Menschen –, sondern vor allem die des

Mutterschoßes. Ihr Ich regredierte in narzißtischer Bedürftigkeit auf den Zustand des intrauterinen Aufgehobenseins und der vor-ambivalenten Symbiose mit dem omnipotenten Primärobjekt der Mutter. In Machtvollkommenheit mit ihr vereint, konnte ihr die Welt nichts mehr anhaben.[146]

Eines Tages geriet sie in einen Film, der Aufnahmen von der Befreiung der Konzentrationslager Auschwitz und Majdanek durch die russischen Truppen zeigte. In jedem Augenblick meinte sie, ihre Eltern zu erblicken. »Dort sind sie«, dachte sie, und ihr Herzschlag setzte vor Erregung sekundenlang aus. Doch sie erkannte niemanden. »Wenn sie diesen Tod gestorben sein konnten«, sagte sie zu sich, »dann werde ich das Bild dieses Todes mit mir herumtragen müssen, solange ich lebe«[147]. Sie verließ das Kino mit zusammengepreßten Zähnen, um nur nicht laut zu weinen, zu schreien; denn sie hatte Angst, daß das Aufbrechen der schmerzhaften Affekte eine »Explosion« auslösen »und vielleicht die ganze Welt«[148] zerstören würde. Sie hatte »Mord im Herzen«[149] und fürchtete, von ihren Aggressionen wie Wut, Haß und Rache überwältigt zu werden. Doch ihre Gefühle den Verfolgern, auch den Polen, gegenüber waren ambivalent, weil sie ihren unbewußten Wunsch nach Versöhnung mit den Tätern um ihres psychischen Überlebens willen nicht aufgeben konnte und Verzweiflung und Haß, die daraus resultierten, sich gegen ihr eigenes Ich richteten: »Mein letzter Kindertraum war tot: Es gab keinen Gott.«[150]

Im Frühsommer 1946 erfuhr Janina vom Tod ihres Vaters. Sie geriet in einen katatonoiden Zustand, der von psychotischen Erlebnisepisoden begleitet wurde. Sie brauchte viele Wochen, ehe sie sich von dieser katastrophischen Reaktion erholen und ins Leben zurückfinden konnte.

Danach erwog sie, die Stadt Kalisz zu verlassen, die sie so sehr liebte, die aber zum Grab aller ihrer Erinnerungen geworden war; von Polen fortzugehen, diesem vom Krieg am meisten heimgesuchten Land; »fort, so weit wie möglich, ans andere Ende der Welt, wo keine genagelten Stiefel jemals über die Erde schritten«[151].

Ende August 1946 wurde Janina auf Veranlassung ihres Onkels in einem orthodoxen jüdischen Kinderheim in Zabrze[152] aufgenommen, das einem »Bahnhof«[153] glich. Die verwaisten Kinder und Jugendlichen sollten in Sammeltransporten in das damals noch unter englischem Mandat stehende Palästina geschickt werden.

Janina vermißte in diesem Heim die »Bilder und Statuetten der Heiligen Familie [...] und Heiligenfiguren«[154]. Extremtraumatisiert und einsam sehnte sie sich nach diesen Kultobjekten, die ihr im Chaos des Krieges und der Verfolgung ein Gefühl der Sicherheit gegeben hatten.

Die Autorin erzählt in ihrem Tagebuch von den älteren Kindern im Heim, die sich an die christliche Glaubenslehre erinnerten. Zum Judentum zurückzukehren sei für sie (zu ergänzen ist: und für Janina), die in »jene andere, farbenprächtigere und für viele ungleich verlockendere Religion hineingeschmeckt hatten«[155] nicht leicht gewesen.

Janina David ist unter den in der vorliegenden Arbeit analysierten Fallstudien die einzige Autorin, die auf das Problem der »Rückführung« der jüdischen Kinder eingeht: als Zeitzeugin im jüdischen Kinderheim in Zabrze, das vom Komitee der religiösen Gemeinden in Polen eingerichtet worden war. Sie berichtet von einem »Rabbi und Hauptmann« im Alter von etwa dreißig Jahren, den sie im Heim liebevoll »Pappi Kinderklau« nannten und der kein anderer gewesen sein kann als Jeshajahu Drucker.
»Er reist durchs ganze Land, liest jüdische Kinder auf und bringt sie zu ihren Familien zurück oder in jüdische Kinderheime.« Einmal lud Drucker Janina übers Wochenende zu seiner Schwester und sich nach Krakau ein; und sie schreibt, das seien die glücklichsten Tage gewesen, die sie seit langem erlebt habe.[156]
Dennoch ahnt die junge Janina etwas von den komplexen Problemen der »Rückführung«[157], die später viele andere Autoren aus historischer Perspektive kritisch betrachten.[158]

Infolge ihrer traumatischen Erlebnisse, besonders in der »dritten Sequenz«[159], und einer altersspezifischen kritischen Einstellung lehnte Janina nun jede Religion ab:

> »Da ich nicht mehr katholisch sein kann, weil ein einziger Blick auf diese Welt zeigt, daß alle Religionen fauler Zauber sind, muß ich atheistisch sein dürfen. Oder meine ich ›agnostisch‹? – Aber niemand kann nach alledem eine strenggläubige Jüdin aus mir machen, um Himmels willen, nein!«[16]

Dahinter stand auch ihre Furcht vor erneuter Verfolgung.

In die Zeit ihres knapp dreimonatigen Aufenthalts im Kinderheim fielen die jüdischen Hohen Feiertage (Rosch haSchana und Jom Kippur). Am Neujahrsfest weigerte sich Janina, die Synagoge zu besuchen, weil sie einen Durchbruch der traumatischen Vergangenheit fürchtete.

Am Versöhnungstag (6. Oktober 1946) überredete eine Freundin sie, am Gottesdienst teilzunehmen. Zum letzten Mal war sie als Achtjährige (1938) in der Synagoge ihrer Heimatstadt Kalisz gewesen.[161]

Janina wurde von ihren Erinnerungen überschwemmt: sie dachte an ihre Mutter, an ihre Tanten, ihre Großmutter. Von der Empore aus beobachtete sie die Männer. Alle diese Menschen sind Juden, sagte sie sich, und die meisten von ihnen hatten nichts Semitisches an sich, vermutlich hatten sie deshalb überlebt. Manche, so beschreibt es die Autorin, hätten vornehm gewirkt, manche schäbig. Einige sahen krank, etliche halb verhungert aus. Obgleich die meisten einander nicht zu kennen schienen, kam es ihr vor, als verbinde sie eine Art Verwandtschaft. Sie begegneten einander wie alte Freunde und spähten umher, vielleicht, um ein vertrautes Gesicht zu entdecken[162].

In diesem Gottesdienst, der Janina stark retraumatisierte, empfing sie eine emotionale Botschaft: Sie, das jüdische Kind, gehörte zu einem Volk, dessen Leiden so alt ist wie das Leid der Erde. Die Schoa, die ein Ereignis außerhalb jeder Zeit zu sein scheint, die aber doch Teil der Geschichte des jüdischen Volkes ist, verband Janina untrennbar mit dem Schicksal ihrer Vorfahren, mit dem ihrer Eltern und mit ihrem eigenen.

Einen Tag nach Jom Kippur vertraute sie ihrem Tagebuch an:

> »Sie sind mein Volk. Diese Juden, die ich in der Synagoge gesehen habe. Sie gehören zu mir. Ich gehöre zu ihnen. Wir sind eine Familie, und daran wird sich niemals etwas ändern. – Ich bin eine Jüdin, die eine Katholikin sein wollte, getauft wurde, regelmäßig zur Kirche, zur Beichte und zur Kommunion ging, von einem Bischof gefirmt wurde und den Namen Maria annahm. Und danach habe ich mich jahrelang bemüht, mich als etwas auszugeben, das ich gar nicht war. Weil ich als etwas anderes geboren wurde und weil ich das immer bleiben werde. Ich werde nie wieder eine Kirche betreten.«[163]

Es scheint, als habe sich Janina nun wieder einzelnen Menschen oder einer Gruppe von Menschen zugehörig gefühlt, eine Empfindung, die ihr besonders während der »dritten traumatischen Sequenz« verlorengegangen war.

Lediglich im Winter 1945/46, als sie in Kalisz häufiger eine Familie besuchte, die die Schoa wie durch ein Wunder überlebt hatte, wurde sie von der Atmosphäre einer Vollständigkeit, Stabilität und etwas »Undefinierbarem« angezogen, die ihre »vereiste Seele auftaute«. Janina David berichtet, sie habe in einer Ecke gesessen, sei den Personen mit ihren Blicken gefolgt, schweigend und anscheinend gleichgültig. Und doch habe jede Pore ihrer Haut »dieses merkwürdige Etwas« eingesogen.[164] Das habe bewirkt, daß sie sich in jenem kargen, schäbigen Haushalt wohler gefühlt habe als bei ihren nichtjüdischen Freunden.[165]

Dieses Zugehörigkeitsgefühl, die soziale Geborgenheit in einer Ethnie und die Erfahrung narzißtischer Bestätigung halfen Janina, wieder an ihre eigene jüdische Herkunft anzuknüpfen.

Mit der kognitiven Fähigkeit des intakten Teils ihres Ich zögerte sie nicht, sich von ihrer falschen Identität zu lösen. Ihren Entschluß teilte sie Schwester Zofia und ihren katholischen Freundinnen mit. Die Antworten ließen nicht lange auf sich warten.[166] Janinas Bemerkung, daß ihr diese Briefe »zu schaffen machten«[167], deutet auf das Ringen ihres Über-Ich mit den vom malignen Introjekt infizierten Teilen ihres Ich und Ich-Ideals, das irrationale Scham- und Schuldgefühle verursachte, die darüber hinaus durch die vermeintliche Schuld, deren sie sich bezichtigte, gesteigert wurden.

Immer erneut warf sie sich vor, ihre Eltern allein im Ghetto zurückgelassen zu haben. Sie hätte sich niemals von ihnen trennen dürfen.

> »Es wäre viel besser gewesen, zu sterben«, betont Janina David. »Dann hätten wir doch wenigstens zusammen sterben können, Mutter und ich.« – »Wer weiß denn«, fährt sie fort, »was mir noch alles passieren wird und wo und wann ich sterben werde? War es der Mühe wert? Zu leiden, ums Überleben zu kämpfen, zu hoffen [...]?«[168]

Auch für Janina war der Tod »eine ständige Realität im Selbst«, wie es Hillel Klein für die Überlebenden feststellt. Auch sie fragte sich: »War es das wert, so viel in unser eigenes Überleben zu investieren?«[169]

Janina David mußte die Besetzung ihrer Elternrepräsentanzen aufrechterhalten, weil sie die Verlorenen nicht endgültig verloren geben wollte. Ihr Schreiben übernimmt manchmal die Funktion eines Totengesprächs.[170] Indem sie sich mit den geliebten Toten identifizierte, identifizierte sie sich wieder mit ihrer jüdischen Herkunft – nicht so sehr mit der Religion (denn zu ihr hatte sie von klein auf ein ambivalentes Verhältnis) als mit ihrem Volk. Dieses Zugehörigkeitsgefühl bestimmte Janinas Überleben. Es scheint, als habe sie jüdisches Leben erst in seinem Untergang begriffen.

Jakob Kuperblum

Die Photographie wurde im Herbst 1940 im Warschauer Ghetto aufgenommen und zeigt den Autor (rechts) mit seinem jüngeren Bruder Josele.

(Titelbild der 1. Aufl. der deutschsprachigen Copyright-Ausgabe von Jack Kupers Überlebensmemoiren im Militzke-Verlag, Leipzig, 1998. [ISBN 3-86189-126-3])

»Jankele« alias Jakob/Jakov Kuperblum alias Jack Kuper wurde am 11. oder 16. März oder April 1932[1] in Zyrardów (Polen) geboren. Sein Vater, ein Schuhmacher, hieß Aaron Zelig Kuperblum, seine Mutter Etta Liba (Edzia) Chone. Seine Eltern lebten zunächst in Puławy (Polen), wo der Vater eine kleine Schuhmacher-Werkstatt betrieb und Jankele (ab dem fünften Lebensjahr?) einen Cheder besuchte.[2]

Jack Kupers Überlebensmemoiren sind strukturlos – zersplitterte, verstreute Fragmente eines Infernos. Zahllos sind die Sprünge und Widersprüche in den Dimensionen Zeit, Ort und Geschehen. Sie zeugen von den schweren Traumatisierungen, die dieses Kind erlitten hat, und von der daraus resultierenden Zerrüttung seiner Zeit- und Erinnerungsstruktur. Nur mit Mühe gelingt es ihm, die brutale Verfolgung nachträglich in die Kategorien von Kausalität und Chronologie einzuordnen.[3]

Manuela Günter betont, daß »der Raum, den die Überlebenden zwischen den Lebenden und den Toten« einnähmen, »einem Niemandsland« gleiche, in welchem »ein anderes Gesetz des Erzählens/Schreibens« gelte.[4]

Kriegsausbruch und Eroberung Polens durch die Deutschen bedeuteten einen ersten Schock, der von den Juden anfänglich mit Ungläubigkeit und Verleugnung beantwortet wurde. Jankeles Vater, kurzzeitig von den Deutschen inhaftiert, entzog sich der Verfolgung durch die Flucht nach Rußland und versprach, seine Familie nachkommen zu lassen. Doch am 22. Juni 1941 brach der Krieg zwischen Hitler und Stalin aus.
Jankeles Mutter blieb mit ihm und dem kleinen Bruder Josef (jiddisch: Josele) zurück. Da ihr Wohnhaus und die Werkstatt von deutschen Bomben zerstört worden waren, lebten sie möglicherweise bei den Großeltern väterlicherseits[5], beziehungsweise mit ihnen zusammen im Ghetto-Lager Puławy. Es ist vorstellbar, daß der Großvater Jankeles religiöse Erziehung übernahm.[6]

Mit Beginn des Krieges waren Zehntausende jüdischer Flüchtlinge in das zerstörte Warschau gekommen, in der ungewissen Hoffnung, hier untertauchen und unbehelligt leben zu können; auch Jankeles Familie und die Großeltern mütterlicherseits aus Zyrardów: Schuster Chaja-Jeta Chone, lebten in der Pawia-Straße, die später zum Ghetto gehören sollte.

Jack Kuper läßt offen, ob die Großeltern väterlicherseits in Puławy blieben oder mit ins Ghetto gingen.

Jankele berichtet, daß er im Warschauer Ghetto an der Ecke Pawia- und Smocza-Straße gläserne Zigarettenspitzen zu verkaufen suchte, um seiner Mutter Geld für Brot zu bringen.[7]

In seiner zweiten Autobiographie erwähnt Kuper den Abschied von der Familie seiner Mutter unmittelbar vor ihrer Flucht aus dem Warschauer Ghetto zu Beginn des Jahres 1942.[8] Wahrscheinlich aber glückte die Flucht bereits Anfang 1941, wenn man den Angaben in Kupers erster Biographie folgt.
Unter ständiger Lebensgefahr und unsäglichen Strapazen kämpfte sich seine Mutter mit beiden Kindern über Lublin und Piaski inmitten des eisigen polnischen Winters bis in das Schtetl Siedliszcze[9] durch.

Der israelische Psychoanalytiker Hillel Klein merkt dazu an, daß sich die jüdischen Familien in der ersten Zeit der deutschen Okkupation »von Stadt zu Stadt, von Ghetto zu Ghetto, vom Versteck zum Arbeitslager«[10] zu retten versucht hätten.

Wohl etwa ein Jahr später gelang es auch Jankeles Großvater Chaja-Jeta Chone und zwei seiner jüngeren Söhne, aus dem Ghetto zu entkommen. Als Straßenarbeiter verkleidet, überwanden sie mehr als hundert Kilometer bis nach Siedliszcze. In äußerster Gefahr rückte die (Groß-)Familie eng zusammen. Tag für Tag nun machte sich der Großvater mit seinem Schuhmacherwerkzeug auf den Weg in die benachbarten Dörfer, um am Abend mit kaum genießbaren, aber so überlebensnotwendigen Nahrungsmitteln zurückzukehren.

An einem Winterabend im Jahre 1942 blieb er aus. Jankele, Mutter und Bruder schliefen nicht in jener Nacht. Bei Tagesanbruch, mit Ende der Ausgangssperre ging einer seiner Söhne, um ihn zu suchen. Kurz vor Beginn des Ausgehverbots kehrte er zurück, mit des Großvaters Werkzeug. Er hatte einen Bauern getroffen, der gefrorene Erde in eine Grube schaufelte. Von diesem erfuhr er, daß drei berittene deutsche Soldaten seinen Vater auf offener Straße erschossen hätten.

Das Unfaßbare versetzte Jankele in einen Schockzustand, der wohl nur durch die Nähe seiner Mutter als unterstützender primärer Bezugsperson aufgefangen und gemildert wurde.

Auffällig und kennzeichnend für das Ausmaß der Verstörung ist Jack Kupers (nachträgliche) »Fixierung an den Moment des traumatischen«[11] Vorfalls, die ihn in seinen Überlebensmemoiren zu ständiger gedanklicher Wiederholung des Geschehens zwingt. Immer erneut versetzt sich Kuper alias Jankele in den Zustand vor dem Ereignis zurück und versucht so, sein beschädigtes, damals noch im Aufbau befindliches Ich wiederherzustellen:

> »Wer schaut nun aus dem Fenster, durch das meine Augen einst gespäht und gespannt auf die Rückkehr des Großvaters gewartet hatten?«[12]

> »Wie klebten unsere Augen in dieser Nacht, als wir auf seine Rückkehr warteten, doch an dem kleinen vereisten Fenster! Nur, um seinen Schatten zu sehen oder seine Schritte zu hören! Aber die Nacht brach herein und hüllte die Straßen in Dunkelheit, und bis in die frühen Morgenstunden warteten wir vergeblich auf sein Klopfen.«[13]

> »In the winter of '42, when Zaidy didn't return, none of us slept.«[14]

Jankeles Beziehung zu seinem Großvater muß sehr eng gewesen sein: als Vater seiner Mutter war er für ihn an die Stelle seines eigenen Vaters getreten. Er (Jankele, Verf.) wollte das Geschehene nicht wahrhaben und verleugnete es mit Hilfe seiner Phantasie:

> »Damals erschien mir das unmöglich. Es war, als wäre ein Mann mit einem Leinensack irgendwo mitten in einem Dorf verschluckt worden oder als wären ihm Flügel gewachsen, mit denen er in den Himmel verschwunden ist.«[15]

Ehe er ihn jedoch »mitten in einem Dorf verschluckt« sein ließ, was Assoziationen mit dem Scheol[16] wecken mochte, verlieh er ihm in seiner Vorstellung Flügel, »mit denen er in den Himmel verschwunden ist« – wie Henoch[17], den Gott zu sich entrückt und in das höchste Engelwesen verwandelt hatte; Henoch war Schuster gewesen wie sein Großvater.[18]

In seiner zweiten Biographie schildert Jack Kuper, wie er 1942, als der Schnee geschmolzen war, seine Mutter, die den kleinen Bruder Josele auf dem Rücken trug, über die Dörfer begleitete. Sie wagte es, außerhalb des Ghetto-Lagers einen kleinen Handel mit Tabak und Eiern zu treiben. Eine junge Bauernfamilie in einem abgelegenen Dorf bot seiner Mutter an, ihn, Jankele, während der warmen Jahreszeit als Ziegenhirten aufzunehmen. Sie weigerte sich. Erst nach Erhalt etlicher Nahrungsmittel willigte sie zögernd ein, erschien aber bereits nach wenigen Tagen mit rotgeweinten Augen, um ihn zurückzuholen. »I'm afraid they'll convert you«[19], erklärte sie.

Pessach 1942 beging Jack Kuper gemäß seinen Angaben in der zweiten Biographie noch mit Mutter und Bruder in Siedliszcze:

> »How fortunate we were to be together, celebrating Passover 1942 with potato peels floating in salted water!«[20]

Kurz darauf bat eine Bäuerin aus einem Siedliszcze nahegelegenen Dorf (Kulik) seine Mutter um ihn als Vertretung für seinen bei ihr angestellten erkrankten Onkel. Schweren Herzens fand sie sich dazu bereit. Nicht lange nach dieser Episode setzen Kupers erste Memoiren ein.

Vier Jahre laut seiner ersten Biographie und drei Jahre entsprechend der Aussage in seiner zweiten Biographie[21] war Jack Kuper alias Jankele vor den Deutschen auf der Flucht.

Mit dem Überfall der deutschen Wehrmacht auf Polen im September 1939, mit den »Aussiedlungsaktionen«, den Aufenthalten in Ghetto-Lagern und im Warschauer Ghetto, mit der Zerstörung der jüdischen Gemeinschaft und der »Deportation« seiner Familie war Jankele in ein perpetuierendes Verfolgungsgeschehen geraten.

Gleich zu Beginn von Jack Kupers erster Autobiographie tauchte in Jankeles Vorstellung die Gestalt des ermordeten Großvaters auf. Obgleich er unter einem toten Baum in kalter Erde begraben lag, war er für ihn nicht tot, sondern begleitete ihn in das Schtetl Siedliszcze, damit er nicht allein war mit seinem namenlosen Entsetzen über die »Deportation« seiner Mutter und seines kleinen Bruders.

Es scheint, als suche Jack Kuper noch nachträglich mit der Erinnerung an den Großvater nach einem protektiven Faktor, um den durch die Erzählung der traumatischen Situation wiederauflebenden Schmerz zu mildern.
Die »Deportation« könnte historisch genau zwischen dem 18. Mai und den letzten Julitagen 1942 stattgefunden haben – die »Transporte« gingen nach Sobibór.[22]

Von einem alten Mann auf dem Marktplatz von Siedliszcze erfuhr Jankele, daß die Deutschen mitten in der Nacht alle Juden weggeführt hätten:

> »Ich starrte den Mann an. Ich konnte mich weder bewegen noch irgendetwas sagen; dann sprang ich blitzschnell vom Wagen und rannte los. Meine Füße polterten über das Kopfsteinpflaster und trugen mich schneller, als ich es je für möglich gehalten hatte. Die Häuser schienen sich von ihren Fundamenten zu lösen und sich nun in alle Richtungen zu neigen; mir war, als schwankten sie von einer Seite zur anderen oder stünden gar auf dem Dach. Doch bald waren sie nur noch verschwommene Flecken, die an meinen Augen vorüberflogen.«[23]

Jankeles erste Reaktion war eine (katatonoide) Lähmung und Erstarrung, dann ergriff ihn ein »panikartiger Bewegungssturm«[24]. Sein Zeit-, Raum- und Selbsterleben war verändert. Sein Selbstschutzmechanismus erzwang eine Depersonalisierung. Er trat aus seinem eigenen Körper heraus, beobachtete seine Füße, die nicht zu ihm zu gehören schienen, weil sie mit ungeahnter Geschwindigkeit liefen. Vor seiner veränderten Wahrnehmung gerieten die Häuser ins Schwanken, ihre Umrisse dünkten ihn zu verschwimmen. Wie ein Träumender fand er sich in dem Haus, wo seine Mutter, sein kleiner Bruder Josef und seine beiden Onkel gelebt hatten. Er rief ihre Namen, als wollte er damit den Schleier zerreißen, der sich über seine Realitätswahrnehmung gelegt hatte. Vergeblich.

Als er plötzlich Schritte hörte und einen Deutschen vermutete, kam ihm seine natürliche Regung, sich zu verstecken, sinnlos vor.

Infolge des Übermaßes an Gewalt wurde Jankele von seinen Affekten überwältigt. Ohne die Fähigkeit eines Erwachsenen, seine Ich-Funktionen durch Abwehrmechanismen und Bewältigungsstrategien schützen zu können, geriet er in einen Zustand tödlichen Schreckens und reagierte regressiv mit »Unterwerfung«: »Ich will dorthin, wo die anderen sind. Ich werde freiwillig mitgehen.«[25]

Nach dieser weiteren Traumatisierung Jankeles erwähnt Kuper in seinen Memoiren noch einmal den Großvater. Die Umstände seines gewaltsamen Todes überfielen ihn aufs neue. In seiner Phantasie malte sich Jankele den Hergang des Verbrechens bis in alle grausamen Einzelheiten aus.[26]

Der Tod des Großvaters war Realität.[27] Inmitten der Namenlosigkeit des industriell organisierten Massenmordes war der Trauer um ihn ein Ort gegeben: er war in einem Grab aufgehoben und bewahrt. Das Grab konnte sein Leben und seine Einzigartigkeit bezeugen.[28]
Das galt nicht für Jankeles Mutter, seinen kleinen Bruder und seine übrigen Verwandten, über deren Schicksal er völlig im ungewissen war. Vermutlich ahnte er, daß sich hinter dem plötzlichen Verschwinden seiner Familie ein namenloses Geheimnis verbarg; doch zu der Monstrosität jener Greueltaten, die alle menschliche Vorstellungskraft übersteigen, blieb jeder (verstehende) Zugang versperrt.

Allein in seiner emotional phantasierten realen Elternbeziehung und der guten Objektrepräsentanz des Großvaters fand er Halt, um weiter um sein Leben kämpfen zu können. Letzterer erhielt eine Art »Selbstrettungsfunktion«: sein (inneres) Bild tauchte vor Jankele auf, wenn er mutlos durch Schnee und eisige Kälte stapfte, seine Einsamkeit hinter sich herschleppend. Das grausame Verfolgungsgeschehen hatte ihn in die gleiche Lebenslage gebracht, die sein Großvater vor ihm hatte ertragen müssen. Nun erst vermochte er – aus Jack Kupers nachträglicher Sicht – zu empfinden, was sein Großvater auf sich genommen hatte:

> »Vielleicht ist er auf eben dieser Straße gegangen. Sicherlich kannte er jedes Haus, jeden Bauern mit Namen, war vertraut mit jeder Kurve dieser Straße und allen Wegen der Umgebung.
>
> Jetzt verstand ich besser denn je die Erniedrigung und die Scham, die mein Großvater ertragen hatte, um uns zu ernähren, und trotzdem hatte er sich nie beklagt. Er hat uns von seinem Glück, aber nie von seinem Unglück erzählt. Wie oft muß er in Schnee und Eis gestolpert und hingefallen sein! Wie oft muß er beschimpft und gedemütigt worden sein! Und trotzdem hat er uns immer mit einem Lächeln und einer lustigen Geschichte begrüßt. Mein armer Großvater…«[29]

Jankele identifizierte sich mit seinem Großvater, indem er sich »an seiner Stelle«[30] sah, »in seine Fußstapfen«[31] trat.

Wie sein Großvater schämte er sich, um etwas Eßbares betteln zu müssen; wie bei seinem Großvater resultierte seine Scham aus der Spannung zwischen der Vorstellung seines Ich-Ideals und der Realität seines Ich, die jener nicht entsprach und die er doch anerkennen mußte.
In seiner Einbildungskraft überhöhte Jankele seinen Großvater zu einer Idealgestalt. Sein Berufsstand erfuhr eine stete Aufwärtsentwicklung: zunächst war er noch der »Schuster aus der Pawia-Straße in Warschau«[32], darauf schon der »Schuhmagnat aus der Paviastraße«[33] und schließlich *der* »Schuster von

Warschau«[34]. Falls es noch andere Schuster in Warschau gegeben haben sollte, so waren sie im Vergleich zu seinem Großvater nicht weiter erwähnenswert.

Bei Kriegsende zog es Jankele zu seinem Grab. Die Selbstverständlichkeit, mit der er sich auf den Weg machte, zeigt, wie stark er die talmudische Vorschrift der Unantastbarkeit eines Grabes verinnerlicht hatte und wie sehr er sich darnach sehnte, die verlorene internalisierte Welt seiner Liebesobjekte wiederherzustellen, die ihm Garant seiner eigenen Identität war.

> »Ich wußte nicht genau, was ich damit bezweckte, aber ich spürte, daß ich wenigstens hingehen, mich vielleicht für eine Weile hinsetzen oder sogar mit ihm reden und ihn eventuell um Rat fragen sollte.«[35]

Doch er konnte das Grab nicht finden; wo es einst gewesen war, sah er »einen alten Bauern Tomaten pflanzen«[36]. Als er diesen um Auskunft bat, schlug ihm antijüdischer Haß entgegen. Wiederum mußte er seinen Gott verleugnen und die, die sich zu diesem Gott bekannten: seinen Großvater und sich selbst.[37]

Die frevelhafte Kaltblütigkeit, mit der der Bauer auf dem Grab Tomaten pflanzte, löste bei Jankele einen tiefen Schock aus:

> »Am Straßenrand brach ich vor Erschöpfung zusammen und schloß die Augen. Vielleicht liege ich ja gerade auf einem Grab, dachte ich. Vielleicht sind ja all die Felder in Wirklichkeit Friedhöfe. Ich sah um mich, und für einen Moment bildete ich mir ein, nicht nur die umliegenden Felder, sondern die ganze Welt wäre ein riesiger Friedhof ohne Grabsteine und ohne Überlebende, die um die Toten trauern.«[38]

Es zeugt für den beispiellosen Zynismus der Verbrechen an den Juden, daß ihr anonymer Tod Trauer und Kaddisch sinnlos und damit auch die Überlebenden überflüssig machte.

In Jack Kupers Erinnerung war es ihm (Jankele) damals so erschienen, als habe er als einziger überlebt. Diese Vision überkam ihn bereits während der Rückzugsgefechte der Deutschen:

> «Es war totenstill, und mir kam der schreckliche Gedanke, daß möglicherweise alle Menschen umgekommen sind und ich der einzige Überlebende auf der ganzen Erde bin.«[39]

Die rücksichtslose Entwurzelung beraubte die Überlebenden ihres normalen Sinngefüges. Ohne Verbindung zu Raum (in einem »desolaten Niemandsland«[40] wußten sie nicht, wohin sie gehörten) und Zeit (sie wußten nicht, für wen und wofür sie überlebt hatten), fühlten sie sich von allen und allem verlassen.

Die Geschichte der polnischen Juden im Zweiten Weltkrieg ist noch längst nicht genügend historisch erforscht, besonders, was die kleinen jüdischen Gemeinden und Ghettos betrifft.[41]

Indessen muß festgehalten werden, daß der Antisemitismus, ob virulent oder verschwommen, im (katholischen) Polen der Zwischenkriegszeit eine unausgesetzte Gegebenheit war. Seine Wurzeln waren vornehmlich religiöser Natur. Die polnische Bevölkerung, überwiegend auf dem Land und in Kleinstädten angesiedelt, lebte ihren Glauben in großer Frömmigkeit, weshalb antijüdische Vorurteile stets gegenwärtig blieben und auch von der Kirche gebilligt wurden. Viele Polen waren überzeugt, daß die Juden ihren (der Polen) Gott (Jesus) getötet und damit der Gottesmutter Maria, die die Polen als die »Königin der Krone Polens«[42] verehrten, das schwerste Leid zugefügt hätten. Häufig wurde die Reinheit der unbefleckten Jungfrau der den Juden durch das »Ur-Verbrechen« (»Gottesmord«) anhaftenden moralischen Verderbtheit gegenübergestellt.

Zum Zeitpunkt der nicht phasengerechten, gewaltsamen Trennung von seiner Familie, zu Beginn seiner Fluchtjahre, fand Jankele ein längerfristiges Versteck bei der mitleidigen ukrainischen Bäuerin, die seine Mutter um ihn als Vertretung für seinen Onkel gebeten hatte.
Jankele mußte die Welten wechseln und seine bisherige Lebenssphäre aus dem Blickwinkel der christlich-polnischen Bevölkerung betrachten. Die Tochter der Bäuerin, etwa vier bis fünf Jahre älter als er, »erzählte [...] all die schrecklichen Judengeschichten«[43]. Dabei betonte sie ausdrücklich, daß er ja nicht schuld sei, wenn er die Wahrheit nicht wisse – tatsächlich wüßten die meisten Juden nichts davon, nur die älteren, die sehr wenigen auserwählten Rabbis.[44] Als gläubige Katholikin war dieses Mädchen fest davon überzeugt, daß Juden zu Pessach Christenkinder töteten und deren Blut zum Backen der Mazzot verwandten.
Jankeles logische Einwände wischte sie beiseite und fügte sogar noch hinzu:

> »[...] aber dafür« (Verwendung von Christenblut für die Mazzot, Verf.) »und weil die Juden Jesus Christus ermordet haben, bestrafen euch die Deutschen jetzt.«[45]

Jankele war dem Bauernmädchen sehr zugetan, sie war für ihn wie eine große Schwester. Er fand keinen Grund, an der Wahrheit ihrer Aussagen zu zweifeln; allerdings bedeutete das auch eine Diffamierung seiner Angehörigen.

Er erinnerte sich, daß sein Großvater väterlicherseits, der Bäcker in Puławy gewesen war, zu Pessach Mazzot gebacken hatte; doch er konnte sich nicht entsinnen, daß er Menschenblut in den Teig gerührt hatte.

Um seine quälenden Fragen zu beschwichtigen, die er an niemanden mehr aus seiner Familie richten konnte, versuchte Jankele, das angeblich Geschehene in seiner Vorstellung ungeschehen zu machen und es auf diese Weise abzuwehren[46]:

> »Wenn sie« (die Juden, Verf.) »ihn« (Jesus, Verf.) »und all die Kinder an Passah nur nicht umgebracht hätten, dann hätte ich heute noch meine Mutter, meinen Vater und Bruder Josele, und wir wären zusammen zu Hause in Puławy. Ich würde in einer jüdischen Schule lernen, und jeden Abend würde mich Mutter zu Bett bringen und mir

> Märchen vorlesen. Oh, wie sehr ich mir doch wünschte, daß die Juden Jesus Christus nicht umgebracht hätten!«[47]

Jankele, dem als Kind nicht die gleichen kognitiven Erklärungsmodelle zur Verfügung standen wie einem Erwachsenen, halfen seine phantasierte reale Elternbeziehung und seine Familienrepräsentanzen, die Judengeschichten des Bauernmädchens erst einmal als »Ammenmärchen« abzutun, obgleich er sich in seinem »Inneren nicht ganz sicher war«[48].

Das von den Verfolgern »propagierte und auf die Verfolgten projizierte« entwertende »Feindbild« begann sich allmählich zerstörerisch in Jankeles Ich-Ideal festzusetzen.[49]

In den folgenden Wochen konnte er beobachten, mit welcher Gewissenlosigkeit sich alle Dorfbewohner daran beteiligten, letzte Lebenszeichen aus seiner Welt zu verramschen. Christliche Leichenfledderer machten aus der Judenverfolgung ein Geschäft. Da es in Siedliszcze nach der »Deportation« der Juden keinen Markt, keine Geschäfte, keine Käufer und Verkäufer mehr gab, trieb die ukrainische Bäuerin, bei der Jankele Zuflucht gefunden hatte, einen schwunghaften Handel mit Kleidern, Schmuck und anderen Dingen, die sie gegen wenige Nahrungsmittel im Warschauer Ghetto eintauschte. Jankele betrachtete die Waren, die ins Haus getragen wurden, und fragte sich, wer sie wohl vorher besessen haben mochte:

> »Vielleicht gehörte ja dieser Schal oder jene Brosche oder gar dieses Paar Schuhe meiner Großmutter oder einer meiner Tanten oder sogar meiner eigenen Mutter.«[50]

Kleider von Toten und Halbtoten. Sie entäußerten sich der schützenden Hüllen ihrer Körper, um ihr nacktes Leben zu retten. Jankele war es, als trügen die Dorfleute die Erinnerungen der Toten.[51]

Seit dem Mittelalter hatte Judenfeindschaft neben den religiösen und politischen immer auch ökonomische Beweggründe und Komponenten.[52]
Polen, die das unabwägbare Risiko eingingen, Juden zu helfen oder sie zu verstecken, handelten nicht nur aus humanitären Motiven, sondern oft auch aus Gier nach Geld oder sonstiger Beute. In vielen Fällen hing das Überleben der Juden davon ab, ob sie die Hilfe bezahlen konnten.[53]

Als die Deutschen drohten, nicht nur jeden Juden umzubringen, sondern auch jede polnische Familie, die ihn versteckte, samt deren zehn Nachbarn[54], mußte Jankele fliehen.
Herausgerissen aus seinem vertrauten sozio-kulturellen Milieu und der Religionsgemeinschaft, in unabweisbarer Angst um seine Eltern und den kleinen Bruder, mußte er extreme emotionale und physische Entbehrungen ertragen und war anhaltender und vielfältiger Deprivation ausgesetzt.
Verachtet, gedemütigt, ständig von Verrat und Tod bedroht, mochte sich Jankele

wohl einen gesunden Rest frühkindlichen Allmachtsgefühls[55] bewahrt haben, das es ihm ermöglichte, Überlebensstrategien zu entwickeln.
Hin und wieder fand er bei Bauern Unterschlupf, arbeitete für sie, hütete das Vieh, bis ihn die Angst, den Deutschen in die Hände zu fallen, weitertrieb.
Er schlief auf Feldern und in Scheunen; er kämpfte gegen Hunger, Kälte, Schlafmangel, gegen Verzweiflung, Krankheit und Ungeziefer; er bettelte, log, sang auf der Straße, erzählte Geschichten oder zeichnete für Kinder.

Die Verleugnung seiner jüdischen Identität: seines Namens, seiner Sprache, seines Gottes irritierte und verunsicherte ihn:

> »Was, wenn ich träume und im Schlaf Jiddisch rede? Ich muß anfangen, Polnisch zu denken, Polnisch zu träumen. Aber was, wenn mir das so gut gelingt, daß ich sogar meinen richtigen Namen vergesse, den Namen meines Vaters, den meiner Mutter? Nein, ich werde nicht vergessen. Jetzt muß ich aber ein anderer sein.«[56]

Allerdings verfügte Jankele – so jung er war – bereits über eine differenzierte Über-Ich-Struktur. Das hing einerseits mit seiner frühen religiösen Prägung innerhalb einer festgefügten, intakten jüdischen Gemeinschaft zusammen, der er sich bis zu seiner Flucht vor den Deutschen durch seinen Großvater zugehörig gefühlt sowie mit der Ethnie, die ihm Geborgenheit gegeben hatte; andererseits mit einer Beschleunigung des Reifungsprozesses durch frühe Verantwortung und der Überbeanspruchung seiner Ich-Fähigkeiten, in gefährlichen Situationen schnelle Lösungen finden und Entscheidungen treffen zu müssen – das ließ ihn über sein Alter hinaus klug sein.[57]

Judith S. Kestenberg[58] überdenkt, wie »die gehetzten und gejagten Kinder mit dem extremen Streß[59] umgegangen« seien, »unter dem sie jahrelang standen.«[60]

> »Wie haben sie ihre Gefühle kontrolliert, während sie so intensiv versuchten, sich in ihre christlich-polnische Umgebung einzufügen? Oft wird gesagt, daß sie in einem sehr frühen Lebensalter Erwachsene geworden seien.«[61]

Sie mußten – so führt sie aus – »Verantwortung tragen, wie es normalerweise von Kindern nicht erwartet« werde.

> »Sie konnten nicht weinen, wenn sie ängstlich waren oder einsam und verlassen. Sie konnten sich anderen Menschen nicht mitteilen.«[62]

Von einem Fallbeispiel ausgehend, erläutert Kestenberg, daß es den Anschein habe,

> »als ob sich ein Kind im Latenzalter in einen Erwachsenen hineinversetzt und damit die Adoleszenz übersprungen hätte.«[63] Es legte »seiner Kindheit und Adoleszenz ein Moratorium im Dienst des Überlebens auf. – Die Stärken der Latenz – für sich selbst zu sorgen, wie die Eltern es taten – blieben erhalten und überdeckten das Bedürfnis des Kindes zu spielen.«[64]

Die verfolgten jüdischen Kinder blieben Kinder, während sie zu gleicher Zeit wie Erwachsene handelten.

Während des Verfolgungsgeschehens und wegen seines jungen Alters konnte Jankele nicht auf die Bar-mizwa vorbereitet werden, war also noch nicht zur Einhaltung des Religionsgesetzes verpflichtet worden und vor Gott noch nicht selbst für sein Tun verantwortlich.

Und doch kann davon ausgegangen werden, daß Jankele einiges über Religion und Kultur seines Volkes wußte, mehr noch: daß er in jüdischer Tradition gelebt hatte.

Jeden Schabbat hatte er inmitten der religiösen Männergemeinschaft vor Gott gestanden, die Gebete nachgesprochen, die Gebetbewegungen wiederholt und sich als einer von ihnen gefühlt. Er besuchte einen Cheder und danach – möglicherweise für nur kurze Zeit – eine Tarbut-Schule.[65]

Jankele stellte sich Gott als »einen unwahrscheinlich[66] alten Mann mit einem langen weißen Bart« vor, »der im Himmel sitzt, jede meiner Bewegungen sieht[67] und jeden Gedanken hört[68]. Und alles ist in einem riesigen Buch[69] aufgeschrieben.«[70]

Der englische Originaltext von Kupers erster Autobiographie verdeutlicht Jankeles Vorstellung von Gott besser als die deutsche Übersetzung. Wohl sah er Ihn, seiner Entwicklungsstufe entsprechend, anthropomorph, doch gleichzeitig in Seiner unausdenkbaren Allmacht.[71]

Jankele wußte sich von diesem Gott beschützt, genau so wie von seinen Eltern, von denen er Zuwendung und Herzenswärme erfuhr. Doch das ist nur die eine Seite. Dem »Ur-Vertrauen« steht nach Erik H. Erikson[72] immer auch ein »Ur-Mißtrauen« gegenüber, das ebenso in der frühkindlichen Erfahrung gründet. So wird auch die Gottesvorstellung in der Ambivalenz zwischen Geborgenheit und Verlassenwerden, zwischen Hoffnung und Angst erlebt.

Jankeles Mutter »hatte« ihn »gelehrt, Gott zu fürchten«[73], und er »war ganz auf der Seite« seiner »Mutter«[74]; jeden Freitagabend lief er zum Schabbat-Gottesdienst in die Synagoge. Sein Vater engagierte sich in revolutionären politischen Parteien, die für die verelenden jüdischen Bevölkerungsschichten bessere Lebensbedingungen erkämpfen wollten. Er war Agnostiker und versuchte, auch Jankele die Vorstellung von Gott auszureden:

> »Gut und freundlich zu anderen zu sein, gesund und stark zu sein und ein ordentliches Leben zu führen – das ist es, was wirklich zählt. Nicht, in einer alten, muffigen Synagoge zu sitzen und zu jemandem zu beten, den es nicht gibt. Die Welt braucht Hilfe, mein Kind, aber es ist kein unsichtbares Etwas namens Gott, das uns hilft. Wenn du groß bist, wirst du sehen, wie die Leute mit den Märchen über Gott betäubt werden, damit sie vergessen, wie hungrig sie sind.«[75]

Jankele jedoch weigerte sich, solchen Worten Glauben zu schenken, und schämte sich für seinen unreligiösen Vater. Ja, er fürchtete sogar, Gott würde diesen dafür mit dem Tode bestrafen.

Durch die Flucht seines Vaters nach Rußland gewann die religiöse Tradition der übrigen Familie, besonders die der Großväter, maßgebenden Einfluß auf Jankeles Entwicklung. Seine Mutter hatte – nach Kupers eigenen Worten –

> »ein gewisses Traditionsbewußtsein. Jeden Freitagabend zündete sie die Kerzen an, und am Sabbat arbeitete sie nicht; sie kochte ausschließlich koscher und hatte dafür verschiedenes Geschirr, eines für Milch und ein anderes für Fleisch.«[76]

Zwischen den Eltern habe es manchmal Spannungen um seine Erziehung gegeben; denn seine Mutter war der Meinung, daß ein Jude die Tora studieren müsse.

Im zweiten Band seiner Überlebensmemoiren erinnert sich Jack Kuper sehnsüchtig an den kleinen, düsteren Cheder in Puławy, wo ein ältlicher Rabbi mit langem Bart und schwarzem Kaftan auf einem Podium hinter einem Pult gesessen und ihn, Jankele, zum Lesen aus dem Gebetbuch aufgerufen habe. Begeistert über seinen Lernerfolg frohlockte er damals:

> »I can read, and someday I'll understand the mysterious words. When I get older, I'll take my place in the synagogue and sway my body in prayer and God will listen.«[77]

Nach dem Tod des Großvaters übernahm Jankeles Mutter nicht nur die Rolle des Ernährers für ihre kleine Familie, sondern auch die Verantwortung für das Fortbestehen jüdischer Tradition. Beides symbolisiert das Leben.

Daß die Suche nach etwas Eßbarem dem Leben diente, ist offenkundig. Daß jedoch das Festhalten an der jüdischen Tradition die gleiche Funktion haben sollte, zumal Judesein während der nationalsozialistischen Verfolgung Tod bedeutete, ist weniger einleuchtend und bedarf einer Erklärung:

Das Leben ist der höchste Wert im Judentum; es ist heilig. Gott hat dem Menschen »das Leben und das Gute« (5 Mos 30, 15) gegeben. Das Leben ist der Besitz des Menschen, den er hüten, die Aufgabe, die er lösen soll.[78]

Alex Bein macht darauf aufmerksam, daß sich während der Zeit der Schoa sogar die Bedeutung des Begriffes »Kiddusch-haSchem« gewandelt habe. Nicht mehr die Religion wie bei früheren Judenverfolgungen, sondern das bloße Dasein sei nunmehr die Sünde der Juden gewesen. Der traditionelle Begriff von »Kiddusch-haSchem«, von der Heiligung des göttlichen Namens, habe nicht mehr gegriffen. Der Feind habe nicht die Seele gewollt, sondern den Körper als den Sitz der Seele. Deshalb habe die Forderung »Überleben!«, die angeblich zuerst von dem Warschauer zionistischen Rabbiner Jitzschak Nissenbaum (1868-1942) erhoben worden sei, so große Resonanz gefunden. Am Leben bleiben – die Niederlage

Hitlers wenigstens um einen Tag überleben! Leben, solange es möglich war! Leben sei höchstes Gesetz gewesen. In diesen Willen zum Leben sei auch die Gottestreue, die den alten Begriff »Kiddusch-haSchem« ausgezeichnet habe, eingeschlossen gewesen. Die geistige und körperliche Existenz der Juden habe es zu erhalten gegolten. »Kiddusch-haChajim« (Heiligung des Lebens) – dieser Inbegriff jüdischer Lebensweise – habe hier eine neue Bedeutung erlangt.[79]

Durch die anhaltende Verfolgung waren Quantität und Qualität von Jankeles realen Objektbeziehungen stark beeinträchtigt. Es gab keine Bezugspersonen, deren Rückhalt er noch dringend bedurft hätte.

Manchmal nahm er Zuflucht zu seiner phantasierten realen Elternbeziehung. Seinen Vater bezog er in viele ersonnene Rettungsaktionen ein, und seine Mutter rief er direkt um Hilfe an: »Mama! Mama! Hilf mir,...hilf mir!«[80] Er konnte keine Antwort erhalten, ebensowenig wie von Gott, von Dem er sie in der gleichen Unmittelbarkeit erwartete. Er sehnte sich nach Schutz und Geborgenheit, wie sie Kindern seines Alters zustehen und im allgemeinen auch gewährt werden.

Die traumatisierende Gewalt, die von der Vernichtungswut der Deutschen sowie von der Feindseligkeit und Gleichgültigkeit der polnischen Bevölkerung ausging, hatte Jankele als etwas von außen Aufgezwungenes introjiziert und ihr dadurch Anschluß an seine unbewußten Phantasien, an seine Triebrepräsentanzen verschafft. Sie wurde so von einem äußeren Angriff zu einem inneren (psychischen) Fremdkörper, der sich vor allem in seinem Ich-Ideal festsetzte. Dieses maligne Introjekt zwang Jankele – als habe er sich der Übertretung eines Verbots schuldig gemacht –, sich dem Bild anzugleichen, das in seiner Vorstellung den Wünschen der Verfolger entsprach.

Verzweifelt fragte er sich: »Warum hat Gott überhaupt Juden geschaffen? Wozu sind wir Juden überhaupt auf der Welt?«[81] Sie erschienen ihm nun degeneriert, anomal und für die Gesellschaft nutzlos. Wie lange noch konnte die Existenz von Juden als einer minderwertigen Rasse und als einem von Gott verworfenen Volk in der christlichen Welt geduldet werden?

> »[...], vielleicht ist es der Wille Gottes. Wir haben Jesus Christus umgebracht, und nun hat Jesus Christus Hitler geschickt, um seinen Tod zu rächen. Oder vielleicht, dachte ich, hat es mit Christus gar nichts zu tun. – Vielleicht sind wir wirklich minderwertig und stehen dem Fortschritt im Weg. – Wir sind nicht im geringsten wie andere Menschen. Wir sprechen eine andere Sprache, wir haben andere Feiertage, wir machen wirklich alles anders als die anderen. Warum feiern wir unseren Sabbat samstags und nicht sonntags? – Es ist wahr! Juden töten kleine Christenkinder für ihr Passahfest.«[82]

Vom religiösen Vorwurf und den introjizierten antisemitischen Vorurteilen kam Jankele auf sein ganz persönliches Problem: »Und, was am schlimmsten ist: Warum beschneiden wir kleine Jungen und lassen sie leiden? Das ist grausam.«[83]

Das Siegel des Bundes an seinem Körper konnte er nicht rückgängig machen, obgleich er wiederholt dagegen rebellierte; denn das, was einst Symbol des Heiligkeitsideals des Judentums und der Liebe Israels zu Gott gewesen war, wurde in jenen Jahren der erbarmungslosen Verfolgung zum »Corpus delicti«, das für ein Todesurteil genügte.

Unmittelbar darauf aber versuchte er, sich gegen das von den Verfolgern auf ihn projizierte entwertende Bild zu wehren: »Tief in meinem Innern war ich jedoch unsicher und schämte mich, schämte mich zutiefst für meine Gedanken.«[84]

Martin Ehlert und Beate Lorke weisen darauf hin, daß die Unterwerfung unter das introjizierte Feindbild für den nichtinfizierten Teil des Ich und des Ich-Ideals, vor allem aber für das Über-Ich unannehmbar sei. Die irrationale Scham, die Selbstverachtung und der Haß, die sich nur vordergründig gegen den Verfolger, tatsächlich aber gegen das eigene Ich richteten, seien Ausdruck der Verzweiflung darüber, daß der Wunsch nach Versöhnung mit dem Verfolger nicht aufgegeben werden könne.[85]

In lebensbedrohlichen Situationen verglich sich Jankele gar mit einer Ratte[86], übernahm damit einen Begriff aus dem biologistisch-mythologischen Sprachrepertoire des nationalsozialistischen Rassenwahns. Darnach waren Juden keine Menschen, sondern tierische Schädlinge: Ungeziefer (Ratten, Mäuse, Wanzen, Flöhe, Würmer, Insekten und ähnliches) oder krankheitserregende Mikroorganismen wie Bakterien und Bazillen, die überall zersetzend und vergiftend eindrangen und den »deutschen Volkskörper« sowie jeden einzelnen Deutschen zu zerstören trachteten.[87]

> »Ich erinnerte mich an die Gefühle, die ich beim Anblick von Ratten hatte, und da wußte ich, wie meine Feinde über mich dachten. Wie sorgfältig sie sich darauf vorbereiteten, eine Falle für mich aufzustellen.«[88]

Trotz seines Vergleichs distanzierte sich Jankele ganz entschieden von diesem Feindbild. Ratten waren auch ihm nicht ganz geheuer; er konnte das Gefühl des Abscheus verstehen, das seine Verfolger auf ihn projizierten. Doch er durchschaute nicht nur die Projektion, er machte sie auch wirkungslos, indem er Mitleid mit der realen Ratte empfand, die sein Vater (der die Weisungen der Tora nicht so genau nahm) einst ertränkt hatte. »Wie grausam! dachte ich jetzt. Wer weiß, was der Ratte durch den Kopf ging, als wir sie ins Wasser warfen.«[89]

Jankele sah in ihr ein Geschöpf Gottes, suchte sich nachträglich in sie hineinzuversetzen, verlieh ihr geradezu menschliche Züge. Es war das chassidische Erbe seines Großvaters: die liebeerfüllte Beziehung zu allem Leben und zur Natur. Ein »richtiger« Jude verletzt weder Mensch noch Tier. »Mitleid mit allem, was lebt« ist ein fundamentales Gebot.

Jankele hatte Mitgefühl mit der Ratte, mit allen Tieren, ebenso wie mit den Menschen, denen er während seiner Fluchtjahre begegnete und die ihm nicht immer freundlich gesinnt waren. Mitgefühl hatte er sogar mit seinen erbittertsten Feinden, den Deutschen, die ihn mit dem Tod bedrohten.[90]

In einer bewegenden Szene beschreibt Jack Kuper, wie er als »polnischer Bauernjunge« zwei kleine kranke Katzen ertränken mußte. »Das schickt sich nicht für einen jüdischen Jungen, schien ich plötzlich zu hören.«[91]

Yolanda Gampel betont, daß

> »die moralischen Wertvorstellungen, mit denen diese Kinder aufgezogen worden waren«, plötzlich in Konflikt gerieten »mit dem Wunsch zu überleben. Waren sie zuvor von ihren Eltern gelehrt worden, anderen zu helfen, sollten sie jetzt diese Wertvorstellungen beiseite schieben um des Überlebens willen.«[92]

Jankele geriet in einen starken Abwehrkonflikt, in den unvereinbare Motivationen hineinspielten und aus dem sich ganz ambivalente Gefühle ergaben. Zunächst meldete sich unüberhörbar die Stimme seines Über-Ich: zu stark hatte er die jüdische Tradition internalisiert.

Indessen hatte er auch Täteranteile verinnerlicht, die ihn erniedrigten und ihn an seiner jüdischen Werteordnung zweifeln ließen. Recht auf Leben hatte er nur, wenn er sich seiner polnisch-christlichen Umwelt anglich, wenn er wurde wie sie. Er bezeichnete sein Verhalten als feige und das der anderen als mutig, obgleich das in Wahrheit roh und brutal war.

Noch etwas spielte eine Rolle: Jankele identifizierte sich spontan mit den beiden Katzen, und zwar nicht so sehr auf Grund der göttlichen Weisung, sondern vor allem deshalb, weil sein eigenes Leben ebenso wie das ihre bedroht war. Wie ein drittes Katzenjunges kam er sich vor »und nicht wie ihr Henker«[93]. Er hielt die Kätzchen in seinen Armen und stellte sich vor, mit ihnen zu fliehen: »immer weiter gehen, vielleicht in den Wald, vielleicht in irgendein fernes Land, vielleicht…«[94]

Er spürte, daß er in die Rolle eines Täters gedrängt wurde, daß ihm keine Wahl blieb, daß er die Katzen opfern mußte, um nicht den Argwohn seiner Umwelt zu erregen – um sein eigenes Leben zu retten.
In seiner Verzweiflung wandte er sich an Gott: »Ich schaute zum Himmel hoch und hoffte auf irgendein Wunder, aber das Wunder kam nicht.«[95] Gott schien sich zu entziehen.

Mit geschlossenen Augen, um ihr Leiden nicht mitansehen zu müssen, warf er die beiden Katzenjungen ins Wasser und drehte sich weg. »Ich hörte ihr schreckliches Miauen, das klang, als flehten sie mich an. Ich war zutiefst beschämt.«[96]

Mit dieser Tat hatte Jankele die emotionale Verbindung zu seiner jüdischen Welt jäh zerrissen, war aus der Kette der Traditionen ausgebrochen:

> »Ich stellte mir meine Großväter und Großmütter vor, meine ganze Familie von mehreren Generationen, wie sie um mich herum standen, die Köpfe vor Scham gesenkt.«[97]

Er nahm die Spannung zwischen seinem strafenden Über-Ich und den vom Trauma infizierten Teilen des Ich-Ideals als unerträgliches Schuldgefühl wahr, das sein Ich schwächte. Um dieser Hilflosigkeit zu entgehen, unterwarf er sich dem allmächtigen Aggressor, das heißt in diesem Fall: seiner polnisch-christlichen Umwelt, wurde zu ihrem »Komplizen«.

Die beiden kleinen, schwarzen Kätzchen waren zählebig, kämpften mit dem Wasser, bettelten um Gnade und ertranken schließlich doch.
Mußte Jankele, der sich zuvor so sehr mit ihnen identifiziert hatte, für sich nicht ein ähnliches Schicksal fürchten? Der Tod der Katzen, an dem er mitschuldig war, mußte seine internalisierte Todesdrohung verschärfen.

Eines Tages geriet er an einen Adventisten, von dem er als Jude nichts zu befürchten hatte, weil jener selbst um seiner Religion willen verfolgt wurde.[98]
Er versuchte, Jankele zu erklären, welchen Fehler die Juden gemacht hätten, als sie Jesus ablehnten, und wollte ihn zum Christentum bekehren: »Glaube an Christus, und er wird dich retten. Es ist niemals zu spät.«[99]
Doch noch wurde Jankele von seiner jüdischen Repräsentanzenwelt bestimmt. Aus Höflichkeit tat er so, als ob er die Beweisführung des Adventisten verstünde; doch er paßte kaum auf und dachte bei sich: »Was würde meine Mutter nur von mir denken, wenn sie wüßte, daß ich gerade einem Christen zuhöre, der mich Religion lehrt?«[100]
Der kleine Jankele war kaum vertraut mit der religiösen Praxis des Christentums, andernfalls hätte es Jack Kuper in seiner Autobiographie angedeutet. Nur an einer Stelle des Textes spricht er von der Brisanz einer Begegnung zwischen zwei getrennten Welten:

Jankele erinnerte sich an Sommerabende in Puławy, wenn Nachbarn auf den Stufen des Hauses seiner Eltern zusammensaßen, sich unterhielten oder musizierten. Dann geschah es manchmal, daß, wenn »eine barfüßige Frau in einem Bauernkleid«[101] vorüberging, Musik und Unterhaltung verstummten und alle ihr nachschauten. »Einige spuckten auf die Straße, als wollten sie die Fußspuren der Frau treffen, und beschimpften sie mit schrecklichen Wörtern.«[102]
Jankeles Mutter erklärte ihm auf seine Fragen, daß »diese Frau einst ein nettes jüdisches Mädchen gewesen« sei »und ihr Vater ein frommer und gelehrter Mann«[103]. Aber dann habe sie sich in einen Bauern aus einem nahegelegenen Dorf verliebt und sei mit der Heirat Christin geworden. Jankeles moralischer

Kommentar – bezeichnend für Kinder seines Alters – war damals, daß Gott ihr diese Sünde niemals vergeben werde; er paßte sich damit dem System gemeinsamer jüdischer Werthaltungen an.
Es ging bei dieser Begebenheit nicht um Feindseligkeit gegenüber Christen und Christentum, so gespannt die Beziehungen zwischen Polen und Juden auch immer gewesen sein mögen; es ging einzig und allein um diese eine Person, die vom Judentum abgefallen war, sich von Gott und dem halachischen[104] Lebenswandel ab- und fremden Göttern zugewandt hatte. Diese Apostatin wurde im Volksbewußtsein viel stärker abgelehnt und verachtet als durch das Religionsgesetz.[105]
Man sah in ihr eine Verräterin und fürchtete ihre Feindschaft. Es kam vor, daß eine solche übertrittswillige Person im Vollzug des christlichen Taufrituals von der Kirche gezwungen wurde, sich von den jüdischen Verwandten loszusagen oder sie gar zu verfluchen.

Da jede schwere Traumatisierung auf unbewußter Ebene auch als ein »Versagen« des mütterlichen Schutzes erlebt wird, scheint sie zu »beweisen«, daß das einstmals in die Mutter gesetzte Vertrauen nicht berechtigt war. Dergestalt werden alle inneren Objektbeziehungen, die auf der mütterlichen Zuverlässigkeit beruht hatten, nach und nach ebenfalls unsicher. Dazu gehört vor allem die Beziehung zu Gott, die, weil sie bei Kindern der zu den Eltern entspricht, nun in der bereits erwähnten Ambivalenz zwischen »Ur-Vertrauen« und »Ur-Mißtrauen« erfahren wird.[106]

Nicht nur Jankeles Beziehung zu seinem Volk, dessen anspruchsvolles Attribut als das eines »auserwählten«[107] ihm gar nicht mehr in den Sinn kam, sondern auch seine altersgemäß anthropomorphistisch geprägte Vorstellung von Gott hatten sich infolge der traumatischen Realität verändert. Jankeles Selbstbild war beschädigt, so sehr, daß er meinte, aus Gottes Gnade gefallen zu sein.

Als ein guter Freund, ein russisch-jüdischer, aus Kriegsgefangenschaft entflohener Soldat erschossen wurde, folgerte er verzweifelt:

> »Mein Gebet kam zu spät, oder Gott hat mich ignoriert, oder vielleicht hat er mich nicht verstanden, vielleicht habe ich zu wenig gebetet oder das falsche Gebet gesprochen.«[108]

Er fühlte sich von Gott nicht nur nicht beachtet, sondern auch abgelehnt – schien Er ihn doch in buchhälterischer Kleinlichkeit an dem verbalen Formalismus seiner Gebete zu messen.

> »Ich wollte auch für Sascha beten, kannte aber kein passendes Gebet und fragte mich gleichzeitig, ob es im Himmel überhaupt irgendjemanden gab, der die Gebete erhörte.«[109]

Jankeles Argwohn, von Gott verraten und verlassen worden zu sein, wurde noch gesteigert durch seine (wiederholt geäußerte) Befürchtung, daß der Himmel leer sein könnte, daß mit dem Untergang seiner jüdischen Welt vielleicht auch Gott untergegangen war.

Von allen Instanzen, denen er vertraut hatte (sogar von seinem eigenen Vater, der die Familie verließ), meinte er verraten worden zu sein. Außerdem hatte er Verrat an seinen Angehörigen, an seinem Großvater miterlebt und war überzeugt, daß er »überhaupt niemandem vertrauen«[110] konnte. Wenn er überleben wollte, halfen ihm nur Lügen weiter.

Als er in eine lebensbedrohliche Situation geriet, die eher durch einen unglücklichen Zufall als durch Verrat herbeigeführt wurde, war Jankele von letzterem überzeugt. Das trug dazu bei, seine Panik zu vergrößern. Die äußere Bedrohung, die durch die Macht der Täter über Leben und Tod sowie durch seine eigene vollkommene Hilflosigkeit gekennzeichnet war, entsprach seiner inneren Situation, in der infantile Angstphantasien mit der Gefährdung von außen zu verschmelzen schienen.

Die Wucht, mit der dieses Ereignis Jankele traf, versucht Jack Kuper nachträglich in narrative Erinnerung zu kleiden, die auf Rationalität und Kausalität bedacht ist. Allein, das gelingt ihm nicht.

In Todesangst wandte sich Jankele an Gott. Doch statt eines wortlosen heißen Stoßgebets, das der Situation angemessen gewesen wäre, verschanzt sich Kuper hinter Formulierungen und Betrachtungen, die vermutlich ein Zugeständnis an seine amerikanische und europäische Leserschaft sind. Genauigkeit und starke Wirkung sowie die Unfaßbarkeit des traumatischen Geschehens gehen dabei verloren:

> »›Lieber Gott, wenn du mich hören kannst, bitte hilf mir! Ich will nicht sterben! Lieber Gott, bitte rette mich!‹ Plötzlich fiel mir ein, daß es den jüdischen Gott womöglich gar nicht gab oder daß er alt geworden und gestorben war, oder vielleicht gab es ihn ja, und er hörte unsere Bitten, kümmerte sich aber nicht darum. Ich wußte von vielen Leuten, die zu ihm gebetet hatten und die nicht gerettet worden waren. Hatte nicht meine Mutter an ihn geglaubt? Ihre Gebete hat er sicher auch nicht gehört. Was ist mit all diesen Rabbis und Schriftgelehrten, die sonst nichts taten, außer Tag und Nacht zu beten? Warum wurden sie nicht verschont?«[111]

Die irritierende Anrede »lieber Gott«[112], die Kuper sich selbst als einem Kind aus dem osteuropäischen Judentum in den Mund legt, ist absurd. Es wäre eine völlig indiskutable, blasphemische Verkleinerung und Verniedlichung des Ewigen gewesen. Das Judentum kennt zahlreiche Gottesbezeichnungen; es ist trotz der traumatischen Situation unwahrscheinlich, daß sich Jankele an keine mehr erinnerte. Die jüdische Gebetspraxis wird hier in christliches Verständnis transformiert. Dafür spricht unter anderem die abwertende Beschreibung der Tätigkeiten von Rabbinern und sogenannten »Schriftgelehrten«, denen in jeder jüdischen Gemeinde große Hochachtung entgegengebracht wurde. Überdies ist es unverständlich, daß Jankele statt des gebräuchlichen jiddischen »ßófrim« (= Schreiber) die im Christentum seit Luther verwandte Übersetzung »Schriftgelehrte«[113] wählte (vermutlich kannte er diese Bezeichnung gar nicht).

Als Jankele gerufen wurde und die Gefahr damit noch näher an ihn heranzurücken schien, entsann er sich der Worte des Adventisten, daß Jesus ihn unter der Bedingung des Glaubens retten würde. Und jetzt war höchste Not:

> »›Lieber Jesus‹, begann ich mit geschlossenen Augen, ›vielleicht kannst du mich retten, bitte rette mich, dann werde ich an dich glauben!‹«[114]

Hier regredierte Jankeles Ich auf primitive, längst aufgegebene Abwehrmechanismen: auf magisches Denken. Er projizierte seine Wünsche und Emotionen auf die (Phantasie-)Gestalt Jesus. Damit verbunden war ein Do-ut-des-Verhalten[115]: »[…] bitte rette mich, dann werde ich an dich glauben!«

Jankele wurde gerettet, aber anstatt darüber Freude zu empfinden, meinte er, wegen des Verrats an seinem Gott nicht weiterleben zu können.
In der regressiven Situation hatte er sich »unterworfen«, hatte sich abermals zum »Komplizen« der Verfolger gemacht, die eigene Entwertung akzeptiert, indem er den Gott der Christen anrief. Besonders für sein Über-Ich war das unannehmbar. Er empfand abgrundtiefe Selbstverachtung:

> »Ich schämte mich zutiefst. Mein Leben war gerettet, aber damit hatte ich meine Religion verraten. Ich hatte den Gott meiner Mutter, meinen Gott aufgegeben. Den Gott, für den meine Großväter ihr Leben gelassen hatten. Jetzt sah ich mich als Ausgestoßener, klein, verachtenswert, abscheulich und unwürdig weiterzuleben. Ich war ein Verräter.«[116]

Gerade noch hatte er in Panik die jüdische Gemeinschaft als Zeuge für Gottes Untreue und Verrat angerufen, nun drehte er den Sachverhalt um, wandte die Anklage gegen sich selbst: Nicht Gott was schuld, sondern er, Jankele. Nicht Gott hatte ihn verraten, sondern er hatte Gott verraten.

> »Jetzt sah ich mich selbst. Meine Mutter, meine Großväter, mein Bruder Josele und fast alle, die ich jemals gekannt hatte, spuckten mich an. Verräter! Christus-Verehrer! Ich konnte fast hören, wie sie mich anschrien.«[117]

Jankeles Über-Ich setzte ihm derartig zu, daß ihn reale Angst befiel und sein Ich ihn beschwichtigen mußte: »Ich habe doch nur so getan, ich bin immer noch Jude! Ich glaube nicht an Jesus Christus!«[118]

Diesbezüglich aufschlußreich ist der englische Originaltext der Überlebensmemoiren. Sofort, nachdem Jankele sicher sein konnte, daß er den Verfolgern noch einmal entkommen war, stritten die inneren Stimmen seines Ich und seines Über-Ich darüber, wem er seine Rettung verdankte.

Sein Ich erinnerte ihn an sein Jesus gegebenes Versprechen, denn es hatte auch Täteranteile introjiziert. Sein Über-Ich allerdings und die noch nicht vom Trauma infizierten Teile seines Ich-Ideals wehrten sich gegen dieses unassimilierbare Introjekt.
Diese Widersprüchlichkeit löste in Jankele Selbstverachtung aus und Haß, der sich nur scheinbar gegen Jesus richtete, indem er dessen Gestalt durch Spott und Hohn herabwürdigte und seinen einmaligen Namen verballhornte: »Jesus shmesus«[119]. In Wahrheit aber wandte sich dieser Haß gegen sein eigenes Ich.

Die »Befreiung« muß in den Sommermonaten 1944 eingesetzt haben.[120] Mit ihr begann für Jankele das, was Hans Keilson als »dritte traumatische Sequenz«[121] bezeichnet hat: Er stürzte in eine tiefe psychische Krise. Wie die meisten Überlebenden vermochte auch er nicht, das Hochgefühl der Befreiung zu empfinden:

> »Wahrhaftig, ich habe überlebt, [...] und doch habe ich den glücklichen Moment nicht erkannt. Ich wollte schreien, tanzen, lachen, in den Fluß springen, schwimmen, rennen, mich in die Lüfte erheben und über die Dächer der Dorfhütten fliegen. All das wollte ich tun. Ich spürte, all das sollte ich auch tun, aber in Wirklichkeit konnte ich nicht einmal lächeln.«[122]

Hillel Klein spricht davon, daß Überlebende infolge ihrer physischen Erschöpfung das Gefühl gehabt hätten, »in einem Nebel zu leben«[123]. Kognitiv seien sie unfähig gewesen zu begreifen, »was in der Außenwelt vor sich ging«[124]. Dieser psychosomatische Zustand habe Passivität zur Folge gehabt, »eine Unfähigkeit, Wut, Freude oder Rachegefühle«[125] zu äußern.

> »Sie lebten immer noch mit dem Selbstbild dessen, der kein Recht hatte zu leben. Viele von ihnen erinnerten sich später daran, daß sie nicht weinen und ihre Freiheit nicht genießen konnten, weil sie zu spät gekommen war und mit dem Tod so vieler anderer einherging.«[126]

Das drückt das aus, was auch Jankele empfand: »Ich habe überlebt, dachte ich, aber wer noch? Wo sind die anderen?«[127]

Die Überlebenden, so Hillel Klein, hätten sich kaum vorstellen können, mit diesen schweren Verlusten weiterzuleben. Nicht nur geliebte Menschen, sondern auch vertraute Strukturen, Straßen, Gesichter und Landschaften der Kindheit seien verloren gewesen, oft ebenso wie die Sprache, in der Gefühle hätten ausgedrückt werden können.[128]

Jankele steigerte sich in ein immer größeres Überlebendenschuldgefühl[129] hinein. Er klagte sich seines »Versagens« an, seine Familie nicht gerettet zu haben (obgleich dazu nicht die geringste Möglichkeit bestanden hatte).

Mathias Hirsch führt das Überlebendenschuldgefühl auf ein menschliches Grundrecht, leben zu wollen, also auf den Selbsterhaltungstrieb zurück, der mit dem notwendigen Wunsch, sich das Liebesobjekt zu erhalten, in Konflikt gerate.[130]

Zudem ist das Über-Ich für die Ausbildung starker Schuldgefühle verantwortlich, weil es das ins Ich-Ideal eingedrungene Feindbild bekämpft. Da sich das Ich um seines psychischen Überlebens willen nicht vom malignen Introjekt trennen kann, wird es vom Über-Ich verfolgt und bestraft.[131]

Auch Jankele wurde von dieser strafenden Instanz verfolgt und schuldig gesprochen: »Du bist schuld, Jankele«, sagte er zu sich selbst. »Weißt du, du mußt schuld sein! Wie hättest du sonst überleben können?«[132]

> »Durch diese Gedanken verfiel ich in tiefe Schwermut, von der ich nicht wieder loskam. Nein, sie wurde immer schlimmer – bis ich keinen Grund mehr sah, weshalb ich noch weiterleben sollte. Ich habe ganz umsonst überlebt! sagte ich mir.«[133]

Jankele unternahm einen Suizidversuch.

Martin Ehlert und Beate Lorke führen aus, daß Tendenzen zur Selbstdestruktion für posttraumatische Zustände charakteristisch seien. Diese ließen sich »zunächst als ein Wüten des gesunden Teils der Persönlichkeit gegen den ›kranken‹, vom traumatischen Introjekt besetzten Teil verstehen«[134]. Die vom Trauma infizierten Teile des Selbst sollten zerstört werden, selbst wenn das den Untergang des Ich bedeuten würde.[135]

Ergänzend dazu bemerkt Hillel Klein, daß der Tod für den Überlebenden nicht nur eine Möglichkeit, »sondern eine ständige Realität im Selbst« darstelle. »Die Phantasie der Wunscherfüllung« verkehre »den eigenen Tod in ein Mittel«, die verlorenen geliebten Menschen wiederzubekommen. »Im ›Jenseits‹, so die Vorstellung«, sei »man wieder mit ihnen zusammen, wieder ganz ›lebendig‹.« Die Wiedervereinigung im Tod lösche auch die Schuld.[136]

Allmählich spürte Jankele, daß er drauf und dran war, seine jüdische Identität zu verlieren. Sie »stand« für ihn »irgendwo am Horizont, erschien wie ein verschwommener Fleck vor« seinen »Augen«[137].

Rein äußerlich war aus dem jiddischsprechenden Schüler einer (hebräischen) Tarbut-Schule ein polnisch-christlicher Bauernjunge geworden. Während der Jahre seiner Flucht hatte er mehrere Male seinen Namen wechseln und immer wieder neue Lebensgeschichten erfinden müssen. Er war in eine Vielzahl von Identitäten hineingerutscht, die eines gemeinsam hatten: sie waren katholisch. Ob als »Kubusch«, »Stefan« oder »Franek Zielinski«, als »Zygmunt«, »Pjotr Kuncewicz« oder »Janek Kupinska« – er lebte in einem christlichen Umfeld, mußte sich ihm in seinem Verhalten anpassen, geriet aber auch zwangsläufig unter seinen Einfluß.

Das verunsicherte ihn:

> »Zeitweilig hatte ich völlig vergessen, wer ich wirklich war, und manchmal konnte ich mich nicht einmal mehr an meinen richtigen Namen erinnern.«[138]

> »Tief in mir wußte ich, daß ich nicht vergessen durfte, wer ich war, wo ich geboren wurde, wer meine Mutter war und wer mein Vater. Aber dies fiel mir immer schwerer, schließlich hatte ich den ganzen Sommer über täglich frei erfundene Geschichten über mein Leben erzählt.«[139]

Obgleich Jankele bei der Bauernfamilie, in der er sein letztes Versteck gefunden hatte, auch an den Kirchgängen teilnahm, verstand er wenig von dem, was vorging. Er ahmte die Rituale der Gottesdienstbesucher lediglich nach: er kniete nieder, blätterte im Gebetbuch und bekreuzigte sich. In die Enge getrieben wurde er bei Gebeten, die er meistens murmelnd mimen konnte; manchmal jedoch erwartete man von ihm den buchstäblichen lateinischen Text, aber er kannte kein einziges Wort. Christliche Gebete nicht zu kennen, konnte für ein verstecktes jüdisches Kind fatale Folgen haben.[140]

Nach der »Befreiung« nun entdeckte Jankele zu seinem Entsetzen, daß er »instinktiv zur Kirche ging« und seine »täglichen Gebete« nicht mehr sprach, »um jemanden zu täuschen, sondern ernsthaft und aus Überzeugung«[141]. Ihn »überkam« ein »schreckliches Schuldgefühl«, »und eine Stimme drängte« ihn »unaufhörlich, doch endlich zurückzukehren«[142].
Dabei konnte es nicht um eine Rückkehr zu seiner Familie, in seine Gemeinde gehen; Jankele ahnte sehr wohl, daß er niemanden mehr wiederfinden würde.
Mit Rückkehr war die zu seinen Selbstrepräsentanzen aus der Zeit vor der Schoa gemeint. Doch ein solcher Wunsch wurde durch die Beschädigungen, die die extremen und kumulativen Traumen in seiner seelischen Struktur angerichtet hatten, unmöglich gemacht. Das von den Verfolgern auf ihn projizierte demütigende und entwertende Bild war Bestandteil seines Selbstbildes geworden, was überdies von realen Fakten bestätigt wurde:
Traditioneller polnischer Antijudaismus, versetzt mit Resten des deutschen Vernichtungsantisemitismus, lebte nach der »Befreiung« wieder auf; man begegnete den Überlebenden zunächst mit Mißtrauen, dann mit Wut sowie mit Angst vor Rache.

Zu Jankeles innerer Bedrohung, der er durch seine malignen Introjekte ausgeliefert war, kam die äußere, so daß er argwöhnte, alles um ihn herum sei »bloß ein Traum«[143], und seine »Befreiung« könne »vielleicht nur von kurzer Dauer sein«[144].

Solange er denken konnte, das heißt, seit Beginn des Krieges, hatte er miterleben müssen, wie seine Familie sowie die jüdische Gemeinschaft, der er angehörte, gehaßt, ausgegrenzt und verfolgt worden waren. Er wurde Zeuge des gewaltsamen Todes nahestehender Menschen. Er wußte nicht, was mit seiner Mutter, seinem

Vater, seinem Bruder Josele geschehen war. Das Inferno war mit den Deutschen hereingebrochen, doch die Polen arbeiteten bei antijüdischen »Aktionen« im Alltag häufig mit ihnen zusammen. Sie waren jahrelang von der Propaganda der deutschen Nationalsozialisten beeinflußt worden und peinigten wehrlose Juden, die nicht wagten, sich gegen Demütigungen und physische Übergriffe zur Wehr zu setzen. Selbst wenn sie den »Selektionen« und »Deportationen« nur teilnahmslos zugeschaut hatten, profitierten sie vom Diebstahl der Deutschen an jüdischem Eigentum.[145]

Jankele war vor den Deutschen geflohen, die ihn umbringen wollten, weil er Jude war. Die Deutschen waren fort. Er hatte überlebt – als Jude. Nun mußte er erfahren, daß die Bedrohung mit der Niederlage der Deutschen nicht geringer geworden war, sondern daß sie fortbestand.[146] Er hörte

> »fast täglich Geschichten über Juden, die aus ihren Verstecken kamen und ermordet wurden; manchmal auf einem einsamen Feldweg oder bei der Rückkehr zu ihren früheren Häusern oder, was noch schlimmer war, am hellichten Tag auf dem Markt in Piaski.«[147]

Die Leute im Dorf zeigten sich wenig schockiert über diese Grausamkeiten, sie billigten und rechtfertigten sie, indem sie Hitlers Judenpolitik im nachhinein guthießen.

Jankele »hatte nicht nur Angst vor der Rückkehr der Deutschen, sondern fürchtete« sich »ebenso vor den Leuten im Dorf«[148]. Seine Identität bedeutete nach wie vor Lebensgefahr. Solange er Jude war, mußte er Angst haben, mußte er lügen.
Ihm, der sich dem introjizierten entwertenden Bild der Verfolger unterworfen hatte, erschien sein Judesein als nicht normal«, als »unnormal«; es entsprach nicht der Norm der Verhaltens- und Verständigungsformen der polnisch-christlichen Gesellschaft, seiner nunmehrigen Umwelt. Jankele aber wollte »so gern normal sein wie jeder andere«[149].

Das Trauma begann, seine Ich-Kohärenz zu bedrohen:

> »Was macht mich denn so anders? – Ich muß mich ändern. Ich muß mutiger werden! Ich muß wie alle anderen werden! – Was haben die, was ich nicht habe? Ist es, daß ich beschnitten bin? Vielleicht bin ich deshalb ein Feigling!«[150]

Und an anderer Stelle der Überlebensmemoiren:

> »Warum habe ich solche Angst? Warum konnte ich die kleinen Katzen nicht töten? Warum habe ich Angst vor den Bomben, Gewehren und Granaten? – Was auch immer es war, was mich meinem Onkel und meinem Großvater ähnlich machte, ich mußte es herausfinden und töten und dann genauso mutig und furchtlos wie Stefan und Antek werden.«[151]

»Da die traumatische Situation« – so bemerkt Martin Ehlert-Balzer – »als eine endgültige ›orale‹ Frustration erlebt wird, mobilisiert sie so intensive, so archaische Wut- und Haßimpulse, daß der inneren Objektwelt […] die Zerstörung droht.«[152]

Jankele lehnte sein Judentum ab, entwertete damit sich selbst und seine Familie: »[…] aber am allermeisten wollte ich kein Jude sein«[153]; auch aus einer tief verwurzelten Angst, die Verfolgung könne sich noch einmal wiederholen.

Als er im Sommer 1945 wagte, jemandem das Geheimnis seiner Herkunft anzuvertrauen, geriet er noch einmal in unmittelbare Lebensgefahr. Wieder mußte er fliehen.
Und dann hörte er von dem Juden Goldman. Er und seine Tochter hatten wie Jankele durch Flucht und Versteck überlebt. Nach der Befreiung ließen sie sich taufen, und nun lebten sie auf einem kleinen Hof inmitten der übrigen Bauern des Dorfes. Jankele beobachtete sie heimlich mehrere Abende lang, und er wünschte sich nichts sehnlicher, als zu ihnen zu gehören. Im stillen hatte er gehofft, daß Goldman so aussehen würde wie sein Großvater (väterlicherseits) »mit einem Bart und einem Hut«[154], doch er ähnelte einem Bauern – natürlich: spätestens mit der Taufe hatte er alle äußeren Merkmale, die ihn als Juden ausgewiesen hätten, ablegen müssen.
Jankele faszinierte das scheinbare Paradoxon: Goldman war Jude und weckte in ihm die Erinnerung an seine Vergangenheit vor dem Krieg. Der Text seiner Autobiographie verdeutlicht das:

> »[…] und wie ich es als Kind in Puławy häufig getan hatte, spielte ich auch jetzt ein Spiel mit dem Mond. Ich rannte, und der Mond folgte mir, ich blieb plötzlich stehen, und der Mond tat es auch.«[155]

Für wenige Stunden fühlte sich Jankele leicht und unbeschwert wie als Kind, so daß er wieder spielen konnte.

Goldman war zugleich aber auch Christ und symbolisierte Sicherheit und Freiheit. Judesein und wie ein Christ nicht verfolgt werden, das war Jankeles Wunschtraum. In seiner Phantasie sah er Goldman und seine Tochter »friedlich die Dorfstraße entlangschlendern, als Ebenbürtige, ohne Angst, ohne lügen zu müssen. Sie konnten tun, was immer sie wollten.«[156]

Mit der Katastrophe, die über ihn hereingebrochen war, hatte Jankele vergessen, wie er einst über die jüdische Frau, die aus Liebe zum Christentum übergetreten war, geurteilt hatte. Die internalisierte Todesdrohung als Folge der Zugehörigkeit zum Judentum ließ sein kindliches Weltbild zerbrechen.

Der »Gott« der Christen: Jesus, schien die, die an ihn glaubten, zu beschützen und weitgehend zu verschonen. So hatte es Jankele während der Jahre seiner Flucht und bei der Befreiung erfahren. Christsein bedeutete Sicherheit; und das Bedürfnis

darnach war bei Kindern, die ständig dem Tod begegneten, überwältigend.
Für Jankele war Jesus zur Rettungsphantasie geworden. In größter Not hatte er versprochen, an ihn zu glauben. Er hatte überlebt wie der Jude Goldman, der zum Christentum übergetreten war und der ihm nun zum Vorbild wurde.

Die physische und psychische Gewalt, der Jankele ausgeliefert war und die er introjiziert hatte, bewirkte eine so starke Schwächung seines Ich, daß dessen Funktionen nur durch eine Identifizierung mit dem unbewußt »idealisierten Aggressor«[157] narzißtisch aufgefüllt werden konnten. Er erinnerte sich an sein Versprechen, das er Jesus gegeben hatte. Eifrig begann er, den katholischen Katechismus zu lernen und sich die wichtigsten Gebete einzuprägen.

Allein machte er sich auf den Weg zu einer Dorfkirche bei Chełm, um sich von dem dortigen Priester taufen zu lassen. Er ahnte nicht, daß er ihm früher schon einmal begegnet war: kurz vor Weihnachten (1943?) besuchte dieser die Familie, bei der sich Jankele gerade versteckt hielt. Mit einem Weihwasser-Wedel hatte er damals Jankeles Kopf besprengt und ihn gesegnet. Trotz eines anfänglichen Freudengefühls über die vom Priester unbeabsichtigt vollzogene »Taufe«, die ihn, Jankele, aus seiner großen Bedrängnis hätte erlösen können, meldete sich rasch sein strenges Über-Ich. Schuldbewußt wusch er sich das Weihwasser ab.

Nun begegnete er dem Priester ein zweites Mal, und dieses Mal ersehnte er nichts so sehr wie die »Taufe«, das »Christsein«, die »Freiheit«, das »Menschsein«, das »Leben«[158].

Da Jesus Christus Jankele offenbar das Leben gerettet hatte, mußte er »es an ihm wiedergutmachen«[159].

Der englische Originaltext der ersten Autobiographie Kupers ist genauer: »›Jesus Christ saved my life‹, I answered, ›and now I must repay him for this.‹«[160]

Jankele wußte um den engen Zusammenhang zwischen Geld und Leben im Judentum.[161] Er konnte es sich offenbar gar nicht anders vorstellen, als daß er das, was jemand für die Rettung seines Lebens »verauslagt« hatte, zurückzahlen mußte; in diesem besonderen Fall nicht mit Geld, sondern mit »Glauben«.

Der Priester der Dorfkirche bei Chełm war ein gütiger und weiser Mann. Er schien aufmerksamer Beobachter dessen gewesen zu sein, was in Polen während des Krieges geschehen war – vermutlich wußte er auch um die Ermordung der Juden.
Er begriff, was dieses Kind Jankele durchgemacht hatte: »Wie viel du erleiden mußtest in deinen jungen Jahren!«[162] Augenscheinlich teilte er nicht die antijüdische Einstellung seiner Kirche, zögerte bei der Befolgung des Auftrags, die Seele eines »Ungläubigen« durch die Taufe vor der ewigen Verdammnis zu retten, und stand der Konversion eines Juden[163] zurückhaltend gegenüber: »Du bist jüdisch, warum willst du nicht Jude bleiben?«[164]

Er ahnte, daß Jankeles Weg ein anderer sein würde, und mit Verweis auf dessen Unmündigkeit bewahrte er ihn vor einem Schritt, der nichts mit Glauben, sondern nur mit Sicherheit zu tun gehabt hätte.

> »Wenn du an Gott glauben willst«, gab er Jankele zu verstehen, »mußt du nicht die Religion wechseln, denn wenn es einen Gott gibt, dann gibt es nur einen Gott«[165].

Und flüsternd fügte er hinzu: »Aber nach allem, was wir beide gesehen haben, frage ich mich, ob es überhaupt einen Gott gibt.«[166]

Da infolge der traumaspezifischen Ambivalenz, die Opfer und Täter verbindet, allein der Täter die Zerstörung, die er angerichtet hat, wiedergutmachen kann[167], wird seine Allmacht vom Opfer unbewußt idealisiert.
In traumatischer Regression meinte Jankele in dem Priester »ein göttliches Wesen«, einen »Engel«, einen »Propheten«, »sogar Jesus Christus selbst« zu sehen.[168] Und er bestürmte ihn um seine Taufe. Als dieser sie ihm hellsichtig verweigerte, war Jankeles Enttäuschung maßlos.

Doch kurz nach diesem seinem Versuch, zum Christentum überzutreten, ereignete sich ein Vorfall, der Jankele davon überzeugte, daß auch diese Entscheidung keine Sicherheit bedeutet hätte: Goldman und seine Tochter wurden nachts mit Feuer und Rufen »Haut ab nach Palästina, ihr dreckigen Juden!«[169] von Haus und Hof vertrieben. »Niemand«, schreibt Jack Kuper, habe »die Goldmans gesucht, und sie« seien »niemals wieder gesehen« worden.[170]

Noch einmal, schon in Lublin, erhielt Jankele ein Angebot, zum Christentum zu konvertieren.

Er war in einem jüdischen Kinderheim[171] aufgenommen worden, in dem Kinder lebten, die aus Wäldern, Verstecken oder aus Konzentrationslagern gekommen waren. Offenbar hatten diese Kinder weniger Kontakt zur polnischen Bevölkerung gehabt und deshalb stärker ihre Eigenart bewahren können. Jankele fühlte sich von ihnen ausgegrenzt und abgelehnt. Sie sprachen Jiddisch miteinander, und er hatte es verlernt.
Sie gaben ihm den Spitznamen »Christus«. Aber dann fand er doch einen Freund, der auf ähnliche Weise wie er überlebt hatte, der sein Judentum ebenso hatte verleugnen müssen und der auch kein Jiddisch mehr sprechen konnte.

Dieser Junge, der sich noch immer mit dem Christentum identifizierte und damit auch Jankeles Bedürftigkeit nach Stärkung seiner Selbstrepräsentanzen und Erhalt seines narzißtischen Gleichgewichts durch Teilhabe an einer idealisierten Macht wiederbelebte, organisierte für sie beide eine Taufe bei dem Priester einer Lubliner Kirche. Jankele stimmte diesem Plan zunächst begeistert zu, wurde jedoch im letzten Augenblick unsicher: »Es geht mir alles zu schnell [...], laß uns umkehren und noch einmal darüber reden!«[172] Sein Freund lehnte das ab, und Jankele blieb vor der Kirche allein zurück.

Jankele litt unter extremen Verfolgungstraumen, und der Mangel an narzißtischen Besetzungszufuhren ließ ihn zeitweilig in existentielle Hilflosigkeit geraten. Sein Ich reagierte zunächst mit Abspaltung, um den gesunden Teil seines psychischen Apparats vor der Ansteckung durch den vom Trauma infizierten Teil zu schützen. Nur so war es ihm möglich, sich an die Nachkriegszeit und an eine neue unvertraute Welt anzupassen.

Sein Realitätssinn mahnte ihn: »Keiner lebt mehr, sie sind alle tot. Du mußt das endlich begreifen.«[173]

Doch Jankele war unfähig, die Vorstellungen von seinen Eltern und seinem kleinen Bruder, die in seinen Tagträumen und Phantasien auftauchten, aufzugeben; er hielt ihre Repräsentanzen weiterhin besetzt. Die verlorenen Objekte füllten ihn völlig aus. In den Straßen der Stadt ließ er seine Blicke umherschweifen, in der Hoffnung, sie mit den Augen zu erhaschen.

Nach Hillel Klein seien diese »Suchaktivitäten« für Überlebende charakteristisch gewesen, die den Verlust ihrer Familien verleugneten. Sie stammten aus Wiedergeburtsphantasien, die mit einer Regression zum magischen Denken zusammenhingen. Die Umgebung nach Zeichen der verlorengegangenen Objekte zu durchsuchen, habe selbst dann nicht aufgehört, wenn deren Tod unabweislich gewesen sei.[174]

Die Welt um Jankele herum war eine andere geworden. Im Jahre 1944 (bis etwa 1947) herrschten in Polen bürgerkriegsähnliche Zustände, die noch durch die rabiaten antijüdischen Ausschreitungen verschlimmert wurden. Die kleinen Juden mit schwarzen Kaftanen und Gebetsriemen waren verschwunden, die mit den Bärten und Schläfenlocken gab es nicht mehr.[175] »Die Straßen waren so fremd, und in den Gesichtern, die an« ihm »vorbeizogen, fand« er »nichts von den Menschen, die« er »einmal kannte.«[176]

Es gab keine individuellen Gräber, keine Trauerrituale, deshalb konnte sich Jankele die Illusion bewahren, daß seine Angehörigen weiterhin am Leben seien. Sie wurden Teil seiner inneren Welt, vermittelten ihm das Gefühl psycho-historischer Kontinuität mit seinen Vorfahren und seiner eigenen jüdischen Herkunft.

Frida Scheps

Photographie von Frida Scheps im Alter von drei bis vier Jahren. (Umschlagbild ihrer Überlebensmemoiren im Verlag Hill and Wang, New York, 1985.)

Frida Scheps Weinstein schrieb ihre Biographie »A Hidden Childhood«[1] aus der Perspektive des acht- bis elfjährigen Kindes, das sie einmal war. Und sie begann mit dem Zeitpunkt der Abfahrt ihres Zuges von Paris nach Beaujeu, der sie in ein neues Leben bringen sollte.

Es war das Jahr 1942, vermutlich Sommer, vermutlich noch vor der von Deutschen und Franzosen organisierten Verhaftung der »staatenlosen« Juden in Paris und Umgebung am 16./17. Juli.

Die kleine siebenjährige Frida war zu jung, um politische Zusammenhänge verstehen zu können. Wie viele andere jüdische Kinder mußte sie sich um des Überlebens willen von ihren Eltern, das heißt von ihrer Mutter, trennen: »[…] my mother has a lot of worries, she goes to a lot of trouble for me. And also that I'm a difficult child, have to find a place to send me.«[2] Doch im Gegensatz zu manchen anderen Kindern, die schwer unter der Trennung litten und oft von Schuldgefühlen geplagt wurden, weil sie diese irrtümlicherweise als Strafe für ihren Ungehorsam deuteten, war Frida darüber erleichtert.

Vierzig Jahre später formulierte Frida Scheps Weinstein ihre Erinnerungen an ihre Zeit in der Klosterschule. Dadurch, daß sie ihre erste Person Singular betont und weder das unpersönliche »man« noch andere Personalpronomen gebraucht, wirken sie wie in ihr Gedächtnis eingraviert. Allerdings unterscheidet sich ihre Beschreibung dieser neuen Welt nicht von der eines christlichen Kindes, das seiner Religion zum ersten Mal bewußt begegnet. Scheps Weinsteins Erzählweise aus kindlicher Perspektive läßt nur wenig Reflexionen zu und ist für einen Schutzwall wie geschaffen, hinter dem sich die Autorin verbirgt.

Sie widmet die Autobiographie ihrer Mutter: »To My Mother«[3]. Das Verhältnis zu ihrer Mutter war sehr ambivalent, bedingt vor allem durch ihre schwierige gesellschaftliche Situation in Frankreich. Scheps Weinstein macht in ihrem Buch daraus keinen Hehl. Doch es sind die Äußerungen eines Kindes, dessen Entwicklungsprozeß noch nicht abgeschlossen war und das noch nicht voll für seine Handlungsweise verantwortlich gemacht werden kann.
Frida Scheps Weinstein quält sich mit Schuldgefühlen, weil sie den Tod ihrer Mutter ihren eigenen unbewußten Todeswünschen ihr gegenüber zuschreibt.[4] Diese Annahme wird gestützt durch eine Art Patriotismus, der sich in der Autorin regte, als sie nach der Schoa in den fünfziger Jahren in der israelischen Armee diente: »You fight for it and you die for it.«[5] Der israelische Psychoanalytiker Hillel Klein meint dazu, daß sich Überlebensschuld auch »in der emotionalen Überbesetzung von Familie und Gesellschaft« äußern könne: »Überleben des Staates«[6] – Verteidigung dieses Staates.

Fridas Eltern mochten zu den zahlreichen osteuropäischen Flüchtlingen gehört haben, die nach dem Ersten Weltkrieg aus ihrer Heimat geflohen waren und nun in enger Nachbarschaft mit ihren Landsleuten in der rue des Jardins Saint-Paul (4. Arrondissement [Verwaltungsbezirk] von Paris) zusammenlebten. Fridas Tante Ida hatte ihr erzählt, daß ihre Familie in Rußland sehr reich gewesen sei – offenbar Fabrikbesitzer –, bevor sie enteignet worden war.[7]

Ihren Vater David hatte sie nie gesehen, und er kannte sie nur als Kleinkind. Er war als Ingenieur nach Palästina gegangen; ob mit der Hoffnung, seine Familie nachholen zu können, bleibt offen. Ihm selbst wurde möglicherweise eine Rückkehr nach Frankreich durch Ausbruch des Krieges verwehrt.

Später in der Klosterschule erhielt Frida eine Nachricht ihres Vaters. Er hatte sie ihr über den Auslandsdienst des Roten Kreuzes zukommen lassen: Sie war als Telegramm gekennzeichnet, und darunter stand in kleinen Buchstaben »Cairo-Red Cross, Service of His Majesty the King«[8]. Die Nachricht durfte nicht mehr als fünfundzwanzig Wörter umfassen. Frida hatte auf die gleiche Weise zu antworten; aber sie wußte nicht, was sie ihm schreiben sollte.

Sie brauchte ihn wirklich nicht mehr[9], heißt es an dieser Stelle ihrer Memoiren. Sie hatte ihm nichts zu sagen, denn sie kannte ihn nur von Photographien. Immerhin erinnerte sie sich an eine besonders schöne, die vor ihrer Geburt entstanden war und die ihn mit ihrer Mutter zeigte: beider Köpfe berührten sich. Doch Frida blieb von dieser zärtlichen Szene ausgeschlossen. Nun, da er sich ihrer zu erinnern schien, nutzte sie die Gelegenheit, ihn um Erlaubnis zu ihrer Taufe zu bitten – ein Ansinnen, das ihre Mutter abgelehnt hatte.

Ihre Mutter handelte auf einem Markt mit Waren, um den Lebensunterhalt für sich und ihre kleine Tochter zu bestreiten. Es hieß, daß sie in dieser Tätigkeit recht tüchtig gewesen sei. Frida litt keine äußere Not: »I am warmly dressed and well fed.«[10] Doch die Art ihrer Selbstbeschreibung zeigt sie als ein entwurzeltes, einsames Kind.

Sie erwähnt keine Familie: keine Großeltern, keine Onkel und Tanten (außer der einen: Schwester ihrer Mutter, die mit ihnen in Paris lebte), keine Cousins, keine Cousinen; keine jüdische Tradition, keinen Schabbat, keine Feiertage, keinen Besuch der Synagoge.

Im Text von Frida Scheps' Autobiographie lassen sich zwischen den Zeilen Hinweise finden, wie isoliert ihre Mutter zusammen mit ihr im Frankreich jener Jahre in Paris und anderen Orten[11], wohin sie die Angst vor Verfolgung trieb, gelebt haben muß. Denn auch schon vor Eindringen des nationalsozialistischen Terrors gab es in Frankreich Antisemitismus und eine Xenophobie, die sich besonders gegen Flüchtlinge aus Osteuropa richtete. Die Angst vor Verschwörungen von Juden, Kommunisten und Freimaurern ging um. Nach der Kapitulation Frankreichs verschärfte sich die Situation von Monat zu Monat. Obwohl Frida und ihre Mutter zunächst keinen unmittelbaren Repressalien ausgesetzt waren, zog sich das Netz um sie zusammen.

Frida wußte sehr gut, daß sie Jüdin war, aber nicht, was jüdische Lebensweise bedeutete. Sie war als »Heidin«[12] aufgewachsen. Das Christentum wurde ihre erste Religion. Da aber Judentum Religions-, Geschichts- und Schicksalsgemeinschaft bedeutet, fiel auch Frida – ohne daß sie sich dessen bewußt war – diese »Gefühlserbschaft«[13] zu.

Nach der Besetzung von Paris durch die Deutschen sprachen alle Bewohner der rue des Jardins Saint-Paul davon, daß sie sich verstecken, möglicherweise einen anderen Namen annehmen müßten. Jeder habe weggehen wollen, auch sie, Frida, aber nicht aus denselben Gründen; sie war schließlich Französin. Man sagte ihr, daß sie kein jüdisches Aussehen habe, doch hatte sie wie ihre Mutter sehr lockiges Haar; und alle Juden – so meinte sie – hätten krause Haare. Auch fürchtete sie beim Spielen auf der Straße, daß man sie als Jüdin diffamieren könnte.
Besonders in Gegenwart ihrer Mutter fühlte sie sich stigmatisiert, sie wollte nicht mit ihr gesehen werden, wollte sich auch nicht an die Hand nehmen lassen, außer wenn ihre Mutter das hübsche marineblaue Kostüm trug, um zu den Gärten der Tuilerien zu gehen. Ihre Mutter nämlich sah aus wie eine Jüdin und entsprach in den Augen Fridas nicht dem Erscheinungsbild einer eleganten und charmanten Französin. Sie sprach mit einem fremden Akzent und manchmal sogar Jiddisch auf der Straße oder in der Métro.
Frida mochte kein Jiddisch, in ihren Ohren klang es wie Kauderwelsch. Für ihre Mutter war diese Sprache »mame-loschn«[14], für Frida jedoch war Französisch Muttersprache. Die Leute wurden aufmerksam. Sie schämte sich, sie wollte nicht auffallen, sie haßte ihre Mutter (»I hate her.«[15]). Sie empfand deren ignorante Haltung gegenüber den gesellschaftlichen Formen ihres Gastlandes als narzißtische Kränkung.[16]
Denn sie, Frida, war zwar Jüdin, aber auch – und das vor allem anderen – Französin: »[…] a real French girl«[17]. Sie sprach ohne jeden Akzent, denn sie war (am 2. November 1934) in Paris geboren. Auch wenn sie keinen französischen Namen trug, sondern einen deutschen, war sie doch keine Fremde.

Zwei Kulturen: die eine jüdisch, die Jiddischkeit ihrer osteuropäischen Herkunft, die sie vehement ablehnte, die andere die des Gastlandes Frankreich, mit der sie sich identifizierte. Fridas Zerrissenheit verdeutlichen folgende Worte:

> »Inside myself I feel uneasy. At home I'm Jewish. But in the street I could be French. […] Being with Jews is just like being at home; you can do what you want. But you've got to be careful when you are with French people. At our house we speak only Yiddish.«[18]

Durch den Schulbesuch wurde ihr soziales Umfeld erweitert und ihre französische Identität legitimiert, wohingegen ihre russisch-jüdische mit diskriminierenden Vorstellungen besetzt war und, losgelöst von der Tradition, so brüchig, daß sie weder Halt geben, noch die antisemitischen Vorurteile der Gesellschaft relativieren konnte.

Frida geriet in eine Identitätskonfusion, denn sie war in einem Lebensalter, da sich das Identitätsgefühl erst bildet, und in tiefe innere Einsamkeit.

Wohl spürte sie die angespannte häusliche Atmosphäre und die zunehmende Angst und Sorge ihrer Mutter: »My mother doesn't pay attention when I talk to her. She's always thinking of something else.«[19] Sie fühlte sich nicht ernstgenommen und ausgeschlossen (denn tatsächlich wurde ihr die Wahrheit vorenthalten); narzißtisch gekränkt, versuchte sie, die Aufmerksamkeit ihrer Mutter durch aggressives Verhalten zu erzwingen.

Auch in der Pariser Grundschule wurde sie ausgegrenzt: »Even in Paris when I knew the names of the little girls at school they didn't talk to me; maybe it's because they knew my mother wasn't French.«[20] Frida wollte, ihrem Alter entsprechend, soziale Beziehungen auch außerhalb der Familie knüpfen, ihre Fähigkeiten in einer Peer Group erproben und von dieser toleriert und bestätigt werden. Zur Aufrechterhaltung der narzißistischen Besetzung ihres Selbst blieb ihr nur die Identifikation mit dem Narzißmus der sie umgebenden Gesellschaft: »*I* am French«. Auf diese Weise konnte sich das propagierte Feindbild in ihrem Ich-Ideal festsetzen.

Fridas Mutter gelang es, mit Hilfe von falschen Papieren und Unterstützung des Roten Kreuzes, das kranke Kinder zur Erholung verschickte, für ihre kleine Tochter ein Versteck in einer französischen Klosterschule im Château de Beaujeu zu finden.
Wie Frida später berichtete, verkaufte ihre Mutter einen kostbaren Ring, um für sich und ihre Tochter gefälschte Papiere zu beschaffen: »Für uns war es sehr wichtig, Papiere zu bekommen, und das war teuer.«[21]

Frida wartete ungeduldig auf die Abfahrt des Zuges: »I was in a hurry to leave«[22] – der Schock der Trennung betäubte sie – sie war sich der Tragik des Abschieds nicht bewußt.

Gerade die Emotionslosigkeit, mit der Frida Scheps Weinstein diese Szene schildert, deutet auf den Abwehrmechanismus der Verleugnung. Es muß sie große Überwindung gekostet haben, ihr Schweigen zu brechen. Sie mußte diese Ereignisse erneut durchleben. Die schmerzlichen Affekte: Scham, Schuldgefühle, Trauer, bisher verdrängt oder verleugnet, bargen die Gefahr einer Retraumatisierung.

Sie könne sich nicht mehr daran erinnern, ob ihre Mutter sie beim Abschied umarmt und geküßt habe. Möglicherweise habe sie auch geweint; sie will das nicht bemerkt haben, denn sie hatte auch die versagenden Aspekte ihrer Mutter introjiziert. »I felt rid of her and of rue des Jardins Saint-Paul. Finally, everything was going to be new. The train was leaving.«[23]

Ebenso mögen die für das Latenzalter charakteristischen Distanzierungsbemühungen eine Rolle gespielt haben. Narzißtische Kränkungen und eine Desillusionierung der wichtigsten Bezugsperson tragen zu Unabhängigkeitsbestrebungen bei.

Doch die Trennung von ihrer Mutter war auch für Frida wie für Kinder aller Altersgruppen der »traumatische Ansatzpunkt«, wie es Hans Keilson[24] formuliert hat.

So abrupt Fridas Abschied von ihrer Mutter erfolgte, so blieb doch ihre Objektrepräsentanz allgegenwärtig sowie die Gewißheit ihrer realen Nähe in Paris. Frida empfing von ihr Briefe – sie hatte sie wohl nicht selbst geschrieben, sondern ließ sie schreiben, weil sie der französischen Schriftsprache nicht mächtig war und Frida das Jiddische nicht hätte lesen und verstehen können: »My mother never writes, she hasn't time. […] My mother is different. She doesn't care about manners.«[25]

Überdies sandte sie Frida Pakete mit allen Utensilien, die sich ein kleines Mädchen wünscht. Als die Pakete ausblieben (vermutlich Ende 1942), wurde Frida ängstlich und unsicher:

> »I don't get packages anymore. No one has said anything to me, but I know: my mother's not in Paris anymore, I'm sure of it. And I don't know where she is. I don't want to think about it. My mother is not a French mamma. She doesn't write anymore.«[26]

In ihrem Schrank bewahrte sie die Briefe ihrer Mutter auf, alle drei hatten schöne Umschläge mit Linien darauf. Sie dachte nicht über ihre Mutter nach, als sie die Briefe ansah, aber irgend etwas erinnerte sie an zu Hause. Es bedrückte sie. Sie nahm zwei Seiten aus dem blauen Briefumschlag mit den grauen Linien. Es war der letzte Brief ihrer Mutter. Frida entfaltete und betrachtete ihn, ohne ihn zu lesen. Er gab ihr das Gefühl mütterlicher Nähe.

Ihre Mutter hatte ihr ein Päckchen versprochen. Sie sandte es niemals… Frida wollte nicht mehr daran denken, »because letters from my mother are not something important in religion«[27]. Der reale Objektverlust der Mutter ließ sie Halt in der Religion suchen. Manchmal fühlte sie sich tief in ihrem Inneren schwach und verzagt, so als ob sie weinen wollte, und zu traurig zum Spielen. Sie hatte das furchtbare Gefühl, daß ihre Mutter nicht mehr in Paris war. Zwar durchschaute sie nicht das politische Geschehen, doch ihre Ahnungen waren so unerträglich, daß sie sie abwehren mußte.

Nach dem Abschied von ihrer Mutter und einer langen Bahnreise gelangte Frida mit einer Gruppe älterer Kinder und unter Aufsicht des Roten Kreuzes an ihren Bestimmungsort Beaujeu. Auf dem Weg zum Schloß, in dem die Klosterschule untergebracht war, konnte sie mit den anderen kaum Schritt halten, weil sie noch ihre Puppe[28] tragen mußte.
Die Kinder sangen ein Lied, das Marschall Pétain als Retter Frankreichs pries – sie alle waren seine Kinder: die Kinder von Paris, die Kinder Frankreichs. Ein zynisches Lied, besonders in bezug auf Frida, bedenkt man die Rolle, die Pétain bei der »Deportation« ausländischer Juden gespielt hat.

Im Schloß aber schien niemand Frida besonders zu beachten; ihr Aussehen und Benehmen müssen sich von dem anderer Kinder nicht unterschieden haben. Ohne eigene Absicht trug sie dadurch zu ihrer Lebensrettung bei. Möglicherweise wußten manche um ihre wahre Herkunft, hielten sich jedoch – auch aus gebotener Vorsicht – emotional zurück.

Hinzu kam der Umstand, daß sie eines der in Frankreich geborenen jüdischen Kinder war, um deren Rettung sich ein Großteil der französischen Bevölkerung bemühte; denn

> »die Haltung vieler Katholiken in der Zeit von 1940 bis 1944 war« nach Meinung Silke Ammerschuberts[29] »dem Lauf der Ereignisse angepaßt. Anfangs begeistert von der konservativen Restauration, trieben sie vor allem ab 1942 immer mehr de Gaulle und der Résistance zu.«

Im Speisesaal der Klosterschule entdeckte Frida sogleich »the statue of a lady [...]: she seems so gentle and kind in her long veil«[30]. Für die Jungfrau Maria sangen die Kinder, sie erhoben die Hände und berührten Kopf und Schultern. Die kleine Frida verstand nicht die Geste des Sich-Bekreuzigens, ahmte die Bewegungen der Kinder aber nach.

Während ihrer ersten Nacht in der fremden Umgebung konnte sie nicht schlafen, sie vermißte die Locken ihrer Mutter, mit der sie in Paris anscheinend das Bett geteilt hatte. Auf der Suche nach Ersatz für mütterliche Nähe schlich sie sich zu der Statue mit dem Baby.

Durch keine religiöse Tradition geprägt, hing sie nicht an vertrauten Bräuchen und war mit kindlicher Neugier offen für diese andere Welt, obgleich damit ein Kontinuitätsbruch verbunden war. Sie wurde nicht gezwungen, ihre Religion zu wechseln, sondern glitt durch Nachahmung der dort praktizierten frommen Lebensformen in die neue Identität hinein.[31]

Über Jahre hatte Frida Ressentiments und Diskriminierungen erfahren, die ihrer Mutter und ihr entgegengebracht wurden; sie hatte sich vor dem »Schimpfwort« Jude gefürchtet. In der Klosterschule hoffte sie, vor dieser Demütigung sicher zu

sein. Die neue Umgebung bot Schutz vor drohender äußerer Verfolgung. Ihre strengen römisch-katholischen Strukturen gewährten Halt und Orientierung an einem klaren Wertesystem.
In ihrer mit der nicht phasengerechten Trennung von ihrer Mutter ausgelösten Hilflosigkeit unterwarf[32] sich Frida den Vertretern der neuen religiösen Gemeinschaft, auf die sie ihre durch traumatische Regression geschwächten Ich-Funktionen delegieren konnte[33].

Sie wurde der Gruppe der jüngsten Schüler zugeteilt. Ein Mädchen zeigte ihr »heilige Bilder«: die Leute hatten Lichtkreise über ihren Köpfen. Sie sah einen nackten Mann an einem Kreuz, mit einem Tuch zwischen den Beinen.

Während sie sich in Paris vor Kirchen gefürchtet hatte, war sie in Beaujeu tief beeindruckt von der zum Schloß gehörenden Kapelle. Sie war hell und schön und hatte nichts Bedrohliches. Bei ihrem Betreten tauchte sie ihre Hand in ein Wasserbecken (Weihwasser). Sie war verzaubert von der Farbenpracht, bewunderte die Statuen, die Bilder an den Mauern, die befransten Teppiche, die kostbaren goldenen Dosen und schwärmte von Licht, Blumen und Musik. Sie erblickte so vieles, was sie nicht kannte.

Im Verlauf des Gottesdienstes beugte sich der Priester über ein dickes Buch und sprach zu Gott in einer fremden Sprache[34]. Alle antworteten ihm. Manchmal drehte er sich um und streckte beide Arme aus, um danach wieder von neuem zu beginnen. Die Kinder standen auf und knieten an einem Geländer nieder, der Priester entnahm einer goldenen Vase kleine weiße Scheiben und legte sie in ihren Mund.[35] Doch sie aßen sie nicht, vielleicht verschluckten sie sie. Sie sahen traurig aus, bargen ihre Gesichter in den Händen.

Frida ahmte das Tun der anderen nach, war aber bei allem die letzte. Dazwischen wurde es ihr langweilig, am liebsten hätte sie gegähnt, doch sie beherrschte sich.

Im Laufe der nächsten Wochen stellte sie fest, daß die anderen kleinen Mädchen ihr an Wissen überlegen waren; sie hatten ganz andere Gewohnheiten gelernt, als bei ihr zu Hause üblich waren. Sie wußten auf die vielen Fragen des Katechismus zu antworten. Auch Frida wollte keine »Heidin« mehr sein, sondern den Katechismus lernen.

Eine Nonne erzählte ihnen von »Good Lord«[36], von Jesus. Er predigte in Jerusalem. Seine Mutter lebte in Nazareth. Sie war traurig, weil er sie verlassen hatte, doch er war Gottes Sohn und mußte gehorchen. Er wechselte niemals seine Kleider. Seine Kleidung wuchs mit ihm von Geburt an. Später studierte er im Tempel unter den Pharisäern und dem Geflügel, das auf dem Markt gehandelt wurde. Frida wußte, daß es Juden waren. Ihre Mutter handelte in Paris auch auf dem Markt.

Aber sie traute sich nicht, etwas zu fragen, sie fürchtete, die anderen würden sich über sie lustig machen. Und dann folgt ein doppeldeutiger Satz: »Everyone knows, because no one asks anything«[37]. Er bezieht sich im Text auf das religiöse Wissen der Kinder, ließe sich aber auch so auslegen, daß alle über Fridas Herkunft Bescheid wußten, darüber aber Stillschweigen bewahrten.

Frida mußte sich eingestehen, noch keine ganze Christin zu sein. Bescheiden hielt sie sich im Hintergrund, wiewohl sie das Geschehen um sich herum mit größter Aufmerksamkeit verfolgte.[38]

Im Empfangsraum des Klosters, wo ein großes Bild Papst Pius' XII. hing, überprüfte ein Priester die Neuzugänge. Beinahe alle Mädchen waren getauft. Als sie aufgerufen wurden, nannten sie die Namen ihrer Paten und zeigten ihre Ketten und goldenen Kreuze, die ihre Taufe bewiesen.
Der Priester schwieg, als Frida an der Reihe war. Alle besaßen ein Taufzeugnis. Bei Frida konnte er nur auf ein Papier der Ambulanz zurückgreifen, das besagte, daß sie einen Schatten auf der Lunge habe. Als einzige warf Schwester Marie einen Blick auf dieses Papier: »›We'll write to your mother to ask for authorization‹«[39], meinte sie.

> »I want to tell her that it's no use, my mother speaks Yiddish, she's Jewish. One mustn't ask her, it's no concern of hers. We're diffrent. Those things aren't important to us. Being well fed and warmly dressed, that's all that matters. But I don't say anything. I keep quiet around French people. Secretly I think, maybe my mother has been ›taken away‹. In rue des Jardins Saint-Paul, they used to say, when people left, ›They've been taken away.‹«[40]

Frida wagte keine unmittelbare Antwort auf den Vorschlag der Nonne. Aber ihre Überlegungen offenbarten die ausweglose und verzweifelte Situation vieler jüdischer Kinder während der Kriegsjahre. Fürs erste beschützt in einem Versteck; doch in völliger Abhängigkeit, dem Belieben fremder Menschen ausgeliefert (»Aber ich sagte nichts. Unter Franzosen hielt ich meinen Mund.«), belastet mit dem furchtbaren Geheimnis, Jude zu sein (»We're different.«) und mit der Angst um Eltern und Angehörige (»They've been taken away« – die gleiche euphemistische Formulierung für die »Deportation« wie in Deutschland: »Sie sind abgeholt worden.«).

Doch von da an drehten sich Fridas Gedanken um die Taufe, und sie begann, alles ausführlich zu beschreiben: Die Kirche empfange ihre Kinder für die Taufe und händige ihnen dann eine Urkunde aus mit einem Taufnamen – den Namen eines großen Heiligen, eines Schutzherrn, der sie bei Versuchungen und Unfällen beschützte. Vermöge seiner Gnade, nahe bei Gott sein zu dürfen, helfe er den Getauften in jeder Beziehung.

Im Katechismus-Unterricht erfuhren sie mehr über die Taufe; denn achtzehn von ihnen hatten dieses Sakrament infolge der Unwissenheit ihrer Eltern nicht

empfangen, ihre Seelen verharrten im Dunkeln. Der Priester hatte einige Zeit davor die Eltern um ihre Zustimmung gebeten, damit sich im Falle des plötzlichen Todes der Kinder der Himmel für sie öffnen würde. Und doch waren diese Kinder nicht völlig verloren.
Es gab einen Platz, wo es nicht so schlecht war (wie in der Hölle): den Limbus[41]. Alle Heiligen seien dort gewesen, einschließlich der gesegneten Jungfrau.[42] Das Dumme daran war nur, so Frida, daß man Gottes Licht nicht sehen konnte. Ohne Gott und seinen Sohn war der Limbus weniger wert. In der Zwischenzeit, so erzählt Frida, blieben ihre Seelen noch von der Erbsünde befleckt wegen des Mannes, der die verbotene Frucht aß. Das Wichtigste aber sei gewesen, daß man nach dem Tode auf einen Platz im Himmel habe hoffen dürfen.

Beinahe alle Mädchen erhielten die Erlaubnis ihrer Eltern zur Taufe. Sie wurden im Empfangszimmer des Schlosses darüber informiert und auf ihren Tag der Freude vorbereitet.
Frida war die einzige, die übrigblieb, und sie vermutete, daß ihre Mutter wohl nicht verstand, wie wichtig Gottes Wort war, weil sonst ewige Verdammnis drohte. Doch dann eröffnete ihr Schwester Marie, daß ihre Mutter »does not accept the precepts of our religion. You must submit to the authority of your mother.«[43]
Bei Frida löste diese Nachricht schmerzliche Enttäuschung aus. Sie gehörte nun nicht mehr zu den Erwählten. Trotzig überlegte sie, daß es nicht die Angelegenheit ihrer Mutter sei, schließlich gehe es um ihre Seele. Und sie zog die zornige Schlußfolgerung: »But she is no longer my mother: I want to be a daughter of the Church.«[44]
Um sie zu trösten, schenkte Schwester Marie ihr ein Medaillon[45] und eine silberne Kette:

> »Nimm das, mein Kind, es wird dich beschützen. Bete, sei gehorsam, und Gott wird dir seine Gnade gewähren. Sei demütig und mildtätig gegenüber deinen Nächsten.«[46]

Das waren wundervolle Worte gleich denen in den Gebeten, und Frida dachte nicht mehr daran, wie wütend sie auf ihre Mutter gewesen war.

In geradezu religiöser Ekstase schilderte sie den großen Tag der Taufe: Ganz in Weiß, dem Symbol der Reinheit, waren die Mädchen gekleidet, auf dem Kopf weiße Kränze verflochten mit Rosen. Sie wurden in der Dorfkirche getauft. Die übrigen Kinder trugen blaue Uniformen mit weißen Aufschlägen und einen weißen Hut für Fronleichnam. Sie standen in Reihen am Eingangstor zum Park und warteten, in den Händen den Rosenkranz und das Gebetbuch.
Als die Kirchenglocken läuteten, wußten sie, daß ihre Mitschülerinnen getauft worden waren. Sie waren echte Christen geworden. Alle sangen: »Ich bin Christ...«[47]

Frida sang sehr leise mit, ihre Luftröhre schmerzte, und sie empfand ein Ziehen im Hals. Es war die bittere Erkenntnis, daß sie wiederum ausgeschlossen worden war, wiederum nicht dazugehörte, daß alle ihre Bemühungen, alle ihre flehentlichen Gebete vergeblich gewesen waren, daß sie immer wieder auf ihr Anders-Sein zurückgeworfen wurde.
Tauben flogen auf, genau so wie vor langer Zeit bei der Taufe Jesu: »Die Himmel taten sich ihm auf, und er sah den Geist Gottes wie eine Taube herabfahren und über sich kommen.«[48] Die Getauften hielten goldene Meßbücher zwischen ihren weißen Handschuhen, und Perlmutter-Rosenkränze waren um ihre Handgelenke geschlungen. Vom Papst aus Rom war eine besondere Botschaft eingetroffen.

Durch ihre Geburt gehörte Frida zu dem Volk der »Gottesmörder«, und sie hatte nicht das Sakrament der heiligen Taufe empfangen, durch das sie, wie Paulus es formuliert hat, »wiedergeboren«[49] worden wäre.
Nach Maßgabe der Kirche und in ihren eigenen Augen war sie durch ihr Judesein »stigmatisiert«, und ihre Jahre in der Klosterschule waren davon bestimmt, für dieses Stigma zu büßen, damit sie zur christlichen Welt gehören und sich das Königreich Gottes verdienen konnte.

Nichts ersehnte sie so sehr wie das Christsein. Sie wollte eine Tochter der Kirche werden:

> »I feel full of love for Jesus. When I pray in bed at night, I ask him to make me a saint.«[50] Nachdem sie eine Nonne werden wollte und später eine Heilige, brauchte sie keine Familie mehr.[51] »And a day will come when I'll get the call and belong to God.«[52] Sie wollte nicht mehr zu dem »verfluchten« Volk gehören: »I don't belong to that people anymore, not since I left my mother. I'm not baptized yet, but through prayer and sacrifice I'll gain merit and faith.«[53] Sie meinte, eine besondere Verbindung zu Gott zu haben: »*I* have a special relationship with God.«[54] »If I want to become a saint I'll have to acquire merit and then perhaps I'll have earned the right to have visions.«[55] »*I* am soon going to become a saint. I am waiting for a sign.«[56] »I rise closer and closer to God every day.«[57] »I'm beginning to become a saint.«[58]

Frida glaubte, daß Jesus sie nun kennen würde. Sie betete ihre eigenen Gebete und wartete auf Stimmen, die ihr ein göttliches Zeichen gaben. In der Zwischenzeit versuchte sie, ihr Nichtgetauftsein durch gute Taten zu sühnen, nahm sich ein Beispiel an den Leben der Heiligen. Sie kannte ihren Katechismus, sie war darin die erste in der unteren Klasse, und sie wußte die Namen der Jünger auswendig, sogar die Namen ihrer Familien. Außerdem konnte sie alle Sakramente aufzählen.

Der christliche Feiertag Allerseelen, da der Toten gedacht wird, war Fridas Geburtstag. Alle Gesänge der Messe in der Kapelle hatten lateinische Texte, das machte sie trauriger, erzeugte Gänsehaut und fachte die Furcht vor Gott an. »In my family no one dies«[59], konnte Frida leichten Herzens denken. Noch wußte sie nichts vom Schicksal ihrer Mutter.

Jesus wurde am Weihnachtstag geboren. Niemals war die Kapelle schöner, alles war zu Ehren des Christkindes erleuchtet. Reihen von Kerzen brannten vor dem Altar, sie blendeten die Augen. Die Glocken läuteten. Es war Mitternacht, und Christ war geboren. Des Priesters Meßgewand, verziert mit goldenen kreuzförmigen Ornamenten, glänzte. Die heilige Musik der Orgel erklang.

Die Mädchen, die das Abendmahl empfingen, nahmen Jesus in ihr Herz. Frida beneidete sie. Aber der Tag werde kommen, da sie den Ruf erhalten und zu Gott gehören würde. Dann werde sie allen irdischen Dingen entsagen.

Wie viele jüdische Kinder, die im römisch-katholischen Milieu gerettet wurden, erlag auch sie der regressiven Sogwirkung[60], eine Nonne oder Heilige werden zu wollen.

Während der Fastenzeit, der Zeit der Buße, mußten die Mädchen alles das unterlassen, womit sie sich sonst gern beschäftigten. Frida mühte sich, gute Werke zu tun, so daß ihr ihre Sünden vergeben werden konnten. Doch es mußte geheim bleiben, denn Jesus hatte gesagt: Handele nicht wie die Heuchler, die ihre guten Taten ausposaunen, um von allen Leuten gepriesen zu werden.

Frida begann, ihre guten Taten zu zählen anhand der Opfer, die sie brachte. Trotz eines Gefühls des Ekels übernahm sie schmutzige Arbeiten; wenn ihr nach Sprechen zumute war, schwieg sie; wenn sie sich von der Sonne wärmen lassen wollte, hielt sie sich im Schatten auf. Während eines Rundgangs durch den Park brach sie eine große Brennesselstaude und peitschte damit ihren entblößten Arm.[61] Ein brennender Schmerz durchfuhr sie, es war geheiligtes Feuer, langsam stieg es zu ihrer Seele empor »and, on its way, cleanses all my impurities, perhaps even my stain and my mother's origin.«[62] Auf ihrem Arm zeigten sich kleine weiße Beulen mit roten Rändern: »Jesus, for you, little Jesus…«[63] Es schmerzte. Sie zog den Ärmel des Pullovers darüber, die Wolle kratzte.

Als sie sich wieder den anderen Kindern anschloß, merkte niemand etwas. Nicht einmal Schwester Marie, die eine Heilige war. Gott war der einzige, der es wußte, dachte Frida, und die anderen ging es nichts an. Wie Jesus sagte sie: »Dein Wille geschehe!« Indem sie sich mit Jesu Leiden identifizierte, war auch sie auf dem Weg, Heiligkeit zu erlangen. Jesus schreckte nicht vor dem Leidenskelch zurück – er hatte so viel für die ganze Welt gelitten – ebenso wie die Heiligen und die große Zahl der christlichen Märtyrer.

Doch Frida fürchtete, daß sie mehr zu dem Typ des heiligen Thomas neigte – sie sei voller Zweifel, und Gnade werde ihr nicht gewährt. Da Frida auch Täteranteile introjiziert hatte, schob sie die Schuld auf ihre Vorfahren, sie versperrten ihr den

Weg zur Heiligkeit. Wenn sie eine Heilige werden wollte, mußte sie Verdienste erwerben, und dann vielleicht erhielt sie das Recht, Visionen zu haben.

Auf dem von ihr beschriebenen Weg zur Heiligkeit störte Frieda sogar ihre Puppe, die sie aus Paris mitgebracht hatte und auf die sie nun ihre negativen Selbstaspekte projizierte: »She doesn't count anymore now that I'm a Christian.«[64]

Immer fürchtete sie zu sterben, bevor sie getauft war; denn auch sie hatte die unausgesprochene Todesdrohung als Folge ihrer Zugehörigkeit zum Judentum internalisiert. Die Neugeborenen, die gleich nach der Taufe stürben, seien glücklich, sie kämen direkt in den Himmel. Die anderen, die durch die Gnade Gottes weiterlebten, würden durch endlose Versuchungen gequält.

Überhaupt dachte Frida viel über verschiedene Sünden nach, deren Attribute die Nonnen sie auswendig lernen ließen. Allein das Sakrament der Beichte spräche sie los. Mithin habe man keine Zeit, ohne Vergebung zu sterben. Jesus sei nachsichtig, man könne so die Seele reinhalten für das Abendmahl, da man ihn im Herzen empfange.

In der Karwoche bereiteten sich die Kinder für die Passion Christi und den großen Tag Ostern vor. Frida schildert ausführlich die ganze Passionsgeschichte. Sie lernte alle Stationen von Jesu Kreuzweg auswendig.
Die Mädchen weinten, als die Nonnen ihnen die Bilder der Leute zeigten, die Jesus die Dornenkrone aufgesetzt hatten. Frida senkte den Kopf, sie war sehr traurig; aber weinen konnte sie nicht, obwohl sie meinte, dazu mehr als andere Anlaß zu haben wegen Judas, seinem Verrat und dem undankbaren Volk.
Sie hoffte, nicht mehr zu diesem Volk zu gehören, seitdem sie ihre Mutter verlassen hatte. Sie war zwar noch nicht getauft, aber durch Gebete und Opfer würde sie Verdienst und Vertrauen erwerben.

Die folgende Woche war sehr weihevoll, man mußte an den schwarzen Tag des Karfreitags denken. Frida fürchtete diesen Tag. Die Passionshymne war die längste und heiligste aller Hymnen. Sie hatte zwanzig Verspaare und den Refrain. Es gehörte sehr viel Beherrschung dazu, alles zu singen, ohne in Tränen auszubrechen. Frida sah sich auf dem Wege, eine Heilige zu werden. Sie wartete auf ein Zeichen. Sie bemühte sich, die Passionshymnen auswendig zu lernen. Sie glaubte, täglich hoch und höher zu Gott aufzusteigen.

Am Karfreitag gingen die Kinder still in die Kirche, die schwarz ausgeschlagen war. Alles erinnerte an die Kreuzigung; der Altar war nicht wie sonst mit Blumen oder Kerzen geschmückt, sondern blieb leer. Um drei Uhr nachmittags starb Jesus. Das war der allerfeierlichste Augenblick. Der Priester begann seine Predigt:

> »Let the Jews not say, ›We did not kill Christ‹. It is true that they delivered Him into the hands of Pilate, the magistrate, but only so that they might appear in some way

> innocent… Pilate was a participant in their crime to the extent of what he did do… for he tried, to the best of his ability, to remove Him from their hands… He had the Lord scourged, not with the intention of destroying Him, but to satisfy their fury… But it is you, O Jews, who really killed Him.«[65]

Darüber gab es keinen Zweifel, dachte Frida. Und alles, was diesem Volk später widerfuhr, war nicht mehr, als es verdiente. Frida hatte das von der Katholischen Kirche auf die Juden projizierte demütigende und niederträchtige Bild der »Gottesmörder« introjiziert und identifizierte sich damit.

Es war das erste Mal, daß Frida sich dem Tisch des Herrn näherte, nicht für die Kommunion, dazu hatte sie noch kein Recht, sondern um ein Bruchstück des Original-Kreuzes von Jerusalem zu küssen. Der Priester hielt es Frida hin, ihr, einem Nachkommen des Volkes, das den Sohn Gottes gekreuzigt hatte. Er sah sie an, seine Augen waren voll christlicher Nächstenliebe. Frida wurde vergeben. Die Hände des Priesters zitterten, als er die Reliquie nahe an ihre Lippen hielt. In ihrem stillen Gebet flüsterte sie demütig: »Herr, ich bin diese Ehre nicht wert. Ich bin durch dieses Volk schuldig. Hab Mitleid mit mir!«[66] In masochistischer Weise akzeptierte sie ihre eigene, von der Kirche erzwungene Entwertung und nahm die Verantwortung für die »Verbrechen« der Juden auf sich.[67]

Jesus war auferstanden, damit war das, was geschrieben steht, erfüllt. Nach dem dritten Tag hatte Christus sein Grab verlassen, um die Kirche zu gründen (»to establish the Church«)[68]. Alle machten sich auf den Weg, um die Kommunion zu empfangen, außer Frida und ihre Mitschülerin Henriette. Beim Hochamt waren sie hell aufmerksam, denn Leib und Blut Christi gaben der Meßfeier doppelte Bedeutung. Der Priester war in Weiß und Gold gekleidet, und die Kapelle war erfüllt vom süßen Duft der Blumen.

Frida konnte die Spuren und Flecken ihres eigenen Ursprungs nicht auslöschen, niemals wie andere sein. Doch obgleich sie meinte, »Strafe« verdient zu haben, schlich sich ein neues verwirrendes Gefühl in sie ein und brachte sie dazu, ihren Kopf voller Stolz zu erheben. Sie dachte an Henriette, die ihre Herkunft nicht verleugnete.

Frida jedoch mußte die sie umgebende Welt in der französischen Klosterschule absolut nehmen. Sie introjizierte das Negativbild der Katholischen Kirche von den Juden und identifizierte sich mit dem idealisierten Aggressor. Diese Identifikation mag ihr geholfen haben, die abrupte Trennung von ihrem Milieu leichter zu ertragen. Martin Ehlert-Balzer vermutet in dieser Identifizierung »zugleich einen zentrale[n] Mechanismus für die Bewältigung des Traumas«.[69]

Überdies erlaubten ihre bisherigen Erfahrungen keine Vergleiche oder Reflexionen. Das konsequente Festhalten der Autorin an der kindlichen Perspektive gibt ihren Beschreibungen häufig etwas »Katechetisches« und

Stereotypes. Dieser Eindruck wird verstärkt durch ihre fortwährenden Gespräche mit Figuren aus der imaginären Welt: mit Gott, Jesus oder der Heiligen Jungfrau. Daß reale Dialoge mit Mitschülerinnen oder auch Nonnen selten sind, verdeutlicht Fridas zunehmende Objektlosigkeit.

Bezeichnenderweise enthalten nur die der Biographie eingestreuten Episoden mit ihrer Mutter aus der Zeit vor der Klosterschule Zwiegespräche, die aber in der zweiten Hälfte des Buches allmählich verstummen. Eigentlich beobachtet Frida nur, hört zu, ist jemand, der außerhalb der Gemeinschaft steht. Sie traut sich nicht, etwas zu sagen oder zu fragen. Diesbezügliche Bemerkungen[70] ziehen sich durch die ganze Autobiographie.

Es scheint, als habe das Trauma der Trennung von ihrer Mutter »das innere gute Objekt als empathische[n] Vermittler zwischen Selbst und Umwelt«[71] in ihr verstummen lassen; als sei das »Vertrauen auf die kontinuierliche Präsenz guter Objekte und die Erwartbarkeit mitmenschlicher Empathie«[72] zutiefst erschüttert worden. Auch ihre negativen Erfahrungen in der Pariser Grundschule mögen dazu beigetragen haben.

Frida selbst meinte zu wissen, daß sie sich niemandem anvertrauen durfte: »I don't say anything. My life is different and nobody knows about it.«[73] Bei dieser Formulierung fällt auf, daß sie plötzlich statt der ersten Person Plural die erste Singular gebraucht, in der dunklen Ahnung, daß ihre Mutter nicht mehr in Paris, daß sie, Frida, allein zurückgeblieben war.

Der Mangel an emotionaler Verfügbarkeit führte bei ihr zu einer vorsichtigen defensiven Einstellung im Kontakt mit ihrer Umwelt. Andere Menschen waren zwar der äußeren Gestalt nach anwesend, doch ihre innere Repräsentanz ließ sich nur schwer in ihrem Erleben herstellen. Nur zwei Mitschülerinnen wandte sie ihre Aufmerksamkeit zu, beide waren jüdisch:

Rachel Diamant war allein und ein paar Tage vor Frida in der Klosterschule angekommen. Sie war ebenfalls nicht getauft und allen ein Ärgernis, weil sie sich über die Anordnungen der Nonnen hinwegsetzte. Als sie das Schloß wieder verließ, bedauerte es niemand. Man sagte, ihre Eltern »have been taken away«[74]. Ihr Onkel habe sie zu sich gerufen. Frida machte sich darüber ihre Gedanken: »I knew it would end badly; her name is a bad omen, Diamond: it has the sound of dying in it.«[75]

Frida fühlte sich bedrückt bei der Vorstellung, daß es im Schloß nun nur noch zwei Juden gab: sie meinte sich selbst und Henriette. Dann folgt wieder dieser Satz: »Everyone knows, but nobody says anything«[76], und hier ist er eindeutig.

Henriette war die zweite Mitschülerin, der ihr Interesse galt und die sie bald schon idealisierte.

Dieses Mädchen war auf Bitten ihrer Eltern in der Klosterschule aufgenommen worden. Sie war in dem Alter, die Schrecken der ihrer Familie drohenden Verfolgung bewußt mitzuerleben. Ihr Ernst und ihre Verschlossenheit waren darauf zurückzuführen, daß sie in ständiger Angst und Sorge um ihre Angehörigen lebte, daß sie sich aber trotz ihrer eigenen Gefährdung nur so weit wie notwendig dem fremdartigen Milieu anpaßte. Vermutlich war sie in jüdischer Tradition erzogen worden und konnte vergleichen, was Frida verwehrt war. Es gelang ihr, sich dem regressiven Sog christlicher Frömmigkeit zu entziehen. Dafür spricht ihre konsequente Haltung beim Verlassen der Klosterschule.[77]

Frida besetzte sie mit ihrer ganzen Objektlibido. Sie sei, wie sie später gestand, ihr großer Traum[78] gewesen. Dieses Mädchen erschien ihr wie von einer Aura umgeben, von einem Geheimnis, das die anderen nicht verstanden. Sie war jüdisch. Frida wußte, daß auch sie nicht getauft war. Auch sie stammte von diesem Volk ab; aber wahrscheinlich von dem auserwählten, dessen Geheimnis sie eifersüchtig hütete; während sie, Frida, von dem verfluchten kam.[79] Frida beobachtete sie aus der Entfernung. Gern hätte sie sich ihr genähert und mit ihr gesprochen, aber sie traute sich nicht.

Eines Tages erfuhr sie, daß Henriette einen Brief ihrer Freundin erhalten hatte mit der Nachricht, daß ihre Eltern und ihre beiden älteren Brüder »deportiert« worden seien. Irgend jemand hatte sie denunziert. Sie waren nicht mehr in Frankreich. Frida fragte sich, ob das dasselbe sei wie das, von dem sie zu Hause in Paris, in der rue des Jardins Saint-Paul sagten: »Sie sind abgeholt worden!«

Sie wagte nicht, Henriette darnach zu fragen. Henriette hatte also eine Freundin. Sie, Frida, hatte keine Freunde. Sie dachte an ihre Mutter. Sie hatte nichts wieder von ihr gehört. Möglicherweise war auch sie »deportiert« worden wie Henriettes Mutter.

Frida muß bei Henriette etwas gespürt haben, was als eine Art »Gefühlserbschaft« auch ihr zugefallen war. Nicht zufällig knüpfte sie an das Jiddische als etwas Gemeinsames zwischen ihnen an. Sie stellte sich vor, daß Henriette sie, Frida, vor allen anderen Mädchen bevorzugen würde, weil sie denselben Ursprung hatten. Es war ein Vorrecht, von dem alten Volk abzustammen, Henriettes Volk, ein Volk wie Henriette, stolz und edel. Gott hatte es auserwählt. Engel waren mit ihm ...[80]

Frida hatte eine Idee: was wäre, wenn sie beide eine geheime Sprache sprechen würden, eine, die niemand sonst verstünde. Eine Sprache nur für sie. Aber welche? Umsonst durchforschte sie ihr Gedächtnis. Wie sehr bedauerte sie es, daß sie sich geweigert hatte, Jiddisch zu sprechen. In ihrer Erinnerung hörte sie die Stimmen ihrer Mutter und ihrer Tante, einige Laute und Satzfetzen. Aber sie verstand nicht, was sie meinten. Zwei, drei Wörter kamen ihr wieder in den Sinn: »freund, messer, and teller«[81]. Sie ärgerte sich über sich selbst, daß sie ihrer Mutter verboten hatte, sich mit ihr in dieser Sprache zu verständigen. Damals schämte sie sich der Flüchtlinge, die nicht Französisch sprechen konnten.

Am nächsten Tag, so überlegte Frida, wollte sie Henriette diese Worte sagen. Dann würden sie ein geheimes Bündnis haben. Sie stellte sich vor, wie überrascht und erfreut Henriette sein würde. Sie würde ihr dadurch näher sein. Sie war sicher, daß Henriette gut Jiddisch sprechen konnte. Sie suchte nach einer Möglichkeit, ihr zu begegnen.

Als sie schließlich ihre Schüchternheit überwunden und sich ein Herz gefaßt hatte, Henriette mit diesen jiddischen Wörtern anzusprechen, reagierte diese mit einem Lächeln und der Frage: »Wo hast du das gelernt?«[82]
Frida stand wie angewurzelt. Doch dann kam Bewegung in sie, und sie rannte in Panik davon. Ihr Kopf echote »Wo hast du das gelernt?« Sie wünschte sich, zeitlich und räumlich weit entfernt zu sein. Sie wollte niemals wieder an Henriette denken. Wie mußte Henriette über sie lachen. Frida fühlte sich ihrer nicht wert.

Was denn hatte Frida erwartet? Wahrscheinlich hatte Henriette Frida zuvor kaum beachtet, weil sie zur Gruppe der jüngsten Schülerinnen gehörte. Und weshalb rannte sie in Panik davon, da sie Henriette doch auf ihre Frage hätte antworten und auf diese Weise einen Kontakt herstellen können?

War es der Schrecken über ihre eigene Courage, oder meinte sie, schon zu viel gewagt, zu viel von sich preisgegeben zu haben? Hatte sie Angst vor zu viel Nähe, oder fürchtete sie, daß Henriette weniger vollkommen sein könnte als das von ihr auf sie projizierte Ideal?

Wiederholt hatte Frida Verweigerung oder Entzug von Empathie erfahren, weil sie als nicht ebenbürtig angesehen wurde. Allmählich schwand ihre Hoffnung auf emotionale Zuwendung. Sie fürchtete enge Beziehungen zu den Nächsten, denn mit Nähe war auch Verletzung, Verlust und Verlassenwerden verbunden.[83] Um sich vor Schmerzen zu schützen, ergriff sie die Flucht, bevor Henriette überhaupt auf den Gedanken hätte kommen können, sie abzuweisen.

Ihr Versuch, ihre Objektlosigkeit zu durchbrechen, ein »spiegelndes« Gegenüber zu finden, ein »Du«, das sie hätte ansprechen und das ihre Bedürfnisse hätte befriedigen können, war gescheitert. Das minderte auch ihre Fähigkeit, mit sich selbst in Kontakt und Übereinstimmung zu sein, entfremdete sie ihrer selbst und löste psychisch-somatisch eine Enuresis aus.

Anfangs versprach sie Schwester Marie hoch und heilig, daß ihr dieses Malheur nicht wieder passieren würde; sie wollte kein Wachstuch in ihrem Bett haben. Sie versuchte nachts wachzubleiben, doch das gelang ihr natürlich nicht. Wieder und wieder näßte sie ein.

Auf diesen »Hilfeschrei« ihrer Seele reagierte ihre Umgebung mit Unverständnis und Ärger. Schwester Marie strafte sie mit Verachtung.

Frida hoffte auf den baldigen Anbruch des Jüngsten Gerichts. Alle im Schloß wußten von ihrer Schande. Sie wagte mit niemandem zu sprechen. Sogar im Katechismus-Unterricht antwortete sie nicht mehr, wenn es um eine schwierige Frage ging. Sie wollte, daß die Menschen sie vergaßen, und vermied es, die Aufmerksamkeit auf sich zu lenken. In der Kapelle krümmte sie sich, bis sie zu einem Ball[84] geschrumpft war. Sie erlebte den plötzlichen Abbruch aller Besetzungszufuhren von außen als völlige Selbstentwertung.

Sogar von Gott fühlte sie sich aufgegeben, sie war Seiner Gnade nicht wert. Sie beschloß, noch demütiger und bescheidener zu werden. Auch mit Jesus oder seiner Mutter mochte sie nicht länger sprechen, außer in den allgemeinen Gebeten – nicht einmal mehr nachts mit ihrem Kruzifix. Wenn die Nacht hereinbrach, wurde sie sehr ängstlich.

Die Mädchen, die sie nachts aufwecken sollten, damit sie rechtzeitig die Toilette aufsuchen konnte, umringten sie im Stockwerk des Schlafsaals. Mademoiselle Agnes stieß sie in den Korridor. Ihr war kalt in ihrem nassen Nachthemd. Sie hörte die Mädchen lachen: »Es war nicht leicht, sie aufzuwecken. Und es war zu spät für sie, zur Toilette zu gehen![85]

Frida rannte in der schwachen Beleuchtung des Flurs davon. Das Nachthemd klebte an ihrem Körper und an ihren Beinen. Sie hielt nicht vor der Statue der Jungfrau Maria an, sondern vor einer Treppe; sie lief sie hinauf.

Vor einer dunklen Öffnung überfiel sie der milde Dunst von Fäulnis, ein Geruch von Hering und Zwiebeln. Sie fühlte ihren Weg, während sie ihre Augen in der Dunkelheit anstrengte. Als sie mehr erkennen konnte, sah sie einige Dinge strähnig herabhängen. Wärme stieg um ihre Beine auf. Der Geruch mischte sich mit dem ihren. Sie schauerte. Sie stolperte über einen Haufen. Sie berührte ihn – es fühlte sich darin an wie harte, runde Kohle. Sie setzte sich nieder, breitete ihr nasses Nachthemd aus und kauerte sich in der lauen Atmosphäre von Hering und Wurst zusammen. Sonderbar, diesen Geruch hier zu finden, an einem christlichen Ort. Sie atmete tief…

Dann zum ersten Mal sah sie die Flüchtlinge und Läden in der rue des Jardins Saint-Paul wieder. Ihre Mutter war dort, hinter den Fässern von Salzheringen. Sie hörte Stimmen, die Jiddisch sprachen. Ihre Mutter rief sie. Frida sah sie, dann verschwand sie. Sie blieb allein zurück auf dem Kohlensack. Etwas Fremdes und Süßes zog in ihrer Kehle und rann aus ihren Augen. Sie fühlte die Tränen auf ihren Händen: richtige große Tränen. Sie fielen und fielen. Sie berührte sie. Sie weinte leise, mühelos.[86] Ein wohliges Gefühl überkam sie.

Sie berührte die Wurst, sie hing vor dem Dachfenster; einige Schalen waren von einem Bund Zwiebeln herabgefallen. Sie betastete auch die Deckel auf den Tonnen. Überall begegnete ihr der Duft ihrer Erinnerungen, es roch, es roch … wie zu Hause in Paris … in einem jüdischen Zuhause. Für eine Weile gingen ihre Augen auf Suche nach Düften in der Dunkelheit, bis sie zufielen. Sie schlief zusammengerollt in dem Geruch ihres Urins und dem Duft der rue des Jardins Saint-Paul.[87]

Bei Tagesanbruch hörte sie Stimmen, die sich mit den Kirchenglocken mischten. Sie wagte nicht, nahe ans Fenster zu treten. Jemand hätte sie sehen können. Wenn eine der Schwestern sie fände, würde sie bestraft werden. Sie ging zur Treppe, sie war hoch. Wie war es ihr möglich gewesen, sie zu ersteigen, wo sie doch immer Angst vor Treppen hatte? Wie sollte sie es anstellen, herunterzukommen? Durch das Fenster sah sie einige Mädchen die Kapelle verlassen. Sie hatte nicht ihre Gebete gesprochen. Ihr Nachthemd war gelb und schmutzig von Kohle. Wahrscheinlich suchten sie nach ihr. Die Mädchen im Schlafsaal mußten denken, daß sie fortgelaufen war.

In ihrer größten Not und tiefsten Erniedrigung widerfuhr Frida eine Art »Selbstheilung« durch die Erinnerung an ihre frühere Welt. Es war noch keine endgültige Befreiung aus der fremden Identität, für die sie so viele Opfer auf sich genommen hatte; aber es stellte einen Bezug zu ihren positiven Selbstrepräsentanzen her. Auf phantasmatische Weise hatte sie nun doch eine Verbindung zu Henriette geknüpft. Während diese an der jüdischen Tradition festhielt, war es bei Frida weder Tradition noch Religion, sondern »Gefühlserbschaft«.

Frida war viel zu jung, um dieses nächtliche Erlebnis deuten oder gar Konsequenzen daraus ziehen zu können. Nach wie vor wollte sie Christin werden; doch sie wurde lässiger in der Erfüllung ihrer religiösen Pflichten. Noch erklärte sie das aus christlicher Sichtweise mit der Versuchung Satans. Sie mußte ihren Glauben stärken, sie mußte nach neuen Wegen suchen, Opfer zu bringen. Doch sie bemerkte, daß es sie immer weniger interessierte. Am Morgen vor der Messe war sie so glücklich, daß sie alle ihre Opfer mit Eifer beginnen konnte. Aber am Nachmittag verlor sie die Begeisterung, die sie am Morgen hatte, und am Abend fühlte sie überhaupt nichts mehr, und der Tag war vorüber.

Schwester Marie hatte ihr das Reinigen der Kapelle übertragen. Sie war die einzige, die säuberte. Das war eine große Ehre. Sie wußte, was alle dachten, als Schwester Marie es im Speisesaal verkündete: daß sie nicht getauft war… Das Vorrecht lag in der Entschädigung. Frida betete, während sie die Bänke und Pfeiler mit zwei Staubtüchern abwischte, und versuchte, den Tabernakel[88] zu küssen. Gottes Gegenwart war in dem kleinen roten Licht, sie sprach laut mit Ihm. Sie legte ihre Hände auch auf die Tasten der Orgel in der Weise, wie es Schwester Joseph tat, wenn sie die wundervollen Hymnen spielte.

Sie hatte weder an der Kommunion teilgenommen, noch war ihr die Heilige Jungfrau erschienen. Wahrscheinlich war sie nicht würdig genug. Sie dachte nicht länger darüber nach, Visionen haben zu wollen. Doch eine Heilige wollte sie noch immer werden.

Da sie außer Henriette die längste Zeit im Schloß war, erhielt sie ein weiteres Vorrecht: sie durfte Schwester Marie helfen, die Hostien in der Sakristei auszuschneiden. Sie bereiteten sie vor, bevor sie geweiht wurden. Frida betete, während sie sie mit einem metallenen Ring aus einem großen weißen Stück schnitt. Es war das erste Mal, daß sie sie unverschlossen sah. Sie dachte, sie seien feucht, aber sie waren trocken und fühlten sich an wie Kartonpapier. Sie hielt sie in der Hand, sie berührte die Hostie, die geweiht werden sollte. Es würde der Leib Jesu werden und sein Blut[89]. Es war, als würde Jesus sie von dem großen Kruzifix in der Sakristei aus beobachten.

Drei Hostien-Stücke, die sie verdorben hatte, versteckte sie unter der Altardecke. Schwester Marie sah auf, ihre Hand zuckte. Sie schlug Frida nicht länger, wenn sie unzufrieden mit ihr war[90], sondern sagte mit sanfter Stimme: »Mademoiselle, Sie sind in letzter Zeit zerstreut, und das zeigt sich in Ihrem Werk. Ist irgend etwas nicht in Ordnung?« Sie suchte Fridas Augen. Die drehte sich weg und sah auf das weiße Kruzifix, die rote Wunde in Jesu Herzen. Schwester Maries Hand hob die Altardecke und entfernte die drei zerbrochenen Hostien.

Frida wußte nicht, was sie sagen sollte. »Sie haben sich verändert, mein Kind. Ich spreche nicht von Ihrer Frömmigkeit, die Sie immer ausgezeichnet hat.« Frida hatte Angst, etwas Ungeschicktes zu tun. Schwester Marie beobachtete sie. Sie hob sanft ihr Kinn.

> »Was ist los? Sie scheinen bekümmert, mein Kind. Ist es ein Zweifel, der Sie quält? Wollen Sie sich mir nicht anvertrauen? Es könnte sein, daß Sie ohne Ihr Wissen geprüft werden. Gott wünscht es so, um sich seiner Gläubigen zu vergewissern. Sie müssen nicht nach dem einfachen Ausweg suchen. Sie müssen während der ganzen Zeit zu Gott beten, damit er sie unterstützt!«[91]

Schwester Marie drückte Frida an ihre Brust. Frida hielt den Atem an und war am Ersticken. Sie machte sich steif und wagte nicht, sich zu bewegen oder Schwester Marie zu berühren, auch wegen der Läuse in ihrem Haar.

Die unerwartete emotionale Zuwendung der strengen Schwester verwirrte Frida und weckte ihren Argwohn. Ihre masochistische Selbterniedrigung hatte die Schwester zu einer Heiligen erhöht, der sie nur mit Unterwerfung und Ehrerbietung begegnen mochte.

Langsam näherte sich der Krieg seinem Ende.[92] Eine ältere Mitschülerin erzählte, daß alle Einwohner eines Dorfes bei lebendigem Leib in einer Kirche verbrannt worden seien.[93]

Vom Gärtner hörte Frida über die Offensive der Alliierten. Immer mehr Kinder verließen das Schloß. Diejenigen, die gingen, waren sehr glücklich. Sie schmiedeten Pläne für die Zukunft, sie würden bald mit ihren Eltern zusammensein. Sie meinten, sie würden alle einander wiedersehen und versprachen zu schreiben.
Frida glaubte nicht daran. Sie wollte nicht gehen. Sie fühlte sich in der Klosterschule wohl. Auch wußte sie nicht, was aus ihrer Mutter geworden war.

In der Zwischenzeit hatte sich ihr Gesundheitszustand gebessert, ihre Lungen waren wieder in Ordnung. Die Nonnen dachten über ihre Zukunft nach, und die Mutter Oberin entschied, daß es für Fridas Entwicklung das beste sei, wenn sie auf Empfehlung der Klosterschule in eine Internatsschule nach Dijon geschickt würde. Dort sollte sie die ihr entsprechende Klassenstufe besuchen.

Schwester Marie wartete auf Fridas Antwort. Aber Frida sagte nichts. Die Delegation ihrer geschwächten Ich-Funktionen auf die Vertreter der Kirche hatte sie ihres Reaktionsvermögens beraubt. Sie hatte die Fähigkeit verloren, über sich selbst zu sprechen, dialogisch auf ihre Umgebung einzuwirken, damit die Bereitschaft zu Gegenseitigkeit geweckt wurde.[94] Sie hätte schnell antworten und verhandeln sollen. Doch sie wußte im voraus, daß ihre Worte nicht richtig herauskommen würden. Wenn sie nur in Beaujeu bleiben könnte: »If only I could stay here! I don't want to move to a new place, see new houses.«[95] Wenn nur die alten Schüler zurückkehren würden … Henriette. Das religiöse, soziale und emotionale Netzwerk, in dem sie gelebt und das ihr zwei Jahre lang Schutz gewährt hatte, zerriß. Sie fühlte sich wie erstarrt.

Schwester Marie wußte nun, daß sie einen Willen hatte. Sie hatte sich verändert. Aber sie fühlte sich eins mit sich selbst, dieselbe Person mit demselben heidnischen Namen. (Das nächtliche Erlebnis auf dem Dachboden hatte ihr Selbstbewußtsein gestärkt.) Allerdings hing ihr Selbstwertgefühl immer noch von ihrer Bemühung ab, eine Christin werden zu wollen; das erschwerte die Festigung eines autonomen Über-Ich.

Als sie packte, merkte sie, daß sie nichts mehr von dem behalten hatte, was ihr ihre Mutter für das Schloß mitgegeben hatte. Schwester Marie fand den braunen Pullover in ihrem Schrank, den ihr ihre Mutter gestrickt hatte, bevor Frida fortging. Man hätte ihn mit der Wolle, die ihre Mutter zu Hause in Paris hatte, verlängern können[96]. Schwester Marie gab den Pullover einem anderen Kind, und Frida ließ dieses Mädchen nicht mehr aus den Augen. Während der Nacht versuchte sie, ihr den Pullover wieder wegzunehmen. Er war ein Andenken an ihre Mutter, das Frida gegen Gedanken an Verlust und Trauer abschirmte.

Da ihr Fortgang beschlossene Sache zu sein schien, ließ Schwester Marie sie tun, was sie wollte. Frida begann zu lesen, und die Bücher betäubten ihren Schmerz, ließen sie alles um sich herum vergessen. Sie floh aus der unerträglichen Gegenwart in die phantastische Welt der Literatur.

Ein Einspänner brachte sie ein Stück des Weges. Busse waren noch nicht wieder in Betrieb. Schwester Marie schärfte ihr ein, fleißig zu sein, weil sie hinter dem normalen Wissensstand ihres Alters zurück sei. Die »Unterbrechung des Lernverhaltens« hatte nach Hans Keilson »die gleiche traumatisierende Wirkung« wie die behinderte »Entfaltung der Lerndisposition überhaupt«[97]. Diese »Rückstandsposition«, wie Keilson sie nennt, das heißt, »der tatsächliche Rückstand an erworbenem Lerngut und die emotionale Problematik der dritten traumatischen Sequenz bildeten« eine zusätzliche psychische Belastung und trugen zur »psycho-sozialen Verletzbarkeit«[98] dieser Altersgruppe (Latenzphase) bei.

Frida immerhin trug die Multiplikationstabelle in der Tasche und einen Rosenkranz von Schwester Marie, ein Geschenk der Treue und des Abschieds.

Ihre Autobiographie schließt mit den Worten: »I don't know what has become of my mother. I don't dare ask. Deep down inside me I'm afraid; I don't want to know.«[99]

Frida Scheps sah ihre Mutter nicht wieder. Lange Zeit konnte sie nicht daran glauben.

Nach einigen Monaten Internatsschule in Dijon lebte sie bis 1947 in verschiedenen jüdischen Heimen in der Umgebung von Paris. Danach wanderte sie nach Israel aus, wo ihr Vater sie erwartete. Nach Absolvierung ihrer Schulzeit im Jahre 1954 diente sie zwei Jahre in der israelischen Armee. In den folgenden Jahren hielt sie sich in Frankreich, England und Israel auf, bevor sie 1961 in die USA emigrierte. Von 1962 bis 1976 arbeitete sie als Journalistin für Agence France Presse[100]. Im Jahre 1970 heiratete sie und lebte danach in New York City.[101]

Flora Hogman[102] hat sie im Jahre 1988 interviewt: Frida habe die Verfolgungssituation als willkommene Gelegenheit betrachtet, sich von ihrer Mutter zu trennen, mit der sie nicht zurechtkam. Sie habe sowohl ihre Wurzeln wie auch ihre Mutter verleugnet. Als sie die Klosterschule am Ende des Krieges verließ, habe sie das Gefühl der Verlassenheit überwältigt. Sie meinte, zu niemandem mehr zu gehören – sie war nur noch ein einsames Kind. Die christliche Welt sei ihr unerreichbar erschienen.

Die Erinnerung an die Nonnen verblaßte, alles Vergangene erschien unsinnig, das große Spiel war vorbei.

Nach Hogman wurde Fridas Mutter in Auschwitz ermordet. Eine Tante in Frankreich habe für sie gesorgt. Als sie zu ihrem Vater nach Israel kam, war sie außer sich darüber, daß sie keine Kirche besuchen durfte. Sie mochte keine Synagogen, weil dort alle weinten.

Immer noch, das heißt im Jahre 1988, habe sie sich nicht ganz mit ihrem Judentum abgefunden. »Catholics have to believe. Jews have to do, to belong.«[103] Doch schließlich sehne auch sie sich darnach, irgendwohin zu gehören.

Renée Roth

Renée Roth wurde am 16. August 1931 in Mühlhausen (Elsaß) geboren. Ihr Vater Oscar, sechzehn Jahre älter als ihre Mutter, war aus einer kleinen polnischen Stadt nach Frankreich eingewandert und betrieb eine Schneiderwerkstatt. Ihre Mutter Marguerite (Spitzname Manczi) kam aus Ungarn. Zur Familie gehörten die beiden jüngeren Schwestern Renées, Denise und Liliane, abgekürzt Lily, und mütterlicherseits Großmutter Sarah, die eine Perücke[1] trug und an grauem Star erblindet war.

Eine Klausel in der deutschen Waffenstillstandsvereinbarung mit Frankreich sah die Abschiebung der Juden aus Elsaß-Lothringen in die unbesetzte Zone vor; Renée und ihre Familie wurden allerdings schon im Juli 1940 aus dem Elsaß vertrieben. Sie flohen über die Vogesen nach Paris, in der Hoffnung, daß die Juden in einer so großen Stadt in Ruhe gelassen würden.
Die Familie fand mit noch anderen Verwandten in der Rue de Rochechouart Nummer 82 (9. Arrondissement [Verwaltungsbezirk] von Paris) eine Bleibe.

Wie aus einer vorangestellten Notiz des Buches hervorgeht, verfaßte Renée Roth ihre Überlebensmemoiren »Touch Wood«[2] nicht selbständig, sondern mit Unterstützung einer »writing group«, zu der auch Kinder-Überlebende wie Flora Hogman und Frida Weinstein gehörten.[3]

Für die Textanalyse bedeutet das bedauerliche Einschränkungen. Zwar soll die fiktive Form des Tagebuchs die unmittelbare Nähe zum Geschehen suggerieren, doch wurde die Autobiographie aus einem zeitlichen Abstand von 44 Jahren verfaßt. Nach einer Periode der Latenz versucht Reneé Roth Zeugnis abzulegen. Doch ihre erste Person Singular spricht nicht mit einer, sondern mit vielen Stimmen, darüber geht die Authentizität ihrer Aussagen verloren. Die Sprache verliert ihre Funktion als Indikator für das Ausmaß ihrer (Renées, Verf.) Traumatisierung.

Renée Roth läßt das »Tagebuch« mit dem Jahr 1940 in Paris beginnen. Frankreichs Hauptstadt lag in der besetzten Zone, für die – wie Raul Hilberg bemerkt – sowohl die Gesetzgebung des Vichy-Frankreich als auch die der deutschen Besatzung galt.[4]

Renée und ihrer Familie wurde das Leben schwergemacht durch eine Fülle antisemitischer Reglementierungen, von denen eine zum Tragen des Judensterns verpflichtete.

Sehr bald wurde ihr klar, daß Judesein bedeutet, anders zu sein. In Mühlhausen gingen sie nicht wie die meisten Leute zur Kirche, sondern mit Familie und Freunden in die Synagoge, um die Hohen Feiertage von Rosch haSchana und Jom Kippur festlich zu begehen. Wie sehr habe sie es gehaßt, wenn sie gezwungen wurde, bei den Kindern und Frauen zu sitzen, weit entfernt von ihrem Vater und seinen Freunden. Mehr als einmal habe man sie aus den Sitzreihen der Männer zurückholen müssen.[5]

In der Mühlhausener Schule mußte sie jedesmal die Klasse verlassen, wenn (katholischer) Religionsunterricht erteilt wurde. Daß sie bestimmte Nahrungsmittel nicht essen durfte, habe sie nicht weiter berührt, da sie mit der Kochkunst ihrer Mutter völlig zufrieden gewesen sei. Allerdings habe sie sich vom Weihnachtsfest ein wenig ausgeschlossen gefühlt, auf den Weihnachtsbaum ihrer Nachbarn sei sie immer schrecklich neidisch gewesen.[6]

Und dann erinnert sich die Autorin noch an den peinlichen Vorfall am Karfreitag (1939), als ein kleines Mädchen beim Seilhüpfen zu ihr gesagt habe: Du weißt doch, daß es die Juden waren, die Jesus töteten![7]

Sie sei verblüfft gewesen. Was habe das mit ihr zu tun gehabt? Natürlich habe sie von Jesus gehört – jeder habe gewußt, daß er für die Katholiken sehr wichtig gewesen sei. Doch in ihrer vagen Vorstellung von den tatsächlichen Ereignissen sei das, worüber das kleine Mädchen gesprochen habe, sehr lange her gewesen und habe sich in einem weit entfernten Land ereignet. Außerdem habe es nicht von solcher Bedeutung sein können, weil zu Hause niemals darüber gesprochen wurde. So versuchte sie, diesen unangenehmen Zwischenfall rasch zu vergessen.

Als sie bereits in Paris waren, bemühte sich ihr Vater, den drei Geschwistern das Judentum aus dem Blickwinkel ihrer Verfolgungssituation zu erklären: Es bedeute, nirgendwo wirklich willkommen zu sein. Juden seien immer schuld an schwierigen Zeiten. Alles, was falsch laufen würde, sei ihr Fehler. Er habe Polen verlassen und dann Ungarn. Dasselbe gelte auch für ihre Mutter. Sie sei mit ihren Eltern und Schwestern aus Ungarn fortgegangen, um ein freieres, besseres Leben führen zu können.

In Frankreich, dem Land der Freiheit, Gleichheit und Brüderlichkeit[8], hätten sie, wie viele andere auch, gehofft, Schutz zu finden. Sie hätten begonnen, sich zu Hause zu fühlen. Als er (ihr Vater, Verf.) vor zwei Jahren seine Schneiderwerkstatt gekauft habe, habe er angenommen, alles würde erst einmal so bleiben. Ein Jude hoffe immer – und Hoffnung sei beständig. Wir haben, so schloß er, gewiß nicht diesen Wahnsinnigen, Adolf Hitler, erwartet, der an die Macht kommen und über uns alle Unglück bringen würde.[9]

Die familiäre Diskussion über die Machtbefugnisse Hitlers, die den Ausführungen des Vaters folgte, ist aus nachträglicher Sicht beschrieben. Die Argumentation Renées entspricht durchaus nicht der kognitiven Entwicklungsstufe eines neunjährigen Kindes.[10]

Renée Roth besuchte eine Schule in Paris, gewann Freunde und fühlte sich als Pariserin.

Das jüdische Leben in der französischen Hauptstadt schien im Sommer und Herbst 1940 zunächst zu einer gewissen Normalität zurückgekehrt zu sein, sogar unter deutscher Besatzung. Doch am 30. Oktober 1940 erließ die Regierung von Vichy ein Judenstatut, das die Juden nach rassischen Merkmalen definierte und aus dem öffentlichen Dienst sowie anderen Berufen ausschloß. Einen Tag später wurde es um ein weiteres Gesetz über »ausländische Staatsbürger jüdischer Rasse« ergänzt. Auch Renées Vater wurde bei der französischen Polizei registriert und seine Identitätskarte mit dem Stempel »Juif« versehen.[11]

Von nun an verschlimmerte sich die Lage der Juden von Tag zu Tag: diskriminierende Maßnahmen, Ausgehverbot, Razzien, Festnahme von Geiseln, Hinrichtungen und Abtransport Tausender von Juden in die französischen Lager. Da war der Bombenanschlag auf sieben Pariser Synagogen im Oktober 1941 nur einer von vielen Schrecken.

Renée und ihre Schwestern müssen von diesen Ereignissen kumulativ traumatisiert worden sein, obwohl die Autorin das Geschehen nachträglich in einer Art Abwehrstrategie rationalisiert und historisiert. Allerdings mag der Umstand, daß die Familie auf kleinstem Raum zusammenlebte, zunächst dazu beigetragen haben, die Schockwirkung der einzelnen Vorkommnisse abzumildern und zu relativieren.

Ende Mai 1942 führte der Befehlshaber der 7. Armee und Militärbefehlshaber in Frankreich Karl Heinrich von Stülpnagel in der besetzten Zone für alle Juden über sechs Jahre den Davidsstern ein.

Dieses Dekret traf Renée von allen Repressalien am härtesten, es löste in ihr tiefe Erschütterung aus. Sie fühlte sich nicht als Jüdin, war nicht in der Tradition ihrer Religion erzogen worden. Ihre Vorstellungen vom Judentum waren oberflächlich. Erst die Deutschen machten sie und ihre Familie auf ihre Herkunft aufmerksam.

Auf dem gelben sechszackigen Stück Stoff stand für jedermann sichtbar: »Juif« beziehungsweise »Juive«. Renée mochte diesen Begriff an sich nicht, sie zog es vor, »Israélite« genannt zu werden; das war weniger anstößig, neutraler und beinahe respektvoll. In ihrer Familie gebrauchte man die ungarische Bezeichnung für Jude: »Szido«.

Allmählich begann sich das entwertende Feindbild in ihrem Ich-Ideal festzusetzen. Vor dem Spiegel erblickte sie sich mit den Augen der Verfolger: die schmale Gestalt, die gerade lange Nase, das schwarze lockige Haar, das sie so oft gezogen hatte, um es glatter zu machen. Vor allem sei es der traurige Blick, der sie nach Meinung ihrer Mutter verraten würde.

Überall in der Stadt waren gehässige Plakate angeschlagen, die Karikaturen von Juden zeigten, mit Hakennasen und langen scharfen Krallen, die zu Geiern zu gehören schienen. Diese Propaganda wandte sich manchmal sehr direkt an die Bevölkerung: »Kill the Jews«[12]. Bei Juden sollte sie Schrecken verbreiten und ihre Isolation beschleunigen.

Renée schämte sich und fühlte sich ausgegrenzt:

> »More and more I stay away from friends and schoolmates and neighbors – from all those people, ›the others‹, whose carefree laughter hurts me.«[13]

Auf mehreren »Tagebuch«-Seiten beschreibt die Autorin die am 16. und 17. Juli 1942 von Deutschen und Franzosen organisierte Festnahme der »staatenlosen« Juden in Paris und den Vororten, die in der Radrennbahn, dem Vélodrome d' Hiver, gesammelt wurden.

Kurz nach diesem Ereignis beschloß die Familie Roth »unterzutauchen«. Die Eltern mit falschen Identitätspapieren auf den Namen Benoit fanden ein kleines Zimmer in der Rue Rambuteau, wo sie sich verstecken konnten.
Vorher hatten sie Verbindung zu der Mutter Oberin eines Klosters in dem kleinen Städtchen Flers (Normandie) aufgenommen, die bereit war, ihre Töchter gegen Bezahlung der Unterhaltskosten aufzunehmen.
Renées Vater mahnte die drei Mädchen kurz vor ihrer Abreise, niemals, unter keinen Umständen irgend jemandem zu erzählen, daß sie jüdisch seien. Und ihre Mutter ergänzte: »But remember, the law is clear: Anyone who helps a Jew is as good as dead!«[14]

Renée, Denise und Lily waren in Frankreich geborene Kinder, um deren Rettung sich weite Kreise der französischen Bevölkerung bemühten.[15]

Ohne sich von ihren Pariser Freunden verabschieden zu können, mußten sie die Stadt verlassen. Hans Keilson hat diesen altersspezifischen traumatischen Ansatzpunkt umrissen: »Die Versagung der *basic needs* durch das Verfolgungsgeschehen, die Unmöglichkeit, mit anderen Kindern frei auf der Straße zu spielen oder sich in Jugendgruppen zusammenzufinden, eine nicht rechtzeitig begonnene, blockierte oder unterbrochene Schulentwicklung, beziehen sich nicht auf den Intelligenzfaktor allein, sondern im besonderen auf die leistungspsychologischen und affektiven Voraussetzungen.«[16] Von Baeyer[17] weise darauf hin, daß in der Latenzphase die Entfaltung der Sozialbezüge neben der Entwicklung der Lerndisposition eine hervorragende Rolle spiele.[18]

Eine Angestellte des Jugend-Zentrums begleitete Renée und ihre Schwestern nach Flers zu einem Kloster mit dem Namen »La Chaumière«[19] in der Rue de la Planchette Nummer 5.

Noch bevor die Mutter Oberin sie begrüßen konnte, so beschreibt es die Autorin, wurden sie in ihr Zimmer geführt: drei Betten standen dort, und das jüngste der drei Mädchen, Lily, wies auf die Kreuze über jedem Bett und fragte ihre große Schwester: Meinst du, daß es für uns richtig ist, darunter zu schlafen? Renée überlegte: gewiß würde es für Juden nichts Gutes bringen, aber andererseits könnte es ihnen auch nicht schaden. Sie war sich nicht sicher. Was, wenn Jesus von seinem Kreuz herabstieg und sie drei, während sie schliefen, konvertierte?[20]

Als sie zur Mutter Oberin gerufen wurden, berührte Renée das Holzkreuz mit der Hand: »touching wood for good luck«[21]: Aberglaube statt Glaube.

Die Mutter Oberin empfing sie freundlich und überreichte jeder von ihnen ein Meßbuch, in das ihre Namen eingetragen waren, um Klatschbasen davon abzuhalten, sich über die Anwesenheit der einzigen Kinder im Kloster zu wundern. Damit spielte sie auf die besondere Situation der drei Mädchen an.

Sie wurden von ihren Eltern getrennt in einem Alter, da sie das mütterliche Hilfs-Ich zur Unterstützung ihrer eigenen noch unreifen und unstabilen Ich-Funktionen gebraucht hätten. Für Hans Keilson bildet die Trennung von der Mutter beziehungsweise von den Eltern den traumatischen Ansatzpunkt[22] für jede Altersgruppe. Renée formulierte es treffend: »We are orphans.«[23]
Für sie war es am schwersten, mit ihren elf Jahren war sie die Älteste und fühlte sich verpflichtet, gegenüber den jüngeren Geschwistern die Elternrolle zu übernehmen.
Sie mußten über ihre Herkunft Schweigen bewahren, kein unbedachtes Wort durfte über ihre Lippen kommen. Diese strenge Selbstkontrolle empfand Renée an sich als belastend genug, doch mußte sie darüber hinaus auf ihre jüngeren Geschwister achtgeben, denen Verschweigen und Lügen ebenso schwer fielen, da, wie Yolanda Gampel betont, »die moralischen Wertvorstellungen, mit denen diese Kinder aufgezogen worden waren« plötzlich in Konflikt gerieten »mit dem Wunsch zu überleben«[24].
Untereinander verständigten sie sich in einer Art Geheimsprache, denn sie waren immer wieder gewarnt worden, daß »Wände Ohren hätten«.

Bereits am ersten Sonntag, den sie im Kloster verbrachten, erwartete man von ihnen einen Besuch der Kirche. Renée war schon in Kirchen gewesen, wie in Sacre-Cœur in Paris, hatte aber niemals an einem Gottesdienst teilgenommen und wünschte sich nun, dort nicht hingehen zu müssen: »I wish we didn't have to go to church.«[25]
In der Kirche mußten sie aus Respekt vor Gott[26] eine Kopfbedeckung tragen.
Renée wunderte sich darüber, daß man keine Sonntagsmesse versäumen dürfe und außerdem stets pünktlich sein müsse.[27]
Die Kinder wurden angewiesen, den Seiteneingang zu benutzen und sich in die Nähe der Mutter Oberin zu setzen. Man erzählte, daß sie es hasse, zu spät zu kommen, und deshalb schon vor allen anderen dort sei.

Renée betrat die Kirche mit äußerster Vorsicht. Sie erwartete, daß irgend etwas geschehen würde. Sie war sich nicht sicher, was: unmittelbare Konversion? Oder wie vom Blitz erschlagen tot zu Boden stürzen, weil sie es gewagt hatte, einen heiligen Ort zu betreten, der für sie verboten war? Aber nichts dergleichen passierte.
Nachdem Renée den zweiten Schritt in die Kirche getan hatte, wagte sie es, nach der Mutter Oberin zu schauen. Obwohl diese sie gesehen hatte, lächelte sie nicht. Eine Ordensschwester erklärte ihnen, daß man so etwas in der Kirche nicht erwarten dürfe, denn die Aufmerksamkeit gelte allein Gott.

Die Autorin berichtet, daß die Kirche ausgesehen habe, als sei sie für ein Fest geschmückt. Viele prachtvolle Gemälde hingen von der gewölbten Decke herab, überall standen hohe Statuen, und farbige Glasfenster ließen die Helligkeit des Tages ein. Dieses sakrale Bauwerk habe sich sehr von der Synagoge in Mühlhausen unterschieden, die sie so dunkel und kahl in Erinnerung hatte.
Die wohlriechende Luft, die nach Meinung der Kinder die brennenden Kerzen ausströmten, die sanfte Musik, die von einer unsichtbaren Orgel erklang, gaben Renée das Gefühl, als träume sie. Sie wußte, daß man dem kleinen Haus auf dem Altar Ehrfurcht bekunden müsse – in der Klosterkapelle stand das gleiche. Die Mutter Oberin nannte es »Tabernakel« und sagte, daß Gott irgendwo darin sei.[28]

Renée allerdings interessierte sich bei ihrem ersten Kirchenbesuch mehr für die gutgekleideten Leute. Wenigstens konnten hier Familien öffentlich den Gottesdienst besuchen. Sie beobachtete drei kleine wohlerzogene Mädchen, alle blond[29], alle gleich angezogen, die beschützt zwischen ihren ebenso blonden Eltern saßen. Wie sehr wünschte sie sich, daß es sie und ihre Schwestern wären. Danach galt ihre Aufmerksamkeit zwei Jungen[30] in roten samtenen Gewändern und weißen gestickten Blusen, die letzte Hand an den Altar legten.

Plötzlich sei die Musik lauter geworden. Der Priester kam von der Seite in einem langen vergoldeten Gewand, und alle Gottesdienstbesucher erhoben sich. Renées Neugier wurde erneut von ihnen angezogen: wie sie sich setzten, knieten und wiederaufstanden, als sei alles von einem unsichtbaren Choreographen bewegt; oder wie sie im Einklang mit dem Priester beteten, der aus einem großen roten Buch las. Sie beobachtete ihn, wie er einen goldenen Pokal erhob und einer der Jungen eine kleine Glocke läutete. Sie lauschte dem leisen Chor und blickte neidisch auf diese Leute, die beteten, ihre Hände gefaltet und ihre Augen geschlossen hatten. Es mußte tröstlich sein, zu jemandem sprechen zu können, der wirklich zuhörte.

Obwohl Renée wußte, daß sie kein Mitglied dieser Gemeinde war, fühlte sie sich willkommen. Wenn das alles war, was von ihr verlangt wurde, so schloß sie, würde es ihr sehr zusagen.

Im Kloster wurden sie und ihre Schwestern nur »die kleinen Roths« (»Les petites Roth«) genannt: »[…], we are one person divided into three.«[31]

Am meisten liebten die Geschwister die Köchin, Schwester Madeleine. Sie hatten immer Hunger, und manchmal rief diese sie laut in die Küche, so, als würde sie mit ihnen schimpfen. Wenn sie aber außer Sicht- und Hörweite der übrigen Klosterbewohner waren, gab sie ihnen eine Extraportion. Einige Male buk sie Kuchen und schickte ihn Renées Eltern. Madeleine war nicht ihr richtiger Name, sie war nicht in Frankreich geboren, sondern in Polen als ältestes Kind einer großen und armen Familie. Als kleines Mädchen hatte sie in einer Bergbau-Stadt in der Nähe von Lille gewohnt. Sie erzählte wenig über ihr früheres Leben in Polen, doch eins schien sicher: aus Gründen, die mit ihrer Kindheit zusammenhingen, verabscheute sie die Deutschen. Dafür liebten die drei Mädchen die Schwester noch mehr, und auch sie war ihnen um ihres Geheimnisses willen zugetan.

Im Kloster waren sie von älteren Nonnen umgeben, die erzählten, daß sie mit Jesus verheiratet seien. Sie trugen sogar Eheringe. Jesus müßte dann doch eine kolossale Menge von Frauen haben, wunderten sich die Kinder.[32]

Die Autorin berichtet, daß sie die Möglichkeit erhielten, in Flers eine öffentliche Schule zu besuchen; sie priesen sich glücklich, nicht mehr den Stern tragen zu müssen.
Allerdings war es ihnen nicht gestattet, engere Kontakte zu knüpfen, um keine Neugier aufkommen zu lassen. Nach dem Unterricht liefen sie rasch zum Kloster zurück. Renée vermißte ihre Pariser Freunde, vor denen sie nicht hatte verbergen müssen, daß sie Jüdin war.[33]

Den Religionsunterricht ließen sie durchaus nicht unkritisch über sich ergehen[34]: Was sollte man denken von Gott, dem Vater, fragte Renée, der zu gleicher Zeit Jesus Christus und der Heilige Geist ist. Sie konnte sich nicht vorstellen, wie das möglich sein sollte. Ihre Schwester Denise erklärte, daß das eben ein göttliches Mysterium sei, genauso wie die unbefleckte Empfängnis. Man sei nicht befugt, das zu hinterfragen. Und Lily ergänzte, daß eine Nonne gemeint habe, daß man sich, wenn man glaube, nicht so viele Fragen stellen müsse.
Doch Renée konnte mit diesen Erörterungen über den katholischen Glauben wenig anfangen. Jedesmal fühlte sie, daß sie und ihre Schwestern damit Vater und Mutter, ihre Familie und Freunde mehr und mehr verrieten.

Allerdings warf sie ihren Eltern vor, daß sie derartige Unsicherheiten hätten bedenken sollen. Sie hätten vergessen, daß die drei Mädchen keine richtigen Juden gewesen seien – nicht in der Weise, wie ihre Eltern es waren. Ein Seder hier, eine Bar-mizwa dort, wenige verschwommene Erinnerungen an Rosch haSchana machten keine Jüdin aus. Ihre Großmutter hatte gemeint, daß sie vor dem Krieg für

das Lernen noch zu klein gewesen seien. Und seitdem – schon drei Jahre – hätten die Juden nichts als Sorgen gehabt, da war nicht an Lernen zu denken.
Wir holen es nach dem Krieg nach, hatte ihr Vater versprochen.

»Beachte es nicht. Es ist alles Unsinn!«[35] würde ihre Mutter auf ihre Fragen erwidern. Sie besaß eine Art, ihre Augen und Ohren vor Dingen zu verschließen, die sie nicht wissen wollte. Renée konnte das nicht: sie versuchte, alles neue Zeug mit jüdischen Gebeten und Geschichten wegzustoßen. Aber sie kam nicht dagegen an. Sie wünschte sich, daß die Eltern da sein möchten, um ihnen zu sagen, was sie tun sollten.[36]

Wenigstens war Gott in der katholischen Religion freundlicher zu Frauen. Er habe die Jungfrau Maria und Thérèse von Lisieux zu Heiligen[37] gemacht. Jüdische Frauen dagegen konnten niemals Heilige werden. Sie seien nicht einmal befugt, die Tora zu berühren oder den Namen Gottes auszusprechen[38], und sie zählten nicht bei einem Minjan[39].

Renée fühlte sich zerrissen, sie wußte nicht, welchen Weg sie gehen sollte. Durch den Wechsel der Um- und Wertewelt geriet die noch fragile Entwicklung ihrer Identität ins Wanken. Sie betete zu Jesus und Maria, ihr auf die Weise aus diesem Dilemma herauszuhelfen, mit der sie nicht ihre Eltern verletzen würde. Sie nahm sich vor, allen auf halbem Wege entgegenzukommen. Sie würde sich bemühen, ihre Phantasie zu zügeln und die Lehren der Katholischen Kirche nicht so stark anzuzweifeln. Sie würde Gottes Gegenwart spüren in den Lichtstrahlen, die durch die farbigen Glasfenster der Kirche fielen, und sie würde zu Ihm sprechen und in den Hymnen singen. Wenn Er so viel Verständnis habe, wie behauptet werde, würde Er sie so akzeptieren, wie sie sei.

Nach einem Vierteljahr im Kloster bestimmte die Mutter Oberin die Schuldirektorin dazu, Renée und ihre beiden Schwestern den Katechismus zu lehren, weil das ihre vielen Fragen am besten beantworten würde. Der Katechismus beinhaltet das Grundwissen der Katholischen Kirche. Da jeder in diesem Umfeld von Kindheit an damit vertraut sei, so meinte sie, würde es ihnen helfen, sich weniger verloren zu fühlen, falls das eine oder andere fromme Thema angesprochen würde.
Die Direktorin nun bestand darauf, daß jeder Satz in der genauen Wortfolge des Katechismus wiedergegeben wurde. Für Renée war ein Wort so gut wie das andere, solange die Bedeutung die gleiche war: »I can't understand it. They tell you to trust God, to love your neighbor, and all those wonderful things, but you can't change one comma around!«[40]

Zu Allerheiligen (1. November) fuhren die Bewohner des Klosters zum Friedhof, um Gräber zu besuchen. Renée war erst einmal auf einem Friedhof, als kleines Mädchen noch vor dem Kriege. Es war im Elsaß am Gipfel eines Berges. Hundert und aberhundert weiße Kreuze bedeckten das Feld, soweit das Auge reichen konnte. Ihr Vater hatte ihr erklärt, daß dort Soldaten beerdigt worden seien, die während des Ersten Weltkriegs für ihr Land gefallen waren.

Auf dem Friedhof bei Flers ging Renée auf Zehenspitzen, um nur ja niemanden aufzuwecken. Überall Gräber. Sie war froh, dort nicht allein zu sein; ihr war kalt, und sie konnte es kaum erwarten, den Rückweg anzutreten. Plötzlich dachte sie an ihre Eltern – denunziert, verhaftet und wer weiß, vielleicht tot und begraben, irgendwo weit weg. Dann entdeckte sie das Grab eines zehnjährigen Kindes und fürchtete, ebenfalls sterben zu müssen. Sie sehnte sich nach ihren Eltern, die sie beschützen sollten vor dieser neuen Welt voller fremder Menschen und fremder Dinge, vor den Toten, die kalt in ihren Gräbern lagen, vor dem Tod an sich.

Der Besuch auf dem Friedhof löste in Renée einen Schock aus: Seit der deutschen Offensive gegen Frankreich war Renées Familie auf der Flucht. Auch die Hauptstadt Paris hatte ihnen keinen Schutz geboten. Nach kurzer Beruhigung setzte die Verfolgung wieder ein und steigerte sich von Monat zu Monat. Obgleich äußerlich noch unbeschadet, lebte die Familie in einer Atmosphäre der Gewalt und des Terrors. Ein noch unbekanntes Verhängnis schien näher zu rücken, ließ Schlimmeres und Schlimmstes befürchten.
Wenngleich die Eltern die Kinder beschützten und ihre Ängste auffingen, spürten diese sehr wohl die Gefahr und internalisierten die unausgesprochene Todesdrohung. Die Welt der Toten wirkte wie ein Auslöser, der Renées traumatische Erfahrungen wiederbelebte.
Fürsorglich wurde sie ins Kloster zurückgeleitet und sofort zu Bett gebracht. »Werde ich jetzt auch sterben?« fragte sie in panischer Angst.

Ursprünglich hatte ihre Mutter die drei Mädchen zu Weihnachten besuchen wollen, aber die Umstände gestatteten es nicht. Alle drei waren sehr enttäuscht, Renée geradezu empört. Noch konnte und wollte sie nicht verstehen, daß das Wort, das Versprechen der Eltern in der dramatischen Verfolgungssituation keine Gültigkeit mehr haben sollte.
Die Mutter Oberin, die mit den politischen Hintergründen einigermaßen vertraut gewesen sein wird, die Kinder aber schonen wollte, riet ihnen, der göttlichen Vorsehung zu vertrauen und zu beten.
Doch die drei Geschwister gaben sich damit nicht zufrieden. Die Absage der Mutter raubte ihnen den Schlaf:

> »Pray! That's all Mother Superior ever says. It's her answer to everything«[41]– »›And even if we did pray, do you really know whom to pray to? The God that Maman and Grand'mère prayed to at home has a beard and snow-white hair – I remember it from my picture book[42] in Mulhouse – and he looked so angry!‹ I say. ›Besides, everybody was always so scared of offending Him. I think it's quite different with the God they're praying to here. The nuns seem very fond of Him and not scared of Him at all‹.«[43]

Obgleich sich die Mädchen darüber einig zu sein schienen, daß es, wie alle Klosterbewohner bestätigten, nur einen Gott gäbe, nahmen sie sich dennoch vor, von nun an zu dem Gott der Nonnen zu beten.

Renée hatte es fertiggebracht, ihre Puppe mit ins Kloster zu schmuggeln. Sie mußte sie vor allen verbergen, besonders vor ihren Geschwistern. Sie kam sich für Puppen schon ein bißchen zu alt vor: elfeinhalb Jahre. Und eine große Schwester sollte ihre Zeit nicht mit kindischem Kram verschwenden, hatte ihre Mutter gesagt.
Aber Jackie war keine gewöhnliche Puppe, sie waren zusammen einen langen gemeinsamen Weg gegangen.[44] Sie war das einzige, was Renée aus Mühlhausen geblieben war, außer ein paar Photos der Eltern, die sie ebenfalls mit ins Kloster genommen hatte. In der Kapelle setzte sie Jackie auf den Sitz neben sich und flüsterte mit ihr, auf sie konnte sie ihre positiven Selbstaspekte projizieren; sie (die Puppe, Verf.) hörte immer zu:

> »›You know, we've decided to pray to the nuns' God – even though, to tell you the truth, I don't believe He's the same as the Jewish God. To me it's just one more proof that He's let us down altogether!‹«[45]

Sie nahm ihre Puppe auf den Schoß:

> »›I'll address the God they invoke here‹, I tell her. ›But just to be on the safe side, and not to hurt the Jewish God's feelings – supposing they're *not* one? – I'll be very cautious.‹«[46]

Auch Renée hatte das von den Christen verzerrte Gottesbild aus dem sogenannten Alten Testament internalisiert: den »Gott der Rache«.

Das Jahr 1943 hatte begonnen. Die Nonnen hatten sich alle Mühe gegeben, den drei Roth-Mädchen ein festliches Weihnachten zu bereiten, sie beschenkten sie mit nützlichen Kleinigkeiten. Doch Renée mußte immer an ihre Eltern denken. Wie mochten sie die endlose Trennung ertragen?

Sie versuchte, ihrer Sehnsucht durch einen Trick Herr zu werden, indem sie sich in reale Elternbeziehungen hineinphantasierte. Sie ging so zeitig zur Kirche, daß sie dort Gelegenheit hatte, einen Mann mittleren Alters und eine Frau mit kurzen welligen Haaren zu erspähen. Dann wühlte sie sich zu ihnen durch und setzte sich neben sie, so daß man meinen konnte, sie sei ihre Tochter. In diesen Augenblicken fühlte sie sich weniger allein. Freud nennt diesen Vorgang »negative Magie«[47]. Renée wehrte damit ihre Angst vor dem vermeintlichen Im-Stich-gelassen-worden-Sein ab.

Die drei Schwestern trugen kein Kreuz oder Medaillon um den Hals wie die anderen Kinder. Es gab keine Möglichkeit, die Kommunion zu empfangen; denn ihre Seelen, so wurde ihnen bedeutet, waren restlos von der Erbsünde verdorben, von der sie nur durch die Taufe hätten gereinigt werden können. Renée tröstete sich damit, daß man auch durch Mildtätigkeit gegenüber seinem Nächsten, durch Opfer oder gute Werke ein frommer Christ sein könne.[48]

Im August wurde für eine Theatervorstellung geprobt, die für die Gemeinde in deren Räumlichkeiten aufgeführt werden sollte, mit musikalischen Darbietungen und einer Szenenfolge aus den Evangelien. Die Autorin bekennt, daß sie damals fast gestorben wäre, als man ihr die Rolle des Judas[49] im Letzten Abendmahl angeboten habe. Es sei schlimm für sie gewesen, nicht ihre Betroffenheit zeigen zu dürfen, die sie bei jeder Probe überkommen habe. Sie wußte, daß sie nichts Böses getan hatte, weshalb also sollte sie sich schuldig fühlen?
Hier geriet das introjizierte Feindbild, das bereits Bestandteil ihres Ich-Ideals geworden war, in Konflikt mit allen anderen Vorstellungen ihres Ich von sich selbst. Deshalb fürchtete sie, daß ihre Umgebung eins zum anderen nehmen könnte und zu der Erkenntnis kommen würde, daß auch sie jüdisch sei mit ihren schwarzen lockigen Haaren und ihrem semitischen Aussehen und ein ebensolcher Verräter wie Judas, weil sie sich als Katholikin ausgab.

Sie hatte über Judas Ischariot Nachforschungen angestellt: er war ein Dieb, ein Mann ohne Skrupel, bevor er Jesu Jünger wurde. Er wollte Jesus verraten.
Warum brauchte sie die Beweise seiner moralischen Verderbtheit? Sie kannte die antisemitischen Vorurteile. Sie war tief getroffen und verletzt gewesen von den diffamierenden Texten und Karikaturen auf den vielen Plakaten in Paris, die, obwohl sie nichts mit der Realität jüdischen Lebens zu tun hatten, verallgemeinernd für alle Juden gelten sollten. Zwar waren Renée die unzähligen antijüdischen Klischees unbekannt, jedoch auch das tröstliche und ausgleichende Bewußtsein, dem von Gott auserwählten Volk anzugehören. Sie hatte Ausgrenzung erfahren und Verfolgung. Ihr Selbstbild war durch die Introjektion der verleumderischen Feinbilder korrumpiert. Verriet Judas Gottes Sohn, weil er ein moralisch verdorbener Mensch war, oder, weil er auf Grund seiner rassischen Eigenart gar nicht anders handeln konnte?
Das würde zu dem Schluß verleiten, daß auch sie, ihre Schwestern, ihre Familie, das ganze jüdische Volk solcher Verbrechen fähig wären und Haß und Verfolgung gerechtfertigt seien.

Während der Proben hörte Renée von allen Mitwirkenden, daß sie ihre Sache gut mache. Ein blondes Mädchen, das Johannes den Täufer spielte, gab ihr zu verstehen, daß sie keine Juden möge – keinen einzigen. Sie seien diejenigen gewesen, die Jesu Tod verschuldet hätten.

Erstaunlicherweise griff die Jugendleiterin ein, die die drei Roth-Mädchen von Paris nach Flers begleitet hatte:

»›This is hardly a charitable statement. […] If you refer to the handful of Jews who were responsible for Jesus' death, that's one thing. But you can't blame a whole race! And you're forgetting that Jesus was a Jew too.‹«[50]

Dieser Einwurf ist bemerkenswert – falls er tatsächlich so formuliert worden ist –, weil die Katholische Kirche zu jener Zeit nicht gern eingestand, daß Jesus Jude war. Allerdings mag er Renées Irritation noch vergrößert haben.

Im September 1943, so berichtet die Autorin, habe ihr Vater an die Mutter Oberin geschrieben, um ihr die Inhaftierung seiner Schwägerin und ihres Mannes sowie die »Deportation« seiner zwei Schwager (Brüder der Mutter) und deren Familien in das Arbeitslager Auschwitz mitzuteilen.[51] Zeitpunkt und Umstände dieses Briefes lassen gewisse Zweifel aufkommen. Renées Eltern lebten im Versteck, ohne Not gefährdeten sie sich mit diesem Schreiben, von dessen Inhalt die Töchter nicht erfahren sollten. Was erwartete der Vater von der Mutter Oberin, die sich doch selbst großer Gefahr ausgesetzt hatte, als sie die drei jüdischen Mädchen aufnahm? Die Mutter Oberin habe sie als die Älteste der Geschwister in den Inhalt des Briefes eingeweiht.

Renée war fassungslos, sie klagte Gott an, daß Er ihre Opfer nicht angenommen, ihre Gebete nicht erhört habe, und nahm sich vor, nicht mehr zu Ihm zu beten. Sie meinte geahnt zu haben, daß Er ihr Volk im Stich lassen würde, seit Er Seinen eigenen Sohn sterben ließ. Warum sollte Er denn Mitleid mit uns haben, fragte sie sich. Zugegeben, Er wußte, daß Jesus wiederauferstehen würde – aber trotzdem bewahrte Er ihn nicht davor, verraten und erniedrigt zu werden, abgesehen von allem anderen. Sie konnte nicht den Anblick von Jesu blutender Stirn unter der Dornenkrone auf den heiligen Bildern ertragen und schaute immer weg. Doch wenn man nicht mehr zu Ihm beten konnte, zu wem sonst?[52]

Sie erinnerte sich an die Worte der Mutter Oberin und Schwester Madeleines, daß Gott gerade diejenigen, die Er liebe, in Bedrängnis bringe. Natürlich völlig im unklaren über das tatsächliche Ausmaß der nationalsozialistischen Judenverfolgung mahnte sie Gott: »Don't you think that our family has had enough?«[53]

Im Januar 1944 war es Renées Mutter möglich, ihre drei Töchter für eine Woche im Kloster zu besuchen. Renée war beinahe froh, daß sie nicht zu Weihnachten gekommen war: » […] what with the Infant Jesus in the manger, the Magi, the Midnight Mass – she would have been totally lost.«[54]

Ihre Mutter war glücklich, ihre Töchter beschützt und in so guten Händen zu sehen, und das wichtigste – wichtiger als ausreichend Nahrung – war für sie, daß alle drei in der Schule gut lernten.

Zwei Monate später erteilten Renées Eltern der Mutter Oberin die Erlaubnis, die drei Mädchen taufen zu lassen.

Renée konnte nicht verstehen, warum ihre Mutter diese bedeutsame Entscheidung nicht mit ihnen erörtert hatte; denn sie nahm an, daß dieses Thema wohl während des Besuchs ihrer Mutter zur Sprache gekommen sein mußte. Auch wunderte sie sich, daß ihre Eltern über die Köpfe ihrer Töchter hinweg der Taufe zugestimmt hatten.[55] Das konnte nicht auf postalischem Weg geschehen sein, das wäre viel zu gefährlich gewesen. Aber auf welchem anderen Weg? Sie wagte nicht zu fragen, das hätte so ausgesehen, als mißtraue sie der Mutter Oberin.

Die Autorin berichtet nachträglich nichts über die Lebensumstände ihrer Eltern während der Zeit ihres Verstecks in Paris. Vermutlich waren sie selbst schwer traumatisiert und unterwarfen sich der Gewalt, indem sie ihre Kinder zu retten versuchten. Verschärft wurde die Situation durch die plötzliche Stationierung deutscher Soldaten in Flers: zwanzig oder dreißig in mehreren Baracken am Rande der Stadt. Im Falle von Haussuchungen konnte man nicht vorsichtig genug sein.[56] Doch Renée hatte vor ihnen keine so große Angst wie in Paris: sie trug nicht den Davidsstern und stand nicht mehr als Jüdin auf der Liste der französischen Polizei.

Beinahe täglich sahen sie und ihre Geschwister die Deutschen durch die Straßen marschieren. Ihre Stiefel knallten auf das Pflaster, ihre Haare waren blond und kurz, und sie sangen im Marschrhythmus »Halli, Hallo«[57]. Sie sangen recht gut, aber trotzdem mochte Renée sie nicht hören. Schämten sie sich nicht, mit solchem Vergnügen zu singen, während sie überall Menschen terrorisierten? Sie beobachtete auch einen Trauerzug: ein deutscher Offizier war gestorben, sie hoffte, daß er getötet worden war. Sie marschierten so langsam wie in der »Wochenschau«[58]. Sie waren zahlreicher als sonst, möglicherweise kamen einige aus den Nachbarstädten. Die Musik war traurig, aber Renée war es nicht. Sie dachte: was für ein Wirbel um einen einzigen Mann, während sie keine Skrupel hatten, Tausende[59] von Juden zu mißhandeln und zu ermorden.

Doch selbst wenn die Taufe eine Vorsichtsmaßnahme war, fühlte sich Renée von der geplanten Zeremonie überrumpelt und in eine Double-bind-Situation gedrängt. Zwar wußten die drei Mädchen wenig vom Judentum, wie sie immer wieder betont, schienen allerdings die Tradition ihrer Familie stark internalisiert und ihre Elternrepräsentanzen infolge der Notsituation stark libidinös besetzt zu haben.

Die beiden Briefe, die die Geschwister von ihren Eltern erhielten, nachdem sie von der Angelegenheit erfahren hatten, erwähnten diese mit keinem Wort.

> »It's incredible: Everything has been planned very carefully, to the smallest detail. Our parents won't be here for the ceremony, of course, but Mlle Andrée will – she even agreed to be our godmother, while M. Jacques will be our godfather. […] there will be a double ceremony: In the privacy of our little chapel, my sisters and I will be baptized *and* we'll take our first Communion.«[60]

Renées Schwestern waren ebenso verwirrt, doch sie fingen sich rascher mit der Aussicht auf ein wunderschönes weißes Taftkleid, eine kleine Krone und einen Schleier.

Nach der Zeremonie, die am 10. März 1944 stattfand, war die Mutter Oberin von Freude überwältigt und küßte sie dreimal; sie, die niemals irgend jemanden küßte. Nach Renées Meinung hatte sie nichts verstanden:

> »I hope you realize what joy is in store for you: Just imagine, you'll be the children of God, of the Virgin Mary – and the daughters of the Church!«[61]

Auch von dem Ablauf der heiligen Handlungen war Renée enttäuscht: Was für ein Getue für so eine Kleinigkeit: ein paar Tropfen Wasser auf die Stirn, ein paar Worte des Priesters – und sie waren Christen für ewig. Offen gestanden, hatte sie etwas mehr erwartet.

Sie fühlte sich vor allem von ihren Eltern völlig im Stich gelassen – kam sich vor wie ein kleines Boot, das von der Strömung mitgerissen wurde, ohne die Möglichkeit, Anker werfen zu können. Da die Festigung des Über-Ich auf die Unterstützung durch elterliche Normen angewiesen ist, löste die scheinbare Änderung der Wertewelt ihrer Eltern, an der sich die Kinder orientiert hatten, große Verunsicherung aus. Zu Gott mochte sie nicht länger beten, das sei verlorene Zeit. Sie wandte sich nun an die Jungfrau Maria, die sie ebenso wie Maria Magdalena aus den Evangelien liebgewonnen hatte.

Doch je mehr Renée über diese ganze Begebenheit nachdachte, um so bekümmerter wurde sie. Niemand habe es verstehen können, und das sei genau der Punkt gewesen:
»How can you adopt a new family without betraying the old one – the real one?«[62]

Dabei sei es nicht so gewesen, daß sie nicht gern zur Kirche gegangen sei, im Gegenteil. Sie müsse freilich zugeben, daß sie es vermieden habe, sich zu bekreuzigen. Dabei habe sie stets denken müssen, ihre Eltern zu verletzen, falls sie es sehen könnten. Sie mochte die erbaulichen biblischen Geschichten und die imaginäre Gegenwart der Heiligen. Auch die Hymnen und Gregorianischen Gesänge habe sie geliebt, sie wisse sie noch im Erwachsenenalter auswendig, und wenn ihr Texte entfallen seien, erinnere sie sich noch an die Melodie.

> »But to get converted is quite another thing! Once you are baptized, there's no going back! Deep down, I am afraid that what they're teaching us in catechism is true: That, after we are baptized, my sisters and I will be forced to go to Heaven without our parents.«[63]

Sie war ganz und gar von dem verzweifelten Gefühl erfüllt, daß irgend etwas für immer zerbrochen[64] war und daß sie und ihre Schwestern niemals wieder dieselben sein würden. Das Verhalten der Eltern verstärkte ihr Trauma. Die Trennung von ihnen schien durch die Taufe für die Ewigkeit festgeschrieben zu sein.

Ungefähr einen Monat später erkrankte Renée an Gelbsucht. Sie fürchtete, sterben zu müssen. Doch sie wurde wieder gesund – die Nonnen betrachteten es als ein Wunder.

Am 6. Juni 1944 landeten die Alliierten in Nordfrankreich. Die Engländer bombardierten die Stadt Flers, weil sie dort Stellungen der Deutschen oder ein Munitionslager vermuteten. Eine Explosion folgte der anderen, die Wände des Klosters bebten, das Gebäude drohte einzustürzen. Renée betete wie nie zuvor: »God in Heaven! Don't let us die! Not this way, not now! Please let us see Papa and Maman again… I'll become a nun, I promise!«[65]

Dieses Gelübde, im Falle ihrer Rettung Nonne werden zu wollen, fesselte Renée an den Katholizismus. Sie fühlte sich Gott gegenüber verpflichtet, ihr Versprechen einzulösen. In einem Interview von 1993[66] sprach sie darüber, daß sie sich auch, nachdem der Krieg vorbei war und sie ihr Judentum nicht länger hätte verbergen müssen, dafür geschämt habe. Sie habe sich weiterhin als Katholikin ausgegeben.

Im Kloster erschien in jenem Juni 1944 ein französischer Polizist und wies alle Bewohner an, dieses sofort zu verlassen, weil es Gerüchte gäbe, daß Flers vollkommen zerstört werden solle. Nonnen und Kinder wanderten knapp zehn Kilometer zu einem Bauernhof, der das Kloster bis dahin mit Milch beliefert hatte. Zehn Wochen lang lebten sie in einer Scheune und gerieten währenddessen zwischen drei Fronten: die der Alliierten, die der Deutschen und die der französischen Widerstandskämpfer. Drei Monate blieb die Normandie vom restlichen Frankreich abgeschnitten.

Endlich, Mitte August 1944 konnten Nonnen und Kinder nach Flers zurückkehren, doch die Stadt war zerstört, auch das Kloster.

Die Mutter Oberin fand einen Rote-Kreuz-Wagen, der Renée und ihre beiden Schwestern nach Paris brachte. Ihre Eltern hatten ebenfalls überlebt und wieder ihre alte Wohnung bezogen.

Aber Renée brauchte Zeit, um sich wieder zu fassen: »It's wonderful to be home, of course, but I feel oddly out of place.«[67] Sie vermißte die Menschen, unter denen sie so lange Zeit gelebt und sich sicher gefühlt hatte. Ihre Heimkehr bedeutete einen erneuten Kontinuitätsbruch.

Ihr Vater meinte, sie alle sollten diese schlimmen Zeiten rasch vergessen und ihr Leben wieder an der Stelle aufnehmen, wo sie es fallenlassen mußten. In Abwehr seiner eigenen traumatischen Erfahrungen versuchte er, sich der neuen Wirklichkeit durch Vermeidung und Verleugnung anzupassen.

Renée empfand einen Stich ins Herz:

> »How can he dismiss so easily what happened to all of us during this awful war, and particularly what my sisters and I have endured in the last two years? Do they even know that we've been baptized?«[68]

Ihr Interview von 1993 beginnt sie mit der Bemerkung: »Jedesmal, wenn wir in der Gruppe über unsere Vergangenheit sprachen, sagten einige Leute: ›Schaut, ihr hattet es leicht, ihr ward [sic!] nicht in einem Lager. Seid froh, daß ihr überlebt habt‹.«[69] Das entspricht genau dem, was neben Paul Valent viele andere Autoren ausdrücklich erwähnen: die irrtümliche Annahme, daß das Verfolgungsgeschehen bei Kindern keine tieferen Spuren hinterlassen haben könnte.[70]

Als ihre Mutter nach der überraschenden Ankunft ihrer Töchter die Suppenterrine auf den Tisch stellte, wollte Renée während einer Sekunde ein Dankgebet[71] sprechen, hielt sich aber zurück, als ihr Blick auf die kleine Menora fiel, die wieder auf dem Kaminsims stand, nachdem sie so lange versteckt gewesen war.

> »Am I not Catholic anymore? – For the first time I feel the struggle in me. Will I ever be able to reconcile the two worlds?«[72]

Im Taumel der ersten Wiedersehensfreude mit ihren Eltern hatte Renée gemeint, die Zeit sei hier stehengeblieben: »Here it's still yesterday«[73]; doch sehr bald wurde ihr klar: »It's already tomorrow.«[74]

Mit diesem »tomorrow« begann Renées »dritte traumatische Sequenz«, über die sie in dem Interview[75] aus dem Jahre 1993 spricht.

Auch noch nach dem Krieg fühlte sie sich als Katholikin an ihr Versprechen Gott gegenüber gebunden, obgleich sie sich nicht berufen fühlte, es zu erfüllen.

Im Jahre 1950 ging Renée als Erzieherin in die USA und erlebte, daß Judesein dort etwas ganz Normales ist: Eines Tages wurde sie Zeugin eines Gesprächs, das zwei Frauen völlig unbefangen über den aktuellen Seder-Abend führten. Das, was für sie ein Jahrzehnt lang tabuisiert worden war, hatte hier nichts Anstößiges. Sie erlebte diese Episode wie eine innere Befreiung. Zum ersten Mal begann sie ihr Jüdischsein zu akzeptieren und sich offen zum Judentum zu bekennen. Der Umstand, daß sie in den USA vielen Juden begegnete, half ihr, sich nicht mehr als Außenseiterin zu fühlen.

Ihr Interview beschließt sie mit den Worten: »Es ist so heilsam, endlich zu erfahren, daß ich völlig aufrichtig und offen über mich sprechen kann und trotzdem geliebt werde.«[76]

Schlußbetrachtung

Die separate Studie, die Nahum Bogner am Ende seiner Untersuchung und gleichsam als deren Fortsetzung anmahnt, sollte sich vom historischen, aber noch entschiedener vom psychologischen Standpunkt aus mit dem Thema der schwierigen Integration der durch das Christentum geretteten jüdischen Kinder in die israelische Gesellschaft befassen.
Diesem Wunsch hat Emunah Nachmany Gafny mit ihrer Veröffentlichung »Dividing Hearts« in gewisser Weise entsprochen. Allerdings handelt es sich bei ihr vornehmlich um in christlichen Familien gerettete Kinder.

Die hier vorliegende Arbeit bewegt sich, wie bereits im Vorwort angedeutet, infolge des begrenzten Quellenmaterials in einem engeren Rahmen und beschränkt sich auf Überlebensmemoiren von »Kloster-Kindern«, denen Nahum Bogner in seiner Untersuchung ein ganzes Kapitel gewidmet hat.
Seine imperative Forderung nach einer Studie, die vor allem den psychologischen Gesichtspunkt berücksichtigen sollte, wurde in dieser, auf die Zeit der Schoa fokussierten Arbeit beachtet. Dabei ist sie (die Forderung, Verf.) mit Rücksicht auf das fremde christliche Umfeld der Kinder durch einen mindestens ebenso wichtigen Aspekt: den religionswissenschaftlichen, erweitert worden. Die Nachkriegszeit und die Integration der Kinder in die jüdische Gemeinschaft hat nur insoweit Erwähnung gefunden, als es die Quellen gestatteten.

Nach Jahrzehnten, die manchmal vergehen mußten, ehe sich die Forschung mit der besonderen Problematik der minderjährigen überlebenden Juden beschäftigte, richten die großen und kleineren Beiträge ihr Augenmerk sowohl auf die Gesamtsituation der verfolgten Kinder als auch auf Teilaspekte, zu denen immer der Religionswechsel gehört.

Diese Veröffentlichungen sind in der vorliegenden Arbeit in aller Ausführlichkeit dargestellt, kommentiert und ausgewertet worden; ohne die herausragenden historischen Untersuchungen von Ewa Kurek-Lesik, Nahum Bogner und Emunah Nachmany Gafny hätte sie (diese Arbeit, Verf.) kaum entstehen können. Auf alle Forschungsbeiträge mußte immer wieder zurückgegriffen werden. Außerdem bildeten sie den notwendigen Hintergrund für weitere Schritte, in denen sich Religionswissenschaft und Sozialpsychologie zu der Frage verknüpften:

Wie haben die extremtraumatisierten Kinder den Religionswechsel und die damit möglicherweise verbundene Identitätsumwandlung psychisch und kognitiv bewältigt; welchen Einfluß hat die neue Glaubensreligion des Christentums auf sie ausgeübt?

Da das Schwergewicht dieser Untersuchung auf den Kriegsjahren liegt, wurden die Verwicklungen, die der Religionswechsel in bezug auf die spätere Rückkehr der

Kinder zum Judentum auslöste, nicht in der von Nahum Bogner gewünschten Ausführlichkeit aufgegriffen.
Um einen Beitrag zur Beantwortung der Frage nach den psychischen Folgen des erzwungenen Religionswechsels zu leisten, sind die Überlebensmemoiren fünf jüdischer Kinder exemplarisch analysiert worden. Sie beruhen auf der Wechselbeziehung zwischen ihrem individuellen Schicksal und der kollektiven Geschichte des Völkermords an den Juden. Daß es sich dabei um keine objektive Wiedergabe vergangener Ereignisse handeln kann, hebt Mona Körte[1] hervor. Das Wissen, daß Erinnerungen in der Folge lebenslang umgewandelt werden, entlasse Überlebende aus der Verantwortung für die historische Wahrheit.

Unabweislich aber stehen diese fünf Kinder für die eineinhalb Millionen jüdischer Kinder, deren Ausrottung von den Deutschen vorprogrammiert war, um die Judenheit an ihrer Wurzel zu treffen. Die Monstrosität dieses Verbrechens: Kindermord, wurde in der Geschichtsschreibung der Nachkriegsjahre stillschweigend übergangen.[2]

Die Kinder der hier analysierten Fallstudien bilden die nicht vorgesehenen Ausnahmen von der tödlichen Regel der Schoa; doch nicht, weil sie ihre Religion wechselten – auch die Taufe bedeutete keine Rettung[3] –, sondern weil ihnen Zufälle und günstige Umstände halfen, weil die Katholische Kirche sich ihrer annahm, sie versteckte und beschützte.
Über ein halbes Jahrhundert später gehören sie zu den (letzten) überlebenden unmittelbaren Zeugen der Judenvernichtung.[4]

Viele jüdische Kinder wurden durch das Verfolgungsgeschehen in einem besonders verletzbaren Alter von ihren Familien getrennt, verloren ihr stabiles Zuhause. Der gesellschaftliche und religiöse Orientierungsrahmen, innerhalb dessen ihr Leben ursprünglich angelegt worden war, wurde zerstört, ihre Biographien zerbrochen. Meistens entschieden Erwachsene über sie, doch unter der zunehmenden Bedrückung hatten Kinder an Verantwortung und Aufgaben der Erwachsenen teil; alle standen vor Entscheidungen, die der amerikanische Wissenschaftler Lawrence L. Langer als »Wahlmöglichkeiten ohne Wahl«[5] bezeichnete.

Der traumatische Prozeß begann für diese Kinder mit der Trennung von beziehungsweise dem Verlust der Mutter oder der Eltern.
Ein Leben ohne sie, im Versteck, auf der Flucht oder im Exil, bedeutete unwiderruflich das Ende ihrer Kindheit, sie mußten frühzeitig erwachsen werden.
Verlassen, entwurzelt und auf sich selbst gestellt, mußten sie um ihr Überleben kämpfen, sich unter beispiellosen Bedingungen durchschlagen. Indem sie ihre Identität verleugneten, suchten sie sich der grausamen Realität anzupassen. Die Furcht vor Entdeckung und Verrat machte sie vorsichtig und überwachsam, trieb

sie von Versteck zu Versteck. Wenn Exil nicht mit dauerndem Wechsel der Kriegspflegefamilien und sozialer Isolation verbunden war, so doch mit nicht weniger als der Aufgabe der Muttersprache und häufig auch mit dem Abbruch religiöser Traditionen.
Hinzu kam die beständige Angst und Sorge um das ungewisse Schicksal ihrer Angehörigen.

Diese verfolgten Kinder, die sich auf unbewußter Ebene von ihren guten, allmächtigen Primärobjekten im Stich gelassen fühlten, was für sie einer Zerstörung ihres Selbst gleichkam, wähnten sich manchmal auch von ihrem Gott verlassen. Da jede schwere Traumatisierung wie ein Versagen des mütterlichen Schutzes erlebt wird, scheint sie zu »beweisen«, daß das einstmals in die Mutter gesetzte Vertrauen nicht berechtigt war. Dergestalt werden alle inneren Objektbeziehungen, die auf der mütterlichen Zuverlässigkeit aufgebaut waren, nach und nach ebenfalls unsicher.[6] Dazu gehörte vor allem die Beziehung zu Gott, die, weil sie der zu den Eltern entspricht, nun in der Ambivalenz zwischen »Ur-Vertrauen« und Ur-Mißtrauen« erfahren wurde. Gefühle sowohl der Geborgenheit als auch des Verlassenwerdens drangen in das Gottes»bild«[7] ein.

Die Furcht vor Gottverlassenheit bis zur völligen Leugnung Gottes wird in der Forschungsliteratur nicht ausdrücklich formuliert; sie taucht aber in drei Fallgeschichten der vorliegenden Untersuchung auf.

Bei Janina Dawidowicz in Enttäuschung und Zorn:

> Er habe »Sein Gesicht von« ihr »gewendet«[8] und »kümmere sich offenbar nicht um« sie alle, »wenn Er es zuließ, daß Sein Auserwähltes Volk auf diese furchtbare Weise umkam, also brauchte man sich auch nicht um Ihn zu kümmern«.[9]

bis zu der verzweifelten Feststellung: »Es gab keinen Gott!«[10]

Bei Renée Roth, die, wie in jenen Jahren üblich, zwischen dem »christlichen« und dem »jüdischen« Gott unterschied:

> »I don't believe He's the same as the Jewish God. To me it's just one more proof that He's let us down altogether!«[11]

Warum auch sollte Er Mitleid mit Seinem Volk haben, da Er doch Seinen eigenen Sohn sterben ließ. Auch wenn Er gewußt habe, daß Jesus wiederauferstehen würde, bewahrte Er ihn nicht davor, verraten und erniedrigt zu werden. Aber trotz dieser anklagenden Worte bricht sie ihre Verbindung zu Gott nicht ganz ab: »Wenn man nicht mehr zu Ihm beten konnte, zu wem sonst?«[12]

Schließlich bei Jakob Kuperblum: Er meinte, aus Gottes Gnade gefallen zu sein. Er fühlte sich von Ihm nicht nur nicht beachtet, sondern auch zurückgewiesen. Sein Argwohn, von Gott verraten und verlassen worden zu sein, wurde noch gesteigert durch die Befürchtung, daß der Himmel leer sein könnte, daß es dort niemanden mehr gab, der die Gebete erhörte, daß mit dem Untergang seiner jüdischen Welt vielleicht auch Gott untergegangen war.

> »Plötzlich fiel mir ein, daß es den jüdischen Gott womöglich gar nicht gab oder daß er alt geworden und gestorben war, oder vielleicht gab es ihn ja, und er hörte unsere Bitten, kümmerte sich aber nicht darum. Ich wußte von vielen Leuten, die zu ihm gebetet hatten und die nicht gerettet worden waren. Hatte nicht meine Mutter an ihn geglaubt? Ihre Gebete hat er sicher auch nicht gehört. Was ist mit all diesen Rabbis und Schriftgelehrten, die sonst nichts taten, außer Tag und Nacht zu beten? Warum wurden sie nicht verschont?«[13]

Der Wechsel zum Christentum, der ein Teil innerhalb der Abfolge traumatischer Prozesse war, verlangte überdies die Aufgabe des alten und die Annahme eines oder mehrerer neuer Namen. Ihnen wurde weisgemacht, daß sie nun andere Personen seien. Der Name der jüdischen Kinder, Zeichen ihrer Einzigartigkeit[14], war eng verbunden gewesen mit ihren Familien und ihrer ursprünglichen Lebensform, mit der religiösen Gemeinschaft und ethnischen Gruppe. In der Forschungsliteratur versteckt sich der individuelle Namenwechsel hinter dem abstrakten Begriff »Identitätswechsel« (auch »falsche / angenommene« Identität – Judith S. Kestenberg spricht gar von »Doppelidentität«[15]).

Ewa Kurek erwähnt die Verwirrung, die die angenommenen Namen bei der Rückführung der Kinder verursachten.

Ebenso berichtet Wreschner Rustow, daß sich die Kinder ihrer ursprünglichen Identität hätten entledigen müssen, wenn sie neue Namen erhielten.

Nahum Bogner hingegen macht auf den umgekehrten Vorgang aufmerksam: Tragischerweise hingen die christlich beeinflußten jüdischen Kinder an ihren neuen polnischen Namen und wiesen einen hebräischen Namen zurück, der manchmal sogar ihr ursprünglicher war, weil es für sie einer Entwertung ihrer Vergangenheit in Polen (Verfolgung, Verlust der Eltern) gleichkam.

Mona Körte bezeichnet in ihrem nachdenklichen Beitrag den Namenwechsel als »Umbenennung«: mit dem Halbpräfix »um-« als Veränderung eines Zustandes.

Individuelle Reaktionen auf den Namenwechsel finden sich in den Fallbeispielen dieser Arbeit.

Pavel Friedländer kann sich kaum mit einem anderen Namen abfinden:

> »Zu Hause hatte man mich ›Pavel‹, häufiger noch in der gewöhnlichen Koseform ›Pavlicek‹ oder auch ›Gagl‹ genannt, ganz abgesehen von vielen anderen Kosenamen. Dann in Paris und Néris war daraus ›Paul‹ geworden, was für ein Kind schon nicht mehr dasselbe ist. Als Paul fühlte ich mich schon nicht mehr ganz wie ›Pavlicek‹, doch

›Paul-Henri‹ war weitaus schlimmer: Ich hatte eine Linie überschritten, war auf die andere Seite übergewechselt. Paul hätte Tscheche und Jude sein können, ein Paul-Henri jedoch konnte nur Franzose und Katholik sein.«[16]

Während seiner letzten Zeit im Internat der Sodalität, als es die politische Lage erlaubte, bat Friedländer darum, wieder bei seinem richtigen Namen genannt zu werden.

Janina Dawidowicz prägte sich ihren neuen Namen ein, weil sie eine Katholikin werden wollte. Trotzdem brauchte sie im Kloster lange, um sich an ihn zu gewöhnen:

»Ich bin ja ohnehin nicht ich selber. Ich bin Danka Markowska, ein unbekanntes Mädchen. Und wenn die schlechte Noten bekommt, dann schert mich das überhaupt nicht.«[17]

Als Mitte Januar 1945 russische Truppen die Deutschen vertrieben hatten, mußte sie ihre Identität nicht länger verbergen. Nun war sie in der klösterlichen Gemeinschaft bereit, Verse in die Stammbücher[18] ihrer Mitschülerinnen zu schreiben; denn sie hatte es bis dahin nicht über sich gebracht, mit einem falschen Namen zu unterzeichnen.

Als man Janina im jüdischen Kinderheim in Zabrze einen hebräischen Vornamen geben wollte, protestierte sie energisch. Sie war das Wechseln der Namen leid und argumentierte, daß schließlich ihre Eltern diesen Namen für sie ausgesucht hätten.[19]

Jakob Kuperblum hatte während der Jahre seiner Flucht mehrere Male seinen Namen wechseln und immer neue Lebensgeschichten erfinden müssen. Obwohl er tief in seinem Inneren wußte, wer er war, wer seine Eltern waren, fiel es ihm immer schwerer, sich dessen bewußt zu sein:

»Zeitweilig hatte ich völlig vergessen, wer ich wirklich war, und manchmal konnte ich mich nicht einmal mehr an meinen richtigen Namen erinnern.«[20]

Die Kinder der hier analysierten Fallgeschichten kamen aus mehr oder weniger jüdisch geprägten Elternhäusern, und wenn Judentum, abgesehen von anderen Attributen, als eine Lebensform definiert wird, so hatten diese Kinder ihre Religion in der Tradition der Gemeinschaft, in der Beheimatung, in den Gefühlen der Teilhabe und des Dabeiseins weniger erlebt als gelebt.

Infolge der politischen Umstände waren die Kinder in ihrem jungen Alter noch nicht über die Anfänge der hebräischen Sprache hinausgekommen. Auch auf religiöse Unterweisung mußten die Familien in Anbetracht der allgemeinen Gefährdung verzichten, ebenso wie auf Synagogenbesuche zu den Feiertagen.

Die Weisungen der Tora sind keine Gesetze, sondern Ermahnungen zu gottwohlgefälligem Handeln in Verantwortung gegenüber den Mitmenschen. Das Leben wird als eine dem Menschen von Gott gestellte Aufgabe verstanden. Die Eltern der Kinder mühten sich bis zuletzt um die Erfüllung dieser Aufgabe; bis zuletzt, das heißt: bis die Deutschen sie in den Tod trieben.

Die Kinder suchten Schutz im Christentum. Die Katholische Kirche rettete ihr Leben, meistens unter falscher Identität. Sie hatten die mit ihrer jüdischen Herkunft verbundene Todesdrohung internalisiert, das Feindbild introjiziert, sie wußten, daß ihre Familien und sie einer verfolgten, minderwertigen Gruppe angehörten, auf der die Erbschuld und der Fluch des »Gottesmordes« lasteten. Auf Grund ihrer traumatischen Regression war ihre realistische Selbsteinschätzung gestört, sie fühlten sich verantwortlich und schuldig. Der Haß auf die Juden sei berechtigt. Beflissen und demütig nahmen sie es auf sich, die »Sünden« ihrer Vorfahren wiedergutmachen. Die Flexibilität, mit der sie sich ihrer neuen Umgebung anpaßten, war neben ihrer Identifizierung mit dem Aggressor auch der Entwicklungsphase geschuldet, in der sie sich befanden: der Latenz.

Latenzkinder entwickeln neue kognitive Fähigkeiten, die selbstreflektiertes Handeln ermöglichen. Sie beginnen zu begreifen, daß soziale Akzeptanz davon abhängt, inwieweit sie bereit sind, sich den Normen und Regeln des Umfelds anzupassen. Und wie gewissenhaft sich die jüdischen Kinder daran hielten, kann man an dem Eifer erkennen, mit dem sie sich die Glaubenssätze und Bekenntnisse, die Gebete, Litaneien und Rituale der neuen Glaubensreligion einprägten.

Im Katholizismus trat der einig-einzige Gott des Judentums aus dem Verborgenen heraus, nahm als »christlicher« Gott[21] Gestalt an und wurde von einer Heiligen Familie (Jesus und Maria) begleitet. Während ihre Eltern in den Tod gingen, beteten die Kinder zu einem Gott, den sie bis dahin nicht gekannt hatten.

Flora Hogman versucht sich der Vorstellung von zwei Göttern, die auch der vieler Erwachsenen entsprach, aus der Sicht der Kinder anzunähern: Da die Kinder auch Täteranteile introjiziert und ihnen dadurch Anschluß an ihre unbewußten Phantasien und Triebrepräsentanzen verschafft hatten, neigten sie dazu, die Welt in gute und böse Kräfte einzuteilen, dergestalt, daß sie dem »christlichen« Gott alles Gute, dem »jüdischen« alles Schlechte zuschrieben.
Für die jüdischen Kinder bedeutete die Projektion alles Schlechten auf ihren eigenen Gott Entlastung und Belastung zugleich: sie bezichtigten sich Ihm gegenüber zugleich des Treubruchs.
Möglicherweise aber kam diese Vorstellung sogar der Denkart der Kirche entgegen; denn das Weltbild des Neuen Testaments ist dualistisch, selbst wenn die andere böse Macht nicht der jüdische Gott, sondern Satan ist.[22]

Die Faszination, die das Christentum auf die Kinder ausübte, hing auch mit der Inszenierung des Sakralen zusammen, die in den Autobiographien oft beschrieben worden ist. Für die verstörten Kinder, die entkommen, die aus der Hölle geflohen waren, aus Verstecken, aus Ghettos, aus Lagern, schien sich der Himmel zu öffnen.

Freilich kann niemand von Kindern im Latenzalter Verständnis für biblische Texte erwarten, noch dazu, wenn sie in Hebräisch oder Lateinisch dargeboten werden.
Doch die poetische und feierliche Liturgie der Gottesdienste schien Versöhnung und überschwengliches Heil für alle Welt zu verkünden.
Mit den magischen Formeln[23] der christlichen Gebete, die die Kinder fleißig einübten, glaubten sie, Gott erreichen und beeinflussen zu können. Es half ihnen, ebenso wie die Anrufung von Jesus, Maria und zahlreicher Heiliger, auf eine günstige Wendung ihres Schicksals zu vertrauen. Und die Kirche bestärkte sie in dieser Hoffnung.
Die Heilige Familie ermöglichte es ihnen, ihre eigene Familie geistig neu zu erschaffen, indem sie die libidinösen Besetzungen, die ihren Herkunftsfamilien gegolten hatten, auf diese verschieben konnten. Sie gab den hilflosen Kindern Orientierung und erschien ihnen verläßlicher als die irdischen Eltern, die vom Strudel der Ereignisse mitgerissen worden waren.[24]
Farbige Bilder und Skulpturen der himmlischen Gestalten, die sie bewundern und denen sie nacheifern konnten, kamen ihren zum Teil noch anthropomorphen Gottesvorstellungen entgegen, weckten in ihnen Gefühle von Nähe und Geborgenheit, mobilisierten aber auch regressive archaische Verschmelzungswünsche[25]. Vom Begreifen der Transzendenz waren sie auch infolge ihrer traumatischen Regression und der Trennung von ihrer jüdischen Umgebung noch weit entfernt.

Janina Dawidowicz empfand beim Anblick dieser künstlerischen Darstellungen, die die Gottesferne überwanden, Liebe und Zugehörigkeit: »man wußte, wer wer war«[26], und man konnte mit ihnen sprechen wie mit den Eltern.

Und Pavel Friedländer empfing

> »den größten Trost […] in der Verehrung der Heiligen Jungfrau. – Bei der Gipsfigur mit ihrem sanften Gesicht, dem langen weißen Gewand und dem himmelblauen Gürtel, auf dem Haupt die Sternenkrone aus Weißblech, fand ich so etwas wie mütterliche Nähe.«[27]

Nahum Bogner bestätigt, daß die wundersame Verzauberung der jüdischen Kinder, besonders der Mädchen, durch das katholische Ritual in der Forschung wohlbekannt sei.

Was er besonders für die Mädchen geltend macht, beweist sich in den Fallbeispielen der vorliegenden Arbeit ebenso bei einem Jungen, nämlich bei Saul Friedländer.

Er beschreibt, wie sehr er »die strenge Einfachheit, die tiefandächtige Stimmung der Frühmesse« gemocht habe, in der er zuweilen als Ministrant fungieren durfte. Er »liebte auch die prunkvollen Feste«. Er sei wie berauscht gewesen »vom Glanz der Meßgewänder und der Ziborien, dem aufdringlichen Geruch des Weihrauchs, der sanften oder majestätischen Musik«. Nie wieder, gibt er zu, habe er später jenes Gefühl verspürt, das ihn damals überwältigte, wenn er beim Hochamt in der großen Kapelle niederkniete und eine Nonne auf dem Harmonium die ersten Akkorde einer Fuge oder eines Chorals anschlug.[28]

Häufig bedeutete die erste Begegnung der jüdischen Kinder mit dem Christentum, von dem sie Hilfe und Rettung ersehnten, eine gewisse Beruhigung. Kirche und Kapelle waren für sie Oasen der Sicherheit. Viele fühlten sich zu dem stillen Mystizismus der Kirche hingezogen und blieben dieser Glaubensreligion auch später verbunden, wurden Priester und Nonnen, ohne ihren jüdischen Ursprung zu verleugnen. Zwei bekannte Beispiele dafür sind der französische Kardinal Jean-Marie Lustiger[29], der 1981 Erzbischof von Paris wurde und 1983 Kardinal, sowie der im Jahre 2005 amtierende polnische Außenminister Adam Daniel Rotfeld, der in einem Kloster des griechisch-katholischen Studitenordens in Uniow (Karpatenvorland) überlebte und Christ blieb.[30]

Zahlreiche Kinder wollten nach dem Kriege nicht zu ihren jüdischen Familien zurückkehren, weil sie an ihren christlichen Rettern hingen und sich nur bei ihnen sicher fühlten. Über sie hat Emunah Nachmany Gafny sehr ausführlich berichtet.

Laut einer persönlichen mündlichen Mitteilung von Mirjam Pressler[31] hätten viele jüdische Kinder und Jugendliche vor allem in Klöstern überlebt; die wenigsten freilich hätten sich später über diese Zeit ihres Lebens schriftlich geäußert; und die überwiegende Mehrheit sei im Christentum geblieben. Diese Aussage würde mit dem übereinstimmen, was der jüdische Schriftsteller Israel Cohen schon 1950 argwöhnte[32] und was auch Raul Hilberg[33] später bestätigte.

Eine Anzahl der Kinder und Jugendlichen, die zum Judentum zurückkehrte, scheiterte an der Unvereinbarkeit zwischen diesem und den christlichen Glaubensüberzeugungen.

Ein konfliktfreier Übergang von einer Religion zur anderen gelang nur selten, zumal ein Religionswechsel bei einem Kind im allgemeinen nicht auf einer freiwilligen Entscheidung beruht oder Ergebnis einer seelisch-geistigen Entwicklung ist, sondern ein Identitätsbruch, der eine radikale Abkehr von der früheren Existenz verlangt.[34] Es kam auf das soziale Umfeld an, hing von der Haltung der umgebenden Bezugspersonen ab, bis zu welchem Grad ein

Identitätsbruch, der Person und Religion betraf, ein Wechsel der Repräsentanzenwelt sowie ein gleichzeitiger Bruch der Kontinuität von einem Kind überhaupt verarbeitet werden konnte.

Dafür steht Janina Dawidowicz' Vertrauensverhältnis zu einer Nonne, das sich allerdings nur deshalb entfalten konnte, weil diese infolge von Janinas traumatischer Regression in die Rolle des Primärobjekts gelangt war, von dem dieses Kind Hilfe ersehnte.

Viele Kinder und Jugendliche gerieten infolge ihres Bekenntnisses zur christlichen Glaubensreligion in Loyalitätskonflikte mit ihren Eltern und fühlten sich schuldig. Wenn sie sich wünschten, künftig nicht mehr zu dieser »minderwertigen« ohnmächtigen Gruppe zu gehören, wenn sie abstritten, je dazugehört zu haben, verleugneten sie auch ihre Eltern. Andererseits bezichtigten sie sich, ihre Eltern nicht gerettet, sie im Stich gelassen zu haben, zur gleichen Zeit, als sie von ihnen verlassen wurden; dabei verwischen sich häufig die Konturen der ursächlichen Zusammenhänge. Ihre Selbstanklagen wogen um so schwerer, wenn sie gewahrten, daß eine nicht geringe Zahl von Kindern, besonders die aus orthodoxem jüdischen Milieu, sich nicht von ihren Eltern hatte trennen wollen und Überlebensmöglichkeiten in christlicher Umgebung abgelehnt hatte.[35]

Mit Blick auf die Fallstudien dieser Arbeit steigerte sich Jakob Kuperblum in ein immer größeres Überlebendenschuldgefühl hinein. Er klagte sich seines »Versagens« an, seine Familie nicht gerettet zu haben.

Janina Davidowicz wartete in einem Versteck auf der »arischen« Seite Warschaus auf die Ankunft ihrer Eltern, die versprochen hatten, ihr zu folgen. Sie wartete vergebens:

> »Mein Herz verkrampfte sich vor Elend. Ich hatte kein Recht gehabt, sie zu verlassen. Mein Platz war dort« (im Ghetto, Verf.). – »Ich war ein Feigling gewesen, ein Deserteur. Ich war davongelaufen und hatte es ihnen überlassen, meine Freiheit mit ihrem Leben zu bezahlen. Ich mußte zurück.«[36]

Bei manchen Kindern löste die Taufe, die ihre Konversion zum Christentum scheinbar endgültig besiegelte, Verstörung und Verzweiflung aus. Sie empfanden sie als ewige Trennung von ihren Eltern, besonders im Tod (der für sie stets gegenwärtig war).

Renée Roth meinte, daß die Taufe irgend etwas in ihren Schwestern und ihr für immer zerbrochen habe und daß sie niemals wieder dieselben sein würden:

> »But to get converted is quite another thing! Once you are baptized, there's no going back! Deep down, I am afraid that what they're teaching us in catechism is true: That, after we are baptized, my sisters and I will be forced to go to Heaven without our parents.«[37]

Die Botschaften der Kirche waren gerade während der Zeit des Krieges und der Judenvernichtung widersprüchlich, sie stifteten Verwirrung und trieben die Kinder mehrfach in Doublebind-Situationen.
Skandalös wurde der Religionswechsel dadurch, daß die Kinder und Jugendlichen mit der Taufe nicht nur den Glauben der Mörder ihrer Eltern annahmen, sondern daß im Christentum ein Gott verehrt wird, der Jude war. Die Kirche vermied stets sorgfältig, auf Jesu Judesein hinzuweisen.

In der Fallgeschichte Pavel Friedländers mutet seine Trauer um den gekreuzigten Jesus makaber-paradox an: seiner Herkunft nach zu dem verfluchten Volk gehörend, dem man nachsagt, Gottes Sohn ermordet zu haben, beweinte er nun als Christ den Tod dieses Gottessohnes, der kein »Christ«, sondern Jude war, also die gleiche Herkunft hatte wie er. Dem katholischen Seminar, das die Zöglinge hermetisch von der Außenwelt abschirmte, war es gelungen, Emotionen und Affekte der Schüler durch die Aktualisierung eines religiösen Geschehens zu kanalisieren, das nicht nur fern der Realität war, sondern beklemmend fremd. Es wurde vom Inferno der Gegenwart in den Schatten gestellt.

Janina Dawidowicz erfuhr die Doublebind-Situation in anderer Weise: Obwohl sie sich im Laufe der Zeit stark mit dem Christentum identifiziert hatte, begegnete ihr, als sie infolge von Unterernährung und Vitaminmangel schwer erkrankte, der traditionelle katholische Antijudaismus: man unterstellte ihr die Hautkrankheit Krätze, weil sie sich nicht regelmäßig wasche:

> »›Wir tun, was wir können, um dir Reinlichkeit beizubringen, aber wie können wir hoffen, gegen rassische Eigenheiten anzukommen? Was von einer Generation zur anderen weitervererbt wird... Dein Volk war immer dreckig und wird es immer sein...‹.«[38]

Das Christentum steht, da es sich aus dem Judentum entwickelt hat, diesem nicht neutral, sondern in einer eigentümlichen Dialektik gegenüber. Eine kurze historische Vignette möge das verdeutlichen:

In der frühen römischen Kaiserzeit (ab 27 v. Z. [Kaiser Augustus]) bildeten Juden[39] wie Christen Minderheiten und wurden abgelehnt. Später nahm die Alte Kirche (100-600 n. Z.) die verbreitete Judenfeindschaft auf, bediente sich ihrer bei ihren Distanzierungsbemühungen gegenüber dem Judentum und verschärfte sie durch ihr eigenes theologisches Selbstverständnis. Verachtung und Haß gegenüber den Juden kulminierten in dem Vorwurf des »Gottesmordes«[40], einer Konstruktion, die den historischen Fakten widerspricht. Seine Intensität aber und die Beständigkeit, mit der er über zwei Jahrtausende tradiert worden ist, mahnt, nach tieferen psychischen Ursachen zu suchen:

Mitten im Unglück der Juden (Zerstörung des Zweiten Tempels 70 n. Z.) begannen die Christen, ihre ersten Gemeinden aufzubauen. Diese Willkür, meinen die beiden französischen Psychoanalytiker Grunberger und Dessuant[41], habe zu Schuldgefühlen geführt, die in der Abwehr auf jene projiziert worden seien, die sie verursacht hätten: die Juden. Sie, die ihrem Gott und der Tradition ihrer Vorfahren die Treue hielten, wurden als Ungläubige bezeichnet. »Dieses Bedürfnis nach projektiver Umkehrung« – so die Psychoanalytiker – bezeuge »die Schärfe des Konflikts«[42]. Einige Kirchenväter (Tertullian, Origenes und andere) sahen für den Untergang Israels keine andere Ursache als den Mord an Jesus, dem Messias. Die vermeintliche Verwerfung der Juden durch Gott schien auf diese Weise gerechtfertigt, und die Annahme, daß Gott mit den Christen einen Neuen Bund geschlossen habe, selbstverständlich. Da Jesus für die Christen der von den Juden ersehnte Messias war, auf den in der hebräischen Bibel immer wieder verwiesen wird, vereinnahmten sie die Heilige Schrift der Juden: die junge Kirche brauchte den »Anstrich« einer uralten Religion, weil ein hohes Alter in der hellenistischen Umwelt als Wahrheitsbeweis betrachtet wurde. Die göttlichen Verheißungen galten nun für das Christentum. Und obgleich »das Heil [...] von den Juden« kommen sollte (Joh 4, 22), standen diese mit ihrer unerfüllten Messiashoffnung[43] abseits. Der Heilsweg führte allein über die Anerkennung der christlichen Glaubenslehre.

Der beharrliche Vorwurf des »Gottesmordes« traf auch die jüdischen Kinder, die bereits ein Übermaß an Gewalt introjiziert hatten. Sie waren auf Grund ihres kognitiven Entwicklungsstandes gar nicht in der Lage, dieses historisch unhaltbare Vorurteil zu durchschauen, geschweige denn, ihm entgegenzutreten. Mit der schrittweisen Aufgabe der Ich-Funktionen war auch ihre Selbstwertregulation beeinträchtigt worden. Sie waren der Übermacht der Kirche, auf deren Schutz sie angewiesen waren, hoffnungslos unterlegen.

Fortschreitende Ich-Regression, das heißt, die Erfahrung tiefster Verlassenheit führte zur Unterwerfung unter die Macht der fremden Religion und zur Introjektion[44] ihrer aggressiven Affekte, wodurch ihre existentielle Feindschaft zum Verschwinden gebracht wurde. Die Kinder verstanden dieses auf sie projizierte Feindbild des »Gottesmörders« als Bestrafung für eine Verfehlung. Zu wertlosen Objekten degradiert, verhielten sie sich wie »mechanisch-gehorsame Wesen«[45]. Sie akzeptierten ihre eigene Entwertung, nahmen die Verantwortung für die »Verbrechen« der Juden auf sich und fügten sich der Macht der Kirche. Sie bestanden auf einer strengen Behandlung und meinten (für die Übertretung eines phantasmatischen Verbots) »Strafe« verdient zu haben.

Die Einstellung der jüdischen Kinder gegenüber ihrer eigenen Religion und ihrer Herkunft war ambivalent. In der Forschungsliteratur finden sich etliche Hinweise darauf:

Wreschner Rustow betont, daß die Kinder keiner so erniedrigten und verfolgten Gruppe angehören wollten wie ihre Eltern.

Flora Hogman ergänzt, daß die von ihr interviewten Kinder ihre jüdische Herkunft wegen ihrer unheilvollen Kriegserfahrungen ablehnten. Sie meinten mit einem »Defekt« geboren zu sein und weigerten sich, zu diesem »verfluchten« Volk zu gehören. Auch in ihrem äußeren Erscheinungsbild wollten sie sich dem der Christen angleichen.

Judentum, so führt Nechama Tec aus, habe Schande, Gefahr und Tod bedeutet.

Nahum Bogner bestätigt, daß sich ältere Kinder durchaus ihrer jüdischen Herkunft bewußt gewesen seien, sie aber zurückwiesen, weil sie die Quelle aller ihrer Leiden war. Die bloße Erwähnung habe Angst und Entsetzen hervorgerufen; auch Furcht vor dem Schicksal der Juden, wie sie es aus ihrer eigenen schmerzvollen Vergangenheit kannten.
Bogner hebt noch einen weiteren wichtigen Aspekt hervor: Einige jüdische Kinder litten unter dem Trauma, im Stich gelassen worden zu sein. Ein Kind, das von Eltern oder Verwandten in die Obhut einer christlichen Familie gegeben worden sei, habe sich preisgegeben gefühlt; selbst wenn es bis zu einem gewissen Grad verstanden habe, daß dieses zu seinem Schutz geschah.

Die Kinder der Fallstudien in der vorliegenden Untersuchung kamen – wie erwähnt – aus assimilierten Elternhäusern. Eine Ausnahme bildet Jakob Kuperblum, der in ein Ostjudentum hineingeboren worden war, das nach dem Ersten Weltkrieg den Status einer nationalen Minderheit erhalten hatte, was politische Gleichberechtigung bei Bewahrung seiner Nationalität sowie seiner eigenen Lebensweise, Sprache und Kultur bedeutete. Eine traditionelle religiös bestimmte Erziehung erhielt er bei seinen Großvätern, die vermutlich dem Chassidismus anhingen. Er gab sein Judentum nie auf, er scheute sich, seinen Gott zu verraten, obgleich er unter christlichem Einfluß von Zweifeln geplagt wurde:

> »Wenn sie« (die Juden, Verf.) »ihn« (Jesus, Verf.) »und all die Kinder an Passah nur nicht umgebracht hätten, dann hätte ich heute noch meine Mutter, meinen Vater und Bruder Josele, und wir wären zusammen zu Hause in Puławy.«[46]

Auch er introjizierte das ihm von den Verfolgern aufgezwungene Feindbild:

»Warum hat Gott überhaupt Juden geschaffen? Wozu sind wir Juden überhaupt auf der Welt?«[47] Sie erschienen ihm degeneriert, anomal und nutzlos für die menschliche Gesellschaft. Wie lange noch konnte die Existenz von Juden als einer minderwertigen Rasse und als einem von Gott verworfenen Volk in der christlichen Welt geduldet werden?

Und er fährt fort:

»[...], vielleicht ist es der Wille Gottes. Wir haben Jesus Christus umgebracht, und nun hat Jesus Christus Hitler geschickt, um seinen Tod zu rächen. – Vielleicht sind wir wirklich minderwertig und stehen dem Fortschritt im Weg. – Wir sind nicht im geringsten wie andere Menschen. Wir sprechen eine andere Sprache, wir haben andere Feiertage, wir machen wirklich alles anders als die anderen. Warum feiern wir unseren Sabbat samstags und nicht sonntags? – Und, was am schlimmsten ist: Warum beschneiden wir kleine Jungen und lassen sie leiden?«[48]

Frida Scheps lehnte alles, was mit ihrer jüdischen Herkunft zusammenhing, ab, obgleich sie in Paris unter den osteuropäischen Flüchtlingen in einem jüdischen Umfeld gelebt hatte. Schon früh mußte sie Feindseligkeit, Demütigungen und Ausgrenzung erfahren, so daß sie das von der Gesellschaft propagierte Feindbild introjizierte und auf ihrer französischen Identität bestand. Auch später blieb ihr Verhältnis zum Judentum ambivalent.

Renée Roth und ihre Schwestern waren nach ihren eigenen Angaben nicht mit ihrer Religion vertraut, die allerdings von den Eltern und besonders von ihrer Großmutter gelebt wurde. Doch der antisemitische Terror der Deutschen ließ es ratsam erscheinen, jüdischer Erziehung keine Bedeutung beizumessen. Alles sollte nach dem Krieg aufgeholt werden.

Auch Pavel Friedländer hatte keine religiöse Erziehung genossen, was für einen Jungen ungewöhnlich war. Seine Eltern waren assimiliert. Bei ihnen zu Hause sei »vom Judentum als Religion nichts mehr zu spüren«[49] gewesen. Sie hätten keine der orthodoxen jüdischen Lebensregeln befolgt, keines der religiösen Feste gefeiert und keine der alten Sitten und Gebräuche gepflegt. Allerdings entwickelten seine Mutter und ihre Brüder lebhaftes Interesse für den Zionismus.

Friedländer selbst bezeichnet sich als einen »nichtjüdischen« Juden, der in einem französischen Kinderheim von jüdischen Kindern, die aus Polen kamen und alle Jiddisch sprachen, für einen »goj«[50] gehalten wurde.

Nach dem Krieg identifizierte er sich über das Schicksal seiner Eltern mit seinem Judentum und verspürte ein großes »Verlangen nach Rückkehr, Rückkehr zu einer dezimierten, erniedrigten, elenden Gruppe.«[51]

Janina Dawidowicz wuchs in einem Haus mit jüdischer Atmosphäre auf; doch sie berichtet, daß ihre Eltern nicht »im geringsten religiös«[52] gewesen seien. Obwohl sie durch Großeltern und andere Verwandte das Judentum als Lebensform kennenlernte, war der christliche Einfluß ihrer Umgebung und vor allem der ihres Kindermädchens bestimmend. Schon vor dem Krieg hatte sie das entwertende Feindbild ihrer polnischen Umgebung introjiziert und nahm sich vor, im Erwachsenenalter zum Katholizismus überzutreten.

Alle jüdischen Kinder erlitten während der Schoa den Bruch ihrer Kontinuität, und bei einer großen Zahl scheint der erzwungene Religionswechsel die Traumatisierungen noch verstärkt, beziehungsweise den Verfolgungs- und Trennungstraumen ein weiteres, andersgeartetes Trauma hinzugefügt zu haben: den Bruch ihrer Identität.

Die fünf Kinder der hier analysierten Fallstudien haben diesen Identitätsbruch in unterschiedlicher Weise erfahren. Da sie sich zu Beginn der Schoa bereits in der Entwicklungsphase der Latenz befanden, hatten sie, bis auf eine Ausnahme, während der Zeit vor dem Krieg durch frühe Lebenserfahrungen, durch emotionale Bindungen in ihrer Familienkonstellation und durch ihre religiöse Zugehörigkeit wenigstens eine Art Familien-Identität entwickeln können.

Jakob Kuperblums Biographie wurde durch die Verfolgung wohl am radikalsten zerbrochen. Dank seiner frühen religiösen Prägung verfügte er bereits über eine differenzierte Über-Ich-Struktur, die ihn seinem Gott auch in den Jahren der Verfolgung die Treue halten ließ.

Doch dann nach der »Befreiung«, während der »dritten traumatischen Sequenz«, geriet er in eine vorübergehende Identitätskrise.

»Ich habe überlebt, dachte ich, aber wer noch? Wo sind die anderen?«[53] Er spürte, daß er in Gefahr war, seine jüdische Identität zu verlieren. Sie »stand« für ihn »irgendwo am Horizont, erschien wie ein verschwommener Fleck vor« seinen »Augen«[54]. »Eine Stimme drängte« ihn »unaufhörlich, doch endlich zurückzukehren«[55], doch er ahnte, daß er niemanden mehr wiederfinden würde. Und wenn mit Rückkehr die zu seiner Selbstrepräsentanz aus der Zeit vor dem Krieg gemeint war, so wurde das durch die Beschädigungen, die die extremen, kumulativen Traumen in seiner seelischen Struktur angerichtet hatten, unmöglich gemacht.

Von Verzweiflung überwältigt, unternahm Jankele einen Suizidversuch.

Er erlebte, daß die Bedrohung mit der Niederlage der Deutschen nicht geringer geworden war, sondern daß sie in dem katholischen Antijudaismus fortbestand. Seine Identität bedeutete nach wie vor Lebensgefahr und war Ursache seiner Bedrängnis. Wenngleich das Christentum inzwischen seine lebensrettende Funktion verloren hatte, bedeutete es noch immer Sicherheit. Der Gott der Christen: Jesus, schien die, die an ihn glaubten, zu beschützen und weitgehend zu verschonen. Auch Jankele war verschont worden, weil er in größter Not versprochen hatte, an Jesus zu glauben. Nun meinte er, dieses Versprechen einlösen zu müssen. Nicht allein wegen der obwaltenden Umstände, sondern auch, weil seine malignen Introjekte sein Ich-Ideal entwertet hatten, beschloß er, Christ zu werden. (Er wollte »so gern normal sein wie jeder andere.«[56])

Doch dann belehrte ihn ein pogromartiger Vorfall, daß Judesein »angeboren« ist, daß es nicht auf einem Akt freiwilliger Entscheidung beruht wie das Christsein.[57]

Jankele litt unter extremen Verfolgungstraumen, nicht so sehr unter dem Bruch seiner Identität[58]. Er akzeptierte seine jüdische Herkunft, trotz aller Bedenken und Zweifel. Die Erinnerungen an seine frühe Kindheit vor dem Krieg tauchten auf. Er wollte seine Familie suchen.

Janina Dawidowicz wuchs in einer jüdischen, doch sehr assimilierten Familie auf. Gleichzeitig mit der kühlen, distanzierten Einstellung ihrer unmittelbaren Bezugspersonen zum Judentum erfuhr sie die ablehnende Haltung ihrer polnischen Umgebung, deren traditioneller Antijudaismus in den dreißiger Jahren des vergangenen Jahrhunderts in antisemitische Hetze umgeschlagen war. Die frühen Verunsicherungen innerhalb ihrer Familie, der christliche Einfluß ihres Kindermädchens und die Feindseligkeit der polnischen Gesellschaft ließen Janina am Wert des Jüdischseins zweifeln. Die Angriffe und Kränkungen, die ihr widerfuhren, bezog sie jedoch mehr auf ihr Körperbild als auf ihre Religion. Sie begann, sich mit den Augen ihrer Gegner zu sehen, introjizierte das von der Gesellschaft propagierte entwertende Feindbild und sehnte sich darnach, jenen zu gleichen, die sie zurückwiesen.

Krieg und Schoa verbanden Janina mit ihrem Volk in einer Art Schicksalsgemeinschaft. Als sie dann zur Rettung ihres Lebens im Jahre 1943, kurz vor dem Ausbruch des Warschauer Ghetto-Aufstandes, von ihren Eltern getrennt wurde, fügte das der Abfolge traumatischer Erfahrungen in ihrem Leben ein weiteres sehr schweres Trauma hinzu.

Noch im Ghetto hatte sie beobachtet, mit welcher Angst ihre Familie um ihr gemeinsames Überleben kämpfte. Infolge der dadurch bedingten starken libidinösen Besetzung ihrer Eltern war sie unfähig, sich von ihnen zu lösen, zumal sie sich das Idealbild ihrer infantilen Objektrepräsentanzen bewahren wollte. Ihre Eltern beschützten sie, milderten ihre traumatischen Erschütterungen, wirkten identitätsstiftend und bildeten die Brücke zu ihrem früheren Leben.

Eineinhalb Jahre verbrachte Janina zuerst in einem Kloster, dann in einem Nonnen-Konvent. Sie war fasziniert vom Katholizismus, verzaubert von der Glitzerwelt der Kirche. Wißbegierig und freudig nahm sie die neue Religion an und verdeckte das maligne Introjekt mit ihrer Idealisierung. Sie übte die Formen der neuen religiösen Praxis ein, lernte Gebete und die Unterweisungen des Katechismus (es waren die gleichen »Formeln«, die sie in ihrer jüdischen Erziehung so mißbilligt hatte).

Doch beinahe jede Seite des zweiten Bandes ihrer Trilogie verrät ihre Jüdischkeit und stellt ihr Bemühen, sich der christlichen Lebens- und Wertewelt anzunähern, in Frage. Sie vermochte nicht, ihre ursprüngliche Identität aufzugeben, sich von ihren wichtigsten Liebesobjekten zu distanzieren. Mit dem neuen Namen meinte sie, nicht sie selbst zu sein. Sie blieb Janina Dawidowicz, das jüdische Kind.

Tatsächlich lebte sie mit zwei Identitäten. Sie betete zu einem »gütigen, schönen, verständnisvollen Gott«[59], von dem sie wähnte, es sei der »christliche«, und wohl auch zu Jesus und Maria. Doch das linderte nicht wirklich ihre unerträglichen Schuldgefühle, die verzweifelten Selbstanklagen, ihre Eltern im Stich gelassen zu haben: »Wieder fühlte ich, daß ich das Ghetto nie hätte verlassen sollen.«[60]

Trost und Geborgenheit in der neuen Religion fand sie erst bei ihrem zweiten klösterlichen Aufenthalt. Eine Nonne, zu der Janina Vertrauen faßte, weil sie infolge ihrer (Janinas, Verf.) traumatischen Regression in die Rolle des Primärobjekts geraten war, nahm sich ihrer an.

Janina empfing Taufe und heilige Kommunion, hoffte nun vor Verfolgung sicher zu sein und ihre Eltern nach dem Krieg wiederfinden zu können. Bezeichnend dafür ist ihre beschwörende Bemerkung am Ende des Jahres 1944: »Vater lebte noch. Er mußte einfach noch leben, sonst hatte ja auch die Tatsache meines Überlebens keinen Sinn.«[61]

Nach Kriegsende erfuhr Janina während der von Keilson beschriebenen »dritten traumatischen Sequenz« eine jähe Ernüchterung. Nach den Jahren im Kloster kehrte sie wie die meisten Überlebenden in eine Welt zurück, die eine andere geworden war und die Janina mit Hilfe »negativer Magie« in die aus der Zeit vor dem Krieg zurückverwandeln wollte. Sie sehnte sich nach der christlichen Umgebung, auf die sie die »elterlichen Trost- und Schutzfunktionen«[62] übertragen hatte. Sie fühlte sich von ihr im Stich gelassen, allein und desillusioniert. Sie litt unter dem wiederauflebenden polnischen Antijudaismus und kämpfte in der Schule mit Lernschwierigkeiten.

Nicht der Religionswechsel, der bei Janina keinen Identitätsbruch auslöste, weil sie sich dank der Erlaubnis ihres Vaters zur Taufe eine Doppelidentität erhalten hatte, sondern die Nachricht von seinem Tod bewirkte das katastrophische Trauma.

Wenn Janina betonte, daß sie jede Religion ablehnte, so geriet auch ihre Beziehung zu Gott in eine Krise: sie wollte »atheistisch« oder »agnostisch« sein. Sie hatte von den Lagern erfahren, vom Tod ihres Vaters: »Es gab keinen Gott«.[63]

Erst mit ihren Versuchen, neue menschliche Beziehungen aufzunehmen, begann die Wirklichkeit Gottes wieder in ihr Leben einzudringen. Janina identifizierte sich mit den internalisierten Über-Ich-Normen ihrer Eltern. Auf diese Weise gelang es ihr, an ihre eigene Ethnie, an ihre jüdische Identität anzuknüpfen. Nach wie vor auf Distanz zu ihrer Religion, fühlte sie sich ihrem Volk verbunden.

Auch Pavel Friedländer verdankte sein Überleben der Katholischen Kirche. Das Christentum war für ihn die erste Religion, die er kennenlernte. Die wenigen Signale seiner eigenen Religion, die er bis dahin empfangen hatte, beschränkten sich zunächst auf drei jüdische Kinderheime, wobei ihn das erste in Montmorency traumatisierte. Das letzte im Departement Creuse hingegen vermittelte ihm eine Ahnung von der Frömmigkeit und Leuchtkraft der jiddischen Welt, die in jenen Wochen und Monaten endgültig unterging. Und dann der Dezemberabend 1941, als ihm sein Vater die Chanukka-Geschichte erzählte. Friedländer deutete diese Begebenheit nachträglich als »Tradition«[64], die darin bestehe, in dem Augenblick, da es keinen Ausweg, keine Zuflucht mehr gäbe, ein wenig Trost zu spenden, einen Traum herbeizuzaubern, eine Illusion.

Das Christentum allerdings begegnete Friedländer nicht als Traum oder Illusion, sondern mit der unabdingbaren Forderung eines Identitätswechsels. Seine Erinnerungen an seine Kindheit mußten verschwinden, er mußte ein anderer werden. Vier Jahre lang (vom September 1942 an) verbrachte er in diesem katholischen Internat, das »kein Kinderheim« war, »sondern ein Seminar für Jungen, die in der Regel Priester werden wollten. Also sehr streng, streng katholisch.«[65] Später bezeichnete Friedländer die Atmosphäre im Internat zwar als »ziemlich schlimm«, aber nicht so schlimm wie die Trennung von seinen Eltern: »[...] das war das Einzige, was wirklich zählte, was für« ihn »absolut prägend war, lebenslang.«[66]

Seine »erste traumatische Sequenz« hatte Pavel Friedländer noch unter der Obhut seiner Eltern erlebt, in einem Land, in dem die antisemitische Vorgehensweise der deutschen Besatzer eine gewisse Hemmung dadurch erfuhr, als sie auf nationaler, provinzialer und kommunaler Ebene von der Zusammenarbeit mit den französischen Behörden abhängig war.[67] Hier wie in Belgien, Dänemark und in den Niederlanden ermöglichte die Solidarität der einheimischen Bevölkerung mit den Juden vielfache Rettung. Es gibt eine beachtliche Zahl von in französischen und belgischen Klöstern unter falscher Identität versteckten jüdischen Kindern.

Die »zweite traumatische Sequenz« begann für Pavel mit dem »katastrophischen Trauma« des jähen und unwiderruflichen Abschieds von seinen Eltern und seinem Eintritt in das Internat Saint Béranger. Es versetzte ihn in einen Zustand vollkommener Betäubung, so daß er alles, was ihm widerfuhr, wie durch einen Filter wahrnahm.

Die neue Religion, die, in äußere Formen der Frömmigkeit geprägt, für verbindlich erklärt wurde und von deren Annahme das ewige Heil abzuhängen schien, konnte ihm keinen Trost bieten, im Gegenteil: Pavel fühlte sich in dieser fremden Umgebung völlig hilflos, der übermächtigen Präsenz des Katholizismus ausgeliefert.
Er erlebte den Identitätsbruch konkret in psychisch-somatischen Symptomen bis hin zu seinem Suizid-Versuch. Sein ich-regressiver Zustand konnte durch die aufopfernde Pflege und Fürsorge der Nonnen, die für ihn in die Rolle des Primärobjekts gelangt waren, aufgefangen werden.

Im Vollzug seiner Genesung begann er sich mit dem Katholizismus zu identifizieren, das maligne Introjekt setzte sich in seinem Ich-Ideal fest: »Mit ganzer Seele hatte ich mich dem Katholizismus verschrieben«, so sehr, daß er sich gelegentlich antijüdischer Klischees bediente. Nachträglich bekennt sich Friedländer zu dieser seiner »geheime[n] Schande«[68].

Als sich für Pavel abzuzeichnen begann, daß er seine Eltern nicht wiedersehen würde, blieb ihm »nur eine Zuflucht: die Religion«[69].

An dieser Stelle soll auf die maßgebenden Erkenntnisse von Wreschner Rustow[70] verwiesen werden, die betont, daß die christliche Religion besonders für die Kinder große Bedeutung erlangt habe, die zuvor keine andere Religion kennengelernt hatten. Traumatisierende Realität und zunehmende Deprivation hätten der Wendung zum spirituellen Leben Vorschub geleistet. Auch auf Pavel Friedländer hatten die katholischen Messen die von Wreschner Rustow beschriebene »hypnotische Wirkung«[71].

Infolge des restriktiven Einflusses des katholischen Internats hatte Pavel grundlegende Ich-Funktionen aufgeben müssen.

Doch zu jenem Zeitpunkt, da er Saint Béranger zum ersten Mal nach dem Ende des Krieges verließ, um nach Saint Étienne zu reisen, holte ihn die Erinnerung an seine Eltern ein.

Der Jesuitenpater, mit dem er eigentlich über seine geistliche Zukunft hatte sprechen wollen, knüpfte bei seiner Vergangenheit an. Von ihm erfuhr Pavel die unfaßbare Wahrheit über das Schicksal seiner Eltern, über das Schicksal seines ganzen Volkes.
Der mitfühlende Priester, der es vermutlich lieber gesehen hätte, wenn Pavel Katholik geblieben wäre, stellte ihm die Entscheidung zwischen beiden Religionen frei.

Zum ersten Mal, so Saul Friedländer, habe er sich als Jude gefühlt, »nicht mehr heimlich oder gegen« seinen »Willen, sondern in völligem Einverständnis« mit sich selbst.[72]

Und doch setzte er sich nach der Schoa – während seiner »dritten traumatischen Sequenz« – mit möglichen Identitätsentwürfen auseinander, hauptsächlich vor dem Hintergrund des neu gegründeten Staates Israel.

Bei seiner Identitätssuche kam der Erinnerung besondere Bedeutung zu: auf der persönlichen Ebene, aber auch auf der kollektiven: der Erfahrung von Verfolgung und Vernichtung des jüdischen Volkes.

Nach Aussage von Karolin Machtans[73] bestehe also ein Zusammenhang zwischen persönlicher Lebensgeschichte und der Geschichte des europäischen Judentums.

Davon zeugt Saul Friedländers historiographisches Hauptwerk »Das Dritte Reich und die Juden«. Nach Friedländers eigenem Bekunden finde sich seine Identität »in der Auseinandersetzung mit der NS-Zeit und dem Holocaust«[74] – und das in ununterbrochener Zwiesprache mit seinen in Auschwitz ermordeten Eltern.

Frida Scheps war wegen ihrer osteuropäisch-jüdischen Herkunft schon in ihrer frühen Kindheit diskriminiert und ausgegrenzt worden. Sie wuchs bei ihrer Mutter auf, ohne die Geborgenheit einer Familie, die die antisemitischen Vorurteile der Gesellschaft hätte relativieren und abmildern können. Frida hatte das propagierte Feindbild introjiziert und identifizierte sich mit denen, die sie ablehnten: mit den Franzosen. Für sie waren Frankreich und Katholizismus synonym. Da Frida zwar jiddische Atmosphäre, doch keine religiöse Tradition kennengelernt hatte, überhöhte sie das Christentum, zumal sie es mit der Abwehr ihrer jüdischen Herkunft und ihrer trotzig verteidigten französischen Nationalität[75] verband. Sie war zu jung, um wissen zu können, daß es auch viele jüdische Franzosen gab.

Die angespannte häusliche Atmosphäre ängstigte und verunsicherte sie um so mehr, als sie spürte, wie die Bedrohung zunahm, ohne daß sie eine konkrete Gefahr hätte erkennen können. Die (nicht phasengerechte) Trennung von ihrer Mutter befreite sie von dieser Bedrückung. Das mag die Ursache dafür gewesen sein, warum ihr der Abschied zunächst leicht fiel.

Infolge ihrer traumatischen Regression unterwarf sich Frida der klösterlichen Gemeinschaft. Der Katholizismus bot auf phantasmatische Weise Ersatz für elterliche Liebe und elterlichen Schutz. Auf ihn konnte sie ihre geschwächten Ich-Funktionen delegieren.
Allerdings hinderten sie seine bestimmenden Vorgaben daran, ihre Über-Ich-Direktiven, die gemäß ihrer Entwicklungsphase noch rigide und streng waren, zu modifizieren und zu internalisieren. Da Frida kein autonomes Über-Ich zu festigen vermochte, blieb Autorität für sie weiterhin in der Außenwelt verankert. Die strengen Strukturen des Klosters und seine vor-ambivalente Atmosphäre beeinträchtigten ihre altersspezifische Entwicklung. Der Ausbau ihrer kognitiven Fähigkeiten und die Förderung altersangemessener Fertigkeiten, die ihr Selbstwertgefühl positiv hätten beeinflussen können, wurden vernachlässigt.

Fridas Idealisierung ihrer Mitschülerin Henriette war ein (schiefer[76]) Versuch, ihre Beziehungslosigkeit zu durchbrechen. Paradoxerweise führte sie gerade das Scheitern dieser Bemühungen zurück zu ihrem jüdischen Ursprung, zurück zu ihrer frühen Kindheit.

Die Episode auf dem Dachboden bewirkte eine Abkühlung ihres christlichen Eifers, für ihr Jüdischsein büßen zu wollen. Noch immer hing sie am Katholizismus; schließlich war er die einzige Religion, die sie kannte. Erst in ihrer

»dritten traumatischen Sequenz« erlebte sie durch ihre erzwungene Rückkehr zum Judentum einen schmerzlichen Identitätsbruch.

Fridas größtes Trauma war die Trennung von ihrer Mutter, deren Tragik sie sich in ihrer Kindlichkeit zwar nicht bewußt gewesen war, dessen Wirkung aber auf unbewußter Ebene der Zerstörung ihres Selbst gleichkam. Ihre Mutter kehrte nicht zurück, und die mit dem unvollendeten Abschied nachträglich verbundenen Schuldgefühle schrieben das Trauma für immer fest.

Auch die drei Geschwister Roth wurden in einem französischen Kloster vor der »Deportation« in die Vernichtungslager der Deutschen gerettet. Sie waren in einer jüdischen Familie aufgewachsen, ohne daß ihrer religiösen Unterweisung besonderes Gewicht beigemessen worden wäre. Ohnehin war für Mädchen der Lernstoff reduziert, und die politischen Verhältnisse mahnten die Eltern zur Vorsicht.
Renée und ihre Schwestern waren durch Verfolgung und Ausgrenzung traumatisiert, hatten wie die meisten jüdischen Kinder das antisemitische Feindbild introjiziert und schämten sich ihrer Herkunft.

Nach den großen Pariser Razzien am 16. und 17. Juli 1942 fürchteten die Roths auch um ihr Leben: sie beschlossen, ihre Kinder einem Kloster anzuvertrauen und für sich selbst ein Versteck zu suchen.

Die drei Geschwister schienen auf eine Trennung von ihren Eltern und einen Aufenthalt in katholischem Umfeld wenig vorbereitet gewesen zu sein. Sie fühlten sich wie Waisen.

Immerhin durften sie am Ort des Klosters eine öffentliche Schule besuchen, was zur Entwicklung ihrer kognitiven Fähigkeiten beitrug, die sich gemäß ihrer Altersphase an Logik und Realität orientierten. Dieser Umstand und die Gemeinsamkeit der drei Geschwister mögen bewirkt haben, daß sie sich nicht völlig vom Christentum vereinnahmen ließen. Sie waren kritisch und diskutierten, wenngleich man ihnen zu verstehen gegeben hatte, daß sie als Gläubige nicht so viele Fragen stellen dürften.

Da während der gesamten Entwicklungsphase der Latenz Internalisierung und Konsolidierung elterlicher Einstellungen, Werthaltungen und Autorität andauern, war nur Renée altersgemäß fähig, diese einer Überprüfung und Modifizierung zu unterziehen; doch der Katholizismus scheint ihr keine idealen Vorbilder geboten zu haben, mit denen sie sich hätte identifizieren können, obwohl sie die Frage nach dem »richtigen« Gott sehr bewegte. Indessen trug sie schwer an der Verantwortung auch für ihre Schwestern und quälte sich mit der Vorstellung, daß sie durch allzu große Nähe zum Katholizismus ihre Eltern, ihre Familie und Freunde verraten würden. Andererseits warf sie ihren Eltern in kindlichem Unverständnis vor, ihre

Geschwister und sie viel zu wenig auf einen solchen Wechsel der Lebenswelten vorbereitet zu haben.

Gewiß bemühten sich die Nonnen des Klosters, die drei Mädchen im katholischen Glauben zu erziehen. Aber mehr als eine gehorsame Anpassung der Kinder an die veränderten Verhältnisse und ihre rationale Auseinandersetzung mit dem neuen Glauben scheinen sie nicht erreicht zu haben. Ursache dafür war auch, daß diese Kinder zwar von den Eltern getrennt leben mußten, aber doch bei aller Sorge um sie wußten, daß sie vorerst den »Deportationen« entgangen waren. Das gab ihnen Hoffnung, stärkte ihr Selbstgefühl und ließ sie trotz aller Zweifel an ihrer jüdischen Identität festhalten. Das Christentum bedeutete für sie keine »Zuflucht« wie für die Kinder, deren Eltern in den Tod getrieben wurden, sondern eher eine Art »Mimikry«, durch die sie sich vor drohender Verfolgung verbargen.

Um so überraschender war deshalb die plötzliche Erlaubnis der Eltern Roth zur Taufe ihrer Töchter. Vielleicht war es eine Panikreaktion, denn noch war das Ende des Krieges nicht absehbar; vielleicht auch eine Geste der Dankbarkeit gegenüber der Oberin des Klosters.

Renée empfand die Taufe als einen Identitätsbruch, als eine endgültige Trennung von ihren Eltern, besonders im Tod. Gleichwohl aber hatte sie die Botschaft des Katholizismus soweit internalisiert, daß sie in einer lebensbedrohlichen Situation am Ende des Krieges gelobte, eine Nonne werden zu wollen, wenn der »christliche« Gott sie retten würde. An dieses Gelübde fühlte sie sich auch nach der Wiedervereinigung mit ihrer Familie gebunden.

Manches bleibt in den Beschreibungen der Autorin unklar. Möglicherweise hängt es damit zusammen, daß sie in ihren Überlebensmemoiren zu wenig Rechenschaft über sich selbst oder über ihren Umgang mit lebensgeschichtlichen Erfahrungen ablegt, sondern sich zu sehr an den Vorgaben der »writing group« orientiert.

Aus einem Interview, das Jane Marks beinahe ein halbes Jahrhundert später mit Renée Roth führte, wird deutlich, daß sie während ihrer »dritten traumatischen Sequenz« in eine Identitätskrise geriet: nicht wegen der Unvereinbarkeit der beiden Religionen, sondern wegen ihres (Renées, Verf.) Unvermögens, das christliche Gelübde zu erfüllen, und ihrer Angst, sich offen zum Judentum zu bekennen.
Dieses Dilemma löste sich erst mit ihrer Einwanderung in die USA und ihrer Integration in die amerikanische Gesellschaft.

Nach eingehender Analyse der Fallstudien sollte in dieser Schlußbetrachtung noch einmal den Stimmen der fünf Kinder-Überlebenden Gehör geschenkt werden, damit sie sich aus ihrer ganz persönlichen Perspektive zu den wichtigsten Problemen eines Religionswechsels während der Zeit der Schoa äußern, damit sie über ihr Leben in christlicher Umgebung und ihr Überleben sprechen konnten.

Auf Grund ihrer Herkunft sind sie schicksalhaft mit allen jüdischen Kindern verbunden, und obwohl ihre Autobiographien von ihrer unbedingten Einmaligkeit und Besonderheit zeugen und deshalb sicher keine Allgemeingültigkeit für alle in christlichem Umfeld geretteten Kinder beanspruchen können, gibt es doch etliche Übereinstimmungen: ihre Sehnsucht nach den Eltern, das Gefühl der Gottverlassenheit, die beiden schwer miteinander zu vereinenden Götter, die Erbschuld, der »Gottesmord«vorwurf, ihre Einsamkeit, aber auch die »Glitzerwelt« des Katholizismus.

Für die Kinder, die Zuflucht in Klöstern fanden, war der Wechsel zum Christentum so eng mit dem Untergang ihrer Familien, ihrer jüdischen Tradition, ihrer Lebensform und Gemeinschaft sowie ihrer vertrauten Denk- und Fühlweisen verwoben, daß die Spuren, die das Geschehene in ihrem Gedächtnis hinterließ, durch die »Urverdrängung«[77], der das Trennungstrauma unterlag, und die Verleugnung, die mit der Annahme der fremden Religion verbunden war, ständig entwirklicht wurden.

Sie begegneten der triumphalen Präsenz der Katholischen Kirche, die für sie Macht über Leben und Tod hatte. Nach der Zerstörung ihrer sozial-kommunikativen Bezüge, mußten sie auch ihre bisherige Identität aufgeben. Ihre Hilflosigkeit und die sich aus ihrer Situation ergebende unbedingte Abhängigkeit von den Absichten der neuen religiösen Kongregation wirkten zweifellos kumulativ traumatisierend[78] und stellten einen schweren Einbruch in ihre bisherige Entwicklung dar. Gleichzeitig aber übte die christliche Religion einen wundersamen Zauber auf sie aus, der einer Regression Vorschub leisten sollte.

Mona Körte bemerkt in ihrem klugen Aufsatz: »Schutz und Zwang, die Chance auf Leben und katholische Erziehung« hätten sich derart miteinander verflochten, daß es ein »aporetisches« Unterfangen sei, sich mit diesen schwierigen Fragen auseinanderzusetzen.[79]

Der Religionswechsel mußte in einer Altersphase erfolgen, die einerseits für den Aufbau eines stabilen Realitätsbezugs zur Umwelt besonders bedeutsam ist, in der aber andererseits eine selbstkritische Distanzierung des Kindes von den es umgebenden Verhältnissen noch nicht möglich war.
Deshalb gerieten die meisten Kinder, die ihre Religion hatten wechseln müssen, auf Grund der unterschiedlichen Gottes»bilder« in eine ausweglose Situation:

Im Judentum gibt es kein verbindliches Gottes»bild«, sondern nur die »Einig-einzigkeit« Gottes. Gott ist keine Realität an sich. Er ist unerkennbar, unbegreiflich. Seine Konturen gewinnt Er in der historischen Erfahrung der ganzen Menschheit. Der Gott, der die Welt geschaffen hat, ist der Gott der Väter (Abraham, Isaak, Jakob), als der Er in die Geschichte eingreift, die Israeliten aus der ägyptischen Knechtschaft befreit und mit ihnen einen Bund schließt, der sie

zum Gottesvolk macht. Es konstituiert sich nach den Geboten der Offenbarung und der Forderung, ein Reich von Priestern und ein heiliges Volk zu werden. Eine lebendige Vergangenheit wird von Generation zu Generation weitergegeben und Erinnerung zum religiösen Imperativ[80].
Mose Verbot, Gott in sichtbarer Gestalt[81] zu verehren, galt für die Eltern der Kinder und ihre jüdische Gemeinschaft, so daß Gott zu einem »spirituellen kollektiven Über-Ich«[82] wurde. Die Entmaterialisierung Gottes eröffnete den Weg zur Vergeistigung dieser Religion und war in der Phase des Aufbaus des kindlichen Über-Ich bestimmend.
Zu Beginn des Krieges und der Schoa verharrten die jungen jüdischen Kinder gemäß ihrer psychischen Entwicklungsstufen noch bei der in früher Kindheit gebildeten, mit den Elternimagines verknüpften Gottesvorstellung[83], die hernach bei ihrem Religionswechsel bestätigt und festgeschrieben wurde.

Denn im Christentum begegneten sie einem Gott, der aus dem Verborgenen heraustritt, der sich als »christlicher« Gott durch seinen Sohn Jesus zu den Menschen herabneigt. Ihm (dem christlichen Gott, Verf.) konnten alle Eigenschaften zugeschrieben werden, für die die verstörten Kinder empfänglich waren. Um von ihm als Liebesobjekt angenommen zu werden, akzeptierten die Kinder (in masochistischer Weise) ihren eigenen unwürdigen Zustand. Er besaß eine Macht, über die die Eltern nicht mehr verfügten. Er allein – so meinten sie – vermochte sie vor der grausamen Realität zu schützen.

Obwohl die Kinder der Fallstudien bei Erwähnung der Heiligen Familie auch Jesus nennen, spielt er eigentlich nur bei Jakob Kuperblum und Frida Scheps eine wirkliche Rolle.
In der Forschungsliteratur geht Flora Hogman auf diesen religiösen Aspekt ein: Indem die Kinder mit Jesus litten, konnten sie ihrem eigenen Kummer Raum geben.
Nirgendwo aber wird gefragt, wie diese gnadenlos mit dem Tod bedrohten Kinder Jesu Heilsbotschaft aufgenommen haben. Nur bei Janina Dawidowicz läßt sich vermuten, daß sie diese Botschaft verstanden hatte: Tod bedeutete nicht mehr sinnloses Geschehen, sondern Heil und Erlösung, verbunden mit der Hoffnung auf individuelle Auferstehung und ein ewiges Leben. Dadurch wurde die ständige Todesdrohung nicht nur gemildert, sondern geradezu ins Gegenteil verkehrt. Ob eine größere Zahl jüdischer Kinder, auch vor dem Hintergrund ihres Gefühls der Gottverlassenheit, diese Art Errettung und Tröstung empfunden hat, muß offenbleiben.

Es soll noch einmal daran erinnert werden, daß diese Kinder, durch das Verfolgungsgeschehen von allen narzißtischen und libidinösen Quellen abgeschnitten, auf der Ebene der unbewußten Objektbeziehungsphantasien zu den guten, beschützenden Elternimagines der frühesten Kindheit regredierten.

Entsprechend wurde die Katholische Kirche als einzige Quelle narzißtischer Besetzung wahrgenommen. Ihre Vertreter gerieten infolge einer dem Trauma geschuldeten Realitätsverkennung und -verleugnung in die Rolle der herbeigesehnten Elternfiguren. Als hätten sie (die Kinder, Verf.) sich der Übertretung eines Verbots schuldig gemacht, introjizierten sie das auf sie projizierte Feindbild des »Gottesmörders« und unterwarfen sich der Übermacht der Kirche. Damit versicherten sie sich der Übereinstimmung mit dem Objekt, auf dessen »Liebe« sie angewiesen waren.

Solchermaßen gerieten diese Kinder-Überlebenden in einen circulus vitiosus. Der Rückzug des Ich von der äußeren Wahrnehmung in eine phantasmatische innere Repräsentanzenwelt schuf eine Abhängigkeit, in der sie – wie Kleinkinder[84] auf die Zuwendung ihrer Eltern – auf die Liebe des »christlichen« Gottes und die Tröstungen der Kirche angewiesen blieben.[85] Das maligne Introjekt konnte nicht aufgegeben werden, weil der Verlust des (in Wirklichkeit verlorenen) »Liebesobjekts« den Untergang ihrer eigenen psychischen Existenz bedeutet hätte. Sie vermochten sich nicht von der Idealisierung der magisch überhöhten Macht, die das Christentum über sie erlangt hatte, zu lösen; denn je emphatischer die Idealisierung, um so größeren Anteil hatten sie am Narzißmus der Kirche, den sie für ihre Selbstwertregulierung benötigten.

Doch scheint ihre Notreaktion der Identifizierung mit der (unbewußt idealisierten) Katholischen Kirche »zugleich ein zentraler Mechanismus für die Bewältigung des Traumas«[86] gewesen zu sein und stellte möglicherweise »den einzigen Weg« dar, »auf dem« ihr »Ich wenigstens annähernd zu seinem prätraumatischen Funktionsniveau zurückkehren«[87] konnte.

In ihrer »dritten traumatischen Sequenz« waren auch die Kinder der analysierten Fallstudien noch weit davon entfernt, die Herausforderung des Judentums zu religiöser Mündigkeit anzunehmen. Sie blieben an das traumatische Introjekt gebunden. Das bestätigt Boaz Cohen:

> » […], they did not automatically renounce their Polish or even Christian identities. Children carried the burden of this dissonance at least through the early postwar years.«[88]

Auch Mona Körte äußert sich skeptisch über »die Selbstverständlichkeit, mit der deren« (der Kinder, Verf.) »Rückkehr in die jüdische Gemeinschaft beschrieben wird.«[89]

Erst im Laufe vieler Jahre gelang es den jüdischen Kindern, vermutlich mit Hilfe des psychischen Mechanismus der Abspaltung, auch im religiösen Sinn erwachsen zu werden und in der moralischen sowie ethischen Verantwortlichkeit und Verpflichtung einer Gemeinschaft die Tradition ihrer Eltern fortzusetzen.

Soweit es von den Kindern der Fallstudien Informationen über ihr Leben nach der Schoa gibt, wird allerdings deutlich, daß sie noch lange Zeit zwischen zwei Welten hingen.

Die religionswissenschaftlichen und sozialpsychologischen Analysen der fünf Fallstudien, die zur Beantwortung der in der vorliegenden Untersuchung gestellten Frage, welche Wirkung der erzwungene Religionswechsel vom Judentum zum Christentum sowie der abermalige Wechsel zurück zum Judentum auf die extremtraumatisierten jüdischen Kinder gehabt hat, beitragen wollten, vermögen die vorhandene Forschungslücke nur geringfügig zu verkleinern.

Immerhin war es trotz vorhandener Sprachbarrieren (in Polnisch und Iwrith), aber dank zahlreicher Forschungsbeiträge, die die Rettung jüdischer Kinder in christlichem Umfeld thematisierten, möglich, eine gewisse »Horizonterweiterung« zu erreichen. Erst dabei stellte sich heraus, wie groß die Forschungslücke in Wirklichkeit ist. Ewa Kurek bemerkt dazu: die Weltgeschichte sei eine Geschichte der Erwachsenen[90], und es habe (auch infolge des Abbruchs der »kinderforshung«) an Dokumenten gemangelt.

Bei den Überlebenden ging es zunächst einmal um das Gewahrwerden dessen, was geschehen war. Es fehlten Begrifflichkeit und Sprache für das im wahrsten Sinne des Wortes Unfaßbare. Das Ausmaß der Ungeheuerlichkeiten wurde erst langsam erkennbar. Das bestimmte die Zentrale Jüdische Historische Kommission in Polen, eine eigene jüdische Geschichtsschreibung über die Schoa mit ganz neuen Forschungsmethoden zu begründen[91]. Ihre Arbeit war für das von deutschen Truppen befreite Europa einmalig. Bereits Ende August 1944 begann die Kommission, Beweismaterial gegen die Täter in Form von Zeugenaussagen und Dokumenten zu sammeln. Daß ihre »kinderforshung« wegen der ungünstigen innenpolitischen Verhältnisse in Polen bereits im Jahre 1947 abgebrochen werden mußte, war nicht nur für die Historiographie, sondern auch für die betroffenen Kinder bitter und verhängnisvoll. Darauf spielt Nahum Bogner mit den Worten eines Vertreters der Jugend-Alija an: »Only rarely do we manage to look into their« (the children's, Verf.) »sad eyes.«[92]

Bereits in der Einleitung wurde dargelegt, warum die überlebenden jüdischen Kinder verstummen mußten.

Daß sich einige wenige in der dem Trauma geschuldeten Nachträglichkeit dennoch zu Wort gemeldet haben, nicht nur als Zeugen, sondern in eigenen Publikationen, ist für die Forschung ein Geschenk. Ihren Überlebensmemoiren wird von Jan Philipp Reemtsma

> »eine Deutungsautorität zugesprochen«.[93] »Sie« haben »etwas Verbindliches und Wichtiges zu sagen […]«, können »uns etwas über die Welt mitteilen […], und zwar über die ganze Welt«.[94]

Insofern mag die vorliegende Arbeit, die die Aussagen vor allem der »Kloster-Kinder« zur Problematik ihres Religionswechsels in den Mittelpunkt gestellt hat, ein wenig zur Erhellung einer Frage beigetragen haben, die mit Blick auf das Gesamtgeschehen in einer aus den Fugen geratenen Welt und infolge der darüber verstrichenen und verlorenen Zeit nie mehr vollständig beantwortet werden kann.

Vom Schicksal dieser sogenannten »Kloster-Kinder« unterschied sich das jener Kinder, die aus christlichen Pflegefamilien für das Judentum zurückgewonnen werden mußten. Die israelischen Autoren Nahum Bogner und vor allem Emunah Nachmany Gafny haben darüber berichtet.

Da für die vorliegende Arbeit kein diesbezügliches Quellenmaterial zur Verfügung stand, außer der knappen Fall-Vignette bei Janina Dawidowicz[95], mußte auf eine diesbezügliche Stellungnahme verzichtet werden. Nur so viel: Die häufig gewaltsame Rückführung der Kinder entwickelte sich in der Nachkriegszeit nicht nur zu einem Politikum zwischen Polen und Israel, sie war auch eine Tragödie für die Kinder[96].

Das Judentum hatte durch die Schoa sechs Millionen Menschen verloren; die wenigen überlebenden Kinder bildeten die Nachfolge-Generation, die Zukunft des jüdischen Volkes. Sie zu ihren Ursprüngen zurückzuholen, wurde auf seiten des Judentums als heilige Mission betrachtet: Rückführung nicht nur zur religiösen Gemeinschaft[97], sondern auch zur nationalen[98].

Rabbiner David Kahane, unmittelbar nach dem Krieg Oberhaupt des Komitees der religiösen Gemeinden in Polen und Initiator der Rückführung jüdischer Kinder, betonte etwa ein halbes Jahrhundert später in einem Interview mit Ewa Kurek[99], daß die jüdische Nation dafür sorgen müsse, daß kein Zweig vom jüdischen Baum abfalle. Aus diesem Grunde habe in der Nachkriegszeit alles getan werden müssen, um die Kinder, die in christlichem Umfeld überlebt hatten, in Abrahams Schoß zurückzuholen.

Seine Worte verbinden den Auftrag der jüdischen Nation mit dem des Gottesvolkes.

ANHANG

Anmerkungen

Umschlagabbildung: Jüdische Kinder im Ghetto Łódź (Polen).
(Jüdisches Museum Frankfurt am Main. Abgedruckt in: Frankfurter Rundschau. Nr. 113 ID vom 16. Mai 2006. S. 25.)

Die Wahl des Titels für die vorliegende Arbeit »Vom Judentum zum Christentum – und zurück« wurde angeregt durch den Aufsatz von Margrit Wreschner Rustow »From Jew to Catholic – and Back.« (Psychodynamics of Child Survivors. In: Marcus, Paul / Alan Rosenberg [ed.] [1989]: Healing their Wounds. New York, Westport, London [Praeger]. S. 271-286.). Das Thema läßt sich nicht präziser formulieren.

* Erläuterung zum hebräischen Motto dieser Arbeit:
Die deutsche Übersetzung weicht beim Possessivpronomen, das sich auf Gott bezieht, vom hebräischen Text ab, der der Biblia Hebraica Stuttgartensia ([1969/77] 5. verb. Aufl. Stuttgart 1997 [Deutsche Bibelgesellschaft], S. 1066.) entnommen ist. Im Originaltext stand wohl tatsächlich die 1. Person Singular: »mein« Aug(apfel): hebr. עֵינִו [eini]. Die Rabbinen oder die Soferim, die ältesten Traditionsvermittler (um die Zeitenwende und später), verbesserten »mein« in die 3. Person Singular »sein«: hebr. עֵינוֹ [eino], vermutlich, weil sie zu starke Anthropomorphismen vermeiden wollten.

Vorwort

1 Friedländer, Saul (1997-2006): Das Dritte Reich und die Juden. [2.] Die Jahre der Vernichtung. 1939-1945. Aus d. Engl. übers. v. Martin Pfeiffer. München 2006 (Beck). S. 18.

2 Der Begriff »Holocaust« wird in der griechischen Übersetzung des Tenach: der Septuaginta, gebraucht. Das griechische Wort ολοκαύτωμα [holokautoma] wird dort für »Brandopfer« benutzt (3 Mos 1, 1-17). Ausgerechnet dieses Wort ersetzte nach dem Krieg die zynische Umschreibung der Nationalsozialisten »Endlösung« und relativierte damit die Ermordung von sechs Millionen Juden in Mittel- und Osteuropa. Die gedankliche Verbindung zwischen der biblischen Szene priesterlicher Opferung eines Tieres zu Ehren Gottes und dem beispiellosen Massenmord an den Juden ist obszön. Freilich gibt es in keiner Sprache einen angemessenen Ausdruck für das ungeheuerliche Verbrechen der Deutschen.
Die jüdischen Opfer benutzen das hebräische Wort שׁוֹאָה [schoa] = »Schoa«, das nach dem Handwörterbuch von Gesenius (Gesenius, Wilhelm [1810-1812]: Hebräisches und aramäisches Handwörterbuch über das Alte Testament. Bearb. v. Frants Buhl [Kopenhagen]. Unveränd. Neudr. d. 1915 ersch. 17. Aufl. Berlin, Göttingen, Heidelberg 1962 [Springer Verlag]) 1. Sturm, Donnerwetter, Lärmen, Krachen; 2. Verwüstung und 3. plötzlicher Untergang, Verderben bedeutet, und: »Churban« (hebr. חֻרְבָּן), das mit Verwüstung, Vernichtung übersetzt wird. Es bezeichnet besonders die Zerstörung des

Ersten Tempels (586 v. Z.) durch Nebukadnezar und die des Zweiten Tempels (70 n. Z.) durch Titus. In der jiddischen Literatur steht »churbn« (jidd. = Trümmer) für die Ermordung der europäischen Judenheit durch Hitler. (Vgl. Sperber, Manès [1979]: Churban oder Die unfaßbare Gewißheit. Essays. Wien, München, Zürich [Europaverlag].)

[3] Kinder sind neben Alten und Kranken der schwächste Teil der Gesellschaft. In den Augen der Nationalsozialisten bildeten sie ein »unproduktives« Element. Ausschlaggebend für ihre Vernichtung jedoch mögen andere Überlegungen gewesen sein: Kinder waren die nächste Generation von Erwachsenen. Um das jüdische Volk zu vernichten, mußte das Fundament der Judenheit zerstört, mußten ihre Kinder »ausgerottet« werden. Das schien um so notwendiger zu sein, als am Leben gelassene Kinder und Jugendliche als mögliche spätere Rächer hätten auftreten können.

Dazu folgender Quellentext:
Am Freitag, den 10. Oktober 1941, erschien in der 41. Ausgabe des 7. Jahrgangs der deutsch-jüdischen Emigrantenzeitung »Aufbau« auf Seite 24 ein Spendenaufruf an die amerikanischen Juden unter der Überschrift »Goebbels fordert Vernichtung jüdischer Kinder«.

GOEBBELS FORDERT

Vernichtung jüdischer Kinder

Auf einer Konferenz der Nazi-Gauleiter Deutschlands und der okkupierten Gebiete Europas erklärte Goebbels:

"... Wenn man das jüdische Volk vernichten will — und wir w o l l e n es — so muss man die Judenheit an seiner Wurzel treffen. Wir zerstören das Fundament der Juden nur durch die AUSROTTUNG JÜDISCHER KINDER. ..."

"... In den von uns eroberten und beherrschten Gebieten lebt der Jude einzig und allein von den Wohltaten der amerikanischen Juden. Ebbt dieser Hilfsstrom ab, dann ist das AUSSTERBEN DER JUDEN IN EUROPA nur noch eine Frage von kurzer Zeitdauer. ..."

In Gemeinschaft mit den führenden jüdischen Hilfsorganisationen, mit der gesamten amerikanisch-jüdischen Presse, erhebt der "Aufbau" seine Forderung:

RETTET DAS JUDISCHE KIND!

VERDREIFACHT EURE HILFE!!

Sendet Eure Spende für die RETTUNG JÜDISCHER KINDER an den "AUFBAU", 67 West 44th Street, New York City.

Folgender Text schließt sich an: »Auf einer Konferenz der Nazi-Gauleiter Deutschlands und der okkupierten Gebiete Europas erklärte Goebbels: ›[…] Wenn man das jüdische Volk vernichten will – und wir w o l l e n es – so muß man die Judenheit an seiner [sic!] Wurzel treffen. Wir zerstören das Fundament der Juden nur durch die AUSROTTUNG JÜDISCHER KINDER […]‹«
Dazu: Irrtum der Zeitung: Gauleiter gab es nur im Reichsgebiet, wozu Ostpreußen, Schlesien und Österreich gehörten, nicht aber andere besetzte Gebiete in Mittel-, Süd- und Osteuropa.
(Aufbau. Das jüdische Monatsmagazin [gegr. 1.12.1934] Jg. 1935 - Jg. 4. 1938. Ab Jg. 5. 1939 mit dem Untertitel: Das jüdische Wochenmagazin. New York City [New World Club]. Jg. 7. Ausg. 41 [10.10.1941], S. 24.)
Unter: http://deposit.ddb.de/cgi-bin/exil.pl?bild=1&navigation=1&wahl=0&zeitung=aufbau…
Abgerufen am 8.8.2009.

Ralf Ogorreck zitiert in seiner Dissertation die Aussage eines SS-Mannes: »›Am Tage nach dem Besuch Himmlers wurde uns gesagt, daß dieser angeordnet habe, daß nicht nur Männer, sondern auch Frauen und Kinder, also die gesamte jüdische Bevölkerung, zu erfassen sei. Man sagte uns, daß sich später die Jugend, wenn sie am Leben gelassen wird, rächen könnte. Von diesem Tag an sind dann auch Frauen und Kinder jeden Alters erschossen worden‹.«
(Der Besuch Himmlers fand vermutlich Mitte August 1941 in Weißrußland statt.)
(Ogorreck, Ralf [1996]: Die Einsatzgruppen und die ›Genesis der Endlösung‹. Berlin [Metropol]. S. 183. Zit. nach: Browning, Christopher [2003]: Die Entfesselung der »Endlösung«. Nationalsozialistische Judenpolitik 1939-1942. Mit e. Beitr. v. Jürgen Matthäus. Aus d. Amerikan. v. Klaus-Dieter Schmidt. München [Propyläen]. S. 732 [Anhang: Anm. 19.].)

[4] Wiewohl der Zugang zu Quellenmaterial und Forschungseinrichtungen beschränkt war und Sprachkenntnisse des Polnischen und des Iwrith eine größere Reichweite ermöglicht hätten.

[5] Arendt, Hannah (1964): Eichmann in Jerusalem. Ein Bericht von der Banalität des Bösen. Aus d. Amerikan. v. Brigitte Granzow. Mit e. einl. Essay v. Hans Mommsen. 8. Aufl. München, Zürich 1998 (Piper). S. 404.

[6] Die in dieser Arbeit verwandte Transkription hebräischer Wörter richtet sich nach einer Transkriptionstabelle von
Rösel, Martin (1996): Bibelkunde des Alten Testaments: die kanonischen und apokryphen Schriften; Überblicke – Themakapitel – Glossar. 2., durchges. u. erw. Aufl. Neukirchen-Vluyn 1999 (Neukirchener). S. 180.

Diese Tabelle hinwiederum stützt sich auf das System der »Zeitschrift für die alttestamentliche Wissenschaft«, die 1881 von Bernhard Stade begründet wurde.
(Dazu folgende bibliographische Angaben:
Jg. 1. 1881 – Jg. 41. 1923; NF 1 = Jg. 42. 1924 – NF 36 = Jg. 77. 1965. Jg. 78. 1966 -
NF 1 = Jg. 42. 1924 – NF 12 = Jg. 53. 1935 u. d. T.: »Zeitschrift für die alttestamentliche Wissenschaft und die Kunde des nachbiblischen Judentums«.
Beil.: Beih. 1. 1896 – [Monographien].

Verlage:
1. 1881 - 19. 1899: Gießen [Ricker]
20. 1900 - 35. 1915: Gießen [Ricker, Töpelmann]
36. 1916 - 80. 1968: Gießen, Berlin [Töpelmann]
81. 1969 - : Berlin, New York [de Gruyter]).

Martin Rösel macht keine Angaben darüber, wo genau er das von ihm benutzte Umschriftsystem innerhalb der Zeitschrift gefunden hat. Da der 1. Jahrgang der Zeitschrift keine Einleitung enthält und auch in den folgenden Bänden keine Transkriptionstabellen abgedruckt sind, ist davon auszugehen, daß er sich auf interne Verlagsinformationen stützt.

[7] Die eigentliche Spaltung zwischen Judentum und Christentum trat durch die gnostische Wende der Christensekte ein: Marcion (ab 139 n. Z.) unterschied den

Schöpfergott der hebräischen Bibel als »bösen« Gott des »Gesetzes« vom »guten« Gott, dem Vater Jesu. Er verwarf den Tenach als heilige Schrift und wollte ein von jüdischen Inhalten »gereinigtes« Lukasevangelium zusammen mit zehn Paulinischen Briefen als Kanon einführen.

[8] Yad vaShem (hebr. יָד וָשֵׁם) = »Hand (Denkmal) und Name«. Gedächtnis- und Dokumentationsstätte in Jerusalem für die Opfer der Schoa, gegr. 1953.
Eine Übersicht über Quellenlage und eventuelle »Fundorte« gibt Emunah Nachmany Gafny: Nachmany Gafny, Emunah (2009): Dividing Hearts. The Removal of Jewish Children from Gentile Families in Poland in the Immediate Post Holocaust Years. Transl. from the Hebrew by Naftali Greenwood. Jerusalem (Yad Vashem). S. 23-28.

[9] Dieser Ausdruck ist von Nahum Bogner entlehnt, der diese Kinder in seiner historischen Untersuchung »Convent Children« nennt.
(Bogner, Nahum [2000]: At the Mercy of Strangers. The Rescue of Jewish Children with Assumed Identities in Poland. Transl. from the Hebrew by Ralph Mandel. Jerusalem 2009 [Yad Vashem].)

Einleitung

[1] Nur der Nachname ist bekannt. Weitere Angaben zur Person wurden erfragt beim Żydowski Instytut Historyczny in Warszawa (Warschau) am 18. März 2010. Leider erfolgte von dort keine Antwort.

[2] Cohen, Boaz (2007): The Children's Voice. Postwar Collection of Testimonies from Child Survivors of the Holocaust. In: Holocaust and Genocide Studies. 21 (1). 2007. S. 73-95. S. 88.

[3] Jischuw (hebr. יִשּׁוּב = Ansiedlung), bezeichnet das jüdische Siedlungsgebiet ebenso wie die Gesamtheit der jüdischen Bevölkerung in Palästina vor der Gründung des Staates Israel.

[4] Tobias, Jim G. / Nicola Schlichting (2006): Heimat auf Zeit. Jüdische Kinder in Rosenheim 1946-47. Nürnberg (Antogo). S. 9.

[5] Kuchler-Silberman, Lena (1961): Hundert Kinder. Ein polnischer Exodus. Dt. v. Ruth-Inge Heinze. Wuppertal-Barmen 1965 (Jugenddienst-Verlag). S. 80.

[6] Vgl. Cohen, Boaz (2007), S. 90.

[7] Filip Friedman in der Diskussion auf der zweiten wissenschaftlichen Konferenz der Zentralen Jüdischen Historischen Kommission am 19. und 20. September 1945. Zit. nach: Kohlhaas, Elisabeth / Alfons Kenkmann (2008): »Die Hitlerzeit hat die Seele des jüdischen Kindes zutiefst verändert.« Interviews der Zentralen Jüdischen Historischen Kommission in Polen mit Kindern nach dem Holocaust, 1944-1948. In: Jahrbuch des Simon-Dubnow-Instituts für jüdische Geschichte und Kultur an der Universität Leipzig. 7. 2008. S. 385-400. S. 398.

[8] Vgl. Marks, Jane (1993): Die versteckten Kinder. Dokumente von Angst und Befreiung. Übers. v. Hildegard Doerr. Augsburg 1994 (Pattloch). S. 249.

[9] Dazu ergänzt Boaz Cohen: Selbst wenn sich die Kinder in den Heimen jüdischer Organisationen mit den glühenden zionistischen Lehren identifizierten, entsagten sie nicht automatisch ihrer polnischen oder auch christlichen Identität: »Children carried the burden of this dissonance at least through the early postwar years.« (Cohen, Boaz [2007], S. 93.)

[10] Warschauer Aufstand vom 1. August bis zum 2. Oktober 1944.

[11] Engelking, Barabara / Helga Hirsch (Hrsg.) (2008): Unbequeme Wahrheiten. Polen und sein Verhältnis zu den Juden. Frankfurt a. M. (Suhrkamp). (edition suhrkamp. 2561.) S. 10.

[12] Valent, Paul (1997): Auswirkungen des Holocaust auf überlebende jüdische Kinder: Traumen und Spätfolgen nach 50 Jahren. In: Psyche. 52. 1998. S. 751-771. S. 751 f.

[13] Valent, Paul (1994): Child Survivors of the Holocaust. New York, London (Brunner-Routledge). S. XI.

[14] Valent, Paul (1997), S. 761.

[15] Klüger, Ruth (1992): weiter leben. Eine Jugend. 11. Aufl. München 2003 (Deutscher Taschenbuch Verlag). (dtv. 11950.) S. 73.

[16] Klüger, Ruth (1992), S. 74.

[17] Klüger, Ruth (1992), S. 73.

[18] Auch die Erwachsenen waren einer Nachkriegswelt begegnet, die sie bei ihrer Rückkehr aus der Hölle nicht willkommen hieß; das galt nicht nur für die osteuropäischen Länder, wo traditioneller Antijudaismus sich nun in Mißtrauen, Wut und Angst vor Rache äußerte, sondern auch in westeuropäischen Ländern wie Frankreich und Holland.

[19] Kestenberg, Judith S. (1993): Kinderen die de oorlog overleefden en kinderen van overlevenden. In: Icodo Info 2. 1993. S. 5-27. S. 5. Zit. nach: Benz, Wolfgang / Claudia Curio [u. a.] (Hrsg.) (2003): Die Kindertransporte 1938/39. Rettung und Integration. Mit Beitr. v. Ilse Aichinger, Helga Aichinger-Michie [u. a.]. Übers. aus d. Engl. u. Amerikan. v. Claudia Curio u. Andrea Nagel. Frankfurt a. M. (Fischer Taschenbuch Verlag). (Buchreihe: Die Zeit des Nationalsozialismus.) (Fischer Taschenbuch. 15745.) S. 25.

[20] In diesem Zusammenhang sind ebenfalls die Assimilationsbestrebungen bedeutsam, die in aller Unterschiedlichkeit für politische und soziale Gleichberechtigung der Juden stritten, allerdings auch das religiöse Lebensgefühl beeinträchtigten und im Ostjudentum zu einer Art Gegenbewegung führten.

[21] Judentum wurde nur noch als »Religion« betrachtet und aus christlicher Sicht als »Konfession«. Auf diese Weise konnten sich die Juden »gleichberechtigt« neben Katholiken und Protestanten fühlen.

Stand der Forschung

[1] Die Stadt war fünf Wochen zuvor von nationalsozialistischer Besatzung befreit worden. In Warschau kämpfte die polnische Heimatarmee (Armia Krajowa = AK), und

wenige hundert Kilometer westwärts wurden die letzten 60 000 Bewohner des Ghettos Łódź von Einheiten der deutschen Polizei nach Auschwitz »deportiert«.

[2] Laura Jokusch führt an, daß die Juden noch keine übergeordnete staatliche Instanz hatten, die ihre Interessen hätte vertreten können, deshalb empfanden sie es als ihre moralische Verpflichtung, Ankläger und Mahner im Namen der Toten zu sein.
In ihrem Verhalten bestärkt wurden sie durch die geringe Aufmerksamkeit, die die westlichen Alliierten dem Verbrechen an den europäischen Juden schenkten – jüdische Zeugen wurden kaum gehört.
(Vgl. Jokusch Laura [2007]: Jüdische Konzeptionen von Recht und Gerechtigkeit im frühen Nachkriegseuropa [1945-1950]. In: Bulletin / Simon-Dubnow-Institut für jüdische Geschichte und Kultur an der Universität Leipzig. 9. 2007. S. 63-64.)

[3] Filip Friedman (1901-1960) hatte an der Universität Wien promoviert und war 1937-1939 Dozent am Warschauer Institut für Judaistische Studien. Er überlebte in Verstecken. Friedman prägte die Bezeichnung »khurbn forshung«; er galt als »Vater der Schoa-Historiographie«.

[4] Kohlhaas, Elisabeth / Alfons Kenkmann (2008): »Die Hitlerzeit hat die Seele des jüdischen Kindes zutiefst verändert.« Interviews der Zentralen Jüdischen Historischen Kommission in Polen mit Kindern nach dem Holocaust, 1944-1948. In: Jahrbuch des Simon-Dubnow-Instituts für jüdische Geschichte und Kultur an der Universität Leipzig. 7. 2008. S. 385-400. S. 389.

[5] Woiwodschaft, poln. = Amtsbezirk.

[6] Dieser Begriff erscheint nach Aussage von Feliks Tych zum ersten Mal im September 1945 im jiddisch-sprachigen »Bericht von der II. wissenschaftlichen Beratung der Zentralen Jüdischen Historischen Kommission in Polen am 19. und 20. September 1945 in Łódź«. (Vgl. Tych, Feliks / Alfons Kenkmann / Elisabeth Kohlhaas / Andreas Eberhardt [Hrsg.] [2008]: Kinder über den Holocaust. Frühe Zeugnisse 1944-1948. Interviewprotokolle der Zentralen Jüdischen Historischen Kommission in Polen. 3. Aufl. Berlin 2009 [Metropol]. S. 13.)
Zwar wurden auch anderswo in Europa Schoa-Überlebende befragt, doch außer der polnischen Kommission, die insgesamt 437 Kinder-Überlebende interviewte, sind nur zwei weitere Befragungen bekannt, die sich mit überlebenden Kindern beschäftigten:
In den DP-Lagern in Bayern sammelte die Zentrale Jüdische Historische Kommission in München Überlebensberichte, unter denen sich mehr als 400 von Kindern befanden.
Der polnisch-jüdische Autor und Übersetzer Benjamin Tenenbaum (1914-1999) reiste nach dem Krieg nach Polen und veranlaßte 1946/47 mehr als 1 000 jüdische Kinder in Waisenhäusern und Kinderheimen, Aufsätze über ihre Erlebnisse während des Zweiten Weltkriegs zu verfassen.
1947 veröffentlichte er eine Auswahl von achtzig Aufsätzen in hebräischer Sprache, die er in Anlehnung an die »Wettbewerbe« des YIVO »Autobiographien« nannte.

[Exkurs: Möglicherweise angestoßen durch die Ideen der Reformpädagogik, die, von Deutschland ausgehend, auch in anderen europäischen Ländern Bedeutung gewannen, standen im Osteuropa der Zwischenkriegsperiode ebenfalls Kinder und Jugendliche im Mittelpunkt des kulturellen und pädagogischen Interesses. Zahlreiche politische Parteien

und kulturelle Organisationen gaben Zeitungen für Kinder heraus. Es war die Ära von Janusz Korczak mit seinen Büchern und Radiosendungen für Kinder. Die »Jugntforshung« (Jugendforschung)-Abteilung des YIVO (Yidisher Visnshaftlekher Institut: Gesellschaft zur Erforschung des Jiddischen, gegründet 1925 in Berlin, mit Zentrum in Wilna) schrieb in den Jahren 1932, 1934 und 1939 Wettbewerbe für autobiographische Abhandlungen aus: Jugendliche und junge Erwachsene im Alter zwischen 14 und 22 Jahren wurden aufgefordert, Autobiographien einzureichen, die ihr Leben, ihre Familie und ihre Gemeinde beschrieben. Hunderte junger Leute – die meisten aus Osteuropa – reichten bei diesen Wettbewerben ihre Biographien ein.
Der Vorkriegsschwerpunkt auf Kinder und junge Erwachsene und die besondere Bedeutung, die der authentischen Stimme des Kindes zuerkannt wurde, setzte sich in der Nachkriegswelt fort. Alle Bemühungen, die leidvollen Erfahrungen von jungen Überlebenden zu dokumentieren und ihre Zeugenaussagen zu veröffentlichen, waren weitere Glieder in der Kette von kind-orientierten kulturellen Projekten des osteuropäischen Judentums. (Vgl. Cohen, Boaz [2007]: The Children's Voice. Postwar Collection of Testimonies from Child Survivors of the Holocaust. In: Holocaust and Genocide Studies. 21 [1]. 2007. S. 73-95. S. 89.)

Gegen Tenenbaums Auswahl erhebt Boaz Cohen allerdings Jahrzehnte später zwei Einwände: Die Zeugenaussagen seien in Palästina zur Zeit des Kampfes für einen jüdischen Staat veröffentlicht worden und stark zionistisch gefärbt. Kinder, die in Sibirien oder im sowjetischen Zentralasien überlebt und erschütternde Berichte von Hunger, Krankheit, Tod der Eltern und Geschwister sowie Antisemitismus abgegeben hätten, seien in dem Buch nicht aufgenommen worden. Wie andere jüdische Autoren jener Tage war auch Tenenbaum vorsichtig. Man wollte sich die UdSSR, deren Unterstützung im Kampf für einen jüdischen Staat gebraucht wurde, nicht zum Feind machen. Außerdem mag die zionistische Jugendorganisation Haschomer Hazair, die, linkssozialistisch ausgerichtet, erheblich in der »illegalen« Einwanderung engagiert war, die editorische Auswahl beeinflußt haben.
(Vgl. Cohen, Boaz [2007], S. 83.)]

[7] Vgl. Kohlhaas, Elisabeth / Alfons Kenkmann (2008), S. 391.

[8] Vgl. Kohlhaas, Elisabeth / Alfons Kenkmann (2008), S. 398.

[9] Da die Alliierten der Vernichtung der europäischen Juden nur geringe Bedeutung beimaßen und jüdische Zeugen kaum Gehör fanden, wollte man im Jahre 1945, so berichtet Boaz Cohen (Cohen, Boaz [2007], S. 81.), die Geschichten der überlebenden Kinder nicht nur veröffentlichen, sondern sie sogar über den Rundfunk bekanntmachen.

Iza Lauer, eine Mitarbeiterin der Zentralen Jüdischen Historischen Kommission bereitete ein Manuskript für das Radioprogramm über jüdische Kinder während der Schoa vor, das auf Zeugenaussagen basierte. Der historische Kontext waren die Kriegsverbrecherprozesse in Nürnberg. Lauer wollte, daß die Stimmen dieser Kinder bei den Prozessen in Nürnberg gehört wurden. Ihr Manuskript begann: »…weil die Stimmen von Hunderttausend ermordeter Kinder niemals wieder zu hören sein werden…« Die Radiosendung wurde am 16. März 1946 ausgestrahlt.

[10] Kohlhaas, Elisabeth / Alfons Kenkmann (2008), S. 392.

[11] Hochbergs Dokumentation ist nicht nur der Erinnerung gewidmet, sondern sie macht bereits 1946 auf die Haltung der polnischen Gesellschaft gegenüber den Juden und deren Retter aufmerksam: »I do not know if anyone outside Poland can understand the fact that saving the life of a defenceless child being hunted by a criminal can bring shame and disgrace upon someone, and can expose them to harassment.«

(Hochberg-Mariańska, Maria / Noe Grüss [ed.] [1946]: The Children Accuse. Transl. by Bill Johnston. London, Portland 1996 [Vallentine Mitchell]. S. XXXIV.)

[12] Tych, Feliks / Alfons Kenkmann / Elisabeth Kohlhaas / Andreas Eberhardt (Hrsg.) (2008), S. 11.

[13] Nach dem Krieg spielten die Siegermächte aus Rücksicht auf die neue politische Situation des Kalten Krieges die Greueltaten der Deutschen herunter.

[14] Vgl. Benz, Wolfgang (1992): Zeugnisse einer untergegangenen Welt. Das Jüdische Historische Institut in Warschau. In: Dachauer Hefte. 8 (8). 1992: Überleben und Spätfolgen. S. 164-169.

[15] In den schwierigen sechziger und siebziger Jahren sah sich das Institut einer polnischen Geschichtspolitik gegenüber, die die Opfer- und Heldenrolle in Konkurrenz zu den Leiden der Juden für sich in Anspruch nahm; dadurch wurde die Einrichtung beinahe zu einer Gefahr für die polnische Interpretation der Geschichte.

[16] Tych, Feliks / Alfons Kenkmann / Elisabeth Kohlhaas / Andreas Eberhardt (Hrsg.) (2008), S. 13.

[17] Tych, Feliks / Alfons Kenkmann / Elisabeth Kohlhaas / Andreas Eberhardt (Hrsg.) (2008).

[18] Kohlhaas, Elisabeth / Alfons Kenkmann (2008), S. 397.

[19] Vgl. Kohlhaas, Elisabeth / Alfons Kenkmann (2008), S. 393.

[20] Kohlhaas, Elisabeth / Alfons Kenkmann (2008), S. 397.

[21] Kohlhaas, Elisabeth / Alfons Kenkmann (2008), S. 397.

[22] Tych, Feliks / Alfons Kenkmann / Elisabeth Kohlhaas / Andreas Eberhardt (Hrsg.) (2008), S. 22.

[23] Vgl. Tych, Feliks / Alfons Kenkmann / Elisabeth Kohlhaas / Andreas Eberhardt (Hrsg.) (2008), S. 25.

[24] Tych, Feliks / Alfons Kenkmann / Elisabeth Kohlhaas / Andreas Eberhardt (Hrsg.) (2008), S. 32.

[25] Tych, Feliks / Alfons Kenkmann / Elisabeth Kohlhaas / Andreas Eberhardt (Hrsg.) (2008), S. 124 f.: Interview mit Frania Godlewicz, geb. 3. 10. 1937, vom 28. 8. 1947.

[26] Vgl. Tych, Feliks / Alfons Kenkmann / Elisabeth Kohlhaas / Andreas Eberhardt (Hrsg.) (2008), S. 34.

[27] Le Ezrat haJeled, hebr. = Zur Hilfe des Kindes.

[28] Keilson, Hans (1979): Sequentielle Traumatisierung bei Kindern. Deskriptiv-klinische und quantifizierend-statistische follow-up Untersuchung zum Schicksal der jüdischen Kriegswaisen in den Niederlanden. Unter Mitarb. v. Herman R. Sarphatie. Stuttgart (Enke). (Forum der Psychiatrie. N. F. 5.) S. 1.

[29] Keilson, Hans (1998): Wohin die Sprache nicht reicht. Vorträge und Essays aus den Jahren 1936-1996. Mit e. Nachw. v. Wolfdietrich Schmied-Kowarzik. Gießen (Ricker'sche Univ.-Buchh.). (Edition Literarischer Salon.) S. 41.

[30] Keilson, Hans (1998), S. 49.

[31] Keilson, Hans (1979), S. 54 u. 265.

[32] Keilson, Hans (1979), S. 3.

[33] Den Begriff »basic needs« führte Bowlby in die Kinderpsychiatrie ein. (Bowlby, John [1951]: Maternal care and mental health. In: Bulletin of the World Health Organization. 3. 1951. S. 355-534. Zit. nach: Keilson, Hans [1979], S. 60.)

[34] Keilson, Hans (1979), S. 12.

[35] Keilson, Hans (1979), S. 426.

[36] Vgl. Keilson, Hans (1979), S. 427.

Nechama Tec erwähnt ein Gesetz der holländischen Regierung, wonach die zurückkehrenden Eltern beweisen mußten, daß sie in der Lage waren, ein Kind angemessen versorgen zu können. Dieses Gesetz habe zu vielen Konflikten geführt.
(Vgl. Marks, Jane [1993]: Die versteckten Kinder. Dokumente von Angst und Befreiung. Übers. v. Hildegard Doerr. Augsburg 1994 [Pattloch]. S. 247.)

[37] Keilson, Hans (1979), S. 56.

[38] Mit Beginn eines wiederentstehenden polnischen Staates in Lublin Mitte des Jahres 1944 bildete sich auch ein neues jüdisches Gemeinwesen, ein Jüdischer Zentralrat, der bis 1948 von Zionisten dominiert wurde. Die religiösen Juden, vertreten durch Rabbiner Dr. David Kahane, erhielten die Erlaubnis, eigene Gemeinden zu gründen. Zwar wurden sie nicht offiziell anerkannt und nahmen zu politischen Fragen kaum Stellung, doch waren sie sehr aktiv beim Aufspüren und Bewahren der Reste jüdischen Lebens. Sie setzten sich maßgebend für die »Rückführung« der jüdischen Kinder ein, was die polnische Regierung, die das sehr wohl beobachtete, als »an internal Jewish matter« (Vgl. Bogner, Nahum [2000], S. 215.) betrachtete.

[39] Keilson, Hans (1979), S. 425 f.

[40] O.P.K. = holländ. »oorlogspleegkinderen« = [Kommission für] Kriegspflegekinder.

[41] »Koordinazia« = Koordinationskomitee für Kinder und Jugendliche in Polen.

[42] [...] obgleich Keilson davon spricht, daß »die Niederlande [...] das ›Polen‹ des Westens« geworden seien. »Von 130 000« (Juden, Verf.) »überlebten ungefähr 20 000 die Shoah.«
(Keilson, Hans [1984]: Wohin die Sprache nicht reicht. In: Keilson, Hans [1998], S. 135.)

Keilsons Meinung wird von Raul Hilberg bestätigt: »[...], denn die Niederlande waren das einzige Land des besetzten Westens, in dem die Überlebenschance der Juden geringer war als die Wahrscheinlichkeit des Todes.« (Hilberg, Raul [1961], S. 413.

[43] Vgl. Keilson, Hans (1979), S. 5 ff.
Vor diesem Hintergrund ist es verständlich, daß es in den Niederlanden zu keiner »Rückführung« der jüdischen Kinder kam, obgleich dafür sofort nach dem Krieg diplomatische Versuche unternommen wurden. Der Besuch des Oberrabbiners von Palästina Isaak Halevi Herzog in Holland im Jahre 1946 war vergeblich. Seine Fragen nach den jüdischen Waisenkindern wurden energisch zurückgewiesen. Diese Angelegenheit oblag der Kriegswaisen-Organisation der Regierung, die von Anfang an nicht gewillt gewesen war, jüdische Kinder ohne den Beweis, daß ihre Eltern orthodoxe Juden waren, zurückzugeben. Herzog griff den holländischen Premierminister in einem Streitgespräch über das Thema »Wer ist Jude?« scharf an; aber ihre Meinungsverschiedenheit schien unüberbrückbar. In weiteren Treffen mit dem Kardinal der Niederlande und dem protestantischen Bischof wurden Herzogs Bitten um praktische Hilfe abgelehnt. Die holländische Regierung hieß Oberrabbiner Herzog höflich willkommen und drückte ihre Sympathie für das jüdische Volk aus. Aber er verließ das Land mit leeren Händen.
(Vgl. Bogner, Nahum [2000]: At the Mercy of Strangers. The Rescue of Jewish Children with Assumed Identities in Poland. Transl. from the Hebrew by Ralph Mandel. Jerusalem 2009 [Yad Vashem]. S. 214 f.)

[44] Keilson, Hans (1979), S. 2.

[45] Kurek-Lesik, Ewa (1992): Your Life is Worth Mine. How Polish Nuns Saved Hundreds of Jewish Children in German-Occupied Poland, 1939-1945. Introduction by Jan Karski. New York (Hippocrene Books).

[46] RGO = Rada Główna Opiekuńcza, poln. = Hauptfürsorgerat.

[47] FOP = Front Odrodzenia Polski, poln. = Front der Wiedergeburt Polens – katholische Organisation, repräsentiert von Władysław Bartoszewski.

[48] Emanuel Ringelblum (1900-1944), polnisch-jüdischer Historiker, war einer der Führer der Poale Zion (Arbeiterbewegung der zionistischen Sozialisten: Haupttheoretiker Dob-Bär Borochow) und arbeitete mit dem Wilnaer YIVO-Institut zusammen. Er promovierte an der Warschauer Universität mit der Dissertation über »Die Juden in Warschau von den Anfängen bis zum Jahr 1527« und widmete seine weitere wissenschaftliche Arbeit den Warschauer Juden (bis zu deren Vernichtung). Mit Beginn des Krieges (September 1939) begann Ringelblum, sich über die politische Entwicklung Notizen zu machen. Die eigentliche Gründung des Archivs »Oneg Schabbat« (hebr. = Freude am Schabbat) erfolgte aber erst am 22. November 1940. In der Tradition des Wilnaer YIVO-Instituts wurden interdisziplinäre Forschungen betrieben, also nicht allein in Geschichte, sondern in den Bereichen Soziologie, Wirtschaftswissenschaften und Ethnographie. Das Archiv enthält sowohl amtliche Dokumente als auch persönliche Papiere: literarische Werke, Briefe, Zeichnungen, Photographien, bis hin zu Angaben über kulturelle Veranstaltungen. Daneben gibt es Materialien über den zivilen Widerstand, über das religiöse Leben und über Einzelschicksale. Kein Dokument schien

zu bedeutungslos zu sein, als daß es nicht Zeichen und Zeuge für den Untergang des großen osteuropäischen Judentums hätte werden können. Im Jahre 1999 nahm die UNESCO das Ringelblum-Archiv in ihr Schrifttumsverzeichnis »Memory of the World« auf.

Ringelblum selbst ging im Februar 1943 in ein vom Żegota vorbereitetes Versteck, kehrte aber einen Tag vor dem Aufstand ins Ghetto zurück. Er wurde verhaftet und ins SS-Lager Trawniki eingeliefert. Vier Monate danach gelang mit Hilfe polnischer und jüdischer Organisationen einem Offizier der Heimatarmee (AK) seine Befreiung. Er fand wieder Zuflucht im Versteck und schrieb als letzte große Arbeit »Polnisch-jüdische Beziehungen in den Jahren des Zweiten Weltkrieges«.

Am 7. März 1944 entdeckte die deutsche Polizei sein Versteck. Mit seiner Frau und seinem kleinen Sohn wurde er gemeinsam mit anderen Juden und den polnischen Beschützern ins Pawiak-Gefängnis gebracht. Dort wurden alle erschossen.

[49] Das Kinderheim wurde Mitte des 18. Jahrhunderts von einem französischen Priester für christliche Waisen gegründet.

[50] Exemtion (lat. = Ausgliederung) ist im katholischen Kirchenrecht die Ausgliederung von Gebieten sowie von natürlichen und juristischen Personen aus der gewöhnlichen Organisation in der Kirche und Unterstellung unter den nächsthöheren Hoheitsträger (zum Beispiel Unterordnung eines Klosters unter den Abt). Oberste Autorität bleibt immer der Papst.

[51] Bei dieser Irritation holte Ewa Kurek die Meinung von Rabbi David Kahane ein: Jeder Jude habe etwas Angeborenes, das ihn zu seiner jüdischen Herkunft ziehe. Deshalb trage die jüdische Nation Sorge, daß kein Zweig vom jüdischen Baum abfällt. Es habe alles getan werden müssen, um die Kinder in Abrahams Schoß zurückzubringen.

[52] Vgl. Kurek-Lesik, Ewa (1992), S. 117.

[53] Lena Kuchler, vor dem Krieg Doktor der Philosophie, hatte unter angenommener polnischer Identität in einem abgelegenen Dorf überlebt. Am Ende des Krieges kam sie nach Kraków und übernahm die Leitung des jüdischen Kinderheims in Zakopane.

[54] Kuchler-Silberman, Lena (1961): Hundert Kinder. Ein polnischer Exodus. Dt. v. Ruth-Inge Heinze. Wuppertal-Barmen 1965 (Jugenddienst-Verlag).

[55] Hebr. Vaad Hatzala (dt. Rettungskomitee): Im November 1939 von der »Union der orthodoxen Rabbiner« in den USA und in Kanada gegründet. Es war eine Organisation zur Rettung der Juden in Europa vor der Schoa. Während des Zweiten Weltkriegs gelang es ihr, Hunderte von polnischen Rabbinern und Jeschiwa-Schülern sowie einige Tausend nichtreligiöser Juden vor dem Tod zu bewahren. In den DP-Camps der Nachkriegszeit bemühte sie sich, einer Lebensführung gemäß den Vorschriften der Tora Geltung zu verschaffen.

[56] Mahler, Ella (1962): About Jewish Children who Survived World War II on the Aryan Side. In: Yad Vashem bulletin. 1962. S. 49-56.

[57] Mahler, Ella (1962), S. 50.

[58] Tec, Nechama (1986): When Light Pierced the Darkness. Christian Rescue of Jews in Nazi-Occupied Poland. New York, Oxford (Oxford University Press).

[59] »Uninvolved« = not involved with rescue.

[60] Wreschner Rustow, Margrit (1988): Identity and Trauma. Jewish Children Saved by Christians During the Holocaust. Ann Arbor, Michigan 1989 (UMI: University Microfilms International).

[61] Während das Ich bei Freud als »armes Ding« bezeichnet wird, »welches unter dreierlei Dienstbarkeiten steht und demzufolge unter den Drohungen von dreierlei Gefahren leidet, von der Außenwelt her, von der Libido des Es und von der Strenge des Über-Ichs« (Freud, Sigmund [1923]: Das Ich und das Es. In: Freud, Sigmund [1952]: Gesammelte Werke. Chronologisch geordnet. Bd. 1-17; Bd. 18: Gesamtreg. u. 1 unnumerierter Nachtragsbd. Nachdr.: Frankfurt a. M. 1999 [Fischer Taschenbuch Verlag]. Bd. 13, S. 235-289. S. 286.), billigt ihm Erikson größere Autonomie zu: das Ich läßt sich nicht von unkontrollierbaren Trieben und Affekten überrollen, sondern tritt nach außen hin sicher und unerschrocken auf.

[62] Wreschner Rustow, Margrit (1989): From Jew to Catholic – and Back. In: Marcus, Paul / Alan Rosenberg (ed.) (1989): Healing Their Wounds. New York, Westport, London (Praeger). S. 271-286. S. 278.

[63] Vgl. Wreschner Rustow, Margrit (1988), S. 83.

[64] Wreschner Rustow, Margrit (1989). S. 271-286.

[65] Friedländer, Saul (1979): Wenn die Erinnerung kommt. Aus d. Franz. v. Helgard Oestreich. 2. Aufl. München 1998 (Beck). (Beck'sche Reihe. 1253.) S. 161.

[66] Hogman, Flora (1988): The Experience of Catholicism for Jewish Children Saved During World War II. In: Psychoanalytic Review. 75 (4). 1988. S. 511-532.

[67] Kennzeichnung als Juden:

In Polen mußten im November 1939 zunächst die Lubliner Juden ein gelbes Stück Stoff mit dem Wort »Jude« tragen. Ab 23. November 1939 wurden alle Juden über zwölf Jahre im Generalgouvernement gezwungen, auf dem rechten Ärmel ihres Kleidungsstückes eine weiße Binde mit einem blauen Davidsstern zu tragen. Im Dezember 1939 mußten alle Juden in Kalisz einen gelben sechseckigen Stoffstern (7,5 cm Durchmesser) auf der rechten Brustseite und auf dem Rücken tragen.

In der Sowjetunion wurde je nach Orten ähnlich verfahren, nur daß es dort Juden über vierzehn Jahre betraf.

In Deutschland wurden diese Verordnungen zwei Jahre später (1. September 1941) erlassen. Alle Juden über sechs Jahre mußten einen gelben Davidsstern mit dem Schriftzeichen »Jude« auf der linken Brustseite tragen.

In den von Deutschland besetzten Ländern Westeuropas stieß diese Maßnahme auf Widerstand.

In den Niederlanden erging im April 1942 diese Anordnung: ein gelber Stern auf der linken Brustseite mit dem Wort »Jood«.

In Belgien und Frankreich mußten die Juden ab Juni 1942 den Stern tragen; in Frankreich betraf es alle Juden über sechs Jahre. Das Schriftzeichen war »Juif« beziehungsweise »Juive« (Jüdin).
In den von Deutschland abhängigen Staaten erfolgte die Kennzeichnung ab 1941 durch gelbe Sterne.

Debórah Dwork macht auf die zynische Umkehr dieses Symbols aufmerksam. Ursprünglich ist der Davidsstern ein religiöses Symbol. Die hebräische Bezeichnung »Magen David« heißt Davidsschild, nicht Davidsstern. Ein Schild sollte Schutz bieten, doch dieses Zeichen auf den Kleidungsstücken der Juden bedeutete Entlarvung und Gefahr. Statt eines Bandes der »Ehre« wurde es eines der »Schande«.
(Vgl. Dwork, Debórah [1991]: Kinder mit dem gelben Stern – Europa 1933-1945. Aus d. Engl. v. Gabriele Krüger-Wirrer. München 1994 [Beck]. S. 277 u. 344.)

[68] Marks, Jane (1993): Die versteckten Kinder. Dokumente von Angst und Befreiung. Übers. v. Hildegard Doerr. Augsburg 1994 (Pattloch).

[69] Marks, Jane (1993), S. 246.

[70] Marks, Jane (1993), S. 249.

[71] Marks, Jane (1993), S. 257.

[72] Kestenberg, Judith S.[ilberpfennig]: 17.3.1910-16.1.1999. Geboren in Tarnów (Polen). 1934 Doktor der Medizin in Wien. 1937 Immigration in die USA. Ab 1939 Praxis für Kinder- und Jugendpsychoanalyse.

[73] Kestenberg, Judith S. / Ira Brenner (1996): The Last Witness. The Child Survivor of the Holocaust. Washington, D. C., London (American Psychiatric Press, Inc.). S. XVIII.

[74] In einem englisch geschriebenen Beitrag, den Anna Freud selbst ins Deutsche übersetzte und der in dem Buch »Heimatlose Kinder« aufgenommen wurde, berichtet sie über sechs kleine deutsch-jüdische Waisenkinder, die im Alter zwischen sechs und zwölf Monaten in das Konzentrationslager Theresienstadt eingeliefert wurden. Ihre Pflegerinnen waren ebenfalls Gefangene. Etwa zwei bis drei Jahre nach ihrer Ankunft im Lager wurden sie im Frühjahr 1945 von den Russen befreit und auf ein Schloß in der Tschechoslowakei gebracht. Nach einem Monat wurden diese sechs Kinder einem Transport von älteren Kindern nach England beigegeben. Dort lebten sie für zwei Monate in einem Empfangslager; und als dieses aufgelöst wurde, beschloß man, diese kleinen Kinder zusammenzulassen. Sie wurden in einem Kinderheim untergebracht, das von den Schwestern Sophie und Gertrud Dann geleitet wurde. Beide hatten bei den Hampstead Nurseries gearbeitet, dem britischen Kriegskinderheim, das von Anna Freud 1940 gegründet worden war. Anna Freud beobachtete die kleinen Theresienstadt-Kinder aus psychoanalytischer Perspektive: »Die Kinder waren überempfindlich, ruhelos, aggressiv, schwierig zu behandeln. – Aber sie waren weder defekt noch verwahrlost noch psychotisch.«
(Vgl. Freud, Anna / Dorothy Burlingham u. Mitarb. [1919]: Heimatlose Kinder. Zur Anwendung psychoanalytischen Wissens auf die Kindererziehung. Frankfurt a. M. 1982 [Fischer]. [Fischer Wissenschaft. 7314.] S. 217.)

[75] Kestenberg, Judith S. / Ira Brenner (1996), S. XII.

[76] Bergmann, Martin S. / Milton E. Jucovy (ed.) (1982): Generations of the Holocaust. New York (Basic Books, Inc.).

[77] Kestenberg, Judith S. (1990): Kinder unter dem Joch des Nationalsozialismus. In: Jahrbuch der Psychoanalyse. Bd. 28. Stuttgart-Bad Cannstatt 1991 (frommann-holzboog). S. 179-209.

[78] Kestenberg, Judith S. (1990), S. 198.

[79] Kestenberg, Judith S. / Ira Brenner (1996), S. XVII.

[80] Vgl. Kurek-Lesik, Ewa (1992), S. 25.

[81] Bogner, Nahum (1999): The Convent Children: The Rescue of Jewish Children in Polish Convents During the Holocaust. In: Yad Vashem Studies. 27. 1999. S. 235-285.

[82] Bogner, Nahum (2000): At the Mercy of Strangers. The Rescue of Jewish Children with Assumed Identities in Poland. Transl. from the Hebrew by Ralph Mandel. Jerusalem 2009 (Yad Vashem).

[83] Der Originaltext lautet: »[…] their desperate effort to cling to life […]«. Diese Formulierung mit »Überlebenswillen« zu übersetzen, wäre zynisch, weil sie den ermordeten Kindern unterstellt, unfähig, töricht oder willensschwach gewesen zu sein. Darüber wird vergessen, daß Überleben von Glück, Zufällen und günstigen Umständen abhing. (Vgl. Dwork, Debórah [1991], S. 295 f.)

[84] Vgl. die Interviews im Rahmen der »kinderforshung« durch die Zentrale Jüdische Historische Kommission in Polen sowie die Zeugenaussagen der überlebenden Kinder in den Veröffentlichungen von Michał M. Borwicz, Nella Rost und Józef Wulf, von Maria Hochberg-Mariańska, Noe Grüss und schließlich von Benjamin Tenenbaum.

[85] »A daunting challenge« (Bogner, Nahum [2000], S. 12.)

[86] Debellatio, lat. = Eroberung und völlige Vernichtung des feindlichen Staates – unvereinbar mit dem internationalen Völkerrecht.

[87] Prekerowa, Teresa (1988): The Just and the Passive. In: Yad Vashem Studies. 19. 1988. S. 370-371. Zit. nach: Bogner, Nahum (2000), S. 19.

[88] Vermutlich knapp 20 (deutsche) Reichsmark.

[89] Die Deutschen bezeichneten die Razzien in den Ghettos, Selektionen, Deportationen in die Vernichtungslager und Massenerschießungen mit dem euphemistischen Begriff »Aktion«.
Der Begriff als solcher taucht schon früh auf: In der Reichspogromnacht im November 1938 wurden auf Befehl des Gestapo-Chefs Müller und des Chefs der Sicherheitspolizei und des SD Heydrich 20 bis 30 000 männliche, gutsituierte Juden verhaftet und in die Konzentrationslager Dachau, Buchenwald und Sachsenhausen eingeliefert. Zweck dieser »Aktion« war es, die deutschen Juden zur Auswanderung zu zwingen. Man beraubte sie ihres Vermögens, ihrer Immobilien, ihrer bürgerlichen Existenz. Diese sogenannten »Aktionsjuden« wurden nach Wochen beziehungsweise nach Monaten der

Demütigungen, Schikanen und Mißhandlungen durch die aus SS-Leuten bestehende Wachmannschaft wieder auf freien Fuß gesetzt. Nicht alle überlebten diese Tortur. (Vgl. Benz, Wolfgang [2005]: Mitglieder der Häftlingsgesellschaft auf Zeit: »Die Aktionsjuden« 1938/39. In: Dachauer Hefte: Häftlingsgesellschaft. 21 [21]. 2005. S. 179-196.)

90 »Bastions of Christianity« (Bogner, Nahum [2000], S. 145.)

91 Schmad, jidd. = Abfall vom Judentum.

92 Vermutlich weiß auch Bogner nicht, daß Klöster nach katholischem Kirchenrecht als »exemte« Gebiete gelten.

93 Poln.: Towarzystwo Ochrony Zycia = TOZ.

94 Saul Friedländer weist darauf hin, daß die konservative katholische Organisation, die die Initiative zur Gründung des Żegota ergriffen hatte, diesen im Juli 1943 verließ. »Die antisemitische Ideologie der FOP konnte auf die Dauer die Unterstützung für Juden nicht gutheißen.« (Friedländer, Saul [1997-2006]: Das Dritte Reich und die Juden. [2.] Die Jahre der Vernichtung 1939-1945. Aus d. Engl. übers. v. Martin Pfeiffer. München [C. H. Beck]. S. 567.)

95 Szymon Datner (1902-1989): bekannter polnisch-jüdischer Historiker und Holocaust-Forscher; 1944-1946 im Zentralrat der Juden in Polen.

96 Jewish Agency: 1929 gegründet als Jewish Agency for Palestine. Vertrat die Interessen der in Palästina lebenden Juden vor der britischen Mandatsregierung, vor dem Völkerbund und ab 1947 vor den Vereinten Nationen.

97 World Jewish Congress (WJC), 1936 gegründet. Dachorganisation aller jüdischen Körperschaften, Gemeinden und Vereinigungen. Sie spielte eine wichtige Rolle während der NS-Herrschaft und nach dem Zweiten Weltkrieg: Wiedergutmachung und Rehabilitierung von überlebenden Juden. Sie vertritt das Judentum im internationalen Rahmen und kämpft gegen antisemitische Strömungen.

98 UNRRA = United Nations Relief and Rehabilitation Administration. Im November 1943 von 44 Staaten in Atlantic City gegründete und 1945 von den Vereinten Nationen übernommene Hilfsorganisation. Sie versorgte 1943-1947 nichtdeutsche Flüchtlinge und Displaced Persons (darunter zahlreiche jüdische Opfer des Hitlerregimes) mit Nahrung, Kleidung und ärztlicher Betreuung.

99 Joint oder JDC (American Joint Distribution Committee): Am 27. November 1914 von prominenten Juden deutsch-jüdischer Abstammung wie Felix M. Warburg gegründet, um Gelder zur Erleichterung des Elends der Juden unter Kriegsbedingungen zu verteilen. Die Organisation half in den dreißiger Jahren deutschen Juden bei der Emigration. Während des Zweiten Weltkriegs beteiligte sie sich an der Rettung des bedrohten europäischen Judentums; sie versorgte die polnischen Ghettos mit Geld und Nachschub. Der Joint leistete nach 1945 die umfangreichste Hilfe für die jüdischen Überlebenden. Der Schwerpunkt der Arbeit lag auf der Lösung des Problems der Displaced Persons.

[100] Hebr. pidjon schewujim = Auslösung von Gefangenen, ist nach dem Talmud (Traktat Chullin [hebr. = Profanes] in der 5. Ordnung [Opferwesen]) das höchste Gebot der Nächstenliebe, das alle anderen einschließt. Es wurde zu allen Zeiten von Gemeinden und Einzelnen ausgeübt, besonders bei durch Kriegswirren und Verfolgungen bedingten Inhaftierungen. Es wurde von Machthabern oft dazu benutzt, hohe Lösegelder für eingekerkerte Juden zu erpressen.

[101] Vgl. Anm. 55 in diesem Kapitel.

[102] COSOR = Comité des oeuvres sociales de organisations de la Résistance.

[103] Vgl. Anm. 40 in diesem Kapitel.

[104] Dror, hebr. = Freiheit, wurde 1915 in Polen gegründet. Die Bewegung verknüpfte die zionistische Idee mit sozialistischem Gedankengut. Ihre Mitglieder kamen aus den ärmeren Schichten der jüdischen Gesellschaft. Sie war aktiv bei den Ghetto-Aufständen.

[105] Haschomer Hazair, hebr. = Junge Wächter, wurde 1913 in Galizien und in Rußland geründet; war zunächst von der Pfadfinder- und Wanderbewegung beeinflußt, wurde später eine internationale, linkssozialistische, zionistische Jugendorganisation. Sie war besonders aktiv in den Kampfverbänden der Ghetto-Aufstände. In Palästina gründete sie zahlreiche Kibbuzim und war vor der Staatsgründung (1948) stark in der »illegalen« Einwanderung engagiert.

[106] Hanoir Hazioni, hebr. = Zionistische Jugend, wurde 1931 in Polen gegründet. Internationale zionistische Jugendorganisation, deren Ideal der Chaluz (hebr. = Pionier) war. Sie stellte die hebräische Kultur und die Kibbuz-Idee in den Mittelpunkt ihres Wirkens.

[107] Noar Borochov, hebr. = Borochov-Jugend. Gemeint ist vermutlich der Schriftsteller, Theoretiker und Führer der poale-zionistischen (poale, hebr. = Arbeiter) Bewegung Dob-Bär Borochow (1881-1917).

[108] Gordonia: benannt nach Aaron David Gordon (1856 Trojanov / Rußland – 1922), dem geistigen Führer der palästinensischen Arbeiterschaft. Die Bewegung war gemäßigt, linkszionistisch und streng pazifistisch. Sie bereitete die Einwanderung nach Palästina vor und beteiligte sich während der Schoa an den Ghetto-Aufständen.

[109] Halhud, hebr. = Einheit. 1. Organisation, die 1942 in der Nachfolge von Brit Schalom (hebr. = Friedensbund) gegründet wurde. Sie stand unter der Führung des liberalen Rabbiners J. Magnes und Martin Bubers. Während des Zweiten Weltkriegs und danach setzte sie sich für die Bildung eines binationalen, paritätisch verwalteten jüdisch-arabischen Gemeinwesens in einem ungeteilten Palästina ein. 2. Zusammenschluß von mehreren zionistischen Parteien, wurde im August 1944 in Lublin gegründet.

[110] Bnei Akiva, hebr. = Akiva-Söhne [Rabbi Akiva: um 50-135 n. Z.; Begründer des rabbinischen Judentums], 1929 während der britischen Mandatszeit in Palästina gegründet. Große religiös-zionistische Jugendbewegung, stark identifiziert mit der Kibbuz-Bewegung. In der Verfolgungszeit aktiv bei den Ghetto-Aufständen.

[111] WIZO = Womens International Zionist Organisation. 1920 in London gegründete Weltorganisation zionistischer Frauen.

[112] Arye Sarid (eigentlich: Leibele Goldberg), ein Mitglied des Kibbuz Jagur (Palästina), war einer der ersten Abgesandten von Eretz Jisrael (Land Israel), der Polen gegen Ende 1945 erreichte.
Anfangs erschien es ihm selbstverständlich, daß ein jüdisches Kind, das unter Nicht-Juden gelebt hatte, dem jüdischen Volk nach dem Kriege zurückgegeben werden mußte. Er fand das Phänomen, daß für diese Kinder Geld verlangt wurde, abstoßend, moralisch wie emotional. So etwas war ihm, der aus Israel kam, völlig fremd. Doch dann merkte er, daß die Realität nicht seinen Vorstellungen entsprach.

[113] Misrachi (Abkürzung für hebr. »Merkas Ruchani« = geistiges Zentrum), 1902 unter Rabbi Isaak Jakob Reines in Wilna gegründet. Religiös-zionistische Gruppierung, die einerseits die anti-religiöse Entwicklung im Zionismus bekämpfen wollte, andererseits aber die antizionistische Tendenz der jüdischen Orthodoxie ablehnte. Nach ihrer Meinung konnte ein jüdischer Staat nur auf den religiösen Traditionen des Volkes basieren. – Nach der Staatsgründung Israels beteiligte sich Misrachi an der Regierungskoalition.

[114] Agudat Israel, hebr. = Vereinigung Israels. 1912 in Kattowitz gegründete streng religiöse Organisation, die sich zunächst gegen den Zionismus wandte mit dem Argument, daß die Verbannung der Juden aus Zion gottgewollt sei und nur von Gott, nicht von Menschen aufgehoben werden könne. Sie lehnte deshalb auch die Mitarbeit in der Jewish Agency ab. Nach der Schoa rückte sie ein wenig von ihren religiösen Grundsätzen ab.

[115] Bricha, hebr. = Flucht. Im Spätherbst 1944 als Rettungsorganisation von Partisanen aus dem Wilnaer Ghetto gegründet. Sie orientierte sich an der Kibbuz-Idee und den zionistischen Jugendverbänden und wollte sich in Palästina am Aufbau einer jüdischen Gesellschaft beteiligen. Im März 1945 sammelte Aba Kovner in Polen Jugendliche aus linkszionistischen Verbänden mit dem Ziel der Auswanderung nach Palästina. Später weitete die Organisation ihre Pläne auch auf andere Überlebende aus, die Europa verlassen wollten. Zunächst gelang es ihnen, Flüchtlingsgruppen über Österreich, Ungarn und Rumänien nach Italien zu bringen, von wo aus sie von der Jewish Agency nach Palästina geschmuggelt wurden. Mit dem Beginn der Massenflucht aus Osteuropa mußte diese Route aufgegeben werden, weil sie durch britisch besetztes Gebiet führte. Die Flüchtlingsströme wurden in die amerikanisch besetzte Zone Deutschlands und nach Österreich umgeleitet. Die illegale Einwanderung über den Seeweg nach Palästina übernahm gleichfalls die Jewish Agency.

(Aba Kovner [1918-1988] war Untergrund- und Partisanenkommandeur, einer der Hauptorganisatoren der Bricha. Nach Kriegsende lebte er in einem Kibbuz und war als Dichter und Schriftsteller eine einflußreiche Persönlichkeit in Israel.)

[116] DP = Displaced Persons: Bezeichnung für etwa 7 Millionen Personen, die infolge des Zweiten Weltkriegs aus ihrer Heimat geflohen, vertrieben oder verschleppt worden waren und für die in den westlichen Besatzungszonen Deutschlands (Übergangs-)Lager eingerichtet wurden. Unter ihnen waren etwa 50-75 000 Überlebende der Schoa.

[117] Alija, hebr. = Aufstieg. Bis zur Staatsgründung Israels gab es fünf Alijot, wobei im Zusammenhang mit der vorliegenden Arbeit die fünfte zwischen 1932 und 1939 wichtig ist. Am 30. Januar 1933 gründete Recha Freier in Deutschland die Jugend-Alija (hebr. »Alijat Noar« [Alijat ist grammatikalisch betrachtet Status constructus von Alija]), eine Organisation zur Auswanderung jüdischer Jugendlicher nach Palästina. Seit 1936 unter der Leitung der führenden Zionistin Henrietta Szold, wurde sie als Abteilung der Jewish Agency ausgestaltet. Mit Ausbruch des Zweiten Weltkriegs bemühte man sich um die Rettung jüdischer Kinder aller Altersstufen. Nach dem Krieg wurden in das verwüstete Europa Boten gesandt, die nach verwaisten und obdachlosen jüdischen Kindern suchen sollten. Erziehung und Ausbildung in Israel erfolgten mit dem Ziel der Einordnung in die Gesellschaft des Landes.

[118] Hier spielt Bogner auf das vom American Joint Distribution Committee unterstützte Forschungsprojekt von Paul Friedman an, der im Internierungslager für illegale jüdische Flüchtlinge auf Zypern den psychischen Gesundheitszustand der Displaced Persons untersuchen sollte. Vgl. Kapitel »Trauma-Forschung bei Freud und ihre Neu-Konzeptualisierung nach der Schoa«.

[119] Teheran-Kinder: eine Gruppe von ungefähr 1 000 jüdischer Kinder, die zwischen April und August 1942 über das Kaspische Meer nach Teheran gebracht wurden. Die meisten Kinder waren Waisen, hatten ihre Eltern auf der Flucht aus Polen in die Sowjetunion verloren. In Teheran wurde für sie mit Unterstützung der dortigen jüdischen Gemeinde ein Waisenhaus errichtet. Nachdem die britischen Mandatsbehörden Einreisevisa bewilligt hatten, wurde im Iran ein Schiff zur Verfügung gestellt, das die Kinder bis ins heutige Pakistan brachte. Anfang 1943 reisten die Kinder nach Suez und von dort weiter nach Palästina. Die Jugend-Alija unter Leitung von Henrietta Szold bemühte sich um ihre Eingliederung in Israel.

[120] Das Internationale Rote Kreuz in Rumänien machte sich gemeinsam mit jüdischen Organisationen sehr verdient um die Versorgung der »Deportierten« aus Transnistrien. Es wirkte auch bei der Rettung von etwa 2 000 jüdischen Waisenkindern aus Transnistrien mit, die im Frühjahr 1944 nach Palästina gelangten.

[121] Nachmany Gafny, Emunah (2009): Dividing Hearts. The Removal of Jewish Children from Gentile Families in Poland in the Immediate Post-Holocaust Years. Transl. from the Hebrew by Naftali Greenwood. Jerusalem (Yad Vashem).

[122] Dequeker, Luc (1998): Baptism and Conversion of Jews in Belgium, 1939-1945. In: Michman, Dan (1998): Belgium and the Holocaust. Jews – Belgians – Germans. 2. ed. Jerusalem 2000 (Yad Vashem). S. 235-271. S. 244-246.

[123] Persönliche Mitteilung von Prof. Dr. Thomas Brechenmacher, Universität Potsdam: Philosophische Fakultät, Historisches Institut/ Neuere Geschichte II, vom 20. September 2010.

[124] Nach dem Tod von Luigi Maglione am 22. August 1944 arbeitete Papst Pius XII. bis 1952 ohne Kardinalstaatssekretär, er übernahm selbst die Agenden. Während dieser Zeit der Vakanz fungierte der Kurienkardinal Domenico Tardini, der ab 1935 für das vatikanische Staatssekretariat tätig war, als vatikanischer »Außenminister«.

[125] Im Originaltext lautet die Stelle: »In the Christian doctrine, one who accepts Jesus and subsequently repudiates him is a sinner who forfeits any possibility of atonement. Children who had been living in a Christian environment were deeply afraid of the punishment for apostasy.« (Nachmany Gafny, Emunah [2009], S. 285.)
Nach katholischer Auffassung können alle Sünden, auch die schwersten, durch Jesu Kreuzestod gesühnt werden. Kein Sünder wird von Heil und Rettung ausgeschlossen, wenn er sich Gott in Reue und Buße zuwendet und Ihn um Vergebung bittet.
Durch die Taufe waren die Kinder in die christliche Gemeinschaft eingetreten, sie waren Glieder des Leibes Christi, der Kirche, geworden, in der der Heilige Geist waltet. Ein Wort gegen den Heiligen Geist (Mt 12, 31 f.) hätte ihnen nicht vergeben werden können. Ein Wort gegen Jesus allerdings wäre vermutlich wegen seiner unbegrenzten Bußvollmacht als vergebbar betrachtet worden.
Im Text wird die Abkehr von Jesus als »apostasy« bezeichnet, offenbar, weil damit auch die von Jesus zugesicherte Erlösung zurückgewiesen wird. Lehnt jemand bewußt und freiwillig Gottes Gnade, die sich in Jesus offenbart, ab, so wird das mit den Begriffen »Abfall«, »Abtrünnigkeit« oder »Apostasie« (abgeleitet vom griechischen Wort απόστασία [apostasia]) bezeichnet. Die »Apostasie« gehört zu den Haupt- bzw. Todsünden. Die Kirche hat sie von Anfang an sehr streng beurteilt; ob sie als unvergebbar angesehen wird, ist umstritten.
Nach kirchlicher Lehre bedeutet dieser »Abfall« zunächst den Verlust des Gnadenlebens und aller Verdienste für den Himmel sowie zeitliche Strafen und endlich ewige Verdammnis. Allerdings bleibt offen, ob er nicht doch durch lebenslängliche Buße gesühnt werden könnte.

[126] Vgl. dazu Mona Körtes kritische Stellungnahme: »Auffallend […] ist die Selbstverständlichkeit, mit der deren« (der Kinder, Verf.) »Rückkehr in die jüdische Gemeinschaft beschrieben wird.« (Körte, Mona [2001], S. 120.)

[127] Nachmany Gafny, Emunah (2009), S. 324.

[128] Nachmany Gafny, Emunah (2009), S. 325.

[129] Michman, Dan (1998).

[130] Dequeker, Luc (1998).

[131] Paldiel, Mordecai (1998): The Rescue of Jewish Children in Belgium During World War II. In: Michman, Dan (1998), S. 307-325.

[132] Brachfeld, Sylvain (1998): Jewish Orphanages in Belgium Under the German Occupation. In: Michman, Dan (1998), S. 419-431.

[133] Riesel, Arye (1975): Re-education of War-Orphaned Jewish Children and Adolescents in Children's and Youth Homes in Belgium, 1945-1949. In: Michman, Dan (1998), S. 483-497.

[134] Dequeker bezieht sich dabei auf praktisch-theologische Schriften der Katholischen Kirche.

[135] Teschuwa, hebr. = Umkehr. »Buße« hat im Judentum eine etwas andere Bedeutung als im Christentum. Schuld bedeutet eine Verpflichtung zur »Umkehr«, zu der mehrere

Schritte gehören: Erkenntnis der Sünden; Bereuen der Taten; Aufgeben des bisherigen Lebenswandels; Bekenntnis der Verfehlungen und Versprechen, die Sünden nicht mehr zu wiederholen, sondern den Weg zur Erneuerung und Erhöhung des Lebens einzuschlagen. Buße wird nicht als bloße Sühneleistung verstanden, sondern als positive Tat, als Rückkehr (Teschuwa) zu Gott.

[136] Der Judenrat, der auch in anderen von den Deutschen besetzten Ländern eingesetzt wurde, war oft identisch mit den jüdischen Gemeindevertretungen der Vorkriegszeit. Er war sowohl verantwortlich für gemeindeinterne Angelegenheiten (Unterstützung der Bedürftigen, Alten- und Krankenpflege) als auch für die Durchführung der Anweisungen deutscher Behörden, vor allem, was die Abwicklung der »Deportationen« betraf.

[137] Der engliche Begriff ist treffender: re-education.

[138] Auch Nahum Bogner erwähnt die Rolle der jüdischen Soldaten im Zusammenhang mit der Rückführung der überlebenden Kinder.

[139] Benz, Wolfgang / Mona Körte (Hrsg.) (2001): Solidarität und Hilfe für Juden während der NS-Zeit. Rettung im Holocaust. Bedingungen und Erfahrungen des Überlebens. Berlin (Metropol). (Reihe Solidarität und Hilfe. Rettungsversuche für Juden vor der Verfolgung und Vernichtung unter nationalsozialistischer Herrschaft. 4.)

[140] Körte, Mona (2001): Die Erinnerung bergen. Versteck und Rettung jüdischer Kinder im belgischen Nonnenkloster. In: Benz, Wolfgang / Mona Körte (Hrsg.) (2001), S. 107-128.

[141] Körte, Mona (2001), S. 114.

[142] Wie zum Beispiel bei Emunah Nachmany Gafny, deren Monographie allerdings erst acht Jahre nach Körtes Beitrag erschien.

[143] Körte, Mona (2001), S. 121.

[144] Vgl. Körte, Mona (2001), S. 121.

[145] Körte, Mona (2001), S. 122.

[146] Körte, Mona (2001), S. 122.

[147] Körte, Mona (2001), S. 122.

[148] Körte, Mona (2001), S. 122 f.

[149] Körte, Mona (2001), S. 124.

[150] Körte, Mona (2001), S. 125.

[151] Körte, Mona (2001), S. 128.

[152] Körte, Mona (2001), S. 128.

[153] Körte, Mona (2001), S. 128.

[154] Körte, Mona (2001), S. 128.

[155] Klarsfeld, Serge (1989): Vichy – Auschwitz. Die Zusammenarbeit der deutschen und französischen Behörden bei der »Endlösung der Judenfrage« in Frankreich. Aus d. Franz.

übers. v. Ahlrich Meyer. Nördlingen (Delphi Politik). (Schriften der Hamburger Stiftung für Sozialgeschichte des 20. Jahrhunderts. 9.)

[156] Klarsfeld, Serge / Beate Klarsfeld (1991): Die Kinder von Izieu. Eine jüdische Tragödie. Aus d. Franz. übers. v. Anna Mudry. Mit Beitr. v. Johanna Ofori Attah u. Manfred Richter. Berlin (Edition Hentrich). (Reihe Deutsche Vergangenheit. 51.)

[157] Poznanski, Renée (1994): Jews in France during World War II. Transl. by Nathan Bracher. Hanover and London 2001 (Brandeis University Press, United States Holocaust Memorial Museum).

[158] Marrus, Michael R. / Robert O. Paxton (1981): Vichy France and the Jews. New York (Basic Books, Inc., Publishers).

[159] OSE: Abkürzung für Organisatia Sanitaria Eugenica (Organisation für Heilung [und] Erbhygiene): Gesellschaft für die medizinische Versorgung der Juden in osteuropäischen Staaten, 1912 von jüdischen Intellektuellen in Petersburg gegründet. 1922-1933 Zentrale in Berlin, danach in Paris. Man hielt an den ursprünglichen Initialen fest und gab ihnen die Bedeutung Oeuvre de Secours aux Enfants (Kinderhilfswerk). OSE-Arbeit konzentriert sich im wesentlichen auf die Unterhaltung von Kinderheimen in vielen Ländern der Welt.

[160] Jüdische Pfadfinderorganisation: »Éclaireurs Israélites de France«.

[161] Im Jahre 1913 gegründete jüdische Organisation »Fédération des Sociétés Juives de France« unter Vorsitz des Sozialisten und Zionisten Marc Jarblum. Sie bildete den Dachverband der jüdischen Einwanderer aus Ost- und Mitteleuropa.

[162] Vgl. Klarsfeld, Serge / Beate Klarsfeld (1991), S. 23.

[163] Vgl. Poznanski, Renée (1994), S. 143.

[164] Résistance: der bewaffnete französische Widerstand gegen die deutsche Besatzung und die mit ihr kollaborierende französische Regierung. Während der Massenverhaftungen im Juli 1942 in Paris beteiligten sich Mitglieder der Résistance an der Rettung jüdischer Kinder und sorgten für deren Unterbringung in sicheren Verstecken.

[165] Die »Vereinigte Reformierte Kirche«, die 1938 durch den Zusammenschluß der »Union der evangelisch-reformierten Kirchen« und der »Union der reformierten Kirchen« entstand, faßte die Protestanten zusammen.

[166] An diesem Tag begann die von Deutschen und Franzosen organisierte, aber allein von Franzosen durchgeführte Festnahme von etwa 27 000 »staatenlosen« Juden in Paris und den Vororten. Familien mit Kindern wurden in einer großen Radrennbahn, dem Vélodrome d' Hiver, gesammelt.

[167] Vgl. Bogner, Nahum (2000), S. 213.

[168] Consistoire Central des Israélites de France, die religiöse Dachorganisation der französischen Juden, wurde 1808 gegründet. Nach dem Einmarsch deutscher Truppen in Paris verlegte der Consistoire seinen Hauptsitz nach Lyon. Nach der Gründung der UGIF bemühte er sich um die Fortführung des religiösen Lebens und widmete sich der

Wohlfahrtspflege. Der Präsident des Consistoire Jacques Helbronner wurde im Oktober 1943 nach Auschwitz »deportiert«.

169 Klarsfeld, Serge (1989), S. 157.

170 Klarsfeld, Serge (1989), S. 158.

171 Vgl. Anm. 6: »Exkurs« in diesem Kapitel.

172 Neben Filip Friedman noch Józef Kermisz und Nachman Blumental.

173 Tych, Feliks / Alfons Kenkmann / Elisabeth Kohlhaas / Andreas Eberhardt (Hrsg.) (2008), S. 46.

174 Tych, Feliks / Alfons Kenkmann / Elisabeth Kohlhaas / Andreas Eberhardt (Hrsg.) (2008), S. 48.

175 Tych, Feliks / Alfons Kenkmann / Elisabeth Kohlhaas / Andreas Eberhardt (Hrsg.) (2008), S. 60.

176 Becker, David (2009): Hans Keilson und die Revolutionierung der Traumatheorie. Gedanken über einen großen Wissenschaftler zu seinem 100. Geburtstag. In: Neue Rundschau. Jg. 120 (4). 2009. S. 71-83. S. 71.

177 Becker, David (2009), S. 78.

178 Keilson, Hans (1979), S. 71.

179 Keilson, Hans (1979), S. 71.

180 Bikont, Anna / Barbara Engelking (2008): Kaufe Gold und nehme »Katzen« auf... In: Engelking, Barbara / Helga Hirsch (Hrsg.) (2008): Unbequeme Wahrheiten. Polen und sein Verhältnis zu den Juden. Frankfurt a. M. (Suhrkamp). (edition suhrkamp. 2561.) S. 289: »Ich habe keinen Zweifel daran, daß das unsere Rolle ist, die Rolle der Polen: als Zeugen der Vernichtung im Namen der Opfer von der Vernichtung zu erzählen.«

181 Bogner, Nahum (1999), S. 327.

Historische Spurensuche und die politische Situation am Vorabend der Schoa

1 Friedländer, Saul (1997-2006): Das Dritte Reich und die Juden. [2.] Die Jahre der Vernichtung. 1939-1945. Aus d. Engl. übers. v. Martin Pfeiffer. München 2006 (Beck). S. 16 f.

»Die intellektuellen Grundlagen des Erlösungsantisemitismus« (Friedländer, Saul [1997], S. 104.) wurden nach Meinung Friedländers im Bayreuther Kreis gelegt. »Von Wagner kam die mythische Dimension von Hitlers Erlösungsvision, vor allem im Hinblick auf die ›Judenfrage‹.« (Friedländer, Saul [1999]: Hitler und Wagner. In: Friedländer, Saul / Jörn Rüsen [Hrsg.] [2000]: Richard Wagner im Dritten Reich. München [Beck]. [Beck'sche Reihe. 1356.] S. 165-178. S. 175.). Wagners Erlösungsvision erhielt ihre Bedeutung durch den Begriff der Vernichtung. Hartmut Zelinsky unterstreicht: »Wagners ›Erlösungskampf‹« ist »ein mit absolutem Macht- und Herrschaftsanspruch verbundener deutscher ›Erlösungskampf‹ mit der vernichtungswilligen Heilslehre einer deutschen

›neuen Religion‹ und eines deutschen Christus. Das Judentum wird als deren unaufhebbare, zum ›Untergang‹ bestimmte Gegenwelt […] zementiert.« (Zelinsky, Hartmut [1999]: Verfall, Vernichtung, Weltentrückung. In: Friedländer, Saul / Jörn Rüsen [Hrsg.] [2000], S. 309-341. S. 317.).

[Exkurs: Friedländer spricht im Zusammenhang seines Begriffes »Erlösungsantisemitismus« von einem Antisemitismus in einer »spezifisch deutschen, mystischen Form« (Friedländer, Saul [1997], S. 101). Diese Form des Antisemitismus läßt sich vom Stand der bisherigen Forschung über die Rezeption der deutschen Mystik in der NS-Ideologie nur ungenügend bestimmen. Sie begann selbstverständlich nicht erst unmittelbar nach dem Ersten Weltkrieg, sondern reichte mit ihren mythischen, biologistischen und politischen Vorläufern bis weit in das 19. Jahrhundert zurück. Wegbereitend für diese im ganzen während der nächsten 150 Jahre deutscher Geschichte unheilvollen Entwicklung waren die geschichtsphilosophischen Gedanken von Johann Gottfried Herder (1744-1803), der auf die Juden als erster den Begriff »Parasiten« anwandte, Johann Gottlieb Fichte (1762-1814) und Georg Wilhelm Friedrich Hegel (1770-1831).
Sehr wahrscheinlich als Reaktion auf den Rationalismus der Aufklärung, die liberalen Parolen der Französischen Revolution, die zunehmende Säkularisierung der Gesellschaft entstand mit der Romantik eine Bewegung, die gegen die Moderne gerichtet war. Ihre politischen Utopien regredierten auf das späte Mittelalter mit seinen millenaristischen Entwürfen, seinen Endzeiterwartungen und Heilsvorstellungen. Neben dieser Rückwendung zu Vergangenheit und Tradition bildete sich in den von der französischen Armee besetzten oder besiegten Ländern ein eigener Nationalismus aus, der nicht nur anti-französisch war, sondern rasch feindlich gegenüber allem Fremden wurde. Dieser neue Nationalismus, den Saul Ascher (1767-1822) »Germanomanie« (Ascher, Saul [1815]: Die Germanomanie. Skizze zu einem Zeitgemälde. Berlin [Achenwall u. Comp.].) nannte, war ausgesprochen judenfeindlich. Die Juden erschienen als die auffälligsten Nutznießer der verhaßten französischen Revolutionsideen, die als dem Geist und der Tradition der Völker fremd abgewehrt wurden. Das führte wenig später dazu, daß in konservativen Staatstheorien, wie sie Friedrich Julius Stahl (1802-1861; konvertierte 1819 vom Judentum zum Protestantismus) und Bruno Bauer (1809-1882) vertraten, für Juden in christlichen Staaten kein Platz mehr war; das Judentum wurde als störendes und gefährliches Element innerhalb der sittlichen Lebensordnung empfunden.
(Parallel dazu verstärkten sich auch in Österreich gegenemanzipatorische, als paranoid zu bezeichnende Tendenzen. Die politischen Bewegungen der Ariosophie und der germanischen Theosophie verkündeten okkult-rassistische Lehren, um der Gefahr möglicher Verschwörungen nicht-arischer Rassen: der Slawen und Juden, begegnen zu können, die die ideale Welt der Germanen vernichten und die deutsche Weltmacht vereiteln wollten.)
Mit den mythischen Dimensionen der Rasse beschäftigte sich im 19. Jahrhundert als erster Graf Gobineau (1816-1882). Als seine Rassenlehre nach seinem Tode (1882) von der antisemitischen Bewegung vereinnahmt wurde, kam es zu gefährlichen und folgenschweren Fehlinterpretationen. Nach Wilhelm Marr als dem Wortführer dieser Bewegung und Eugen Dührings haßerfüllter Schrift »Die Judenfrage als Racen-, Sitten-

und Culturfrage« (1880 oder 1881) erreichten Mythos und Mystik der Rasse bei Houston Stuart Chamberlain in seinem Werk »Die Grundlagen des neunzehnten Jahrhunderts« (Chamberlain, Houston Stewart [1899]: Die Grundlagen des neunzehnten Jahrhunderts. Bd. 1-2. 8. Aufl. München 1907 [Bruckmann].) einen ersten Höhepunkt. Vor dem Hintergrund einer umfassenden Rückschau, die die abendländische Geschichte als Rassenkampf betrachtete, konstruierte er zwei entwicklungsbestimmende Gegensätze: einerseits den zwischen rassischer Homogenität und Rassen- beziehungsweise Völkerchaos, andererseits den zwischen Germanen und Juden. Die wirklich bedeutende Rasse war für Chamberlain die germanische, die zum »Träger der Weltgeschichte« (Chamberlain, Houston Stewart [1899], Bd. 1, S. 7.) geworden sei und deren Hauptvertreter die Deutschen seien. Die Gegenrasse bildeten die Juden. In das Zentrum seiner Arbeit stellte Chamberlain die »reine Christuslehre« und bemühte sich, den arischen Ursprung des Christentums nachzuweisen, wonach Jesus »höchstwahrscheinlich« kein Jude gewesen sei und so zum »Gott der jungen, lebensfrischen Indoeuropäer« (Chamberlain, Houston Stewart [1899], Bd. 1, S. 245 ff.) werden konnte. Seit 1901 korrespondierte Chamberlain mit Kaiser Wilhelm II., er »forderte […] die Ausschaltung des Judentums aus ›unserem Kulturleben‹, da es ›als Gesamterscheinung eine unberechenbar große Gefahr für unsere gesamte Kultur bedeutet‹ und verknüpfte damit die Vorstellung eines ›gereinigten, stolzeren Deutschland‹ und eines zukünftigen neuen, freien, jugendlichen, siegessicheren, germanischen Christentums.« (Zelinsky, Hartmut [1999]: Verfall, Vernichtung, Weltentrückung. In: Friedländer, Saul / Jörn Rüsen [Hrsg.] [2000], S. 309-341. S. 333.) Den Ersten Weltkrieg betrachtete Chamberlain als einen »›des Judentums und des ihm nahe verwandten Amerikanertums um die Beherrschung der Welt‹«. (Zelinsky, Hartmut [1999], S. 334.) Unmittelbar nach dem Ersten Weltkrieg (1920) wurden »Die Protokolle der Weisen von Zion« ins Deutsche übertragen. Obwohl eine Fälschung, die zuerst in Auszügen im Jahre 1903 in Rußland in der Zeitschrift »Znamja« [russ. знамя = Banner] veröffentlicht wurde, erregte das Pamphlet Aufsehen als ein weiterer Beweis dafür, daß die Juden für alles verantwortlich seien: für die bolschewistische Revolution, für den Sturz der Monarchien, aber auch für die Niederlagen Deutschlands und Österreich-Ungarns im Ersten Weltkrieg.]

[2] Browning, Christopher (2003): Die Entfesselung der »Endlösung«. Nationalsozialistische Judenpolitik 1939-1942. Mit e. Beitr. v. Jürgen Matthäus. Aus d. Amerikan. v. Klaus-Dieter Schmidt. München (Propyläen). S. 27.

[3] Seltsamerweise war das Merkmal für die Einstufung von »arisch« oder nicht-»arisch« nicht das Blut, sondern die Religion; jedoch nicht die der betroffenen Person, sondern die ihrer Vorfahren.

[4] Friedländer, Saul (1997-2006): Das Dritte Reich und die Juden. [2.] Die Jahre der Vernichtung. 1939-1945. S. 36.

[5] Hofer, Walter (Hrsg.) (1957): Der Nationalsozialismus. Dokumente 1933-1945. Überarb. Neuausg. Frankfurt a. M. 1982 (Fischer). (Fischer Taschenbücher. 6084.) S. 277.

[6] Friedländer, Saul (1997-2006): Das Dritte Reich und die Juden. [1.] Die Jahre der Verfolgung. 1933-1939. Aus d. Engl. v. Martin Pfeiffer. München 2000 (Deutscher Taschenbuch Verlag). (dtv. 30765.) S. 338.

[7] Reemtsma, Jan Philipp (1997): Die Memoiren Überlebender. In: Mittelweg 36. Zeitschrift des Hamburger Instituts für Sozialforschung. 6 (4). 1997. S. 20-39. S. 37.

[8] Dazu im Jahre 1981 Jan Karski (1914-2000), Augenzeuge der Judenvernichtung in Polen, Kurier des polnischen Widerstands, als der er den Alliierten in den Jahren 1942/43 in England und Amerika persönlich über den Untergang des osteuropäischen Judentums berichtete:
»Bei Kriegsende sagte man mir, weder die Regierungen noch hochrangige Politiker, weder Wissenschaftler noch Schriftsteller hätten vom Schicksal der Juden gewußt. Sie waren überrascht. Die Ermordung von sechs Millionen unschuldigen [sic!] Menschen war ein Geheimnis geblieben. ›Ein schreckliches Geheimnis‹, wie Walter Laqueur geschrieben hat. Da bin ich Jude geworden. Ein Jude wie die Angehörigen meiner Frau [...]. Aber ich bin ein christlicher Jude, praktizierender Katholik. Und obwohl ich kein Ketzer bin, bekenne ich, daß die Menschheit einen zweiten Sündenfall begangen hat: auf Befehl oder durch Fahrlässigkeit, durch selbst auferlegte Unwissenheit oder Fühllosigkeit, aus Egoismus oder Heuchelei oder sogar aus kalter Berechnung. Dieser Sündenfall wird die Menschheit bis ans Ende der Welt verfolgen.«
(Karski, Jan [1944]: Mein Bericht an die Welt. Geschichte eines Staates im Untergrund. Hrsg. v. Céline Gervais-Francelle. Aus d. engl. Originaltext [Story of a Secret State, 1944] u. d. frz. Neuausg. v. 2010 übers. v. Franka Reinhart u. Ursel Schäfer. München 2011 [Verl. Antje Kunstmann]. S. 8.)

[9] Mit dem Überfall auf Polen begann am 1. September 1939 der Zweite Weltkrieg. 1940 erfolgten Angriffe auf Dänemark und Norwegen. Die Niederlande, Belgien und Luxemburg wurden beim Feldzug gegen Frankreich überrannt. Nur die Luftschlacht um England bescherte den Deutschen einen Rückschlag. 1941 fiel die Wehrmacht in Jugoslawien und Griechenland sowie in die Sowjetunion ein. Erst Stalingrad brachte 1942/43 die Wende. Doch gebot das nun für die Deutschen widrige Kriegsgeschehen dem Mord an den Juden keinen Einhalt, im Gegenteil: er hatte bis zur Kapitulation im Mai 1945 Vorrang gegenüber allen militärischen, politischen und wirtschaftlichen Erwägungen.

[10] Conze, Eckart / Norbert Frei / Peter Hayes / Moshe Zimmermann (2010): Das Amt und die Vergangenheit. Deutsche Diplomaten im Dritten Reich und in der Bundesrepublik. Unter Mitarb. v. Annette Weinke u. Andrea Wiegeshoff. 2. Aufl. München 2010 (Blessing). S. 224.

[11] Vgl. Conze, Eckart / Norbert Frei / Peter Hayes / Moshe Zimmermann (2010), S. 241.

[12] Raul Hilberg schreibt über die Situation der Juden in den besetzten Niederlanden: »Die Juden der Niederlande wurden mit einer Gründlichkeit vernichtet, die der schonungslosen Systematik gleichkam, mit der man bereits die Reichsjuden ausgemerzt hatte.« (Hilberg, Raul [1961]: Die Vernichtung der europäischen Juden. Die Gesamtgeschichte des Holocaust. Hrsg.: Ulf Wolter. Aus d. Amerikan. v. Christian Seeger [u. a.] Berlin 1982 [Olle u. Wolter]. S. 397.)

[13] Vgl. Hilberg, Raul (1961), S. 424 f.

[14] Vgl. Hilberg, Raul (1961), S. 420 f.

[15] Der NS-Staat kalkulierte die latente antijüdische Stimmung in den Nachbarländern mit ein, wo infolge der Wirtschaftskrise drückende Arbeitslosigkeit herrschte und man sich deshalb gegen eine verstärkte Einwanderung aus Deutschland wehrte. Eben daran war die Konferenz in Evian am Genfer See im Juli 1938 gescheitert. Diese Sorgen aber wurden sofort von der Nazi-Propaganda und den ausländischen Judengegnern ausgenutzt, um Judenhaß zu schüren.

[16] Die Assimilationsbestrebungen der mittel- und westeuropäischen Juden im 19. Jahrhundert eröffneten ihnen einerseits neue Horizonte, sie bereicherten ihr Denken und Fühlen; andererseits aber wurde damit eine Rationalisierung und Säkularisierung ihres Lebens eingeleitet. Judentum wurde nur noch als »Religion« betrachtet und aus christlicher Sicht als »Konfession«. Die Juden wähnten sich auf diese Weise »gleichberechtigt« neben Katholiken und Protestanten.
(Der Ausdruck »confessio« [lat.] = Bekenntnis [des Glaubens] ist, bezogen auf das Judentum, unzutreffend, weil dieses nicht auf dem Bekenntnis eines Glaubens beruht.)

[17] Vom 7. bis zum 10. Jahrhundert bildeten die Chazaren ein riesiges Reich, das sich vom Aralsee bis in den Nordwesten des Schwarzen Meeres, vom Kaukasus bis weit in den Norden erstreckte.

[18] Cheder, hebr. = Zimmer, Lehrzimmer. Der Cheder ist die hebräische Elementarschule, in der Jungen vom 4./5. Lebensjahr an bis zum Eintritt in die Talmud-Tora-Schule unterrichtet werden.

[19] Haumann, Heiko (1990): Geschichte der Ostjuden. München (Deutscher Taschenbuch Verlag). (dtv. 4549.) S. 179.

[20] Zwischen dem 27. und 29. Oktober 1938 transportierten die Nationalsozialisten 17 000 bis 20 000 Juden mit polnischem Paß per Lastwagen und Eisenbahn an die deutsch-polnische Grenze, wo sie, da die polnische Regierung die Grenzen zunächst geschlossen hielt, unter erbärmlichen Umständen tagelang im Niemandsland (in Grenzorten wie dem Städtchen Zbanszyn) umherirrten. Unter ihnen waren 484 Juden aus Hannover, auch Herszel Grynszpans Eltern und Geschwister, die seit 1911 in dieser Stadt lebten.

[21] Marranen, span. = Schweine nannte der Volksmund die infolge der Inquisition (1478) in Spanien und Portugal zwangsgetauften Juden, die insgeheim an ihrer alten Religion festhielten. Viele Marranen wanderten deshalb in Länder aus, wo sie ohne Not zu ihrem Judentum zurückkehren konnten. Sie galten nach jüdischem Gesetz (Halacha: System der religionsgesetzlichen Bestimmungen, die in der schriftlichen und mündlichen Tora enthalten sind) nicht als Apostaten.

[22] Aschkenasim: Nach 1 Mos 10, 3 ist Aschkenas der Sohn des Gomer, eines Enkels des Noah-Sohnes Japhet. Später wurde Aschkenas mit Germanien gleichgesetzt. Infolgedessen wurden die mittel- und osteuropäischen Juden Aschkenasim (-im = Pluralendung) genannt. Davon abgeleitet wurde das Adjektiv »aschkenasisch«.

[23] Sefarad war eine biblische Länderbezeichnung, mit der wohl Spanien gemeint war. Später nannte man die Nachkommen der spanischen und portugiesischen Juden, besonders nach der Ausweisung von 1492, Sephardim (-im = Pluralendung). Davon wurde das Adjektiv »sephardisch« abgeleitet.

[24] Dem Eid, der Anrufung einer höheren Macht als Zeuge für die Wahrheit einer Aussage oder die Ehrlichkeit eines Versprechens, wurde im Christentum Heiligkeit zugesprochen; er war an die Glaubensüberzeugung geknüpft. Juden wurden infolge des ständigen Argwohns und Mißtrauens ihrer christlichen Umgebung häufig zu Eidesleistungen gezwungen, und zwar vor nicht-jüdischen Instanzen. Daraus entstanden nicht allein sprachliche, sondern auch religiöse Probleme. Überdies wurde den Juden vorgeworfen, sich im voraus durch ein bestimmtes Gebet (»Kol Nidre«) von allen Verpflichtungen freizusprechen. So entstanden seit dem Mittelalter Formeln für den »Judeneid«. Die damit verbundenen Zeremonien wurden immer diskriminierender. Absurd, sadistisch und demütigend, gerieten sie oft völlig außer Kontrolle.

[25] Die niederländische Gesellschaft war vertikal in vier »Hauptsäulen« gegliedert: die beiden christlichen Säulen der Katholiken und der Calvinisten sowie die weltlichen Säulen der Liberalen und der Sozialisten.
(Vgl. Fasse, Norbert / Johannes Houwink ten Cate / Horst Lademacher [Hrsg.] [2000]: Nationalsozialistische Herrschaft und Besatzungszeit. Historische Erfahrung und Verarbeitung aus niederländischer und deutscher Sicht. Münster, New York, München, Berlin [Waxmann]. [Studien zur Geschichte und Kultur Nordwesteuropas. 1.])

[26] Oberste politische und religiöse jüdische Instanz in Palästina in griechisch-römischer Zeit mit Sitz in Jerusalem. Nach dem 5. Jahrhundert n. Z. verlor das Sanhedrin seine Bedeutung. Im Jahre 1806 berief Napoleon damit eine Art ersten jüdischen Weltkongreß ein. Bereits 1807 wurde das Sanhedrin wieder geschlossen.

[27] Der israelische Psychoanalytiker Hillel Klein betont, daß massive Verleugnung die Juden daran gehindert habe, sich gegen die von den Deutschen organisierte Zerstörung wie die »Aussiedlungsaktionen«, genauer die »Deportationen«, die alle paar Monate stattfanden, zur Wehr zu setzen. Normales »Kampf-Flucht«-Verhalten als Angstreaktion sei kaum vorgekommen, nur die Flucht in die Phantasie.
Zugleich aber habe es die Verleugnung ermöglicht, das Leben in halbwegs organisierter Form mit der Illusion einer Zukunft und einer Kontinuität weiterzuführen. Mit der Verleugnung sei das Gefühl der Derealisierung verbunden gewesen. Das Unvermögen, die Veränderung der Realität zu akzeptieren, habe damit zusammengehangen, daß die Unterdrückung der Deutschen die Kausalität abgeschafft habe.
Die Juden hätten die Vorfälle von Zerstörung als ungeplante, impulsive Akte der Aggression gedeutet, die mehr mit dem Krieg als mit der offiziellen Vernichtungspolitik zu tun hatten.
(Vgl. Klein, Hillel [2003]: Überleben und Versuche der Wiederbelebung. Psychoanalytische Studien mit Überlebenden der Shoah und mit ihren Familien in Israel und in der Diaspora. Hrsg. v. Christoph Biermann u. Carl Nedelmann. Vorw. v. Jehuda Bauer. Übers. v. Barbara Strehlow. Stuttgart-Bad Cannstatt [frommann-holzboog]. [Jahrbuch der Psychoanalyse. Beih. 20.] S. 42 f.)

Roman Frister hat die Verleugnung treffend charakterisiert: »Der Himmel über Europa war längst bewölkt, es stürmte und donnerte am Horizont, aber wir sahen nur die Sterne.« (Frister, Roman [1993]: Die Mütze oder Der Preis des Lebens. Ein Lebensbericht. Aus d. Hebr. v. Eva u. Georges Basnizki. 4. Aufl. Berlin 1998 [Siedler]. [Siedler Taschenbücher. 75536.] S. 33.)

[28] Die Kindertransporte nach England waren eine einzigartige Maßnahme, durch die ungefähr 10 000 jüdische Kinder vor den Nationalsozialisten gerettet wurden. Unmittelbar nach der Pogromnacht im November 1938 beschloß die englische Regierung nach Intervention verschiedener Hilfsorganisationen, bedrohte Kinder im Alter zwischen vier und siebzehn Jahren aufzunehmen. An der Organisation der Transporte beteiligten sich jüdische und nicht-jüdische Gruppierungen, auch die Quäker. In England wurde die Organisation »Movement for the Care of Children from Germany« gegründet, die später den Namen »Refugee Children's Movement« führte und mit dem »Jewish Refugee's Comittee« zusammenarbeitete.
Der ursprüngliche Plan, jedes Kind in einer Pflegefamilie unterzubringen, mußte aufgegeben werden, weil die Anzahl der Flüchtlinge zu hoch war. Die BBC und die Zeitungen berichteten über die Notsituation der Kinder und Jugendlichen. Der damalige Premierminister Lord Baldwin rief die Bevölkerung in der Tageszeitung »The Times« zu Spenden auf. Eine Handelskette stellte Kleider und Nahrungsmittel bereit, und das Auktionshaus Christie's veranstaltete eine Wohltätigkeitsauktion.
Allerdings war der Prozentsatz der jüdischen Familien, die bereit waren, ein Kind aufzunehmen, so gering, daß zahlreiche streng religiös erzogene Kinder in christlichen Familien untergebracht werden mußten. Auch hier entschied wieder der Zufall über den weiteren Lebensweg der Kinder. Sie versuchten, sich in der fremden Umgebung einzuleben; vielfach wurden sie ihrer Religion entfremdet. Allen gemeinsam war die Ungewißheit über das Schicksal ihrer Eltern in Deutschland, von denen die wenigsten die Schoa überlebten.

[Ergänzend dazu: Das »Jüdische[s] Nachrichtenbblatt Wien«, herausgegeben vom »Zionistischen Landesverband für Deutschösterreich«, das nur zweimal erschien und ausschließlich Anweisungen zur Emigration enthielt, berichtete in seiner ersten Ausgabe am 13. Dezember 1938 unter der Überschrift: »470 Kinder nach England und Holland« über einen Kindertransport am 10. Dezember, »der vom Jugendfürsorgeamt der Israelitischen Kultusgemeinde Wien und der Beratungsstelle der Jugendalijah in die Wege geleitet wurde«. In seiner zweiten und letzten Ausgabe vom 16. Dezember 1938 weist das Blatt auf nachfolgende Transporte am 17. und 18. Dezember nach England hin und würdigt den herzlichen Empfang dieser Kinder in Holland.]

[29] Dwork, Debórah (1991): Kinder mit dem gelben Stern – Europa 1933-1945. Aus d. Engl. v. Gabriele Krüger-Wirrer. München 1994 (Beck). S. 257.

[30] Tych, Feliks / Alfons Kenkmann / Elisabeth Kohlhaas / Andreas Eberhardt (Hrsg.) 2008), S. 9.

Forschungsmethode: Autobiographie / Tagebuch als Quelle

[1] Bogner, Nahum (2000), S. 12.

[2] Reemtsma, Jan Philipp (1997): Die Memoiren Überlebender. In: Mittelweg 36. Zeitschrift des Hamburger Instituts für Sozialforschung. 6 (4). 1997. S. 20-39. S. 21.

[3] Reemtsma, Jan Philipp (1997), S. 21.

[4] Reemtsma, Jan Philipp (1997), S. 22.

[5] Düwell, Susanne (2004): »Fiktion aus dem Wirklichen«. Strategien autographischen Erzählens im Kontext der Shoah. Bielefeld (Aisthesis Verlag). S. 28.

[6] Düwell, Susanne (2004), S. 28.

[7] White, Hayden (1986): Auch Klio dichtet oder Die Fiktion des Faktischen. Studien zur Tropologie des historischen Diskurses. Einf. v. Reinhart Koselleck. Aus d. Amerikan. v. Brigitte Brinkmann-Siepmann u. Thomas Siepmann. Stuttgart (Klett-Cotta). (Sprache und Geschichte. 10.) S. 147.

[8] White, Hayden (1986), S. 147.

[9] White, Hayden (1986), S. 148.

[10] White, Hayden (1986), S. 149.

[11] White, Hayden (1986), S. 149.

[12] White, Hayden (1986), S. 149.

Tropologisch: Adjektiv von Tropus m. oder Trope f. (gr. τρόπος = Wendung, Richtung; rhetor.: »uneigentlicher Ausdruck«), in der Rhetorik Bezeichnung für ein sprachliches Ausdrucksmittel der uneigentlichen Rede. Tropen sind Wörter oder Wendungen, die nicht im eigentlichen Sinne, sondern in einem übertragenen, bildlichen gebraucht werden (z. B. »Blüte« für »Jugend«). Im Gegensatz zu den rhetorischen Figuren besteht bei den Tropen ein semantischer Unterschied zwischen Gesagtem und Gemeintem, zwischen Bezeichnung und Bedeutung.

[13] White, Hayden (1986), S. 150.

[14] White, Hayden (1986), S. 146.

[15] Friedländer, Saul (1997-2006): Das Dritte Reich und die Juden. [1.] Die Jahre der Verfolgung 1933-1939. Aus d. Engl. v. Martin Pfeiffer. München 2000 (Deutscher Taschenbuch Verlag). (dtv. 30765.) S. 16.

[16] Im Entwicklungsroman ging man in der ersten Hälfte des 18. Jahrhunderts von der Darstellung äußerer Ereignisse zu der innerer Erlebnisse über. Drei Einflüsse waren dafür bestimmend: 1. der englische Roman; 2. die religiöse Bewegung des Pietismus; 3. die Werke von J. J. Rousseau.

[17] Pascal, Roy (1960): Die Autobiographie. Gehalt und Gestalt. Übers. aus d. Engl. v. M. Schaible. Stuttgart, Berlin, Köln, Mainz 1965 (Kohlhammer). (Sprache und Literatur. 19.) S. 22.

[18] Pascal, Roy (1960), S. 22.

[19] Pascal, Roy (1960), S. 22.

[20] Pascal, Roy (1960), S. 31.

[21] Pascal, Roy (1960), S. 13.

[22] Pascal, Roy (1960), S. 15.

[23] Metzler Lexikon Literatur (1984). Begriffe und Definitionen. Hrsg. v. Dieter Burdorf [u. a.]. 3., völlig neu bearb. Aufl. Stuttgart 2007 (Metzler, Poeschel Verlag). S. 57 f.

[24] Handbuch Literaturwissenschaft (2007). Gegenstände – Konzepte – Institutionen. Hrsg. v. Thomas Anz. Bde 1-3. Bd. 2: Methoden und Theorien. Stuttgart, Weimar (Metzler). S. 179.

[25] Lejeune, Philippe * 1938.
Lejeune, Philippe (1975): Der autobiographische Pakt. Aus d. Franz. v. Wolfram Bayer u. Dieter Hornig. Frankfurt a. M. 1994 (Suhrkamp). (Aesthetica) (edition suhrkamp. 1896; Neue Folge Bd. 896.) S. 13.

[26] Lejeune, Philippe (1975), S. 14.

[27] Lejeune, Philippe (1975), S. 27.

[28] Vgl. Lejeune, Philippe (1975), S. 32 f.

[29] Lejeune, Philippe (1975), S. 39.

[30] Lejeune, Philippe (1975), S. 40.

[31] Lejeune, Philippe (1975), S. 40.

[32] Lejeune, Philippe (1975), S. 49.

[33] Lejeune, Philippe (1975), S. 15.

[34] Man, Paul de (1984): Autobiography as Defacement. In: The Rhetoric of Romanticism. NY. S. 67-82. Zit. nach: Metzler Lexikon Literatur (1984), S. 59.

[35] Handbuch Literaturwissenschaft (2007), S. 180.

[36] Der Erzähler ist allwissend und tritt dem Leser praktisch als Person gegenüber.

[37] Vgl. Metzler Lexikon Literatur (1984), S. 750.

[38] Handbuch Literaturwissenschaft (2007), S. 177.

[39] Handbuch Literaturwissenschaft (2007), S. 177.

[40] Langer, Phil C. (2002): Schreiben gegen die Erinnerung? Autobiographien von Überlebenden der Shoah. Hamburg (Krämer). S. 37 f.

[41] Langer, Phil C. (2002), S. 38.

[42] Die Zeugenaussage bedeutet im Judentum auch ein Bekenntnis zum Gott Israels. In der hebräischen Fassung des jüdischen Hauptgebets, des »Sch'ma Jisrael« (benannt nach den Anfangsworten aus 5 Mos 6,4) wurden der Endvokal ע (Ajin) des ersten Wortes »Sch'ma« und der letzte Buchstabe ד (Dalet) des letzten Wortes »echad« besonders groß geschrieben; zusammen bilden sie das Wort »Ed« = Zeuge. Denn es heißt (bei Jes 43,

12): »Ihr seid meine Zeugen, spricht der Herr, und ich bin Gott«. (Vgl. Elm, Michael / Gottfried Kößler [2007]: Einleitung. In: Zeugenschaft des Holocaust [2007]: Zwischen Trauma, Tradierung und Ermittlung. Hrsg. im Auftr. d. Fritz Bauer Instituts v. Michael Elm u. Gottfried Kößler. Frankfurt a. M., New York [Campus]. [Fritz Bauer Institut: Jahrbuch zur Geschichte und Wirkung des Holocaust. 2007.] S. 7-16. S. 9.)

Im Mittelpunkt der Zeugenschaft der Schoa steht für Aleida Assmann der »moralische Zeuge«, der wie der »religiöse« und »historische« Zeuge zugleich auch Opfer sei. Der überlebende Zeuge werde »zum ›Sprachrohr der ermordeten Toten und der erinnernden Würdigung ihrer ausgelöschten Namen‹«. (Elm, Michael / Gottfried Kößler [2007]: Einleitung. In: Zeugenschaft des Holocaust [2007], S. 7-16. S. 10.)

Daniel Krochmalnik macht darauf aufmerksam, daß »jeder Genozid« auch »ein Mnemozid« sei, denn »mit den Ermordeten« würden »auch ihre Erinnerungen ausgelöscht«. (Krochmalnik, Daniel [2007]: Pflicht Nr. 122. Das Zeugnisgebot [Mizwat Edut] in Geschichte und Gegenwart. In: Zeugenschaft des Holocaust [2007], S. 19-32. S. 27.) Gegen diesen Gedächtnismord lehnten sich schon während der Vernichtung zahlreiche Zeugen auf (Ringelblum-Archiv, Aufzeichnungen der »Sonderkommandos«). Der Historiker Simon Dubnow soll in den letzten Tagen vor seiner Erschießung (8. 12. 1941) dazu aufgerufen haben, alle Ereignisse niederzuschreiben.

Manche Zeugen waren noch Kinder. Etliche Überlebende traten unmittelbar nach dem Krieg als Zeugen auf, einige vor Gerichten. Doch viele Überlebende brauchten Jahrzehnte, um Zeugnis abzulegen.

Die Überlebenden der Schoa waren ebenfalls »religiöse« Zeugen im Verständnis des Begriffes »Märtyrer« (gr. μάρτυς [martys]), sie wurden Opfer politischer Gewalt. Der »Märtyrer«, der den göttlichen Namen heiligt (Kiddusch ha-Schem), bedarf eines Augenzeugen, der seinen Tod als bedeutsames Zeugnis weitertradiert, so daß dieses den Tod überragt.

Als »historische« Zeugen obliegt es den Überlebenden, ihre Schreckensbotschaften der Welt zu überbringen. Ohne sie ist keine Historiographie möglich. Besonders wertvoll sind die zeitnahen Aussagen. Die heute noch lebenden Zeitzeugen verbinden die Gegenwart mit den Jahren der NS-Herrschaft und ihrem unvorstellbaren Vernichtungsrausch.

Der »moralische« Zeuge ist auf ein Gegenüber, auf einen Zuhörer angewiesen, der seine Botschaft aufnimmt. Paul Celan konnte 1967 noch verzweifelt klagen: »Niemand zeugt für den Zeugen«. »Moralische« Zeugen seien nach Jay Winter (Winter, Jay [2006]: Remembering War. The Great War Between Memory and History in the Twentieth Century. New Haven [Yale University Press]. S. 271. Zit. nach: Assmann, Aleida [2007]: Vier Grundtypen von Zeugenschaft. In: Zeugenschaft des Holocaust [2007], S. 33-51. S. 44.) »keine Spezialisten für unverstellte Wahrheit. Was sie zu bieten haben, ist eine sehr subjektive Konstruktion der Extremsituation, der sie ausgesetzt waren.« »Als Verkörperungen der traumatischen Erfahrung« seien »sie als Opfer zugleich lebendige Beweise des Verbrechens, von dem sie Kunde geben.« (Assmann, Aleida [2007], S. 33-51. S. 44.)

Zeugen hängt mit Erinnerung zusammen und ist auf Zukunft gerichtet, auf eine generationenübergreifende Weitergabe. Angesichts der schwindenden

Erfahrungsgeneration müssen Zeugnisse niedergelegt und gespeichert werden, damit sie von der Nachwelt abgerufen werden können.

[43] Vgl. Young, James Edward (1988): Beschreiben des Holocaust. Darstellung und Folgen der Interpretation. Aus d. Amerikan. v. Christa Schuenke. Frankfurt a. M. 1992 (Jüdischer Verlag). S. 61.

[44] Young, James Edward (1988), S. 61.

[45] Young, James Edward (1988), S. 61.
Young weist auf die »schreckliche Ironie« hin, die darin bestand, daß alle authentischen Augenzeugenberichte durch die Art und Weise der Deutschen beeinflußt gewesen seien, die Lagerinsassen zu täuschen und die Vernichtungsabsichten zu verschleiern. (S. 62.)

Vgl. dazu Kapitel »Nachträglichkeit als ›wichtigste psychoanalytische Einsicht in das Trauma‹«, Anm. 36.

[46] Vgl. Young, James Edward (1988), S. 69.

[47] Young, James Edward (1988), S. 70.

[48] Young, James Edward (1988), S. 70 f.

[49] Lyotard, Jean-François (1983): Der Widerstreit. Aus d. Franz. v. Joseph Vogl. Mit e. Bibliogr. z. Gesamtwerk Lyotards v. Reinhold Clausjürgen. 2., korr. Ausg. München 1989 (Fink). S. 105. Zit. nach: Langer, Phil C. (2002), S. 17.

[50] Vgl. Langer, Phil C. (2002), S. 17.

[51] Langer, Phil C. (2002), S. 18.

[52] Langer, Phil C. (2002), S. 28 f.

[53] Lyotard, Jean-François * 1924.
Lyotard, Jean-François (1983), S. 107. Zit. nach: Langer, Phil C. (2002), S. 29.

[54] Friedländer, Saul (1992): Trauma, Erinnerung und Übertragung in der historischen Darstellung des Nationalsozialismus und des Holocaust. In: Beck, Wolfgang (Hrsg.) (1992): Die Juden in der europäischen Geschichte. Mit e. Einl. v. Christian Meier. München (Beck). (Beck'sche Reihe. 496.) S. 136-151. S. 146.

[55] Friedländer, Saul (1992), S. 147.

[56] Friedländer, Saul (1992), S. 147.

[57] Obwohl Friedländer der Opferperspektive einen gewissen Vorrang einräumt, nimmt er doch auch ihre Ambivalenz zwischen Klarsicht und Sinnestäuschung wahr, die aus der traumatischen Erfahrung resultiert.

[58] Friedländer, Saul (1997-2006). [2.] S. 23.

[59] Machtans, Karolin (2009): Zwischen Wissenschaft und autobiographischem Projekt: Saul Friedländer und Ruth Klüger. Mit e. Vorw. v. Alon Confino. Tübingen (Max Niemeyer). (Conditio Judaica. 73.) S. 57, Fußnote 64.

[60] Friedländer, Saul (1997-2006). [2.] S. 24.

[61] Machtans, Karolin (2009), S. 59.

»Deep memory«: Erinnerung, die sich auf die Erfahrungen der Überlebenden während der Schoa bezieht; im Gegensatz zu »common memory«. Lawrence Langer übernahm diese Begriffe aus einem Interview mit einer Überlebenden. »Deep memory« versucht, das frühere Auschwitz-Selbst in die Erinnerung zurückzurufen; »common memory« hat eine doppelte Funktion: einerseits stellt es das Selbst während des normalen Zeitablaufs vor und nach der Schoa wieder her, andererseits zeigt es die abgespaltene Persönlichkeit von damals, die das gegenwärtige Selbst nichts mehr angeht. »Deep memory« beargwöhnt auf diese Weise »common memory« und hängt gleichzeitig von ihm ab; es weiß das, was »common memory« nicht wissen kann und was es dennoch auszudrücken versucht. (Vgl. Langer, Lawrence L. [1991]: Holocaust Testimonies. The Ruins of Memory. New Haven, London [Yale University Press]. S. 5 f.)

[62] Günter, Manuela (2002): Writing Ghosts. Von den (Un-)Möglichkeiten autobiographischen Erzählens nach dem Überleben. In: Günter, Manuela (Hrsg.) (2002): Überleben schreiben. Zur Autobiographik der Shoah. Unter Mitarb. v. Holger Kluge. Würzburg (Königshausen u. Neumann). S. 21-50. S. 11.

[63] Bauman, Zygmunt (1989): Dialektik der Ordnung. Die Moderne und der Holocaust. Aus d. Engl. übers. v. Uwe Ahrens. 2. Aufl. Hamburg 1994 (Europäische Verlagsanstalt). S. 48.

[64] Günter, Manuela (2002), S. 43.

[65] Kleinschmidt, Erich (2002): Schreiben an Grenzen. Probleme der Autorschaft in Shoah-Autobiographik. In: Günter, Manuela (Hrsg.) (2002), S. 77-95. S. 90.

[66] Kleinschmidt, Erich (2002), S. 91.

[67] Kleinschmidt, Erich (2002), S. 90.

[68] Kleinschmidt, Erich (2002), S. 91.

[69] Kleinschmidt, Erich (2002), S. 91.

[70] Kleinschmidt, Erich (2002), S. 92.

[71] Kleinschmidt, Erich (2002), S. 84.
Hans Keilson wies in seiner Fallstudie »Esra« als erster darauf hin. Vgl. dazu Keilson, Hans (1998): Wohin die Sprache nicht reicht. S. 41.

[72] Günter, Manuela (2002), S. 43.

[73] Günter, Manuela (2002), S. 31.

[74] Günter, Manuela (2002), S. 31.

[75] Vgl. Kleinschmidt, Erich (2002), S. 77.

[76] Günter. Manuela (2002), S. 25.

[77] Kleinschmidt, Erich (2002), S. 83.

[78] Kleinschmidt, Erich (2002), S. 87.

[79] Günter, Manuela (2002), S. 23.

[80] Laub, Dori (1992): Zeugnis ablegen oder Die Schwierigkeiten des Zuhörens. In: Baer, Ulrich (Hrsg.) (2000): »Niemand zeugt für den Zeugen«. Erinnerungskultur und historische Verantwortung nach der Shoah. Frankfurt a. M. (Suhrkamp). (edition suhrkamp. 2141.) S. 68-83. S. 77.

Nachträglichkeit als »wichtigste psychoanalytische Einsicht in das Trauma«

[1] Laplanche, Jean / Jean-Bertrand Pontalis (1967): Das Vokabular der Psychoanalyse. 13. Aufl. Frankfurt a. M. 1996 (Suhrkamp). (Suhrkamp Taschenbuch Wissenschaft. 7.)

[2] Laplanche, Jean / Jean-Bertrand Pontalis (1967), S. 313.

[3] Laplanche, Jean / Jean-Bertrand Pontalis (1967), S. 314.

[4] Laplanche, Jean / Jean Bertrand Pontalis (1967), S. 314.

[5] Gekle, Hanna (1989): Nachträglichkeit des Ursprungs – das Trauma des Wolfsmannes. In: Luzifer-Amor. Zeitschrift zur Geschichte der Psychoanalyse: Figuren der Herkunft. Jg. 2 (4). 1989. S. 89-130. S. 94.

[6] Kirchhoff, Christine (2009): Das psychoanalytische Konzept der »Nachträglichkeit«. Zeit, Bedeutung und die Anfänge des Psychischen. Gießen (Psychosozial-Verlag). S. 181.

[7] Gekle, Hanna (1989), S. 93.

[8] Gekle, Hanna (1989), S. 92.

[9] Gekle, Hanna (1989), S. 98.

[10] Vgl. Breuer, Josef / Sigmund Freud (1895): Studien über Hysterie. Einl. v. Stavros Mentzos. Frankfurt a. M. 1991 (Fischer Taschenbuch Verlag). (Psychologie Fischer. 10446.) S. 284 f.

[11] Eickhoff, Friedrich-Wilhelm (2004): Über Nachträglichkeit. Die Modernität eines alten Konzepts. In: Jahrbuch der Psychoanalyse. 51. Stuttgart-Bad Cannstatt 2005 (frommann-holzboog). S. 139-161.

[12] Freud, Sigmund (1952): Gesammelte Werke. Chronologisch geordnet. Bd. 1-17; Bd. 18: Gesamtreg. u. 1 unnumerierter Nachtragsbd. Hrsg. v. Anna Freud, E. Bibring, W. Hoffer, E. Kris, O. Isakower. London (Imago Publ. Co., Ltd.). Nachdr.: Franfurt a. M. 1999 (Fischer Taschenbuch Verlag). Nachtragsbd.: Texte aus den Jahren 1885-1938. S. 373-486: Entwurf einer Psychologie (1895). S. 448.

[13] Wo Freud wiederum auf sein Trauma-Modell zurückgreift.

[14] Eickhoff, Friedrich-Wilhelm (2004), S. 147.

[15] Vgl. Eickhoff, Friedrich-Wilhelm (2004), S. 148.

[16] Vgl. Kirchhoff, Christine (2009), S. 142 f.

[17] Kirchhoff, Christine (2009), S. 166.

[18] Vgl. Kirchhoff, Christine (2009), S. 167.

[19] Kirchhoff, Christine (2009), S. 168.

[20] Kirchhoff, Christine (2009), S. 168.

[21] Kirchhoff, Christine (2009), S. 182.

[22] Kirchhoff, Christine (2009), S. 180.

[23] Laplanche, Jean / Jean Bertrand Pontalis (1967), S. 573.
Eine Annahme, die in dieser Form heute nicht mehr wissenschaftlich haltbar ist.

[24] Grubrich-Simitis, Ilse (1987): Trauma oder Trieb – Trieb und Trauma. Lektionen aus Sigmund Freuds phylogenetischer Phantasie von 1915. In: Psyche. 41. 1987. S. 992-1023. S. 1012.

[25] Quindeau, Ilka (2004): Spur und Umschrift. Die konstitutive Bedeutung von Erinnerung in der Psychoanalyse. München (Wilhelm Fink Verlag).

[26] Quindeau, Ilka (2004), S. 66.

Freuds Konzept der Nachträglichkeit wurde erst in den fünfziger Jahren von der französischen Psychoanalyse durch Jacques Lacan wiederaufgenommen. Ihm ging es nicht so sehr um die Realität der Erinnerung als um die subjektive Wahrheit, die sich im gegenwärtigen Sprechen offenbare. Ereignisse aus der Kindheit würden nachträglich umstrukturiert.

[27] Ehlert-Balzer, Martin (1996): Das Trauma als Objektbeziehung. In: Forum der Psychoanalyse. 12. 1996. S. 291-314. S. 293.

[28] Jan Philipp Reemtsma weist auf neurobiologische Untersuchungen hin: In extremen Streßsituationen sei es möglich, daß Sinneseindrücke nicht in jene Hirnpartien gelangten, die für ihre semantische Aufschlüsselung als Voraussetzung ihrer Aufnahme in den normalen Gedächtnisspeicher zuständig seien. Sie würden aber konserviert und könnten – etwa bei erneuter, oft aber viel geringerer Streßbelastung – aktualisiert werden. Ihre Verbalisierung sei deshalb nicht zureichend möglich, weil die Verbindung zum Sprachzentrum gleichfalls gestört sei.
(Vgl. Reemtsma, Jan Philipp [1996]: Historische Traumen. In: Mittelweg 36. 5 (2). 1996. S. 8-11. S. 10.)

[29] Flashback, engl. = Rückblende; Nachhall; Wahrnehmungsdissonanz. Das Flashback sei ein überwältigendes Ereignis, das zumindest teilweise durch seine fehlende Integration in das Bewußtsein gebildet und durch seine rein strukturale und inhaltlich leere Verzögerung überraschend genau bewahrt werde, während hinsichtlich der Vergangenheit Amnesie vorherrsche. (Vgl. Caruth, Cathy [1995]: Trauma als historische Erfahrung: Die Vergangenheit einholen. In: Baer, Ulrich [Hrsg.] [2000]: »Niemand zeugt für den Zeugen«. Erinnerungskultur und historische Verantwortung nach der Shoah. Frankfurt a. M. [Suhrkamp]. [edition suhrkamp. 2141.] S. 84-98. S. 89, 92f.)

[30] Bohleber, Werner (1997): Trauma, Identifizierung und historischer Kontext. Über die Notwendigkeit, die NS-Vergangenheit in den psychoanalytischen Deutungsprozeß einzubeziehen. In: Psyche. 51. 1997. S. 958-995. S. 965.

[31] Caruth, Cathy (ed.) (1995): Trauma. Explorations in Memory. Baltimore, London (The Johns Hopkins University Press). S. 3-12 u. S. 151-157.
Dt. Ausg. u. d. T.: Trauma als historische Erfahrung: Die Vergangenheit einholen. In: Baer, Ulrich (Hrsg.) (2000): »Niemand zeugt für den Zeugen«. Erinnerungskultur und historische Verantwortung nach der Shoah. Frankfurt a. M. (Suhrkamp). (edition suhrkamp. 2141.) S. 84-98.

[32] Laub, Dori (2000): Eros oder Thanatos? Der Kampf um die Erzählbarkeit des Traumas. In: Psyche. 54. 2000. S. 860-894. S. 865 f.

[33] Caruth, Cathy (ed.) (1995), S. 6.

[34] Nach Laplanche / Pontalis: »Vokabular der Psychoanalyse« (S. 357) wird mit »ökonomisch« alles das bezeichnet, was sich auf Freuds Annahme bezieht, »daß die psychischen Vorgänge im Umlauf und in der Verteilung einer meßbaren Energie (Triebenergie) bestehen, die erhöht oder verringert werden und anderen Energien« gleichwertig »sein kann«.

[35] Vgl. Cohen, Jonathan / W. Kinston (1983): Repression Theory: A new look at the Cornerstone. In: International Journal of Psychoanalysis. 65. 1983. S. 411-422. Zit. nach: Caruth, Cathy (1995): Trauma als historische Erfahrung: Die Vergangenheit einholen. In: Baer, Ulrich (Hrsg.) (2000), S. 88, Fußnote 4.

[36] Dori Laub verweist auf die verzerrte Perspektive, auf die von den Tätern erzeugte und von den Opfern internalisierte Irrationalität, die letztere an der Realität und Bedeutung ihrer Erinnerungen zweifeln lasse. (Vgl. Laub, Dori [2002]: Kann die Psychoanalyse dazu beitragen, den Völkermord historisch besser zu verstehen? In: Psyche. 57. 2003. S. 938-959. S. 952.)
Vgl. dazu Kapitel »Forschungsmethode: Autobiographie / Tagebuch als Quelle«, Anm. 45.

[37] Das heißt, »daß das Selbst nicht mehr bezeugt werden kann.« (Caruth, Cathy [1995], S. 88.)

Elie Wiesel hat 1975 von dieser Erfahrung gesprochen: »Jene, die es nicht erlebt haben, werden nie wissen, wie es war; jene, die es wissen, werden es nie sagen; nicht wirklich, nicht alles. Die Vergangenheit gehört den Toten, und die Überlebenden erkennen sich nicht in den Bildern und Ideen, die man sich von ihnen macht. Auschwitz, das ist der Tod – des Menschen, aller Menschen, der Sprache und der Vorstellungskraft, der Zeit und des Geistes.« (Zit. nach: Grubrich-Simitis, Ilse [1979]: Extremtraumatisierung als kumulatives Trauma. In: Psyche. 33. 1979. S. 991-1023. S. 991 f.)

[38] Vgl. Freud, Sigmund (1952): Gesammelte Werke. Chronologisch geordnet. Bd. 1-17; Bd. 18: Gesamtreg. u. 1 unnumerierter Nachtragsbd. London (Imago Publ. Co., Ltd.). Nachdr.: Frankfurt a. M. 1999 (Fischer Taschenbuch Verlag). Bd. 16: Der Mann Moses und die monotheistische Religion. S. 103-246. S. 171: »Es ereignet sich, daß ein Mensch scheinbar unbeschädigt die Stätte verläßt, an der er einen schreckhaften Unfall [...] erlebt hat. Im Laufe der nächsten Wochen entwickelt er aber eine Reihe schwerer psychischer und motorischer Symptome, die man nur von seinem Schock, jener Erschütterung oder was sonst damals gewirkt hat, ableiten kann. Er hat jetzt eine ›traumatische Neurose‹.«

[39] Caruth, Cathy (1995): Trauma als historische Erfahrung: Die Vergangenheit einholen. In: Baer, Ulrich (Hrsg.) (2000), S. 98.

Wie Jan Philipp Reemtsma weist auch Cathy Caruth auf eine Vermutung der Neurobiologie hin, daß die fehlerlose Eingravur des traumatischen Ereignisses in das Gedächtnis »mit der Löschung seiner normalen Kodierung in der Erinnerung zusammenhängen« könne. (Caruth, Cathy [1995], S. 93.)

[40] Vgl. Laub, Dori (1992): Zeugnis ablegen oder Die Schwierigkeit des Zuhörens. In: Baer, Ulrich (Hrsg.) (2000), S. 68-83. S. 68 u. 77 f.

[41] Caruth, Cathy (1995), S. 94.

[42] Vgl. Langer, Lawrence (1991): Die Zeit der Erinnerung. Zeitverlauf und Dauer in Zeugenaussagen von Überlebenden des Holocaust. In: Baer, Ulrich (Hrsg.) (2000), S. 53-67. S. 60.

[43] Baer, Ulrich (2000): Einleitung. In: Baer, Ulrich (Hrsg.) (2000), S. 27.

[44] Sebald, Winfried Georg (1990): Jean Améry und Primo Levi. In: Heidelberger-Leonard, Irene (Hrsg.) (1990): Über Jean Améry. Heidelberg (Winter). (Beiträge zur neueren Literaturgeschichte. F. 3. 102) S. 121 f. Zit. nach: Braese, Stephan (2003): Zwischen Trauma und Publikum – Zeugenschaft und Literatur am Beispiel Primo Levis. In: Psyche. 57. 2003. S. 960-979. S. 969.

[45] Vgl. Braese, Stephan (2003), S. 979.
Andererseits aber wollten die Überlebenden sich und ihre Leser vor der Wirkung traumatischer Erinnerungen schützen und keinesfalls riskieren, erneut abgelehnt zu werden. (Vgl. Laub, Dori [2002], S. 953.)

[46] Langer, Lawrence (1991): Die Zeit der Erinnerung. In: Baer, Ulrich (Hrsg.) (2000), S. 53-67. S. 64.

[47] Vgl. Laub, Dori (1992), S. 76.

[48] Laub, Dori (1992), S. 68.

Trauma-Forschung bei Freud und ihre Neu-Konzeptualisierung nach der Schoa

[1] Breuer, Josef / Sigmund Freud (1895): Studien über Hysterie. Einl. v. Stavros Mentzos. Frankfurt a. M. 1991 (Fischer Taschenbuch Verlag). (Psychologie Fischer. 10446.) S. 31.

[2] Bergmann, Martin S. (1995): Fünf Stadien in der Entwicklung der psychoanalytischen Trauma-Konzeption. In: Mittelweg 36. 5 (2). 1996. S. 12-22. S. 12.

[3] Freud, Sigmund: Briefe. Ausgew. u. mit e. Vorw. vers. v. Margarete Mitscherlich-Nielsen. 1. Aufl. Frankfurt a. M. 1972 (Suhrkamp). (Bibliothek Suhrkamp. 307.) S. 63.

[4] Bergmann, Martin S. (1995), S. 13.

[5] Freud, Sigmund (1952): Gesammelte Werke. Chronologisch geordnet. Bd. 1-17; Bd. 18: Gesamtreg. u. 1 unnumerierter Nachtragsbd. London (Imago Publ. Co., Ltd.).

Nachdr.: Frankfurt a. M. 1999 (Fischer Taschenbuch Verlag). Bd. 11: Vorlesungen zur Einführung in die Psychoanalyse. S. 284.

[6] Bergmann, Martin S. (1995), S. 14.
Bergmann deutet an, daß Freud später bedauert habe, keinen einzigen Kriegstraumatisierten einer Psychoanalyse unterzogen zu haben: »Es ist in der Tat außerordentlich zu bedauern, daß nicht eine einzige verwertbare Analyse einer traumatischen« [Kriegs-] »Neurose vorliegt.« (Freud, Sigmund [1926]: Hemmung, Symptom und Angst. Einl. v. F.-W. Eickhoff. 3., unveränd. Aufl. Frankfurt a. M. 1997 [Fischer Taschenbuch Verlag]. [Psychologie Fischer. 10443.] S. 73.)

[7] Bergmann, Martin S. (1995), S. 14.

[8] Im Wiederholungszwang drückt sich das nicht verbalisierbare Trauma aus.

[9] Freud, Sigmund (1920): Jenseits des Lustprinzips. In: Freud, Sigmund: Das Ich und das Es. Metapsychologische Schriften. Einl. v. Alex Holder. Frankfurt a. M. 1992 (Fischer Taschenbuch Verlag). (Psychologie Fischer. 10442.) S. 193-249. S. 212.

[10] Vgl. Freud, Sigmund (1920), S. 213 f.

[11] Vgl. Freud, Sigmund (1952): Gesammelte Werke. Chronologisch geordnet. Bd. 16: Der Mann Moses und die monotheistische Religion. S. 103-246. S. 182.

[12] Ferenczi, Sándor (1932): Sprachverwirrung zwischen den Erwachsenen und dem Kind. In: Bausteine zur Psychoanalyse. Bd. 3. 2., unveränd. Aufl. Nachdr. Bern, Stuttgart 1964 (Huber). S. 511-525.

[13] Keilson, Hans (1979), S. 54.

[14] Als unmittelbare Reaktion auf die Gewalttätigkeit seien die Kinder »durch eine ungeheure Angst paralysiert. Die Kinder fühlen sich körperlich und moralisch hilflos, ihre Persönlichkeit ist noch zu wenig konsolidiert, um auch nur in Gedanken protestieren zu können, die überwältigende Kraft und Autorität des Erwachsenen macht sie stumm, ja beraubt sie oft der Sinne. Doch dieselbe Angst, wenn sie einen Höhepunkt erreicht, zwingt sie automatisch, sich dem Willen des Angreifers unterzuordnen, jede seiner Wunschregungen zu erraten und zu befolgen, sich selbst ganz vergessend sich mit dem Angreifer vollauf zu identifizieren. Durch die Identifizierung, sagen wir Introjektion des Angreifers, verschwindet dieser als äußere Realität und wird intrapsychisch […]«. (Ferenczi, Sándor [1932], S. 518 f.)

[15] Ein halbes Jahrhundert später sollte der Psychoanalytiker Dori Laub seinem Beispiel folgen.

[16] Grubrich-Simitis, Ilse (1987): Trauma oder Trieb – Trieb und Trauma. Lektionen aus Sigmund Freuds phylogenetischer Phantasie von 1915. In: Psyche. 41. 1987. S. 992-1023. S. 1012.

[17] Bergmann, Martin S. (1995), S. 15 f.

[18] Der Grund dafür lag in der Traumatisierung selbst. Die Realität hatte alle »Vorahnungen« in apokalyptischer Höllenfahrt eingeholt.

[19] Niederland, William G. (1980): Folgen der Verfolgung: Das Überlebenden-Syndrom / Seelenmord. Frankfurt a. M. (Suhrkamp). (edition suhrkamp. 1015. N. F. 15.) S. 10.

Auf die destruktiven Faktoren vor der »Deportation« ist Hans Keilson im Zusammenhang mit der massiv-kumulativen Traumatisierung jüdischer Kinder in den Niederlanden eingegangen: Die erste traumatische Sequenz, die den Zeitraum der feindlichen Besetzung der Niederlande durch deutsche Truppen mit einsetzendem Terror gegen die jüdische Minderheit umfaßt, »enthält alle Ängste der mit dem Abbröckeln des Rechtsschutzes und mit dem Tragen des gelben Sternes beginnenden und sich immer schärfer anlassenden Verfolgung (kulminierend in den Razzien und den Deportationen); den Angriff auf die Würde und die Integrität der Familie, die Vernichtung der wirtschaftlichen Existenz, die Ghettoisierung, die ängstliche Erwartungsspannung der kommenden Untaten, das plötzliche Verschwinden von Angehörigen, Bekannten, Freunden, Spiel- und Schulkameraden«. (Keilson, Hans [1979], S. 56 f.)

[20] Den Ausdruck »Seelenmord« entlehnte Niederland nach seinen Angaben den »Schriften Anselm Feuerbachs über ›Kaspar Hauser‹, August Strindbergs ›Själamord‹ und Daniel Paul Schrebers ›Denkwürdigkeiten eines Nervenkranken‹«. (Niederland, William G. [1980], S. 229.)

[21] Vgl. Niederland, William G. (1980), S. 232.
Die Darstellung dieser Symptome bedeutet selbstverständlich nicht, daß alle Überlebenden gleichermaßen daran leiden müßten; dazu waren ihre Schicksale zu unterschiedlich.

[22] Ilse Grubrich-Simitis beschrieb die neue Situation:
»Was aber die Extremtraumatisierung im Konzentrationslager, eben im Sinne der Realisierung eines psychotischen Kosmos, doch insgesamt von anderen massiven Traumen unterscheidet, ist die Kombination von extremtraumatischen Bedingungen: das Herausgerissensein der Gefangenen aus dem vertrauten sozio-kulturellen Milieu und dem Familienverband; ständige Trennungsangst bezüglich Nahestehender; Miterleben von Folter und Mord; ohnmächtige jederzeitige Erwartung des eigenen gewaltsamen Todes (durch ›Selektion‹, Folter, Aushungerung, Zwangsarbeit, als Objekt sogenannter medizinischer Experimente usw.); Unterbindung jeglicher Eigeninitiative, also eine barbarische Reinfantilisierung; Entindividualisierung (durch Numerierung und Wegnahme aller persönlichen Dinge); Zerstörung der Privatheit und Niederreißen der Schamschranken; systematisches Außerkraftsetzen des Kausalitätsprinzips (für das, was geschah, wurden keine Gründe angegeben, es war nicht zu erklären); Entzug der strukturierenden Zeitdimension (man hatte keine Uhren, keine Kalender); permanente Entwürdigung und Erniedrigung als zu vernichtende Minorität, ›auszurottendes Ungeziefer‹; Ausgeliefertsein an den planmäßig durchgeführten Völkermord.«
(Grubrich-Simitis, Ilse [1979]: Extremtraumatisierung als kumulatives Trauma. Psychoanalytische Studien über seelische Nachwirkungen der Konzentrationslagerhaft bei Überlebenden und ihren Kindern. In: Psyche. 33. 1979. S. 991-1023. S. 997.)

[23] Freud, Sigmund (1920), S. 74.

Und er fährt fort: »Ich halte darum an der Vermutung fest, daß die Todesangst als Analogon der Kastrationsangst aufzufassen ist und daß die Situation, auf welche das Ich reagiert, das Verlassensein vom schützenden Über-Ich – den Schicksalsmächten – ist, womit die Sicherung gegen alle Gefahren ein Ende hat.«

[24] Bergmann, Martin S. (1995), S. 19.

[25] Bohleber, Werner (2000): Die Entwicklung der Traumatheorie in der Psychoanalyse. In: Psyche. 54. 2000. S. 797-839. S. 811.

[26] Vgl. Bohleber, Werner (2000), S. 821.

[27] Fischer, Gottfried / Peter Riedesser (1998): Lehrbuch der Psychotraumatologie. 2. Aufl. München, Basel 1999 (Reinhardt). (UTB für Wissenschaft.) S. 124.

[28] Bohleber, Werner (2000), S. 830.

[29] Zit. nach: Kestenberg, Judith S. u. Milton Kestenberg (1982): Die Erfahrung überlebender Eltern. In: Bergmann, Martin S. / Milton E. Jucovy / Judith S. Kestenberg (Hrsg.) (1982): Kinder der Opfer – Kinder der Täter. Psychoanalyse und Holocaust. Aus d. Amerikan. v. Elisabeth Vorpohl. Frankfurt a. M. 1995 (Fischer). (Buchreihe: Die Zeit des Nationalsozialismus.) (Geschichte Fischer. 13937.) S. 61-73. S. 61.

[30] Vgl. Fischer, Gottfried / Peter Riedesser (1998), S. 39.

[31] Vgl. Fischer, Gottfried / Peter Riedesser (1998), S. 92 f.
Einwände gegen Horowitz' Modell gibt es genauso wie bei Niederlands »Überlebenden-Syndrom«; Fischer und Riedesser betonen immerhin seine klinische Nützlichkeit.

[32] Dazu Freud: »Wir haben also Grund, eine U r v e r d r ä n g u n g anzunehmen, eine erste Phase der Verdrängung, die darin besteht, daß der psychischen (Vorstellungs-) Repräsentanz des Triebes die Übernahme ins Bewußte versagt wird.« (Freud, Sigmund [1952]: Gesammelte Werke. Bd. 10: Die Verdrängung. S. 248-261. S. 250.)

[33] Bohleber, Werner (2000), S. 831.

[34] Bohleber, Werner (2000), S. 821.

[35] Bohleber, Werner (2000), S. 821.

[36] Laub, Dori (2000): Eros oder Thanatos? Der Kampf um die Erzählbarkeit des Traumas. In: Psyche. 54. 2000. S. 860-894. S. 861.

[37] Laub, Dori (2000), S. 865.

[38] Laub, Dori (2000), S. 866.
Außerdem S. 863: »Der ›leere Kreis‹« sei »nicht wirklich leer, sondern« enthalte »etwas«, was »nicht gewußt oder psychisch repräsentiert werden« dürfe: »Leerstellen in der Struktur der Seele«.

[39] Vgl. Laub, Dori (2000), S. 868.

[40] Vgl. Kapitel »Nachträglichkeit als ›wichtigste psychoanalytische Einsicht in das Trauma‹«.

[41] Ehlert, Martin / Beate Lorke (1986): Zur Psychodynamik der traumatischen Reaktion. In: Psyche. 42. 1988. S. 502-532.
und:
Ehlert-Balzer, Martin (1996): Das Trauma als Objektbeziehung. In: Forum der Psychoanalyse. 12. 1996. S. 291-314.
Dabei werden Ehlert-Balzers Erkenntnisse häufig wortwörtlich übernommen. Er zeichnete seine Argumente in einem so dichten Text auf, daß es kaum möglich ist, andere Formulierungen dafür zu suchen, ohne seine Aussagen zu verändern und damit zu verfälschen.

[42] Bei den jüdischen Kindern spielte sich dieser Vorgang nicht nur in der traumatischen Situation ab, sondern war real.

[43] Ein im Jahre 1925 von Eduardo Weiss eingeführter Begriff.

[44] Vgl. Hinshelwood, Robert D. (1989): Wörterbuch der kleinianischen Psychoanalyse. Aus d. Engl. übers. v. Elisabeth Vorpohl. Stuttgart 1993 (Verlag Internationale Psychoanalyse). S. 263.

[45] Neben diesem pathologischen Abwehrmechanismus gibt es auch eine normale projektive Identifizierung, bei der gute Teile des Selbst in das Objekt projiziert werden, um eine gute Beziehung zu diesem herzustellen.
Desgleichen gibt es eine normale introjektive Identifizierung, die zum Ich-Aufbau beiträgt. Wesentlich für diesen notwendigen entwicklungspsychologischen Vorgang ist jedoch, daß dem Objekt die Möglichkeit offensteht, sich wieder von den Introjekten zu trennen beziehungsweise sie zu modifizieren.

[46] Ehlert-Balzer, Martin (1996), S. 296.

[47] Ehlert-Balzer, Martin (1996), S. 300.

[48] Vgl. dazu Dori Laub, der Freuds Begriff des »Todestriebes« in die psychoanalytische Trauma-Theorie einführt.

[49] Vgl. Ehlert-Balzer, Martin (1996), S. 310.

[50] Unabhängig von Martin Ehlert-Balzer nähern sich Autoren des Sammelbandes: Frank, Claudia / Heinz Weiß (Hrsg.) (2007): Projektive Identifizierung. Ein Schlüsselkonzept der psychoanalytischen Therapie. Stuttgart (Klett-Cotta) diesem Problem wie folgt:
Nach der Auffassung von Tomas Plänkers stoße die gewaltsame projektive Identifizierung beim Objekt eine intrusive introjektive Identifizierung an, die entweder in der »passiven Erfahrung eines gewaltsamen Eindringens« oder in einem »aktiven gewaltsamen Hereinziehen« (S. 119) zum Ausdruck komme. Plänkers spricht direkt von »pathologischer« introjektiver Identifizierung. »Der intrusive Angriff führt zur Etablierung eines Fremdkörpers im Ich, ein böses inneres Objekt, das nicht assimiliert werden [...] und dem sich das Ich nur unterwerfen oder durch« Dissoziation »entledigen kann. Die Auswirkung derartiger nicht assimilierter innerer Objekte auf die Identität des Ichs hängt zum einen von der Beschaffenheit des Ichs, zum anderen von der des bösen Objekts ab.« (S. 122) Nach Plänkers seien es projektiv-introjektiv identifikatorische Vorgänge, die ein inneres böses Objekt begründen. (S. 123)

Hatte schon Melanie Klein betont, daß pathologische Projektionen häufig mit pathologischen Introjektionen einhergehen, so untersucht Ignes Sodré das Wesen der pathologischen projektiven und introjektiven Identifizierungen. (S. 50 ff.):
Die pathologische projektive Identifizierung sei »der Wunsch, den Kontakt abzubrechen zu etwas, das Schmerz, Angst, Unbehagen verursacht«. (S. 50) Der Begriff »›Identifizierung‹« bezeichne »die Identifizierung des Objekts (aus Sicht des Subjekts) mit der projizierten Erfahrung [...] und nicht eine Identifizierung des Subjekts mit dem Objekt«. (S. 50) Sodré beruft sich auf J. Sandler, der ausgeführt habe, daß sich das Selbst von dem, was projiziert werde, »de-identifiziere«. (S. 50) Dieser Vorgang, der sich in der unbewußten Phantasie abspiele, übe eine reale Wirkung auf das Objekt, den »Empfänger«, aus. Etwas Fremdes dringe gewaltsam in ihn ein und erzwinge eine introjektive Identifizierung. Dabei komme es darauf an, daß der »Empfänger« das Aufgezwungene introjizieren und sich teilweise damit identifizieren könne, ohne die Grenzen des eigenen Selbst zu verlieren (S. 51), was schwere Folgen für das Selbstgefühl, die Selbstwahrnehmung und die Ich-Funktionen haben würde. Falls bei diesem Vorgang die Integrität des Objekts beschädigt oder zerstört werde, müsse »von einer ›imperialistischen‹ Einstellung gegenüber dem Objekt« (S. 53) gesprochen werden. Die unterschiedlichen Phantasien und Mechanismen seien dann »schlicht und einfach taktische Manöver, die eingesetzt werden, um den Feind zu besiegen.« (S. 53) – Die pathologische projektive Identifizierung mit dem Objekt meine auch neidisch ersehnte Fähigkeiten des Objekts, die gestohlen werden müßten wie »eine Waffe, die man einem Feind wegnehmen muß«. (S. 59)
Die Vermutung liegt nahe, daß pathologische projektive und pathologische introjektive Identifizierungen in einem zyklischen Zusammenhang stehen.

[51] Valent, Paul (1997): Auswirkungen des Holocaust auf überlebende jüdische Kinder: Traumen und Spätfolgen nach 50 Jahren. In: Psyche. 52. 1998. S. 751-771. S. 761.

[52] Valent, Paul (1997), S. 752.

[53] Vgl. »Vorwort« zu dieser Arbeit.

[54] Freud, Anna / Dorothy Burlingham u. Mitarb. (1949): Heimatlose Kinder. Zur Anwendung psychoanalytischen Wissens auf die Kindererziehung. Frankfurt a. M. 1982 (Fischer). (Fischer Wissenschaft. 7314.)

[55] Doch auch das war so wenig selbstverständlich, daß Keilson es mit seiner »dritten traumatischen Sequenz« berücksichtigte. Er betont, daß sich diese (dritte) Sequenz der Wiedereingliederung in die Gesellschaft vielfach als traumatogen erwiesen habe. Das »Auftauchen« oder »Zurückkehren« habe sich in einer anderen Welt ereignet als der, die man verlassen hatte. Das Ende der Lebensbedrohung, der Beginn der Rehabilitationsmaßnahmen, der Versuch der Aufarbeitung der entstandenen Schäden und Lücken habe nur zu oft zu einer Verstärkung der Konfrontation mit den erlittenen Traumen geführt und dadurch zu neuen Schädigungen. (Vgl. Keilson, Hans [1979], S. 58.)

[56] Ein Zitat aus Keilsons Werk möge noch einmal auf die Situation des Jahres 1945 rückblenden: »Da das Schicksal, dem die jüdische Gemeinschaft [...] anheimfiel, eine Katastrophe genannt werden muß, wird auch diese Arbeit alle Stigmata dieser

Katastrophe aufweisen. Auch die ersten Unterlagen zu dieser Arbeit stammen unmittelbar aus der Zeit ›danach‹.« (Keilson, Hans [1979], S. 3 f.)

57 Friedman, Paul (1948): Aspekte einer Konzentrationslager-Psychologie. (Aus dem Archiv der Psychoanalyse.) In: Psyche. 44. 1990. S. 164-172. S. 165.

58 Tausende von illegalen Einwanderern, die im Sommer 1946 nach Palästina kamen, durchbrachen die von der britischen Mandatsmacht festgelegten Einwanderungsquoten und machten jede Organisation unmöglich. So beschloß das englische Kabinett im Juli und Anfang August die Flüchtlinge in Gefangenenlagern auf Zypern festzuhalten. Dadurch sei, wie Idith Zertal ausführt, eine neue Situation entstanden. »Das unmittelbare Schicksal der Flüchtlingseinwanderer verlor an Bedeutung«, es habe als Mittel, als »Kampfinstrument der zionistischen Führung gegen die britische Politik« fungiert. »Der Weg der Holocaust-Überlebenden führte nicht nach Palästina, sondern in die Gefangenenlager auf Zypern.« (Zertal, Idith [1988]: Verlorene Seelen. Die jüdischen DP's und die israelische Staatsgründung. In: Babylon. Beiträge zur jüdischen Gegenwart. H. 5. 1989. S. 88-103. S. 94 f.)

59 Vgl. Grubrich-Simitis, Ilse (1979): Extremtraumatisierung als kumulatives Trauma. In: Psyche. 33. 1979. S. 991-1023. S. 993: »Im Grunde haben wir in diesen bis heute lesenswerten Arbeiten eine erste Formulierung des ›survivor syndrome‹ […] vor uns.«

60 Vgl. Danieli, Yael (1994): Die Konfrontation mit dem Unvorstellbaren. Reaktionen von Psychotherapeuten auf Opfer des Nazi-Holocaust. In: Stoffels, Hans (Hrsg.) (1994): Terrorlandschaften der Seele. Beiträge zur Theorie und Therapie von Extremtraumatisierungen. Regensburg (Roderer). S. 83-103. S. 83.

61 Keilson, Hans (1998): Sequentielle Traumatisierung bei Kindern durch man-made-disaster. In: Endres, Manfred / Gerd Biermann (Hrsg.) (1998): Traumatisierung in Kindheit und Jugend. München, Basel (Reinhardt). (Beiträge zur Kinderpsychotherapie. 32.) S. 44-58. S. 49.

62 Becker, David (2009): Hans Keilson und die Revolutionierung der Traumatheorie. Gedanken über einen großen Wissenschaftler zu seinem 100. Geburtstag. In: Neue Rundschau. 120 (4). 2009. S. 71-83. S. 80.

63 Keilson, Hans (1979), S. 424.

64 Keilson, Hans (1979), S. 47.

65 Keilson, Hans (1979), S. 426.

66 Hier sei Keilsons Charakterisierung der »zweiten Sequenz« hervorgehoben, weil sich ihre traumatisierenden Momente »formal weder zeitlich noch räumlich, noch in ihrer inhaltlichen Ausstattung von denen der Erwachsenen« unterschieden. Sie enthielten »neben der direkten Lebensbedrohung, der Rechtlosigkeit ihrer Situation, dem Ausgeliefertsein an eine feindliche Umgebung, die im streßorischen Sinne zu verstehenden Dauerbelastungen wie Entbehrung, Hunger, Krankheit; ferner eindeutig die psychologischen Erlebnisqualitäten der ›generellen Bedrohlichkeit‹, wie Zermürbung, Infragestellung und Vernichtung mitmenschlicher Verhaltensweisen – gemessen an überlieferten und kulturell gesichert erscheinenden Normen – durch die Konfrontation

mit der brutalen Macht, dem Grauen und dem Tod. Dazu« komme »das plötzliche Abbrechen und Aufhören jeglicher geregelten Spiel-, Lern- und Bildungsmöglichkeit als ein die kindliche Entwicklung besonders belastendes Moment.« (Keilson, Hans [1979], S. 57.)

Christentum

[1] 370 n. Z. unter Bischof Basilius dem Großen von Caesarea; bestätigt wurde diese Lehre im Jahre 381 auf einem Reichskonzil in Konstantinopel. Die Lehre von der Trinität ist ein »Dogma« der Kirche, das bis heute gilt.

[2] Schon die Essäer, deren Lehre sich in mancher Hinsicht von der Tora und der jüdischen Tradition unterschied, nahmen in Entsprechung ihrer eigenen endzeitlichen Heilsgemeinde eine himmlische Gemeinde an.

[3] Taufe, Firmung, Kommunion (Eucharistie), Beichte/Buße, Priesterweihe, Ehe, Krankensalbung.

[4] Die Katechismus-Formel lautet: »Ohne die Taufe kann niemand selig werden.«
Durch die Taufe erfolgt die Aufnahme in die Kirche. Wer sich taufen läßt, wird gleichsam »wiedergeboren« (Tit 3, 5; 1 Petr 1, 3. 23; Joh 3, 5), denn durch die Taufe auf den Namen Jesu Christi wird der Mensch durch das Ein- und Untertauchen in Wasser sozusagen »mit ihm begraben [...], damit, wie Christus auferweckt ist von den Toten durch die Herrlichkeit des Vaters, auch wir in einem neuen Leben wandeln« (Röm 6,4). Paulus deutet die Taufe als Sterben und Auferstehen: »Sind wir aber mit Christus gestorben, so glauben wir, daß wir auch mit ihm leben werden« (Röm 6, 8), und zwar als »eine neue Kreatur« (2 Kor 5, 17), als ein »neuer Mensch« (Eph 2, 15).

[5] Zur Taufe in der Katholischen Kirche gehörte traditionell eine Teufelsaustreibung, der sogenannte »kleine Exorzismus«. Die Verbindung des Täuflings mit Jesus bedeutete eine Absage an die Mächte der Welt, symbolisiert durch den Teufel und die Dämonen. (Vgl. Schuck, Martin [2001]: Evangelisch – Katholisch: Basiswissen. Gütersloh [Gütersloher Verl.-Haus]. [Gütersloher Taschenbücher. 659: Basiswissen.] S. 83.)

[6] Ein am Gründonnerstag vom Bischof geweihtes Öl aus Balsam und Olivenöl. Es wird auch bei Firmung und Priesterweihe verwandt und soll die Zugehörigkeit zu Jesus Christus, dem Gesalbten, sinnlich erfahrbar machen.

[7] Während der Protestantismus die Wirkung der Erbsünde im Verlust jeglicher Fähigkeit zum Guten erblickt, so daß der Mensch zu selbständigem Handeln ganz unfähig ist, betrachtet der Katholizismus die Fähigkeit des Menschen zum Guten durch die Erbsünde lediglich als geschwächt und gemindert, so daß er am Heilsstreben, wenn auch nicht entscheidend, mitwirken kann. Nach katholischer Lehre spielen die guten Werke des Menschen zu seiner Rechtfertigung und Entsühnung immerhin eine begrenzte Rolle.

[8] Honecker, Martin / Hans Waldenfels (1983): Zu Gast beim Anderen. Evangelischer-katholischer Fremdenführer. Graz, Wien, Köln (Verlag Styria). S. 48.
Bereits seit Beginn des Christentums seien das aus der geöffneten Körperseite Jesu fließende Blut und Wasser als Symbole für Eucharistie und Taufe gedeutet worden.

[9] Die Katholische Kirche versteht sich als einzige Repräsentantin der wahren Religion und wähnt sich im Besitz der alleinigen Wahrheit. Jesus, der Sohn Gottes, habe auf Erden eine Gemeinschaft gegründet: die heilige Kirche. Ihr habe er das göttliche Amt übertragen, das er selbst von Gottvater empfangen habe, damit sie die Erlösungsmission fortführe bis an das Ende der Zeiten.
Die Kirche ist patriarchalisch organisiert. Oberste Instanz ist der Papst: Petri Nachfolger und Christi Stellvertreter auf Erden. Seine Autorität garantiert den Glauben. Ihm unterstellt sind die Bischöfe, nach katholischer Glaubenslehre die legitimen Nachfolger der Apostel. Da ihre Macht göttlichen Ursprungs ist, sind sie nur Gott und nicht dem Volk Rechenschaft schuldig. Sie teilen den Klerikern Rechte und Pflichten zu; je geringer deren Stellung, desto größer ist ihre Gehorsamspflicht.
Bis zum II. Vatikanischen Konzil (1962-1965) hat man gelehrt, daß die Laien für die Kirche keine Verantwortung trügen, daß sie von den Priestern abhängig und zum Gehorsam verpflichtet seien.

[10] Vgl. Krieg, Elsbeth (1987): Katholische Kleinkindererziehung im 19. Jahrhundert. Frankfurt a. M., Bern, New York, Paris (Peter Lang). (Europäische Hochschulschriften. R. 11: Pädagogik. 317.) S. 204.

Klöcker (Klöcker, Michael [1991]: Katholisch – von der Wiege bis zur Bahre. Eine Lebensmacht im Zerfall? München [Kösel]. S. 207 f.) zitiert eine Textpassage aus den Predigten, die Franz Fahnenbruch 1923 für Kinder vom 7. bis 11. Lebensjahr veröffentlichte. Darin wird der heilige Aloisius als »›Vorbild der heiligen Reinheit‹« erwähnt und die schrecklichen Folgen der Unkeuschheit ausgemalt: »›In früheren Zeiten hat's einmal eine furchtbare, entsetzliche Krankheit gegeben – die Leute nannten sie den schwarzen Tod. Wer davon befallen war, bekam am ganzen Körper entsetzliche Geschwüre, schwarze Beulen, die aufbrachen und Eiter absonderten und einen furchtbaren Geruch verbreiteten – schon wer in ihre Nähe kam, wurde auch angesteckt. Noch schlimmer ist die Sünde der Unkeuschheit – eine schwarze Todsünde -, sie verpestet den Menschen an Leib und Seele. Gott haßt sie mehr als jede andere Sünde [...] und bestraft sie furchtbar hier auf Erden und noch viel mehr später in der Hölle‹.«
(Fahnenbruch, Franz [1923]: Kinderpredigten für die Zeiten und Feste des Kirchenjahres. Freiburg i. Br. [Herder]. S. 61.)

Obwohl Sexualität vom Judentum nicht auf eine so rigorose Weise verunglimpft wurde wie vom Katholizismus, gab es doch auch hier eine Neigung, die Triebe zu unterdrücken. Eine gewisse puritanische Einstellung trug zur Tabuisierung von Sexualität bei. Sexuelle Aufklärung fand nicht statt. Selbst über die Vorgänge um Schwangerschaft und Geburt war wenig bekannt. Sie wurden als Angelegenheiten der Frauen betrachtet, bewußt im dunkeln gehalten und so der Neugier der Männer entzogen.

[11] Buße ist im Katholizismus ein Sakrament. Das Bekenntnis (die Beichte) steht im Vordergrund; an sie schließt sich die priesterliche Lossprechung (Absolution) an. Die Bußleistungen erfolgen meistens durch Gebete.

[12] Der Weiße Sonntag ist der Sonntag nach Ostern. Er folgte in der alten Kirche (etwa 100-600 n. Z.; ungefähr bis Papst Gregor I. dem Großen [+ 604]) auf die »Weiße (Oster-) Woche«, in der die in der Osternacht Getauften noch die weiße Taufkleidung trugen.

[13] Dieser Vers aus dem Neuen Testament weckt Assoziationen mit Ernst Simmels »Verschlingungstrieb«-Theorie. Der Mensch, so meint Simmel, sei erst dann zivilisiert, »wenn er durch Introversion aggressiver Verschlingungswünsche (auf der Basis des Über-Ichs) sich (mit anderen und mit der kulturellen Tradition)« identifiziere.
(Simmel, Ernst [1944]: Antisemitismus und Massen-Psychopathologie. In: Simmel, Ernst [Hrsg.] [1946]: Antisemitismus. Frankfurt a. M. 1993 [Fischer Taschenbuch Verlag]. [Fischer Wissenschaft. 10965.] S. 58-100. S. 85.)

[14] Ministrant = Meßdiener.

[15] »Liturgie ist Handeln im Heiligen Geist; Verkündigung des Glaubens an die Gemeinde und durch die Gemeinde an die Welt.« (Lexikon religiöser Grundbegriffe. Judentum. Christentum. Islam. Hrsg. v. Adel Theodor Khoury. Graz, Wien, Köln 1987 [Verlag Styria]. Sp. 437.)

[16] In dem Wort »Messe« = »Ite, missa est« (lat. = »Gehet hin, ihr seid entlassen!«) ist die Aufforderung enthalten, nach dem Ende des Gottesdienstes die Kirche zu verlassen, um den im Gottesdienst gestärkten Glauben im Alltag zu erproben.
In der katholischen Messe vollzieht der Priester immer von neuem das Grund-Geschehen des Christentums: die Opferung Jesu für die sündige Menschheit. Dieses Meßopfer darf nur der Priester darbringen; seine Worte haben sakramentalen Charakter, sie dürfen nicht von dem einmal sanktionierten Text abweichen. Die Meßliturgie war in der römisch-katholischen Kirche des lateinischen Ritus bis zum II. Vatikanischen Konzil (1962-1965) lateinisch. Nach altem Verständnis brauchte die Gemeinde den (lateinischen) Wortlaut der Messe nicht zu verstehen, sie brauchte nicht einmal anwesend zu sein. Auf dem Konzil zu Trient (1545-1563) wurde die Eucharistie in den Mittelpunkt des Gottesdienstes gestellt, wodurch der Priester als deren Spender zur zentralen Figur, die Gemeinde aber ausgeschaltet wurde. Es kam nur auf den korrekten Ablauf der Liturgie an.

[17] Lat. = Durch meine Schuld – durch meine Schuld – durch meine übergroße Schuld.

[18] Schrift = Heilige Schrift = Bibel = göttliche Offenbarung.

[19] Gr. ευχαριστία [eucharistia] = Eucharistie: die große Danksagung der Kirche für das Heilswerk Gottes in Jesus Christus. Dabei wird die Person Jesu als gegenwärtig vorgestellt. In der heiligen Kommunion sollen die Gläubigen in den Tod und in die Auferstehung Jesu hineingenommen werden.

[20] Lat. = Vorrede: liturgisches Stück in der Eucharistie: »Erhebet die Herzen«.

[21] Er wird auch »eucharistisches Hochgebet« genannt; unveränderlicher Teil der Meßliturgie, enthält die Konsekration, das heißt die Weihung, auch Wandlung, den Augenblick der Transsubstantiation. Bereits im Jahre 1215 wurde die Transsubstantiation zum Dogma erhoben.
Die Substanzen: Wein und Brot (in Form sogenannter Hostien [hostia, lat. = das zum Schlachten bestimmte Opfertier: Schlachtopfer], das sind dünne, leuchtend weiße Oblaten) werden durch das priesterliche Wort, die Konsekration (lat. = Weihung), in Blut und Leib Jesu verwandelt. Mancherorts wird dem feierlichen Ritual durch Glocken (Schellen), brennende Lichter oder Weihrauch Nachdruck verliehen.

In psychoanalytischer Deutung wird im Ritus der christlichen Kommunion, in der der Gläubige sich in symbolischer Form Blut und Fleisch des Heilands, seines Gottes, einverleibt, Sinn und Inhalt der alten Totemmahlzeit wiederholt. (Vgl. Freud, Sigmund [1939 <1934-1938>]: Der Mann Moses und die monotheistische Religion. In: Freud, Sigmund: Studienausgabe [Bd. 1-10 u. 1 unnumerierter Erg. Bd. Frankfurt a. M. 1969-1975 <Fischer>]. Bd. 9: Fragen der Gesellschaft. Ursprünge der Religion. 6., korr. Aufl. 1993 [Fischer]. S. 455-581. S. 532.)

[22] Das »Jüdische Lexikon« hebt hervor, daß der Katholizismus – wie das traditionelle Judentum – das Schwergewicht des Gottesdienstes nicht auf die Predigt, sondern auf die Liturgie lege; und diese Liturgie weise noch heute (1927, Verf.) Berührungspunkte mit der jüdischen Gottesdienstordnung auf, aus der sie einst hervorging. So spiele etwa in der Messe das dreimalige »Sanctus«, entsprechend dem dreimaligen »Kadosch« der jüdischen »Keduscha« (hebr. = »Heiligung«: Gebetstück, das bei der Wiederholung der »Schemone esre« [»Achtzehngebet«] in die dritte »Beracha« [Gebetsatz] zur Huldigung Gottes eingeschaltet wird) eine Hauptrolle.
(Jüdisches Lexikon [1927]. Ein enzyklopädisches Handbuch des jüdischen Wissens in vier Bänden. Begr. v. Georg Herlitz und Bruno Kirschner. 2. Aufl. d. Nachdr. Frankfurt a. M. 1987 [Athenäum]. Bd. 3. Sp. 624.)

[23] Kommunion ist ein Teil der Eucharistie und meint die Handlung des Essens von geweihtem Brot und des Trinkens von geweihtem Wein.

[24] Häufig werden Litaneigebete gesprochen. Litaneien sind Bitt- und Fürbittgebete im Wechselgesang. Bei Anrufungen Gottes, Jesu oder des Heiligen Geistes wird »Erbarme dich unser«, »Erhöre uns« ergänzt; bei Anrufung der Heiligen »Bitte für uns«.

[25] Die Monstranz (lat. monstrare = zeigen) stellt den eucharistischen Leib Jesu in Form einer großen Hostie oder eine Reliquie, umschlossen von einem häufig runden durchsichtigen Behältnis, zur Gewähr öffentlicher Anbetung (bei Prozessionen) zur Schau.

[26] Fronleichnam: ahdt. fron lichnam = Herrenleib = corpus Christi: mittelalterlicher Ausdruck für den eucharistischen Leib Christi.

[27] Volkstümlich-heidnische Bezeichnung: geweihte Nächte, Wintersonnenwende. Weihnacht wurde erstmals am 25. Dezember des Jahres 354 in Rom als Fest der Geburt Jesu gefeiert.

[28] Im Unterschied zu Ostern, das sich nach dem Mondjahr bestimmt.

[29] Nach Arius, Presbyter (Gemeindeleiter) von Alexandrien, Anfang des 4. Jahrhunderts, war innerhalb der Trinität der Sohn (Jesus) Gott-Vater untergeordnet; er habe nicht die gleiche Ewigkeit wie Gott. Das Konzil von Nicäa (325) erklärte dagegen die Wesensgleichheit des Sohnes mit dem Vater zum Dogma; unterstützt wurde diese Lehre von Bischof Athanasius von Alexandrien.

[30] Der Mysterienkult des Lichtgottes Mithras, der den Beinamen »unbesiegte Sonne« (»Sol invictus«) trug, stammte aus Persien.

[31] Tag des Weinens (= Greinens).

[32] Der Sonntag als Auferstehungstag wurde wöchentliches »Herrenfest« genannt, wobei mit »Herr« Jesus gemeint ist. Erst viel später werden bestimmte Tage des Jahres als »Herrenfeste« begangen: Ostern, Pfingsten, Himmelfahrt, Epiphanienfest und schließlich, letzteres zurückdrängend: Weihnachten. Allmählich bildete sich ein ganzer Kranz von Herrenfesten aus.

[33] Allerdings herrschte jahrhundertelang keine Einigkeit über das genaue Datum der Auferstehung Jesu. Das Konzil von Nicäa (325) setzte einen einheitlichen Ostertermin fest. Der Mönch Dionysius Exiguus (etwa 500-45) schuf durch seine Ostertafel die bis zur Gregorianischen Kalenderreform (1582) gültige Berechnung von Ostern. Mit dem Gregorianischen Kalender wurde die Ermittlung des Osterdatums noch verwickelter; nur mit Hilfe von Berechnungstabellen ließ es sich bestimmen. Heute wird Ostern am Sonntag nach dem Vollmond, der am oder unmittelbar nach Frühlingsanfang (21. März) aufgeht, gefeiert.

[34] Vorstufe zur Heiligsprechung ist die Seligsprechung. Heilige werden in der gesamten Weltkirche verehrt – Selige jedoch nur in der Region, zu der sie eine besondere Verbindung hatten.

[35] Der »Schutzengel« sei in der Volksfrömmigkeit häufig auch zum strafenden Helfer bei der Erziehung geworden. In den veröffentlichten früheren Kinderpredigten ließen sich Darstellungen des Schutzengels finden, der ein Kind nur dann begleitete, wenn es Gottes Gebote hielt. (Vgl. Klöcker, Michael [1991], S. 207.)

[36] Die Vorstellung vom Purgatorium (= Fegefeuer) als Läuterungsort der abgeschiedenen Seelen beruht auf einer Theologie, die platonische mit aristotelischen Gedanken verband. Das Konzil von Vienne (1311/12) nahm die These von der »anima« (lat. = Seele) als »forma corporis« (lat. = Gestalt/Form des Körpers, Körperhülle) in die römisch-katholische Glaubenslehre auf, nach der die Identität des irdischen Menschen mit dem aus dem Tod geretteten durch die Seele gewährleistet sei.
Der Lehrtext Papst Benedikts XII. »Benedictus Deus« ([lat. = »Gelobt sei Gott«]. Zitiert werden die schriftlichen Willensäußerungen des Papstes, wie Bullen und Breven, nach den Anfangsworten. In Unkenntnis des anschließenden Textes ist eine Übersetzung gewagt, weil aus dem Zusammenhang gerissen. In diesem Fall erlauben die grammatischen Formen Partizip und Vokativ einen solchen Versuch.) von 1336 suchte die Beschaffenheit des Zustands zwischen Tod und allgemeiner Auferstehung zu klären: »Unmittelbar nach dem Tode werde die menschliche Seele, sofern gerechtfertigt, die ewige Seligkeit in der Anschauung Gottes erlangen; wenn gar nicht gerechtfertigt, werde sie endgültig verdammt; wenn noch der Läuterung bedürftig, werde sie dieser unterworfen.«
(Vgl. Die Religion in Geschichte und Gegenwart. Handwörterbuch für Theologie und Religionswissenschaft. Hrsg. v. Hans Dieter Betz, Don S. Browning [u. a.]. Bd. 1-4., völlig neu bearb. Aufl. Tübingen 1998- [Mohr]. Bd. 6. 2003. Sp. 1829 f.)

Nach Darstellung von Le Goff wurde das »Fegefeuer« zwischen der Mitte des 15. und dem Beginn des 17. Jahrhunderts in die Lehrmeinung der Katholischen Kirche aufgenommen und auf dem Konzil von Trient (1562) ins Dogma einbezogen, allerdings ohne es inhaltlich auszumalen – das wurde der Phantasie der Gläubigen überlassen.

Zwischen dem 15. und 19. Jahrhundert aber habe sich seine Vorstellung tief in den katholischen Glauben eingeprägt. (Vgl. Le Goff, Jacques [1981]: Die Geburt des Fegefeuers. Aus d. Franz. übers. v. Ariana Forkel. Stuttgart 1984 [Klett-Cotta]. S. 435 f.)

[37] »Maria war Sinnbild alles dessen, was für den gläubigen polnischen Katholiken Beistand und Hoffnung versprach. Maria als Jüdin zu denken, lag [...] weit außerhalb der Vorstellungskraft polnischer Katholiken.« (Heil, Johannes / Rainer Kampling [Hrsg.] [2001]: Maria – Tochter Sion? Mariologie, Marienfrömmigkeit und Judenfeindschaft. Paderborn, München, Wien, Zürich [Schöningh]. S. 217 f.)

Antijudaismus erwuchs auch aus dem Umstand, daß sich das Christentum zur Bestimmung seiner eigenen Identität vom Judentum, dem es entsprang, abgrenzen mußte. Während dieses langen Prozesses wurde das Bild Marias dem eigentlichen biblischen Zusammenhang entfremdet.
Der Evangelist Lukas bezeichnete Maria noch als Mutter des Erlösers Israels und ordnete das Heilsgeschehen in die Geschichte des Gottesvolkes ein.
Demgegenüber hob der älteste lateinische Kirchenschriftsteller Tertullian aus Karthago (nach 150 - um 225 n. Z.) die Trennung Jesu von seiner Familie hervor. Er deutete Maria als Typos (Urbild) der Synagoge und Jesu Brüder als Juden, die in Unglauben verharrten. Hinter Tertullians Interpretation steht unausgesprochen die Fiktion des aufgehobenen Bundes zwischen Gott und Seinem Volk. (Vgl. Heil, Johannes / Rainer Kampling [Hrsg.] [2001], S. 20 ff.)
Die spätere abendländische Theologie rezipierte seine Deutungen. Auch der lateinische Kirchenlehrer Hieronymus (um 347-419 oder 420 n. Z.) bezeichnete Maria in ihrem Jüdisch-Sein als »Tochter Sion«. (Vgl. Heil, Johannes / Rainer Kampling [Hrsg.] [2001], S. 28.)
Wenn Papst Gregor I. (590-604) Maria »Judaea« nannte, so war das ein Hinweis auf die Lossagung Jesu vom Judesein und von den Juden (Vgl. Mk 3, 31-35). (Vgl. Heil, Johannes / Rainer Kampling [Hrsg.] [2001], S. 31.)

Tragischerweise wurde die Verehrung der Jüdin Maria in Polen zum trennenden Element zwischen Katholiken und Juden als Bewohner desselben Landes. (Nicht-katholische Polen, also auch Juden, wurden als Fremde, sogar als mögliche Verräter betrachtet.)

Judentum

[1] Als das Volk Israel nach seinem Auszug aus Ägypten auf seiner langen Wanderung durch die Wüste in die Nähe des Landes Moab kam, fürchtete sich dessen König Balak (um 1300 v. Z.) sehr. Er beauftragte den heidnischen Wahrsager Bilam damit, die Israeliten zu verfluchen, um ihr weiteres Vordringen zu verhindern.

Bilam willigte ein, doch Gott vereitelte den Plan und bewirkte, daß er Israel nicht verfluchte, sondern segnete.

Bilams Orakel sind poetisch formuliert. Sie besingen Israel, seine Stellung unter den Völkern und sein Verhältnis zu Gott:

»Wie soll ich verwünschen, wen Gott nicht verwünscht,
wie beschreien, wen Er nie verschrie!
Ja, ich sehe es vom Haupte der Felsen,
ich erspähe es von den Hügeln:
Da, ein Volk, einsam wohnt es,
unter die Erdstämme rechnet sichs nicht.
Wer zählt den Staub Jaakobs,
ermißt das Gewühl Jissraels!
Sterbe meine Seele das Sterben der Geraden,
meine Nachkunft werde wie er!«

(Die Schrift [1925-1961]. Verdeutscht von Martin Buber und Franz Rosenzweig. Bd. 1-4. Gerlingen 1976-79 [Lambert Schneider]. Bd. 1: Die fünf Bücher der Weisung, S. 435 [4 Mos 23, 8-10].)

[»beschreien« = »behexen«]

Wie kaum eine andere Prophetie hat sich Bilams Vision über Israel im Laufe der Geschichte bestätigt.

2 Es gibt zwei gleich heilige Traditionen: die Tora, die Gott Moses auf dem Sinai gab: das geschriebene Gesetz (hebr. תּוֹרָה שֶׁבִּכְתָב [Tora schebichetaw]) und die sogenannte mündliche Lehre (hebr. תּוֹרָה שֶׁבְּעַל פֶּה [Tora schebeal pe]), die Moses gleichermaßen auf dem Berge offenbart wurde und die er den Ältesten Israels weitergab.

3 Hebr. הֲלָכָה = das Gehen, das Folgen.
Ab dem Jahre 1550 erschien in Venedig die Ausgabe des »Schulchan aruch« (hebr. עָרוּךְ שֻׁלְחָן = »gedeckter Tisch«) von Josef Karo (1488-1575), worin er die komplizierten und unüberschaubaren Bestimmungen der Halacha genau und treffend zusammenfaßte, so daß dieses Werk besonders als Nachschlagebuch geeignet war.

4 Hebr. בְּרִית מִילָה [Berit mila] = Bund der Beschneidung.
(מִילָה entspricht biblisch-hebr. מוּלָה [mula] = Beschneidung:
hebr. Wurzel מול = beschneiden).

5 1 Mos 17, 10-13 – vgl. auch Jer 4, 4.

6 Ursprünglich waren Sandak (hebr. סַנְדָּק) und Gevatter nicht dieselbe Person. Doch im Laufe der Zeit wurde der Gevatter überflüssig, und seine Rolle fiel mit der des Sandaks zusammen.
Anders als im Christentum übernimmt der Sandak jedoch kaum Mitverantwortung für die religiöse Erziehung des Kindes. Seine Aufgabe erschöpft sich mit seiner Unterstützung bei der Beschneidung.

7 Hebr. פִּדְיוֹן הַבֵּן [Pidjon haben]. Vgl. 2 Mos 13, 2. Der Erstgeborene einer Mutter gehört Gott. Will man ihn von der Verpflichtung, dem Ewigen zu dienen, befreien, muß man ihn beim Kohen auslösen.

8 Altbabylonische und hebräische Gewichts- und Münzeinheit.

9 Hebr. כֹּהֵן = Priester.

[10] Hebr. קִדּוּשׁ = Heiligung: die Weihe des Schabbats oder Festtages mit Brot und Wein, über die der Segen (hebr. בְּרָכָה [Beracha]) gesprochen wird.

[11] Hebr. שְׁמַע יִשְׂרָאֵל = Höre Israel.
»Sch'ma Jisrael« ist das jüdische Hauptgebet, benannt nach den Anfangsworten aus 5 Mos 6, 4. Es besteht aus den drei Bibelabschnitten: 5 Mos 6, 4-9; 5 Mos 11, 13-21; 4 Mos 15, 37-41.
Ursprünglich war dieses Gebet Bestandteil der Tempelliturgie; in der Synagoge wird es im täglichen Morgen- und Abendgottesdienst gesprochen. Als Bekenntnis zu dem einen und einzigen Gott ist es auch das Gebet der Todesstunde geworden.
»Sch'ma Jisrael« ist kein Gebet im üblichen Sinn, das sich in Lob, Dank und Bitte des Menschen an Gott wendet; es ist vielmehr eine Aufforderung, die Gott an den Menschen richtet. Es ist eine Ermahnung zur Liebe und verlangt nach einer entsprechenden Antwort des Menschen. Das Gebot der Gottes-Liebe für einen jeden Juden schließt sofort an die Verkündigung der Einzigkeit Gottes an.

[12] Hebr. כָּשֵׁר [kascher] = rein. Das Gegenteil ist hebr. טְרֵפָה [trefa], was so viel wie »zerrissen, zerfleischt« bedeutet (2 Mos 22, 30). Hebr. פַּרְוֶה [parwe] = neutral, wie zum Beispiel Salz, Zucker, Kaffee, Obst.
Ursprünglich bezog sich das Wort »koscher« [aschkenasische Vokalisierung von »kascher«] gar nicht auf Nahrungsmittel, sondern wurde in der Bedeutung »gut« oder »angemessen« verwandt.

[13] »Denn ich bin der Herr, euer Gott. Darum sollt ihr euch heiligen, so daß ihr heilig werdet, denn ich bin heilig; und ihr sollt euch nicht unrein machen an irgendeinem Getier, das auf der Erde kriecht.
Das ist das Gesetz von den vierfüßigen Tieren und Vögeln und allen Tieren, die sich regen im Wasser, und von allen Tieren, die auf der Erde kriechen, auf daß ihr unterscheidet, was unrein und rein ist und welches Tier man essen und welches man nicht essen darf. «
Die Befolgung der Kaschrut-Gesetze trug zum Zusammenhalt des jüdischen Volkes bei und erinnerte an seine Wurzeln.

[14] Hebr. חֶדֶר = Zimmer. Hebräische Elementarschule, in der Jungen vom 4./5. Lebensjahr an bis zum Übertritt in die Talmud-Tora-Schule (im Unterschied zum Cheder größere Geregeltheit des Unterrichtsbetriebes und methodischer Aufbau des Lernstoffes) unterrichtet werden. Manchmal schließt sich ein Besuch der Jeschiwa an. Jeschiwa = Sitzen, Sitzung. Sie ist eine Schule zum Studium der Tora und des Talmuds. Sie bezeichnet auch die traditionellen rabbinischen Lehrhäuser seit der Antike.

[15] Hebr. עַם הַסֵּפֶר [Am haSefer].

[16] Hebr. מְגִלּוֹת = Plural von מְגִלָּה [Megilla] = [Buch]rolle. Die Megillot bezeichnen in der hebräischen Bibel die fünf Rollen: Das Hohelied (Schir haSchirim), Rut, Kohelet, Echa (nach dem Anfang des 1., 2. und 4. Kapitels benanntes Buch: אֵיכָה [echa] = »ach, wie…!«; auch »Klagelieder« genannt) und Ester.

[17] Mischna = Wiederholung, Lehre: die erste autoritative Gesetzessammlung des 2. Jahrhunderts n. Z. unter der Führung der Tannaim (Schriftgelehrten). Sie ist eine

Zusammenfassung der aus der hebräischen Bibel abgeleiteten halachischen Traditionen, die zunächst mündlich überliefert und später schriftlich fixiert wurden. Sie ist auch Ausdruck des Welt- und Wirklichkeitsverständnisses des rabbinischen Judentums am Ende des 2. Jahrhunderts n. Z., das mit dem Anspruch auftrat, »mündliche Tora« zu verkünden.

[18] Talmud = Lehre, Studium. Besteht aus Mischna und Gemara (Kommentar zur Mischna).
Der etwas kürzere palästinensische oder Jerusalemer Talmud wurde gegen Anfang des 5. Jahrhunderts n. Z. fertiggestellt, während der umfangreichere babylonische Talmud Ende des 6. / Anfang des 7. Jahrhunderts zum Abschluß gelangte.

[19] Raschi = Rabbi Salomo ben Isaak (1040-1105 n. Z.). Begründer einer bedeutenden Exegetenschule; kommentierte die meisten Bücher der hebräischen Bibel sowie die meisten Traktate des babylonischen Talmuds. Seine Kommentare wurden bald in alle Standardausgaben der Bibel und des Talmuds aufgenommen.

[20] Zaddikim = Plural von hebr. צַדִּיק [Zaddik] = der Fromme als religiöse und soziale Idealfigur.
Der Zaddik spielte im osteuropäischen Chassidismus eine besondere Rolle. Nach der Legende leben in jeder Generation 36 Zaddikim, die durch ihre Gerechtigkeit allein den Bestand der Welt garantieren.

[21] Zeit vor dem Chassidismus, der mit dem 18. Jahrhundert aufkam; vermutlich die Epoche der jüdischen Einwanderung nach Osteuropa und des Kosakenaufstands.

[22] Der 9. Aw ist ein Trauertag, da an diesem Datum beide heilige Tempel in den Jahren 586 v. Z. und 70 n. Z. zerstört wurden. Er ist der einzige Tag, an dem es verboten ist, die Tora zu studieren, weil ihr Studium Freude bereitet.

[23] Hebr. חֲנֻכָּה = Einweihung. Lichtfest.

[24] Der Junge trägt dann schon eine Kopfbedeckung (hebr. כִּפָּה [Kipa]); denn die Männer müssen ihren Kopf jederzeit bedeckt halten als Zeichen der Gottesfurcht und der Bescheidenheit vor Gott.
(Die Bedeckung des Kopfes galt wohl ursprünglich als würdige Haltung des freien Mannes vor der göttlichen Majestät.)
Auch verheiratete Frauen verstecken ihr Haar unter einem Tuch oder einem Schleier.

[25] Hebr. טַלִּית [Tallit].

[26] Diese Fransen, auch »Schaufäden« oder »Zizith« (hebr. צִיצִית) genannt, sind eins der drei »heiligen Zeichen« des Judentums. Sie sollen die Juden an Gottes Gebote erinnern und an ihre Pflicht, diese Gebote zu erfüllen: » […] ihr sollt an alle meine Gebote denken und sie tun, daß ihr heilig seid eurem Gott. « (4 Mos 15, 40). Daneben gibt es noch die beiden anderen Zeichen:
Die Mesusa (hebr. מְזוּזָה = Türpfosten) ist eine kleine Pergamentrolle mit dem Text aus 5 Mos 6, 4-9 und 11, 13-21, die in einer Kapsel am rechten Türpfosten der Räume eines Hauses (vom Eintretenden her gesehen) befestigt wird.

Die Tefillin (hebr. תְּפִילִּין = Gebetsriemen), auch griechisch »Phylakterien« genannt, sind Zeichen an Stirn und Arm. Lederriemen verbinden zwei schwarze Lederkapseln miteinander; sie werden an der Stirn und am linken Arm (Seite des Herzens) festgebunden und beim Morgengebet der Wochentage getragen. Die Lederkapseln enthalten vier auf Pergament geschriebene Tora-Abschnitte: 2 Mos 13, 1-10; 11-16 und 5 Mos 6, 4-9; 11, 13-21. Darin enthalten (5 Mos 6, 4-9) ist das jüdische Hauptgebet, das »Sch'ma Jisrael«.

[27] Der Zyklus beginnt im Herbst am ersten Schabbat nach den Festtagen des Monats Tischri. Die Feiertage haben je ihren besonderen Abschnitt. Seinen Abschluß findet der Zyklus am letzten Feiertag im Tischri, der den Namen »Simchat Tora« (Freude an der Tora) trägt.

[28] Hebr. הַפְטָרָה = Abschluß. Abschnitt aus den Propheten, der zum Abschluß der Tora-Lesung in der Synagoge vorgetragen wird.
Während des Lesens der Tora wird auf die einzelnen Wörter mit einem an einem Stab befestigten nachgebildeten Zeigefinger einer Hand (hebr. יָד [Jad] = Hand) gewiesen; denn es ist nicht gestattet, den heiligen Text mit der bloßen Hand zu berühren.
Der Stab darf nicht aus Metall sein, weil Metall für Waffen verwandt wird.
Die Tora-Lesung nennt man volkstümlich auch »Leinen« (von mhd. leienen – lat. legere = lesen).

[29] Hebr. שְׁמוֹנֶה עֶשְׂרֵה = Achtzehn, zu ergänzen ist »Berachot« (hebr. בְּרָכוֹת = Gebetsätze). Die »Schemone esre« heißt in alten Quellen »Tefilla« (hebr. תְּפִלָּה = Gebet), auch »Amida« (hebr. עֲמִידָה = das Stehen), da sie stehend gesprochen wird. Der Name »Schemone esre« rührt daher, daß das Gebet ursprünglich aus 18 Sätzen bestand. Heute sind es 19, da der 14. nachträglich geteilt wurde. Die 19 Gebetsätze bestehen aus drei Huldigungen Gottes, dreizehn verschiedenen Bitten um Wohlergehen, Hilfe und Segen sowie drei Dankessprüchen an Gott.

[30] Beim Beten schaukeln Juden ihren Körper; diese Gewohnheit wird jiddisch »Schockeln« genannt. Sie ist sehr alt und wurde schon im 11. Jahrhundert in Spanien beobachtet. Eine sichere Erklärung dafür hat man bis heute nicht finden können, es gibt nur Vermutungen. Eine davon ist, daß der Betende in seinem Hin- und Herschaukeln ein Stück aktive Subjektivität in der Zwiesprache mit Gott ausdrückt, statt – wie im Christentum – nur zuzuschauen, wie professionelle Kantoren den Gottesdienst »leiten«.

[31] Zehn Juden = »Minjan« (hebr. מִנְיָן = Zahl).

[32] Hebr. בַּר מִצְוָה = Sohn des Gesetzes. Beachtung verdient der »Aramaismus« בַּר [Bar] statt בֵּן [Ben] = Sohn. Vgl. Spr 31, 2.

[33] Hebr. בַּת מִצְוָה = Tochter des Gesetzes.

[34] Die Annahme, daß Mädchen früher reifen als Jungen, spiegelt sich hier im religiösen Leben wider.

[35] Hebr. דְּרוּשׁ [Derusch].

[36] Hebr. שַׁבָּת [Schabbat].

Die Stimmung des Schabbats wurde dem Kind von früh an vermittelt, vielleicht – so vermutet man – schon im vorgeburtlichen Zustand als rhythmisches Ruheprinzip; sie konnte sich somit fest einprägen.

[37] Die Schrift (1925-1961). Verdeutscht von Martin Buber und Franz Rosenzweig. Bd. 1: Die fünf Bücher der Weisung, S. 206 (2 Mos 20, 11).

[38] Hebr. עֶרֶב [Erew] = Abend.

[39] Hebr. קַבָּלַת שַׁבָּת, der Stamm ist hebr. קבל. Kabbala (hebr. קַבָּלָה) ist die Bezeichnung für religiöse Überlieferung. Das Verb [kabal] bedeutet »nehmen, empfangen, annehmen«. Kabbalat ist Status constructus des Nomen קַבָּלָה [Kabbala] und hängt grammatikalisch von שַׁבָּת [Schabbat] ab.

[Exkurs: Die Kabbala entstand aus der Verknüpfung der tradierten religiösen Vorstellungswelt, vor allem der Esoterik, mit einem populären neuplatonischen Weltbild. Dieses Grundmuster wurde in Spanien als Geheimlehre weniger Gelehrter weiterentwickelt und im Hauptwerk der Kabbala, dem »Sohar« (Buch des Lichtglanzes), aufgeschrieben. Nach der Vertreibung der Juden aus Spanien verstärkte sich der messianische Bestandteil, besonders in der von Palästina ausgehenden Kabbala des Isaak ben Salomo Luria Ashkenasi (1534-1572).]

[40] Hebr. חַלּוֹת [Challot] = Schabbat-Brote.

[41] Hebr. אוֹרֵחַ [Oreach] = Gast.

[42] Hebr. הַבְדָּלָה [Hawdala] = Unterscheidung (zwischen der Heiligkeit des Schabbats und der Profanität des Werktags).

[43] Chassidismus bezeichnet verschiedene volkstümliche Bewegungen im Judentum, die sich durch besondere Frömmigkeit auszeichnen. Im Rahmen dieser Arbeit handelt es sich um eine mystisch-religiöse Strömung, die um die Mitte des 18. Jahrhunderts im Südosten Polens entstand und später breite Bevölkerungsschichten in der Ukraine, in Galizien, Zentralpolen, Weißrußland und Ungarn ergriff.
Zum Entstehen des Chassidismus trugen äußere Lebensumstände bei: Verfolgungen, Verarmung durch Kriege, die beginnende Aufspaltung Polens sowie innerjüdische Faktoren: Enttäuschung über Pseudo-Messiase und Wundertäter (wie Sabbatai Zwi [1626-1676] und Jakob Frank [1726-1791]) und über den Tora-Rigorismus der Rabbiner.
Der Chassidismus in Osteuropa begann mit Israel ben Elieser Ba'al Schem Tow (ca. 1700-1760), einem Wunderheiler und Charismatiker. Die Chassidim glaubten an die Immanenz Gottes in der Welt. Die lurianische Kabbala wurde zu einem Mythos popularisiert. Im Zentrum der chassidischen Lehre standen die Forderung nach besonderer Aktivität und die ständige und intime Verbindung des Menschen mit Gott. Ihre Anhänger deuteten den Vers aus Sprüche Salomos 3, 6: »Ihn erkenne auf all deinen Wegen« in der Weise, daß der Mensch durch jede Handlung, mit der er befaßt ist, zur Erkenntnis Gottes gelangen und Ihn treffen könne.
Alle Handlungen des Menschen jetzt und hier in Heiligkeit waren nicht weniger wichtig, nicht weniger wahr als das Leben in der kommenden Welt. Denn für (das Volk) Israel sind beide Welten in Wirklichkeit eine einzige. Sie sind nur auseinandergetreten, sollen aber wieder eine Einheit werden. Dazu ist der Mensch erschaffen, daß er an dieser

Einheit wirke durch ein heiliges Leben, an dem Ort, wo er steht, wo er Gott »einläßt«, wo Gott »einwohnen« kann.
Die Chassidim glaubten an die Seelenwanderung, die bei den Kabbalisten eine Rolle spielt: Alle Seelen bestünden seit der Schöpfung und blieben im Umlauf, wenn nicht als Ganzes, so doch in einzelnen Bestandteilen. »Irrende Seelen«, die keine Ruhe fänden, könnten als Dibbuk (böser Geist) in einen Menschen fahren. Da viele Seelen nicht die ihnen im Leben zugedachte Aufgabe erfüllen könnten, würden sie im Körper einer anderen Person wiedergeboren, um Fehler der Vergangenheit wiedergutzumachen. So trüge fast jeder Mensch das Erbe früherer Existenzen.
Elie Wiesel berichtet, daß die Chassidim, umschlossen von Stacheldraht und im Angesicht ihrer Henker, »sich selbst treu blieben. Sie feierten das Leben und die Heiligung auch in den Ghettos.« In den zugesperrten Waggons, die sie nach Auschwitz brachten, »tanzten sie am Abend des Simchat-Tora-Festes«. (Wiesel, Eli [1972]: Chassidismus – ein Fest für das Leben. Legenden und Portraits. Aus d. Franz. v. Margarete Venjakob. Freiburg, Basel, Wien 2000 [Herder]. [Herder spektrum. 4768.] S. 46.).

[Exkurs: Die »Einwohnung« Gottes in der Welt wird in der Tora direkt mit dem Tempel verbunden: »Ein Heiligtum sollen sie mir machen, daß ich einwohne in ihrer Mitte« (Die Schrift [1925-1961], Bd. 1, S. 219 [2 Mos 25, 8].) In der Talmudischen Literatur wird Seine Allgegenwart und Aktivität »Schechina« (hebr. שְׁכִינָה von שָׁכַן [schachan] = wohnen) genannt. Es ist das, was in der hebräischen Bibel Gottes »Antlitz« (hebr. פְּנֵי יְהוָֹה [Pene Adonay]) heißt. In der Kabbala hingegen wird die Schechina als ein Aspekt Gottes gesehen, der als weibliches Element aufgefaßt und dadurch verselbständigt wird. In diesem Zusammenhang kann nicht auf die tiefmythische Idee der Schechina, auf ihre Ambivalenz und ihre wechselnden Phasen eingegangen werden, nur so viel: Bereits der Talmud hebt hervor, daß die Schechina als die Gegenwart Gottes Israel auch in die Galut (Diaspora) begleitet hat. In der Kabbala dagegen wird es so dargestellt, als ob Gott etwas von sich selbst exiliert habe und als wenn die Schechina ein Zeichen menschlichen Verschuldens sei, so daß es das Bestreben religiöser Handlungen sein müsse, solches Exil wieder aufzuheben beziehungsweise auf seine Aufhebung hinzuarbeiten. Die Wiedervereinigung Gottes mit seiner Schechina sei der Sinn der Erlösung. (Vgl. Scholem, Gershom [1960]: Zur Kabbala und ihrer Symbolik. 9. Aufl. Frankfurt a. M. 1998 [Suhrkamp]. [Suhrkamp Taschenbuch Wissenschaft. 13.] S. 144 ff.)]

[44] Hebr. מְלַוֶּה מַלְכָּה [Melawe Malka] = Geleit der Königin.

[45] Lichtanzünden ist am Schabbat verboten, weil damit »Arbeit« verbunden ist. Aus diesem Grunde werden die Schabbat-Kerzen ungefähr dreißig Minuten vor dem Sonnenuntergang des Vorabends angezündet.

[46] Hebr. פֶּסַח [Pessach] = Vorüberschreiten, Verschonung.
Von der letzten der zehn Plagen, die Gott über die Ägypter verhängt hatte: den Tod alles Erstgeborenen, blieben die Israeliten verschont, weil sie auf Gottes Geheiß hin Schwellen und Türen ihrer Häuser mit Lammblut gekennzeichnet hatten. Das Verderben schritt an ihren Häusern vorüber, ließ ihre Häuser aus.

[47] Hebr. סֵדֶר [Seder] = Ordnung.

48 Das Pessach-Mahl besteht aus symbolischen Speisen, die sich auf den Auszug aus Ägypten (hebr. מִצְרַיִם [Mizrajim]) beziehen:

hebr. מָרוֹר [Maror] = bittere Kräuter zur Erinnerung an das Schicksal der Sklaverei;
hebr. כַּרְפַּס [Karpass] = süße Kräuter;
hebr. חֲרוֹסֶת [Charosset] = bräunliche Süßspeise, die an die Lehmziegelherstellung erinnern soll;
hebr. בֵּיצָה [Bejzah] = gekochtes Ei mit Schale als Symbol für die Neugeburt Israels;
hebr. זְרוֹעַ [Seroa] = gerösteter Lammknochen in Erinnerung an das Pessachopfer zur Zeit des Tempels in Jerusalem;
hebr. מַצּוֹת [Mazzot] = drei Scheiben Mazza zur Erinnerung an die ungesäuerten Brote bei der überstürzten Flucht aus Ägypten.

(Vgl. Ydit, Meir [1983]: Kurze Judentumskunde für Schule und Selbstunterricht. Neustadt/Weinstr. [Selbstverl.]; Max Birghan [Drucker]. S. 87.)

49 Hebr. הַגָּדָה [Haggada] = Erzählung.

50 Hebr. אֲפִיקוֹמָן [Afikoman] = Nachtisch.

51 Hebr. »?... מַה נִּשְׁתַּנָּה« [»Ma nischtanna…?«]

52 Hebr. תְּנַךְ [Tenach] kürzt mit drei Anfangsbuchstaben die Namen der drei Hauptteile der hebräischen Bibel ab: *T*ora, *N*ewiim, *K*etuwim.

ת = תּוֹרָה [Tora] = fünf Bücher Mose
נ = נְבִיאִים [Newiim] = Werke der Schriftpropheten
ך = [כ = ch, כּ = k; ch = k] = כְּתוּבִים [Ketuwim] = restliches biblisches Schrifttum (z. B. poetische Schriften, Megillot, historische Schriften).

53 Das Midrasch-Schrifttum entstand ab dem 1. Jahrhundert n. Z.

Der Begriff Midrasch (hebr. מִדְרָשׁ = Forschung) ist von dem Verb darasch (hebr. דָּרַשׁ) = suchen, sich erkundigen abgeleitet. Die Bedeutungsbreite des Verbs reicht vom profanen Suchen über das religiöse »Gott-Suchen« bis zum Suchen nach einer Antwort Gottes im Tenach.

Der Midrasch meint somit die auf die jeweilige Gegenwart bezogene Auslegung der hebräischen Bibel.

54 Talmud: Mischna Pesachim, 10, 5.

55 Einst, wenn der Tag der Erlösung naht, geht Elija voraus, um ihn anzukündigen. Vgl. Mal 3, 23.

56 Hebr. חַג הַשָּׁבוּעוֹת . Chag ist von chagag (hebr. חָגַג = tanzen, feiern) abgeleitet und bedeutet ursprünglich das rhythmische Umschreiten des Altars.

57 Hebr. סֻכּוֹת pl. = (Laub)hütten - סוּכָּה [Sukka] = (Laub)hütte.

58 Hebr. רֹאשׁ הַשָּׁנָה = Kopf/Anfang des Jahres.

[59] Hebräische Monate:

1.	נִיסָן [Nissan]	entspricht	März/April
2.	אִיָּר [Ijar]	„	April/Mai
3.	סִיוָן [Siwan]	„	Mai/Juni
4.	תַּמּוּז [Tammus]	„	Juni/Juli
5.	אָב [Aw]	„	Juli/August
6.	אֱלוּל [Elul]	„	August/September
7.	תִּשְׁרֵי [Tischri]	„	September/Oktober
8.	חֶשְׁוָן [Cheschwan]	„	Oktober/November
9.	כִּסְלֵיו [Kisslev]	„	November/Dezember
10.	טֵבֵת [Tewet]	„	Dezember /Januar
11.	שְׁבָט [Schwat]	„	Januar/Februar
12.	אֲדָר רִאשׁוֹן [Adar (Rischon)]	„	Februar/März
	zusätzlich in einem Schaltjahr:		
13.	אֲדָר שֵׁנִי [Adar (Scheni)]	„	März/April

(Vgl. Ydit, Meir [1983]: Kurze Judentumskunde für Schule und Selbstunterricht. Neustadt/Weinstr. [Selbstverl.]; Max Birghan [Drucker]. S. 61.)

Der Patriarch Hillel II. bestimmte 344 n. Z. eine Kalendererneuerung: Die Monate des Jahres sollten Mondmonate sein – die Jahre dagegen Sonnenjahre. So entstand das Lunisolarjahr. Den zwölf Mondmonaten wurde ein 13. Monat: Adar scheni (hebr. שֵׁנִי [scheni] = zweiter) zum Ausgleich zwischen 354 Tagen Mondjahr und 365 Tagen Sonnenjahr hinzugefügt.

Man teilte den Ablauf der Jahre in Zyklen von 19 Jahren ein, in die sieben Schaltjahre eingeschoben werden, und zwar im 3., 6., 8., 11., 14., 17. und 19. Jahr.
Das Jahr beginnt am 1. Tischri (Rosch haSchana).
Die Jahreszählung erfolgt ab dem 1. Tischri 3761 v. Z., da nach der Überlieferung an diesem Tage die Welt erschaffen wurde.
Während die Christen in den ersten Jahrhunderten ihrer Geschichte Methoden zur Datumsbestimmung der jährlichen Passions- und Ostertage entwickelten und im Zusammenhang mit diesen schwierigen Berechnungen schließlich die abendländische Norm entstand, nach der die Jahre fortlaufend von dem (konstruierten) Geburtsdatum Jesu an gezählt wurden, blieben die Juden bis auf wenige Änderungen bis heute bei ihrem Kalendersystem.
So ist das bürgerliche / christliche Jahr 2013 bis zum 1. Tischri (September) das Jahr 5773 nach dem jüdischen Kalender.
Einen besonderen Namen führt unter den Tagen der Woche nur der Schabbat. Erst in nachbiblischer Zeit wurde der Freitag zum Erew Schabbat (Schabbat-Vorabend). Sonst heißen die Tage der Woche 1., 2. usw. Tag.

[60] Esra, der um 445 v. Z. aus der Tora vorgelesen haben soll, gilt als Neugestalter des jüdischen Lebens nach der babylonischen Gefangenschaft und neben Nehemia als Begründer des eigentlichen Judentums. Vgl. Biblische Bücher Esra und Nehemia.

61 Hebr. שׁוֹפָר = Blasinstrument aus einem Widderhorn. Es ist gebogen und verdreht und soll auch daran erinnern, daß Juden die Knie beugen und den Kopf senken, wenn sie vor das (göttliche) Gericht treten.

62 Monat in der Zeit von August / September. Vgl. Anm. 59 in diesem Kapitel.
Fromme Juden stellen sich vor, daß Gott im Monat Elul auf die Erde kommt, um den Menschen nahe zu sein.

63 Hebr. תְּשׁוּבָה [Teschuwa] = Umkehr.
»Buße« hat im Judentum eine etwas andere Bedeutung als im Christentum. Schuld bedeutet eine Verpflichtung zur »Umkehr«, zu der mehrere Schritte gehören: Erkennen der Sünden; Bereuen der Taten; Aufgeben des bisherigen Lebenswandels; Bekenntnis der Verfehlungen und Versprechen, die Sünden nicht mehr zu wiederholen, sondern den Weg zur Erneuerung und Erhöhung des Lebens einzuschlagen. Buße wird nicht als bloße Sühneleistung verstanden, sondern als positive Tat, als Rückkehr (Teschuwa) zu Gott.

64 Der Tag beginnt für Juden nicht erst um Mitternacht, sondern schon bei Eintritt der Nacht, die durch das Sichtbarwerden von drei Sternen mittlerer Größe angezeigt wird.

65 Hebr. סֵפֶר הַחַיִּים [Sefer haChajim].

66 Vgl. 2 Mos 32, 32-33; Ps 69, 29 und Dan 12, 1.
Diese Vorstellung wurde in den Apokryphen und im Talmud weiterentwickelt. (Die Apokryphen sind eine Sammlung von Büchern, die nicht in den Kanon der hebräischen Bibel aufgenommen wurden, weil sie aus den letzten Jahrhunderten vor und den ersten nach der christlichen Zeitrechnung stammen. Sie sind teils hebräisch oder aramäisch, teils griechisch geschrieben. Nach Angaben des Jüdischen Lexikons [Bd. 1, Sp. 389] handelt es sich dabei um 1. Erweiterungen biblischer Bücher: Ergänzungen zu Esra, Ester, Daniel, Susanna; Manasses Gebet; 2. historische Apokryphen: drei Makkabäer-Bücher, Tobit, Judit; 3. prophetische Apokalypsen: Baruch, Brief Jeremias; 4. poetisch-didaktische Apokalypsen: Weisheit Salomos, Sirach. Für das Judentum waren nur Sirach und das erste und zweite Buch der Makkabäer von Bedeutung.)

67 Hebr. תַּשְׁלִיךְ : Hif'il Imperfekt 2. Person masculinum Singular von Wurzel שלך = du wirst werfen (nämlich die Sünden in die Fluten). Das Imperfekt wird hier futurisch gebraucht. Das Hif'il hat (oft) deklarative Bedeutung.

68 Hebr. יוֹם כִּפּוּר = Tag der Sühne.

69 Hebr. שַׁבַּת שַׁבָּתוֹן [Schabbat Schabbaton].

70 Hebr. כָּל נִדְרֵי = alle Gelübde. כָּל [kal] = alle, wird in aschkenasischer (Aschkenasim: Bezeichnung für die Juden in Mittel- und Osteuropa) Vokalisierung »kol« gesprochen.

Die genaue Zeit der Entstehung und der Aufnahme dieses Gebets in die Liturgie des jüdischen Gottesdienstes ist nicht bekannt. Man nimmt dafür die ersten gaonäischen (Gaon = Titel der Oberhäupter hoher rabbinischer Schulen im Mittelalter, besonders in Babylonien. Die gaonäische Zeit reichte vom 7. bis zum 11. Jahrhundert.) Jahrhunderte (Mitte des 7. bis 8. Jahrhunderts) an; denn ab dem 9. Jahrhundert sind Äußerungen der babylonischen Geonim [Plural von Gaon] überliefert, die sich entschieden gegen dieses

Gebet wandten. Das legt die Vermutung nahe, daß es wohl außerhalb Babyloniens entstanden sein muß.
Das »Kol Nidre« beinhaltet das Ungültigmachen aller im Laufe eines Jahres übernommenen oder noch zu übernehmenden Gelübde, sofern sie, wie der Text ausdrücklich betont, Verpflichtungen betreffen, die sich jemand selbst auferlegt hat, oder solche, die sich auf religiöse Anordnungen der Gemeinde beziehen.
Doch bot dieses Gebet immer wieder Anlaß zu antijüdischer Polemik. Der Wortlaut des Textes schürte Zweifel an der Glaubwürdigkeit und Aufrichtigkeit jüdischer Eidesleistung. Man argwöhnte, ein Jude könne sich durch einen Rabbiner oder durch einen anderen Juden von einem geleisteten Eid lossprechen lassen.

Rabbiner De Vries, der im März 1944 im Konzentrationslager Bergen-Belsen ermordet wurde, hat die Voreingenommenheit der christlichen Gesellschaft gegenüber dem »Kol Nidre« ausgemalt:
»Was? Der Jude entbindet sich schon im voraus aller Versprechen und Gelübde, die er im kommenden Jahr abgibt? Öffentlich in der Synagoge und angesichts des heiligen Versöhnungstages? Wie kann man einem solchen Menschen überhaupt vertrauen? Wieviel werden seine Schwüre einem anderen wert sein?«
und daraus den Schluß gezogen:
»Selbstverständlich sollte damit endgültig und überzeugend bewiesen werden, daß dem Juden kein Versprechen heilig ist, daß er in keiner Weise durch irgendein Versprechen gebunden ist und deshalb nach Belieben lügen und betrügen darf. Hat er sich denn nicht schon im voraus von den Verpflichtungen freigesprochen, die die von ihm noch zu machenden Schwüre oder Zusagen beinhalten? Was für eine Religion ist das, die solche Lehren zuläßt! «
(Vries, S. Ph. de [1932]: Jüdische Riten und Symbole. Reinbek bei Hamburg 1990 [Rowohlt Taschenbuch Verlag]. [rororo Sachbuch. 8758.] S. 99.)

71 Fasten heißt, sich jeglicher Nahrung enthalten. Nur am Jom Kippur und am 9. Aw beginnt das Fasten mit Anbruch der Nacht, an den übrigen Fasttagen erst mit Sonnenaufgang. Am Jom Kippur ist es ein sogenanntes »Bußfasten«. Fasten als ein Zeichen von Trauer und Selbstdemütigung des Menschen wird als eine gottgefällige Handlung betrachtet und von frommen Juden häufig ausgeübt.

72 Hebr. מוּסָף [Mussaf] = Zusatz, hebr. תְּפִלָּה [Tefilla] = Gebet.

73 Hebr. עֲבוֹדָה = Dienst, bezogen auf den Opferdienst im Tempel zu Jerusalem, und danach »Dienst im Herzen« in den Synagogen. Die Chassidim verstanden ihr ganzes Leben als »Awoda« (Gottesdienst) zur Unterstützung des Gotteswerkes.
Der Vortrag der Awoda mit dem vollständigen Text des Alenu erfolgt nur an den beiden Hohen Feiertagen.

74 Hebr. עָלֵינוּ = an uns ist es (zu preisen)…
Nach jüdischer Tradition soll der Hymnus von Josua beim Einzug in Kanaan verfaßt worden sein, er stammt aber wohl aus dem 3. Jahrhundert n. Z. (möglicherweise von Raw Abba Areka).
Es geht in dem Hymnus um die Einzigkeit Gottes, die Auserwählung Israels und die Zuversicht in die Verwirklichung des Gottesreiches auf Erden.

Der Text auch dieses Gebets ist seit dem Mittelalter nicht unumstritten, weil darin die Andersartigkeit Israels betont wird. Seinen Ursprung hat er wohl in der Liturgie der Hohen Feiertage.
An Wochentagen ist das Alenu ein stilles Gebet, bei dem der Chasan [hebr. חַזָּן = Vorbeter) nur Anfang und Schluß rezitiert.

75 Ein Kniefall ist im jüdischen Gottesdienst etwas Außergewöhnliches und erfolgt nur an den beiden Hohen Feiertagen. Ein Jude kniet in Demut und Ehrerbietung vor Gott; aber niemals vor einem Menschen.

76 Hebr. שִׂמְחַת תּוֹרָה = Tora-Freudenfest.
Simchat von hebr. שִׂמְחָה [Simcha] = Freude ist Status constructus und als Nomen regens von תּוֹרָה [Tora] abhängig.

77 Hebr. הַלֵּל [Hallel] = biblische Bezeichnung für Hymnen und Psalmen, die beim Tempelkult in Jerusalem durch die Leviten vorgetragen wurden und vermutlich regelmäßig die Worte hebr. הַלְלוּיָה [Halleluja] = »Lobet Gott« wiederholten.

78 Hebr. מְנוֹרָה = Leuchter.
Menora ist die Bezeichnung für einen siebenarmigen Leuchter im Tempel beziehungsweise in der Synagoge. Sie ist später häufig zum Symbol des Judentums geworden. Auch der achtarmige Chanukka-Leuchter wird Menora genannt.

79 Hebr. פּוּרִים = die Lose.

80 Hebr. מְגִלָּה [Megilla] = Rolle. Megillat ist Status constructus von Megilla, der in der Genitiv-Verbindung Nomen regens ist.

81 Ahasverus ist kein hebräischer Name. Altpersisch wurde er als Hschajarscha wiedergegeben. Die Babylonier machten daraus Achschijarschu und die Griechen Xerxes (485-465 v. Z.).

82 Haman gilt als Abkömmling des Amalekiterkönigs Agag, und die Feindschaft der Israeliten gegenüber den Amalekitern war groß, weil dieser Beduinenstamm ihnen schon in ihrer vorstaatlichen Zeit viele Schwierigkeiten bereitet hatte.

83 Hebr. תִּשְׁעָה בְּאָב = 9. Aw (Monat).

84 Hebr. חוֹדֶשׁ אֱלוּל = Monat Elul. Vgl. Anm. 59 in diesem Kapitel.

Unterschiede zwischen Christentum und Judentum

1 Dabei kann es nur darum gehen, die auffälligsten Unterschiede herauszustellen. Erst die Fallanalysen werden das Augenmerk auf noch andere kleine und kleinste Ungleichheiten lenken, die sich aus den persönlichen Anpassungsproblemen der Kinder herleiten. Vgl. »Einleitung« zu dieser Arbeit.

2 Das Judentum kennt keinen entsprechenden Ausdruck für »Religion«, allerdings analoge Bezeichnungen wie hebr. דָּת [dat] (= persisches Lehnwort, das »königliche Verordnung«, »Bestimmung«, »Gesetz« bedeutet), hebr. יִרְאָה [jira] (= »Gottesfurcht«), hebr. בְּרִית [berit] (= »Bund«) und hebr. מִשְׁפָּט [mischpat] (= »Recht«), die in der

deutschen Übertragung unter den Begriff »Religion« zusammengefaßt werden. Doch genauer, als der vieldeutige Begriff »Religion« es vermöchte, kennzeichnen die hebräischen Ausdrücke die dem Judentum eigentümliche Wechselbeziehung zwischen Gott und Mensch.

Gerechtigkeit wird im Tenach in engster Verbindung mit Gott verstanden. Gerechtigkeit (hebr. צֶדֶק [zedek]) und Recht gelten als »Stützen« des Gottesthrons (Ps 89, 15; 97, 2).

Dem König verlieh Gott das Recht, die Herrschaft über sein Volk auszuüben; allerdings nicht in herrscherlicher Willkür, sondern in der Fürsorge für die Elenden und Armen der ihm anvertrauten Gemeinschaft, die keinen Einfluß hatten, das Recht für sich geltend zu machen. Witwen und Waisen stand nach altorientalischer Tradition allerdings Recht zu, nicht aber den Fremden. Da die Israeliten selbst Fremdlinge in Ägypten waren, galt für sie eine besondere Verpflichtung, auch diesen Recht zu verschaffen.

Die Sphäre der Gerechtigkeit wurde nicht nur im Volk, sondern weit darüber hinaus bis in die belebte und unbelebte Natur ausgedehnt und erhielt dadurch kosmische Dimensionen.

Mit der Nachkommenschaft der Erz-Väter (Abraham, Isaak, Jakob) hat Gott den Bund am Sinai geschlossen. Die Worte (hebr. דְּבָרִים [dwarim]), die die Summe aller Weisungen sind, werden von Ihm selbst verkündet. Er ist der universale und gerechte Gott, der mit Eifer(sucht = Gott duldet in Seinem »Liebesverhältnis« zu Israel keinen Dritten) über Sein Bundesvolk wacht: begrenzt zornig und strafend – unbegrenzt gnädig und gütig.

Gottesliebe, Gottesfurcht und Gottesgehorsam gehören zusammen. Wo der Mensch Gottes Geboten gehorcht, entscheidet er sich für das Leben.

[3] Vgl. Jüdisches Lexikon (1927). Ein enzyklopädisches Handbuch des jüdischen Wissens in vier Bänden. Begr. v. Georg Herlitz u. Bruno Kirschner. 2. Aufl. d. Nachdr. Frankfurt a. M. 1987 (Athenäum). Bd. 2, Sp. 1218.

[4] Schmitz, Bertram (2006): Vom Tempelkult zur Eucharistiefeier. Die Transformation eines Zentralsymbols aus religionswissenschaftlicher Sicht. Berlin (Lit-Verlag). (Studien zur Orientalischen Kirchengeschichte. 38.) S. 39 u. 155.

[5] Der Religionswissenschaftler Peter Antes hat dieses Dilemma treffend beschrieben: Mit »drei Personen in einem Gott […] war ein Weg beschritten, der die Gotteslehre (Theologie) vor nahezu unlösbare Schwierigkeiten stellte. Wie sollte und konnte man das Paradox erläutern und auflösen, daß die Drei ebenso ursprünglich sein sollte wie die Eins und beide miteinander deckungsgleich sein sollten?« (Gemeint sind der jüdische Monotheismus mit der absoluten Wesenseinheit Gottes und der christliche mit drei »Göttern«, Verf.) »Die alltägliche Logik des Verstehens war damit an ihre Grenze gelangt, man suchte Zuflucht bei den Philosophen, um das logische Paradox, vor dem man stand, irgendwie in den Griff zu bekommen. Vor allem neuplatonisches Gedankengut bot sich dafür an und wurde rasch weiterentwickelt, um den Bedürfnissen dieser schwierigen Aufgabe gerecht zu werden. Ganz gelang dies nie, dennoch ist der damit verbundene Impetus für die Geschichte der abendländischen Philosophie von den ersten christlichen Philosophen bis mindestens zu Hegel (gest. 1831) kaum zu überschätzen […].«

(Antes, Peter [1999]: Mach's wie Gott, werde Mensch. Das Christentum. Düsseldorf [Patmos]. [Reihe: Weltreligionen.] S. 26.)

Im frühen Christentum meinte man, in 1 Mos 18 eine »Fundstelle« für die Dreieinigkeit erschlossen zu haben.

6 »Die christliche Religion hielt die Höhe der Vergeistigung nicht ein, zu der sich das Judentum aufgeschwungen hatte. Sie war nicht mehr streng monotheistisch, übernahm von den umgebenden Völkern zahlreiche symbolische Riten, stellte die große Muttergottheit wieder her und fand Platz zur Unterbringung vieler Göttergestalten des Polytheismus in durchsichtiger Verhüllung, obzwar in untergeordneten Stellungen. Vor allem verschloß sie sich nicht wie die Atonreligion und die ihr folgende mosaische dem Eindringen abergläubischer, magischer und mystischer Elemente, die für die geistige Entwicklung der nächsten zwei Jahrtausende eine schwere Hemmung bedeuten sollten.«
(Freud, Sigmund [1939 <1934-1938>]: Der Mann Moses und die monotheistische Religion. In: Freud, Sigmund: Studienausgabe. Bd. 9: Fragen der Gesellschaft. Ursprünge der Religion. 6., korr. Aufl. Frankfurt a. M. 1993 [Fischer]. S. 455-581. S. 536.)

7 Stoff der Logienquelle Q in Lk 10, 2-16.
(Vgl. Reinbold, Wolfgang [1998]: Propaganda und Mission im ältesten Christentum. Eine Untersuchung zu den Modalitäten der Ausbreitung der frühen Kirche. Göttingen 2000 [Vandenhoeck u. Ruprecht]. [Forschungen zur Religion und Literatur des Alten und Neuen Testaments. 188.] S. 226.)

8 Gr. παρουσία [parusia] Parusie = Gegenwart, Anwesenheit. Gemeint ist die Wiederkunft Jesu zum Endgericht.

9 Vgl. Antes, Peter (1999): Mach's wie Gott, werde Mensch. Das Christentum. Düsseldorf (Patmos Verlag). (Reihe: Weltreligionen.) S. 86 f.

10 Das Wort »Kirche« ist abgeleitet vom griechischen κυριακη [kyriaké], das heißt, »dem Herrn gehörig«, wobei οικια [oikia] = Haus zu ergänzen ist.

11 Diese Vorstellung hatte vor Augustin schon Paulus geprägt, und zwar in 1 Kor 12, 27. Das würde die These erhärten, die neuere religionswissenschaftliche Forschungen aufgestellt haben: daß Jesus im Christentum als der neue Tempel angesehen wurde.
(Vgl. Schmitz, Bertram [2006], S. 321.)

12 Die Sakramente sind Gnaden- und Seligkeitsmittel, die die Gottheit mit dem Menschen verbinden sollen. Sie sind keine bloßen Symbole, sondern etwas Reales, dem göttliche Wunderkraft innewohnt. Die (spirituelle) Religion verdichtet und materialisiert sich. Das Heil ist hier eine Substanz, die in den Menschen eingeht, damit er geläutert und erneuert werde.

13 Da Jesus das Zeichen ist, durch das der Mensch die Zuwendung Gottes erfährt, ist er das Ur-Sakrament. Aus ihm leiten sich alle anderen Sakramente ab, die als Zeichen des Heils und der Nähe Gottes in die konkreten Situationen menschlichen Lebens hineingenommen werden. Voraussetzung ist der Glaube, der den Menschen das Heil in Jesus suchen läßt.

14 An die Stelle des Reiches Gottes auf Erden, dieses alten biblischen Ideals, ist das Reich der Kirche getreten: die »civitas Dei« (= Gottesstaat).

15 Titus (39-81 n. Z.) römischer Feldherr, späterer römischer Kaiser.

[16] Die Schrift (1925-1961). Verdeutscht von Martin Buber und Franz Rosenzweig. Bd. 1-4. Gerlingen 1976-79 (Lambert Schneider). Bd. 1: Die fünf Bücher der Weisung, S. 203 (2 Mos 19, 6).

[17] »Rechtfertigung« ist die Wiederherstellung der durch Sünde zerstörten Verbindung des Menschen zu Gott.
Im Katholizismus gilt die Lehre, daß der Mensch, der an das erlösende Werk Jesu glaubt, durch die heiligmachende Gnade Gottes gerechtfertigt ist. Diese Rechtfertigung bewirkt unter Einbeziehung guter Werke eine völlige Neu- und Umschaffung des Menschen: eine Wiederherstellung des göttlichen Ebenbildes. Rechtfertigung ist reale Tilgung der Sünden (sofern sie nicht durch eine Todsünde wieder aufgehoben wird).
Nach evangelischem Verständnis bedeutet Rechtfertigung nicht, daß der sündige Mensch das gestörte Gottesverhältnis durch sittliches Handeln wiederherstellen kann, sondern daß Gott sich ihm aus Gnade durch Jesus zuwendet und ihn damit rechtfertigt. Der Mensch wird nicht gerecht gemacht, sondern für gerecht erklärt. Der Zustand des Menschen bleibt unverändert, seine Sünde wird ihm nur »nachgesehen«. Rechtfertigung ist ein Geschenk Gottes an den Menschen statt der verdienten Strafe – er kann sie nur im Glauben empfangen.
Gemeinsam ist beiden Konfessionen des Christentums die Befreiung von Sünde, wodurch ein neues Verhältnis des Menschen zu Gott begründet wird.
Das Judentum lehnt die Lehre von der Erbsünde ab, allerdings weiß es sehr wohl um »das Gefühl menschlichen Ungenügens und Zurückbleibens hinter dem göttlichen Gebot«. Das führt angesichts der Gewißheit von Gottes Gerechtigkeit zu immer neuen Selbstanklagen. (Vgl. Jüdisches Lexikon [1927]. Bd. 4, 2, Sp. 462.)

[18] »Erlösung« im Judentum bezieht sich weniger auf das Individuum als auf die Gemeinschaft. Der Begriff hatte zunächst eine politische Konnotation (Wiedergewinnung von Erez Jisrael [hebr. אֶרֶץ יִשְׂרָאֵל = nationalreligiöse Bezeichnung des Landes]) und wird später im Zusammenhang mit der religiösen Hoffnung auf die messianische Zeit gebraucht, da allenthalben nationaler und sozialer Friede herrschen und auch das Volk Israel von seinen Nöten befreit sein wird.

[19] Es ist bezeichnend, daß im Judentum der »Versöhnungstag« (Jom Kippur) zum heiligen Mittelpunkt des Jahres, zum höchsten Fest geworden ist. Im Zusammenhang mit dem Neujahrsfest (Rosch haSchana), dem »Tag des Gerichts«, weist er den Menschen zu Beginn des Jahres auf seine Verantwortung vor Gott und auf die Unumgänglichkeit der Versöhnung hin, durch die das ideale Gottesverhältnis wiederhergestellt wird.
Der Radius der Umkehr (Teschuwa) ist im Judentum weit gesteckt. Er umgreift nicht nur Verfehlungen gegenüber Gott, sondern gerade auch solche gegenüber den Mitmenschen. Wer sich an seinem Nächsten vergeht, sündigt auch gegen Gott. Sünden gegenüber Gott sühnt der Versöhnungstag durch die Umkehr. Unrecht, das ein Mensch an seinem Nächsten verübt hat, vergibt Gott nur, wenn der Mensch zuvor seinen Mitmenschen um Verzeihung bittet, sein Unrecht zugibt und den zugefügten Schaden wiedergutmacht. Es ist Sitte, daß nicht nur Familienangehörige vor Jom Kippur einander wegen Verfehlungen um Verzeihung bitten, sondern daß sich auch Gegner wieder auszusöhnen versuchen. Verstorbene werden, sofern man sich nicht mehr vor ihrem Tod mit ihnen hat versöhnen

können oder sofern ihr Tod als solcher Schuldgefühle hinterlassen hat, an ihrem Grabe um Verzeihung gebeten.

[20] »Zu Zeugen habe ich heuttags gegen euch den Himmel
und die Erde genommen,
das Leben und den Tod habe ich vor dich hin gegeben,
die Segnung und die Verwünschung,
wähle das Leben,
damit du lebst, du und dein Same:
IHN deinen Gott zu lieben,
auf seine Stimme zu hören,
an ihm zu haften,
denn das ist dein Leben und Länge deiner Tage
beim Siedeln auf dem Boden, den ER deinen Vätern, Abraham, Jizchak, Jaakob, zuschwor ihnen zu geben.«

(Die Schrift [1925-1961]. Verdeutscht von Martin Buber und Franz Rosenzweig. Bd. 1, S. 556 [5 Mos 30, 19].)

[21] Hebr. גָּלוּת = Wegführung ins Exil, dann: die Weggeführten selbst. Vulgärsprachlich: Golus, Goles, Gola (hebr. גּוֹלָה), Gules = Exil, Diaspora.

[22] Es wurde in der Exilzeit (586-520 v. Z.) bearbeitet und enthält die Geschichte Israels von der Landnahme des Westjordanlandes über die Richter- und Königszeit bis zum Beginn des babylonischen Exils nach der Zerstörung des 1. Tempels.

[23] Sigmund Freud führt das Schuldbewußtsein des jüdischen Volkes auf seine Ambivalenz gegenüber dem Vatergott zurück (in »Totem und Tabu« hat Freud, ausgehend vom Urvater-Mord, den Ursprung des Schuldgefühls zu erklären versucht); denn in der Moses-Religion sei für mörderischen Vaterhaß kein Raum gewesen. Das Verdrängte sei in Form des Schuldgefühls zurückgekehrt, und die Propheten hätten es unablässig geschürt.

Das Schuldgefühl habe freilich noch ein anderes, mehr oberflächliches Motiv gehabt, das seine tiefere Ursache verbarg. Obwohl sich das jüdische Volk von Gott enttäuscht gefühlt habe, wollte es nicht auf die lebensnotwendige Illusion verzichten, Gottes auserwähltes Volk zu sein. Es entschuldete Gott, indem es sich seiner eigenen Sündhaftigkeit bezichtigte. Es habe nichts Besseres verdient, als von Ihm bestraft zu werden. Deshalb seien die Gebote immer strenger, peinlicher und auch kleinlicher geworden; denn das Schuldgefühl sei, da es in Wahrheit der verdrängten mörderischen Feindseligkeit gegenüber dem Vatergott entsprang, unersättlich gewesen.

Freud schreibt: »In einem Rausch moralischer Askese legte man sich immer neue Triebverzichte auf und erreichte dabei wenigstens in Lehre und Vorschrift ethische Höhen, die den anderen alten Völkern unzugänglich geblieben waren.«
(Freud, Sigmund [1939 <1934-1938>], S. 578 f.)

[24] Hebr. עֲקֵדָה [akeda], ist zeitlich zwischen dem 16. und 13. Jahrhundert v. Z. anzusetzen.

[25] Allerdings ist die gnostische Erlöserlehre weit gefächert; einen einheitlichen gnostischen »Erlösermythos« gibt es nicht.

[26] Vgl. die neuen religionswissenschaftlichen Forschungen von Schmitz, Bertram (2006): Vom Tempelkult zur Eucharistiefeier. Die Transformation eines Zentralsymbols aus religionswissenschaftlicher Sicht. Berlin (Lit-Verlag). (Studien zur Orientalischen Kirchengeschichte. 38.) S. 171.

[27] Schmitz, Bertram (2006), S. 110.

[28] Bertram Schmitz mutmaßt für diese Zeit einen »Symbolbedarf« (Schmitz, Bertram [2006], S. 62), der im Judentum durch Tora, Alltagsheiligung und Studium kompensiert worden sei, während das Christentum seinen Mittelpunkt in Jesus gefunden habe.

[29] Gr. ευχαριστία [eucharistia] = Danksagung: das von der jüdischen Tischdanksagung abstammende große Dankgebet, mit dem die christliche Liturgie den Einsetzungsbericht bei der Abendmahlsfeier umkleidete.

[30] Schmitz, Bertram (2006), S. 237.

[31] Schmitz, Bertram (2006), S. 149.

[32] Philon lebte ungefähr von 30 oder 20 v. Z. bis nach 40 n. Z.

[33] Vgl. Schmitz, Bertram (2006), S. 352.

Dazu Sigmund Freud: »Wir haben schon gesagt, daß die christliche Zeremonie der heiligen Kommunion, in der der Gläubige Blut und Fleisch des Heilands sich einverleibt, den Inhalt der alten Totemmahlzeit wiederholt, freilich nur in ihrem zärtlichen, die Verehrung ausdrückenden, nicht in ihrem aggressiven Sinn. Die Ambivalenz, die das Vaterverhältnis beherrscht, zeigte sich aber deutlich im Endergebnis der religiösen Neuerung. Angeblich zur Versöhnung des Vatergottes bestimmt, ging sie in dessen Entthronung und Beseitigung aus. Das Judentum war eine Vaterreligion gewesen, das Christentum wurde eine Sohnesreligion. Der alte Gottvater trat hinter Christus zurück, Christus, der Sohn, kam an seine Stelle, ganz so, wie es in jener Urzeit jeder Sohn ersehnt hatte. Paulus, der Fortsetzer des Judentums, wurde auch sein Zerstörer.«

(Freud, Sigmund [1939 <1934-38>]: Der Mann Moses und die monotheistische Religion. In: Freud, Sigmund: Studienausgabe. Bd. 9. 6., korr. Aufl. Frankfurt a. M. 1993 (Fischer). S. 455-581. S. 535 f.)

Für Bertram Schmitz' Deutungsversuche auf religionsphänomenologischer Grundlage gibt es keine historischen Quellen, was die Wahrscheinlichkeit seiner Thesen in der Schwebe hält.

[34] Brot und Wein als Jesu Fleisch und Blut. (Schmitz, Bertram [2006], S. 107 u. 264.)

[35] Schmitz, Bertram (2006), S. 166.

[36] Der Priesterkodex wurde offenbar im babylonischen Exil verfaßt. In dieser Schrift entwickelt sich das religiöse Denken. Der Gottesbegriff streift das Anthropomorphe ab: Gott wirkt nur durch Sprechen. Geschichte ist erkennbares Gotteswerk.

[37] 1 Sam 15, 22 (Samuel war Prophet und Priester im alten Israel um 1050 v. Z.); Spr 21, 3; Jes 43, 23 f.; Jer 7, 21 ff.; Am 5, 21-24 und besonders Hosea (Prophet um 730 v. Z.) 6, 6: »Denn ich habe Lust an der Liebe und nicht am Opfer, an der Erkenntnis Gottes und nicht am Brandopfer«.

[38] Schmitz, Bertram (2006), S. 103 u. 105.

[39] Ernst Simmel greift in seinem Aufsatz »Antisemitismus und Massen-Psychopathologie« auf Freuds Analyse der Frühformen religiösen Lebens zurück und deutet den Opferbegriff aus psychoanalytischer Sicht:
»Der spezifische Beitrag der jüdischen Religion zur Zivilisierung des Menschen hat anscheinend ein besonderes kollektives Trauma gesetzt. Mit der Abschaffung des Tieropfers gab die jüdische Religion die letzten Überreste der Totemfeiern der Primitiven auf und beraubte damit die Juden (und damit letztlich die Menschheit) der Möglichkeit, ihre aufgestauten destruktiven Kräfte abzuführen. Die Juden gestatteten sich eine Übergangsperiode – ihre Opfer und die Institution des Sündenbocks (und seines Stellvertreters, des Lamms); schließlich forderten sie aber nicht die Unterwerfung unter einen persönlichen Gott, sondern unter Gottes Gesetz. Die Juden gaben – wie Freud sagt –, als sie Gott für unsichtbar erklärten, den Anstoß zur Vergeistigung der Religion [...]. Indem Gott unsichtbar wurde, wandelte er sich von einer materiellen Elternimago zu einem spirituellen kollektiven Über-Ich. Das war der wichtige jüdische Beitrag zur Zivilisation und zugleich das Verbrechen der Juden, denn das von ihnen geforderte Opfer übersteigt die menschlichen Möglichkeiten.
Das Christentum führte symbolisch die Totemfeste der Urzeit wieder ein. Der Jude nahm an diesen gemeinsamen Festen nicht teil; er brachte seinen Widerwillen gegen den Verschlingungstrieb zum Ausdruck, indem er die christliche Nahrung mit dem Tabu, ›nicht koscher‹ (unrein) belegte.
Der Christ der Neuzeit erwirbt seine Spiritualität im allgemeinen dadurch, daß er an der heiligen Kommunion als an einem rein allegorischen Akt teilnimmt. Dabei handelt es sich um die symbolische Verinnerlichung der Herrschaft Christi, die ihm die innere Stimme des Gewissens repräsentiert, der er gehorchen muß, um der Kultur zu genügen.
Der antisemitische Christ braucht noch eine Reinkarnation des archaischen Totemtiers. Er muß es auf Erden finden, um seine aufgestauten destruktiven Aggressionen an ihm auszulassen. Deshalb hat er sich den Juden in Teufelsgestalt geschaffen, einen Gott des Hasses in Koexistenz mit dem Gott der Liebe. Der Jude muß die Rolle des unschuldigen Lamms übernehmen und den Haß erdulden, der im christlichen Zivilisationsprozeß bis heute nicht absorbiert worden ist. Der Antisemit, der den Juden foltert und tötet, wiederholt in Wahrheit die Kreuzigung seines Erlösers.«
(Simmel, Ernst [1944]: Antisemitismus und Massen-Psychopathologie. In: Simmel, Ernst [Hrsg.] [1946]: Antisemitismus. Frankfurt a. M. 1993 [Fischer Taschenbuch Verlag]. [Fischer Wissenschaft. 10965.] S. 58-100. S. 84 f.)

[40] Seit Jesu Auferstehung ist der »limbus patrum« leer.

[41] [...], was Augustin noch abgelehnt hatte: für die Aufnahme ins Paradies sei die Taufe unerläßlich.

[42] Le Goff, Jacques (1981): Die Geburt des Fegefeuers. Aus d. Franz. übers. v. Ariana Forkel. Stuttgart 1984 (Klett-Cotta). S. 438.

[43] Le Goff, Jacques (1981), S. 11, Fußnote 4.

[44] Vgl. Le Goff, Jacques (1981), S. 204.

[45] Le Goff, Jacques (1981), S. 14.

[46] Feuer wurde als Symbol des Heiligen angesehen, es verjünge und mache unsterblich. Außerdem berief man sich auf den Phönix-Mythos.

[47] Jacques Le Goff würdigt Augustin als »wahre[n] Vater des Fegefeuers«. (Le Goff, Jacques [1981], S. 84.)

[48] Le Goff, Jacques (1981), S. 16.

[49] Im 3. Jahrhundert in Ägypten entstanden und in griechischer Sprache verfaßt.

[50] Le Goff, Jacques (1981), S. 52.

[51] Le Goff, Jacques (1981), S. 162.

[52] Hebr. שְׁאֹל = Unterwelt.

[53] Ursprünglich in der Form von hebr. גֵּיא בֶן־הִנֹּם [Ge ben Hinnom].

[54] Vgl. Ps 6, 5-6: »Wende dich, Herr, und errette mich,
hilf mir um deiner Güte willen!
Denn im Tode gedenkt man deiner nicht;
wer wird dir bei den Toten danken?«

[55] Persischer Parsismus, auch Zoroastrismus oder Mazdaismus (oberster Gott: Ahura Mazda) genannt, ist eine zwischen den Jahren 1000 und 700 v. Z. aus der Reform der altiranischen durch Zoroaster (Zarathustra) geschaffene Religion.
Die Gestalt des Satan ging aus dem persischen Ahriman hervor, einem bösen Geist, dem die Mächte der Finsternis unterstanden.

[56] Dank tiefen theologischen Verständnisses wird hier die im hebräischen Text gebrauchte Vokabel שָׂטָן [Satan] in deutschen Bibel-Texten nicht mit »Satan« übersetzt.

[57] Der Aberglaube als Glaube an Dämonen und an Besessenheit durch böse Geister nahm infolge babylonischen Einflusses im letzten Jahrhundert vor der Zeitenwende zu, besonders unter der Bedrückung durch Rom (ab 63 v. Z.).

[58] Für die unter römischer Fremdherrschaft lebenden Juden hätte das die Erfüllung einer geschichtsträchtigen Hoffnung, nämlich die Verwirklichung eines bislang unerreichten Ideals in der Gestalt eines gerechten Herrschers bedeutet.

[59] Schmitz, Bertram (2006), S. 172.

[60] Gemeint ist das Achtzehngebet, hebr. שְׁמוֹנֶה עֶשְׂרֵה [Schemone esre], auch kurz Tefilla (= Gebet) genannt.

[61] Jesus gilt laut Kol 1, 18 und Off 1, 5 als »der Erstgeborene von den Toten«.

[62]

TENACH	sog.	ALTES TESTAMENT
Tora: 5 Bücher Mose		Geschichtsbücher:
4 Geschichtspropheten:		5 Bücher Mose
Josua		Josua
Richter		Richter
1. u. 2. Samuel		Rut
1. u. 2. Könige		1. u. 2. Samuel
3 Große Propheten:		1. u. 2. Könige
Jesaja		1. u. 2. Chronik
Jeremias		Esra
Ezechiel		Nehemia
12 Kleine Propheten		Ester
Psalmen		Lehrbücher:
Hiob		Hiob
Proverbien		Psalmen
5 Megillot:		Proverbien
Rut		Prediger
Hohes Lied		Hohes Lied
Kohelet		Prophetische Bücher:
Klagelieder		Jesaja
Ester		Jeremia
Daniel		Klagelieder
Esra		Hesekiel
Nehemia		Daniel
1. und 2. Chronik		12 Propheten

[63] DEKALOG:

jüdisch	christlich
1. Selbstvorstellung Gottes	1.
2. Fremdgötter-, Bilderverbot	
3. Mißbrauch des Gottesnamens	2.
4. Schabbat-/Feiertagsheiligung	3.
5. Elterngebot	4.
6. Verbot des Tötens	5.
7. Verbot des Ehebruchs	6.
8. Verbot des Stehlens	7.
9. Verbot der falschen Aussage	8.
10 . Verbot des Begehrens des Hauses	9.
Verbot des Begehrens von Frau und Sklaven	10.

Im Judentum gilt das erste Gebot als das wichtigste. Es wird in seinem vollen Wortlaut gesprochen, wobei die Betonung sowohl auf dem Haupt- als auch auf dem Nebensatz liegt: »Ich bin der Herr, dein Gott, der dich aus Ägyptenland geführt hat, aus der

Knechtschaft.« (5 Mos 5, 6) In dem Nebensatz gibt sich Gott am Sinai Seinem Volk zu erkennen: Er ist der »Gott der Väter«, der Gott Abrahams, Isaaks und Jakobs, der sich durch Seine Taten in der Geschichte offenbart. Deshalb ist es für Israel von existentieller Bedeutung, sich daran zu erinnern.

Im Christentum wird der entscheidende Nebensatz des ersten Gebots unterschlagen. Es beginnt mit dem Hauptsatz, der sogleich in das zweite Gebot überleitet: »Ich bin der Herr, dein Gott. Du sollst keine anderen Götter haben neben mir.«

Das erste Gebot in christlicher Version ist also eine Zusammenfassung aus dem Anfang des ersten und dem ganzen zweiten jüdischen Gebot.

Vorbemerkung zu den folgenden Fallstudien

[1] Keilson, Hans (1979), S. 198.

[2] Keilson, Hans (1979), S. 198.

[3] Keilson, Hans (1979), S. 56.

[4] Keilson, Hans (1979), S. 424.

[5] Zudem hätte jede Auseinandersetzung mit ihnen die Internalisierung schützender und tröstender Introjekte erschwert.

[6] Klein, Hillel (2003), S. 255.

[7] Keilson, Hans (1979), S. 246.

[8] Vgl. Kestenberg, Judith S. (1994): Versteckte Kinder. Latenzalter im Holocaust. In: Ein Ast bei Nacht kein Ast. Seelische Folgen der Menschenvernichtung für Kinder und Kindeskinder. Göttingen, Zürich (Vandenhoeck u. Ruprecht). S. 61-82.

[9] Gampel, Yolanda (1994): Trauma-Schicksale. Kindheit im Schatten von Verfolgung und Tod. In: Terrorlandschaften der Seele. Beiträge zur Theorie und Therapie von Extremtraumatisierungen. Hrsg. v. Hans Stoffels. Regensburg 1994 (Roderer). S. 104-113. S. 105.

[10] Keilson, Hans (1979), S. 58.

[11] Keilson, Hans (1979), S. 199.

[12] Keilson, Hans (1979), S. 204.

Pavel Friedländer

[1] Vgl. Langer, Lawrence (1991): Die Zeit der Erinnerung. In: Baer, Ulrich (Hrsg.) (2000): »Niemand zeugt für den Zeugen«. Erinnerungskultur und historische Verantwortung nach der Shoah. Frankfurt a. M. (Suhrkamp). (edition suhrkamp. 2141.). S. 53-67. S. 56.

[2] Friedländer, Saul (1979): Wenn die Erinnerung kommt. Aus d. Franz. v. Helgard Oestreich. 2. Aufl. München 1998 (Beck). (Beck'sche Reihe. 1253.) S. 108.

[3] Friedländer, Saul (1978): Quand vient le souvenir… Paris (Edition du Seuil).

[4] Friedländer, Saul (1979), S. 141.

[5] Friedländer, Saul (1979), S. 188.

[6] Es ist eine Inversion des in der christlichen Überlieferung beschriebenen Namenwechsels von Saulus zu Paulus.

[7] Die Prager jüdische Gemeinde zählte Anfang des 14. Jahrhunderts zu den größten und wohlhabendsten in Europa. Im 16. und 17. Jahrhundert war Prag das geistige Zentrum des Judentums.
Nach dem Dreißigjährigen Krieg blieb diese Stadt die Hochburg des Judentums in Böhmen und Mähren.
Während des 18. Jahrhunderts lebten in beiden Territorien ungefähr 65 000 Juden. In Prag lehrten anerkannte rabbinische Autoritäten. »Mutter Israel« war der Ehrentitel der Prager »Judenstadt«.
Die wohlhabende jüdische Oberschicht eiferte den christlichen Bürgern im Lebensstil nach.

Das konnte nicht darüber hinwegtäuschen, daß sich die rechtliche Lage der Juden keineswegs vorteilhaft entwickelte. Der österreichische Kaiser Karl VI. (1711-1740) erließ die berüchtigten Familiengesetze, nach denen nur eine bestimmte Zahl jüdischer Familien in Böhmen und Mähren zugelassen wurde. Von Kirchenvertretern beeinflußt, wies Kaiserin Maria Theresia (1740-1780) alle Juden aus Böhmen aus. Als erste mußten die Prager Juden die Stadt verlassen. Doch bald zeigten sich die wirtschaftlichen Nachteile dieser Maßnahme; die christlichen Händler vermochten die Juden nicht zu ersetzen. 1748 gestattete die Herrscherin deren Heimkehr; allerdings mußten die Juden dafür eine hohe Summe zahlen und sollten für nur zehn Jahre geduldet sein.

Die Toleranzpatente Kaiser Josephs II. (1765-1790), die 1781/82 für die Juden Böhmens und Mährens erlassen wurden, kamen nur den wohlhabenden Schichten zugute; die Mehrheit der Juden litt weiter unter drückenden Gesetzesvorschriften: im amtlichen und geschäftlichen Schriftverkehr durfte nur die deutsche Sprache verwendet, und ab 1787 mußten deutsche Vor- und Familiennamen angenommen werden.
Während des 18. Jahrhunderts begann eine allmähliche Auflösung der traditionellen jüdischen Gesellschaft. Die Gebildeten und die wirtschaftliche Oberschicht orientierten sich an der deutschen Kultur und bildeten so eine Brücke zwischen Ost und West.
1849 hob der habsburgische Staat viele der einschränkenden Gesetze auf, 1852 auch das Ghetto in Prag.
1867 wurde den Juden volle gesetzliche Gleichberechtigung gewährt. Schneller als anderswo in Osteuropa vollzog sich der Industrialisierungsprozeß. Böhmen wurde industrielles Zentrum der Habsburger Monarchie. Jüdische Unternehmen, besonders in Prag, waren an dieser Entwicklung führend beteiligt. Dadurch erweckten sie Argwohn; denn viele Tschechen setzten die Juden mit den Deutschen gleich, die die führende Schicht bildeten, nationale Bestrebungen niederhielten und das tschechische Proletariat in

kapitalistischer Weise ausbeuteten. Zu den traditionellen antijüdischen Vorurteilen traten nun die sozialen und nationalen Konflikte.

Nationalismus und Judenfeindschaft führten zu Unruhen, die sich nationalistische Parteien sowie deutsch-völkische Vereine und Verbände zunutze machten und die Ende des 19. Jahrhunderts in Judenhetze ausarteten. Nur wenige Persönlichkeiten wagten es, gegen die allgemeine antijüdische und bereits auch antisemitische Stimmung anzukämpfen, wie einige Vertreter der Sozialdemokratie, allen voran der Soziologieprofessor und spätere tschechoslowakische Staatspräsident Tomáš Guarrigue Masaryk (1850-1937), der dafür als »Judenknecht« beschimpft wurde.

Die Juden wurden von diesen Vorgängen tief getroffen – ihre Assimilierungshoffnungen schwanden.

Durch den Abriß des ehemaligen Prager Ghettos zwischen 1893 und 1905 wurden die dort lebenden Juden über die ganze Stadt verteilt, verloren ihren früheren Bezugsrahmen und verarmten immer mehr. Die vor den Pogromen in Rußland ins österreich-ungarische Gebiet geflüchteten osteuropäischen Juden verschärften noch das Elend der jüdischen Massen.

Nach der Jahrhundertwende (19./20. Jahrhundert) orientierte sich die jüdische Oberschicht an der deutschen Kultur, während die Mittelschicht die Feindschaft der Tschechen zu überwinden suchte. Die Unterschicht zog sich auf ihre traditionellen Lebensformen zurück.

Nach dem Ersten Weltkrieg machte man die Juden allgemein für politische Niederlagen und wirtschaftliche Schwierigkeiten verantwortlich. Vor diesem Hintergrund kam es auch in der 1918 gegründeten Tschechoslowakei zu antijüdischen Unruhen. Allerdings gelang es Tomáš G. Masaryk, dem ersten Präsidenten der neuen Republik, die Problematik zu entschärfen. In der tschechoslowakischen Verfassung wurde die staatliche Anerkennung der jüdischen Nationalität verankert.

Die anfänglichen wirtschaftlichen und sozialpolitischen Erfolge des neuen Staates begünstigten die tschechisch-jüdischen Assimilationsbestrebungen. Noch einmal wurde Prag zu einem geistigen und kulturellen Mittelpunkt der Judenheit.

Mehr als zwanzig Jahre bestand die Tschechoslowakei als freies, demokratisches Land inmitten Europas.

Am 15. März 1939 besetzten deutsche Truppen Böhmen und Mähren, die tschechischen Teile des Landes. Die Slowakei erklärte ihre Unabhängigkeit und wurde ein Marionettenstaat unter deutscher Kontrolle.

[8] Friedländer, Saul (1979), S. 11.

[9] Friedländer, Saul (1979), S. 12.

[10] Friedländer, Saul (1979), S. 12.

[11] Vgl. Friedländer, Saul (1979), S. 12.

[12] Friedländer, Saul (1979), S. 14.

[13] Vgl. Friedländer, Saul (1979), S. 14.

[14] Friedländer, Saul (1979), S. 12.

[15] Vgl. Friedländer, Saul (1979), S. 29.

[16] Vgl. Friedländer, Saul (1979), S. 21.

[17] Friedländer, Saul (1979), S. 22 f.

[18] Golem (hebr. גֹּלֶם), ein in Ps 139, 16 gebrauchtes Wort, dessen Bedeutung nicht völlig geklärt ist. Im Aramäischen bedeutet es »formlose Masse«. Später wurde unter Golem ein künstlich geschaffener Mensch (homunculus) verstanden, um den sich viele Legenden bildeten.

[19] Gustav Meyrink (1868-1932), ein nicht-jüdischer Prager Schriftsteller, schrieb 1915 den Roman »Der Golem«. Kurioserweise ließ er in diesem Text die »Synagogenglocken« läuten.

[20] Geburtsort von Friedländers Mutter.

[21] Seit 1933 wirkte die nationalsozialistische Bewegung auf die von der Wirtschaftskrise hart betroffenen sudetendeutschen Gebiete ein.
Am 1. Oktober 1933 bildete sich die »Sudetendeutsche Heimatfront«: eine Sammlung aller Sudetendeutschen unter der Führung von Konrad Henlein (1898-1945), die ihren Namen 1935 in »Sudetendeutsche Partei« änderte.
Der neue Staatspräsident Edvard Beneš, der den 85jährigen Tomáš G. Masaryk 1935 im Amt abgelöst hatte, wies die Sudetendeutsche Partei in ihre Schranken.
Ab 1937 verstärkte Henlein seine Propaganda; er verlangte unter anderem ein freies Bekenntnis zum deutschen Volkstum und zur »deutschen Weltanschauung«. Sein Ziel war der Anschluß der sudetendeutschen Gebiete an das Deutsche Reich. Die Krise spitzte sich weiter zu. Am 15. September 1938 erließ Henlein eine Proklamation: »Wir wollen heim ins Reich!«
Nach dem sogenannten Münchner Abkommen (29. - 30. September 1938), dem Beschluß der Abtretung des Sudetengebietes an Deutschland, besetzten deutsche Truppen vom 1. bis 10. Oktober 1938 das Sudetenland.
Ein halbes Jahr später (15. März 1939) marschierten sie in die Tschechoslowakei ein. Das bedeutete das Ende der Republik durch Angliederung an das Deutsche Reich als Protektorat Böhmen und Mähren. (Reichsprotektor: Konstantin Freiherr von Neurath, sein Stellvertreter: Reinhard Heydrich.)
Die Slowakei unter Ministerpräsident Jozef Tiso (1887-1947) erklärte unter deutschem Druck ihre Unabhängigkeit und schloß im März 1939 einen »Schutzvertrag« mit Deutschland.

[22] Friedländer, Saul (1979), S. 30.
Dieser Vergleich assoziiert die Vorstellung der Lokomotiven vor den Vieh- und Güterwaggons auf ihrer Fahrt in die Vernichtungslager. (Vgl. auch Claude Lanzmanns Film »Shoah« [1985].)

[23] »Münchner Abkommen« vgl. Anm. 21 in dieser Fallstudie.

[24] Vgl. Friedländer, Saul (1979), S. 31.

[25] Hebr. עֲקֵדָה [akeda] = Binden des Opfertieres auf den Altar.

[26] Friedländer, Saul (1979), S. 33.

[27] Friedländer, Saul (1979), S. 33.

[28] Friedländer; Saul (1979), S. 33.

[29] Isaak war nach biblischer Chronologie allerdings kein Kind mehr, sondern bereits 37 Jahre alt.

[30] Moria bezeichnet den Berg und das Land. Auf dem Berg erbaute König Salomo (971-931 v. Z.) den (ersten) Tempel: es war der Tempelberg zu Jerusalem.

[31] Vgl. Friedländer, Saul (1979), S. 19.

[32] Vgl. Friedländer, Saul (1979), S. 41.

[33] Friedländer, Saul (1979), S. 49.
»Goj« (hebr.גוֹי [goj] = »Nichtjude« und »Volk«). Israel wird meist als »am« (hebr.עַם = Volk) bezeichnet, seltener als »goj«. In Europa verstand man unter Gojim (Pluralform von Goj) die nichtjüdische umgebende Bevölkerung, jedoch ohne abwertende Nebenbedeutung.

[34] Friedländer, Saul (1979), S. 49.

[35] Friedländer, Saul (1979), S. 49.

[36] Friedländer, Saul (1979), S. 49.

[37] Friedländer, Saul (1979), S. 50 f.

[38] Freud, Anna / Dorothy Burlingham u. Mitarb. (1949): Heimatlose Kinder. Zur Anwendung psychoanalytischen Wissens auf die Kindererziehung. Frankfurt a. M. 1982 (Fischer). (Fischer Wissenschaft. 7314.)

[39] Raul Hilberg weist darauf hin, daß kein anderes Land in Europa in der territorialen Durchführung antijüdischer Maßnahmen ähnliche Verwicklungen gezeigt habe wie Frankreich. Die Gesetzgebung des Vichy-Frankreichs habe sowohl für die unbesetzte wie für die besetzte Zone gegolten; das deutsche Regime sei auf das besetzte Gebiet beschränkt geblieben. Die Juden der besetzten Gebiete hätten unter doppelter – französischer und deutscher – Unterdrückung gelitten; während die Juden der unbesetzten Zone nur den Maßregeln des Vichy-Regimes ausgesetzt gewesen seien. (Vgl. Hilberg, Raul [1961], S. 424 f.)
Das bestätigt Saul Friedländer: »Wie in den Flüssen das Treibholz willenlos von Strömungen und Strudeln hin- und hergerissen wird, gegeneinanderprallt und schließlich an das Ufer gespült wird, so wurden die ausländischen Juden in Frankreich durch widersprüchliche Anordnungen, falsche Gerüchte und die wechselnden Zwangslagen des täglichen Lebens hin- und hergestoßen: Ohne irgendeinen Halt, viel zu auffällig, hatten sie kaum Chancen, dem Netz zu entgehen, das sich um sie zusammenzog.« (Friedländer, Saul [1979], S. 61.)

In ihrer Reaktion auf den deutschen Druck, so Raul Hilberg, habe die Vichy-Regierung versucht, die antijüdischen Bestimmungen in gewissen Grenzen zu halten. Die französischen Behörden seien bemüht gewesen, drastische Schritte zu vermeiden. Sie seien vor dem Gedanken zurückgeschreckt, in der Geschichte noch nie dagewesene Vorgehensweisen zu ergreifen. Als der deutsche Druck 1942 zugenommen habe, habe die

Vichy-Regierung die ausländischen und neueingewanderten Juden preisgegeben und sich darauf beschränkt, die einheimischen zu schützen. Dieser Vichy-Strategie, räumt Hilberg ein, sei ein gewisser Erfolg beschieden gewesen: durch Verzicht auf einen Teil sei das Ganze weitgehend gerettet worden. (Vgl. Hilberg, Raul [1961], S. 420 f.)

40 Friedländer, Saul (1979), S. 57.

41 Friedländer, Saul (1979), S. 60.

42 Friedländer, Saul (1979), S. 54.

43 Hebr. שַׁמָּשׁ [schammasch] = Diener: eine brennende Kerze, mit der alle acht Chanukka-Lichter im Laufe der Festtage von rechts nach links angezündet werden.

44 Friedländer, Saul (1979), S. 74 f.

45 Friedländer, Saul (1979), S. 75.

46 »Am 5. Mai 1942 kam Heydrich persönlich nach Paris. In einer Unterredung mit dem französischen Polizeichef Bousquet gab er zu verstehen, es gebe nunmehr genügend Transportkapazitäten, um die in Drancy in der besetzten Zone internierten staatenlosen Juden außer Landes zu schaffen. Unbekümmert fragte der französische Polizeichef, ob Heydrich nicht auch gleich die staatenlosen Juden abtransportieren könne, die bereits seit eineinhalb Jahren in der unbesetzten Zone interniert seien. Heydrich antwortete, das alles sei eine Frage der Transportkapazität.« (Hilberg, Raul [1961], S. 436 f.)
Laval, ab April 1942 Regierungschef des Vichy-Regimes, versuchte, die französischen Juden zu retten, »indem er die Kinder der staatenlosen Juden ins Spiel brachte«. (Hilberg, Raul [1961], S. 440.)
Von Juni 1942 an verließen immer neue »Deportations«züge aus den besetzten Gebieten Frankreich in Richtung Osten. »Am 19., 21., 24. und 26. August waren die Kinder an der Reihe.« (Hilberg, Raul [1961], S. 441.)
Während dieser ganzen Zeit fieberhafter Aktivität, so stellt es Raul Hilberg dar, sei den Deutschen die unbesetzte Zone keineswegs aus den Augen geraten. (Vgl. Hilberg, Raul [1961], S. 441.)
Laval habe sich bereit erklärt, die ausländischen Juden der unbesetzten Zone auszuliefern, und den Deutschen überdies angeboten, auch die Kinder unter 16 Jahren mitzunehmen. (Vgl. Hilberg, Raul [1961], S. 442.)
Im August 1942 wurden die ersten Judentransporte aus der unbesetzten Zone nach Drancy geleitet, wo sie mit jüdischen Kindern »›vermischt‹« werden sollten, so daß »›auf 500 bis 700 erwachsene Juden 300 bis 500 Judenkinder zugeteilt‹« wurden. (Hilberg, Raul [1961], S. 442.)
Es waren die (etwa 3 500) »Judenkinder« (im Alter von 2 bis 15 Jahren), die am Donnerstag, 16. Juli 1942, auf Befehl der Deutschen, aber unter Leitung der französischen Gendarmerie (über 4 000 französische Polizisten waren im Einsatz) zusammen mit ihren Eltern (sogenannten »staatenlosen« Juden) festgenommen, im Radrennstadion (Vélodrome d'Hiver, Rue Nélaton – 15. Arrondissement) gesammelt und nach Pithiviers und Beaune-la-Rolande gebracht worden waren. Dort trennte man die Kinder gewaltsam von ihren Müttern. Die Mütter wurden wie die Väter direkt nach Auschwitz »deportiert«. Die Kinder wurden unter entsetzlichen hygienischen

Bedingungen und ohne ausreichende Nahrung sich selbst überlassen, niemand kümmerte sich um sie. Mitte bis Ende August 1942 wurden sie zusammen mit (unbekannten) Erwachsenen nach Auschwitz geschafft und dort sofort vergast.

[47] Friedländer, Saul (1979), S. 77.

[48] Vgl. Friedländer, Saul (1979), S. 121.

[49] Sodalität = – katholische Bruderschaft oder Kongregation
– kirchliche Vereinigung mit einfacher Mönchsregel für bestimmte kirchliche Aufgaben
– engerer Verband von Klöstern innerhalb eines Mönchsordens.

Das Internat war kein Kinderheim, sondern ein Seminar für Jungen, die Priester werden wollten.

[50] Friedländer, Saul (1979), S. 85.

[51] Friedländer, Saul (1979), S. 83.
Pavel Friedländers Eltern taten alles, um ihren Sohn in Sicherheit zu bringen. Sie versuchten allein zu fliehen, weil ihnen eine Flucht mit Kind zu gefährlich erschien. Und genau das war ihr tragischer Irrtum: Die Schweizer Grenzpolizisten ließen während einer kurzen Zeitspanne Familien mit Kindern passieren. Paare ohne Kinder wurden der französischen Polizei übergeben.
(Vgl. Friedländer, Saul [1979], S. 94 und Doerry, Martin [2006]: »Nirgendwo und überall zu Haus«. Gespräche mit Überlebenden des Holocaust. Fotografien v. Monika Zucht. München [Deutsche Verlags-Anstalt]. S. 230-239. S. 235 f.)

[52] Friedländer, Saul (1979), S. 85.

[53] Friedländer, Saul (1979), S. 85.

[54] Fischer und Riedesser nennen Henry Krystal den ersten Psychoanalytiker, »der zwischen massiver katastrophischer Traumatisierung und leichteren Formen des Traumas [...] unterschieden« habe. (Fischer, Gottfried / Peter Riedesser [1998], S. 39.)

[55] Vgl. dazu die ausführliche Vorbemerkung zu den Fallstudien.

[56] Zur Unterstützung seiner eigenen noch unreifen und unstabilen Ich-Funktionen brauchte er seine Mutter als Hilfs-Ich.

[57] Vgl. Friedländer, Saul (1979), S. 84.

[58] »Zu Hause hatte man mich ›Pavel‹, häufiger noch in der gewöhnlichen Koseform ›Pavlicek‹ oder auch ›Gagl‹ genannt, ganz abgesehen von vielen anderen Kosenamen. Dann in Paris und Néris war daraus ›Paul‹ geworden, was für ein Kind schon nicht mehr dasselbe ist. Als Paul fühlte ich mich schon nicht mehr ganz wie ›Pavlicek‹, doch ›Paul-Henri‹ war weitaus schlimmer: Ich hatte eine Linie überschritten, war auf die andere Seite übergewechselt. Paul hätte Tscheche und Jude sein können, ein Paul-Henri jedoch konnte nur Franzose und Katholik sein.«
(Friedländer, Saul [1979], S. 100.)

[59] Friedländer, Saul (1979), S. 85.

[60] Henri Philippe Pétain (1856-1951), französischer Marschall, wurde 1940 nach dem militärischen Zusammenbruch Frankreichs zum Regierungschef ernannt.

[61] Friedländer, Saul (1979), S. 83.

[62] Friedländer, Saul (1979), S. 87.

[63] Friedländer, Saul (1979), S. 87.

[64] Vermutlich waren sie in lateinischer Sprache.

[65] Friedländer, Saul (1979), S. 88.

[66] Sein Konflikt führte über das vegetative Nervensystem zu somatischen Veränderungen im Organsystem.

[67] Vgl. Friedländer, Saul (1979), S. 89.

[68] Friedländer, Saul (1979), S. 89.
Pavels Vater war wegen seines Zwölffingerdarmgeschwürs am 25. September 1942 für kurze Zeit im Krankenhaus von Montluçon aufgenommen worden; und Pavels Mutter durfte die wenigen Tage bei ihm bleiben.

[69] Friedländer, Saul (1979), S. 92.

[70] Der traumatische Zustand resultiert aus der Abwesenheit von Struktur und repräsentierbarer Erfahrung im Selbst. Diese Abwesenheit setzt Cohen mit der »Urverdrängung« gleich.
(Vgl. Cohen, J. [1985]: Trauma and repression. Psa. Inquiry. 5. S. 163-189. Zit. nach: Bohleber, Werner [2000]: Die Entwicklung der Traumatheorie in der Psychoanalyse. In: Psyche. 54. 2000. S. 797-839. S. 831.)

[71] Friedländer, Saul (1979), S. 92.
Saul Friedländers Eltern verließen wenige Tage später Montluçon. In Lyon schlossen sie sich einer jüdischen Gruppe an, um über die Schweizer Grenze zu gelangen. Die Schweizer Polizei wies sie zurück und lieferte sie der französischen aus. Sie wurden nach Deutschland »deportiert« – danach verlor sich ihre Spur.
Später fand Saul Friedländer die Namen seiner Eltern »auf einer Transportliste nach Auschwitz, Mitte November«. Laut Totenbuch sei sein Vater dort am 1. Dezember 1942 gestorben, während seine Mutter, so nimmt er an, wohl noch etwas länger am Leben geblieben sei. (Vgl. Doerry, Martin [2006], S. 230-239. S. 236.)

[72] Vgl. Goodman-Thau, Eveline (2001): »Ich bin weder Anfang noch Ende« – Erinnern als Zeitlücke des Erfahrens. In: Leuzinger-Bohleber, Marianne / Wolfdietrich Schmied-Kowarzik (Hrsg.) (2001): »Gedenk und vergiß – im Abschaum der Geschichte...« Trauma und Erinnern. Hans Keilson zu Ehren. Tübingen (edition diskord). S. 195-215. S. 201 f.
In einem Interview vom 12. November 2005 in Los Angeles erklärt Saul Friedländer, daß die Trennung von seinen Eltern »das Einzige« gewesen sei, »was wirklich zählte, was für mich absolut prägend war, lebenslang«.
(Doerry, Martin [2006], S. 230-239. S. 235.)

[73] Friedländer, Saul (1979), S. 145.

[74] Friedländer, Saul (1979), S. 101.

[75] Friedländer, Saul (1979), S. 101.

[76] Ehlert-Balzer, Martin (1996): Das Trauma als Objektbeziehung. In: Forum der Psychoanalyse. 12. 1996. S. 291-314. S. 304.

[77] Vgl. Friedländer, Saul (1979), S. 103.

[78] Friedländer, Saul (1979), S. 105.

[79] Friedländer, Saul (1979), S. 146.

[80] Vgl. Friedländer, Saul (1979), S. 88.

[81] Friedländer, Saul (1979), S. 113.

[82] Vgl. Ehlert-Balzer, Martin (2002): Die »Identifizierung mit dem idealisierten Aggressor« in der traumatischen Reaktion. In: Analytische Kinder- und Jugendlichenpsychotherapie. 33. (116). 2002. S. 553-568. S. 558.

[83] Vgl. Friedländer, Saul (1979), S. 113.
In dem bereits erwähnten Interview vom November 2005 bestätigt Friedländer, daß ihm die Rückkehr seiner Eltern »immer weniger präsent« gewesen sei. (Vgl. Doerry, Martin [2006], S. 230-239. S. 235.)

[84] Friedländer, Saul (1979), S. 115.

[85] Friedländer, Saul (1979), S. 126.

[86] Friedländer, Saul (1979), S. 116.

[87] Friedländer, Saul (1979), S. 126.

[88] Friedländer, Saul (1979), S. 126.

[89] Friedländer, Saul (1979), S. 126.

[90] Friedländer, Saul (1979), S. 124.

[91] Freud nennt diesen Vorgang »negative Magie«.
(Vgl. Freud, Sigmund [1926]: Hemmung, Symptom und Angst. In: Freud, Sigmund [1952]: Gesammelte Werke. Chronologisch geordnet. Bd. 14, S. 111-205. S. 149.)

[92] Friedländer, Saul (1979), S. 125.

[93] Vgl. Ehlert-Balzer, Martin (2002), S. 567.

[94] Friedländer, Saul (1979), S. 127.

[95] Friedländer, Saul (1979), S. 127.

[96] Friedländer, Saul (1979), S. 127.

[97] Sulpizianer: Weltpriestergenossenschaft vom heiligen Sulpitius, die ohne Gelübde-Verpflichtung 1642 in Paris von J. J. Olier gegründet wurde. Der Sitz ihres Generalsuperiors ist in Paris. Die Sulpizianer widmen sich besonders der Ausbildung des Weltklerus.

[98] Friedländer, Saul (1979), S. 127.

[99] Friedländer, Saul (1979), S. 127.

[100] Gefäß zur Aufbewahrung der geweihten Hostien.

[101] Friedländer, Saul (1979), S. 127 f.

[102] Hochamt = feierliche Hauptmesse.

[103] Vgl. Friedländer, Saul (1979), S. 128.

[104] Friedländer, Saul (1979), S. 126.

[105] Friedländer, Saul (1979), S. 128.
Die Assoziation zu Sándor Ferenczis Bemerkung drängt sich auf: »Unterwerfe ich mich seinem« (des Aggressors, Verf.) »Willen so vollkommen, daß ich zu existieren aufhöre [...], so schenkt er mir vielleicht das Leben.«
(Ferenczi, Sándor [1932]: Ohne Sympathie keine Heilung. Das klinische Tagebuch von 1932. Hrsg. v. Judith Dupont. Frankfurt a. M. 1988 [Fischer]. S. 155.)

[106] Friedländer, Saul (1979), S. 125.
Pavel Friedländer hatte das bei seinem Eintritt in die Sodalität ganz anders empfunden: »Alles erstickte mich: die strenge Disziplin, die ewigen Gebete [...].«
(Friedländer, Saul [1979], S. 88.)

[107] Gemeint ist die Anbetung der geweihten Hostie in der Monstranz.

[108] Das sind die Ave Maria-Gebete:

Ave Maria

Ave Maria, gratia plena;
Dominus tecum:
benedicta tu in mulieribus,
et benedictus fructus ventris tui, Jesus.
Sancta Maria, Mater Dei,
ora pro nobis peccatoribus
nunc et in hora mortis nostrae. Amen.

(deutsche Übersetzung des lateinischen Textes:

Gegrüßet seist du, Maria

Gegrüßet seist du, Maria.
Du bist voll der Gnade;
Der Herr ist mit dir.
Du bist gebenedeit unter den Frauen,
und gebenedeit ist die Frucht deines Leibes, Jesus.
Heilige Maria, Mutter Gottes,
bitte für uns Sünder,
jetzt und in der Stunde unseres Todes. Amen.)

[109] Friedländer, Saul (1979), S. 125.

[110] Vgl. Friedländer, Saul (1979), S. 125.
Das Sich-Kasteien wurde ihnen allerdings nicht erlaubt.

[111] Vgl. Röm 6, 3-11.

[112] Vgl. Friedländer, Saul (1979), S. 126.

[113] Seminarist = Absolvent eines Priesterseminars, das der Ausbildung von katholischen Geistlichen dient.

[114] Die Operationen der Alliierten nach der Landung in der Normandie und in Südfrankreich wurden von Verbänden des »Freien Frankreich« und der Résistance unterstützt. Am 25. August 1944 zog General Charles de Gaulle in Paris ein.

[115] Die Kirche vermied stets sorgfältig, auf die Nationalität Jesu hinzuweisen, obgleich er in den Evangelien als Abkömmling aus Davids Stamm bezeichnet wird. Jesus wurde als Jude und nicht als Christ gekreuzigt.

[116] Klein, Hillel (2003), S. 225.

[117] Friedländer, Saul (1979), S. 134.

[118] Friedländer, Saul (1979), S. 137.

[119] Friedländer, Saul (1979), S. 137.

[120] Friedländer, Saul (1979), S. 140.

[121] Friedländer, Saul (1979), S. 140.

[122] Vgl. Friedländer, Saul (1979), S. 143.

[123] Friedländer, Saul (1979), S. 144.
Vielleicht hat der Pater tatsächlich »gestorben« gesagt und nicht »umgekommen«, »umgebracht«, »ermordet«, um Pavel zu schonen.

[124] Friedländer, Saul (1979), S. 144.
Pavels Unsicherheit bezüglich des Schicksals seiner Eltern steht zugleich für die Unfaßbarkeit von Auschwitz.

[125] Friedländer, Saul (1979), S. 145.
Über dreißig Jahre später, im Oktober 1977, gesteht Saul Friedländer sein Unvermögen ein, über diese traumatischen Erlebnisse berichten zu können: »Wenn ich in diesen Seiten« (seines Buches, Verf.) »blättere, fühle ich mich manchmal zutiefst entmutigt. Niemals werde ich das zum Ausdruck bringen, was ich eigentlich sagen möchte; ich weiß, diese Zeilen sind sehr weit von meinen Erinnerungen entfernt, und diese wiederum sind nur einzelne Fragmente aus dem Leben meiner Eltern, nur Teile dessen, was ihre Welt, was meine Kindheit war. Ich gebe zu, daß mich diese Gedanken heute mehr denn je bedrücken.«
(Friedländer, Saul [1979], S. 140.)

[126] Vgl. Friedländer, Saul (1979), S. 145.

[127] Friedländer, Saul (1979), S. 144 f.

[128] Friedländer, Saul (1979), S. 145.

[129] »Das Bild unseres Todes...« kann sich auf das jüdische Volk beziehen. Allein auf seine Eltern bezogen, äußern sich darin regressive Verschmelzungswünsche.

130 Friedländer, Saul (1979), S. 146.

131 Friedländer, Saul (1979), S. 146.

132 Friedländer, Saul (1979), S. 146.

133 Friedländer, Saul (1979), S. 145.

134 Saul Friedländer nennt in seiner Autobiographie nicht den Namen der Stadt. Auch kehrte die Familie schon bald darauf nach Paris zurück.

135 Friedländer, Saul (1979), S. 154.

136 Friedländer, Saul (1979), S. 155.

137 Friedländer, Saul (1979), S. 155.

138 Friedländer, Saul (1979), S. 157.

139 Vgl. Friedländer, Saul (1979), S. 158.

140 Friedländer, Saul (1979), S. 165.

141 Friedländer, Saul (1979), S. 169 f.

142 Friedländer, Saul (1979), S. 161.

143 Friedländer, Saul (1979), S. 161.

144 Friedländer, Saul (1979), S. 172.

145 Hebr. אֶרֶץ יִשְׂרָאֵל [Erez Jisrael] = Land Israel.

146 Friedländer, Saul (1979), S. 181 f.

147 Betar: letzte Festung Bar Kochbas (Führer des zweiten jüdischen Aufstands gegen Rom [132-135 n. Z.]), sie fiel 135 n. Z. – Betar ist auch die Abkürzung für Brith Trumpeldor (Josef Trumpeldor [1880 Rußland – 1920 Palästina], zionistisch-sozialistischer Führer), eine 1923 im Baltikum gegründete zionistische Jugendbewegung.

148 Friedländer, Saul (1979), S. 185.

149 Vgl. Klein, Hillel (2003), S. 253.

150 Bruder von Friedländers Mutter: Paul (?)

151 Friedländer, Saul (1979), S. 161.

152 Vgl. Friedländer, Saul (1979), S. 151.

153 Doerry, Martin (2006), S. 230-239. S. 232 f.

154 Doerry, Martin (2006), S. 230-239. S. 232.

Janina Dawidowicz

1 Kalisz ist die älteste Stadt Polens und liegt am Fluß Prosna.

2 [1.] David, Janina (1965): A Square of Sky. The recollections of a childhood. London (Hutchinson).

deutsche Übersetzung:
David, Janina (1981): Ein Stück Himmel. Erinnerungen an eine Kindheit. Aus d. Engl. v. Hannelore Neves. 7. Aufl. München, Wien 1982 (Hanser).

[2.] David, Janina (1969): A Touch of Earth. A Wartime-Childhood. London (Hutchinson).
deutsche Übersetzung:
David, Janina (1982): Ein Stück Erde. Das Ende einer Kindheit.
Aus d. Engl. v. Hannelore Neves. 6. Aufl. München, Wien 1982 (Hanser).

[3.] David, Janina (1982): Light over the Water. London (Selbstverlag).
deutsche Übersetzung:
David, Janina (1983): Ein Stück Fremde. Erinnerungen an eine Jugend. Aus d. Engl. v. Gertrud Baruch. München, Wien (Hanser).

Bezeichnend ist, daß Janina David dem 2. Band ihrer Trilogie den Untertitel »A Wartime-Childhood« gibt. Für viele osteuropäische Überlebende waren Krieg und Schoa identisch, weil mit dem Krieg auch die Schoa begonnen hatte.

[3] Ein Stück Himmel (1986): Das Filmbuch nach den Erinnerungen von Janina David. Hrsg.: Hartwig Schmidt. Mit e. Vorw. v. Ursula von Kardoff. München, Wien (Hanser). S. 154.

[4] Reemtsma, Jan Philipp (1997): Die Memoiren Überlebender. Eine Literaturgattung des 20. Jahrhunderts. In: Mittelweg 36. 6 (4). 1997. S. 20-39. S. 21.

[5] Charakteristisch für den hohen Bildungsanspruch im assimilierten Judentum ist folgende Bemerkung der Autorin: »Schon von klein auf hatte ich immer gehört, wie unerhört wichtig die Schule war. In die Schule gehen zu dürfen, war die größte Auszeichnung, auf die ein Kind hoffen konnte, das war der Schlüssel zu einer herrlichen Zukunft, wo man alles tun konnte, was man wollte. Das goldene Tor in diese Zukunft war, in weiter Ferne, die Immatrikulation. Dahinter lag das gesamte Universum und wartete darauf, entdeckt zu werden.«
(David, Janina [1981], S. 46.)

[6] David, Janina (1981), S. 81.

[7] David, Janina (1981), S. 81.

[8] David, Janina (1981), S. 81 f.

[9] Hebr. גָּלוּת = Exil, Diaspora.

[10] Vgl. David, Janina (1981), S. 82.

[11] Das frühe rabbinische Judentum bestimmte vereinzelt getrennte Sitzreihen für Männer und Frauen; später ging man beim Synagogenbau dazu über, die Geschlechter auch räumlich zu trennen. Neben den Räumen für Männer gab es solche für Frauen, die meistens etwas erhöht waren auf einer Art Galerie oder Empore. (Vgl. Jüdisches Lexikon [1927]. Bd 4, 2, Sp. 797 u. 1352 f.)

[12] Im Jahre 1939 konnte Janina bereits fließend im Gebetbuch ihres Onkels lesen.
(Vgl. David, Janina [1983], S. 260.)

[13] David, Janina (1981), S. 82.

[14] David, Janina (1981), S. 82 f. Das Schließen der Augen beim Beten ist im Judentum durchaus üblich.

[15] David, Janina (1981), S. 83.
Festgeprägte Gebetsformeln gibt es in allen Religionen.

[16] Ehlert, Martin / Beate Lorke (1986): Zur Psychodynamik der traumatischen Reaktion. In: Psyche 42. 1988. S. 502-532. S. 528.

[17] »Testament«: im Griechischen wird das hebräische Wort בְּרִית [berit] = »Bund« mit διαθηκη [diatheke] wiedergegeben, das »Anordnung«, »letztwillige Verfügung«, »Testament« bedeutet. »Altes Testament« ist eine aus der Sicht des »Neuen Testaments« vorgenommene Bezeichnung. Für das Judentum gab es keine Veranlassung, den Ausdruck »Altes Testament« zu gebrauchen. Er entstand durch die Erwartung eines »Neuen Testaments«, das heißt eines »neuen Bundes« (hebr. בְּרִית חֲדָשָׁה [berit chadascha]) durch das Christentum (vgl. Lk 22, 20; 1 Kor 11, 25; 2 Kor 3, 6 und Hebräerbrief), das sich dabei ausdrücklich auf Jer 31, 31 ff. berief.
Das Christentum verstand sich als die Erfüllung und Ablösung des »alten Bundes« und als »neues Volk Gottes«; es betrachtete den alten Bund als überholt und die Juden als von Gott verworfen.

[18] Aus jüdischer Sicht wird diese Charakterisierung Gottes anders ausgelegt: Gott ist der Rächer des Seinem Volk Israel von den Feinden zugefügten Unrechts. Wenn Er auch gegenüber den Sündern Seines Volkes als »Eiferer« auftritt, der keine Schuld ungeahndet läßt, so bleiben doch Zorn und Gnade im Gleichgewicht.
Gerade die Propheten verkünden, daß Gott sich Seines Volkes in ewiger Liebe erbarmen werde.
Die Übersetzung »Gott der Rache« stammt von Martin Luther.

[19] David, Janina (1981), S. 83.

[20] David, Janina (1981), S. 79.

[21] David, Janina (1981), S. 79.

[22] David, Janina (1981), S. 29.

[23] David, Janina (1981), S. 29.

[24] David, Janina (1981), S. 29.

[25] Gotische Nikolaus-Kathedrale, im Jahre 1253 von Fürst Bolesław Pobożny gestiftet.

[26] David Janina (1981), S. 80.

[27] Vgl. Fleischhauer, Inge / Hillel Klein (1978): Über die jüdische Identität. Eine psycho-historische Studie. Königstein /Ts. (Jüdischer Verlag). S. 90.

[28] David, Janina (1981), S. 80.

[29] Dabei ist das Über-Ich eine vom Trauma noch am wenigsten angegriffene Instanz.

[30] Mitte des 19. Jahrhunderts verwandte der deutsche, seit 1846 in England lebende Sprachforscher Friedrich Max Müller das Sanskritwort »Arier« zur Bezeichnung einer

indogermanischen Sprachgruppe und nannte die zu ihr gehörenden Völker »arische Rasse«. Dieser Begriff, der zunächst nur der Bezeichnung einer Sprachgruppe hatte dienen sollen, wurde rasch von Schriftstellern und Wissenschaftlern aufgenommen und vergröbert, vor allem später in der unwissenschaftlichen rassistischen Nomenklatur der Nationalsozialisten verwandt, wo »arisch« lediglich »nicht-jüdisch« bedeutete.

[31] Roman Frister erwähnt, daß die Statuen der Jungfrau Maria wie Meilensteine entlang der Landstraßen aufgestellt gewesen seien.
(Vgl. Frister, Roman [1993]: Die Mütze oder Der Preis des Lebens. Ein Lebensbericht. Aus d. Hebr. v. Eva u. Georges Basnizki. 4. Aufl. Berlin 1998 [Siedler]. [Siedler Taschenbücher. 75536.] S. 212.)

[32] David, Janina (1981), S. 81.

[33] David Janina (1981), S. 81.
In Polen verschärfte sich der Nationalismus vor dem Hintergrund christlicher, antijüdischer Themen, sozialer Ressentiments gegenüber Juden sowie des heftigen Widerstands gegen den Bolschewismus, in den man die Juden verstrickt wähnte.

[34] David, Janina (1981), S. 79.

[35] David, Janina (1981), S. 78.

[36] David, Janina (1981), S. 45.
Janina hatte bereits die verheerende stereotype, vor allem von den Nationalsozialisten verbreitete Vorstellung: blond = »arisch«, dunkel = jüdisch, introjiziert. In Osteuropa gestand man Juden, die nicht jüdisch / semitisch aussahen, ein »gutes Aussehen« zu. Was als »typisch jüdisch« galt, war regional verschieden. Manche meinten Juden an ihren »traurigen Augen« erkennen zu können.

[37] Die Bombardierung Warschaus erfolgte vom 22. bis zum 23. September 1939, am jüdischen Feiertag Jom Kippur.

[38] David, Janina (1981), S. 107.

[39] Hebr. קַבָּלַת שַׁבָּת = Begrüßung des Schabbats: Einleitung des Schabbatgottesdienstes am Freitagabend vor dem Abendgebet. Sie wurde im 16. Jahrhundert in Safed (Palästina) von Kabbalisten eingeführt.

[40] David, Janina (1981), S. 115.
Die Mutter fungiert hier als »Schutzschild«: Vom Säugling bis zum Jugendlichen braucht ein Kind die Mutter als Hilfs-Ich zur Unterstützung seiner eigenen noch unreifen und unstabilen Ich-Funktionen.

[41] David, Janina (1981), S. 115.

[42] Christopher Browning macht darauf aufmerksam, daß die seit zwanzig Jahren unter polnischer Herrschaft lebende deutsche Minderheit plötzlich in eine »Herrenposition« versetzt worden sei. Diese sogenannten »Volksdeutschen« hätten, »von der Gelegenheit berauscht, ihre polnischen und jüdischen Nachbarn ungestraft quälen, ausplündern, vertreiben und ermorden zu können«, die Radikalisierung der deutschen Rassenpolitik in Polen zusätzlich gesteigert.

(Vgl. Browning, Christopher [2003]: Die Entfesselung der »Endlösung«. Nationalsozialistische Judenpolitik 1939-1942. Mit e. Beitr. v. Jürgen Matthäus. Aus d. Amerikan. v. Klaus-Dieter Schmidt. München [Propyläen]. S. 32.)
Auch Janinas Familie war den Machenschaften der »Volksdeutschen« ausgeliefert.

[43] Laut der am 28. Oktober 1939 auf deutsche Anordnung vom Judenrat vorgenommenen Zählung lebten in Warschau 359 827 Jüdinnen und Juden.
(Vgl. Oneg Schabbat. Das Untergrundarchiv des Warschauer Ghettos: Ringelblum-Archiv. Ausstellungskatalog. Hrsg. v. Jüdischen Historischen Institut Warschau. Warszawa, Polen 2000 [Żydowski Instytut Historyczny]. S. 82.)

[44] Es lag im Warschauer Stadtteil Muranów.
Jan Karski, Augenzeuge der Judenvernichtung in Polen, notiert: »Was ich [...] erfuhr und später mit eigenen Augen zu sehen bekam, war so entsetzlich, daß es jede Beschreibung überstieg. Dabei besaß ich ein durchaus fundiertes Geschichtswissen [...] und wußte daher, daß noch nie zuvor in der Menschheitsgeschichte etwas geschehen war, das sich mit dem vergleichen ließ, was die jüdische Bevölkerung Polens erdulden mußte.«
(Karski, Jan [1944]: Mein Bericht an die Welt. Geschichte eines Staates im Untergrund. Hrsg. v. Céline Gervais-Francelle. Aus d. engl. Originaltext [Story of a Secret State, 1944] u. d. frz. Neuausg. v. 2010 übers. v. Franka Reinhart u. Ursel Schäfer. München 2011 [Verl. Antje Kunstmann]. S. 447 f.)

[45] Für Juden war »Sterben Endziel und Zweck ihres Lebens unter dem Naziregime«.
(Langer, Lawrence [1991]: Die Zeit der Erinnerung. In: Baer, Ulrich [Hrsg.] [2000]: »Niemand zeugt für den Zeugen«. Erinnerungskultur und historische Verantwortung nach der Shoah. Frankfurt a. M. [Suhrkamp]. [edition suhrkamp. 2141.] S. 53-67. S. 61.)

[46] »Aktionen« bedeuteten in der Sprache der Nationalsozialisten Maßnahmen zur Ermordung der Juden.
(Vgl. Benz, Wolfgang [2005]: Mitglieder der Häftlingsgesellschaft auf Zeit: »Die Aktionsjuden« 1938/39. In: Dachauer Hefte: Häftlingsgesellschaft. 21 (21). 2005. S. 179-196.)

[47] Der Vorsitzende des Judenrats, der Ingenieur Adam Czerniaków, der sich an den Todestransporten, besonders im Fall der Waisenkinder, nicht mitschuldig machen wollte, sie aber auch nicht verhindern konnte, nahm sich am 23. Juli 1942 das Leben.
In einem kurzen Brief an seine Frau schrieb er: »Sie verlangen von mir, mit eigenen Händen die Kinder meines Volkes umzubringen. Es bleibt mir nichts anderes übrig, als zu sterben.« (Czerniaków, Adam [1986]: Im Warschauer Getto. Das Tagebuch des Adam Czerniaków. 1939-1942. Mit e. Vorw. v. Israel Gutman. Aus d. Poln. übertr. v. Silke Lent. Übertr. d. Vorw. aus d. Hebr. v. Wolfgang Lotz. München [Beck]. S. 285.) Das Tagebuch umfaßt neun Notizbücher, das fünfte fehlt.

[48] Sammelplatz für die Juden vor den »Deportationen«.
»Umschlag« ist ein Ausdruck aus der Sprache des Handels und Verkehrs. Waren werden von einem Transportmittel auf das andere umgeladen. Einen Ort mit größerem Umladeverkehr nennt man einen Umschlagplatz. Juden wurden nicht als Menschen, sondern als »Ausschußware« betrachtet, die zur »Entsorgung« in die Vernichtungslager »deportiert« wurde.

[49] Im Jahre 1936 verfügte Himmler die Vereinigung von Politischer Polizei und Kriminalpolizei; sie erhielt den Namen »Sicherheitspolizei« (Sipo), wurde an die SS angeschlossen und bildete ein Schutzkorps des nationalsozialistischen Regimes, das nur dem Führer Adolf Hitler verantwortlich war.

[50] Der 21. September 1942 war Jom Kippur.
Es ist auffällig, daß die Deutschen ihre »Aktionen« gegen die Juden, wie »Aussiedlungen«, »Selektionen«, »Deportationen«, Massenerschießungen u. a. m., häufig auf jüdische Feiertage legten.
Dieses Verhalten läßt sich möglicherweise »religionspolitologisch« erklären: »Der Jude« galt in Hitlers von gnostischen Prinzipien geprägter Weltanschauung als die Inkarnation des Bösen, er (der Jude, Verf.) habe keine Religion. Durch den Opfertod Jesu sei die Gemeinschaft der Christen erlöst und das Heil Gottes von den Juden auf die Christen übergegangen, besonders auf das deutsche Volk. Nach Hartmut Zelinsky sei der deutsche »Erlösungskampf« mit der vernichtungswilligen Heilslehre einer deutschen ›neuen Religion‹ und eines deutschen Christus verbunden gewesen. (Vgl. Zelinsky, Hartmut [1999]: Verfall, Vernichtung, Weltentrückung. In: Friedländer, Saul / Jörn Rüsen [Hrsg.] [2000]: Richard Wagner im Dritten Reich. München [Beck]. [Beck'sche Reihe. 1356.] S. 309-341. S. 317.]. So betrachtet, galten für Israel die von Gott eingesetzten Feste nicht mehr. Segen und Heiligung wurden von den Deutschen auf teuflische Weise in Verfolgung und Martyrium pervertiert.

[51] Marek Edelman, 1921 geboren, war Vertreter der nichtzionistischen sozialistischen Partei der osteuropäischen Juden, des »Bundes«. Wie andere überlebende Ghettokämpfer nahm er am polnischen Aufstand von August bis Oktober 1944 teil. Er überlebte und schrieb bereits 1945 einen »Bericht über die Rolle des Bundes bei der Verteidigung des Warschauer Ghettos«. Als einziges Ż.O.B.-Mitglied blieb Edelman in Polen. Er wurde Arzt, arbeitete als Kardiologe und schloß sich nach 1980 der unabhängigen selbstverwalteten Gewerkschaft »Solidarność« an. Er starb am 2. Oktober 2009.
Bernard Goldstein beschreibt eine Szene im Warschauer Ghetto, da Marek Edelman mit dem gleichen Problem konfrontiert wurde, das Thema der vorliegenden Arbeit ist:
»Ich erinnere mich eines Vorfalls – eines von hunderten –, der sich in der Familie des früheren jüdischen Polizisten Schierachek, unseres Zimmergenossen in der Grzibowska-Straße, ereignete. Seine Schwester war ein Dienstmädchen in einer christlichen Familie in Waver« (Kreis Warschau, Verf.). »Natürlich hatte sie sich als Katholikin ausgegeben. Sonntags ging sie regelmäßig mit den Nachbarn zur Kirche und nahm an allen religiösen Zeremonien teil. Ihre dreizehnjährige Tochter wohnte bei ihr und wurde von der Tochter des Hauses, einer Lehrerin, in Obhut genommen. So wurde das Kind christlich erzogen.
Die Mutter war, obwohl sie nicht fromm war, tief besorgt um ihre Tochter. Sie fürchtete, daß das Kind sich als Christin fühlen und mit der Zeit vergessen würde, daß es Jüdin war. Es würde dem Judentum verloren sein. Vor der Schulentlassung mußte das Mädchen, wie alle anderen Schüler, zur Kommunion gehen. Die Lehrerin, eine tief religiöse Frau, weigerte sich entschieden, diese Täuschung mitzumachen. Ihre Überzeugung ließ es nicht zu, daß ein jüdisches Kind, das nicht getauft worden war, zu einer so heiligen Handlung geschickt würde. Das würde ein Betrug an ihrem eigenen Glauben sein. Sie gingen zu zwei Priestern um Rat – der Priester an der Schule durfte nichts von der Sache wissen.

Der erste sagte ihr, daß er es mit seinem Gewissen nicht vereinbaren könnte, das Mädchen unter Zwang zu taufen. Der andere war bereit, in Anbetracht der verzweifelten Situation die Zeremonie zu vollziehen.
Nun wieder wurde die Mutter von Zweifeln geplagt. Sie befürchtete, daß die eindrucksvolle religiöse Handlung das Kind endgültig zum Katholizismus bringen würde. In ihrer Bedrängnis kam sie in die Grzibowska-Straße, um ihren Bruder, Marek Edelman und mich zu befragen. Hart und verbittert war Edelman geneigt, die ganze Idee zu verwerfen mit der Begründung, daß dies kapitulieren hieße. Kind oder Erwachsener, verrucht würde er sein, wenn er dazu riete, sich den Nazischurken zu beugen. Zum Teufel mit ihnen! Aber der verständigere Rat von Schierachek und mir gab den Ausschlag. Um das Kind zu retten, mußte es getauft werden.«
(Goldstein, Bernard [1950]: Die Sterne sind Zeugen. Der Untergang der polnischen Juden. Aus d. Amerikan. v. Paul Stamford. München 1965 [Deutscher Taschenbuch Verlag]. [dtv. dokumente. 262.] S. 203 f.)

52 David, Janina (1981), S. 220 f.

53 Vgl. David, Janina (1981), S. 342.

54 Im Gefüge des Alltags wird für Kinder der Sinn des Lebens erst faßbar, wenn er ihnen durch ihre Eltern vermittelt und bestätigt wird. Der Sinn des Lebens erschließt sich also im Beziehungskontext. Das gleiche gilt für die Bedeutung des Todes, der im Familienzusammenhang und dessen Geschichte verständlich wird.
Janina hatte diese Erfahrung bereits vor dem Kriege beim Tod ihrer Großeltern väterlicherseits und einer Tante gemacht.
Ganz anders war es im Ghetto: In vielen Fällen betrachteten die Kinder (häufig jünger als Janina) den Tod nicht als natürliches Ende des Lebens. Für sie war Tod gleichbedeutend mit Mord. Jüdischer Tod war kein Naturgesetz, sondern von Menschen bewirkt.
Juden starben nicht an Altersschwäche oder Krankheit, sondern wurden umgebracht. Viele Kinder konnten sich nicht vorstellen, daß der Tod zum menschlichen Schicksal gehört; sie meinten, die Deutschen hätten ihn erfunden.
Paul Celan nahm diesen Gedanken etwa zehn Jahre später in seinem Gedicht »Todesfuge« auf: »...der Tod ist ein Meister aus Deutschland«.
(Celan, Paul [1952]: Mohn und Gedächtnis. Stuttgart [Deutsche Verlags-Anstalt]. S. 38.)

55 Im April 1941 gestatteten die Deutschen Unterricht bis zur 4. Klasse der Elementarschule. Die Unterrichtssprache mußte Hebräisch oder Jiddisch sein, Polnisch war verboten. Der Ansturm der Schüler war gewaltig; es gab zu wenig Klassenräume, zu wenig Lehrer und kaum Schulbücher. Deshalb ging man nebenbei dazu über, 20 000 bis 30 000 Schüler illegal zu unterrichten.

56 Anna Freud und Dorothy Burlingham setzen sich in ihrer Veröffentlichung »Kriegskinder«, die in dem Sammelband »Heimatlose Kinder« erschien, mit der Kindern eigenen Angst auseinander. Dafür skizzieren sie zunächst die Realangst der Erwachsenen, die auf Erkenntnis der Gefahr beruhe. Ihre Angst sei um so stärker, desto mehr sie imstande seien, die Größe der Gefahr, die ihre Sicherheit oder ihre Existenz bedrohe, zu erfassen. Das Individuum verteidige sich gegen die Gefahr beziehungsweise ergreife die Flucht, wenn Verteidigung unmöglich sei. Werde die Gefahr jedoch übergroß

oder trete sie zu plötzlich auf, steigere sich die Angst zum Schock, der das Individuum lähme und zum Handeln unfähig mache.
(Vgl. Freud, Anna / Dorothy Burlingham u. Mitarb. [1949]: Heimatlose Kinder. Zur Anwendung psychoanalytischen Wissens auf die Kindererziehung. Frankfurt a. M. 1982 [Fischer]. [Fischer Wissenschaft. 7314.] S. 23.)

Vor diesem Hintergrund beschreiben die Autorinnen die Angst des etwas älteren Kindes (wie Janina, Verf.), das mitten in seiner Charakterbildung stehe: Es habe unter dem Druck der Erziehung gelernt, seine Aggressionen und Todeswünsche zu verurteilen und die von ihnen ausgehenden Wunschregungen aus seinem Bewußtsein zu beseitigen. Eine solche Verdrängungsleistung lasse sich aber nur durchführen und aufrechterhalten, wenn die erwachsene Welt selbst mit dem Beispiel von Triebunterdrückung vorangehe.
Wo das, wie in Kriegszeiten, nicht geschehe, rüttele das Miterleben der in der Umwelt entfesselten Aggression und Destruktion an den eben erst vorgenommenen Verdrängungen im Innern des Kindes. Das Kind fühle sich in seine infantile Gefühlswelt zurückversetzt, in der sich Haß, Rache, Grausamkeit und Todeswunsch ungehindert hätten austoben können, und bekomme Angst, daß diese mühsam beseitigten Triebtendenzen von neuem in die Höhe steigen könnten.
In diesem Stadium seien Kinder überempfindlich für die Schrecken eines Bombardements (A. Freud und D. Burlingham meinen hier die von den Deutschen bombardierte Stadt London – in Janinas Leben war es Warschau, Verf.). Ihre Angst, die scheinbar den Bomben gelte, sei in Wirklichkeit auf wiedererweckte Vorgänge in ihrem eigenen Triebleben gerichtet.
(Vgl. Freud, Anna / Dorothy Burlingham u. Mitarb. [1949], S. 25.)

[57] Fischer, Gottfried / Peter Riedesser (1998): Lehrbuch der Psychotraumatologie. 2. Aufl. München, Basel 1999 (Reinhardt). (UTB für Wissenschaft.) S. 254.

[58] David, Janina (1981), S. 151.

[59] David, Janina (1981), S. 345.

[60] David, Janina (1981), S. 354.
Anna Freud und Dorothy Burlingham bestätigen, daß Kinder weniger unter extremer Gefahr als unter der Trennung von ihren Eltern litten.
(Vgl. Freud, Anna / Dorothy Burlingham u. Mitarb. [1949], S. 20, 58, 61.)

[61] Bewaffneter Widerstand der Juden im Ghetto vom 19. April (Sederabend) bis zum 16. Mai 1943. Das Ghetto wurde von den Deutschen bombardiert und anschließend Haus für Haus gesprengt oder niedergebrannt. Am 16. Mai sprengte der Generalmajor der Polizei SS-Brigadeführer Jürgen Stroop eigenhändig die Große Synagoge in der Tłomackie-Straße zum Zeichen seines Sieges über das kämpfende Ghetto. Am selben Tag meldete er telegraphisch an General Krüger in Krakau: »... Das ehemalige jüdische Wohnviertel Warschaus besteht nicht mehr.« (Vgl. Friedländer, Saul (1997-2006): Das Dritte Reich und die Juden. [2.] Die Jahre der Vernichtung 1939-1945. Aus d. Engl. übers. v. Martin Pfeiffer. München 2006 [Beck]. S. 553.) [„Wohnviertel“ = euphemistischer Ausdruck der Deutschen für „Ghetto“.]

Während des Aufstands zog es Neugierige zum Schauplatz der Vernichtung, die einfach nur »zusehen« wollten. Eine Bäuerin sprach aus, was viele Polen dachten: »Das ist das einzige Gute an diesem Hitler, daß er uns die Juden vom Hals schafft.« (David, Janina [1982], S. 11.)
Saul Friedländer bestätigt Janina Davids Beobachtung: »Unmittelbar vor dem Aufstand des Warschauer Ghettos wurde auf dem Krasiński-Platz, auf der ›arischen‹ Seite, nahe den Ghettomauern, ein Karussell aufgestellt. Als der verzweifelte Kampf im Gange war, drehte sich das Karussell weiter, und fröhliche Menschenmengen umlagerten es tagein, tagaus, während auf der anderen Seite der Mauer die Juden starben.«
(Friedländer, Saul [1997-2006]: Das Dritte Reich und die Juden. [2.] S. 562.)

62 David, Janina (1982), S. 12.

63 David, Janina (1982), S. 18.

64 David, Janina (1982), S. 19.
Janina hatte die Todesdrohung, die mit ihrem Jüdischsein verbunden war, so stark internalisiert, daß sie in jedem Augenblick damit rechnete, sterben zu müssen.

65 David, Janina (1982), S. 24.

66 David, Janina (1982), S. 20.

67 Dafür mußte sie sich darüber klar werden, daß »der große, gutaussehende Jesus mit einem blutenden Herzen über seinem Gewand [...] *nicht* der Vater des kleinen Jesuskindes und Mann der Madonna« war. (David, Janina [1982], S. 20.)

68 David, Janina (1982), S. 20.

69 David, Janina (1982), S. 54.

70 Vgl. Kestenberg, Judith S. (1994): Versteckte Kinder. Latenzalter im Holocaust. In: Ein Ast bei Nacht kein Ast. Hrsg. v. Jörg Wiesse u. Erhard Olbrich. Göttingen, Zürich (Vandenhoeck u. Ruprecht). S. 61-82.

71 David, Janina (1982), S. 66.
Ganz anders als in Kalisz hatte Janina im Ghetto inmitten der jüdischen Gemeinschaft gelebt. Solange das Ghetto noch offen war und sie sich frei in den Straßen bewegen konnte, traf sie viele fromme Juden »in den langen, schwarzen Kaftanen mit schwarzen, breitkrempigen Hüten und den Locken an der Schläfe.« (David, Janina [1981], S. 151.)

72 Seit dem 18. Jahrhundert waren in Osteuropa Holzsynagogen weit verbreitet. Sie waren mit prächtigen Wandmalereien geschmückt. Kunstvolle Schnitzereien an den Synagogentüren zeigten Tier- und Pflanzensymbole. (Die Darstellung des Menschen ist im Judentum nicht gestattet.)

73 David, Janina (1982), S. 54.

74 Im jüdischen Gottesdienst wird weitgehend auf Musik verzichtet, weil die Trauer über die Zerstörung des Zweiten Tempels zu groß ist.

75 Vgl. David, Janina (1982), S. 50.

76 Vgl. David, Janina (1982), S. 71 f.

[77] Vgl. Hirsch, Mathias (1997): Schuld und Schuldgefühl. Zur Psychoanalyse von Trauma und Introjekt. 3. Aufl. Göttingen 2002 (Vandenhoeck u. Ruprecht). (Sammlung Vandenhoeck.) S. 219.

[78] David, Janina (1982), S. 85.
Dazu führt Martin Ehlert-Balzer folgendes aus: Das Über-Ich verkenne das Introjekt als Abkömmling eines verdrängten Triebwunsches, den es zu bekämpfen gelte. Es gelinge ihm aber nicht, weil das Introjekt zu einem Bestandteil des Ich-Ideals geworden sei (»so muß ich sein, damit ich wieder geliebt werde«). Das Ich könne diesen Widerspruch nicht auflösen. Der posttraumatische Masochismus sei also Ausdruck einer Sexualisierung der Straffunktionen des Über-Ich, das sich mit den archaischen Schuldgefühlen verbunden habe und seine Energie aus Haßimpulsen beziehe, die das Ich gegen sich selbst richte.
(Vgl. Ehlert-Balzer, Martin [1996]: Das Trauma als Objektbeziehung. In: Forum der Psychoanalyse. 12. 1996. S. 291-314. S. 305 f.)

[79] Freud, Sigmund (1930 [1929]): Das Unbehagen in der Kultur. In: Freud, Sigmund (1969-1975): Studienausgabe. Bd. 9: Fragen der Gesellschaft. Ursprünge der Religion. 6., korr. Aufl. Frankfurt a. M. 1993 (Fischer). S. 191-270. S. 253.
Das Zitat lautet weiter: »Das Volk Israel hatte sich für Gottes bevorzugtes Kind gehalten, und als der große Vater Unglück nach Unglück über dies sein Volk hereinbrechen ließ, wurde es nicht etwa irre an dieser Beziehung oder zweifelte an Gottes Macht und Gerechtigkeit, sondern erzeugte die Propheten, die ihm seine Sündhaftigkeit vorhielten, und schuf aus seinem Schuldbewußtsein die überstrengen Vorschriften seiner Priesterreligion.«
(»Priesterreligion« bezieht sich auf die Zeit *vor* der Zerstörung des Zweiten Tempels.)
Das, was Freud noch mit »Unglück« bezeichnen konnte, wurde zehn Jahre später das Verfolgungstrauma der Juden.

[80] David, Janina (1982), S. 123.

[81] Vgl. Joh 8, 12 und Joh 12, 25.

[82] David, Janina (1982), S. 130 f.
»[…] solange ich noch darin war« weist auf die von Janina internalisierte Todesdrohung.

[83] Es handelt sich um das, was Freud in »Totem und Tabu« »Gefühlserbschaft« nennt.
(Vgl. Freud, Sigmund [1912/13]: Totem und Tabu. Einl. v. Mario Erdheim. Frankfurt a. M. 1991 [Fischer Taschenbuch Verlag]. [Psychologie Fischer. 10451.] S. 214.)

[84] Janina David, die Tagebuch führte, zitiert Schwester Zofia mit den Worten: »Für mich ist alles, was mit dem menschlichen Körper zu tun hat, einfach unerträglich. Der Körper widert mich an.«
(David, Janina [1982], S. 131.)

[85] Ehlert-Balzer, Martin (2002): Die »Identifizierung mit dem idealisierten Aggressor« in der traumatischen Reaktion. In: Analytische Kinder- und Jugendlichenpsychotherapie. 33. (116). 2002. S. 553-568. S. 567.

[86] Ehlert-Balzer, Martin (2002), S. 567.

[87] David, Janina (1982), S. 133.

Bei diesen Sätzen spielt die »Nachträglichkeit« eine Rolle: sie wurden geschrieben aus dem späteren Wissen, daß ihre Eltern nicht überlebt hatten.

88 Die »Erbschuld« schließt nach christlicher Auffassung den Ungetauften von der göttlichen Gnade und der damit verbundenen ewigen Seligkeit aus.

89 David, Janina (1982), S. 134 f.

90 Im Judentum wird der eigentliche Gottesname in dem Tetragramm hebr. יְהוָה [Jhwh] ausgedrückt. [Vokalisiert nach: Biblia Hebraica Stuttgartensia [1969]. 5., verb. Aufl. Stuttgart 1997 [Deutsche Bibelgesellschaft]). Die spezifische Art der Aussprache dieses Namens war nur dem Hohenpriester am Jom Kippur gestattet. Schon während der letzten Zeit des Tempelkultus wurde die Aussprache für das Volk unhörbar gemacht und galt seitdem als tiefstes Mysterium. Außerdem darf der Gottesname gemäß dem dritten Gebot nicht ausgesprochen werden, so daß man sich mit Umschreibungen behelfen mußte.
An das allgemein in den semitischen Sprachen für Gott gebrauchte Wort אֵל [El] fügte man Attribute, die allmählich selbständige Gottesnamen wurden. »Schaddaj« gehört hierher, ursprünglich hebr. אֵל שַׁדַּי [El Schaddaj] = der Allmächtige.

Folgende Abbildung möge einen schwachen Eindruck vermitteln, wie Janinas Medaillon ausgesehen haben könnte. Das hebr. שַׁדַּי [Schaddaj], das ganz unten steht, muß man sich in der Mitte stehend, umrahmt von einem Lorbeerkranz, vorstellen.
Das hier abgebildete Medaillon ist weniger schlicht. Über dem שַׁדַּי geht strahlend die Sonne auf. Zwei Löwen Judas (nach dem Jakobssegen [1 Mos 49, 9] ist der Löwe Sinnbild des Stammes Juda) halten den Schild Davids (hebr. מָגֵן דָּוִד [Magen David]) in der Form eines Sterns, der erstmalig 1527 von der Jüdischen Gemeinde Prags als Symbol verwendet wurde. Darüber steht eine Krone (hebr. כֶּתֶר [keter]) als Zeichen für die Tora.

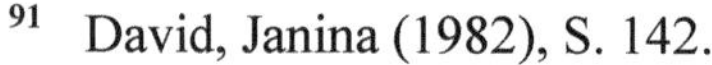

91 David, Janina (1982), S. 142.

92 David, Janina (1982), S. 142.

93 Janinas Vorsatz, aktiv nach Gottes Lehre und Weisung zu leben, war sehr jüdisch.

94 David, Janina (1982), S. 143.

95 Vgl. David, Janina (1982), S. 148.

96 In ihren Tagebuchaufzeichnungen vom Herbst 1946 spricht Janina David davon, daß sie zu einem späteren Zeitpunkt (vermutlich noch im Jahre 1944) »von einem Bischof gefirmt wurde und den Namen Maria annahm.«
(David, Janina [1983], S. 29.)

97 David, Janina (1982), S. 149.

98 Weiß ist die Farbe der Unschuld und Sündlosigkeit schon im Tenach (Ps 51, 9; Jes 1, 18). Bei den liturgischen Farben der christlichen Kirche gilt Weiß als Symbol der Reinheit und Freude, besonders für die Feste des Herrn (mit »Herr« ist nicht Gott-Vater gemeint, sondern Jesus, Verf.), Marias sowie der Heiligen, die nicht Märtyrer sind.

[99] David, Janina (1982), S. 149 f.

[100] Vgl. Ehlert-Balzer, Martin (1996): Das Trauma als Objektbeziehung. In: Forum der Psychoanalyse. 12. 1996. S. 291-314. S. 295.

[101] David, Janina (1982), S. 150.
»Leib des Herrn« = Hostie.

[102] David, Janina (1982), S. 150.

Im Ritus des christlichen Abendmahls werden nach psychoanalytischer Deutung Sinn und Inhalt der alten Totemmahlzeit wiederholt. Die Konsekration, das heißt, die Weihe durch das priesterliche Wort, die Hostie und Wein in Leib und Blut Jesu verwandelt, ist aus jüdischer Sicht nur schwer nachvollziehbar. Deshalb wird mit einem solchen Mahl häufig Kannibalismus assoziiert.

[103] Vgl. David, Janina (1982), S. 150.

[104] David, Janina (1982), S. 151.

[105] Warschauer Aufstand vom 1. August bis zum 2. Oktober 1944. Aus Sicht der betroffenen Einwohner Warschaus berichtet Louis Begley ausführlich über seinen Verlauf. (Vgl. Begley, Louis [1991]: Lügen in Zeiten des Krieges. Roman. Aus d. Amerikan. v. Christa Krüger. Frankfurt a. M. 1996 [Suhrkamp]. [suhrkamp taschenbuch. 2546.] S. 144-170.)

[106] Bei der »Aktion« der Deutschen am 22. Januar 1943 versteckten sich Janina und ihre Mutter in einem winzigen Kellerloch, in das sie auf Händen und Knien gekrochen waren und wo sie mit zahlreichen anderen Menschen zusammengepfercht reglos und stumm eine Nacht und einen Tag ausharren mußten.
(Vgl. David, Janina [1981], S. 359 ff.)

[107] David, Janina (1982), S. 163 f.

[108] Vgl. David, Janina (1982), S. 169.

[109] Klein, Hillel (2003): Überleben und Versuche der Wiederbelebung. Psychoanalytische Studien mit Überlebenden der Shoah und mit ihren Familien in Israel und in der Diaspora. Hrsg. v. Christoph Biermann u. Carl Nedelmann. Vorw. v. Jehuda Bauer. Übers. v. Barbara Strehlow. Stuttgart-Bad Cannstatt (frommann-holzboog). (Jahrbuch der Psychoanalyse. Beih. 20.) S. 253.

[110] Vgl. David, Janina (1982), S. 185.

[111] David, Janina (1982), S. 186.

[112] David, Janina (1982), S. 187.

[113] Vgl. David, Janina ((1982), S. 187.

[114] David, Janina (1982), S. 187.

[115] David, Janina (1982), S. 188.

[116] David, Janina (1982), S. 187 f.

[117] David, Janina (1982), S. 196 f.

[118] David, Janina (1982), S. 198 f.

[119] Vgl. David, Janina (1982), S. 233.

[120] David, Janina (1982), S. 233.

[121] David, Janina (1982), S. 234.

[122] David, Janina (1981), S. 81.

[123] Vgl. Ehlert-Balzer, Martin (2002), S. 567.

[124] Niemand habe jemals versucht, sie zum Übertritt zu bewegen – es sei ihr eigener Entschluß gewesen; sie habe eine echte Christin werden wollen, lange, bevor sie im Kloster gelebt habe. Als sie dorthin gekommen sei, führt sie aus, habe sie alles das wiedergefunden, worum sie ihr Kindermädchen und ihre katholischen Freunde beneidet habe: die Engel und Weihnachtsbäume und die schönen Heiligenbilder.
Nach dem Ghetto, nach Tod und Vernichtung aller Menschen, die sie kannte, habe sie sich im Kloster wie im Himmel gefühlt.
Ihr einziger Wunsch – so Janina David – sei gewesen, daran teilhaben zu dürfen, endlich zu wissen, wohin sie gehöre; das Recht zu haben, dort zu bleiben, wo Frieden und Schönheit waren, Blumen, Weihrauch und Musik. Alle Gebete der Christen hätten von Liebe gesprochen, was im Gegensatz zu dem gestanden habe, was sie gerade draußen in der Welt habe miterleben müssen.
(Vgl. David, Janina [1983], S. 22 f.)
Mit dem Ausblenden des Zeitgeschehens bemühte sich die Katholische Kirche, den Kindern eine heile (Schein)welt zu erhalten.

Noch ein anderer Gesichtspunkt könnte bei Janinas Hinwendung zum Christentum von Bedeutung gewesen sein: Durch Jesus, der alle Schuld der Menschheit auf sich genommen und durch seinen Opfertod gesühnt haben soll, mochte auch sie sich von ihrem (traumatischen) Schuldgefühl befreit und mit Gott versöhnt gewähnt haben. Zudem bedeutete der Tod nicht mehr sinnloses Geschehen, sondern Heil und Erlösung, verbunden mit der Hoffnung auf individuelle Auferstehung und ein ewiges Leben. Dadurch wurde die ständige Todesdrohung, unter der Janina stand, nicht nur gemildert, sondern geradezu ins Gegenteil verkehrt.

[125] Der traditionelle Begriff von »Kiddusch-haSchem« als der Heiligung des göttlichen Namens, für die Juden ihr Leben opferten, griff unter der Verfolgung der Nationalsozialisten nicht mehr; denn es ging nicht mehr um die Seele der Juden, sondern um ihre körperliche Existenz als verderbliche »Parasitenrasse«. Deshalb prägte der Warschauer zionistische Rabbiner Jizchak Nissenbaum (1868-1942) die Parole: Am Leben bleiben und die Verfolger überleben! »Der Feind« will »den Körper der Juden; es ist unsere Aufgabe, sein Leben zu beschützen und zu retten«. (Lustiger, Arno [1994]: Zum Kampf auf Leben und Tod! Das Buch vom Widerstand der Juden in Europa 1933-1945. Köln [Kiepenheuer u. Witsch]. S. 38.)

In diesem Willen zum Leben wurde aus Kiddusch-haSchem »Kiddusch-haChajim« (Heiligung des Lebens).

[126] Fischer, Gottfried / Peter Riedesser (1998), S. 351.

[127] Die Stadt war nach Janina Davids Angaben wenig vom Krieg zerstört worden. – Im Haus ihrer Eltern schwenkte Stanislaw, ihr früherer Hausmeister, sie hoch in die Luft und lachte vor Glück, Tränen rannen ihm über das Gesicht: »›Du hast dich überhaupt nicht verändert! Und wo ist Papa? Und Mama? Sind sie auch zurück?‹«
(David, Janina [1982], S. 241.)
Janina war seit 1939 kaum gewachsen, sie paßte noch in ihre alten Kleidungsstücke hinein. Die meisten überlebenden jüdischen Kinder waren kleinwüchsig und unterernährt.

Im Hause ihrer Großmutter begegnete sie ihrem Onkel Joseph Kowalski, dem Bruder ihrer Mutter; er trug die Uniform eines amerikanischen Leutnants. Wie sich herausstellen sollte, war er außer Janina der einzige Überlebende der großen Familie und wurde deshalb ihr Vormund.

[128] Vgl. Keilson, Hans (1979), S. 56 ff.

[129] David, Janina (1982), S. 253.
Der Ausdruck »provisorisch« meint »vorläufig«, »versuchs- und probeweise«. Die traumatisch bedingte Affektblockade hinderte Janina daran, das Leben zu »ergreifen«.

[130] David, Janina (1982), S. 253.

[131] Viele jüdische Kinder hofften noch jahrelang auf ein Wunder, auf die Rückkehr der Toten oder Verschollenen. Da es keinen Ort für die Toten gab, keine Gräber, blieb eine Leere, die schwer zu überwinden war und die die Trauer zu keinem Ende kommen ließ.

[132] David, Janina (1982), S. 254.

[133] Vgl. David, Janina (1982), S. 239.

[134] Freud, Sigmund (1926): Hemmung, Symptom und Angst. In: Freud, Sigmund (1952): Gesammelte Werke. Chronologisch geordnet. Bd. 1-17; Bd. 18: Gesamtreg. u. 1 unnumerierter Nachtragsbd. Nachdr.: Frankfurt a. M. 1999 (Fischer Taschenbuch Verlag). Bd. 14, S. 111-205. S. 149.

[135] Vgl. David, Janina (1982), S. 266.

[136] David, Janina (1982), S. 266.
Nachträgliche Bemerkung, denn unmittelbar nach dem Krieg stand Auschwitz noch nicht als Synonym für die Schoa.

[137] Ehlert-Balzer, Martin (2002), S. 564.

[138] Ehlert-Balzer, Martin (1996), S. 297.

[139] Am sichersten hatte sie sich im Kloster gefühlt, wo es keine Spiegel gab, wo sie zu vergessen suchte, wie sie aussah, und sich einredete, sich in ihrem Äußeren durch nichts von den anderen zu unterscheiden.
(Vgl. David, Janina [1983], S. 23.)

[140] David, Janina (1982), S. 280.

[141] David, Janina (1982), S. 280.

[142] Keilson, Hans (1979), S. 204.

[143] Keilson, Hans (1979), S. 204.

[144] David, Janina (1982), S. 271.

[145] David, Janina (1982), S. 274.

[146] »Die Hüllenphantasie (Anzieu, Didier [1985]: Das Haut-Ich. Frankfurt a. M. 1991 [Suhrkamp], zit. nach: Schneider, Christian / Cordelia Stillke / Bernd Leineweber [1996]: Das Erbe der Napola. 2. Aufl. Hamburg 1997 [Hamburger Edition]. S. 78 f.) ist eine Verschmelzungsphantasie, in der libidinöse und inzestuöse Bindungselemente im Vordergrund stehen.« (Schneider, Christian / Cordelia Stillke / Bernd Leineweber [1996], S. 79.)

Inwieweit hier auch Janinas unbewußte Todessehnsucht eine Rolle gespielt haben mag, muß offen bleiben. Der Wunsch, mit dem Primärobjekt zu verschmelzen, kann zu einem Untergehen in der Mutter führen. Der Mutterschoß verwandelt sich dann in das »Nichts«, das »Nirwana« oder den Ort des Todes.

(Vgl. Freud, Sigmund [1920]: Jenseits des Lustprinzips. In: Freud, Sigmund [1992]: Das Ich und das Es. Metapsychologische Schriften. Einleitung von Alex Holder. Frankfurt a. M. 1997 [Fischer Taschenbuch Verlag]. [Psychologie Fischer. 10442.] S. 191-249. S. 240 f.)

[147] David, Janina (1982), S. 273.

[148] David, Janina (1982), S. 272.

[149] David, Janina (1982), S. 274.

[150] David, Janina (1982), S. 274.

Mit »Kindertraum« ist wohl das Christentum gemeint. – Diesen »Traum« hatte Janina einmal zu Weihnachten erlebt, als sie dieses Fest in einer christlichen Familie verbrachte:

»[…] im klaren Mondlicht schimmerte der Baum unter einem Silberschauer von Engelhaar; die vergoldeten Walnüsse und Fichtenzapfen glänzten; in jeder bunten Kugel war ein geheimnisvolles Leuchten; winzige rote Äpfel und vielfarbige Bonbons, Miniaturspielzeug aus Watte, Stroh und Eierschalen, Papierketten und silberne Glöckchen flossen herab von dem strahlenden Stern hoch oben unter der Decke, herunter zu mir […]. Ein Märchen war Wirklichkeit geworden.«
(David, Janina [1981], S. 214 f.)
Der Weihnachtsbaum wird in der christlichen Symbolik als Paradiesbaum gedeutet.

[151] David, Janina (1982), S. 292.

[152] Zabrze war die ehemals deutsche Stadt Hindenburg, eine Industriegroßstadt in Oberschlesien, nun im Südwesten Polens. Es handelte sich um ein Heim des Komitees der religiösen Gemeinden in Polen, das noch ein weiteres in Gęszcze Puste in Unterschlesien unterhielt. Diese Organisation bemühte sich, Kinder ausfindig zu machen, die noch bei ihren nicht-jüdischen Rettern lebten. Jeshajahu Drucker, der nach dem Krieg als Feldgeistlicher im Rang eines Hauptmanns stand, wurde zum Rückführer dieser Kinder.

[153] David, Janina (1983), S. 11.

154 David, Janina (1983), S. 11.

155 David, Janina (1983), S. 12.
In diesen Sätzen konkretisiert sich der »idealisierte Aggressor« (Ehlert-Balzer, Martin [2002]).

156 Vgl. David, Janina (1983), S. 30 f.

157 Janina David berichtet: »Ende Oktober kam Pappi Klinderklau wieder zu uns, mit einer Dreijährigen und deren Mutter. [...] Die Kleine weinte den ganzen Tag und war nicht zu bewegen, etwas zu essen. Auch die Frau weinte. Das Kind weigerte sich, sie ›Mama‹ zu nennen, stieß sie jedesmal weg, wenn sie es auf den Arm nehmen wollte, und schrie nach seiner Mammi, seinem Pappi und nach Bolek, der allem Anschein nach sein Bruder war. –
Wir waren endlich dahintergekommen, was es mit dem kleinen Mädchen auf sich hatte, das vor kurzem von unserem Rabbi hergebracht worden war. Die richtige Mutter hatte das Kind in dem Krankenhaus, wo sie es zur Welt gebracht hatte, zurücklassen müssen, dann war es von einer polnischen Familie adoptiert worden, die nichts von seiner jüdischen Herkunft wußte. Die Mutter hatte den Krieg überlebt, aber ihren Mann und zwei Söhne verloren. Es gelang ihr, den Namen der Adoptiveltern festzustellen, doch diese weigerten sich, das Kind zurückzugeben. Die Sache kam vor Gericht, das zugunsten der leiblichen Mutter entschied. Daraufhin wurde das Kind von den Adoptiveltern in einer anderen Gegend Polens versteckt. Sie legten Berufung ein, das Appellationsgericht revidierte das Urteil und sprach ihnen das Kind zu. Die Kleine wurde wieder nach Hause gebracht, und dies war der Moment, in dem unser Hauptmann auf der Bildfläche erschien. Er entführte das Kind und brachte es, zusammen mit der richtigen Mutter, zu uns.«

Aus nachträglicher Sicht fügt die Autorin hinzu:
»Die Kleine schrie nach wie vor nach Mammi und Pappi, nach ihrem Kindermädchen, ihrem großen Bruder und ihren Spielsachen. Sie scheute vor der unglücklichen Frau zurück, die nicht begreifen konnte, daß es einfach nicht möglich war, einer Dreijährigen die Zusammenhänge zu ›erklären‹.–
Ich neigte stark zu der Ansicht, man hätte sie bei den Adoptiveltern lassen sollen. Sie war zweifellos zu jung, um diese Tragödie zu verstehen, aber doch schon in einem Alter, in dem ihr der plötzliche Verlust all derer, die sie gekannt und geliebt hatte, das Herz brechen würde. Und dieser Schaden würde auch später, wenn sie imstande war, die Zusammenhänge zu begreifen, nicht mehr gutgemacht werden können.«
(David, Janina [1983], S. 30 u. 32 f.)

158 Vgl. Kapitel »Stand der Forschung«, u. a. Nahum Bogner und Emunah Nachmany Gafny.

159 Vgl. Keilson, Hans (1979), S. 56 ff.

160 David, Janina (1983), S. 21 f.
Atheismus = Leugnung der Existenz Gottes und Seiner Erkennbarkeit.
Agnostizismus = Philosophische oder theologische Lehren, die eine Existenz Gottes bezweifeln, nach dem Motto: Gott kann es geben, vielleicht gibt es Ihn auch nicht.

Bei dem Adjektiv »strenggläubig« wird der christliche Einfluß, unter dem Janina während vieler Jahre ihres jungen Lebens gestanden hatte, deutlich.

Die christliche Form des Glaubens hat sich im Neuen Testament herausgebildet. Glaube wird durch Gnade ermöglicht und ist ein Fürwahrhalten, eine innere Zustimmung und ein äußeres Bekenntnis zur einmaligen Heilstat Gottes in Jesus sowie die Hoffnung auf das ewige Leben.
Im Judentum spielt Glaube kaum eine Rolle. Die Gottesbeziehung ist ein Wechselgeschehen zwischen Gott und Mensch in Wort und Antwort: »Höre Jisrael!« Diese Beziehung wird weniger erlebt als gelebt, nämlich im rechten Handeln gemäß Gottes Weisungen.
(Martin Luther übersetzte das hebräische Wort אֱמוּנָה [emunah], das »Vertrauen«, »treues Festhalten an Gott und Seinem Wort« bedeutet, mit »Glauben«.)

161 Während des Kriegs im Ghetto hatten Janinas Eltern keinen Gottesdienst besucht, obgleich im April 1941 wieder drei Synagogen geöffnet worden waren.

162 Vgl. David, Janina (1983), S. 28.

163 David, Janina (1983), S. 29.

164 Die Assoziation zu Freuds »dunklen Gefühlsmächten« stellt sich ein. (Vgl. Freud, Sigmund: Briefe. Ausgew. u. m. e. Vorw. vers. v. Margarete Mitscherlich-Nielsen. 1. Aufl. Frankfurt a. M. 1972 [Suhrkamp]. [Bibliothek Suhrkamp. 307.] S. 157 f.)

165 Vgl. David, Janina (1982), S. 268.

166 Ihre Freundinnen beschworen sie, gegen den Dämon der Versuchung anzukämpfen und der Sünde zu widerstehen. Schwester Zofia gab zu, daß sie von Beginn an Bedenken gehabt habe, Janina taufen zu lassen; sie habe dem nur zugestimmt, um Janinas Seele vor der ewigen Verdammnis zu retten.
(Da der Auftrag der Kirche darin besteht, allen Menschen das Evangelium zu verkünden, ist sie verpflichtet, Heiden und Juden zu bekehren. Dabei kommt der Taufe zentrale Bedeutung zu: »Wer da glaubt und getauft wird, der wird selig werden; wer aber nicht glaubt, der wird verdammt werden.« (Mk 16, 16)
Durch die Taufe wird der Mensch Teil des mystischen Leibes Jesu [= Kirche]. Wer getauft wurde, gehört auf immer der Kirche an.)
Falls Janina entdeckt, verhaftet und wegen ihrer jüdischen Herkunft ermordet worden wäre, wäre sie doch wenigstens als Katholikin gestorben. Für Schwester Zofia in ihrer Leibfeindlichkeit war der Körper sowieso nicht viel mehr als ein Gefängnis der Seele.

167 David, Janina (1983), S. 33.

168 David, Janina (1983), S. 23 f.

169 Klein, Hillel (2003), S. 253.

170 »Zabrze, Mittwoch, 20. November 1946
Nun muß ich wirklich Abschied nehmen. Liebster Papa, liebste Mutter, wo Ihr auch seid, wo immer Eure Asche verstreut sein mag, ich gehe von Euch fort. Verzeiht mir. Solange ich hier geblieben bin, hat es immer noch, nach all diesen Jahren, einen kleinen Hoffnungsschimmer für mich gegeben, daß Ihr doch noch am Leben sein könntet,

wenigstens einer von Euch, und daß Ihr mich finden würdet. Aber Ihr seid nicht gekommen, es muß also wahr sein – Ihr lebt nicht mehr, und ich verlasse dieses unglückliche, verfluchte und geliebte Land. Nachdem mich hier, wo ich geboren und aufgewachsen bin, niemand mehr haben will, werde ich mich nirgendwo zu Hause fühlen. Es tut noch zu weh, darüber nachzudenken, aber wenigstens mir selber muß ich es eingestehen: Hier mag man uns nicht. Vielleicht mag man uns nirgendwo. In Frankreich nicht, in England nicht, vielleicht nicht einmal in Australien. Aber es hat keinen Sinn, so zu tun, als wäre man jemand anders. *Das* wenigstens habe ich in diesen sechzehn Jahren gelernt. Und nun werde ich [...] weitermachen und hoffen, daß ich irgendwo in Frieden leben kann. Vielleicht werde ich eines Tages, wenn dieses Land frei sein wird, wirklich frei, wie es früher einmal war, zurückkehren und Eurem Andenken ein Denkmal errichten, weil es kein Grab gibt, auf das ich einen Grabstein setzen oder einen Blumenstrauß legen kann.
Ade, mein geliebter Papa, ade, meine geliebte Mama. Ade, meine Kindheit und alles, was ich gekannt und geliebt, worauf ich vertraut und woran ich jeden Tag meines Lebens geglaubt habe.«
(David, Janina [1983], S. 51 f.)

Jakob Kuperblum

[1] Jack Kupers Geburtsdatum ist unsicher, weil alle Unterlagen während des Krieges vernichtet worden sind und nicht wie bei den Christen auf Kirchenbücher zurückgegriffen werden kann.

Auch scheint es bei osteuropäischen Juden unüblich gewesen zu sein, mehr (also Tag und Monat) als das Geburtsjahr anzugeben.

[2] Die meisten biographischen Angaben sind vom Verfasser der vorliegenden Arbeit rekonstruiert worden. Sie beruhen auf den beiden Autobiographien Jack Kupers:

Kuper, Jack (1967): Child of the Holocaust. The story of a young boy's desperate struggle to survive in Hitler's Poland. Garden City, New York 1968 (Doubleday and Comp., Inc.).

deutsche Übersetzung:

Kuper, Jack (1998): Jankele lebt! Ein jüdisches Kind auf der Flucht. Aus d. Engl. von Katja Sund, Sandra Gerstner u. Daniela Beyer. München, Zürich 2000 (Piper). (Serie Piper. 2929.)

Fortsetzung in der zweiten Autobiographie:

Kuper, Jack (1994): After the Smoke Cleared. Toronto, Canada (Stoddart Publ. Co. Lim.).

[3] Nach William G. Niederland hat die Tatsache, daß sich Schoa-Überlebende gelegentlich in zeitliche Widersprüche verwickeln, mit dem Verfolgungsgeschehen zu tun. Unter den vielfältigen Schädigungen des Ich-Gefüges durch die Verfolgung stehe die Beeinträchtigung des Zeitsinns nicht an letzter Stelle.

(Vgl. Niederland, William G. [1980]: Folgen der Verfolgung: Das Überlebenden-Syndrom / Seelenmord. Frankfurt a. M. [Suhrkamp]. [edition suhrkamp. 1015. N. F. 15.] S. 231.)

4 Günter, Manuela (2002): Writing Ghosts. Von den (Un-)Möglichkeiten autobiographischen Erzählens nach dem Überleben. In: Günter, Manuela (Hrsg.) (2002): Überleben schreiben. Zur Autobiographik der Shoah. Unter Mitarb. v. Holger Kluge. Würzburg (Königshausen u. Neumann). S. 21-50. S. 43.

5 Der Name des Großvaters war Reb Schloime (= Salomo) Kuperblum. »Reb« oder »Rebbe« ist die jiddische Form der Bezeichnung »Rab« oder »Rabbi«, was »(mein) Meister«, »(mein) Lehrer« bedeutet. Mit »Reb« wurde jeder Mann angeredet. Der Großvater war Bäcker in Puławy.

6 Am 4. Dezember 1939 wurden die jüdischen Grundschulen (Chadarim [Pluralform von Cheder]) geschlossen, die von über 40 000 Jungen besucht worden waren.

7 Vgl. Kuper, Jack (1998), S. 218 ff.

8 Vgl. Kuper, Jack (1994), S. 260.

9 Ein »Schtetl« am Fluß Wieprz, in dem seit dem 1. Juni 1940 ein Ghetto-Lager eingerichtet worden war.
Es gab in Polen etwa 399 solcher Ghetto-Lager, meistens in den ältesten, heruntergekommensten Teilen der Städte. Ihre durchschnittliche Dauer betrug fünfzehn Monate. Ab Frühjahr 1940 wurden in diesen Ghettos regelmäßig »Selektionen« durchgeführt, um »arbeitsfähige« Frauen und Männer für Zwangsarbeitslager herauszusuchen.

10 Klein, Hillel (2003): Überleben und Versuche der Wiederbelebung. Psychoanalytische Studien mit Überlebenden der Shoah und mit ihren Familien in Israel und in der Diaspora. Hrsg. v. Christoph Biermann u. Carl Nedelmann. Vorw. v. Jehuda Bauer. Übers. v. Barbara Strehlow. Stuttgart-Bad Cannstatt (frommann-holzboog). (Jahrbuch der Psychoanalyse. Beih. 20.) S. 41.

11 Freud, Sigmund (1952): Gesammelte Werke. Chronologisch geordnet. Bd. 1-17; Bd. 18: Gesamtreg. u. 1 unnumerierter Nachtragsbd. London (Imago Publ. Co., Ltd.). Nachdr.: Frankfurt a. M. 1999 (Fischer Taschenbuch Verlag). Bd. 11: Vorlesungen zur Einführung in die Psychoanalyse. S. 284. Freud freilich spricht von traumatischem »Unfall«.

12 Kuper, Jack (1998), S. 41.

13 Kuper, Jack (1998), S. 91.

14 Kuper, Jack (1994), S. 261.
»Zaidy« = séjde (jidd.) = Großvater.

15 Kuper, Jack (1998), S. 91.

16 Hebr. שְׁאֹל [Scheol] = Unterwelt: Reich der Toten. Die Toten, die dort weilen, bleiben tot und können Gott nicht mehr preisen.

[17] Henoch (hebr. חֲנוֹךְ [Chanoch]) »wandelte mit Gott«, und nach 365 Jahren wurde er zu Gott entrückt und in einen Engel (hebr. מְטָטְרוֹן [metatron] = höchstes Engelwesen) verwandelt. Vgl. 1 Mos 5, 18-24 und Sir 44, 16; 49, 16.
Nach chassidischer Überlieferung soll Henoch ein Schuster gewesen sein, der bei jedem Stich seiner Ahle (Werkzeug zum Löcherstechen in Leder) nicht nur das Oberleder mit der Sohle verband, sondern auch Gott mit Seiner Schechina (»Einwohnung« Gottes in der Welt). Vgl. Kapitel „Judentum", Anm. 43.

[18] Freud hätte es »negative Magie« genannt. Fischer und Riedesser sprechen von »Interventionsphantasien«, die Kinder im Verlauf einer traumatischen Situation entwickeln, »um das Unheil aufzuhalten oder es im nachhinein ungeschehen zu machen.«
(Fischer, Gottfried / Peter Riedesser [1998]: Lehrbuch der Psychotraumatologie. 2. Aufl. München, Basel 1999 [Reinhardt]. [UTB für Wissenschaft.] S. 254.)

[19] Kuper, Jack (1994), S. 262.

[20] Kuper, Jack (1994), S. 287.

[21] Vgl. Kuper, Jack (1994), S. 275.

[22] Am 19. Juli 1942 befahl Himmler die Ausrottung aller Juden des »Generalgouvernements« bis auf wenige Ausnahmen. Die Ermordung sollte an der Ostgrenze des Gouvernements erfolgen.
Unter dem Kommandanten Franz Stangl setzten die Massentötungen in Sobibór bereits in den ersten Maitagen des Jahres 1942 ein, sie dauerten bis Ende Juli. In dieser Zeit wurden insgesamt 61 330 Juden aus den Ghettos im Distrikt Lublin dorthin gebracht. Die Menschen kamen aus den verschiedenen Kreisen wie Puławy, Krasnystaw, Zamość, Chełm, Hrubieszów, Biała-Podlaska und Kraśniczyn.
(Vgl. Kogon, Eugen / Hermann Langbein u. a. [1983]: Nationalsozialistische Massentötungen durch Giftgas. Eine Dokumentation. Frankfurt a. M. 1986 [Fischer]. [Fischer Taschenbuch. 4353.] S. 177 f.)

In Sobibór gab es ein »besonderes Kinderlager«, ein reines Vernichtungslager, in dem bis auf wenige Ausnahmen sämtliche Ankömmlinge umgehend vergast wurden.

[23] Kuper, Jack (1998), S. 9.

[24] Fischer, Gottfried / Peter Riedesser (1998), S. 79.

[25] Kuper, Jack (1998), S. 10.

[26] Niemand aus seiner Familie war Augenzeuge gewesen. Sein Onkel hatte von der Ermordung des Großvaters durch einen Bauern erfahren.

[27] Er war von deutschen Soldaten ermordet, also nur einmal getötet worden, während Juden in den Todeslagern dreimal vernichtet wurden: durch Vergasen, durch Verbrennen und durch Beseitigung der Spuren. Dadurch wurden sie ihrer Vergangenheit beraubt und dem Vergessen anheimgegeben.

[28] Ein jüdisches Grab ist für die Ewigkeit und nicht nur für eine begrenzte Zeit. Es gilt, die talmudische Vorschrift zu erfüllen, nach der den Toten die Grabstätte für ewige

Zeiten gehören soll, bis der Messias kommen wird, um die Toten wiederzubeleben, damit sie teilhaben am (diesseitigen) Friedensreich.

Wichtiger als das Aufrechnen von Fehlverhalten in den Beziehungen zwischen Eltern und Kindern ist die Treue über den Tod hinaus. Zum Gedenken der Angehörigen werden nicht nur Kaddisch (hebr. קַדִּישׁ = Heiliger: ein altes Gebet in aramäischer und hebräischer Sprache. Es wird heute nur noch als Gebet für das Seelenheil Verstorbener gesprochen, und zwar nach der Bestattung der Toten, während des Trauerjahres und zu den Jahrzeit-Tagen [Sterbetagen]) und Seelengebete (hebr. יִזְכֹּר [jiskor] = »Er [Gott] gedenke!«) gesprochen, sondern auch Gedächtnis-Lichter angezündet (denn des Menschen Seele ist ein Licht Gottes), gefastet, gute Werke getan, die Grabstätten besucht und darnach getrachtet, den Vorbildern der Verstorbenen zu folgen und ihre Wünsche zu erfüllen.

Der Friedhof heißt Bet Olam (hebr. בֵּית עוֹלָם = ewiges Haus [Koh 12, 5]), auch Bet haChajim (hebr. בֵּית הַחַיִּים = Stätte oder Ort des Lebens). Der zweite Begriff weist auf die Auferstehungs- und Lebenshoffnung hin: Der lebendige Gott ist kein Gott der Toten, Er vermag die Toten wiederzubeleben. Im deutschsprachigen Raum wird der Friedhof häufig »Guter Ort« genannt.

[29] Kuper, Jack (1998), S. 91.
Der englische Text formuliert »to keep us alvive«, was den Tatsachen eher entspricht als die deutsche Übersetzung »ernähren«. (Kuper, Jack [1967], S. 92.)

[30] Kuper, Jack (1998), S. 92.

[31] Kuper, Jack (1998), S. 92.

[32] Kuper, Jack (1998), S. 11.

[33] Kuper, Jack (1998), S. 14.

[34] Kuper, Jack (1998), S. 91.

[35] Kuper, Jack (1998), S. 193.
Der englische Originaltext beschreibt Jankeles Gedanken und Gefühle vor dem geplanten Grabbesuch angemessener als die deutsche Übersetzung: »I didn't know exactly what I would do there, but I felt I should at least look at his grave, perhaps stand there or sit beside it for a short time, or even talk to him, and perhaps ask for advice.« (Kuper, Jack [1967], S. 208.)

[36] Kuper, Jack (1998), S. 193.
Die Grabstätte war geschändet, so war sein Großvater zweimal getötet worden.

[37] Jankele war »schuldig« geworden, weil er überlebt hatte; es war eine von der (polnischen) Bevölkerung auf ihn projizierte Schuld. Man fürchtete sich vor ihm, weil seine Gegenwart Schuldgefühle und Angst auslöste: Schuldgefühle wegen unterlassener Hilfe – Angst vor einem möglicherweise ähnlichen Schicksal.

[38] Kuper, Jack (1998), S. 194.

[39] Kuper, Jack (1998), S. 161.

Yolanda Gampel macht darauf aufmerksam, »daß das, was in dieser Katastrophensituation zerriß und zerbrach, nicht allein die libidinöse Ökonomie oder die psychische Organisation« gewesen sei, sondern »ein ganzes Umfeld«. »Soziale Gewalt« habe »zu einer schweren Störung der kognitiven Abläufe des Subjekts und seiner übrigen Identifikationsmodi« geführt.

(Gampel, Yolanda [1994]: Trauma-Schicksale. Kindheit im Schatten von Verfolgung und Tod. In: Terrorlandschaften der Seele. Beiträge zur Theorie und Therapie von Extremtraumatisierungen. Hrsg. v. Hans Stoffels. Regensburg 1994 [Roderer]. S. 104-113. S. 105.)

40 Klein, Hillel (2003), S. 254.

41 Dieter Pohl hebt hervor, daß mit Ausnahme der großen Ghettos nur relativ wenig über die Geschichte der Juden im Generalgouvernement bekannt sei, über ihr alltägliches Leben und Sterben, über die Fürsorgeorganisationen, die politischen und sozialen Trennlinien. Auch die etwa 300 Zwangsarbeitslager für Juden im Generalgouvernement seien in der westlichen Forschung beinahe völlig unbekannt.
Auf seiten der Kirche seien bisher vor allem individuelle Fälle von Rettungsaktionen erforscht worden.
(Vgl. Pohl, Dieter [1998]: Die Ermordung der Juden im Generalgouvernement. In: Herbert, Ulrich [Hrsg.] [1998]: Nationalsozialistische Vernichtungspolitik 1939-1945. Neue Forschungen und Kontroversen. 4. Aufl. Frankfurt a. M. 2001 [Fischer]. [Die Zeit des Nationalsozialismus.] [Geschichte Fischer. 13772.] S. 98-121. S. 116 ff. u. 120.)

42 Ein Titel, den ihr der polnische König Jan Kazimierz im Jahre 1656 verlieh. Im polnischen Marienkult steckte eine integrative Kraft, die alle Fremden (Juden) ausschloß.

43 Kuper, Jack (1998), S. 21.

44 Vgl. Kuper, Jack (1998), S. 21.

45 Kuper, Jack (1998), S. 21.

46 Den Abwehrmechanismus des »Ungeschehenmachens« bezeichnet Freud als »negative Magie«, die »durch motorische Symbolik nicht die Folgen eines Ereignisses (Eindruckes, Erlebnisses), sondern dieses selbst ›wegblasen‹« will.
(Freud, Sigmund [1926]: Hemmung, Symptom und Angst. In: Freud, Sigmund [1952]: Gesammelte Werke. Chronologisch geordnet. Bd. 1-17; Bd 18: Gesamtreg. u. 1 unnumerierter Nachtragsbd. Nachdr.: Frankfurt a. M. 1999 [Fischer Taschenbuch Verlag]. Bd. 14, S. 111-205. S. 149.)

47 Kuper, Jack (1998), S. 21 f.

48 Kuper, Jack (1998), S. 22.

49 Vgl. Grubrich-Simitis, Ilse (1979): Extremtraumatisierung als kumulatives Trauma. In: Psyche 33. 1979. S. 991-1023. S. 999.

50 Kuper, Jack (1998), S. 13.

51 Vgl. Kuper, Jack (1998), S. 16.

52 »Denn während die christliche Gesellschaft dieses Recht auf Leben dem letzten Taugenichts gewährt, muß der Jude dasselbe in regelmäßigen Abständen *kaufen*; sonst wird er als nutzloses Glied der Gesellschaft aus dieser ausgestoßen oder aber in

irgendeine dunkle Affäre von Vergiftung oder Ritualmord verwickelt. Das Geld wird für ihn viel wichtiger als das tägliche Brot; es ist für ihn ebenso notwendig wie die Luft, die er atmet. Man kann beobachten, wie das Geld unter diesen Voraussetzungen für den Juden schließlich eine fast heilige Bedeutung erlangt.«
(Poliakov, Léon [1977-1988]: Geschichte des Antisemitismus. Aus d. Franz. v. Rudolf Pfisterer. Bd. 1-8. Frankfurt a. M. [Athenäum / Jüdischer Verl.]. Bd. 1, S. 74.)

»Allmählich werden die Juden bei jedem Schritt und jedem Akt des alltäglichen Lebens der Zahlung einer Steuer unterworfen: sie müssen zahlen für das Gehen und für das Kommen, für das Verkaufen und das Kaufen, für das Recht des gemeinschaftlichen Gebets, für die Verehelichung, für ein neugeborenes Kind und auch für den Toten, den man auf den Friedhof tragen muß. Ohne Geld ist die jüdische Gemeinschaft unausweichlich zum Verschwinden verurteilt.«
(Poliakov, Léon [1977-1988], Bd. 2, S. 57.)

[53] In den besetzten Gebieten Polens, Rußlands, der Ukraine, der Slowakei und Kroatiens gab es antisemitische Gruppen, die ein Gespür für Juden hatten und die aus der Jagd auf sie ein lukratives Geschäft machten.
Polnische und ukrainische »Schmalzowniks« (so genannt nach poln. »szmalez«: Jargonwort für Geld) waren darauf spezialisiert, Juden auszuspionieren und bei deren Entdeckung Schmiergelder zu fordern. Besaßen jene nichts mehr, was sie noch hätten geben können, lieferten sie sie der Gestapo aus.
Selbst Kinder aus den besetzten Gebieten denunzierten; und diese »Greifer« wurden von den jüdischen Kindern, die sich verstecken mußten, sehr gefürchtet.

Auch Jankele geriet mehr als einmal in Situationen unausrottbarer Vorurteile bezüglich des Reichtums aller Juden. Dazu folgendes Beispiel:
»Eines Abends bat er mich, herunterzukommen und mit seiner Familie Abendbrot zu essen. Während seine Frau nach dem Essen den Tisch abräumte, wandte sich Jan an mich.
›Wenn du etwas Geld oder Wertsachen hättest‹, sagte er, ›könnte ich dich weiter hierbehalten.‹ Ich glaubte ihm, denn ich wußte, daß er sehr arm war. Sein ganzes Hab und Gut bestand aus einem kleinen Stück Land, einer alten Kuh, die kaum Milch gab, und ein paar Hühnern.
›Ich habe nichts, was ich euch geben kann‹, antwortete ich.
›Haben deine Eltern dir nicht ihr Gold gegeben?‹ fragte er.
›Nein‹, antwortete ich. ›Wir hatten kein Gold.‹
›Wenn du doch nur wüßtest, wo sie es vergraben haben‹, sagte er fast zu sich selbst.
›Ich sage dir doch, wir waren sehr arm, wir hatten kein Gold.‹
Er blickte kurz zu seiner Frau und lächelte, dann sah er mich wieder an. ›Du bist noch zu jung, um das zu wissen, Kubusch« (einer der zahlreichen christlichen Namen, die Jack Kuper annehmen mußte, Verf.). ›Alle Juden haben Gold.‹
Besaßen meine Eltern oder Großeltern Gold? Wenn ja, warum lebten wir dann so ärmlich? Wie oft war ich selbst vor dem Krieg hungrig ins Bett gegangen? Wie oft hatte ich Tränen vergossen, um etwas Geld für ein Bonbon zu ergattern? Haben mich meine Eltern angelogen? Waren sie in Wirklichkeit reich, so wie man es den Juden nachsagt?

›Wenn du ein bißchen Geld oder wertvolle Sachen findest, Kubusch‹, hörte ich Jan sagen, ›dann komm uns besuchen. Du bist ein guter Junge, wir wünschen dir sehr, daß du dich retten kannst.‹«
(Kuper, Jack [1998], S. 86 f.)

Ergänzend zu den »Schmalzowniks« berichtet der Historiker Dick de Mildt, daß es auch in den Niederlanden derartige Komplizen bei der Judenverfolgung gegeben habe. Diese sogenannten »Judengreifer« seien aus der niederländischen nationalsozialistischen Bewegung und aus der Polizei rekrutiert worden und hätten versucht, untergetauchte Juden aufzuspüren. Dafür sollen sie von den Deutschen über das »Kopfprämiensystem« gut belohnt worden sein.
(Vgl. Mildt, Dick de [1989]: Kollaboration und Deportation in Holland. Über das Verhalten der nicht-jüdischen Bevölkerung bei der Judenverfolgung in den Niederlanden. In: Wollenberg, Jörg [Hrsg.] [1989]: »Niemand war dabei und keiner hat's gewußt«. Die deutsche Öffentlichkeit und die Judenverfolgung 1933-45. München, Zürich [Piper]. S. 224-233. S. 227.)

[54] Trotzdem haben einige tausend Polen ihr Leben gewagt, um Juden zu retten. Vielleicht hat die aussichtslose, verzweifelte Lage der dem Untergang geweihten Juden manche Polen ihren Antijdaismus vergessen lassen.
Das Verstecken von Juden in den Städten war schwierig, noch schwieriger jedoch war es auf dem Dorf, wo sich alle kannten und wo sogar der Ablauf des Alltags innerhalb der einzelnen Häuser von Polizeispitzeln beobachtet werden konnte. Hausdurchsuchungen, Razzien oder auch die sogenannten »Pazifikationsaktionen« ([lat. pacificor = Frieden schließen oder vermitteln] euphemistische Umschreibung der Zerstörung eines Dorfes, der Ermordung und Vertreibung seiner Einwohner) der deutschen Besatzer gehörten zu den Vorkommnissen, die eine Rettung von Juden erschwerten oder ganz verhinderten.

[55] Nach Henry Krystal sei eine ›gesunde‹ frühkindliche Allmacht bei psychischer Belastung und potentiellem Trauma die wichtigste emotionale Triebkraft mit erstaunlichen Reserven. Sie manifestiere sich in der unerschütterlichen Überzeugung von der eigenen Unverletzbarkeit, die vor allem aus einer frühen harmonischen, symbiotischen Mutter-Kind-Verbindung stamme. Durch ihr Verhalten vermittele die Mutter dem Säugling, liebenswert und vollkommen zu sein. Auf diese Weise festige sich sein Allmachtsgefühl, das sich später im Vertrauen auf die magischen Kräfte der eigenen Wünsche beobachten lasse.
(Vgl. Krystal, Henry [1999]: Psychische Widerständigkeit: Anpassung und Restitution bei Holocaust-Überlebenden. In: Psyche. 54. 2000. S. 840-859. S. 842.)

[56] Kuper, Jack (1998), S. 77.

[57] Judith S. Kestenberg beschreibt im 7. Kapitel ihres Buches »The Last Witness« unter der Überschrift »Precocious Children or Premature Adults?«, wie ›clever‹ diese kleinen Kinder gewesen seien. Die Erkenntnis der schrecklichen Realität im Angesicht des Todes habe sie frühreif gemacht und wie Erwachsene erscheinen lassen. Sie lernten, Situationen richtig einzuschätzen, reagierten blitzschnell auf die unterschiedlichen Gefahren und versuchten, ihre Familien zu beschützen.

Psychisches Altern sei bei fehlendem Schutz durch Erwachsene wahrzunehmen gewesen, habe sich in der Identifikation mit dem Aggressor oder mit dem verlorenen Beschützer gezeigt und in der Absicht, früh unabhängig zu werden und den Erwachsenen zu mißtrauen.
Doch obgleich sich das unterdrückte, verstörte und frühreife Kind in Entwicklungsphasen jenseits der Kindheit befand, habe es den Anschein gehabt, als wachse beinahe unabhängig davon ein normales Kind heran, dessen Phantasien und Impulse auszubrechen bereit waren, sobald sich eine Gelegenheit dazu bieten würde.
(Vgl. Kestenberg, Judith S. / Ira Brenner [Hrsg.] [1996]: The Last Witness: The Child Survivor of the Holocaust. Washington, D. C., London [American Psychiatric Press, Inc.] S. 137-140.)
Auch einige Kinder-Überlebende lassen es in ihren Biographien anklingen; manche, wie Hetty E. Verolme, sprechen es direkt aus: »Sie waren über ihr Alter hinaus klug, diese Kinder, und die meisten hatten gelernt, die schweren Zeiten und die kritischen Situationen durchzustehen, die sie seit ihrer Ankunft in Bergen-Belsen immer wieder hatten erleben müssen.«
(Verolme, Hetty Esther [2000]: Wir Kinder von Bergen-Belsen. Aus d. Engl. v. Mirjam Pressler. Weinheim, Basel 2005 [Beltz]. S. 146.)

[58] Kestenberg, Judith S. (1994): Versteckte Kinder. Latenzalter im Holocaust. In: Ein Ast bei Nacht kein Ast. Hrsg. v. Jörg Wiesse/ Erhard Olbrich. Göttingen, Zürich (Vandenhoeck u. Ruprecht). S. 61-82.

[59] Der Begriff »stress«, der aus dem anglo-amerikanischen Sprachraum stammt, ist im deutschen Verständnis problematisch.
Fischer und Riedesser (Fischer, Gottfried / Peter Riedesser [1998], S. 44.) machen darauf aufmerksam, daß der Streßbegriff in deutschen KZ-Gutachterverfahren der Nachkriegszeit dazu gedient habe, ein Trauma auszuschließen. Tatsächlich habe die klassische Streßtheorie keine irreversiblen Symptome und Langzeitschäden vorgesehen. Überdies nehmen Fischer und Riedesser an, daß sich die Physiologie der Streßreaktion von der der traumatischen Reaktion qualitativ unterscheide.
Unter Streßreaktion verstehen die beiden Autoren »die Antwort des Organismus auf eine kritische Belastungssituation und kritische Ereignisse, wobei es in der Regel nicht zu der für die Traumareaktion charakteristischen qualitativen Veränderung von psychischen und/oder organischen Systemen« komme.

Auch der nordamerikanische Psychoanalytiker Mardi Horowitz unterscheidet zwischen Streß- und Traumareaktion. Vgl. Kapitel »Trauma-Forschung bei Freud und ihre Neu-Konzeptualisierung nach der Schoa«.

[60] Kestenberg, Judith S. (1994), S. 72.

[61] Kestenberg, Judith S. (1994), S. 72.

[62] Kestenberg, Judith S. (1994), S. 72.

[63] Kestenberg, Judith S. (1994), S. 74.

[64] Kestenberg, Judith S. (1994), S. 74.

[65] Im Cheder lernte er Hebräisch und die Tora ins Jiddische zu übertragen.

Die Tarbut- (= Kultur-) Schulen betrieben, inspiriert von der zionistischen Bewegung, die Rückkehr zur hebräischen Sprache und Kultur. In allen Fächern, außer in Polnisch und in Geschichte Polens, war Hebräisch Unterrichtssprache. Mit ihrer Erziehung zur Selbsttätigkeit durch handwerkliche Arbeit versuchten sie, die Kinder und Jugendlichen vom traditionellen Verbalismus zu lösen und lehrten den Tenach vornehmlich als Literatur.

[66] Kuper, Jack (1998), S. 107.
Im englischen Originaltext heißt es: »an enormous old man« = ein sehr großer alter Mann. »Enormous« ist adjektivisch und nicht adverbial gebraucht. (Kuper, Jack [1967], S. 109.) Die deutsche Übertragung ist falsch, weil »enormous« als Adverb betrachtet wird.

[67] Kuper, Jack (1998), S. 107.
Englischer Originaltext: »watching« = wachen, achtgeben auf; auch: behüten. (Kuper, Jack [1967], S. 109.)

[68] Kuper, Jack (1998), S. 107.
Englischer Originaltext: »and listening to my every thought« = und jeden meiner Gedanken vernimmt (auch: kennt). (Kuper, Jack [1967], S. 109.)

[69] Gemeint ist das »Buch des Lebens«. Vgl. Kapitel »Judentum«.

[70] Kuper, Jack (1998), S. 107.

[71] Das erinnert an ein aramäisches Gedicht, dessen erste Zeilen Manès Sperber in seinem Buch »Churban« (= Verwüstung, Vernichtung; bezeichnet in der jiddischen Literatur die nationalsozialistische Ausrottung der europäischen Judenheit) zitiert:
»Selbst wenn das Firmament über uns aus Pergament wäre und wenn Tinte die Meere füllte; wenn alle Bäume Federn und die Bewohner der Erde allesamt Schreiber wären – und wenn sie Tag und Nacht schrieben, so vermöchten sie dennoch nicht, die Größe zu beschreiben und den Glanz des Schöpfers der Welt.«
(Sperber, Manès [1979]: Churban oder Die unfaßbare Gewißheit. Essays. Wien, München, Zürich [Europaverlag]. S. 65.)

[72] Vgl. Erikson, Erik H. (1959): Identität und Lebenszyklus. Drei Aufsätze. Aus d. Amerikan. v. Käte Hügel. 11. Aufl. Frankfurt a. M. 1989 (Suhrkamp). (Suhrkamp Taschenbuch Wissenschaft. 16.) S. 62 ff.

[73] Kuper, Jack (1998), S. 106.
»Gottesfurcht« vgl. Kapitel »Unterschiede zwischen Christentum und Judentum«.

[74] Kuper, Jack (1998), S. 106.

[75] Kuper, Jack (1998), S. 106.

[76] Kuper, Jack (1998), S. 106.

[77] Kuper, Jack (1994), S. 11 f. Vgl. Kapitel »Judentum«.

[78] »Sieh,
gegeben habe ich heuttags vor dich hin
das Leben und das Gute,
den Tod und das Böse,
da ich heuttags dir gebiete,
Ihn deinen Gott zu lieben,
in seinen Wegen zu gehen,
seine Gebote, seine Satzungen, seine Rechtsgeheiße
zu wahren:
leben wirst du
wirst dich mehren,
Er dein Gott segnet dich in dem Land, wohin du kommst
es zu ererben.«

(Die Schrift [1925-1961]. Verdeutscht von Martin Buber und Franz Rosenzweig. Bd. 1, S. 556 [5 Mos 30, 15-16].)

[79] Vgl. Bein, Alex (1980): Die Judenfrage. Biographie eines Weltproblems. Bd. 1-2. Stuttgart (Deutsche Verlags-Anstalt). Bd. 1, S. 385 f.

Hillel Klein ergänzt, daß sich hier ein wichtiger Teil des Selbsterhaltungstriebs gezeigt habe: Wieder denken zu können, daß es Zukunft gebe, daß etwas für die Wiedergewinnung des Realitätsprinzips geschehe. Denn im Inferno habe es kein Realitätsprinzip gegeben.
(Vgl. Klein, Hillel [1983]: Leben, Shoah, Sprache und Psychoanalyse. Hillel Klein im Gespräch mit Dörte von Westernhagen. In: Psyche. 57. 2003. S. 1203-1213. S. 1206.)

Beins und Kleins Aussagen werden von Arno Lustiger bestätigt.
(Vgl. Lustiger, Arno [1994]: Zum Kampf auf Leben und Tod! Das Buch vom Widerstand der Juden in Europa 1933-1945. Köln [Kiepenheuer u. Witsch]. S. 38.)

[80] Kuper, Jack (1998), S. 128.

[81] Kuper, Jack (1998), S. 58.

[82] Kuper, Jack (1998), S. 44.

[83] Kuper, Jack (1998), S. 44.

[84] Kuper, Jack (1998), S. 44.

[85] Vgl. Ehlert, Martin / Beate Lorke (1986), S. 528.

[86] Vgl. Kuper, Jack (1998), S. 80, 84, 86.

[87] Deshalb mußten die »Volksschädlinge«, das heißt die Juden, planmäßig bekämpft und vernichtet werden (»Schädlingsbekämpfung«).
Es lag nahe, bei dieser Ausrottung das chemische Mittel anzuwenden, mit dem man Ungeziefer vertilgt: Giftgas.

Alex Bein weist darauf hin, daß bereits 1819 im Hetzruf »Hep – Hep, Jude verreck!« die Vorstellung vom tierischen Charakter der Juden eingeschlossen gewesen sei; denn der Ausdruck »verrecken« werde im allgemeinen nur auf Tiere angewandt.

(Vgl. Bein, Alex [1980]. Bd. 1, S. 363.)
Die Nationalsozialisten fügten den Hetzruf an den von Dietrich Eckart (1868-1923 – führender Ideologe in der Gründungsphase der NSDAP) geprägten Kampfruf »Deutschland erwache!« an.

88 Kuper, Jack (1998), S. 80.

89 Kuper, Jack (1998), S. 81.
Der Einfluß religiöser Lebensform auf die Moralentwicklung jüdischer Kinder ist wohl nicht gering einzuschätzen, obgleich er individuell unterschiedlich gewesen sein wird.
Während sich Barmherzigkeit als praktisches Tun am Gebot der Nächstenliebe orientiert, ist Mitleid eher ein Gefühl, das aus dem Verhältnis des einzelnen Menschen zum einzelnen Menschen (oder Lebewesen) entsteht.

90 Die hebräische Bibel setzt Mitgefühl als Anlage der menschlichen Seele voraus. In der Knechtschaft Ägyptens habe Israel Leid erfahren und daraus Verständnis und Mitgefühl für alle Geknechteten und Unterdrückten gewonnen. Auch dem Tier gegenüber verlangt das Judentum Mitgefühl: Menschen und Tiere haben ihr eigenes Recht und ihre eigene Würde. Das vierte Gebot schreibt einen Ruhetag auch für die Tiere vor.
Der Talmud bezeichnet Mitgefühl als Merkmal jüdischen Wesens. (Babylonischer Talmud, III. Naschim / Jewamot 79 a.)

91 Kuper, Jack (1998), S. 130.

92 Gampel, Yolanda (1994), S. 106.

93 Kuper, Jack (1998), S. 131.
Schon die Wortwahl »Henker« drückt Jankeles Selbstanklage aus.

94 Kuper, Jack (1998), S. 131. Hier entwickelte Jankele »Interventionsphantasien« (Fischer, Gottfried / Peter Riedesser [1998], S. 254.).

95 Kuper, Jack (1998), S. 131.

96 Kuper, Jack (1998), S. 131.

97 Kuper, Jack (1998), S. 131.

98 Vgl. Kuper, Jack (1998), S. 95.

99 Kuper, Jack (1998), S. 95.

100 Kuper, Jack (1998), S. 95.

101 Kuper, Jack (1998), S. 113.

102 Kuper, Jack (1998), S. 113.

103 Kuper, Jack (1998), S. 114.

104 Die Halacha umfaßt die religionsgesetzlichen Bestimmungen der schriftlichen und mündlichen Tora. Vgl. Kapitel »Judentum«.

105 Nach dem Religionsgesetz ist und bleibt jeder von einer jüdischen Mutter Geborene Glied des Judentums. Der Taufjude gilt lediglich als Übertreter dieses Gesetzes. Für die Rückkehr eines Getauften zum Judentum gibt es daher keine besonderen Vorschriften.

Erwähnt werden muß, daß Taufjuden mitunter ihre Verachtung der jüdischen Religion offen bekundeten und auf diese Weise die von der christlichen Theologie vertretene Ansicht, daß das Judentum eine rückständige Form der Gottesverehrung sei, bestärkten.

[106] Vgl. Ehlert-Balzer, Martin (1996), S. 304 f.

[107] Gott hat Israel erwählt als das kleinste unter den Völkern: »Nicht weil euer ein Mehr wäre gegen alle Völker, hat Er sich an euch gehangen, hat euch erwählt, denn ihr seid das Minder gegen alle Völker: sondern weil Er euch liebt und weil Er den Schwur wahrt, den Er euren Vätern zuschwor [...]« (Die Schrift [1925-1961]. Verdeutscht von Martin Buber und Franz Rosenzweig. Bd. 1-4. Gerlingen 1976-1979 [Lambert Schneider]. Bd. 1: Die fünf Bücher der Weisung, S. 497 [5 Mos 7, 7-8.])
Israel war das erste Volk, das den Monotheismus in einer heidnischen Welt lebte: »Ihr sollt mir sein ein Königreich von Priestern und ein heiliges Volk« (2 Mos 19, 6). Doch schon die Propheten erblickten in dieser Erwählung keinen höheren Anspruch, sondern eine höhere Verpflichtung: »Nur euch habe ich erkannt aus allen Geschlechtern der Erde, darum suche ich an euch heim alle eure Sünden« (Am 3, 2). Die Erwählung bedeutet also keinen Vorzug vor anderen Völkern, sondern den Auftrag, Gottes Herrlichkeit zu verkünden. Die heidnischen Völker werden zu dem Licht ziehen, das Gott über Israel hat aufgehen lassen (Vgl. Jes 60, 1-3).

[108] Kuper, Jack (1998), S. 61.

[109] Kuper, Jack (1998), S. 61.

[110] Kuper, Jack (1998), S. 112.
Juden haben häufig Angst, betrogen oder verraten zu werden. Diese Angst resultiert aus ihrer Unsicherheit und ist meistens mit der schrecklichen Erinnerung verknüpft, daß sie in der Vergangenheit Leichtgläubigkeit beziehungsweise Naivität mit Vergeltung und Verfolgung bezahlen mußten.
(Vgl. Loewenstein, Rudolph M. [1952]: Psychoanalyse des Antisemitismus. Aus d. Franz. übers. v. Lothar Baier. 2. Aufl. Frankfurt a. M. 1968 [Suhrkamp]. [edition suhrkamp. 241.] S. 116 f.)

[111] Kuper, Jack (1998), S. 112.

[112] Kuper, Jack (1998), S. 77.
Im Judentum darf der Gottesname gemäß dem 3. Gebot nicht ausgesprochen werden. Daran hielt man sich selbstverständlich auch im Alltag des osteuropäischen Judentums, man behalf sich mit Umschreibungen. In Beachtung des zweiten Gebotes scheute man ebenso davor zurück, sich eine Vorstellung von Gott zu machen, obgleich Er alles durchdringende Gegenwart war.
Das jüdische Kind hatte ein lebhaftes Bewußtein von Gott, denn hinter allen elterlichen Verhaltensmaßregeln stand Gott; aber es hatte kein Bild von Ihm. Selbst die Darstellung des Menschen ist im Judentum nicht gestattet. Das Heidentum gründete sich auf Götzen und ihre Bilder, das Judentum auf das Recht. Die Tora – so Assmann – sei »die als geltendes Recht kodifizierte und in Kraft gesetzte Gerechtigkeit Gottes«. (Assmann, Jan [2009]: Mnemoklasmus: Über Destruktivität und Identität in den monotheistischen Religionen. In: Psyche. 63 [9/10]. 2009. S. 852-876. S. 873.) Das Judentum kommt ohne

Bilder aus. Das Christentum hingegen, obgleich es das Heidentum als Irreligion verleumdete, bediente sich dieser erneut.
Manchmal begegneten die jüdischen Kinder einem christlichen Gott, der »an der Wand hing« (gemeint ist das Kruzifix, Verf.).
(Vgl. Zborowski, Mark / Elizabeth Herzog [1952]: Das Schtetl. Die untergegangene Welt der osteuropäischen Juden. Aus d. Amerikan. v. Hans Richard. 3., durchges. Aufl. München 1992 [Beck]. S. 268 f.)

[113] Seit Martin Luther gebräuchliche Übersetzung von hebr. סוֹפֵר [sofer] (Plural hebr. סוֹפְרִים [soferim]) = Schreiber, »Buchmänner«, die die Bibel lehrten und deuteten sowie ihre Lehren und Vorschriften weiterentwickelten. Mit ihnen begann nach der babylonischen Gefangenschaft der historische Zeitabschnitt, den man im Unterschied zum israelitischen den jüdischen nennt.
Judentum ist Schriftgelehrsamkeit. Später wurden die Soferim von den Tannaiten, den »Lehrenden« abgelöst.
Im Neuen Testament werden erstere häufig mit gehässigem, herabsetzendem Unterton erwähnt, oft im Zusammenhang mit den Pharisäern.

[114] Kuper, Jack (1998), S. 112.
Der englische Originaltext des ganzen Gebetes lautet:
»I began to pray, ‚Dear God, if you can hear me, please help me. I don't want to die. Dear God, please save me.'
It suddenly occurred to me that perhaps the Jewish God didn't exist, that He had got very old and died, or else perhaps that He did exist and could hear our cries, but didn't care. I could think of so many people who had prayed to Him and He never saved them. Didn't my mother believe in Him? He certainly didn't listen to her prayers. What about all those rabbis and scholars who did nothing else but pray day and night? Why weren't they spared? What happened to all those people I used to see in the synagogue?
›Dear Jesus‹, I began, my eyes closed, ›perhaps *you* can save me; please save me and I'll believe in you.‹«
(Kuper, Jack [1967], S. 115 f.)

Immerhin wird im englischen Text das Gott betreffende Personalpronomen mit großem Anfangsbuchstaben geschrieben. – Auch hier wird die seltsame Bezeichnung »Jewish God« gebraucht. Sie scheint in Osteuropa verbreitet gewesen zu sein. Auch Hillel Klein (Klein, Hillel [2003], S. 64) und Judith S. Kestenberg (Kestenberg, Judith S. / Ira Brenner [Hrsg.] [1996], S. 34) sprechen vom »jüdischen Gott«. Es darf vermutet werden, daß diese Annahme mit den unterschiedlichen Gottes«bildern« beider Religionen zusammenhängt.
»Our cries«, in der deutschen Übersetzung mit »unsere Bitten« schwach wiedergegeben, drückt die ganze Verzweiflung aus: »unser Schreien«, »unser Weinen«, »unsere Hilferufe«, »unser Flehen«.
»To believe« heißt zwar »glauben an«, aber hinsichtlich der Beziehung eines Juden zu Gott wohl eher »vertrauen auf«.
»Scholars« ist in der deutschen Übersetzung fälschlich mit »Schriftgelehrte« wiedergegeben worden, es heißt aber nur »Gelehrte«. »Schriftgelehrte« sind im Englischen »scribals«.

Dem englischen Text ist noch die Sorge um alle die Menschen angefügt, denen Jankele regelmäßig in der Synagoge begegnet war. Was war mit ihnen geschehen?

[115] Lat. = ich gebe, damit du gibst.

[116] Kuper, Jack (1998), S. 113.

[117] Kuper, Jack (1998), S. 114.

[118] Kuper, Jack (1998), S. 114.

[119] »Jesus saved you, said one of the voices. Jesus shmesus, said the other, nobody saved you. There was nothing to be saved from. They came here to buy eggs, not to look for Jews.
They came here for you, but Jesus intervened and made them ask for eggs instead.« (Kuper, Jack [1967], S. 116.)

[120] Am 13. Juli 1944 begann eine sowjetische Großoffensive in Galizien gegen die deutsche »Heeresgruppe Nordukraine«, sie drang über Lemberg zur oberen Weichsel vor. – Bis zum Winter 1944 blieben die Truppen der Roten Armee am östlichen Weichselufer stehen.

[121] Keilson, Hans (1979). Vgl. »Vorwort«, »Einleitung« sowie die Kapitel »Stand der Forschung« und »Trauma-Forschung bei Freud und ihre Neu-Konzeptualisierung nach der Schoa«.

[122] Kuper, Jack (1998), S. 177 f.

[123] Klein, Hillel (2003), S. 104.

[124] Klein, Hillel (2003), S. 104.

[125] Klein, Hillel (2003), S. 104.

[126] Klein, Hillel (2003), S. 104.

[127] Kuper, Jack (1998), S. 178.

[128] Vgl. Klein, Hillel (2003), S. 103.

[129] »Survivor guilt«: Begriff von W. G. Niederland.

[130] Vgl. Hirsch, Mathias (1997): Schuld und Schuldgefühl. Zur Psychoanalyse von Trauma und Introjekt. 3. Aufl. Göttingen 2002 (Vandenhoeck u. Ruprecht). (Sammlung Vandenhoeck.) S. 219.

[131] Vgl. Ehlert, Martin / Beate Lorke (1986), S. 523 f.

[132] Kuper, Jack (1998), S. 178.

Im Jahre 1994, im Alter von 62 Jahren, stellt Jack Kuper seiner zweiten Autobiographie »After the Smoke Cleared« ein Wort von Janusz Korczak voran:

> »Long after the war, men will not be able to look each in the eye without reading the question: How is it you happened to survive? How did you do it?«

Das Zitat, ursprünglich in polnischer Sprache, ist in der folgenden deutschen Textausgabe abgedruckt:

Korczak, Janusz (1942): Tagebuch aus dem Warschauer Ghetto 1942. Aus d. Polnischen v. Armin Droß. Mit e. Vorw. v. Friedhelm Beiner. 2. Aufl. Göttingen 1996 (Vandenhoeck u. Ruprecht). (Kleine Vandenhoeck-Reihe. 1562.). S. 85.

Die deutsche Übersetzung des Zitats lautet:

> »Nach dem Kriege werden die Menschen einander lange nicht in die Augen sehen können, um nicht der Frage zu begegnen: Wie ist es möglich, daß du lebst, daß du davongekommen bist? Was hast du getan?«

Die Eintragung Korczaks ist vom 26. Juni 1942 datiert. Seine Aufzeichnungen enden am 4. August 1942, einen Tag vor dem Abtransport nach Treblinka.

Korczaks Ghetto-Tagebücher wurden von Igor Newerly gerettet und später von ihm herausgegeben.

Jack Kuper scheint auch viele Jahre nach der Schoa die Überlebendenschuld nicht überwinden zu können. Das äußert sich in seiner starken Besetzung der verlorenen Welt und seinem Wunsch, zu den eigenen Wurzeln zurückzukehren und Orte der Kindheit wiederzufinden.

[133] Kuper, Jack (1998), S. 178.

[134] Ehlert, Martin / Beate Lorke (1986), S. 528.

[135] Vgl. Ehlert, Martin / Beate Lorke (1986), S. 528.

[136] Klein, Hillel (2003), S. 253 f.

[137] Kuper, Jack (1998), S. 177.

[138] Kuper, Jack (1998), S. 127.

[139] Kuper, Jack (1998), S. 127.

[140] Auch Jankele erlebte das:

»Ich bekreuzigte mich gerade, als plötzlich eine Stimme erklang. ›Warum betest du nicht laut, Kubusch?‹ Ich erstarrte. Dann wandte ich den Kopf um. Herr Cybulski stand neben mir. ›Ich bete nie laut‹, antwortete ich und fügte hinzu: ›Sie doch auch nicht, wie ich bemerkt habe.‹ ›Ich möchte aber hören, wie du betest. Nur das eine Mal, vielleicht das Vaterunser?‹ ›Lieber nicht, Herr Cybulski‹, bat ich und errötete. ›Ich denke, du kannst es überhaupt nicht.‹ ›Natürlich kann ich es!‹ ›Warum sagst du es dann nicht laut?‹ ›Ich trau mich nicht‹, antwortete ich. Er lächelte. ›Steh auf, Junge! Ich weiß alles über dich.‹«

(Kuper, Jack [1998], S. 78.)

Neben Dank-, Buß- und Bittgebeten überwiegt im jüdischen Gottesdienst das Lobgebet: die Lobpreisung des Ewigen, der Hymnus.

Der einzelne Beter steht nicht allein vor Gott, sondern in der Gemeinschaft des jüdischen Volkes. Er kann das Gespräch mit Gott aufnehmen, weil es längst vor seiner Zeit eröffnet worden ist, weil das jüdische Volk es seit Jahrtausenden ununterbrochen führt.

Juden beten im allgemeinen nicht, um für sich etwas zu erbitten; sie versuchen nicht, den Lauf der Welt um ihrer eigenen Wünsche willen zu ändern. Juden beten, um ihre Pflicht zu tun und auch, um an sich zu arbeiten, um zu größerer Erkenntnis zu gelangen, damit sie bessere Werkzeuge für Gott werden.

Obwohl Gott die einzige Realität ist, auf die sich das jüdische Volk in seiner Geschichte verlassen kann, bleibt zwischen Ihm und den Menschen immer eine Distanz. Er ist keine »Person«, sondern das Unendliche (hebr. אֵין־סוֹף [En sof]), jenseits aller Kategorien des Denkens.

Die Unsicherheit jüdischen Lebens verlangt Realismus und Intelligenz. Nicht Trugbilder taugen für das Überleben, sondern die Akzeptanz der Wirklichkeit, in die Gott die Juden gestellt hat.

Das christliche Gebet wird vom Heiligen Geist gewirkt. Es ist Gottesbegegnung durch Jesus Christus. Christen beten in Jesu Namen; denn Jesus hat im »Gebet des Herrn« (Vaterunser) ein Muster für das Beten vorgegeben. Christliche Gebete sind häufig Bittgebete; denn Jesus hat den Christen Gott nähergebracht, so daß zu Gott, dem »Vater«, eine emotionale, beinahe menschliche Beziehung besteht.

141 Kuper, Jack (1998), S. 177.

142 Kuper, Jack (1998), S. 177.

143 Kuper, Jack (1998), S. 176.

144 Kuper, Jack (1998), S. 176.

145 Hillel Klein betont, daß es auch »gute« Polen gegeben habe: »Eine Minderheit der polnischen Intelligenz und ein Teil des sozialistischen Proletariats konnten die psychischen Kräfte aufbringen, mitzufühlen und sich an der Rettung ihrer jüdischen Nachbarn zu beteiligen, die in die Hände der SS geraten waren.« Allerdings bleibt auch bei ihm die Frage nach dem Verhalten der überwiegenden Mehrheit der polnischen Bevölkerung auf die Judenvernichtung »in der Luft hängen«.
(Klein, Hillel [2003], S. 39.) Vgl. Anm. 54 in dieser Fallstudie.

146 Mit Kriegsende war die Leidenszeit der Juden Osteuropas noch nicht vorbei. Kurz danach kam es erneut zu heftigen blutigen Pogromen. (Höhepunkt war der 4. Juli 1946 in Kielce.)

Anlaß dafür waren in erster Linie Auseinandersetzungen zwischen den Kommunisten und ihren Gegnern. (Schon vor dem Krieg hatte es einen erbitterten Antibolschewismus gegeben, der von einem alten Haß auf Rußland herrührte.) Viele Mitglieder der polnischen kommunistischen Partei waren Juden, die sich am Wiederaufbau einer sozialistischen (das heißt sozial gerechten) Gesellschaft in Polen beteiligen wollten. Ihre Gegner benutzten die alten antijüdischen Vorurteile, die ihnen die Katholische Kirche lieferte.

Hinzu kam, daß sich Besitzungen (Eigentum) überlebender Juden in den Händen von Polen befanden, die sich hartnäckig weigerten, etwas davon zurückzugeben.

147 Kuper, Jack (1998), S. 176.

148 Kuper, Jack (1998), S. 176.

[149] Kuper, Jack (1998), S. 202.

[150] Kuper, Jack (1998), S. 130.

[151] Kuper, Jack (1998), S. 174.

[152] Ehlert-Balzer, Martin (1996), S. 304.

[153] Kuper, Jack (1998), S. 238.

[154] Kuper, Jack (1998), S. 197.
Die Bedeckung des Kopfes galt als würdige Haltung des freien Mannes vor der göttlichen Majestät und setzte sich später beim Gebet als religiöse Sitte durch.
Im traditionellen Judentum ist es aus Gottesfurcht üblich, beim Beten, beim Studium der Heiligen Schriften und bei Vollzug jeder religiösen Handlung die Kopfbedeckung aufzubehalten.
Der Bart war ein Zeichen männlicher Würde und diente als Schmuck. In biblischer Zeit wurde das Abscheren von Bart und Haupthaar untersagt (3 Mos 19, 27) und als entehrend empfunden (2 Sam 10, 4; Jes 7, 20 u. a.). Beim Kopfhaar wurde es Sitte, eine gewisse Haarmenge an der Schläfe stehenzulassen: die sogenannten Schläfenlocken (hebr. פֵּאָה [pea], Plural hebr. פֵּאוֹת [peot]). Unter dem Einfluß der lurjanischen Kabbala (Kabbala, geprägt von Isaak ben Salomo Luria Aschkenasi [1534-1572]) im osteuropäischen Judentum trugen die Chassidim Bärte und sehr lange, oft spiralförmige Schläfenlocken.

[155] Kuper, Jack (1998), S. 198.

[156] Kuper, Jack (1998), S. 198.

[157] Vgl. Ehlert-Balzer, Martin (2002): Die »Identifizierung mit dem idealisierten Aggressor« in der traumatischen Reaktion. Vorläufige klinische Bemerkungen. In: Analytische Kinder- und Jugendlichenpsychotherapie. 33 (116). 2002. S. 553-568.

[158] Kuper, Jack (1998), S. 200.

[159] Kuper, Jack (1998), S. 201.

[160] Kuper, Jack (1998), S. 201.
Ergänzend dazu die Antwort des Priesters: »You don't have to convert or repay anyone for your life.« (Kuper, Jack [1967], S. 217.)

[161] Juden mußten ihr Recht auf Leben kaufen (vgl. Anm. 52). Dieses Prinzip, das seit dem Mittelalter galt, übernahmen die Nationalsozialisten nur gelegentlich. Meistens enteigneten und beraubten sie die Juden, bevor sie sie ermordeten. Selten ließen sie sie für ihr Leben, öfter für ihren Tod bezahlen.

[162] Kuper, Jack (1998), S. 201.

[163] Bei Konversionsfragen blieben die Katholiken skeptisch: ein Jude, der zum Christentum übertrete, habe dadurch nicht aufgehört, Jude zu sein. Zwar wurde die Wirksamkeit des Taufsakraments verteidigt, doch könne der Jude wohl seine Religion, nicht aber die Eigentümlichkeit seiner Rasse aufgeben.

[164] Kuper, Jack (1998), S. 201.

[165] Kuper, Jack (1998), S. 202.

[166] Kuper, Jack (1998), S. 202.

[167] Vgl. Ehlert-Balzer, Martin (1996), S. 310.

[168] Kuper, Jack (1998), S. 201.

[169] Kuper, Jack (1998), S. 203.

[170] Kuper, Jack (1998), S. 203.

[171] Das Lubliner Kinderheim war Ende 1944 vom Zentralkomitee der Juden in Polen eröffnet worden, um die heimatlosen, verlassenen Kinder aufzufangen.

[172] Kuper, Jack (1998), S. 254.

[173] Kuper, Jack (1998), S. 255.

[174] Vgl. Klein, Hillel (2003), S. 225.

[175] Vgl. Kuper, Jack (1998), S. 216.

[176] Kuper, Jack (1998), S. 237.

Frida Scheps

[1] Scheps Weinstein, Frida (1983): A Hidden Childhood 1942-1945. Transl. [from French] by Barbara Loeb Kennedy. New York 1985 (Hill and Wang). [Umschlagtitel: A Hidden Childhood: A Jewish girl's sanctuary in a French convent, 1942-1945.]. [Origialtitel: J'habitais rue des Jardins Saint-Paul.]

[2] Scheps Weinstein, Frida (1983), S. 9.

[3] Fridas Mutter wurde an der Schweizer Grenze verhaftet, nach Deutschland »deportiert« und in Bergen-Belsen (oder Auschwitz: darüber gibt es unterschiedliche Angaben) ermordet.

[4] Die frühkindlichen unbewußten Todeswünsche gegenüber den eigenen Liebesobjekten scheinen dann gleichsam wie durch die magische Allmacht der kindlichen Gedanken ihre Erfüllung zu finden.

[5] Hogman, Flora (1988): The Experience of Catholicism for Jewish Children During World War II. In: Psychoanalytic Review. 75 (4). 1988. S. 511-532. S. 528.

[6] Klein, Hillel (2003): Überleben und Versuche der Wiederbelebung. Psychoanalytische Studien mit Überlebenden der Shoah und mit ihren Familien in Israel und in der Diaspora. Hrsg. v. Christoph Biermann u. Carl Nedelmann. Vorw. v. Jehuda Bauer. Übers. v. Barbara Strehlow. Stuttgart-Bad Cannstatt (frommann-holzboog). (Jahrbuch der Psychoanalyse. Beih. 20.) S. 260.

[7] Vgl. Scheps Weinstein, Frida (1983), S. 80.

[8] Scheps Weinstein, Frida (1983), S. 80. Vermutlich handelt es sich um den König von Ägypten Faruk I.

[9] Scheps Weinstein, Frida (1983), S. 80: »I really don't need him anymore«.

[10] Scheps Weinstein, Frida (1983), S. 4.

[11] Lorris im Departement Loiret wird mehrfach erwähnt – hier ist Frida wohl auch zuerst zur Schule gegangen.

[12] »Heide«: die Religionswissenschaft meidet diesen Ausdruck wegen seiner pejorativen Bedeutung.

[13] Ohne an dieser Stelle auf den Forschungshintergrund dieses Begriffes einzugehen, den Sigmund Freud nur ein einziges Mal im Zusammenhang mit der intergenerativen Weitergabe von Werten und Normen gebrauchte, soll hier seine Definition angeführt werden: »Dann dürfen wir aber annehmen, daß keine Generation imstande ist, bedeutsamere seelische Vorgänge vor der nächsten zu verbergen. Die Psychoanalyse hat uns nämlich gelehrt, daß jeder Mensch in seiner unbewußten Geistestätigkeit einen Apparat besitzt, der ihm gestattet, die Reaktionen anderer Menschen zu deuten, das heißt die Entstellungen wieder rückgängig zu machen, welche der andere an dem Ausdruck seiner Gefühlsregungen vorgenommen hat. Auf diesem Wege des unbewußten Verständnisses all der Sitten, Zeremonien und Satzungen, welche das ursprüngliche Verhältnis zum Urvater zurückgelassen hatte, mag auch den späteren Generationen die Übernahme jener Gefühlserbschaft gelungen sein.«
(Freud, Sigmund [1912/13]: Totem und Tabu. Einige Übereinstimmungen im Seelenleben der Wilden und der Neurotiker. Einl. v. Mario Erdheim. Frankfurt a. M. 1991 [Fischer Taschenbuch Verlag]. [Psychologie Fischer. 10451.] S. 214.)

[14] Jiddisch: »Muttersprache«.

[15] Scheps Weinstein, Frida (1983), S. 4.

[16] »She doesn't care about manners«, formuliert Frida später. (Scheps Weinstein, Frida [1983], S. 36).

[17] Scheps Weinstein, Frida (1983), S. 4.

[18] Scheps Weinstein, Frida (1983), S. 8.

[19] Scheps Weinstein, Frida (1983), S. 7.

[20] Scheps Weinstein, Frida (1983), S. 19.

[21] Vgl. Scheps Weinstein, Frida (1983), S. 53.

[22] Scheps Weinstein, Frida (1983), S. 11.

[23] Scheps Weintein, Frida (1983), S. 11.

[24] Keilson, Hans (1979), S. 45.

[25] Scheps Weinstein, Frida (1983), S. 36.

[26] Scheps Weinstein, Frida (1983), S. 77.

[27] Scheps Weinstein, Frida (1983), S. 103.

[28] Diese Puppe (S. 16, 18 u. 20) wird zunächst nicht wieder erwähnt, obgleich sie ein Stück Erinnerung war, obgleich Frida mit ihr hätte sprechen und ihre Selbstaspekte auf sie projizieren können. Doch, wie sie später gestand, schämte sie sich ihres kindischen

Benehmens. Allerdings ist es gerade Fridas Verhalten gegenüber der Puppe, durch das ihre Objektlosigkeit deutlich wird. Als sie während der Vorweihnachtszeit ihren Schrank zu einer Krippe umbauen wollte, war ihr die Puppe im Wege: »I've taken everything out of my locker, even my doll from Paris. I tossed her into my locker alongside my old shoes. She doesn't count anymore now that I'm a Christian. I think about her sometimes; I'd like to dress her up, but I'm ashamed to.« (Scheps Weinstein, Frida [1983], S. 76.)

[29] Ammerschubert, Silke (1996): Juden in Frankreich – Verfolgung und Rettung 1940-1944. In: Benz, Wolfgang / Juliane Wetzel (Hrsg.): Solidarität und Hilfe für Juden während der NS-Zeit: Regionalstudien. Berlin 1996 (Metropol). (Reihe Solidarität und Hilfe. 2.) S. 83-135. S. 105.

[30] Scheps Weinstein, Frida (1983), S. 19.

[31] Religionsgesetzlich bleibt ein von einer jüdischen Mutter geborenes Kind Glied des Judentums. Bekennt es sich zu einer anderen Religion, hat es lediglich das jüdische Religionsgesetz übertreten.

[32] Sándor Ferenczi meint mit »Unterwerfung« »die Art der archaischen, umfassenden, ich-zerstörenden [...] Identifikation mit dem traumatischen Introjekt«. (Hirsch, Mathias [1997]: Schuld und Schuldgefühl. Zur Psychoanalyse von Trauma und Introjekt. 3. Aufl. Göttingen 2002 [Vandenhoeck u. Ruprecht]. [Sammlung Vandenhoeck.] S. 115.) Das traumatische Introjekt ist der »idealisierte« Aggressor. (Vgl. Ehlert-Balzer, Martin [2002]: Die »Identifizierung mit dem idealisierten Aggressor« in der traumatischen Reaktion. In: Analytische Kinder- und Jugendlichenpsychotherapie. Jg. 33 [116]. 2002.)

[33] Vgl. Ehlert-Balzer, Martin (1996): Das Trauma als Objektbeziehung. In: Forum der Psychoanalyse. 12. 1996. S. 291-314. S. 295.

[34] Latein war Kirchensprache.

[35] Feier der Eucharistie.

[36] Scheps Weinstein, Frida (1983), S. 27.
»Good Lord« meint in diesem Zusammenhang wohl Jesus; dieser Begriff kann sich aber auch auf Gott oder die Dreieinigkeit beziehen.

[37] Scheps Weinstein, Frida (1983), S. 28.

[38] Zwei Textstellen verdeutlichen das: »Our group is walking as usual, with Sister Marie in the middle. I stay behind them to listen and watch them walk. Sometimes I go up to the front to hear better. But they push me – I don't move fast enough and I'm always in somebody's way.« (S. 39) Und: »They all do that while they wait, chatting about their families and personal affairs. I don't say anything. My life is different and nobody knows about it. I like to listen.« (S. 46).

[39] Scheps Weinstein, Frida (1983), S. 32.

[40] Scheps Weinstein, Frida (1983), S. 32.

[41] »Limbus« lat. = Rand. Vorraum der Hölle für die ohne eigene Schuld vom Himmel ausgeschlossenen Menschen. Vgl. Kapitel »Unterschiede zwischen Christentum und Judentum«.

[42] Vgl. Scheps Weinstein, Frida (1983), S. 49: hierin irrte sich Frida.

[43] Scheps Weinstein, Frida (1983), S. 50.

[44] Scheps Weinstein, Frida (1983), S. 50.

[45] Eine Art heidnisches Amulett.

[46] Vgl. Scheps Weinstein, Frida (1983), S. 50.

[47] Vgl. Scheps Weinstein, Frida (1983), S. 52.

[48] Vgl. Scheps Weinstein, Frida (1983), S. 52. Zugl.: Mt 3, 16.

[49] Tit 3,5; 1 Petr 1, 3. 23.

[50] Scheps Weinstein, Frida (1983), S. 76.

[51] Scheps Weinstein, Frida (1983), S. 82.

[52] Scheps Weinstein, Frida (1983), S. 90.

[53] Scheps Weinstein, Frida (1983), S. 98.

[54] Scheps Weinstein, Frida (1983), S. 100.

[55] Scheps Weinstein, Frida (1983), S. 101.

[56] Scheps Weinstein, Frida (1983), S. 104.

[57] Scheps Weinstein, Frida (1983), S. 106.

[58] Scheps Weinstein, Frida (1983), S. 133.

[59] Scheps Weinstein, Frida (1983), S. 64.

[60] Das Christentum übte auf die traumatisch geschwächten Ich-Funktionen der jüdischen Kinder einen regressiven Sog aus, weil es in ihnen Verschmelzungswünsche mobilisierte, sie jedoch auf diese Weise vor narzißtischer Entleerung bewahrte.

[61] Annegret Eckhardt beschreibt das selbstbeschädigende Verhalten in Religionen und Ritualen, das »der Buße, der Sühne, der Entlastung von Schuld und der Befreiung des Geistes (der Seele)« von niederen menschlichen Bedürfnissen gedient habe. Christliche Märtyrer fügten sich in Identifikation mit Jesus teilweise erhebliche körperliche Leiden (auch durch Selbstgeißelung) zu. »Sie glaubten [...], sie könnten über dieses Verhalten eine Art höhere Form des Daseins erreichen und Gott näherkommen.« Franz von Assisi (1182-1226) beispielsweise entwickelte die Wunden Jesu am eigenen Körper. – Diese Selbstbeschädigungsrituale hielten sich bis ins 15. Jahrhundert.

(Vgl. Eckhardt, Annegret [1994]: Im Krieg mit dem Körper. Autoaggression als Krankheit. Reinbek bei Hamburg (Rowohlt Taschenbuch Verlag). (rororo Sachbuch.) S. 14-16.

Bei Frida mag es sich um einen moralischen Masochismus gehandelt haben; der gesuchte Schmerz war Ausdrucksmittel für die Lust an der Unterwerfung und Demütigung.

[62] Scheps Weinstein, Frida (1983), S. 102.

[63] Scheps Weinstein, Frida (1983), S. 102.

[64] Scheps Weinstein, Frida (1983), S. 76. Vgl. Anm. 28 in dieser Fallstudie.

[65] Scheps Weinstein, Frida (1983), S. 107.

[66] Vgl. Scheps Weinstein, Frida (1983), S. 108.

[67] Martin Ehlert-Balzer deutet den posttraumatischen Masochismus als Ausdruck einer Sexualisierung der Straffunktionen des Über-Ich, das sich mit den archaischen Schuldgefühlen verbunden habe und seine Energie aus Haßimpulsen beziehe, die das Ich gegen sich selbst richte. (Vgl. Ehlert-Balzer, Martin [1996]: Das Trauma als Objektbeziehung. In: Forum der Psychoanalyse. 12. 1996. S. 291-314. S. 306.)

[68] Scheps Weinstein, Frida (1983), S. 109: hierin irrte sich Frida.

[69] Und fügt hinzu: »Es könnte sich sogar herausstellen, daß die Identifizierung mit dem Aggressor letztlich den einzigen Weg darstellt, auf dem das Ich wenigstens annähernd zu seinem prätraumatischen Funktionsniveau zurückkehren kann.« (Ehlert-Balzer, Martin [2002]: Die »Identifizierung mit dem idealisierten Aggressor« in der traumatischen Reaktion. In: Analytische Kinder- und Jugendlichenpsychotherapie. 33 [116]. 2002. S. 553-568. S. 567.)

[70] Scheps Weinstein, Frida (1983): »I myself don't say a word« (S. 19); »But I don't dare ask« (S. 28); »I follow them and watch them walk« (S. 28); »But I don't say anything« (32); »But I don't say anything« (S. 36); »Our group is walking as usual, with Sister Marie in the middle. I stay behind them to listen and watch them walk. Sommetimes I go up to the front to hear better. But they push me – In don't move fast enough and I'm always in somebody's way« (S. 39); »I remain silent« (S. 50); »I don't answer« (S. 60); »I have nothing to say« (S. 80); »I don't talk to anyone« (S. 125); »But I'm terribly awkward and I stammer« (S. 116); »I don't take part« (S. 135); »[…]I am not worthy enough.« (S. 136); »I don't answer« (S. 141); »I don't say anything. I'm not good at talking about myself« (S. 148).

[71] Bohleber, Werner (2000), S. 821.

[72] Bohleber, Werner (2000), S. 821.

[73] Scheps Weinstein, Frida (1983), S. 46.

[74] Scheps Weinstein, Frida (1983), S. 63.

[75] Scheps Weinstein, Frida (1983), S. 63. Nachträglich konstruiert die Autorin eine Assoziation, die sie als französisches Kind nicht hat haben können; denn »sterben« heißt im Französischen »mourir« und nicht »to die«, beziehungsweise partizipial »dying«.

[76] Scheps Weinstein, Frida (1983), S. 64.

[77] Niemand hatte sie das Schloß verlassen sehen. – Während Frida ein Kleid der Wohltätigkeitsorganisation anprobierte, belauschte sie ein Gespräch von Mademoiselle Laura und dem Wäsche-Mädchen im Nebenzimmer: »Es macht mich krank, ihre Eltern und zwei ältere Brüder sind nicht von der ›Deportation‹ zurückgekehrt!« »Armes Ding«, erwiderte das Wäsche-Mädchen. Mademoiselle Laura erhob ihre Stimme: »Und denken Sie, eine Tante aus Versailles tauchte auf; sie meinte, sie habe das Recht, Henriette zurückzurufen. Natürlich lehnte die Schule es ab, sie gehen zu lassen. Es ist eine große

Verantwortung. Sie war uns von ihren Eltern anvertraut worden. Und wissen Sie was? Die Tante drohte, die Polizei zu rufen. Sie müssen zugeben, das geht ein bißchen zu weit. Das Mädchen ist siebzehn Jahre alt. In dem Alter sollte jemand wissen, was er tun soll.« »Henriette war gern hier!« sagte das Wäsche-Mädchen. »Es bricht mir das Herz«, beendete Mademoiselle Laura das Gespräch. »Länger als drei Jahre haben wir sie hier versteckt, wir ernährten sie, und dann geht sie, verläßt uns mit bitterer Miene, als schuldeten wir ihr etwas. Es war unsere Mutter Oberin selbst, die mir sagte, daß sie ihr einen Vorrat an Unterwäsche geben wollte, – und das undankbare Mädchen lehnte es ab, das anzunehmen. Was für ein Charakter! Sie ist immer stolz geblieben. Sie ist stets ihren eigenen Weg gegangen. In allen übrigen Dingen war sie über jeden Vorwurf erhaben. Nach Aussage der Schwestern hatte sie ein außerordentliches Gedächtnis für religiöse Studien, sie war den anderen ein oder zwei Lektionen voraus. Sie war eine Heilige. Aber glauben Sie mir, *diese* Leute können Sie nicht konvertieren!«
Frida sah Henriettes karierten Arbeitskittel auf dem mit Leinen beladenen Tisch liegen. Sie ließ ihr Taschentuch in der Tasche und irgend etwas Kantiges. Frida trat näher heran und berührte es: es war ihr Rosenkranz, angefertigt aus glänzenden Perlmutter-Perlen und einem vergoldeten Kreuz. Es war ein besonderes Geschenk der Mutter Oberin gewesen. (Vgl. Scheps Weinstein, Frida [1938], S. 137 f.)

[78] Vgl. Scheps Weinstein, Frida (1983), S. 137: »Henriette, my great dream … the hope of getting close to her one day, of getting to know this mysterious girl, all was lost.«

[79] Das alte Volk Israel: von Gott auserwählt, vom Christentum verflucht. – Infolge ihres malignen Introjekts neigte Fridas Über-Ich zu rigider Strenge und dazu, die Welt in gute und böse Kräfte einzuteilen.

[80] Vgl. Scheps Weinstein, Frida (1983), S. 115.

[81] Scheps Weinstein, Frida (1983), S. 115.

[82] Vgl. Scheps Weinstein, Frida (1983), S. 122.

[83] Vgl. Laub, Dori / Nanette C. Auerhahn (1991): Zentrale Erfahrung der Überlebenden: Die Versagung von Mitmenschlichkeit. In: Stoffels, Hans (Hrsg.): Schicksale der Verfolgten. Psychische und somatische Auswirkungen von Terrorherrschaft. Berlin, Heidelberg, New York (Springer). S. 254-276. S. 255 f. u. 262.

[84] Frida »unterwarf« und demütigte sich. Ihr gekrümmter Rücken assoziiert die Redensart »zu Kreuze kriechen«. In der Kirche des Mittelalters galt es als eine Form strenger Buße, am Gründonnerstag oder Karfreitag auf den Knien zum Kreuz zu kriechen.

[85] Vgl. Scheps Weinstein, Frida (1983), S. 126.

[86] Frida hatte bisher nicht geweint, nicht bei der schlimmen Ahnung, daß ihre Mutter nicht mehr in Paris sein könnte, nicht bei der Kreuzigung Jesu, obgleich sie wegen Judas Grund dafür zu haben meinte.

[87] Vgl. Scheps Weinstein, Frida (1983), S. 126 f.

[88] Lat. = Zelt, Hütte: ein kunstvoll gearbeitetes (im Mittelalter tragbares) festes Gehäuse zur Aufbewahrung der geweihten Hostien auf dem katholischen Altar oder in seiner Nähe.

[89] Jesu Blut wurde natürlich nicht in der Hostie transsubstantiiert, sondern im Wein.

[90] Vgl. Scheps Weinstein, Frida (1983), S. 147: Aus dieser kurzen Bemerkung wird klar, daß Frida körperlich gezüchtigt worden ist.

[91] Vgl. Scheps Weinstein, Frida (1983), S. 147.

[92] Am 25. August 1944 rückten amerikanische und französische Truppen (unter General Charles de Gaulle) in Paris ein.

[93] Es könnte Oradour gemeint sein: Am 10. Juni 1944 besetzten deutsche Truppen die französische Ortschaft Oradour-sur–Glane (Département Haute-Vienne). Sie trieben die Einwohner zusammen, erschossen die Männer und verbrannten Frauen und Kinder in einer Kirche. Danach zogen sie plündernd durch den Ort und legten die Häuser in Asche.

[94] Vgl. Laub, Dori /Nanette C. Auerhahn (1991), S. 255.

[95] Scheps Weinstein, Frida (1983), S. 148.

[96] Es gab in Paris kein Zuhause mehr.

[97] Keilson, Hans (1979), S. 203.

[98] Keilson, Hans (1979), S. 204.

[99] Scheps Weinstein, Frida (1983), S. 151.

[100] AFP ist ein führendes französisches Nachrichtenbüro mit Sitz in Paris. Es versorgt französische und viele ausländische Zeitungen und Rundfunkanstalten mit Nachrichten.

[101] Informationen einer kurzen, dem Buch angefügten Vita.

[102] Hogman, Flora (1988), S. 514: Frida berichtet im Interview: »I was happy to be separated from my mother; then I didn't need a family. I was a daughter of the church. The ritual was part of being part of everyone. The church was so beautiful: the hymns, the flowers, the statues. It was like a magic world. Mary was the mother. We can see her on the altar; with her big white veil, flowers and candles.«

[103] Hogman, Flora (1988), S. 529.

Renée Roth

[1] Nach einem alten jüdischen Brauch, der sich allerdings nicht auf die Tora berufen kann, sollte das Kopfhaar einer verheirateten Frau aus Keuschheit vor fremden Männern verhüllt werden. Vom Mittelalter bis in die neueste Zeit pflegten Frauen ihre Haare nach der Hochzeit ganz abzuschneiden und ihren Kopf mit einer Haube oder einer Perücke (»Scheitel«) zu bedecken.

[2] Roth-Hano, Renée (1988): Touch wood. A Girlhood in Occupied France. New York, London, Victoria [u. a.] (Puffin Books). (A Puffin Book. 19.)

[3] Das Schicksal Frida Scheps Weinsteins ist in der vorliegenden Arbeit analysiert worden. Die Psychoanalytikerin Flora Hogman wurde im Kapitel »Stand der Forschung« erwähnt. Sie ist Jahrgang 1935 und überlebte versteckt in einem Kloster und in verschiedenen christlichen Familien in Frankreich.

[4] Vgl. Hilberg, Raul (1961): Die Vernichtung der europäischen Juden. Die Gesamtgeschichte des Holocaust. Hrsg.: Ulf Wolter. Aus d. Amerikan. v. Christian Seeger [u. a.] Berlin 1982 (Olle u. Wolter). S. 424 f.

[5] Vgl. Roth-Hano, Renée (1988), S. 30 f.

[6] Vgl. Roth-Hano, Renée (1988), S. 31.

[7] Vgl. Roth-Hano, Renée (1988), S. 31.

[8] Liberté, Egalité, Fraternité waren die 1793 geprägten Losungsworte und Ideale der Französischen Revolution.

[9] Von Marschall Pétain, dem Helden des großen Krieges (Erster Weltkrieg), erhoffte man, daß er die Juden beschützen würde. Überall hingen seine Bilder, auf denen er wie ein gütiger Großvater aussah.

[10] Ein Kind dieses Alters ist zu solchen Argumenten noch nicht fähig, weil das logische, abstrakte Denken erst in der Adoleszenz voll ausgebildet wird.

[11] Obgleich Renée und ihre Familie zu den sogenannten »eingebürgerten« Franzosen gehörten, wurden sie nicht als wirkliche Franzosen betrachtet, denn irgend etwas unterschied sie: sie galten als »unassimilierbar«.

[12] Roth-Hano, Renée (1988), S. 49.

[13] Roth-Hano, Renée (1988), S. 107.

[14] Das entspricht nicht ganz den Tatsachen: Judenretter in Frankreich sowie in den meisten von den Deutschen besetzten westeuropäischen Ländern wurden in der Regel inhaftiert, manchmal in ein Konzentrationslager eingeliefert, nur in sehr seltenen Fällen ermordet.
Ganz anders war die Situation in Polen. Die Retter wurden unerbittlich verfolgt und gnadenlos mit dem Tod bestraft. Besonders auf dem Lande wurden Todesurteile zur Abschreckung in Kollektivstrafen umgesetzt. Die Deutschen ermordeten in solchen Fällen ganze Familien und auch deren Nachbarn.

[15] Vgl. Ammerschubert, Silke (1996): Juden in Frankreich – Verfolgung und Rettung 1940-1944. In: Benz, Wolfgang / Juliane Wetzel (Hrsg.) (1996): Solidarität und Hilfe für Juden während der NS-Zeit: Regionalstudien. Berlin (Metropol). (Reihe Solidarität und Hilfe. 2.) S. 83-135. S. 105.

[16] Keilson, Hans (1979), S. 199.

[17] Baeyer, Walter Ritter von / Heinz Häfner / Karl-Peter Kisker (1964): Psychiatrie der Verfolgten: Psychopathologische und gutachtliche Erfahrungen an Opfern der nationalsozialistischen Verfolgung und vergleichbarer Extrembelastungen. Berlin, Göttingen, Heidelberg (Springer).
Zit. nach: Keilson, Hans (1979), S. 199.

[18] Vgl. Keilson Hans (1979), S. 199.

[19] La Chaumière, frz. = kleines Bauernhaus, Kate.

[20] Vgl. Roth-Hano, Renée (1988), S. 137.

[21] Roth-Hano, Renée (1988), S. 137 f.

[22] Vgl. Keilson, Hans (1979), S. 45.

[23] Roth-Hano, Renée (1988), S. 130.

[24] Gampel, Yolanda (1994): Trauma-Schicksale. Kindheit im Schatten von Verfolgung und Tod. In: Terrorlandschaften der Seele. Beiträge zur Theorie und Therapie von Extremtraumatisierungen. Hrsg. v. Hans Stoffels. Regensburg 1994 (Roderer). S. 104-113. S. 106.

[25] Roth-Hano, Renée (1988), S. 143.

[26] In der Synagoge gilt die Kopfbedeckung als Zeichen des freien Mannes vor der Majestät Gottes.

[27] Der Gottesdienst in Synagogen bewegt sich in einem eher offenen Zeitrahmen.

[28] Gemeint ist die geweihte Hostie, der als der Leib Jesu Zeichen der Verehrung gebührt. Der Tabernakel (lat. tabernaculum = Hütte, Zelt) ist ein Gehäuse zur Aufbewahrung dieser konsekrierten eucharistischen Hostien. Er bleibt in der Kirche und steht meistens auf dem Hauptaltar. Demgegenüber stellt die Monstranz (lat. monstrare = zeigen) den eucharistischen Leib Jesu in Form einer großen Hostie, umschlossen von einem häufig runden durchsichtigen Behältnis, zur Gewähr öffentlicher Anbetung (bei Prozessionen) zur Schau.

[29] Es fällt auf, daß beinahe alle Nicht-Juden in der Erinnerung der Autorin blond sind. Offenbar wirkte die verheerende stereotype Vorstellung: blond = »arisch«; dunkel = jüdisch, auch später noch in ihr nach.

[30] Die Jungen waren Ministranten.

[31] Roth-Hano, Renée (1988), S. 167.

[32] Wie leibfeindlich die Nonnen waren, erlebten die drei Mädchen im Winter, als Denise Renées kalte Beine und Füße massierte. Die Mutter Oberin sah darin eine sexuelle Handlung.

[33] Vgl. Keilson, Hans (1979), S. 199.

[34] Die Überlegungen der Kinder sind vermutlich nicht authentisch, sondern nachträglich formuliert.

[35] Vgl. Roth-Hano, Renée (1988), S. 160.

[36] Die Kinder hatten sich mit den Werten und den Moralvorstellungen ihrer Eltern identifiziert, mit der Festigung ihres Über-Ich ein Empfinden des eigenen Selbst und der eigenen Identität gewonnen und damit ein Gefühl der Selbstverantwortlichkeit. Ihre außerfamiliären sozialen Kontakte hatten letzteres gestärkt und zur

Selbstwertentwicklung beigetragen. Doch noch brauchten sie die Eltern, die sich ihnen als Hilfs-Ich zur Verfügung stellten.

[37] Das war nicht dem Wirken Gottes zuzuschreiben, sondern beruhte auf der Initiative der Kirche. – Thérèse von Lisieux, Karmeliterin (1873-1897): 1925 heilig gesprochen.

[38] Auch jüdischen Männern ist nicht gestattet, den heiligen Text der Tora mit der Hand zu berühren. Beim Lesen weisen sie mit einem kleinen Stab auf die einzelnen Wörter hin. Ebensowenig dürfen sie den Namen Gottes aussprechen: Die in allen semitischen Sprachen gebrauchte Bezeichnung für Gott ist El [hebr. אֵל]. Ihr wurden zahlreiche Attribute beigegeben. Der Gott Israels offenbarte Seinen Namen nur Moses. Bedeutung und Aussprache der vier Konsonanten יהוה bleiben unklar. Nur der Hohepriester durfte diesen heiligen Namen am Jom Kippur voll und deutlich aussprechen. Sein (des Namens, Verf.) Geheimnis bewirkte eine große Scheu, so daß man bei der Erwähnung Gottes auf Ersatznamen wie Adonay [hebr. אֲדֹנָי = Herr], HaSchem [hebr. הַשֵּׁם = der Name] und viele ähnliche zurückgriff.

[39] Zehn Juden = »Minjan« [hebr. מִנְיָן = Zahl]. Für einen jüdischen Gottesdienst müssen zehn Männer am Beginn und sechs am Ende der Lesung anwesend sein.

[40] Roth-Hanno, Renée (1988), S. 162.
Der Katechismus ist ein Lehrbuch des christlichen Glaubens und kein biblischer Text. Letzterer, als Offenbarung Gottes betrachtet, würde eine gewisse Worttreue erfordern.

[41] Roth-Hanno, Renée (1988), S. 169.

[42] Es irritiert, daß eine »Abbildung« Gottes in ein jüdisches Kinderbuch aufgenommen worden war.

[43] Roth-Hanno, Renée (1988), S. 170.

[44] Ähnlich wie bei Frida Scheps war diese Puppe ein Stück Erinnerung. Im Gegensatz zu Frida sprach Renée mit ihr, machte sie in ihrer Einsamkeit zu ihrer einzigen Vertrauten.

[45] Roth-Hanno, Renée (1988), S. 171.

[46] Roth-Hanno, Renée (1988), S. 171.

[47] Freud, Sigmund (1926): Hemmung, Symptom und Angst. In: Freud, Sigmund (1952): Gesammelte Werke. Chronologisch geordnet. Bd. 1-17; Bd. 18: Gesamtreg. u. 1 unnumerierter Nachtragsbd. Nachdr.: Frankfurt a. M. 1999 (Fischer Taschenbuch Verlag). Bd. 14, S. 111-205. S. 149.

[48] In ihrem jüdischen Elternhaus hätte man das »Mizwot« (hebr. מִצְוֹת = Gebote Gottes): Ausdruck für die religiösen Forderungen und Pflichten, genannt.

[49] Die Judaserzählung ist widersprüchlich: entweder war er vom Satan besessen und deshalb unschuldig; oder er war schuldig, aber voller Gewissenspein, also ein schwacher Sünder.

[50] Roth-Hanno, Renée (1988), S. 196.

[51] Walter Laqueur äußert sich dazu wie folgt:

»Kommen wir noch zu Frankreich, der besetzten Zone und Vichy. Die Verhaftungen begannen im Juli 1942 mit der großen Razzia in Paris (Vél d'Hiv), als einige 13 000 staatenlose Juden zusammengetrieben wurden. Zahlreiche weitere Festnahmen folgten, und einen Monat später begannen die Züge nach Auschwitz zu rollen. Den Erläuterungen der Vichy-Regierung zufolge wurden die Juden nach Südpolen gebracht, wo man sie in verschiedenen öffentlichen Bauvorhaben beschäftigen wolle. Man hatte sich von Anfang an auf solche Sprachregelungen geeinigt und bekräftigte sie bei einem Treffen zwischen Pierre Laval, dem Vichy-Premier, und Helmut Knochen, Befehlshaber der Sicherheitspolizei und des SD in Frankreich. Mehr als in jedem anderen Land versuchten die Deutschen in Frankreich, einen Schleier über die wahre Bedeutung der Deportationen zu breiten; der von den Machthabern bevorzugte Ausdruck war ›Umsiedlung‹ statt Verschickung oder Deportation.« (Laqueur, Walter [1980]: Was niemand wissen wollte. Die Unterdrückung der Nachrichten über Hitlers »Endlösung«. Ins Dt. übertr. v. Otto Weith. Frankfurt a. M., Berlin, Wien 1982 [Ullstein]. [Zeitgeschichte. Ullstein Buch. 33027.] S. 53.
Und:
»In den Jahren 1942/43 wurden keine Einzelheiten über die Technik der Ausrottung veröffentlicht, und in der reichsdeutschen, der französischen, belgischen und niederländischen Presse stand verhältnismäßig wenig über Deportationen. Manches sickerte trotzdem gelegentlich durch.« (Laquer, Walter [1980], S. 267.)

[52] Natürlich war auch sie beeinflußt von der Unvereinbarkeit der beiden Gottesbilder: dem jüdischen Gott der Rache und dem christlichen Gott der Liebe. Diese Unterscheidung wird immer wieder benutzt, um zu zeigen, daß die christliche Gottesauffassung die jüdische überwunden habe. Seit wann es sie gibt, ist nicht ganz genau zu bestimmen. Die Gnostiker hatten den Demiurgos (gr. δημιουργός = Schöpfer, Urheber) als den Schöpfer der Welt, den Erlöser und Gesetzgeber Israels, dem höchsten Gott der Liebe und Gnade untergeordnet. Von ihnen stammt vermutlich auch die Bezeichnung des Demiurgos als »Gott der Rache«. Diese gnostische Lehre wurde von den christlichen Kirchenvätern als »unchristlich« bekämpft. Allerdings wurde sie später von den Gegnern des Judentums wiederaufgenommen. Die Übersetzung »Gott der Rache« stammt von Martin Luther. Das hebräische Wort für Rache נָקָם [nakam] kann auch »gerechte Sühne« (2 Mos 21, 20) und »Vollstreckung der göttlichen Gerechtigkeit« (vgl. Ps 94) bedeuten.

War es für jüdische Kinder schon heikel, zwischen dem jüdischen und dem christlichen Gott unterscheiden zu müssen, so wurde die Sache noch verwickelter bei der Dreieinigkeit des christlichen Gottes. Der Heilige Geist war halbwegs begreifbar durch die jüdische Vorstellung eines Ruach haKodesch (hebr. רוּחַ־הַקֹּדֶשׁ) = göttlicher, heiliger Geist, keiner Person, sondern einer göttlichen Kraft, wie sie zum Beispiel in der Schechina wirkt. Erste Belegstellen dafür sind Jes 63,10 u. 11 und Ps 51,23.

Die Wesenheit des christlichen Gottes wurde nicht als Mysterium bewahrt, sondern häufig figürlich in drei Personen dargestellt, wie folgende Abbildung zeigt. Es ist der sogenannte »Töpferaltar« aus der Helenenkirche in Baden bei Wien. Er entstand wohl um

1500 und wurde zuerst im Wiener Stephansdom aufgestellt. Von links nach rechts: Jesus, Gottvater und der Heilige Geist.

53 Roth-Hano, Renée (1988), S. 199.

54 Roth-Hano, Renée (1988), S. 216.

55 Die Entscheidung der Eltern bleibt auch im weiteren Verlauf des autobiographischen Textes unklar, vermutlich hing sie mit deren eigener schweren Traumatisierung zusammen. Selbst nach 49 Jahren, in einem Interview, das die Autorin 1993 mit Jane Marks geführt hat, geht sie nicht darauf ein. (Vgl. Marks, Jane [1993], S. 46-52.)

56 Darüber hinaus mochten die Eltern auch die Gefährdung der Mutter Oberin bedacht haben. Allerdings hätte den Roth-Kindern bei Verdacht auch kein Taufzeugnis helfen können, da für die Nationalsozialisten allein das rassische Merkmal ausschlaggebend war. Auch die jüdische, zum Christentum konvertierte Philosophin Edith Stein wurde 1942 in Auschwitz ermordet.

57 Roth-Hano, Renée (1988), S. 227.

58 Bildreportage als Zeitdokument. Die erste Wochenschau entstand 1907 in Frankreich. Seit dem 10. September 1930 erschien die erste UFA-Ton-Wochenschau, die als Teil jedes Kino-Programms in der Regel vor dem Spielfilm ausgestrahlt wurde. Vorgänge, die die Aufmerksamkeit der Zuschauer auf sich ziehen sollten, wurden in »Zeitlupe« gezeigt.

59 Vgl. Roth-Hano, Renée (1988), S. 228. Das ganze Ausmaß der Schoa wurde erst nach dem Krieg offenbar.

60 Roth-Hano, Renée (1988), S. 228.

61 Roth-Hano, Renée (1988), S. 229.

62 Roth-Hano, Renée (1988), S. 229.

63 Roth-Hano, Renée (1988), S. 230.

64 Zerbrochen waren wohl ihre früheren Selbstbilder, ihre Kinderrepräsentanzen.

65 Roth-Hano, Renée (1988), S. 243.

66 Vgl. Marks, Jane (1993), S. 46-52.

67 Roth-Hano, Renée (1988), S. 295.

68 Roth-Hano, Renée (1988), S. 297.

69 Marks, Jane (1993), S. 46.

70 Vgl. »Einleitung« zu dieser Arbeit.

Valent, Paul (1997): Auswirkungen des Holocaust auf überlebende jüdische Kinder: Traumen und Spätfolgen nach 50 Jahren. In: Psyche. 52. 1998. S. 751-771.

71 Das Gebet, um das es auf der letzten Seite der Autobiographie geht, ist ein Tischgebet, das im christlichen Kontext vor der Mahlzeit eine Bitte um Segen ist, nach der Mahlzeit ein Dank.
Renée und ihre Schwestern hatten vielfältige Rituale des christlichen Gebets kennengelernt, die unmittelbarer Ausdruck der durch Jesus begründeten neuen Beziehung des Menschen zu Gott sind (vgl. das »Vaterunser«). Im Vertrauen auf Gottes liebevolle Fürsorge und auf Seine Erhörung, steht das Bittgebet im Vordergrund. Lob- und Dankgebete werden zu verschiedenen Anlässen: Feier- und Gedenktagen, Tages- und Jahreszeiten, örtlichen Gegebenheiten gesprochen.
Die jüdische Gebetspraxis weist einige, nicht sehr wesentliche Unterschiede sowohl in Formen und Strukturen als auch in Gesten und Haltungen auf: Gebete werden mehr in der Gemeinschaft als von Einzelnen gesprochen, überdies gibt es eine beinahe unüberschaubare Anzahl von Segenssprüchen (berachot).
Das Tischgebet, das heißt der Segensspruch, der nach der Einnahme einer Mahlzeit mit Brot gesprochen wird, ist ein längeres Gebet: »birkat hamason« [בִּרְכַּת הַמָּזוֹן = Lobpreisung über Speise]. In den alten Quellen wird es »beracha« genannt, im Volksmund »Benschen« (jidd.). Es gehört in die Kategorie der »birchot hanehenin« [בִּרְכוֹת הַנֶּהֱנִין = Lobpreisungen über Genüsse]. Da nach jüdischer Auffassung alles, was in der Welt ist, Gott gehört, ist der Mensch, der sich davon etwas nimmt, Gott zu Dank verpflichtet. Es gibt eine Anzahl von Lobpreisungen, die beim Verzehr verschiedener Nahrungs- und Genußmittel gesprochen werden. Sie gliedern sich in Segenssprüche, die vor und die nach dem Verzehr gesprochen werden. Die vorausgehenden Lobpreisungen (»berachot rischonot«) beziehen sich entweder auf Speise und Trank oder auf Wohlgerüche; die nachfolgenden Lobpreisungen (»berachot acharonot«) beziehen sich nur auf Nahrungsmittel.
(Zur Erläuterung:
beracha [hebr. בְּרָכָה = ein Segen] – die Pluralform: berachot [hebr. בְּרָכוֹת = die Segen]. birkat [hebr. בִּרְכַּת] ist Status constructus von beracha. birkot / birchot [hebr. בִּרְכַּת / בִּרְכוֹת] ist Status constructus von berachot. Mit Hilfe des Status constructus wird eine Genitivverbindung gebildet.)

72 Roth-Hano, Renée (1988), S. 297.

73 Roth-Hano, Renée (1988), S. 295.

74 Roth-Hano, Renée (1988), S. 297.

75 Vgl. Marks, Jane (1993), S. 50 f.

76 Marks, Jane (1993), S. 52.

Schlußbetrachtung

[1] Vgl. Körte, Mona (2001): Die Erinnerung bergen. Versteck und Rettung jüdischer Kinder im belgischen Nonnenkloster. In: Benz, Wolfgang / Mona Körte (Hrsg.) (2001), S. 107-128. S. 128.

[2] Eine der wenigen Ausnahmen davon bildet der Historiker Saul Friedländer, vermutlich, weil er selbst ein überlebendes jüdisches Kind ist.

[3] Für die Nationalsozialisten war allein das rassische Merkmal ausschlaggebend. Auch die jüdische, zum Christentum konvertierte Philosophin Edith Stein wurde 1942 in Auschwitz ermordet.
Die Bedeutung des Wortes »Rettung« an sich war umstritten: Rettung der Seele oder Rettung der physischen Existenz oder beides zusammen in der häufig einseitigen jüdischen Interpretation in bezug auf die »Rückführung« der Kinder?

[4] Es sei in diesem Zusammenhang an das Rundfunkmanuskript einer Mitarbeiterin der Zentralen Jüdischen Historischen Kommission aus dem Jahre 1945 erinnert, das auf Zeugenaussagen der überlebenden Kinder basierte: »[...] weil die Stimmen von Hunderttausend« (damals verfügte man noch nicht über genaue Opferzahlen, Verf.) »ermordeter Kinder niemals wieder zu hören sein werden [...]«
(Vgl. Kapitel »Stand der Forschung«, Anm. 9.)

[5] Langer, Lawrence (1988): The Dilemma of Choice in the Death Camps. In: Rosenberg, Alan / Gerald Myers (Hrsg.) (1988): Echoes from the Holocaust. Philosophical Reflections on a Dark Time. Philadelphia. S. 118-127. Zit. nach: Dwork, Debórah (1991), S. 261.

[6] Vgl. Ehlert-Balzer, Martin (1996), S. 304 f.

[7] Der Ausdruck »Bild« wird hier nur als Surrogat gebraucht; denn er verstößt gegen das erste christliche beziehungsweise gegen das zweite jüdische der zehn Gebote.

[8] David, Janina (1982), S. 24.

[9] David, Janina (1982), S. 20.

[10] David, Janina (1982), S. 274.

[11] Roth-Hano, Renée (1988), S. 171.

[12] Vgl. Roth-Hano, Renée (1988), S. 199.

[13] Kuper, Jack (1998), S. 112.

[14] Dem Namen kommt im Judentum eine hohe Bedeutung zu: Gott benannte Seine Schöpfung und gebot dem ersten Menschen, jedem Wesen einen Namen zu geben. Adam gab seiner Frau den Namen Eva, und ihre Nachkommen wurden in umfänglichen Geschlechterregistern und Völkertafeln mit Namen genannt.

Gott, so heißt es im Tenach, ruft jeden Menschen mit Namen:

> »Jetzt aber, so hat Er gesprochen, dein Schöpfer, Jakob,
> dein Bildner, Jissrael, fürchte dich nimmer, denn ich habe
> dich ausgelöst, ich habe dich mit Namen berufen, du bist mein.«

(Die Schrift [1925-1961]. Bd. 3: Bücher der Kündung. S. 135 f. [Jes 43, 1].)

[15] Vgl. Kestenberg, Judith S. (1990): Kinder unter dem Joch des Nationalsozialismus. In: Jahrbuch der Psychoanalyse. Bd. 28. 1991. Stuttgart-Bad Cannstatt (frommann-holzboog). S. 179-209. S. 199.

[16] Friedländer, Saul (1979), S. 100.

[17] David, Janina (1982), S. 41.

[18] Gemeint sind hier die sogenannten »Poesiealben« von Schulkindern, in die sich Freunde und Klassenkameraden mit einigen Versen und Widmungen eintrugen.

[19] David, Janina (1983), S. 13.

[20] Kuper, Jack (1998), S. 127.

[21] Diese seltsame Unterscheidung zwischen »jüdischem« und »christlichem« Gott findet sich in zahlreichen Veröffentlichungen osteuropäischer Juden, sie scheint verbreitet gewesen zu sein; ob nur während der Schoa oder auch in der Zeit davor, bleibt unklar. Selbst der israelische Psychoanalytiker Hillel Klein gebraucht diese Begriffe kommentarlos. Es kann vermutet werden, daß diese Annahme mit den unterschiedlichen Gottes»bildern« beider Religionen zusammenhängt.

[22] Aber bezeichnet nicht der Evangelist Johannes den Vater der Juden: Gott, als Teufel und die Juden als »Teufelskinder«? (Joh 8, 37-45)

[23] Entsprechend heißt es bei Mk 11, 24:
»Darum sage ich [Jesus, Verf.] euch: Alles, was ihr bittet
in eurem Gebet, glaubt nur, daß ihr's empfangt, so wird's
euch zuteilwerden.«

[24] Vgl. Friedländer, Saul (1979), S. 84.

[25] Bisweilen entwickelten Latenzkinder bei zunehmenden Loyalitätskonflikten kritische Fähigkeiten, die es ihnen erlaubten, nicht völlig mit der neuen Umgebung zu verschmelzen.

[26] David, Janina (1982), S. 20.

[27] Friedländer, Saul (1979), S. 127.

[28] Friedländer, Saul (1979), S. 127 f.

[29] Sein ursprünglicher Vorname war Aaron. Durch die »Deportation« und Ermordung seiner Mutter in Auschwitz war Lustiger unmittelbar von der Schoa betroffen. Für seine Eltern, die aus Polen geflohen waren, spielte Religion keine so große Rolle. Sein Großvater allerdings war Rabbiner. Lustiger starb am 5. August 2007.

[30] Adam Daniel Rotfeld wurde 1938 in Przemyślany (Ukraine) geboren. Sein Vater vertraute ihn Ende des Jahres 1941 einem Kloster in Uniow an. Er wurde von den Mönchen christlich erzogen und blieb auch später im Katholizismus, da er von seiner jüdischen Vergangenheit kaum etwas wußte. Seine Eltern wurden von den Deutschen ermordet.

[31] Jüdische Schriftstellerin und Übersetzerin. Persönliche Mitteilung vom 23. Januar 2008 in Hannover.

[32] Cohen, Israel (1950): Contemporary Jewry. London (Methuen). S. 263 f. Zit. nach: Hilberg, Raul (1961): Die Vernichtung der europäischen Juden. Die Gesamtgeschichte des Holocaust. Hrsg.: Ulf Wolter. Aus dem Amerikan. v. Christian Seeger [u.a.]. Berlin 1982 (Olle u. Wolter). S. 782: »Es sieht ganz so aus, als ob das jüdische Volk, nachdem es 6 Millionen Menschen durch die Grausamkeit und den Sadismus des Nazi-Heidentums verloren hat, mit dem Verlust von ein paar weiteren tausend der Willkür des Christentums preisgegebenen Juden sich wird abfinden müssen.«

[33] Hilberg, Raul (1961), S. 782: »Tausende von Kindern, denen man in Klöstern und Heimen Zuflucht gewährt hatte, waren zu jüdischen Waisen in christlicher Obhut geworden, und die Rückkehr dieser Kinder in die jüdische Gemeinschaft war ein langsamer und lange hinausgezögerter Prozeß. Einige wurden überhaupt nicht zurückgeschickt.«

[34] Vgl. Friedländer, Saul (1979), S. 84.

[35] Die unter Sechzehn-, später unter Vierzehnjährigen wurden nach ihrer Ankunft in den Konzentrationslagern sofort vergast.

[36] David, Janina (1982), S. 12.

[37] Roth-Hano, Renée (1988), S. 230.

[38] David, Janina (1982), S. 198 f.

[39] Immerhin genoß das Judentum das Privileg einer im Römischen Reich zugelassenen Religion, einer »religio licita«.

[40] Die Schuld der Juden am Tode Jesu hat zuerst Paulus (etwa 50 n. Z.) in 1 Thess 2, 14-16 formuliert. Am Ende des 2. Jahrhunderts wurde sie von Meliton von Sardes als »Gottesmord« zugespitzt. Seitdem ist dieser Vorwurf Gemeinplatz des Antijudaismus geworden.
(Im übrigen stellt er einen seltsamen Anachronismus dar, denn Jesus wurde erst auf dem Konzil zu Nicaea [325 n. Z.] als Gott »wesensgleich« anerkannt.)
Die Anklage gegen die Juden, Gott ermordet zu haben, läßt sich als der Versuch deuten, das unbewußte christliche Schuldgefühl, mit der Inthronisierung des Sohnes den Vater getötet zu haben (ödipaler Mord), auf die Juden zu projizieren. Die Christen waren durch den Opfertod Jesu von aller Schuld befreit; aber auf den Juden lastete der Mord am Vater. (Vgl. Freud, Sigmund [1952]: Gesammelte Werke. Chronologisch geordnet. Bd. 16: Der Mann Moses und die monotheistische Religion. S. 103-246. S. 245 f.)

[41] Grunberger, Béla / Pierre Dessuant (1997): Narzißmus, Christentum, Antisemitismus. Eine psychoanalytische Untersuchung. Aus d. Franz. übers. v. Max Looser. Stuttgart 2000 (Klett-Cotta). S. 204.

[42] Grunberger, Béla / Pierre Dessuant (1997), S. 204.

[43] Auch, weil sie mit »Messias« andere Vorstellungen verbanden. Vgl. Kapitel »Unterschiede zwischen Christentum und Judentum«.

[44] Mit der Introjektion gelangte auch das nicht anerkannte Schuldgefühl der christlichen Kirche in das Über-Ich der Kinder. (Vgl. Ferenczi, Sándor [1932]: Sprachverwirrung zwischen den Erwachsenen und dem Kind. In : Bausteine zur Psychoanalyse. Bd. 3. 2., unveränd. Aufl. Nachdr. Bern, Stuttgart 1964 [Huber]. S. 511-525. S. 519.)
In diesem Zusammenhang soll noch einmal auf die französischen Psychoanalytiker Grunberger und Dessuant verwiesen werden: »Die katholischen Autoritäten verteidigen sich heute gegen die Anschuldigung des Antisemitismus, indem sie daran erinnern, daß die Verantwortlichen für den Genozid in den Vernichtungslagern Antichristen waren, auch wenn sie als Getaufte Christen waren. Es erscheint uns hier jedoch richtig, daran zu erinnern, daß ohne die unablässige antijüdische Propaganda der Kirche während 20 Jahrhunderten der antisemitische hitlersche [sic!] Wahn nicht hätte existieren können.« (Grunberger, Béla / Pierre Dessuant [1997], S. 174.)

[45] Ferenczi, Sándor (1932), S. 520.

[46] Kuper, Jack (1998), S. 21 f.

[47] Kuper, Jack (1998), S. 58.

[48] Kuper, Jack (1998), S. 44.

[49] Friedländer, Saul (1979), S. 12.

[50] Hebr. גוֹי [goj] = Nichtjude.

[51] Friedländer, Saul (1979), S. 146.

[52] David, Janina (1981), S. 81.

[53] Kuper, Jack (1998), S. 178.

[54] Kuper, Jack (1998), S. 177.

[55] Kuper, Jack (1998), S. 177.

[56] Kuper, Jack (1998), S. 202.

[57] Abgesehen davon, wäre ein Austritt aus dem Judentum unter äußerem oder innerem Zwang ungültig.

[58] Kestenberg, Judith S. (1990): Kinder unter dem Joch des Nationalsozialismus. In: Jahrbuch der Psychoanalyse. Bd. 28. 1991. S. 179-209. S. 196: »Deshalb hatten gerade jüdische Kinder, die im Stolz auf ihre Traditionen erzogen worden waren, noch am wenigsten unter der Identitätskrise zu leiden.«

[59] David, Janina (1982), S. 20.

[60] David, Janina (1982), S. 164.

[61] David, Janina (1982), S. 186.

[62] Ehlert-Balzer, Martin (1996), S. 297.

[63] David, Janina (1982), S. 274. – Oder Gott war gestorben, wie Jakob Kuperblum geargwöhnt hatte.

[64] Im Judentum freilich bezeichnet Tradition die »mündliche Lehre«, die nicht aufgezeichnet, aber Moses wie die »schriftliche Tora« am Sinai offenbart wurde und von Generation zu Generation weitergegegeben worden ist. Vgl. Kapitel »Judentum«.

[65] Doerry, Martin (2006): »Nirgendwo und überall zu Haus«. Gespräche mit Überlebenden des Holocaust. Fotografien v. Monika Zucht. München (Deutsche Verlags-Anstalt). S. 230-239. S. 234.

[66] Doerry, Martin (2006), S. 235.

[67] Ganz anders war die Situation in Osteuropa, wo mit dem Einmarsch deutscher Truppen in Polen der Terror gegen die einheimische und die jüdische Bevölkerung begann. Ziel war die rücksichtslose Germanisierung der eroberten Gebiete: Juden und Polen sollten vertrieben werden. Auf polnischem Boden erbauten die Deutschen ihre Todeslager, zu denen Transporte aus ganz Europa führten.

[68] Friedländer, Saul (1979), S. 126.

[69] Friedländer, Saul (1979), S. 125.

[70] Vgl. Kapitel »Stand der Forschung«.

[71] Wreschner Rustow, Margrit (1989), S. 278.

[72] Friedländer, Saul (1979), S. 144 f.

[73] Vgl. Machtans, Karolin (2009), S. 118.

[74] Doerry, Martin (2006), S. 232.
In Saul Friedländers Dankesrede für die Verleihung des Friedenspreises des Deutschen Buchhandels am 15. Oktober 2007 in der Frankfurter Paulskirche verzichtete er auf theoretische Überlegungen und ließ statt dessen die Opfer in den Stimmen seiner Eltern zu Worte kommen.

[75] Sie war in Frankreich geboren und besaß deshalb die französische Staatsbürgerschaft, was ihr bei den Rettungsbemühungen von seiten der einheimischen Bevölkerung sehr zum Vorteil gereichte.

[76] »Schiefheilung« : Vgl. Freud, Sigmund (1921): Massenpsychologie und Ich-Analyse. In: Freud, Sigmund: Massenpsychologie und Ich-Analyse. Die Zukunft einer Illusion. Einl. v. Reimut Reiche. Frankfurt a. M. 1993 (Fischer Taschenbuch Verlag). (Psychologie Fischer. 10452.) S. 33-105. S. 104.
Der infolge seiner Symptome von den Massen ausgeschlossene Neurotiker erfährt gerade durch eine Einbindung in diese einen starken Schutz gegen seine Neurose, obgleich es sich hierbei nicht um eine wirkliche Heilung, sondern um eine scheinbare, eine »Schiefheilung« handelt.

[77] Der traumatische Zustand resultiert aus der Abwesenheit von Struktur und repräsentierbarer Erfahrung im Selbst. Diese Abwesenheit setzt Cohen mit der »Urverdrängung« gleich.
(Vgl. Cohen, J. [1985]: Trauma and repression. Psa. Inquiry. 5. S. 163-189. Zit. nach: Bohleber, Werner [2000]: Die Entwicklung der Traumatheorie in der Psychoanalyse. In: Psyche. 54. 2000. S. 797-839. S. 831.)

[78] Das galt für alle Kinder in der Latenzphase und alle Jugendlichen, auch wenn sie auf Grund ihrer entsetzlichen Erfahrungen der Vergangenheit am Christentum festhielten. Das maligne Introjekt erzeugte Schuldgefühle und die widersprüchlichen Botschaften der Kirche Unsicherheit. Ein problemloser Übergang zur neuen Glaubensreligion gelang selten.
Davon ausgenommen waren vermutlich sehr kleine Kinder, die in Pflegefamilien vermittelt worden waren.

[79] Körte, Mona (2001): Die Erinnerung bergen. Versteck und Rettung jüdischer Kinder im belgischen Nonnenkloster. In: Benz, Wolfgang / Mona Körte (Hrsg.) (2001), S. 107-128. S. 122.

[80] Yerushalmi meint dazu, daß das Erinnern in der hebräischen Bibel angeordnet zu sein scheine. »Das Verb zachar (erinnern) in all seinen Formen« komme »in der Bibel nicht weniger als 169mal vor.« Dabei würde sowohl das Volk als auch Gott angesprochen, denn Erinnerung obliege beiden. Der Autor betont, daß das Geheimnis des Überlebens des israelischen Volkes, das während der meisten Zeit »seiner Existenz über die ganze Welt verstreut war«, wohl in der bisher kaum erforschten Geschichte seines Gedächtnisses liege. (Vgl. Yerushalmi, Yosef Hayim [1982]: Zachor: Erinnere Dich! Jüdische Geschichte und jüdisches Gedächtnis. Aus d. Amerikan v. Wolfgang Heuss. Berlin 1996 [Wagenbach]. [Wagenbachs Taschenbuch. 260.] S. 17.)
Amos Funkenstein geht noch einen Schritt weiter: »Die jüdische Kultur wurde und blieb durch ein, wenn auch zu verschiedenen Zeiten unterschiedliches, akutes historisches Bewußtsein bestimmt.« (Funkenstein, Amos [1993]: Jüdische Geschichte und ihre Deutungen. Aus d. Engl. v. Christian Wiese. 1. Aufl. Frankfurt a. M. 1995 [Jüdischer Verlag im Suhrkamp Verlag]. S. 20.)

Zur Erläuterung:
Hebr. זכר = sich an etwas Vergangenes erinnern, gedenken: hebr. זָכֹר [sachor] Infinitivus absolutus (nachdrücklicher Imperativ) = gedenke! Hebr. יִזְכֹּר [jiskor]: Imperfekt, 3. Person masculinum Singular = er gedenkt (drückt Gegenwart und Zukunft aus), gleichzeitig Jussiv = er soll gedenken!

[81] Vgl. 2 Mos 33, 23: »Hebe ich dann meine Hand weg, siehst du meinen Rücken, aber mein Antlitz wird nicht gesehn.« (Die Schrift [1925-1961]. Verdeutscht von Martin Buber und Franz Rosenzweig. Bd. 1-4. Gerlingen 1976-79 [Lambert Schneider]. Bd. 1: Die fünf Bücher der Weisung, S. 249.)

[82] Simmel, Ernst (1946): Antisemitismus und Massen-Psychopathologie. In: Simmel, Ernst (Hrsg.) (1946): Antisemitismus. Frankfurt a. M. 1993 (Fischer Taschenbuch Verlag). (Fischer Wissenshaft. 10965.) S. 58-100. S. 84.

[83] Besonders im osteuropäischen Judentum, wo die Weisungen der Tora das Leben bestimmten und durch die Autorität der Eltern vermittelt wurden, identifizierten die Kinder Gott häufig mit ihren Eltern. Liebe und Gehorsam, die sie ihnen entgegenbrachten, bildeten wohl die Quelle ihrer Gottesfurcht. – Der Begriff der »Gottesfurcht« ist insofern irreführend, als nicht Furcht im Sinne von Angst gemeint ist, sondern Ehrfurcht, eine fromme Scheu vor Gott. Er wird in Seiner Erhabenheit als der gebietende, gerechte, heilige erlebt, der der Menschheit die Weisungen gab. Das

Judentum ist, nach Leo Baeck, »ganz eigentlich die Religion der Ehrfurcht«. (Baeck, Leo [1906]: Das Wesen des Judentums. Sonderausg. 3. Aufl. Wiesbaden 1985 [Fourier Verl.]. S. 139.)

[84] Das Trauma versetzt das Opfer in eine Situation, in der seine Selbtwahrnehmung der eines Kleinkindes ähnelt.

[85] Vgl. Ehlert-Balzer, Martin (1996): Das Trauma als Objektbeziehung. In: Forum der Psychoanalyse. 12. 1996. S. 291-314. S. 298 f.
Denn das Trauma bedeutet einen grundlegenden Liebesverlust, der dem Verlust des Primärobjekts entspricht und der Vernichtung der psychischen Existenz gleichkommt. Bei den jüdischen Kindern spielte sich das nicht auf der Ebene der Objektbeziehungsphantasien ab, sondern war Realität.

[86] Ehlert-Balzer, Martin (2002): Die »Identifizierung mit dem idealisierten Aggressor« in der traumatischen Reaktion. In: Analytische Kinder- und Jugendlichenpsychotherapie. 33 (116). 2002. S. 553-568. S. 567.

[87] Ehlert-Balzer, Martin (2002), S. 567.

[88] Cohen, Boaz (2007), S. 93.

[89] Körte, Mona (2001), S. 120.

[90] Vgl. Kurek-Lesik, Ewa (1992), S. 11.

[91] Vgl. Kohlhaas, Elisabeth / Alfons Kenkmann (2008): »Die Hitlerzeit hat die Seele des jüdischen Kindes zutiefst verändert.« Interviews der Zentralen Jüdischen Historischen Kommission in Polen mit Kindern nach dem Holocaust, 1944-1948. In: Jahrbuch des Simon-Dubnow-Instituts für jüdische Geschichte und Kultur an der Universität Leipzig. 7. 2008. S. 385-400. S. 389.

[92] Bogner, Nahum (2000): At the Mercy of Strangers. The Rescue of Jewish Children with Assumed Identities in Poland. Transl. from the Hebrew by Ralph Mandel. Jerusalem 2009 (Yad Vashem). S. 326.
Der Name des Vertreters der Jugend-Alija war Michael Zelinger.

[93] Reemtsma, Jan Philipp (1997): Die Memoiren Überlebender. In: Mittelweg 36. 6(4). 1997. S. 20-39. S. 21.

[94] Reemtsma, Jan Philipp (1997), S. 22.

[95] Vgl. Fallgeschichte »Janina Dawidovicz«, Anm. 157.

[96] Vgl. dazu den beziehungsreichen Titel des Buches von Emunah Nachmany Gafny: »Dividing Hearts«.

[97] Die religiöse Gemeinschaft bestand im Bund Gottes mit Israel, durch Abraham und seinem »Bund der Beschneidung« (Berit mila) und durch Moses mit der Annahme der Tora seitens des Volkes am Berge Sinai.

[98] Die nationale Gemeinschaft war die vom Jischuw angestrebte Verwirklichung der zionistischen Bewegung, die von Theodor Herzl begründet worden war, und die im Jahre 1948 durch die Staatsgründung Israels eine kurze Erfüllung zu finden schien.

(Herzl, Theodor [1860-1904], Österreichisch-ungarischer Schriftsteller. Veröffentlichte 1896 seine programmatische Schrift »Der Judenstaat« und begründete die Zionistische Weltbewegung.)

99 »You should know that for the Jewish nation every Jew has something inborn that ties him to his Jewish descent. That is why the Jewish nation takes care that no branch falls off from the Jewish tree. That is why everything must be done to return the child to Abraham's bosom. That is why at the end of the war all the Jewish groups in Poland coordinated an operation to retrieve Jewish children from Polish hands.«
(Kurek-Lesik, Ewa [1992]; Your Life is Worth Mine. How Polish Nuns Saved Hundreds of Jewish Children in German-Occupied Poland, 1939-1945. Introduction by Jan Karski. New York [Hippocrene Books]. S. 214 f.)

Bibliographie

Antes, Peter (1999): Mach's wie Gott, werde Mensch. Das Christentum. Düsseldorf (Patmos). (Reihe: Weltreligionen.)

Arendt, Hannah (1964): Eichmann in Jerusalem. Ein Bericht von der Banalität des Bösen. Aus d. Amerikan. v. Brigitte Granzow. Mit e. einl. Essay v. Hans Mommsen. 8. Aufl. München, Zürich 1998 (Piper).

Assmann, Jan (2009): Mnemoklasmus: Über Destruktivität und Identität in den monotheistischen Religionen. In: Psyche. 63 (9/10). 2009. S. 852-876.

Baeck, Leo (1906): Das Wesen des Judentums. Sonderausg. 3. Aufl. Wiesbaden 1985. (Fourier Verlag).

Baer, Ulrich (Hrsg.) (2000): »Niemand zeugt für den Zeugen«. Erinnerungskultur und historische Verantwortung nach der Shoah. Frankfurt a. M. (Suhrkamp). (edition suhrkamp. 2141.)

Bartoszewski, Władysław (1983): Das Warschauer Ghetto – wie es wirklich war. Zeugenbericht eines Christen. Mit e. Einl. v. Stanisław Lem u. Fotodokumenten. Frankfurt a. M. (Fischer). (Fischer Taschenbuch. 3459.)

Bauer, Jehuda (2001): Die dunkle Seite der Geschichte. Die Shoah in historischer Sicht – Interpretationen und Re-Interpretationen. Aus d. Engl. v. Christian Wiese. Frankfurt a. M. (Jüdischer Verlag im Suhrkamp Verlag).

Bauman, Zygmunt (1989): Dialektik der Ordnung. Die Moderne und der Holocaust. Aus d. Engl. übers. v. Uwe Ahrens. 2. Aufl. Hamburg 1994 (Europäische Verlagsanstalt).

Beck, Wolfgang (Hrsg.) (1992): Die Juden in der europäischen Geschichte. Mit e. Einl. v. Christian Meier. München (Beck). (Beck'sche Reihe. 496.)

Becker, David (2009): Hans Keilson und die Revolutionierung der Traumatheorie. Gedanken über einen großen Wissenschaftler zu seinem 100. Geburtstag. In: Neue Rundschau. Jg. 120 (4). 2009. S. 71-83.

Begley, Louis (1991): Lügen in Zeiten des Krieges. Roman. Aus d. Amerikan. v. Christa Krüger. Frankfurt a. M. 1996 (Suhrkamp). (suhrkamp taschenbuch. 2546.)

Bein, Alex (1980): Die Judenfrage. Biographie eines Weltproblems. Bd. 1-2. Stuttgart (Deutsche Verlags-Anstalt).

Benz, Wolfgang (1992): Zeugnisse einer untergegangenen Welt: Das Jüdische Historische Institut in Warschau. In: Dachauer Hefte: Überleben und Spätfolgen. 8 (8). 1992. S. 164-169.

Benz, Wolfgang / Juliane Wetzel (Hrsg.) (1996-2004): Solidarität und Hilfe für Juden während der NS-Zeit: Regionalstudien. 1-4. Berlin (Metropol). (Reihe Solidarität und Hilfe. Rettungsversuche für Juden vor der Verfolgung und Vernichtung unter nationalsozialistischer Herrschaft. Bd. 1-3. 7.)

Benz, Wolfgang / Hermann Graml / Hermann Weiß (Hrsg.) (1997): Enzyklopädie des Nationalsozialismus. 2. Aufl. München 1998 (Deutscher Taschenbuch Verlag). (dtv. 33007.)

Benz, Wolfgang / Mona Körte (Hrsg.) (2001): Solidarität und Hilfe für Juden während der NS-Zeit. Rettung im Holocaust. Bedingungen und Erfahrungen des Überlebens. Berlin (Metropol). (Reihe Solidarität und Hilfe. Rettungsversuche für Juden vor der Verfolgung und Vernichtung unter nationalsozialistischer Herrschaft. Bd. 4.)

Benz, Wolfgang / Claudia Curio / Andreas Hammel (Hrsg.) (2003): Die Kindertransporte 1938/39. Rettung und Integration. Mit Beitr. v. Ilse Aichinger, Helga Aichinger-Michie [u. a.]. Übers. aus d. Engl. u. Amerikan. v. Claudia Curio u. Andrea Nagel. Frankfurt a. M. (Fischer Taschenbuch Verlag). (Buchreihe: Die Zeit des Nationalsozialismus.) (Fischer Taschenbuch. 15745.)

Benz, Wolfgang (2005): Mitglieder der Häftlingsgesellschaft auf Zeit: »Die Aktionsjuden« 1938/39. In: Dachauer Hefte: Häftlingsgesellschaft. 21 (21). 2005. S. 179-196.

Bergmann, Martin S. / Milton E. Jucovy (ed.) (1982): Generations of the Holocaust. New York (Basic Books, Inc.).

Bergmann, Martin S. / Milton E. Jucovy / Judith S. Kestenberg (Hrsg.) (1982): Kinder der Opfer – Kinder der Täter. Psychoanalyse und Holocaust. Aus d. Amerikan. v. Elisabeth Vorpohl. Frankfurt a. M. 1995 (Fischer). (Buchreihe: Die Zeit des Nationalsozialismus.) (Geschichte Fischer. 13937.)

Bergmann, Martin S. (1995): Fünf Stadien in der Entwicklung der psychoanalytischen Trauma-Konzeption. In: Mittelweg 36. Zeitschrift des Hamburger Instituts für Sozialforschung. 5 (2). 1996. S. 12-22.

Bertaux, Féliks / Emile Lepointe (1966): Französisch Deutsches Wörterbuch. Überarb. u. erw. v. Pierre Bertaux. Paris (Libraire Hachette) u. Oscar Brandstetter (Wiesbaden).

Bibel, Die. Nach d. Übers. Martin Luthers. Mit Apokryphen. Bibeltext in d. rev. Fassung v. 1984. Hrsg. v. d. Evangelischen Kirche in Deutschland u. v. Bund der Evangelischen Kirchen in der DDR. Stuttgart 1985 (Deutsche Bibelgesellschaft).

Biblia Hebraica Stuttgartensia (1969). 5. verb. Aufl. Stuttgart 1997 (Deutsche Bibelgesellschaft).

Bikont, Anna / Barbara Engelking (2008): Kaufe Gold und nehme »Katzen« auf… In: Engelking, Barbara / Helga Hirsch (Hrsg.) (2008): Unbequeme Wahrheiten. Polen und sein Verhältnis zu den Juden. Frankfurt a. M. (Suhrkamp). (edition suhrkamp. 2561.)

Bios. Zeitschrift für Biographieforschung und Oral History. Jg. 1. 1988 – . Opladen (Leske u. Budrich).

Blattner, Karl (1960): Russisch-Deutsch. Neubearb. v. Hans Orschel. 4. Aufl. Berlin-Schöneberg 1963 (Langenscheidt KG, Verl.Buchh.). (Langenscheidts Taschenwörterbuch der russischen und deutschen Sprache. 1.)

Bogner, Nahum (1999): The Convent Children: The Rescue of Jewish Children in Polish Convents during the Holocaust. In: Yad Vashem Studies. 27. 1999. S. 235-285.

Bogner, Nahum (2000): At the Mercy of Strangers. The Rescue of Jewish Children with Assumed Identities in Poland. Transl. from the Hebrew by Ralph Mandel. Jerusalem 2009 (Yad Vashem).

Bohleber, Werner (1997): Trauma, Identifizierung und historischer Kontext. Über die Notwendigkeit, die NS-Vergangenheit in den psychoanalytischen Deutungsprozeß einzubeziehen. In: Psyche. 51. 1997. S. 958-995.

Bohleber, Werner (2000): Die Entwicklung der Traumatheorie in der Psychoanalyse. In: Psyche. 54. 200. S. 797-839.

Brachfeld, Sylvain (1998): Jewish Orphanages in Belgium During World War II. In: Michman, Dan (1998), S. 419-431.

Braese, Stephan (2003): Zwischen Trauma und Publikum – Zeugenschaft und Literatur am Beispiel Primo Levis. In: Psyche. 57. 2003. S. 960-979.

Brainin, Elisabeth (1993): Pathologie der Wirklichkeit. Folgen der KZ-Haft. In: Mittelweg 36. Zeitschrift des Hamburger Instituts für Sozialforschung. 2 (3). 1993. S. 60-67.

Breuer, Josef / Sigmund Freud (1895): Studien über Hysterie. Einl. v. Stavros Mentzos. Frankfurt a. M. 1991 (Fischer Taschenbuch Verlag). (Psychologie Fischer. 10446.)

Brocke, Michael (Hrsg.) (1983): Beter und Rebellen. Aus 1000 Jahren Judentum in Polen. Frankfurt a. M. (Dt. Koordinierungsrat der Gesellschaft für Christlich-Jüdische Zusammenarbeit).

Brockhaus, Der Große. 16., völlig neu bearb. Aufl. Bde. 1-12 und 2 Erg.-Bde. Wiesbaden 1953-1963 (Brockhaus).

Broszat, Martin / Norbert Frei (Hrsg.) (1983): Das Dritte Reich im Überblick. Chronik – Ereignisse – Zusammenhänge. Überarb. Neuausg. München 1989 (Piper). (Serie Piper. 1091.)

Browning, Christopher R. (1998): Der Weg zur »Endlösung«. Entscheidungen und Täter. Aus d. Amerikan. v. Jürgen P. Krause. Bonn (Dietz).

Browning, Christopher (2003): Die Entfesselung der »Endlösung«. Nationalsozialistische Judenpolitik 1939-1942. Mit e. Beitr. v. Jürgen Matthäus. Aus d. Amerikan. v. Klaus-Dieter Schmidt. München (Propyläen).

Caruth, Cathy (ed.) (1995): Trauma. Explorations in Memory. Baltimore, London (The Johns Hopkins University Press).

Celan, Paul (1952): Mohn und Gedächtnis. Stuttgart (Deutsche Verlags-Anstalt).

Chamberlain, Houston Stewart (1899): Die Grundlagen des neunzehnten Jahrhunderts. Bd. 1-2. 8. Aufl. München 1907 (Bruckmann).

Cohen, Boaz (2007): The Children's Voice. Postwar Collection of Testimonies from Child Survivors of the Holocaust. In: Holocaust and Genocide Studies. 21 (1). 2007. S. 73-95.

Cohen, Jonathan / W. Kinston (1983): Repression Theory: A new look at the Cornerstone. In: International Journal of Psychoanalysis. 65. 1983. S. 411-422.

Conze, Eckart / Norbert Frei / Peter Hayes / Moshe Zimmermann (2010): Das Amt und die Vergangenheit. Deutsche Diplomaten im Dritten Reich und in der Bundesrepublik. Unter Mitarb. v. Annette Weinke u. Andrea Wiegeshoff. 2. Aufl. München 2010 (Blessing).

Czerniaków, Adam (1986): Im Warschauer Getto. Das Tagebuch des Adam Czerniaków. 1939-1942. Mit e. Vorw. v. Israel Gutman. Aus d. Poln. übertr. v. Silke Lent. Übertr. d. Vorw. aus d. Hebr. v. Wolfgang Lotz. München (Beck).

Danieli, Yael (1994): Die Konfrontation mit dem Unvorstellbaren. Reaktionen von Psychotherapeuten auf Opfer des Nazi-Holocaust. In: Stoffels, Hans (Hrsg.) (1994). S. 83-103.

David, Janina (1981): Ein Stück Himmel. Erinnerungen an eine Kindheit. Aus d. Engl. v. Hannelore Neves. 7. Aufl. München, Wien 1982 (Hanser).

David, Janina (1982): Ein Stück Erde. Das Ende einer Kindheit. Aus d. Engl. v. Hannelore Neves. 6. Aufl. München, Wien 1982 (Hanser).

David, Janina (1983): Ein Stück Fremde. Erinnerungen an eine Jugend. Aus d. Engl. v. Gertrud Baruch. München, Wien (Hanser).

Dequeker, Luc (1998): Baptism and Conversion of Jews in Belgium, 1939-1945. In: Michman, Dan (1998), S. 235-271.

Doerry, Martin (2006): »Nirgendwo und überall zu Haus«. Gespräche mit Überlebenden des Holocaust. Fotografien v. Monika Zucht. München (Deutsche Verlags-Anstalt).

Duden. Das Standardwerk zur deutschen Sprache. Hrsg. v. Wiss. Rat d. Duden-Redaktion: Günther Drosdowski [u. a.] Bde. 1-10. Mannheim, Wien, Zürich (Bibliographisches Institut). Bd. 1: Rechtschreibung der deutschen Sprache und der Fremdwörter. 19., neu bearb. u. erw. Aufl. 1986.

Düwell, Susanne (2004): »Fiktion aus dem Wirklichen«. Strategien autographischen Erzählens im Kontext der Shoah. Bielefeld (Aisthesis Verlag).

Dwork, Debórah (1991): Kinder mit dem gelben Stern – Europa 1933-1945. Aus d. Engl. v. Gabriele Krüger-Wirrer. München 1994 (Beck).

Eckhardt, Annegret (1994): Im Krieg mit dem Körper. Autoaggression als Krankheit. Reinbek bei Hamburg (Rowohlt Taschenbuch Verlag). (rororo Sachbuch.)

Ehlert, Martin / Beate Lorke (1986): Zur Psychodynamik der traumatische Reaktion. In: Psyche. 42. 1988. S. 502-532.

Ehlert-Balzer, Martin (1996): Das Trauma als Objektbeziehung. In: Forum der Psychoanalyse. 12. 1996. S. 291-314.

Ehlert-Balzer, Martin (2002): Die »Identifizierung mit dem idealisierten Aggressor« in der traumatischen Reaktion. In: Analytische Kinder- und Jugendlichenpsychotherapie. 33 (116). 2002. S. 553-568.

Eickhoff, Friedrich-Wilhelm (2004): Über Nachträglichkeit. Die Modernität eines alten Konzepts. In: Jahrbuch der Psychoanalyse. 51. Stuttgart-Bad Cannstatt 2005 (frommann-holzboog). S. 139-161.

Eissler, Kurt R. (1968): Weitere Bemerkungen zum Problem der KZ-Psychologie. In: Psyche. 22. 1968. S. 452-463.

Endres, Manfred / Gerd Biermann (Hrsg.) (1998): Traumatisierung in Kindheit und Jugend. München, Basel (Reinhardt). (Beiträge zur Kinderpsychotherapie. 32.)

Enzyklopädie des Holocaust (1990). Die Verfolgung und Ermordung der europäischen Juden. Hrsg.: Israel Gutman. Hrsg. d. dt. Ausg. : Eberhard Jäckel, Peter Longerich, Julius H. Schoeps. Bd. 1-4. München, Zürich 1995 (Piper).

Erikson, Erik H. (1959): Identität und Lebenszyklus. Drei Aufsätze. Aus d. Amerikan. v. Käte Hügel. 11. Aufl. Frankfurt a. M. 1989 (Suhrkamp). (Suhrkamp-Taschenbuch Wissenschaft. 16.)

Fasse, Norbert / Johannes Houwink ten Cate / Horst Lademacher (Hrsg.) (2000): Nationalsozialistische Herrschaft und Besatzungszeit. Historische Erfahrung und Verarbeitung aus niederländischer und deutscher Sicht. Münster, New York, München, Berlin (Waxmann). (Studien zur Geschichte und Kultur Nordwesteuropas. 1.)

Ferenczi, Sándor (1932): Ohne Sympathie keine Heilung. Das klinische Tagebuch von 1932. Hrsg. v. Judith Dupont. Frankfurt a. M. 1988 (Fischer).

Ferenczi, Sándor (1932): Sprachverwirrung zwischen den Erwachsenen und dem Kind. In: Bausteine zur Psychoanalyse. Bd. 3. 2., unveränd. Aufl. Nachdr. Bern, Stuttgart 1964 (Huber). S. 511-525.

Fischer, Gottfried / Peter Riedesser (1998): Lehrbuch der Psychotraumatologie. 2. Aufl. München, Basel 1999 (Reinhardt). (UTB für Wissenschaft.)

Fleischhauer, Inge / Hillel Klein (1978): Über die jüdische Identität. Eine psychohistorische Studie. Königstein/ Ts. (Jüdischer Verlag).

Fogelman, Eva (1993): Die Psychologie des »versteckten Kindes«. In: Marks, Jane (1993), S. 249-262.

Frank, Claudia / Heinz Weiß (Hrsg.) (2007): Projektive Identifizierung. Ein Schlüsselkonzept der psychoanalytischen Therapie. Stuttgart (Klett-Cotta).

Freud, Anna (1936): Das Ich und die Abwehrmechanismen. 17. Aufl. Frankfurt a. M. 2002 (Fischer Taschenbuch Verlag). (Geist und Psyche.)

Freud, Anna / Dorothy Burlingham u. Mitarb. (1949): Heimatlose Kinder. Zur Anwendung psychoanalytischen Wissens auf die Kindererziehung. Frankfurt a. M. 1982 (Fischer). (Fischer Wissenschaft. 7314.)

Freud, Sigmund (1912/13): Totem und Tabu. Einige Übereinstimmungen im Seelenleben der Wilden und der Neurotiker. Einl. v. Mario Erdheim. Frankfurt a. M. 1991 (Fischer Taschenbuch Verlag). ((Psychologie Fischer. 10451.)

Freud, Sigmund (1921): Massenpsychologie und Ich-Analyse. In: Freud, Sigmund: Massenpsychologie und Ich-Analyse. Die Zukunft einer Illusion. Einl. v. Reimut Reiche. Frankfurt a. M. 1993 (Fischer Taschenbuch Verlag). (Psychologie Fischer. 10452.) S. 33-105.

Freud, Sigmund (1930 [1929]): Das Unbehagen in der Kultur. In: Freud, Sigmund: Studienausgabe. Hrsg. v. Alexander Mitscherlich, Angela Richards, James Strachey. Frankfurt a. M. 1969-1975 (Fischer). Bd. 9: Fragen der Gesellschaft. Ursprünge der Religion. 6., korr. Aufl. Frankfurt a. M. 1993 (Fischer). S. 191-270.

Freud, Sigmund (1932): Neue Folge der Vorlesungen zur Einführung in die Psychoanalyse. Biograph. Nachw. v. Peter Gay. Frankfurt a. M. 1991 (Fischer Taschenbuch Verlag). (Psychologie Fischer. 10433.)

Freud, Sigmund (1939 [1934-38]): Der Mann Moses und die monotheistische Religion. In: Freud, Sigmund: Studienausgabe. Bd. 9: Fragen der Gesellschaft. Ursprünge der Religion. 6., korr. Aufl. Frankfurt a. M. 1993 (Fischer). S. 455-581.

Freud, Sigmund (1952): Gesammelte Werke. Chronologisch geordnet. Bd. 1-17; Bd. 18: Gesamtreg. u. 1 unnumerierter Nachtragsbd. Hrsg. v. Anna Freud, E. Bibring, W. Hoffer, E. Kris, O. Isakower. London (Imago Publ. Co., Ltd.). Nachdr.: Frankfurt a. M. 1999 (Fischer Taschenbuch Verlag).

Freud, Sigmund : Briefe. Ausgew. u. mit e. Vorw. vers. v. Margarete Mitscherlich-Nielsen. 1. Aufl. Frankfurt a. M. 1972 (Suhrkamp). (Bibliothek Suhrkamp. 307.)

Freud, Sigmund: Das Ich und das Es. Metapsychologische Schriften. Einl. v. Alex Holder. Frankfurt a. M. 1992 (Fischer Taschenbuch Verlag). (Psychologie Fischer. 10442.)

Friedländer, Saul (1979): Wenn die Erinnerung kommt. Aus d. Franz. v. Helgard Oestreich. 2. Aufl. München 1998 (Beck). (Beck'sche Reihe. 1253.)

Friedländer, Saul (1999): Hitler und Wagner. In: Friedländer, Saul / Jörn Rüsen (Hrsg.) (2000): Richard Wagner im Dritten Reich. München (Beck). (Beck'sche Reihe. 1356.) S. 165-178.

Friedländer, Saul (1997-2006): Das Dritte Reich und die Juden. [1.] Die Jahre der Verfolgung 1933-1939. Aus d. Engl. v. Martin Pfeiffer. München 2000 (Deutscher Taschenbuch Verlag). (dtv. 30765.) [2.] Die Jahre der Vernichtung 1939-1945. Aus d. Engl. übers. v. Martin Pfeiffer. München (C. H. Beck).

Friedman, Paul (1948): Aspekte einer Konzentrationslager-Psychologie. (Aus dem Archiv der Psychoanalyse) In: Psyche. 44. 1990. S. 164-172.

Frister, Roman (1993): Die Mütze oder Der Preis des Lebens. Ein Lebensbericht. Aus d. Hebr. v. Eva u. Georges Basnizki. 4. Aufl. Berlin 1998 (Siedler). (Siedler Taschenbücher. 75536.)

Funkenstein, Amos (1993): Jüdische Geschichte und ihre Deutungen. Aus d. Engl. v. Christian Wiese. 1. Aufl. Frankfurt a. M. 1995 (Jüdischer Verlag im Suhrkamp Verlag).

Gampel, Yolanda (1994): Trauma-Schicksale. Kindheit im Schatten von Verfolgung und Tod. In: Stoffels, Hans (Hrsg.) (1994), S. 104-113.

Gekle, Hanna (1989): Nachträglichkeit des Ursprungs – das Trauma des Wolfsmannes. In: Luzifer-Amor. Zeitschrift zur Geschichte der Psychoanalyse: Figuren der Herkunft. Jg. 2 (4). 1989. S. 89-130.

Gesenius, Wilhelm (1810-12): Hebräisches und aramäisches Handwörterbuch über das Alte Testament. Bearb. v. Frants Buhl (Kopenhagen). Unveränd. Neudr. d. 1915 ersch. 17. Aufl. Berlin, Göttingen, Heidelberg 1962 (Springer-Verlag).

Göpfert, Rebekka (Hrsg.) (1990): Ich kam allein. Die Rettung von zehntausend jüdischen Kindern nach England 1938/39. Mit 14 Schwarzweißfotos. Aus d. Engl. v. Susanne Röckel. 2. Aufl. München 1997 (Deutscher Taschenbuch Verlag). (dtv. 30439.)

Goldstein, Bernard (1950): Die Sterne sind Zeugen. Der Untergang der polnischen Juden. Aus d. Amerikan. v. Paul Stamford. München 1965 (Deutscher Taschenbuch Verlag). (dtv. dokumente. 262.)

Goodman-Thau, Eveline (2001): »Ich bin weder Anfang noch Ende« – Erinnern als Zeitlücke des Erfahrens. In: Leuzinger-Bohleber, Marianne / Wolfdietrich Schmied-Kowarzik (Hrsg.) (2001), S. 195-215.

Gotteslob. Katholisches Gebet- und Gesangbuch. Bistum Hildesheim. Hrsg. v. d. Bischöfen Deutschlands und Österreichs u. der Bistümer Bozen-Brixen, Lüttich und Luxemburg. Überarb. Aufl. Hildesheim 1996 (Bernward Verlag).

Grossman, David (1995): Noch können wir nicht von Versöhnung sprechen. In: Die Zeit. Jg. 50, Nr. 5 vom 27. Januar 1995.

Grubrich-Simitis, Ilse (1979): Extremtraumatisierung als kumulatives Trauma. Psychoanalytische Studien über seelische Nachwirkungen der Konzentrationslagerhaft bei Überlebenden und ihren Kindern. In: Psyche. 33. 1979. S. 991-1023.

Grubrich-Simitis, Ilse (1987): Trauma oder Trieb – Trieb und Trauma. Lektionen aus Sigmund Freuds phylogenetischer Phantasie von 1915. In: Psyche. 41. 1987. S. 992-1023.

Grunberger, Béla / Pierre Dessuant (1997): Narzißmus, Christentum, Antisemitismus. Eine psychoanalytische Untersuchung. Aus d. Franz. übers. v. Max Looser. Stuttgart 2000 (Klett-Cotta).

Günter, Manuela (Hrsg.) (2002): Überleben schreiben. Zur Autobiographik der Shoah. Unter Mitarb. v. Holger Kluge. Würzburg (Königshausen u. Neumann).

Gutman, Israel (1994): Juden in Polen nach dem Holocaust 1944-1968. Aus d. Hebr. v. David Ajchenrand. In: Steininger, Rolf (Hrsg.): Der Umgang mit dem Holocaust: Europa – USA – Israel. Wien, Köln, Weimar (Böhlau). (Schriften des Instituts für Zeitgeschichte der Universität Innsbruck und des Jüdischen Museums Hohenems. 1.) S. 265-276.

Handbuch Literaturwissenschaft (2007). Gegenstände – Konzepte – Institutionen. Hrsg. v. Thomas Anz. Bd. 1-3. Stuttgart, Weimar (Metzler).

Hauck, Friedrich / Gerhard Schwinge (1950): Theologisches Fach- und Fremdwörterbuch. 9., aktual. Aufl. Göttingen 2002 (Vandenhoeck u. Ruprecht).

Haumann, Heiko (1990): Geschichte der Ostjuden. München (Deutscher Taschenbuch Verlag). (dtv. 4549.)

Heil, Johannes / Rainer Kampling (Hrsg.) (2001): Maria – Tochter Sion? Mariologie, Marienfrömmigkeit und Judenfeindschaft. Paderborn, München, Wien, Zürich (Schöningh).

Herbert, Ulrich (Hrsg.) (1998): Nationalsozialistische Vernichtungspolitik 1939-1945. Neue Forschungen und Kontroversen. 4. Aufl. Frankfurt a. M. 2001 (Fischer). (Die Zeit des Nationalsozialismus.) (Geschichte Fischer. 13772.)

Hilberg, Raul (1961): Die Vernichtung der europäischen Juden. Die Gesamtgeschichte des Holocaust. Hrsg.: Ulf Wolter. Aus d. Amerikan. v. Christian Seeger [u. a.] Berlin 1982 (Olle u. Wolter).

Hinshelwood, Robert D. (1989): Wörterbuch der kleinianischen Psychoanalyse. Aus d. Engl. übers. v. Elisabeth Vorpohl. Stuttgart 1993 (Verlag Internationale Psychoanalyse).

Hirsch, Mathias (1997): Schuld und Schuldgefühl. Zur Psychoanalyse von Trauma und Introjekt. 3. Aufl. Göttingen 2002 (Vandenhoeck u. Ruprecht). (Sammlung Vandenhoeck.)

Hochberg-Mariańska, Maria / Noe Grüss (ed.) (1946): The Children Accuse. Tranl. [from Polish] by Bill Johnston. London, Portland 1996 (Vallentine Mitchell).

Hofer, Walter (Hrsg.) (1957): Der Nationalsozialismus. Dokumente 1933-1945. Überarb. Neuausg. Frankfurt a. M. 1982 (Fischer). (Fischer Taschenbücher. 6084.)

Hogman, Flora (1988): The Experience of Catholism for Jewish Children Saved During World War II. In: The Psychoanalytic Review. 75 (4). 1988. S. 511-532.

Honecker, Martin / Hans Waldenfels (1983): Zu Gast beim Anderen. Evangelisch-katholischer Fremdenführer. Graz, Wien, Köln (Styria).

Hoppe, K. D. (1962): Verfolgung, Aggression und Depression. In: Psyche. 16. 1962. S. 521-537.

Hyams, Helge-Ulrike (1995): Jüdische Kindheit in Deutschland. Eine Kulturgeschichte. München (Fink).

Jokisch, Laura (2007): Jüdische Konzeptionen von Recht und Gerechtigkeit im frühen Nachkriegseuropa (1945-1950). In: Bulletin / Simon-Dubnow-Institut für jüdische Geschichte und Kultur an der Universität Leipzig. 9. 2007. S. 63-64.

Jüdisches Lexikon (1927). Ein enzyklopädisches Handbuch des jüdischen Wissens in vier Bänden. Begr. v. Georg Herlitz u. Bruno Kirschner. 2. Aufl. d. Nachdr. Frankfurt a. M. 1987 (Athenäum).

Karski, Jan (1944): Mein Bericht an die Welt. Geschichte eines Staates im Untergrund. Hrsg. v. Céline Gervais-Francelle. Aus d. engl. Originaltext (Story of a Secret State, 1944) u. d. frz. Neuausg. v. 2010 übers. v. Franka Reinhart u. Ursel Schäfer. München 2011 (Verl. Antje Kunstmann).

Keidel, Evelyn (2008): Überlegungen zur Problematik eines erzwungenen Religionswechsels jüdischer Kinder während der Schoa. Gottfried Wilhelm Leibniz Universität Hannover. Unveröff. Magisterarbeit.

Keilson, Hans (1979): Sequentielle Traumatisierung bei Kindern. Deskriptiv-klinische und quantifizierend-statistische follow-up Untersuchhung zum Schicksal der jüdischen Kriegswaisen in den Niederlanden. Unter Mitarb. v. Herman R. Sarphatie. Stuttgart (Enke). (Forum der Psychiatrie. N. F. 5.)

Keilson, Hans (1998): Wohin die Sprache nicht reicht. Vorträge und Essays aus den Jahren 1936-1996. Mit e. Nachw. v. Wolfdietrich Schmied-Kowarzik. Gießen (Ricker'sche Univ.-Buchh.). (Edition Literarischer Salon.)

Kestenberg, Judith S. (1988): Memories from early childhood. In: The Psychoanalytic Review. 75 (4).1988. S. 561-571.

Kestenberg, Judith S. (1990): Kinder unter dem Joch des Nationalsozialismus. In: Jahrbuch der Psychoanalyse. Stuttgart-Bad Cannstatt (frommann-holzboog). Bd. 28. 1991. S. 179-209.

Kestenberg, Judith S. (1990): Spätfolgen bei verfolgten Kindern. In: Psyche. 47. 1993. S. 730-742.

Kestenberg, Judith S. (1994): Versteckte Kinder. Latenzalter im Holocaust. In: Ein Ast bei Nacht kein Ast. Hrsg. v. Jörg Wiesse u. Erhard Olbrich. Göttingen, Zürich (Vandenhoeck u. Ruprecht). S. 61-82.

Kestenberg, Judith S. / Ira Brenner (1996): The Last Witness. The Child Survivor of the Holocaust. Washington, D. C., London (American Psychiatric Press, Inc.).

Kirchhoff, Christine (2009): Das psychoanalytische Konzept der »Nachträglichkeit«. Zeit, Bedeutung und die Anfänge des Psychischen. Gießen (Psychosozial-Verlag).

Klarsfeld, Serge (1989): Vichy – Auschwitz. Die Zusammenarbeit der deutschen und französischen Behörden bei der »Endlösung der Judenfrage« in Frankreich. Aus d. Franz. übers. v. Ahlrich Meyer. Nördlingen (Delphi Politik). (Schriften der Hamburger Stiftung für Sozialgeschichte des 20. Jahrhunderts. 9.)

Klarsfeld, Serge / Beate Klarsfeld (1991): Die Kinder von Izieu. Eine jüdische Tragödie. Aus d. Franz. übers. v. Anna Mudry. Mit Beitr. v. Johanna Ofori Attah u. Manfred Richter. Berlin (Edition Hentrich). (Reihe Deutsche Vergangenheit. 51.)

Klein, Hillel (1983): Leben, Shoah, Sprache und Psychoanalyse. Hillel Klein im Gespräch mit Dörte von Westernhagen. In: Psyche. 57. 2003. S. 1203-1213.

Klein, Hillel (2003): Überleben und Versuche der Wiederbelebung. Psychoanalytische Studien mit Überlebenden der Shoah und mit ihren Familien in Israel und in der

Diaspora. Hrsg. v. Christoph Biermann u. Carl Nedelmann. Vorw. v. Jehuda Bauer. Übers. [aus d. Hebr.] v. Barbara Strehlow. Stuttgart-Bad Cannstatt (frommann-holzboog). (Jahrbuch der Psychoanalyse. Beih. 20.)

Klöcker, Michael (1991): Katholisch – von der Wiege bis zur Bahre. Eine Lebensmacht im Zerfall? München (Kösel).

Klüger, Ruth (1992): weiter leben. Eine Jugend. 11. Aufl. München 2003 (Deutscher Taschenbuch Verlag). (dtv. 11950.)

Körte, Mona (2001): Die Erinnerung bergen. Versteck und Rettung jüdischer Kinder im belgischen Nonnenkloster. In: Benz, Wolfgang / Mona Körte (Hrsg.) (2001), S. 107-128.

Kogon, Eugen / Hermann Langbein [u. a.] (1983): Nationalsozialistische Massentötungen durch Giftgas. Eine Dokumentation. Frankfurt a. M. 1986 (Fischer). (Fischer Taschenbuch. 4353.)

Kohlhaas, Elisabeth / Alfons Kenkmann (2008): »Die Hitlerzeit hat die Seele des jüdischen Kindes zutiefst verändert.« Interviews der Zentralen Jüdischen Historischen Kommission in Polen mit Kindern nach dem Holocaust, 1944-1948. In: Jahrbuch des Simon-Dubnow-Instituts für jüdische Geschichte und Kultur an der Universität Leipzig. 7. 2008. S. 385-400.

Korczak, Janusz (1942): Tagebuch aus dem Warschauer Ghetto 1942. Aus d. Poln. v. Armin Droß. Mit e. Vorw. v. Friedhelm Beiner. 2. Aufl. Göttingen 1996 (Vandenhoeck u. Ruprecht). (Kleine Vandenhoeck-Reihe. 1562.)

Krystal, Henry (1999): Psychische Widerständigkeit: Anpassung und Restitution bei Holocaust-Überlebenden. In: Psyche. 54. 2000. S. 840-859.

Kuchler-Silberman, Lena (1961): Hundert Kinder. Ein polnischer Exodus. [Aus d. Amerikan. übers.] v. Ruth-Inge Heinze. Wuppertal-Barmen 1965 (Jugenddienst-Verlag).

Kuper, Jack (1967): Child of the Holocaust. The story of a young boy's desperate struggle to survive in Hitler's Poland. Garden City, New York 1968 (Doubleday and Comp., Inc.).

Kuper, Jack (1994): After the Smoke Cleared. Toronto, Canada (Stoddart Publ. Co. Lim.).

Kuper, Jack (1998): Jankele lebt! Ein jüdisches Kind auf der Flucht. Aus d. Engl. v. Katja Sund, Sandra Gerstner u. Daniela Beyer. München, Zürich 2000 (Piper). (Serie Piper. 2929.)

Kurek-Lesik, Ewa (1992): Your Life is Worth Mine. How Polish Nuns Saved Hundreds of Jewish Children in German-Ocupied Poland, 1939-1945. Introduction by Jan Karski. [Orig. publ. in Poland.] New York (Hippocrene Books).

Langer, Lawrence L. (1991): Holocaust Testimonies. The Ruins of Memory. New Haven, London (Yale University Press).

Langer, Phil C. (2002): Schreiben gegen die Erinnerung? Autobiographien von Überlebenden der Shoah. Hamburg (Krämer).

Laplanche, Jean / Jean-Bertrand Pontalis (1967): Das Vokabular der Psychoanalyse. 13. Aufl. Frankfurt a. M. 1996 (Suhrkamp). (Suhrkamp-Taschenbuch Wissenschaft. 7.)

Laqueur, Walter (1980): Was niemand wissen wollte. Die Unterdrückung der Nachrichten über Hitlers »Endlösung«. Ins Dt. übertr. v. Otto Weith. Franfurt a. M., Berlin, Wien 1982 (Ullstein). (Zeitgeschichte. Ullstein-Buch Nr. 33027.)

Laub, Dori / Nanette C. Auerhahn (1991): Zentrale Erfahrung der Überlebenden: Die Versagung von Mitmenschlichkeit. In: Stoffels, Hans (Hrsg.) (1991), S. 254-276.

Laub, Dori (2000): Eros oder Thanatos? Der Kampf um die Erzählbarkeit des Traumas. In: Psyche. 54. 2000. S. 860-894.

Laub, Dori (2002): Kann die Psychoanalyse dazu beitragen, den Völkermord historisch besser zu verstehen? In: Psyche. 57. 2003. S. 938-959.

Lebenszeichen aus Piaski. Briefe Deportierter aus dem Distrikt Lublin 1940-1943. (1968). Hrsg. v. Else Behrend-Rosenfeld u. Gertrud Luckner. Mit e. Nachw. v. Albrecht Goes. München 1970 (Deutscher Taschenbuch Verlag). (dtv. 654.)

Le Goff, Jacques (1981): Die Geburt des Fegefeuers. Aus d. Franz. übers. v. Ariana Forkel. Stuttgart 1984 (Klett-Cotta).

Lejeune, Philippe (1975): Der autobiographische Pakt. Aus d. Franz. v. Wolfram Bayer u. Dieter Hornig. Frankfurt a. M. 1994 (Suhrkamp). (Aesthetica) (edition suhrkamp. 1896; Neue Folge Bd. 896.)

Leuzinger-Bohleber, Marianne / Wolfdietrich Schmied-Kowarzik (Hrsg.) (2001): »Gedenk und vergiß – im Abschaum der Geschichte…« Trauma und Erinnern. Hans Keilson zu Ehren. Tübingen (edition diskord).

Levy Drucker, Olga (1992): Kindertransport. Allein auf der Flucht. Aus d. amerikan. Engl. v. Klaus Sticker. 1. Aufl. Göttingen 1995 (Lamuv).

Lexikon des Judentums (1967). Chefredakteur: John F. Oppenheimer. Mithrsg.: Emanuel Bin Gorion, E. G. Lowenthal, Hanns G. Reissner. 2. Aufl. Gütersloh, Berlin, München, Wien 1970 (Bertelsmann Lexikon-Verl.).

Lexikon für Theologie und Kirche (1993-2001). Begr. v. Michael Buchberger. Hrsg. v. Walter Kasper. Sonderausg. 3., völlig neu bearb. Aufl. Bd. 1-11. Freiburg i. Br., Basel, Rom, Wien (Herder).

Lexikon religiöser Grundbegriffe. Judentum, Christentum, Islam. Hrsg. v. Adel Theodor Khoury. Graz, Wien, Köln 1987 (Verl. Styria).

Lötzsch, Ronald (1990): Jiddisches Wörterbuch. Leipzig (Bibliographisches Institut).

Loewenstein, Rudolph M. (1952): Psychoanalyse des Antisemitismus. Aus d. Franz. übers. v. Lothar Baier. 2. Aufl. Frankfurt a. M. 1968 (Suhrkamp). (edition suhrkamp. 241.)

Lustiger, Arno (1994): Zum Kampf auf Leben und Tod! Das Buch vom Widerstand der Juden in Europa 1933-1945. Köln (Kiepenheuer u. Witsch).

Machtans, Karolin (2009): Zwischen Wissenschaft und autobiographischem Projekt: Saul Friedländer und Ruth Klüger. Mit e. Vorw. v. Alon Confino. Tübingen (Max Niemeyer). (Conditio Judaica. 73.)

Mahler, Ella (1962): About Jewish Children who Survived World War II on the Aryan Side. In: Yad Vashem bulletin. 1962. S. 49-56.

Marks, Jane (1993): Die versteckten Kinder. Dokumente von Angst und Befreiung. Übers. [aus d. Amerikan.] v. Hildegard Doerr. Augsburg 1994 (Pattloch).

Marrus, Michael R. / Robert O. Paxton (1981): Vichy France and the Jews. New York (Basic Books, Inc., Publishers).

Menge [Hermann]–Güthling [Otto] (1911): Enzyklopädisches Wörterbuch der lateinischen und deutschen Sprache. T. 1: Lateinisch-Deutsch. 12. Aufl. Berlin-Schöneberg 1960 (Langenscheidt KG, Verl.Buchh.). (Methode Toussaint-Langenscheidt.)

Menge [Hermann]-Güthling [Otto] (1913): Enzyklopädisches Wörterbuch der griechischen und deutschen Sprache. T. 1: Griechisch-Deutsch. 13. Aufl. Berlin-Schöneberg 1955 (Langenscheidt KG, Verl.Buchh.). (Methode Toussaint-Langenscheidt.)

Mertens, Wolfgang / Bruno Waldvogel (Hrsg.) (2000): Handbuch psychoanalytischer Grundbegriffe. 2., durchges. Aufl. Stuttgart, Berlin, Köln 2002 (Kohlhammer).

Metzler Lexikon Literatur (1984). Begriffe und Definitionen. Hrsg. v. Dieter Burdorf [u. a.]. 3., völlig neu bearb. Aufl. Stuttgart 2007 (Metzler, Poeschel Verlag).

Michman, Dan (1998): Belgium and the Holocaust. Jews – Belgians – Germans. 2. ed. Jerusalem 2000 (Yad Vashem).

Mildt, Dick de (1989): Kollaboration und Deportation in Holland. Über das Verhalten der nicht-jüdischen Bevölkerung bei der Judenverfolgung in den Niederlanden. In: Wollenberg, Jörg (Hrsg.) (1989), S. 224-233.

Muret [Eduard]-[Daniel]Sanders (1910): Enzyklopädisches englisch-deutsches und deutsch-englisches Wörterbuch. Hand- und Schulausgabe. T. 1: Englisch-deutsch. Neubearb. […] v. Edmund Klatt. 17. Aufl. Berlin-Schöneberg (Langenscheidtsche Verl.Buchh.) (Methode Toussaint-Langenscheidt.)

Nachmany Gafny, Emunah (2009): Dividing Hearts. The Removal of Jewish Children from Gentile Families in Poland in the Immediate Post-Holocaust Years. Transl. from the Hebrew by Naftali Greenwood. Jerusalem (Yad Vashem).

Neues Lexikon des Judentums (1998). Hrsg. v. Julius Hans Schoeps. Überarb. Neuausg. Gütersloh, München (Bertelsmann Lexikon Verlag).

Niederland, William G. (1980): Folgen der Verfolgung: Das Überlebenden-Syndrom / Seelenmord. Frankfurt a. M. (Suhrkamp). (edition suhrkamp. 1015. N. F. 15.)

Oerter, Rolf / Leo Montada (Hrsg.) (1982): Entwicklungspsychologie. 4. Aufl. Weinheim 1998 (Beltz – Psychologie Verlags Union).

Oneg Schabbat. Das Untergrundarchiv des Warschauer Ghettos: Ringelblum-Archiv. Ausstellungskatalog. Hrsg. v. Jüdischen Historischen Institut Warschau. Warszawa, Polen 2000 (Żydowski Instytut Historyczny).

Paldiel, Mordecai (1998): The Rescue of Jewish Children in Belgium Duing World War II. In: Michman, Dan (1998), S. 307-325.

Pascal, Roy (1960): Die Autobiographie. Gehalt und Gestalt. Übers. aus d. Engl. v. M. Schaible. Stuttgart, Berlin, Köln, Mainz 1965 (Kohlhammer). (Sprache und Literatur. 19.)

Peltzer, Karl / Reinhard v. Normann (1955): Das treffende Wort. Wörterbuch sinnverwandter Ausdrücke. 22. Aufl., total neu überarb. Thun 1992 (Ott Verlag). (Treffend-Reihe.)

Peters, Uwe Henrik (1974): Lexikon Psychiatrie, Psychotherapie, medizinische Psychologie. Mit e. engl.-dt. Wörterbuch als Anhang. Nachdr. d. 5. Aufl. v. 1999. München, Jena 2004 (Urban u. Fischer).

Ploetz, Der Große (1863). Auszug aus der Geschichte von den Anfängen bis zur Gegenwart. Begr. v. Karl Julius Ploetz. 31., aktual. Aufl., bearb. v. 69 Fachwissenschaftlern. Freiburg, Würzburg 1991 (Verlag Ploetz).

Poliakov, Léon (1977-1988): Geschichte des Antisemitismus. Aus d. Franz. v. Rudolf Pfisterer. Bd. 1-8. Frankfurt a. M. (Athenäum / Jüdischer Verlag).

Pons Standardwörterbuch Polnisch-Deutsch, bearb. v. Uszula Czerska, Ulrich Heisse, Luiza Śmidowicz / Deutsch-Polnisch, bearb. v. Janusz Taborek, Piotr Zborowski. 1. Aufl. Stuttgart 2007 (Ernst Klett Sprachen).

Poznanski, Renée (1994): Jews in France during World War II. Transl. [from French] by Nathan Bracher. Hanover and London 2001 (Brandeis University Press, United States Holocaust Memorial Museum).

Prekerowa, Teresa (1988): The Just and the Passive. In: Yad Vashem Studies. 19. 1988. S. 370-371.

Quindeau, Ilka (2004): Spur und Umschrift. Die konstitutive Bedeutung von Erinnerung in der Psychoanalyse. München (Wilhelm Fink Verlag).

Reallexikon für Antike und Christentum (1950 -). Sachwörterbuch zur Auseinandersetzung des Christentums mit der antiken Welt. Im Auftr. d. Rhein.-Westf. Akad. d. Wiss. bearb. im Franz-Joseph-Dölger-Inst. an d. Univ. Bonn. Hrsg. v. Theodor Klauser (Begr. v. Franz Joseph Dölger u. a.). Bd. 1-22 ff. nebst Supplementbd. 1 u. Reg. d. Bde. 1-15. Stuttgart 1950-2008 ff. (Hiersemann).

Reemtsma, Jan Philipp (1996): Historische Traumen. In: Mittelweg 36. Zeitschrift des Hamburger Instituts für Sozialforschung. 5 (2). 1996. S. 8-11.

Reemtsma, Jan Philipp (1997): Die Memoiren Überlebender. Eine Literaturgattung des 20. Jahrhunderts. In: Mittelweg 36. Zeitschrift des Hamburger Instituts für Sozialforschung. 6 (4). 1997. S. 20-39.

Reinbold, Wolfgang (1998): Propaganda und Mission im ältesten Christentum. Eine Untersuchung zu den Modalitäten der Ausbreitung der frühen Kirche. Göttingen 2000 (Vandenhoeck u. Ruprecht). (Forschungen zur Religion und Literatur des Alten und Neuen Testaments. 188.)

Religion, Die, in Geschichte und Gegenwart. Handwörterbuch für Theologie und Religionswissenschaft. Hrsg. v. Hans Dieter Betz, Don S. Browning [u. a.]. Bd. 1- 4., völlig neu bearb. Aufl. Tübingen 1998- (Mohr).

Riesel, Arye (1975): Re-education of War-Orphaned Jewish Children and Adolescents in Children's and Youth Homes in Belgium, 1945-1949. In: Michman, Dan (1998), S. 483-497.

Roche Lexikon Medizin (1984). Hrsg. v. d. Hoffmann-La Roche AG u. Urban u. Schwarzenberg. 2., neubearb. Aufl. München, Wien, Baltimore 1987 (Urban u. Schwarzenberg).

Rösel, Martin (1996): Bibelkunde des Alten Testaments: die kanonischen und apokryphen Schriften; Überblicke – Themakapitel – Glossar. 2., durchges. u. erw. Aufl. Neukirchen-Vluyn 1999 (Neukirchener).

Rosenthal, Gabriele (1988): Geschichte in der Lebensgeschichte. In: Bios 1 (2). 1988. S. 3-15.

Rosenthal, Gabriele (1991): Die erzählte Lebensgeschichte: Eine zuverlässige historische Quelle? In: Weber, Wolfgang (1992): Spurensuche: Dokumentation zur Internationalen Tagung über die Rolle der »Neuen« Historischen Methoden in der Regionalgeschichte. Dornbirner Geschichtstage 29. Mai bis 1. Juni 1991. Regensburg 1992 (Roderer). S. 8-17.

Rosenthal, Gabriele (1993): Erlebte und erzählte Lebensgeschichte. Gestalt und Struktur biographischer Selbstbeschreibungen. Frankfurt a. M., New York 1995 (Campus).

Roth-Hano, Renée (1988): Touch Wood. A Girlhood in Occupied France. New York, London, Victoria [u. a.] (Puffin Books). (A Puffin Book. 19.)

Scheps Weinstein, Frida (1983): A Hidden Childhood 1942-1945. Transl. [from French] by Barbara Loeb Kennedy. New York 1985 (Hill and Wang). [Umschlagtitel: A Hidden Childhood: A Jewish girl's sanctuary in a French convent, 1942-1945.].

Schlösser, Anne-Marie / Kurt Höhfeld (Hrsg.) (1998): Trauma und Konflikt. 2. Aufl. Gießen 2000 (Psychosozial-Verlag). (Bibliothek der Psychoanalyse.)

Schmid, Thomas (2005): Vom Mangel an Barmherzigkeit. In: Frankfurter Allgemeine Sonntagszeitung. Nr. 1 v. 9. Januar 2005. S. 11: Ansichten.

Schmitz, Bertram (2006): Vom Tempelkult zur Eucharistiefeier. Die Transformation eines Zentralsymbols aus religionswissenschaftlicher Sicht. Berlin (Lit-Verlag). (Studien zur Orientalischen Kirchengeschichte. 38.)

Schneider, Christian / Cordelia Stillke / Bernd Leineweber (1996): Das Erbe der Napola. 2. Aufl. Hamburg 1997 (Hamburger Edition).

Schoeps, Julius H. / Joachim Schlör (Hrsg.) (1995): Bilder der Judenfeindschaft. Antisemitismus, Vorurteile und Mythen. Augsburg 1999 (Bechtermünz).

Scholem, Gershom (1960): Zur Kabbala und ihrer Symbolik. 9. Aufl. Frankfurt a. M. 1998 (Suhrkamp). (Suhrkamp-Taschenbuch Wissenschaft. 13.)

Schrift, Die (1925-1961). Verdeutscht von Martin Buber und Franz Rosenzweig. Bd. 1-4. Gerlingen 1976-1979 (Lambert Schneider).

Schuck, Martin (2001): Evangelisch – Katholisch. Basiswissen. Gütersloh (Gütersloher Verl.-Haus). (Gütersloher Taschenbücher. 659: Basiswissen.)

Schwarz, Gudrun (1990): Die nationalsozialistischen Lager. Frankfurt a. M., New York (Campus).

סִדּוּר שְׂפַת אֱמֶת Sidur Sefat Emet. Mit dt. Übers. v. Rabbiner S. Bamberger. Basel 1956 (Goldschmidt).

Simmel, Ernst (Hrsg.) (1946): Antisemitismus. Frankfurt a. M. 1993 (Fischer Taschenbuch Verlag). (Fischer Wissenschaft. 10965.)

Sperber, Manès (1979): Churban oder Die unfaßbare Gewißheit. Essays. Wien, München, Zürich (Europaverlag).

Stoffels, Hans (Hrsg.) (1991): Schicksale der Verfolgten. Psychische und somatische Auswirkungen von Terrorherrschaft. Berlin, Heidelberg, New York (Springer).

Stoffels, Hans (Hrsg.) (1994): Terrorlandschaften der Seele. Beiträge zur Theorie und Therapie von Extremtraumatisierungen. Regensburg (Roderer).

Tec, Nechama (1986): When Light Pierced the Darkness. Christian Rescue of Jews in Nazi-Occupied Poland. New York, Oxford (Oxford University Press).

Tec, Nechama (1993): Der historische Rahmen: das Schicksal der Juden während des Dritten Reichs. In: Marks, Jane (1993), S. 235-248.

Tobias, Jim G. / Nicola Schlichting (2006): Heimat auf Zeit. Jüdische Kinder in Rosenheim 1946-47. Nürnberg (Antogo).

Turner, Barry (1990): Die Rettung der Kinder. Kindertransporte im Dritten Reich. M. e. Einl. v. Lucie Kaye. Aus d. Engl. v. Anna Kaiser. Köln 2003 (Komet).

Tych, Feliks / Alfons Kenkmann / Elisabeth Kohlhaas / Andreas Eberhardt (Hrsg.) (2008): Kinder über den Holocaust. Frühe Zeugnisse 1944-1948. Interviewprotokolle der Zentralen Jüdischen Historischen Kommission in Polen. 3. Aufl. Berlin 2009 (Metropol Verlag).

Tyson, Phyllis / Robert L. Tyson (1990): Lehrbuch der psychoanalytischen Entwicklungspsychologie. Hrsg. u. m. e. Einf. v. Reinhard Hellmann-Brosé, m. e. Vorw. v. Robert S. Wallerstein. Aus d. Engl. übers. v. Petra Holler. 2. Aufl. Stuttgart, Berlin, Köln 2001 (Kohlhammer).

Valent, Paul (1994): Child survivors of the Holocaust. New York, London (Brunner-Routledge).

Valent, Paul (1997): Auswirkungen des Holocaust auf überlebende jüdische Kinder: Traumen und Spätfolgen nach 50 Jahren. In: Psyche. 52. 1998. S. 751-771.

Vernichtungskrieg: Verbrechen der Wehrmacht 1941 bis 1944. (1996). Ausstellungskatalog. Hrsg.: Hamburger Institut für Sozialforschung. 3. Aufl. Hamburg 1997 (Hamburger Edition).

Verolme, Hetty Esther (2000): Wir Kinder von Bergen-Belsen. Aus d. Engl v. Mirjam Pressler. Weinheim, Basel 2005 (Beltz).

White, Hayden (1986): Auch Klio dichtet oder Die Fiktion des Faktischen. Studien zur Tropologie des historischen Diskurses. Einf. v. Reinhart Koselleck. Aus d. Amerikan. v. Brigitte Brinkmann-Siepmann u. Thomas Siepmann. Stuttgart (Klett-Cotta). (Sprache und Geschichte. 10.)

Wiesel, Elie (1977): Die Massenvernichtung als literarische Inspiration. In: Kogon, Eugen / Johann Baptist Metz (Hrsg.) (1979): Gott nach Auschwitz. Dimensionen des Massenmords am jüdischen Volk. 2. Aufl. Freiburg i. Br., Basel, Wien (Herder). S. 21-50.

Wiesse, Jörg / Erhard Olbrich (Hrsg.) (1994): Ein Ast bei Nacht kein Ast. Seelische Folgen der Menschenvernichtung für Kinder und Kindeskinder. Göttingen, Zürich (Vandenhoeck u. Ruprecht).

Wollenberg, Jörg (Hrsg.) (1989): »Niemand war dabei und keiner hat's gewußt.« Die deutsche Öffentlichkeit und die Judenverfolgung 1933-45. München, Zürich (Piper).

Wreschner Rustow, Margrit (1988): Identity and Trauma. Jewish Children Saved by Christians During the Holocaust. Ann Arbor, Michigan 1989 (UMI: University Microfilms International).

Wreschner Rustow, Margrit (1989): From Jew to Catholic – and Back. Psychodynamics of Child Survivors. In: Marcus, Paul / Alan Rosenberg (ed.) (1989): Healing Their Wounds. New York, Westport, London (Praeger). S. 271-286.

Ydit, Meir (1983): Kurze Judentumskunde für Schule und Selbstunterricht. Neustadt / Weinstr. (Selbstverlag); Drucker: Max Birghan.

Yerushalmi, Yosef Hayim (1982): Zachor: Erinnere Dich! Jüdische Geschichte und jüdisches Gedächtnis. Aus d. Amerikan. v. Wolfgang Heuss. Berlin 1996 (Wagenbach). (Wagenbachs Taschenbuch. 260.)

Young, James Edward (1988): Beschreiben des Holocaust. Darstellung und Folgen der Interpretation. Aus d. Amerikan. v. Christa Schuenke. Frankfurt a. M. 1992 (Jüdischer Verlag).

Zborowski, Mark / Elizabeth Herzog (1952): Das Schtetl. Die untergegangene Welt der osteuropäischen Juden. Aus d. Amerikan. v. Hans Richard. 3., durchges. Aufl. München 1992 (Beck).

Zelinsky, Hartmut (1999): Verfall, Vernichtung, Weltentrückung. In: Friedländer, Saul / Jörn Rüsen (Hrsg.) (2000), S. 309-341.

Zertal, Idith (1988): Verlorene Seelen. Die jüdischen DP's und die israelische Staatsgründung. In: Babylon. Beiträge zur jüdischen Gegenwart. H. 5. 1989. S. 88-103.

Zertal, Idith (2003): Nation und Tod. Der Holocaust in der israelischen Öffentlichkeit. Aus d. Hebr. übers. v. Markus Lemke. Göttingen (Wallenstein). (Schriftenreihe des Instituts für deutsche Geschichte der Universität Tel Aviv. Hrsg. v. Moshe Zuckermann. 24.)

Zeugenschaft des Holocaust (2007): Zwischen Trauma, Tradierung und Ermittlung. Hrsg. im Auftr. d. Fritz Bauer Instituts v. Michael Elm u. Gottfried Kößler. Frankfurt a. M., New York (Campus). (Fritz Bauer Institut: Jahrbuch zur Geschichte und Wirkung des Holocaust. 2007.)